중국과
협상하기

중국과 협상하기

골드만 삭스 CEO, 나는 어떻게 중국을 움직였는가

헨리 M. 폴슨 주니어 지음　고기탁 옮김

DEALING WITH CHINA
by HENRY M. PAULSON, JR.

일러두기

• 이 책의 모든 주는 옮긴이주이다.

이 책은 실로 꿰매어 제본하는 정통적인 사철 방식으로 만들어졌습니다.
사철 방식으로 제본된 책은 오랫동안 보관해도 손상되지 않습니다.

윌라와 캐시디, 핀, 애디를 위하여,

이제 할아버지가 중국에서 왜 그렇게 많은 시간을 보냈는지 알겠지.

2006년 9월, 재무 장관의 신분으로 처음 중국을 방문해 항저우의 유명한 시후 국빈관에서 미래의 주석인 시진핑과 한담을 나누는 장면.

차례

서문

중국이 경제 대국으로 성장한 것은 역사적으로 가장 놀라운 일 중 하나가 분명하다. 한때 낙후되고 고립된 나라였던 중국은 30년 남짓 만에 수억 명에 달하는 사람들을 빈곤에서 탈출시키며 세계에서 두 번째로 큰 경제 주체로 성장했다. 이처럼 단기간에 엄청난 성장을 기록한 나라가 있었는지 의문이다. 남북전쟁 이후에 산업 강국이 된 미국을 떠올려 보지만 중국의 대약진은 미국의 그것을 이미 능가한 듯 보이며 게다가 여전히 진행 중이다. 머지않은 미래에 중국은 미국을 따라잡고 세계에서 가장 큰 경제 주체로 부상할 것이며 미국을 거의 150년 동안 지켜 온 자리에서 밀어낼 것이다.

중국의 변화는 빠른 속도만큼이나 화려한 볼거리를 자랑한다. 위세 좋은 새 초고층 건물과 고속 철도, 초현대식 공항 등이 점점 노후해 가는 우리의 기간 시설과 명백히 대조된다. 우리는 어느 날 신문에서 중국인 기업가가 500억 달러를 들여 니카라과공화국에 파나마 운하보다 두 배나 큰 운하를 건설하기로 했다는 기사를 읽는다. 계속해서 한 중국인 개발자가 아이슬란드에서 부동산을 대량으로 매입하려 한다는 소식을 접한다. 얼마 뒤에는 건축업자로 변신한 어떤 중국인 제조업자가 건축 자재를 사전 제작하는 방식으로 6개월 만에 세계에서 가장 높은 빌딩을 지으려 한다는 기사를 읽는다.

오늘날 중국은 최고라는 수식어의 나라다. 세계에서 가장 빠른 컴퓨터, 가장 큰 풍력 발전소, 가장 긴 해상 대교를 보유한 나라다. 전 세계의 석탄, 시멘트, 철광석, 철강 중 거의 절반을 생산하고 소비한다. 알루미늄과 구리는 40퍼센트를 소비한다. 조만간 지구상의 모든 신축 공사 중 약 절반이 중국에서 진행될 거라는 전망도 나온다. 40년 전에는 대다수 미국인이 중국에 땡전 한 푼이라도 빚을 질 날이 올 거라고 상상도 하지 않았을 것이다. 이제 중국은 미국의 가장 큰 채권자가 되었으며, 미국 정부는 중국에 1조 3000억 달러에 가까운 부채를 안고 있다. 실로 머리가 어질어질할 정도다. 특히 미국인이라면 세상이 어떻게 그토록 순식간에 뒤집혔는지 궁금해하기에 충분한 상황이다.

하지만 최근 중국은 이런 경외감뿐 아니라 많은 우려를 자아낸다. 부쩍 경쟁력을 갖춘 중국은 새로 발견한 근육을 이용해 세계 시장이나 주변국과의 격렬한 영토 분쟁에서 힘을 과시하고 있고, 2차 세계대전 이후 고착된 미국 주도의 아시아 질서와 세계 지배 구도에 도전하면서 우리와 부딪치고 있다. 또한 그 정부는 미국 기업의 지적 재산권을 보호하려는 의지가 아예 없거나 능력이 부족해 보이며, 미국인들이 이해 못 하거나 좋아하지 않는 일당 독재 지배 체제를 통해 중국 사회에 대한 장악력을 높여 가고 있다.

불신은 양방향 도로다. 중국 내에서는 미국과 긍정적인 관계를 유지해야 한다는 지지자가 감소하는 반면에 미국을 비롯한 다른 나라들이 자국의 약진을 방해하려 한다고 믿는 사람들이 점점 늘어나고 있다.

이러한 전개는 예컨대 지난 40여 년 동안 양국의 경제 성장과 일자리 창출, 번영에 크게 기여했을 뿐 아니라 특히 냉전의 평화적 종식에 일조함으로써 국제 안보를 강화한 양국 관계를 위협할 뿐이다. 지금 이 순간에도 많은 미국인들은 궁금해한다. 중국인들이 정말로 원하는 것이 무엇일까? 그들은 왜 그토록 많은 군사비를 지출할까? 그들은 친구일까, 아니면 적일까? 경제 동반자일까, 아니면 상업적·지정학적인 적일까? 요컨대 중국에 어떻게 대처해야 할까?

이 책은 중국인들과 함께 일하면서 실질적인 결과물을 도출하고자 했던 나의 개인적인 경험담을 통해 이런 우려들을 살펴보고자 함이다. 나는 학자도 이론가도 아니다. 중국어를 읽거나 쓸 줄도 모르거니와 말할 줄도 모른다. 한 명의 경제인으로서 중국에 관한, 중국의 선도적인 기업가와 정치가에 관한 직접적인 지식을 전달할 뿐이다. 100여 차례나 중국을 방문하고 골드만 삭스에서 일할 때는 민간 차원의 상업적인 문제로, 미국 재무부에서 일할 때는 국정과 거시경제 문제로, 최근에는 양국의 보다 긴밀한 협조를 통한 지속적인 경제 성장과 환경오염 개선을 도모하는 폴슨 재단의 대표로 거의 25년 동안 중국인 관료들을 상대하면서 체득한 지식이다. 그동안 중국은 정권이 세 번이나 바뀌었고, 나는 각각의 정권하에서 최고위급 지도자들과 긴밀히 협조할 기회를 얻었다. 1990년대에는 장쩌민(江澤民)과 주룽지(朱鎔基)였고, 21세기 초에는 후진타오(胡錦濤)와 원자바오(溫家寶)였으며, 오늘날에는 시진핑(習近平)과 리커창(李克强)이다.

나는 미국의 세계적인 지위와 경제적·환경적 건전성, 미국 시민을 둘러싼 장기 전망 등에 지대한 관심을 가진 한 사람의 미국인으로서 이 글을 쓴다. 그 모든 분야에서 중국과의 적극적인 교류가 득이 된다는 입장을 취하며 국익을 위해서는 현실적이고 건설적인 양국의 협조가 최선이라는 견해를 제시한다. 중국인은 만만치 않은 경쟁자들이다. 그럼에도 우리는 경쟁을 두려워하거나 피하지 말아야 한다.

이러한 확신을 가진 것은 오래전부터였다. 나는 재무 장관 취임 선서를 마친 지 불과 몇 주 만에 가장 중요한 호혜적인 관계의 새로운 기틀을 마련하기 위해 중국을 방문했다. 당시 중국의 주요 관심사는 성장과 경제 개혁이었고, 나는 다른 수많은 현안을 좀 더 효과적으로 풀어 나가는 데 새로 시작된 미중 전략경제대화가 도움이 될 거라고 믿었다.

중국의 발흥은 양국 관계를 바라보는 일부 중국인들과 미국인들 사이에서 한 가지 오해를 낳았다. 〈중국 모델〉이 더 나은 자본주의 형태를 보여 주고, 미국이 쇠락을 맞이한 순간에도 승승장구하고 있다는 착각이다. 사실 중국 지도자들은 자국의 취약점을 너무나 잘 알고 있다. 시장 개혁은 1978년에 덩샤오핑(鄧小平)의 주도로 처음 시작되었고 이제 중국 지도부에는 그 범위와 영향력을 확대하는 것이 다른 어느 때보다 중요한 과제가 되었다. 완전한 성공을 이야기하기에 중국은 갈 길이 아직 멀다. 1억 명이 넘는 국민이 여전히 빈곤의 수렁에 빠져 있다.

일인당 국내총생산은 세계 80위에 불과하다. 이는 이라크보다 한 발짝 앞선 수준일 뿐이며 미국에 비하면 대략 8분의 1 수준에 불과하다. 거대 성장이 둔화되면서 시장 개혁이 재차 매우 시급하고 만만치 않은 과제가 되고 있다. 2014년에 중국의 국내총생산 성장률은 7.4퍼센트를 기록하면서 16년 만에 처음으로 공식 예상 수치를 하회했고, 많은 전문가들은 성장률이 더욱 낮아질 거라고 예상한다.

중국은 전체 규모가 10조 달러에 이르는 중국 경제의 체질을 서둘러 개선할 필요가 있다. 중국 경제는 정부의 기간 시설에 대한 비효율적인 투자와 수출에 지나치게 의존하고 있는데, 모든 단계의 지역 정부에서 예사롭지 않게 증가하는 부채가 이런 현상을 더욱 부추겼다. 이제는 국내 소비를 증진하고 서비스 산업과 고부가 가치 산업을 중점적으로 육성해야 한다. 결코 만만한 일은 아니다. 개혁이 시작된 이후로 오랜 세월이 지났음에도 중국 경제의 상당 부분을 여전히 중앙의 정책 입안자들이 통제하고 있다는 사실이 변화를 더욱 어렵게 한다. 고착된 이해관계도 더 이상의 변화를 방해한다. 이런 와중에 그다지 관대하지 않았던 외면의 세월이 환경 재앙을 불러왔고 갈수록 시민들의 원성이 높아지고 있다.

한편 미국은 내부적으로 많은 문제를 안고 있음에도 여전히 세계에서 가장 크고 역동적이며 발전된 경제를 유지하고 있다. 경제 개혁을 위해 중국은 앞으로도 다양한 방식으로 세계 경제를 이끌어 갈 미국 등 여러 나라들과 지속적으로 호의적이고 협조적인 관계를 유지해야 하며, 중국 지도자들도 이 같은 사실을 잘 알고 있다. 그들은 우리의 시장과 노하우, 매우 진보된 기술에 더욱 접근하기를 원한다.

서로 약간씩 양보하면 미국과 중국의 관계는 더 안정적이고 더 안전하고 생산적인 관계로 발전할 것이다. 미국인은 중국에서 군국주의자들의 목소리가 갈수록 커지고 있는 현실을 우려한다. 중국인들은 미국의 〈아시아로의 회귀〉를 중국의 발흥을 억누르려는 잠재적인 노력으로 간주한다. 우리는 중국이 우리 기업에게 시장을 개방하고 세계화를 향해 나아가되 기존의 규칙을 준수하기를 원한다. 중국은 이 규칙들을 자국에 맞추기를 선호하며 세계 무대에서 더 많은 존경과 존중을 받기를 원한다.

어떤 이들은 신흥 강국이 기존의 강국과 부딪칠 경우 갈등을 피할 수 없다는 역사 법칙을 불변의 것으로 생각한다. 그러나 불변의 법칙이란 존재하지 않는다. 문제는 선택이다. 필요한 것은 시행착오를 통해서 배우면 된다. 정치가는 변화를 가져올 수 있고 또 그래야 한다.

나는 미국과 중국의 관계에서 〈피할 수 없는〉 어떤 것이 존재한다고 생각하지 않는다. 다만 격렬한 경쟁이나 때로는 갈등으로 발전할 수 있는 실질적인 위험이 존재할 뿐이라고 생각한다. 적대적인 관계를 피하는 열쇠는 양쪽 모두에 득이 되도록 현실적인 문제를 해결하는 것이다. 양국의 갈등을 초래할 수 있는 수많은 잠재 요인도 존재하지만 우리에게는 그보다 훨씬 많은 공통의 관심사가 있다. 세계 경제 성장을 촉진하고, 기후 변화에 맞서 싸우고, 평화와 안정을 유지하는 것 등이다. 그럼에도 이런 공통의 관심사를 상호 보완적인 정책이나 행동으로 바꾸지 못한다면 아무런 의미가 없다. 특히 우리는 경제적인 유대를 강화해야 한다. 이를 위한 방법과 관련해서 이 책이 약간의 등불이 되어 줄 수 있다면 나로서는 더 바랄 것이 없다.

내가 절대로 하지 않을 것 가운데 하나는 미래에 대한 예측이다. 그럼에도 경제 개혁과 금융 시장, 도시화와 환경 문제, 미국과 중국의 관계를 다지는 방법 등 일단의 주제에 대해서는 제안하기를 주저하지 않을 것이다. 어쨌거나 미래를 예측하기보다는 처방을 제시하는 편이 훨씬 쉽기 때문이다. 내가 내놓을 처방은 이 책에 소개되는 나의 개인적인 경험에 근거한다. 나는 나의 경험들이 경제적으로나 정치적으로 또는 박애주의적인 차원에서 중국과 일하는 모든 사람에게 도움이 되기를, 그들이 구체적이고 생산적인 결과를 얻는 데 도움이 되기를 바란다. 그렇게 된다면 양국 관계도 더 가까워질 수밖에 없을 것이다.

오늘날 우리는 점점 더 복잡하고 서로 연결된 세상에서 위협적인 도전에 직면해 있다. 하지만 미국과 중국이 함께 또는 상호 보완적인 방식으로 일할 수 있다면 사이버 보안부터 미국인 수출업자들에게 거대 시장을 개방하는 문제까지 대부분의 도전은 쉽게 해결될 수 있을 것이다. 반대로 세계에서 가장 중요한 두 경제 강국이 서로 반목할 경우에는 도전 과제들을 해결하기가 훨씬 어려워질 것이다. 어쩌면 불가능할 수도 있다.

1부 금융 개혁

1 자광각에서

거리는 조용했고, 톈안먼(天安門)의 광활한 콘크리트 광장도 대체로 한산했다. 우리를 태운 자동차는 베이징 중심부를 가로질러 중국 지도부가 모여 있는 한적한 복합 단지 중난하이(中南海)를 향해 속도를 냈다. 1997년 2월 25일, 늦겨울의 쌀쌀한 날씨 속에서 해가 지고 있었다. 광장의 가로등에도 불이 들어오기 시작했다. 그동안 수시로 중국을 드나들면서 급격히 늘어난 수많은 승용차와 트럭, 버스로 가득한 도로는 물론이고 곳곳에서 북새통을 이루는 사람들과 그들이 만들어 내는 소음에 익숙해진 터였다. 하지만 오늘은 으스스할 정도로 조용했는데 나로서도 처음 접하는 광경이었다. 바로 전 주에 중국의 최고 지도자인 덩샤오핑이 사망해서 나라 전체가 그의 죽음을 애도하는 중이었다. 나는 골드만 삭스의 다른 동료들과 함께 덩샤오핑의 수제자 중 한 명과 비공개 면담을 하러 가는 길이었다.

덩샤오핑은 중국을 휩쓴 놀라운 변화의 주된 설계자였다. 실용적인 지식과 의지, 무자비한 실리주의로 무장한 채 이념적인 틀에서 벗어나 〈중국식 사회주의〉라는 독자적인 브랜드를 고안했고, 시장 원리를 도입했으며, 농업을 시작으로 산업과 금융 분야로 확대하면서 경제 전반에 개인 기업을 육성했다. 그가 추진한 〈개혁

개방〉은 그야말로 극적인 결과를 가져왔다. 마오쩌둥(毛澤東) 집권 말기의 정치 경제적 혼돈 이후로 중국의 국내총생산은 20년 동안 거의 두 자릿수에 가까운 연평균 성장률을 기록했으며, 수억 명의 국민이 가난에서 벗어났다. 한때는 부족했던 식량도 풍족해졌다. 이전에는 아예 없거나 터무니없이 비쌌던 소비재도 빠르게 늘어난 소매점에서 얼마든지 구입할 수 있었다. 중국은 하루가 다르게 세계의 공장이자 수출 강국으로 발돋움하고 있었다.

그럼에도 덩샤오핑의 죽음은 중국이 장차 어디까지, 어떤 속도로 그의 비전을 추구할 것인지를 둘러싸고 의문을 불러왔다. 그날 아침에 중국 공산당 중앙위원회 총서기이자 중국 최고위 지도자인 장쩌민은 기존의 기조를 그대로 유지하겠다며 자국민과 세계인을 안심시키려 했다. 인민대회당에서 1만 명의 엄선된 당원과 군 지도자를 앞에 두고 약 4억 명에게 텔레비전으로 생중계되는 가운데 장쩌민은 눈물샘을 자극하는 추도 연설에서 문화 대혁명의 〈심각한 오류〉를 비난하며 덩샤오핑의 경제 개혁 정책과 국제 협정을 계속 유지해 나가겠다고 약속했다. 하지만 내가 알기로 중국 공산당과 국가 기관의 일부 강경파는 개혁 속도를 늦추거나 심지어 중단하도록 압박을 가하고 있었다. 그들은 중국이 마르크스주의를 폐기하거나 변화로 인한 혼란 때문에 나라가 불안정해질 것을 걱정하고 있었다.

중국에는 매우 중요한 시점이었다. 4개월 남짓 지나서 7월에는 홍콩이 150년간의 영국 통치에서 벗어나 중국에 반환될 참이었다. 물론 오늘날에는 홍콩 반환이 모두에게 얼마나 중요했는지, 얼마나 난감한 사건이었는지 잊어버렸을 수도 있다. 덩샤오핑은 〈하나의 국가, 두 개의 시스템〉이라는 해법을 제시하면서 홍콩이 중국에 반환된 뒤에도 최소 50년 동안 약간의 정치적 자율성을 가지고 기존의 자본주의 방식을 그대로 유지하게 될 것이라고 약속했다. 그럼에도 상당수의 홍콩 사람들은 회의적인 반응으로 일관했다. 공산주의자들이 권력을 잡았을 때 수많은 사람이 중국을 탈출한 전례가 있을 뿐 아니라 대략 8년 전인 1989년 6월에는 대다수가 학생들로 이루어진 시위대를 정부가 무자비하게 탄압함으로써 끔찍한 예전 기억을 떠올리게 했기 때문이다. 홍콩 시민은 열 명 중 한 명꼴로, 다시 말해서 대략 70만 명이 대비책으로 외국 여권을 장만했고 많은 기업이 법인 등록지를 변경했다.

그날 아침에 나는 홍콩에서 비행기를 탔다. 기대에 부풀어 있었고 조금은 긴장한 채였다. 국무원 부총리이면서 중국 경제를 쥐락펴락하는 주룽지를 만날 예정이었기 때문이다. 중국의 고위 지도자들에게 개혁과 홍콩 문제는 무조건 최우선 순위였고, 따라서 제대로 처리되어야 한다는 사실을 나는 잘 알고 있었다. 실수는 용납되지 않았다. 당시 나는 투자은행인 골드만 삭스의 대표이면서 최고 운영 책임자였고 어쩌다 보니 앞선 두 가지 모두와 깊이 연관된 사안으로 주룽지와 대면하게 되었다. 홍콩에 적을 둔 신생 기업의 주식을 공개함으로써 중국 통신 산업의 구조조정을 진행하는 일이었다. 중국은 현대화를 앞당기기 위한 노력의 일환으로 이미 해당 분야에 많은 투자를 하고 있었고, 현대 경제에서 최첨단 통신 산업이 얼마나 중요한지 명확히 알고 있었다.

이 과정에서 서방 세계의 은행가들은 프로메테우스 같은 존재였다. 즉 우리는 비행기를 타고 중국에 들어가서 현지인들에게 자본주의 시장에 불을 붙이는 법을 경쟁적으로 전수했다. 골드만 삭스는 중국의 4대 상업은행 중 하나와 모건 스탠리의 합작 회사이자 투자은행인 중국국제금융공사의 대리인들과 수개월째 하나의 상장 건을 다각도로 논의해 온 참이었다. 우리의 가장 강력한 미국 라이벌 기업과 협력 관계에 있던 최고위급 중국인 은행가들은 우리와도 긴밀하게 협력하고 있었는데, 이는 중국에서 사업할 때 직면하게 되는 여러 기이한 일 중 하나였다. 더욱 신기한 점은 우리가 하는 일을 모건 스탠리에서 모른다는 사실이었고, 우리도 굳이 그들에게 알릴 이유가 없었다.

존 손턴과 마이크 에번스, 왕쉐밍, 체리 리 등이 그날의 우리 일행으로 함께했다. 훌륭한 협상가인 존 손턴은 투자 금융과 관련하여 골드만 삭스가 유럽으로 진출할 수 있는 토대를 확립하는 데 일조한 인물이었고 바로 얼마 전 아시아 지역 회장에 임명된 터였다. 주식 자본 시장을 의미하는 ECM 사업부의 수장인 마이크 에번스는 유럽 전역에서 국영 산업체를 민영 기업으로 전환하는 일을 해온 사람이었다. 홍콩 지국 소속의 왕쉐밍은 노련한 관계 금융 전문가였다. 중국 현지인인 체리 리는 1994년에 문을 연 베이징 지국에 근무하던 골드만 삭스의 첫 번째 대리인이었다. 특히 존 손턴과 왕쉐밍은 중국국제금융공사의 중국인 고위 경영진과 친분을 쌓기 위해서 수개월째 공을 들여 온 터였다.

우리는 자동차 두 대에 나누어 타고 거대한 옛 황궁인 자금성을 지나 중난하이의 화려하고 으리으리한 남쪽 출입구인 신화문을 통과했다. 자동차는 지도부 건물이 모인 복합 단지를 품은 채 전통적인 원통형 기와를 얹은 붉은색 담장을 따라 나 있는 푸유로(路)를 향해 북쪽으로 나아갔다. 이윽고 서북쪽 출입구에 도착해서 통과 허가를 받았다. 사전에 우리 자동차 번호를 전해 받은 보안 요원들이 간단히 인원수만 확인하고 민첩한 경례와 함께 우리를 통과시켰다.

혁명 이후로 중국 지도부 인사들이 일을 해왔고 때로는 거주하기도 한 중국 권력의 심장부치고 중난하이의 내부는 오종종하고 절제된 모습이었다. 겨울 방학 중인 작은 단과대학의 풍경과도 매우 흡사했다. 건축학자가 본다면 소비에트식이라고 이야기할 정도로 외부에서 보기에 지루하고 평범한 3층이나 4층쯤 되는 베이지색과 회색의 소규모 건물들이 주를 이루고 사이사이에 전통적인 중국식 건축물이 섞여 있었다. 원래가 황실 정원이었던 까닭에 호수 주변으로 궁전도 몇 개 보였다. 중난하이는 청나라가 멸망한 뒤로 1928년까지 중화민국의 총통부로 사용되었고, 1949년에 공산주의자들이 권력을 잡기 전까지는 공원으로 이용되었다.

주룽지는 우리를 만날 장소로 중난하이의 한 호숫가에 위치한 자광각(紫光閣)을 선택했다. 자광각은 주홍색 벽과 녹색 기와지붕을 얹은 굉장히 매력적인 탑 형태의 건물이었다. 명나라 때 지어진 건물로 오랫동안 국가 지도자들이 비공개로 외빈을 만날 때 사용되었다. 중국인 보좌관이 주룽지가 아직 도착하지 않았다고 알려 왔다. 그가 도착하기 전까지 몇 분의 여유가 있었다. 우리는 차에서 내려 늦은 오후의 상쾌한 공기를 즐겼다.

우리 일행은 풀이 나 있는 길가를 거닐었다. 플라타너스 외에도 중간중간에 침엽수가 보였는데 대부분이 소나무와 삼나무였다. 까치 소리가 들려서 나뭇가지를 살펴보았지만 아무것도 발견할 수 없었다. 작은 호수 건너편으로 눈을 돌리자 노을을 배경으로 거대한 자금성 담장 뒤에 웅크린 궁전들의 지붕이 윤곽을 드러냈다. 일단의 경비대가 인민해방군에서 선호하는 방식대로 팔을 뻣뻣하게 편 채 흔들면서 빠른 걸음으로 행진하며 지나갔다.

나는 이야기할 내용을 머릿속으로 최종 점검했다. 나의 접근법은 필히 약간은 우회적일 필요가 있었다. 구체적인 어떤 거래가 성사된 것으로 성급하게 지레짐작하거나 주룽지에게 너무 세부적인 사안을 들이밀지 않도록 조심해야 했다. 즉석에서 우리에게 유리한 결정을 내리도록 그를 압박하는 듯한 인상을 준다면 그야말로 최악의 결과일 터였다. 나는 경제 개혁이 중국의 미래에 얼마나 중요한지, 그 과정에서 중국의 통신 사업체 같은 국유 기업들을 현대화하고 재정비하는 것이 얼마나 중요한 일인지 우리가 충분히 이해하고 있음을 분명히 알리고 싶었다. 또한 구체적으로 언급되지 않을 이런 모든 문제들을 처리하는 데 골드만 삭스가 세계 최고의 적임자라는 점을 분명히 하고 싶었다.

마이크 에번스에게 혹시라도 내가 놓친 부분이 있는지 물었다.

「그 정도면 되었습니다.」 그가 말했다. 「개혁이 주룽지에게 얼마나 중요한 문제인지만 기억하십시오.」

몇 년 전에 주룽지를 만난 적이 있었다. 중국이 국제 채권 시장을 통해 자금을 조달하려 할 때였는데, 당시에 우리는 신용 기관과 공조하는 방법을 조언했다. 그는 대단한 사람이었다. 훤칠한 키와 흐트러짐 없는 자세를 가진 그는 상하이 시장으로 재직하던 중 덩샤오핑에게 발탁되어 1991년에 부총리로 임명되었다. 중국의 경제 문제는 공식적으로 총리인 리펑(李鵬)의 소관이었지만 주룽지가 실질적인 관리를 맡고 있었고, 조만간 새로운 정부 각료들이 선출될 때 리펑의 자리를 계승할 것으로 전망되고 있었다.

주룽지의 일 처리는 그야말로 최고였다. 1993년에 경제가 과열되었을 때 그는 중앙은행을 직접 관리하고 강력한 긴축 정책과 현명한 행정적 해결책을 시행해서 20퍼센트까지 치솟았던 인플레이션을 잡고 중국의 연착륙을 이끌었다. 1992년과 1993년에 조심스럽게 시작된 민영화 노력은 한동안 보류되기도 했지만 이제 경제가 회복되면서 각각의 부서와 미국의 내각에 해당하는 국무원에서 다시 화두로 떠올랐다.

통신 사업체의 주식 상장은 다음 단계의 야심 찬 개혁을 위한, 즉 중국 실업계를 지배하는 거대한 국유 기업의 구조조정을 위한 쇼케이스인 동시에 초석이었다. 세계무역기구WTO의 회원국이 될 것에 대비해 주룽지는 움직임이 둔하고 적자를 내는 공룡 기업들을 현대화하고 중국 기업들을 보다 효율적이고 경쟁력 있게 만들 개혁을 계획했다. 부분적으로 외국의 노하우와 투자자들을 도입해서 이를 달성하고 세계적인 운영, 통제, 운용, 관리 기준을 충족하고자 했다.

덩샤오핑이 개혁의 설계자이고 장쩌민이 덩샤오핑의 비전을 실행에 옮긴 종합 건설업자라면 주룽지는 나를 설명할 때도 자주 사용되는 단어인 이른바 〈망치〉였다. 그는 사뭇 황당한 그림을 그리기도 했지만 그에 못지않게 추진력을 겸비한 인물이었다. 또한 솔직하고 현실적이고 간단명료했다. 나는 그가 원하는 바를 언제나 명확히 알 수 있었고, 이는 그의 부하 직원들도 마찬가지였다. 보스로 알려진 그는 완고하고 요구가 많았으며 현실적으로 불가능해 보이는 빠듯한 마감 시한을 제시하곤 했다. 요컨대 나하고 마음이 잘 통할 것 같은 남자였다.

중국에서 정부 요직 인사를 만나려면 후견인이 필요하다. 주룽지에게 우리를 만나 보도록 제안하고 주선한 사람은 중국국제금융공사에서 모건 스탠리와 협력 관계에 있던 중국건설은행의 대표 왕치산(王岐山)이었다. 온화하고 정력적인 왕치산은 카리스마와 지적 호기심이 넘치는 지도자였으며 중국인이든 서양인이든 가리지 않고 사람들과 친해지는 불가사의한 능력을 선보였다. 내가 보기에 그는 재능도 있었고 한창 성공가도를 달리고 있었다. 몇 년 동안 금융과 무역을 감독하는 부총리를 지냈고, 현재는 중국에서 가장 막강한 조직인 7인 체제 중국 공산당 중앙정치국 상무위원회의 일원인 동시에 부패 근절 임무를 맡은 중앙기율검사위원회를 이끌고 있다.

1996년 여름에 왕치산이 뉴욕에 있는 골드만 삭스의 내 사무실을 방문했다. 차이나 텔레콤의 주식 상장을 돕는 데 흥미가 있는지 알아보기 위해서였다. 중국건설은행은 모건 스탠리에 불만을 느끼고 대안을 찾는 중이었다. 동료들과 나는 중국의 미래를 좌우할 그처럼 중요하고 획기적인 사업에 동참하고 싶은 마음이 굴

똑같았지만 그만큼 조심스러운 마음도 들었다. 차이나 텔레콤 주식을 상장하는 것은 어마어마한 일이 될 터였다. 우선 우리가 알기로 그런 기업이 존재한 예가 없었다. 소비자가 있고, 전화가 있고, 거래가 있고, 아직 작지만 빠르게 성장하는 이동 전화 사업도 있었지만 차이나 텔레콤은 그 모든 것이 시골과 향급 마을, 도시와 현, 성에 속한 출장소와 우전부 본사 등 중국 전역에 흩어져 있었다.

100만 명이 넘는 직원과 수천 개의 지역 출장소를 보유한 우전부는 관료주의에 찌들어 제 기능을 다하지 못하는 마오쩌둥 시대의 유물이었다. 현대적인 운영이나 관리 체계가 거의 정립되지 않았을뿐더러 자본 구조도 부실했다. 통신 기반 시설의 구축과 개선은 국가 차원의 경제 개발 5개년 계획이 실행될 때마다 늘 가장 중요한 목표 중 하나였다. 이 목표를 위해 중국은 1992년 이래로 350억 달러를 지출해 왔고 매년 1600만 개 이상의 회선을 추가로 가설했다. 하지만 통신 서비스는 여전히 제한적이었고 서비스 불가능 지역도 많았다. 12억 명이 사는 나라에서 일반 전화 가입자 수는 5500만에 불과했으며, 그마저도 해안 도시와 특별경제구역에 편중되었다.

중국인 보좌관들이 우리를 자광각으로 안내했다. 양옆으로 돌사자상이 배치된 계단을 오르자 복잡하게 조각된 화려한 목재 문이 나타났다. 우리는 밝고 바람이 잘 통하는 목골 구조의 방으로 들어갔다. 격자무늬로 된 천장은 높이가 6미터 정도 되어 보였는데 주황색과 녹색, 파란색 등의 파스텔 톤이었고 각각의 모서리가 금색으로 장식되어 있었다. 주룽지가 우리를 친절하게 맞이했고 악수를 나눈 다음에 자리를 권했다.

나는 주룽지의 오른쪽에 앉았다. 통역을 맡은 체리 리가 내 바로 뒤쪽에 자리를 잡았고 주룽지의 뒤에도 통역사가 착석했다. 왕치산은 중국건설은행의 다른 임직원들과 함께 주룽지의 왼쪽에 자리했다. 중국의 회의는 나름의 일정한 행동 양식과 격식이 존재했고, 같은 맥락에서 참석자는 자리에 앉기 전에 자신에게 보내지는 신호와 메시지를 기다려야 했다. 일반적으로 참석자들은 편자, 즉 U자 형태로 배치된 의자에 앉는데 가장 높은 중국인 관료가 제일 안쪽에 앉고 가장 중요한 손님이 그 오른쪽에 앉는다. 그 밖의 중국인 관리들과 파견단 일행은 서열 순으로 편자의 안쪽에서부터 양쪽에 차례로 배치되어 서로 마주 보는 형태로 앉는다. 과거에는 의자 등받이에 고풍스러운 커버를 씌우기도 했지만 요즘은 이런 빅토리아 시대의 수공예품이 점차 사라지고 있다.

회의는 자유로운 형식과 거리가 멀었다. 주최자와 외빈이 번갈아 이야기하면 일반적으로 그들 뒤에 앉은 통역사들의 통역이 이어진다. 나머지 다른 참석자들은 별도의 요구가 있지 않는 한 침묵하고 따라서 회의 내내 한 마디도 하지 않는 경우가 많다. 전통적인 의미의 주고 받기식 대화는 존재하지 않는다. 일련의 행위들이 딱딱하고 대본을 읽고 있다는 느낌을 줄 수도 있다. 중국 측에서는 한 무리의 관리들과 보좌관들이 나이나 서열에 상관없이 회의 내용을 성실하게 메모한다. 중국의 공직 생활에서 메모는 꼭 필요하고 흔히 볼 수 있는 일이었다. 심지어 훨씬 다양하고 세련된 녹음 기술이 존재하는 오늘날에도 마찬가지다. 실제로 2011년 12월 충칭에서 지금은 실각한 충칭의 공산당 서기 보시라이(薄熙來)를 만났을 때 우리가 이야기하는 내용을 하나도 빠짐없이 성실하게 받아 적는 사람들을 보면서 재미있다는 생각이 들었다. 심지어 회의장의 넓은 테이블에 놓인 삼각기둥 모양의 명패 아래에는 녹음 장치가 불빛을 깜박이며 회의 내용을 녹음하고 있었다.

회의 내용을 기록함으로써 당과 정부의 관리들은 자신이 참석하지 않은 회의에서 어떤 논의가 진행되었는지 금방 알 수 있다.

고위 간부들은 관련 정보를 내부적으로 전파하거나 조직 내 다른 인사들의 발언을 예의 주시하면서 서로 일관된 목소리를 내도록 할 수도 있다. 내가 기억하기로 한두 번을 제외하면 중국의 고위 관료들은 나를 만날 때마다 어떤 식으로든 이전에 내가 그의 동료 중 한 명과 만나서 논의했던 내용을 언급했다. 그럴 때마다 정신이 번쩍 든다. 많은 사람들이 녹음기나 기록원 없이 개인적으로 정부 관료와 만나기를 원하지만 그런 경우는 매우 드물었다.

주룽지가 늦은 것에 대해 사과했다. 그는 다른 회의를 막 끝내고 온 참이었다. 먼저 이야기하라는 그의 정중한 요청에 나는 먼저 나를 비롯한 골드만 삭스의 다른 동료들을 대표하여 덩샤오핑의 죽음에 조의를 표했다. 그런 다음 인플레이션을 잡고 중국 경제의 연착륙을 이끈 주룽지의 업적을 칭찬하면서 그의 지휘 아래에서라면 〈개혁 속도가 한층 더 빨라질 것〉임을 확신한다고 말했다.

중국 정부로부터 일을 따내기 위한 경쟁이 치열할 터였기에 나는 정부를 상대로 한 조언자로서 골드만 삭스의 풍부한 경험을 간단히 설명했다. 그리고 주룽지에게 그가 개인적으로 알 만한 골드만 삭스의 고위 경영진들을 상기시켰다. 영국의 대처 정부를 도와 민영화를 추진했던 브라이언 그리피스, 관세 및 무역에 관한 일반 협정을 이끌다가 나중에 세계무역기구의 초대 사무총장을 지낸 피터 서덜랜드 같은 인물들이었다. 주룽지는 중국을 세계무역기구에 가입시키기 위한 노력의 선봉에 서 있었다. 세계무역기구 가입은 중국에 경제적인 이득을 가져다줄 뿐 아니라 고마운 외부 압력 요인으로 작용하여 그가 추진하는 자국의 개혁 프로그램을 촉진해 줄 터였다.

나는 주룽지의 통역사가 맥락을 이해하고 중국어로 통역할 수 있도록 두 문장씩 끊어 가면서 몇 분에 걸쳐 발언을 이어 갔다. 주룽지는 통역사를 통해 이야기를 전해 받을 때뿐 아니라 내가 이야기하는 동안에도 고개를 끄덕여 보였다. 실제로 그는 영어를 상당히 잘했는데 듣고 이해하는 능력이 특히 뛰어났으며 나중에 서로를 더 잘 알게 된 다음에는 중간중간에 한두 문장씩 영어로 자신의 생각을 직접 피력하기도 했다.

왕치산의 충고에 따라 나는 우리와 도이치 텔레콤의 거래에 관심을 집중시켰다. 골드만 삭스가 지난 11월에 어떻게 독일 기업의 성공적인 기업공개를 이끌었는지 설명했다. 중국의 우전부와 비슷하게 우정 업무와 통신 사업을 병행하면서 비대해진 결과 낮은 서비스 품질과 업무 효율, 열악한 재정에 허덕이던 정부 기관을 어떻게 쇄신해야 할지 거의 8년에 걸쳐 독일인들에게 조언한 끝에 이루어 낸 성과였다. 도이치 텔레콤은 기업공개를 통해 130억 달러의 자금을 유치함으로써 특히 한때는 공산 체제였던 옛 동독에서 기간산업인 통신 산업의 발전을 견인할 자금을 마련했다. 요컨대 골드만 삭스와 거래함으로써 도이치 텔레콤은 내실을 다졌을 뿐 아니라 거대한 국제 시장에서 경쟁력을 확보했으며 은퇴하거나 퇴직한 노동자들의 연금과 의료보험 비용을 조달할 수 있었다.

마지막 부분에 주룽지가 큰 관심을 나타냈다. 중국에서 국유 기업을 개혁한다는 것은 소위 철밥통을 부순다는 의미였다. 다시 말해서 대기업에서 일하는 사람들에게 평생토록 보장되던 정부의 보살핌과 지원이 사라진다는 뜻이었다. 그럴 경우 실업률이 치솟고 더 나아가서 사회 불안이 초래될 위험이 있었는데, 이는 중국 지도자들이 가장 염려하는 것이었다. 중국 공산당은 앞서 국민들과 한 가지 단순한 거래를 한 터였다. 정치적 안정의 대가로 경제 발전을 약속한 것이다. 정치적 안정이란 곧 공산당의 지배를 의미했다. 요컨대 경제적 번영은 중국 공산당에게 정통성을 부여하는 원천이었다.

국민적인 자부심도 걸려 있었다.「해당 거래는 단순히 도이치 텔레콤을 상장하는 데 그치지 않고 독일이란 나라를 국제 시장에 상장하는 효과를 거두었으며 독일의 이미지도 개선되었습니다.」내가 말했다.「1997년은 매우 중요한 해입니다. 통신 산업 개혁은 홍콩 반환 시점에 맞추어 홍콩에서 시작되어야 하며, 중국 통신 산업 전체의 발전을 촉진할 촉매가 될 것입니다.」

내가 하는 이야기들은 주룽지에게 분명히 새로울 것이 없었을 것이다. 관련 내용으로 나와 장시간 논의한 왕치산에게서 사전에 충분한 브리핑을 받았을 터였고, 나 역시 왕치산이 조언한 틀에서 대체로 벗어나지 않았기 때문이다. 그럼에도 골드만 삭스의 진실성을 보여 주고 중국의 노력이 결실을 맺도록 하려는 나의 개인적인 의지를 증명하기 위해서는 주룽지에게 직접 우리의 생각을 확실하게 전달할 필요가 있었다. 게다가 왕치산이 골드만 삭스와 일하기를 원하는 이상 나는 골드만 삭스뿐 아니라 그의 기대에도 부응해야 했다.

내가 이야기를 마치자 주룽지가 고개를 끄덕이며 입을 열었고 당 지도부가 생각하는 가장 중요한 요소 두 가지를 지적했다. 개혁의 중요성과 홍콩이었다. 물론 그에 앞서 자신의 멘토를 떠나보낸 일과 관련해서 약간의 감상적인 발언이 있었다.「중국인은 (……) 변함없이 개혁과 개방을 추진해 앞으로 나아갈 것입니다. 슬픔을 원동력으로 삼아 덩샤오핑 동지의 바람을 완성해 나갈 것입니다.」

조언자들의 충고를 어기고 덩샤오핑을 언급했던 나는 주룽지가 덩샤오핑이라는 주제를 언급하자 한결 마음이 놓였다(그들은 외국인이 중국 최고 지도자의 죽음을 거론하는 것은 부적절하다고 생각했다). 나로서는 그 같은 상황에서 주룽지를 만났음에도 애도를 표하지 않는다는 것은 도저히 상상할 수 없는 일이었다. 나는 언제나 우리 중국 팀의 이야기를 경청하고 대체로 그들의 조언을 따랐지만 가끔 직관대로 행동했고, 이번도 그런 경우였다. 나는 그동안의 경험으로 중국인들이 진정성을 중시하고 상대가 솔직하게 말하는 것을 좋아한다는 사실을 알고 있었다.

주룽지는 〈중국의 밝은 경제 상황〉을 이야기하면서 〈홍콩을 돌려받는 데는 아무런 문제가 없을 것입니다. 나는 대다수 홍콩 국민들이 홍콩의 지속적인 번영을 믿어 의심치 않을 거라고 생각합니다〉라고 자신했다. 그는 홍콩이 반환되면 〈하나의 국가, 두 개의 시스템〉 모델이 적용될 것이며, 〈중국 중앙정부는 홍콩 특별행정구의 정치와 경제 문제에 간섭하지 않을 것〉이라고 거듭 강조했다. 실제로 중국 지도자들은 기회가 있을 때마다 이 점을 강조했다. 그들은 홍콩과 마카오뿐 아니라 그에 못지않게 중요한 타이완에 대해서도 동일한 모델을 제시하면서 해당 지역의 거주민들을 안심시키고자 했다.

주룽지는 중국어로 이야기하면서 대체로 나를 직시했고 이따금씩 내 동료들이 앉은 곳을 둘러보았다. 그를 제외하면 중국 측에서는 아무도 입을 열지 않았다. 우연히 내 시선이 아래로 향했는데 두꺼운 양탄자에 파묻힌 주룽지의 검은색 구두와 바짓단 밖으로 삐져나온 내복 끝자락이 보였다. 앞서 언급했듯이 그는 매우 실리적인 사람이었고, 그 당시 베이징의 낡은 사무실들은 끔찍할 정도로 춥고 외풍이 셌다.

바로 그때, 그는 마침내 우리가 그토록 듣고 싶어 하던 이야기를 했다. 「물론 우리는 당신의 의견을 고려할 것이며 당신과 함께 일하기를 희망합니다. 통신 부문에서 중국 정부와 협력할 의사가 있다면 우전부와 더 세부적인 논의를 진행할 수 있을 것입니다.」

단지 그뿐이었지만 전부이기도 했다. 그날의 회의에는 우전부에서 아무도 참석하지 않은 터였다. 우리는 원래 다음 날 통신 분야에 오랫동안 몸담아 온 유능한 관료인 우지촨(吳基傳) 우전부 부장을 만날 예정이었다. 우리는 한동안 투자은행인 중국국제금융공사를 비롯해 우전부 대리인들과 함께 일해 왔음에도 우전부가 (그리고 내가 생각하기에는 중국국제금융공사도) 실질적인 업무 과정에서 누구를 선택할지와 관련해서는 정작 다른 생각을 가졌을지 모른다고 걱정하던 참이었다. 당연하지만 이제 주룽지의 결정이 우전부와 우지촨 부장에게 전달될 터였다.

주룽지의 이야기가 끝나고 다시 내가 끼어들었다. 나는 계약을 따내기 위한 경쟁이 극심할 거라는 사실을 잘 알았기에 이런 종류의 계약을 수행하는 데 있어서 골드만 삭스의 세계적인 역량을 언급했다. 골드만 삭스가 바로 다음 순위에 있는 상위 세 개의 투자은행을 모두 합친 것보다 많은 국유 기업의 민영화 작업을 수행했음을 강조했다. 「이 건은 복잡한 프로그램이 될 것입니다.」 내가 말했다. 「우리의 기술과 전문 지식을 제공하는 데 노력을 아끼지 않겠습니다.」

주룽지가 고개를 끄덕인 다음 회의를 마무리하며 말했다. 「중국건설은행과 더 긴밀하게 협조해 주시기를 바랍니다. 그쪽 회사와 공조함으로써 중국건설은행은 스스로를 상업화하는 과정에서 이점을 취해 보다 빠르게 현대화될 수 있을 것입니다.」

주룽지가 우리에게 감사를 표하고 잠시 작별 인사를 주고받는 것을 끝으로 회의는 마무리되었다.

중국 지도자들은 회의를 주재하는 능력이 탁월한 매력적인 대화 상대다. 특히 상대방을 기분 좋게 하고 상대로 하여금 듣고 싶었던 말을 들었다고 착각하게 만드는 능력이 있었다. 따라서 그들을 상대한 사람은 지나치게 들뜨거나 낙관하기 쉽다. 나는 매우 신중하게 주룽지의 이야기를 경청했고 회의 결과가 기대 이상이라고 생각했다. 그럼에도 밖으로 나오자마자 동료들에게 재빨리 객관적인 의견을 구했다.

「결과가 어떤 것 같습니까?」 팀원들에게 물었다.

「이보다 더 좋은 결과는 상상할 수 없을 정도입니다.」 존 손턴이 대답했다. 마이크 에번스와 왕쉐밍도 동의했다.

요컨대 우리는 주식 상장에 관한 어떤 회의를 막 끝냈으면서도 회의 내내 상장 시기나 규모, 가격 같은 구체적인 조건에 대해서는 단 한 마디도 언급하지 않았다. 우리와 함께 일하게 될 관련 부서의 유력한 고위급 부장도 참석하지 않은 터였다. 심지어 회사 자체도 실질적인 의미에서 아직 존재하지 않았다. 장차 우리 손으로 만들어야 할 참이었다. 우리가 이 세상 어디서라도 맞닥뜨리거나 관여하게 될 거라고 생각할 만한 그런 거래가 아니었다.

하지만 1997년의 중국은 그러했고, 우리는 유리한 고지를 선점했다는 기대에 부풀었다.

중국에서는 메시지가 늘 직접적인 방식으로만 전달되지 않는다. 신호를 읽는 것이 중요하다. 어쩌면 그 회의에서 가장 중요한 측면은 주룽지가 무슨 말을 했는지가 아닐지 몰랐다. 우리가 만났다는 것이 중요했다. 그가 우리에게 자신의 생각을 전달할 방법은 수없이 많았다. 하지만 대다수 정부 기관이 문을 닫은 날 우리를 만나기로 했다. 그것도 한창 논란의 중심에 있으며 자신이 추진하는 향후 개혁 프로그램의 핵심이자 대표작이 될 계약을 논의하기 위해서였다. 중국 경제를 총괄하고 장차 모든 결정 과정에서 중요한 역할을 하게 될 인물이 우리를 직접 평가했고, 우리는 검열을 통과한 것 같았다.

그는 중국건설은행을 비롯해 통신 산업을 감독하는 부서와 협력하도록 우리를 격려하고 공개적으로 우리에게 힘을 실어 주었다. 이는 우리뿐 아니라 중국 정부와 당 관료들에게 보내는 강력한 메시지였다. 한 번의 회의로 단번에 계약이 성사되지는 않을 터였다. 나도 알았다. 주룽지의 승인이 위안을 주기는 했지만 그럼에도 보장된 것은 아무것도 없었다. 우리는 여전히 계속 경쟁하고 형식적인 절차를 통과하고 주룽지보다 하위 단계의 의사 결정권자들을 상대해야 할 것이었다. 비록 남들보다 한발 앞서 있었지만 끊임없이 노력하지 않는 한 우위를 잃기 십상이었다. 실제로도 그런 경우가 많았다. 중국과의 거래에서 일종의 특성이었다. 즉 실질적인 결과물이 나오기 전까지는 아무것도 장담할 수 없었다. 우리는 확실해 보이던 사업 기회가 구체화되지 못하고 그냥 무산되는 경우를 자주 목격해 온 터였다. 그럼에도 이 건은 실행 가능성이 확실해 보였고 모든 은행들이 계약을 따내고자 나름의 경로를 통해 전력으로 경쟁하고 있었다. 중국 국유 기업체에 대한 역대 최대 규모의 기업공개가 될 것이 분명한 거래에서 앞으로 우리가 공식적인 권한을 얻기까지는 수개월에 걸친 부단한 노력과 신중한 전략적 행동이 요구될 터였다.

호텔로 돌아오는 길에 다시 톈안먼 광장을 지났다. 자금성 벽에 걸린 이 층 높이의 거대한 마오쩌둥 초상화가 문득 눈에 들어왔고, 잠깐 동안이지만 그라면 국유 기업 중 하나의 지분을 외국인들에게 판매하는 자본주의 은행가들을 어떻게 생각했을지 궁금했다. 톈안먼 광장을 사이에 두고 인민대회당을 마주 보는 중국국가 박물관 앞에 거대한 디지털시계가 보였다. 홍콩이 중국에 반환될 날짜를 세는 그 시계는 124일을 가리키고 있었다.

시계에 표시된 숫자는 내게 또 다른 시작을 알렸다. 우리 일과 홍콩의 반환은 별개의 시간표에 따라 진행되겠지만 나는 자꾸 이런 생각이 들었다. 〈능률적인 서구 시장에서도 족히 1년은 걸릴 일이지만 우리에게 주어진 시간은 불과 몇 개월에 불과하고 그 안에 계약을 마무리해야 한다.〉

나는 자동차 뒷좌석에 나란히 앉아 있던 마이크 에번스를 돌아보며 말했다. 「계약을 성사시킬 구체적인 전략을 들어 봅시다.」

2 중국인의 몸, 외국인의 기술

새로운 시장을 파고들려면 가장 중요한 고객들과 탄탄한 유대 관계를 구축해서 강한 인상을 주는 것이 무엇보다 필요하다. 중국 시장 공략에 나선 골드만 삭스의 초기 경로는 홍콩을 경유하는 것이었다. 그리고 둥젠화(董建華)는 사업 초기에 만난 가장 중요한 사업가 중 한 명이었다. 그는 나중에 홍콩이 영국령 식민지에서 홍콩 특별행정구로 바뀌면서 이 특별행정구의 초대 최고 책임자가 되며, 홍콩이 반환된 해인 1997년부터 2005년까지 이 직위를 유지한다.

둥젠화는 아버지 둥하오윈이 설립한 동양국제컨테이너운송회사를 경영했다. 선견지명이 있던 그의 아버지는 세계 최대 규모의 선단을 구축했을 뿐 아니라 원양 여객선 퀸 엘리자베스호를 매입해서 해상 대학으로 개조하려 했던 것(이 배는 개조 과정에서 화재가 발생해 홍콩 항구에서 전복되었다)으로 유명한 해상 운송계의 거물이었다. 동양국제컨테이너운송회사는 세계적으로 선적 물량이 감소한 1980년대 중반에 어려움을 겪었고, 이때 중국 본토의 도움을 받은 적이 있었다.

동양국제컨테이너운송회사가 우리와 거래할 일이 별로 없는 것과 별개로 둥젠화는 매우 지혜롭고 예리한 중국통이었으며 미국에 대단히 우호적인 사람이었다. 둥젠화와 중국 지도자들의 각별한 관계는 그에게 중국 지도자들의 진지한 장기적인 비전과 중국의 성공 가능성에 대한 확신을 주었다. 그는 덩샤오핑의 경제 정책을 강력히 지지했고, 내게 골드만 삭스가 해당 지역에서 진정 영향력을 발휘하려면 중국에 집중해야 한다고 조언했다.

내가 홍콩을 드나들기 시작한 지 얼마 되지 않았을 때였다. 나중에 이 지역에서 골드만 삭스의 사모펀드 운용을 맡게 되는 젊은 부동산 은행가 헨리 코넬이 둥젠화 쪽에서 개발하려는 베이징의 노른자위 땅에 대해 언급했다. 동방 광장 또는 오리엔탈 플라자라는 이름으로 사무실과 주거 공간, 쇼핑몰, 호텔, 레스토랑까지 갖춘 아시아 최대 규모의 거대한 다목적 개발 계획이 추진되고 있는 장소라고 했다. 지리적인 위치도 더 이상 좋을 수 없었다. 창안로(路)와 왕푸징로(路)가 만나는 사거리에 위치하고 톈안먼 광장과도 매우 가까워서 중국 최고의 요지라고 할 수 있었다. 시장을 파악하는 차원에서 둥젠화에게 혹시 골드만 삭스도 공동으로 투자할 수 있을지 물었고 그가 승낙했다.

나는 1992년에 둥젠화를 비롯한 다른 몇몇 투자자들이 해당 프로젝트와 관련해서 장쩌민 주석을 만나러 갈 때 그들과 동행했다. 이십 대에 백악관에서 일했고 닉슨 대통령과도 수시로 대면한 나였지만 중국 공산당 총서기를 만나는 것은 여전히 긴장되는 일이었다. 장쩌민은 덩치가 크고 끈기가 있으며 사교적인 성격이었다. 상하이 당 서기 시절에 학생들의 시위를 노련하게 진압한 공을 인정받아 톈안먼 사건 이후인 1989년에 덩샤오핑에 의해 총서기로 발탁되었다. 두꺼운 검은 테 안경과 눈에 잘 띄지 않는 외모에 더해서 상대방을 무장 해제시키는 태도 때문에 외국인들이 자칫 만만하게 여길 수 있는 인물이었다.

우리는 인민대회당에서 장쩌민을 만났다. 그곳은 베이징의 심장부인 톈안먼 광장 서쪽에 약 330미터에 걸쳐 뻗어 있는 휑뎅그렁한 소비에트식 건물이었다. 여덟 명에서 열 명쯤 되는 사람들 가운데 아마도 내가 유일한 서양인이었기 때문일 것이다. 그날 회의에서 나는 과분한 주목을 받았다. 장쩌민은 나를 향해 영어로 말하기 시작했고 GE(제너럴 일렉트릭)나 보잉, IBM 같은 미국 기업의 이름을 줄줄이 나열하면서 중국에 미국의 회계 방식을 도입하는 문제가 얼마나 중요한지 강조했다. 물론 맞는 말이었다. 일반적으로 중국 기업의 회계는 엉망이었다. 중국이 투명성을 수용하고 엄격한 회계 기준을 채택하기 이전까지는 외국에서 중국 대기업의 주식 거래가 아예 불가능했을 정도였다. 그가 내 눈을 똑바로 보면서 〈자산은 부채와 자본을 합친 것과 같아야 한다〉라고 말했을 때 나는 거의 웃음을 터뜨릴 뻔했다. 그날 이후로 나는 미국의 지도자들 중에도 과연 이 타고난 공산주의자처럼 대차대조표를 간단명료하게 정리할 수 있는 사람이 있을지 내내 의문을 갖게 되었다.

중국 방문이 이루어진 시기는 1992년 바르셀로나 올림픽이 끝난 직후였다. 이를테면 마이클 조던을 비롯한 미국 남자 농구 선수들이 〈드림 팀〉이라는 이름으로 인상적인 활약을 선보인 뒤였다. 물론 중국도 여자 수영 부문에서 금메달을 네 개나 따서 세계를 깜짝 놀라게 했다. 장쩌민이 내게 올림픽을 보았는지 물었다.

「물론입니다.」

「우리 수영 선수들을 보면서 어떤 생각이 들었습니까?」 그가 물었다. 눈으로는 나를 빤히 쳐다보고 있었다. 중국 팀은 어느 날 갑자기 나타나서 기록적인 성적으로 금메달을 땄고, 그래서 불법적인 약물을 복용했다는 소문이 무성했다.

「무척 흥미로웠습니다.」 나는 되도록 중립적인 태도로 대답하려고 노력했다. 장쩌민이 고개를 끄덕였고 웃으면서 말했다. 「중국인의 몸에 외국인의 기술을 접목한 결과입니다.」

이후로도 나는 자주 그의 말을 되새겼다. 〈중국인의 몸에 외국인의 기술.〉 그 말이 19세기 청나라 관료 장지동(張之洞)의 말을 인용한 거라는 사실을 나중에 알았다. 장지동은 〈중국 학문에 바탕을 둔 채 실용적인 적용을 위해 서양 학문을 배워야 한다〉라고 주장하면서 중국의 문호 개방에 앞장선 인물이었다. 이러한 접근법은 중국이 지난 몇십 년 동안 급성장한 배경과 관련해서 많은 것을 설명해 주었다. 다시 말해서 그것은 개혁개방의 정수였다. 중국인들은 그들의 거대한 창고에서 인적 자원과 억센 근육, 두뇌를 꺼내 서방 세계로부터 구걸하거나 빌리거나 구매하거나, 더 솔직히 말하자면 도둑질한 지식과 혁신과 우수한 사례들과 결합시켰다. 이 조합은 그들을 어마어마한 대국의 반열에 올려놓았다. 주요 강대국들 사이에서 급성장한 군사력을 과시하게 되었고 빠르게 증가하는 국내총생산 또한 가까운 미래에 미국을 앞지를 것으로 예상되고 있다.

내가 장쩌민을 만났을 당시는 장차 중국이 미국의 경제적 우월성을 위협할 거라고는 상상도 할 수 없던 시절이었다. 중국은 최근의 정치적·경제적 악몽에서 막 깨어나고 있었다.

1949년 10월, 마오쩌둥은 톈안먼 광장에서 중화인민공화국 건국을 공표하면서 식민지 탄압과 내란으로 한 세기 동안 비틀거리던 국가에 새로운 길을 제시했다. 독군(督軍)과 일본 정부, 장제스가 이끄는 국민당 군대와 공산주의자들 사이의 오랜 내전으로 중국은 전면적이고 지속적인 충돌이 20년째 극에 달해 있던 참이었다. 마오쩌둥은 곧바로 농업을 집산화하고, 소비재나 서비스 산업을 도외시한 채 중공업 위주의 대대적인 산업화에 자원을 집중하면서 소비에트식 계획경제를 도입했다. 전란의 후유증에서 회복되면서 경제가 성장했고 중국은 자국민의 기본적인 욕구를 충족시키는 데 장족의 발전을 거두었다. 하지만 공포 시대의 잘못된 정책과 재앙에 가까운 경제 계획은 막대한 피해를 유발했다. 대약진 운동(1958~1961)을 통해 일반 시민들을 동원해서 산업화를 가속화하려던 마오쩌둥의 시도는 대기근으로 이어졌고 결국 3000만 명 이상이 목숨을 잃었다.

권력을 유지하는 데 능수능란했던 마오쩌둥은 뒤이어 문화 대혁명을 시작해서 공산당 내 고위 간부들을 숙청하고 홍위병을 앞세워 계급투쟁이라는 명목 아래 전국적으로 수백만 명을 박해했다. 대학교는 문을 닫았고 젊은 지식인들은 농촌으로 보내져 육체노동을 해야 했다. 오늘날 두각을 나타내는 젊은 지도자들 중 상당수는 농촌에서 수년씩 고된 노역을 한 사람들이었다. 중국의 악몽은 1976년 마오쩌둥의 죽음으로 마침내 끝을 맺었다.

당시의 중국은 혼란한 상태였다. 국제적으로 고립되어 있었고 경제적으로도 표류 중이었다. 마오쩌둥의 급진적인 평등주의는 뒤틀린 반(反)이상향적인 측면에서 승리를 거두었다. 요컨대 농민이나 공장 노동자 같은 일반 대중은 정도의 차이만 있을 뿐 하나같이 더욱 가난해졌다. 중국은 거의 10억 명에 달하는 인구 중 절반 이상이 극도의 빈곤 속에서 이를테면 하루에 1달러도 안 되는 돈으로 살았고, 국가적으로 만성적인 결핍에 시달렸다. 곡물이나 옷 같은 기본적인 소비재는 1980년대 이후에도 여전히 할당량이 정해져 있었다. 반면에 전후의 미국은 마오쩌둥의 통치 기간 중 급격한 번영을 이루었다. 1949년부터 1976년까지 국내총생산이 거의 일곱 배인 1조 8000억 달러로 증가했고 일인당 국민 소득도 다섯 배 가까이 늘었다.

거듭된 정치적 유배에서 살아남아 최고 지도자 자리에 오른 덩샤오핑은 1978년에 대대적인 변화에 착수했다. 그 시작은 나라를 좀먹는 마오쩌둥식 정치를 거부하고 자유 시장 원리를 채택하는 것이었다. 그는 〈중국식 사회주의〉 건설을 강조하며 경제 발전에 당력을 집중했다. 뼛속까지 실리주의자였던 그는 〈쥐를 잡기만 한다면 그 고양이가 검은색이든 흰색이든 중요하지 않다〉라는 유명한 말을 남겼다.

농업 부문에서 최초의 의미심장한 개혁이 시작되었다. 그동안 농부들은 집단 농장에 배속된 채 농사에 매진하면서 끊임없이 상향 조정되는 목표를 달성해야 했고, 도시 산업을 효과적으로 보조하기 위해 농작물을 낮은 가격에 팔아야 했다. 당연히 생산성은 정체되었고 중국은 매번 식량을 수입해야 했다. 덩샤오핑의 독려로 공산당 지도부는 마침내 집단 농장에 더 많은 자유를 주기로 결정했다. 곳곳에서 농부들에게 소규모의 사유지 경작을 허락한, 예컨대 안후이성이나 쓰촨성 같은 곳에서 이미 실행 중이던 실험을 따라 하기 시작했다. 오래지 않아 전국의 집단 농장은 농지를 소규모로 분할해서 농가에 경작을 일임하는 이른바 농가 책임제를 채택했다. 농가는 정해진 할당량을 채우는 조건으로 계약을 맺었고 남는 수확물을 공개 시장에 내다 팔았다. 새로운 유인이 생기면서 생산성은 급증했다. 1978년과 1984년 사이에만 곡물 수확량이 34퍼센트 증가했다. 그쯤 되자 집단 농장은 모두 자취를 감출 수밖에 없었다. 농부들은 환금성이 좋은 작물과 가축으로 영역을 확장했고 중국인들에게 좀 더 풍부하고 다채로운 먹을거리를 제공하면서 자기 주머니를 불렸다.

생산성 증가는 농촌에 필요한 일손이 줄었음을 의미했다. 많은 잉여 노동력이 새로 생기거나 이미 가동 중이던 농촌 소재의 공장에 흡수되었다. 이런 향진 기업들은 대체로 지방정부의 소유였지만 전체적인 국가 경제 계획에 포함되지 않았다. 따라서 민영 기업에 더 가까운 자유를 누리면서 시장에서 수요가 많은 제품을 찍어 내거나 중앙정부가 소유한 거대 국유 기업들과 경쟁했다. 농부들은 일자리를 찾아 더 멀리 나가기 시작했다. 수백만 명의 농부들이 급성장하는 공장에 이끌려 해안 도시들로 향하면서 인류 역사상 유례를 찾아볼 수 없는 도시화가 시작되었다. 향후 30년 동안 약 3억 명에 달하는 사람들이 농촌에서 도시로 몰려들 터였다. 이는 국가적인 생산성을 높이는 데 많은 도움이 되기도 했지만, 사회 불안을 조장하고 지속적으로 환경의 질적인 저하를 초래할 터였다.

개혁의 바람은 도시의 산업 부문에도 불었다. 중국 정부는 신생 기업들을 거대한 정부 부처로부터 분리시켜 산업 전반에 대한 구조조정 노력에 착수했다. 중공업 대신 소비재 산업을 강조하고, 국유 기업에 더 많은 자율성을 부여했으며, 의사 결정권을 분산하고, 이중 가격제를 도입했다. 관리자들은 수정된 계획에 따라 여전히 할당량을 달성해야 했지만 여기에 더해서 생산된 제품을 유연한 가격으로 공개 시장에 판매할 수 있게 되었다. 수익성이 좋은 이 회색 시장*은 국유 기업들이 목표 할당량을 달성하는 데 만족하지 않고 이윤에 더 집중하게 만드는 효과가 있었고, 경영자들은 다양한 유인을 제공하고 실험할 수 있는 더 많은 자유를 갖게 되었다.

국제 경제에 재합류하겠다는 자신의 공약에 따라 덩샤오핑은 중국 남부의 푸젠성과 광둥성 정치인들에게 특별경제구역을 만들어 해외에 거주하는 중국인 단체들과 교류를 통해 이익을 도모할 수 있도록 허가했다. 선전시는 홍콩과 지근거리였고 주하이시는 당시 포르투갈령이던 마카오와 국경을 맞대고 있었으며 샤먼

* 합법적 시장과 암시장의 중간으로 공정 가격보다 다소 비싸게 매매가 이루어지는 시장.

시와 산터우시는 타이완과 해협을 사이에 두고 있었다. 특별경제구역의 중국 기업이나 외국 기업들은 낮은 세율을 적용받았다. 가공할 목적으로 들여오는 부품이나 물자에 대해서는 수입 관세를 낼 필요도 없었다. 수출입 규제도 덜했고 외국 자본의 투자를 받기도 상대적으로 수월했다. 중국의 개혁개방 의지를 보여 준 강력한 상징물인 특별경제구역은 실험실로서의 역할도 수행했는데, 특히 노동자에게 성과급을 지급하고 건설 계약에 경쟁 입찰을 채택했다. 덩샤오핑은 개혁의 새로운 전기를 맞이해 이를 기념하고자 1984년에 선전시를 방문했다. 그리고 이 자리에서 누군가는 더 부자가 될 수밖에 없는 불가피함을 인정했다. 1986년에는 TV 프로그램 「60분」에 출연해서 마이크 윌리스에게 〈부자가 되는 것은 죄가 아니다〉라고 설명했다. 〈우리는 몇몇 사람과 지역을 우선적으로 번영하게 함으로써 공공의 번영을 앞당기고자 한다.〉

덩샤오핑의 전언은 모두에게 전파되어 궁핍한 시절을 뒤로한 채 자신의 운명을 개척하고자 하는 중국인들을 고무했다. 그들은 그동안 억눌려 왔던 기운과 재주를 폭발시켰다. 중국 경제는 급속히 발전했다. 1980년대 초에 국내총생산은 해마다 평균 10퍼센트씩 성장했고, 도시와 농촌 소득이 각각 60퍼센트와 150퍼센트 이상 급증했다. 세탁기와 컬러텔레비전, 오토바이 등이 마오쩌둥 시대에 신분의 상징이던 자전거와 손목시계, 재봉틀을 대체했다. 하나쯤은 있어야 하는 이런 제품들이 무수히 팔려 나갔다.

모험적인 사업가들도 존재감을 드러내기 시작했다. 오랫동안 억압되어 온 재능을 발휘하고자 정부 기관이나 국유 기업, 학계 등 안정적인 직장을 그만두고 당시 유행한 표현처럼 샤하이(下海), 즉 사업의 세계로 뛰어들었다. 다른 대담한 사람들은 농장에서 벗어나 행상이나 음식 노점, 자전거 수리공, 소규모 제조업자, 보험 영업 등 자영업에 뛰어들었다. 그리고 그 과정에서 미국의 전설적인 도금 시대에 비견될 정도로 믿을 수 없는 성공담들을 만들어 냈다. 정부 차원에서 제공되는 막대한 이득을 계속해서 누린 국유 기업들과 별개로 이들 개척자들은 고용 창출과 혁신의 원동력이 되었고, 많은 대기업과 대부호가 탄생하는 토대가 되었다.

〈개혁개방 이전에는 아무리 능력이 있어도 전혀 쓸모가 없었다는 사실을 미국인들은 이해하지 못한다〉라고 내 친구이자 컴퓨터 업계의 개척자인 류촨즈(柳傳志)가 말했다. 〈개혁은 사람들에게 선택권을 주었다.〉

류촨즈는 명백히 이 기회를 최대한 활용한 경우였다. 1984년에 마흔 살이던 그와 그의 몇몇 동료들은 그 유명한 중국과학원 산하의 컴퓨터 연구소를 그만두기로 결정했다. 연구소 측은 그들에게 8만 달러에 조금 못 미치는 돈을 지원하고 연구소 안에 있는 예전 자전거 보관소를 내주었다. 이들 신출내기 사업가들은 처음에 텔레비전과 디지털시계를 판매하다가 개인용 컴퓨터에 한자를 인식하는 회로 카드를 개발해서 큰 인기를 끌었다. 얼마 뒤에는 자체 컴퓨터를 제작해서 판매했고 여기에 더해 외국산 컴퓨터까지 유통했다. 회사는 곧 중국의 컴퓨터 시장을 지배했고, 오늘날의 거대한 레노버 사로 발전했다. 회장인 류촨즈는 중국인들의 우상이 되었다.

류촨즈와 같은 성공담은 1980년대에 그야말로 차고 넘쳤다. 차오더왕(曹德旺) 은 중국의 남부 해안을 따라 광둥성 바로 위쪽 타이완을 마주하고 있는 푸젠성에서 1946년에 태어났다. 그는 문화대혁명 때 시골에서 일정 기간을 지낸 뒤 대담배 행상을 하다가 나중에는 과일 장수이자 주방장이 되었다. 1983년에 시립 유리 공장을 운영했으며, 4년 뒤 직접 공장을 차리고 푸야오 유리 회사를 설립했다. 푸야오 유리 회사는 처음에 수도 계량기의 유리 패널을 생산하다가 나중에는 안전유리를 전문적으로 생산했다. 차오더왕은 이 회사를 GM(제너럴 모터스)이나 폭스바겐, 도요타 같은 자동차 회사에 안전유리를 납품하는, 세계에서 두 번째로 큰 동시에 수익성이 가장 좋은 국제적인 기업으로 일구어 냈다.

쭝칭허우(宗慶後)의 성공 이야기도 빠뜨릴 수 없다. 그는 문화대혁명 기간에 집단 농장에서 10년을 보낸 뒤 고향인 항저우에서 삼륜차에 막대 아이스크림과 탄산수, 공책 등을 싣고 다니며 행상을 했다. 고등학교도 나오지 않은 그는 1987년에 두 명의 은퇴한 교사와 함께 2만 2,000달러를 대출받아서 아이들에게 그리고 나중에는 어른들에게도 강장제를 판매하기 시작했다. 이 음료가 선풍적인 인기를 끌면서 그의 회사인 항저우 와하하 그룹(와하하는 중국어로 〈웃는 아이들〉이라는 뜻이다)은 중국에서 독보적인 음료수 회사로 발돋움했으며, 쭝칭허우는 2013년에 중국에서 가장 돈이 많은 사람이 되었다.

그럼에도 개혁의 길은 평탄하지 않았다. 자본주의를 향한 초기의 이런 행보들은 결코 순탄하지 않았으며 대가도 뒤따랐다. 정치적인 변화가 경제적인 변화를 따라잡지 못했고, 자원이 낭비되었으며, 환경오염이 심해졌고, 새로운 부의 불평등한 분배로 족벌주의와 부패에 대한 불만이 팽배했다. 개혁가들은 변화의 속도와 규모를 줄이거나 아예 중단하기를 원하는 당내 보수적인 인사들과 싸워야 했다. 의도하지 않은 결과도 많이 나타났다. 당초 중국 지도부는 집단 농장을 좀 더 느슨하게 통제하더라도 예의 가족농업 형태로 회귀하는 것은 막고자 했다. 하지만 일단 고삐가 풀리자 아무도 농부들을 막을 수 없었다. 불과 6년 만에 집단 농장은 자취를 감추었고 가족농업이 대세를 이루었다.

덩샤오핑은 이런 변화가 예측 불가능할 뿐 아니라 많은 위험을 내포하고 있음을 알았다. 그는 돌을 더듬어 확인하면서 강을 건너듯이 중국도 한 번에 하나씩 개혁을 추진해야 한다고 주장했다. 그렇게 1980년대 대부분의 기간 동안 중국은 두 발작 전진하면 한 발작 후퇴하는 식이었다.

덩샤오핑과 1970년대에 그의 복귀를 지지한 천윈(陳雲) 같은 당 원로들이 개혁의 규모와 속도를 두고 갈등하는 사이 중국의 성장은 속도를 냈다가 돌연 정지하기를 반복했다. 과열 양상을 보였던 초기의 의욕은 신중한 경제 계획과 좀 더 완만한 성장을 옹호하는 보수주의자 천윈에 의해 진정되었다. 전능한 권력을 보유한 중국 공산당 상무위원회의 일원이던 천윈은 〈새장〉 이론으로 유명했다. 그의 이론에 따르면 중국의 자유 시장은 딱 계획경제라는 새장 속에서 새가 날 수 있는 만큼의 자유만 가져야 했다.

1988년에 특히 힘든 시기가 찾아왔다. 가격 통제를 해제하려는 어설픈 시도 끝에 경제가 붕괴했기 때문이다. 열정적인 개혁가였던 자오쯔양(趙紫陽) 당 총서기는 이런 투 트랙 정책에 내재하는 혼란과 잠재적 부패를 방지하기 위해 몇몇 주요 품목을 제외한 모든 상품에 대해 시장 가격을 채택하도록 지도부를 압박했다. 그렇게 된다면 정부는 공식적인 경로로 상품을 구매해서 공개 시장을 통해 더 많은 양을 판매할 수 있을 터였다. 덩샤오핑이 더 많은 상품에 대해 통제 해제를 승인하자 물가가 상승하기 시작했다. 급속한 신용 확대로 경제는 성장했지만 인플레이션이 심화되면서 계획경제 시절의 고정된 가격과 만성적인 소비재 부족 현상에 익숙한 중국인들은 겁에 질렸다. 정부가 완전한 가격 자율화를 시행할 것이라는 자오쯔양의 발표가 나오자 사람들은 패닉에 빠졌다. 그들은 식량을 사재기하고 은행 예금을 인출하고 거리로 나와 시위를 벌였다. 결국 국무원은 방침을 바꾸었고 일부 품목에 대해 다시 가격 통제를 실시했다.

보수주의자들이 자오쯔양에게서 경제 정책과 관련한 통제권을 빼앗으면서 중국의 경기는 경착륙으로 나아갔다. 투자가 급감하고, 임금 인상이 멈추고, 은행 대출이 축소되고, 건설 프로젝트가 취소되었다. 1989년 들어서 성장이 거꾸러졌지만 그럼에도 인플레이션은 여전히 매우 높았다. 이 같은 경제적 혼란은 그동안 부패를 접하면서 누적된 분노와 맞물려 1989년 학생 저항 운동이 발생하는 배경이 되었다. 발단은 그해 4월에 개혁적인 성향의 총서기이자 1987년에 축출된 후야오방(胡耀邦)의 죽음이었다. 톈안먼 광장에서 발생한 군부에 의한 무력 진압은 시장 개혁과 가격 자율화를 중단시켰다. 외국 정부와 기업들은 무력 탄압에 항의하고자 교역을 줄이고 투자를 축소했다.

내가 중국을 처음 방문한 1991년에는 중국인들을 움직일 강력한 엔진이 다시 시동을 거는 중이었다. 엄밀히 말하자면 이미 은퇴했음에도 덩샤오핑은 1992년 1월에 중국 남부를 순회하면서 개혁에 더욱 박차를 가할 것을 주문했다. 선전시를 방문해서는 특별경제구역을 통한 실험이 기대 이상이었으며 확신을 갖게 되었다고 공표했다. 이런 변화가 종국에는 자본주의로 이어질까 봐 두려워하는 강경파를 덩샤오핑은 맹렬히 비난했다. 그러면서 당이 규제 완화를 주창하는 우파보다 차라리 극좌파를 더 겁내야 한다고 주장했다. 당시의 정치가 그렇듯이 덩샤오핑의 남순강화(南巡講話) 소식은 몇 주 뒤에야 홍콩과 광둥성의 신문에 보도되면서 전국에 알려졌다. 하지만 그때는 덩샤오핑이 이미 강경파를 몰아낸 뒤였고, 베이징에서 보수주의자들과 싸워 온 당 총서기 장쩌민이 덩샤오핑의 후계자로서 입지를 단단히 굳힌 다음이었다. 그해 가을에는 주룽지 부총리와 후진타오 티베트 자치주 당 서기 등의 개혁파들이 상무위원회에 합류했다. 신용 거래의 수도꼭지가 열리고 각 성들이 경쟁적으로 무조건적인 성장을 촉진한 덕분에 국내 총생산은 14퍼센트 넘게 치솟았다. 1993년에 이르러 중앙정치국은 〈사회주의 시장경제〉를 공개적으로 지지했다.

인생의 첫 3분의 2를 사는 동안 나에게 중국은 고향인 일리노이주 배링턴(인구가 5,012명이다)에서 중국까지의 거리만큼이나 먼 나라였다. 중국에 대한 이해가 얕았을 뿐 아니라 잘못 아는 사실도 많았다. 나는 우리 세대의 대다수 미국인처럼 핵 선제공격에 대비해 급우들과 책상 밑으로 대피하는 훈련을 하며 냉전의 그늘 속에서 자랐다. 아버지는 심지어 지하실에 콘크리트로 방공호를 만들고 통조림 식품을 비축하기도 했다(어머니는 지금도 그 방공호를 크리스마스 장식과 그 밖의 잡동사니를 보관하는 용도로 사용한다). 우리는 러시아가 우리를 폭격할지 몰라 전전긍긍했고 그들이 폭격하지 않더라도 중국이 그와 같은 능력을 갖추게 될까 봐 불안해했다. 게다가 우리는 러시아와 달리 중국과 실제로 싸운 적도 있었다. 압록강을 건너 물밀듯이 밀려온 중국군의 이야기와, 그들이 포로로 잡힌 미군을 세뇌했다는 이야기는 어린 시절 나의 관심을 사로잡았고 매우 충격적이었다. 많은 미국인이 나와 비슷한 생각을 가지고 있었다.

1972년 2월, 닉슨 대통령이 탄 비행기가 중국에 착륙했을 때 나는 다른 사람들과 마찬가지로 깜짝 놀랐다. 당시는 국방부에서 근무할 때였고 2개월 뒤면, 즉 닉슨의 모스크바 방문으로 데탕트가 시작되기 직전에 백악관 국내 정책 담당자로 자리를 옮길 터였다. 내가 이해하기로 베트남전에서 철수를 준비하는 한편으로 미국의 전략적인 이해관계를 삼각화해서 소련을 흔들고자 한 닉슨 대통령의 행보는 탁월했다. 어쨌거나 나는 내 할 일에 집중했다. 교육 기금 조성을 위한 부가가치세 등 세제 개혁안을 구체화하는 작업이었다. 물론 그런 법안들이 통과될 가능성은 전무했다. 나는 닉슨의 중국 방문이 향후 40년간 지속될 양국 관계의 초석이 될 거라는 사실을 전혀 예상하지 못한 터였다. 아울러 나 자신의 삶에도 깊고 농밀한 영향을 미치게 될지 전혀 예상하지 못했다.

내가 처음 홍콩을 방문한 것은 1990년 말 골드만 삭스의 투자은행 부문 공동 대표 셋 중 한 명으로 지명된 직후였다. 나는 아시아 시장을 맡아 달라는 요청을 받았다. 시카고에 거주하는 내가 뉴욕의 다른 동료들보다 지리적으로 가깝다는 이유였다. 당시 회사의 계획에서 아시아의 중요도가 어떠했는지 알 수 있는 대목이다. 실제로 1980년대 말까지 우리는 중국에서 진행하는 사업이 전무했고 홍콩에서도 사정이 별반 다르지 않았다. 얼마 뒤 회사는 우수 채권 영업 사원인 모지스 창을 그의 고향인 홍콩으로 발령했다. 모지스는 미네소타의 베미지 주립대학교를 졸업하고 아이오와 대학교에서 사회복지학 박사 학위를 취득한 뒤 골드만 삭스에 합류해서 뉴욕과 도쿄, 런던에서 채권 판매를 담당해 온 인물이었다. 그는 홍콩 현지의 기관과 큰손들에게 미국 채권을 판매하면서 빠르게 사업을 일으켰다. 1990년대 초에 들어서자 골드만 삭스의 홍콩 직원 수는 100여 명에 달했다. 대부분이 채권 판매나 거래를 담당하는 인원이었고, 금융 업무 쪽에는 소수의 인원이 배치되었다. 물론 실적도 거의 전무한 상태였다.

직접 본 홍콩의 아름답고 세련된 현대적인 모습, 활기찬 에너지, 현지 사업가들의 솔직한 태도 등에 나는 금방 매료되었다. 나는 도쿄 사무소에서 아시아 시장을 감독하는 파트너 헨리 제임스와 곧장 베이징으로 날아갔다. 처음 본 베이징은 홍콩의 세련된 모습과 완전히 대조적이었다. 세계적인 도시에 살면서 이름난 재단사가 제작한 유럽 디자인의 맞춤 정장을 즐기는 홍콩 사람들에 비하면 단추를 목까지 채우는 인민복 차림이 아직도 대다수인 본토 사람들은 촌스러울 정도였다. 베이징 거리는 자전거를 탄 사람들로 가득했으며, 최근 들어 급격히 증가한 자동차들과 한데 뒤섞여 운전하는 것은 그야말로 끔찍했다. 오래된 공항에 내려서 호텔까지 가는데 말과 수레와 불안정하게 비틀거리는 자전거와 질주하는 자동차로 붐비는 왕복 1차선 도로를 운전했던 기억이 지금도 생생하다. 위험하게 추월하거나 경적을 울리는 등 사람들이 워낙에 공격적으로 운전한 탓에 호텔에 도착한 나는 우리 일행 중 아무도 죽지 않았다는 사실에 그리고 아무도 죽이지 않았다는 사실에 안도해야 했다.

당시에는 톈안먼 광장과 불과 5킬로미터 거리를 두고 베이징 중심부를 빙 둘러싼 제2순환 도로와 창안로가 만나는 교차로에 서 있노라면 배추를 싣고 도시로 들어오는 노새 마차들을 볼 수 있었다. 제2순환 도로에서 약 2.5킬로미터 간격을 두고 건설 중이던 제3순환 도로 쪽으로 눈을 돌리면 좁은 골목길을 중심으로 형성된 동네와 마당 주위에 집들이 다닥다닥 붙은 후퉁(胡同)이, 즉 베이징의 특징적인 거주 지역이 수백 년째 자리를 지키면서 여전히 넓게 펼쳐져 있었다.

이 모든 것이 빠르게 사라지고 있었다. 이후 베이징을 방문할 때마다 나는 오래된 동네들이 눈 깜짝할 사이에 철거되고 정부 부처나 관공서, 주거 및 호텔 같은 용도의 거대한 건물로 대체되는 광경을 목격했다. 변화의 속도는 아연했다. 지난번 방문했을 때 본 역사적인 건물이 이번에 가면 일견 없어진 것처럼 보일 정도였다. 이처럼 빠른 변화에 나 같은 방문객이 당혹하는 만큼이나 중국인들도 매우 혼란스러울 것이 분명했다.

그럼에도 이런 변화가 가져온 활기와 직업의식과 욕망은 전염성이 강했다. 광둥성 남부의 선전시 특별경제구역을 방문했을 때 나는 중국의 잠재력에 깊은 인상을 받았다. 그곳의 공장에서 그리고 밀집한 빌딩 건설 현장에서 발휘되는 놀라운 기업가 정신을 목격했기 때문이다. 하늘에는 기중기가 숲을 이루고 땅에서는 불도

저가 새로운 공사가 시작되기를 기다리고 있었다.

홍콩 기업가들에게 선전시는 금광이나 다름없었다. 그들은 유지 비용이 거의 들지 않는 곳에서 사업을 시작하기 위해 돈을 투자했다. 중국 정부는 이익에만 신경을 썼고 밤낮으로 열심히 일하는 노동자들에게 최소한의 의료 서비스조차 제공하지 않았다. 홍콩 제조 기업들도 최소한의 임금만 지급했다. 생산된 제품은 법인세를 낼 필요가 없는 홍콩으로 원가에 가져갔고 가격을 부풀려 전 세계 소비자들에게 공급했다. 이보다 더 나은 조건을 어디 가서 또 찾을 수 있을까?

이런 방식은 중국인들에게도 효과가 있었다. 이 말인즉슨 과도한 근무 시간이나 화장실도 마음대로 갈 수 없는 분위기나 통풍조차 되지 않는 작업 현장 등 몇몇 공장들에서 드러난 끔찍한 작업 환경을 외면하려는 것이 아니다. 수백만 개의 일자리가 창출되고 경기가 호황을 누렸다는 사실을 이야기하고자 함이다. 실로 오랜만에 사람들은 여윳돈이 생겼고, 그 돈으로 구매할 수 있는 수많은 매력적이고 탐나는 물건을 접하게 되었다. 광둥성 전역에서 특별경제구역으로 사람들이 모여들었다. 그리고 전국 각지에서 덩샤오핑의 실험이 가장 큰 성과를 낸 광둥성과 그 밖의 해안에 인접한 성(省)들로 사람들이 흘러들었다.

톈안먼 광장의 무력 진압 사건 이후로 나는 확실히 동요했다. 망태기를 든 채 탱크 앞에 선 남자의 외롭고 위태위태한 모습이 뇌리에서 사라지지 않았고 계엄령이 선포되면서 불안감은 더욱 고조되었다. 시위대는 더 많은 자유를 요구했지만 중국 정부는 그들의 요구를 매몰차게 거부했다.

그럼에도 당시에 나는 미국이 중국과 교류하는 것이 타당하다고 생각했으며, 지금도 마찬가지다. 실제로 관계를 축소하기보다 강화하는 편이 정치적으로나 경제적으로 훨씬 낫다고 생각한다.

나는 중국 정부가 자국민의 행복을 위해 결코 쉽지 않은 시장 지향적인 선택을 하고 있다고 확신했다. 또한 생활수준이 높아질수록 중국인이 세계 공동체와 더 가까워지고 미국인이 누리는 것과 같은 자유를 누리게 될 거라고 확신했다. 이런 이상과 권리는 성취 가능할 수도 있고 불가능할 수도 있겠지만 적어도 국민들이 극심한 가난 속에서 살아갈 때보다 풍족하게 살아갈 때 성취하기가 훨씬 용이할 것이다.

나는 워낙에 행동을 중시하는 사람이다. 그리고 중국인의 최대 장점은 단연 행동하는 것이었다. 솔직히 말해서 이는 우리가 1980년대 저축 대부 조합 사태에 뒤이은 불경기로 고향인 미국에서 익숙해져 있던 비관적이고 회의적인 분위기와 매우 신선한 대조를 이루었다. 어쩌면 내가 너무 순진하고 잘 몰라서 그럴 수도 있겠지만 중국인들이 중국 본토나 홍콩, 타이완에서 거둔 것 같은 성공을 우리라고 미리 단념하거나 달성하지 못할 이유는 전혀 없어 보였다. 그들은 많은 것을 바꾸어야 했지만 분명히 노력하고 있었다. 그리고 우리가 그들을 도울 수 있으며 그 과정에서 도움을 받을 수도 있을 거라고 생각했다.

물론 의심의 끈을 완전히 놓은 것은 아니었다. 상하이를 방문했을 때였다. 혼자 일요일 오후를 보내게 된 나는 상하이의 와이탄 구역을 꽤 오랫동안 거닐었다. 공산주의 혁명 이전의 모습을 그대로 간직한 이 유명한 강변로는 황푸강 서쪽 제방을 따라 쭉 늘어선 역사적인 건물들만 보자면 예전의 월 스트리트나 런던을 능가할 정도였다. 내내 외국 은행과 중국 은행, 각종 거래소, 시장 등의 본거지였던 와이탄 거리는 공산주의 혁명 이후에 순식간에 기능을 상실했다. 그런 생각이 들자 나는 망설여졌다. 공동 회장인 밥 루빈처럼 지각 있는 경영진까지 가세한 골드만 삭스의 많은 인사들이 중국의 전망에 대해 통렬하고 본질적인 의문을 제기하는 상황이었다. 주된 이유는 개혁이 지속될지 매우 불확실하다는 점이었다. 나는 나 자신에게 자문했다. 그런 일이 또 일어나지 말라는 법이 있을까? 골드만 삭스가 중국에 투자한 것을 날리지 않을 거라고 어떻게 장담할 수 있을까?

3 대중국 거래의 특징

중국을 둘러싼 의구심은 골드만 삭스 내에서 1990년대 중반에 아시아의 어느 나라가 가장 전망이 밝은지를 논의하는 자리에서 격렬한 토론을 불러왔다. 몇몇 사람들은 우리가 (태국이나 인도네시아, 말레이시아처럼 경제적으로 급부상하는 나라들은 물론이고) 아시아의 호랑이로 불리는 홍콩이나 싱가포르, 한국 등 아시아 지역의 다른 개발도상국에 집중해야 한다고 생각했다. 이들 나라는 모든 면에서 중국에 못지않은 극적인 경제 성장을 이루었을 뿐 아니라 중국보다 덜 변덕스러웠고 경우에 따라서는 즉각적인 사업 기회도 훨씬 많았다. 그들의 기세와 열정, 결의는 인상적이었지만 그럼에도 나는 중국의 잠재력을 열렬히 지지하는 쪽이었다. 간단한 암산만으로도 답이 금방 나왔다. 즉 이들 나라는 하나같이 잘나갔지만 전부 합쳐도 인구가 중국의 3분의 1에 불과했다.

그래도 초기 단계에서 중국은 곁다리 같은 존재였다. 우리의 초기 노력이 홍콩에서 관계를 구축하는 일에 집중되었기 때문이다. 그렇게 하는 편이 우리에게도 이득이었다. 홍콩 반환을 앞두고 중국은 홍콩의 대표적인 사업가들에게 환심을 사려고 노력했다. 홍콩 거상들은 중대한 변화의 조짐을 간파한 터였고 중국 본토에서 인맥을 구축하는 동시에 온갖 종류의 사업에 투자를 해오던 참이었다. 그들의 사업은 우리와 제휴할 만큼 번창했고, 우리는 그들의 등에 업혀 중국에 진출할 수 있었다.

홍콩에서 가장 영향력 있는 기업인은 리카싱(李嘉誠)이었다. 지인들 사이에서 K. S.라는 별칭으로 통하는 그는 난민 신분으로 홍콩에 왔으며 이십대 초반에 사업을 시작했다. 회사 이름은 양쯔강의 이름을 따서 청쿵, 즉 장강(長江)이라고 지었다. 처음에는 플라스틱 빗과 비눗갑을 생산했으며 차츰 장난감과 조화(造花)로 영역을 확대했다. 사업은 번창했고 머지않아 부동산에도 투자하기 시작해서 결국 홍콩에서 가장 큰 부동산 개발업자가 되었다. 1979년에 들어서는 항만업과 소매업, 부동산업에 관여하던 신망 있는 대기업 허치슨 왐포아를 인수했으며 중국에 계속 투자하는 한편 통신 산업 같은 새로운 영역으로 사업을 확장해 나갔다. 리카싱은 1990년에 이미 억만장자가 되었고 홍콩 최고의 갑부로 꼽혔다.

1991년의 어느 날이었다. 나는 골드만 삭스의 홍콩 현지 직원인 모지스 창과 함께 처음으로 리카싱을 만나러 갔다. 홍콩의 중심 지구에서 도시 전체를 내려다보는 그의 사무실에는 별도로 전용 승강기가 운행되었다. 리카싱이 우리 일행을 반갑게 맞이했다. 우리는 점심 식사를 위해 세련된 메뉴판이 놓인 커다란 원형 테이블로 이동하기 전까지 소파와 의자가 준비된 한쪽에서 화기애애하게 대화를 나누었다.

리카싱은 아들이 둘이었다. 빅터와 리처드였는데 빅터는 청쿵에서 일했지만 아직 이십 대이던 둘째 리처드는 중국을 비롯한 아시아 국가들에 초점을 맞춘 선구적인 위성 방송 벤처 사업인 스타 TV를 출범하려는 중이었다. 그날 그 자리에 그들도 있었는지 지금은 잘 기억나지 않지만 리카싱의 핵심 보좌관이자 모지스의 고교 동창인 캐닝 폭은 우리와 함께였다. 그날의 만남도 애초에 그가 주선한 자리였다. 우리가 들어가기 직전 모지스가 리처드의 방송 사업과 관련해서 리카싱이 기금을 모으는 중이라고 귀띔해 주었다.

홍콩과 중국, 미국의 경제 상황과 시장에 관한 다양한 대화가 오갈수록 리카싱의 솔직한 태도와 예리함에 깊은 인상을 받았다. 그는 통찰력이 뛰어났고 노회했으며 세상 물정에 밝았다. 확고한 반(反)공산주의자인 동시에 현실주의자였고 지극히 실리적이었다. 또한 나중에 알게 되듯이 자신의 개인적인 경험에 근거해 불확실하고 자주 변덕을 부리는 세상에서 막대한 현금과 유동성을 확보하고서 보수적으로 대차대조표를 맞추어 나갈 줄 아는 현명한 사업가였다.

아니나 다를까 허치슨 왐포아를 통해 준비 중이던 스타 TV가 주제로 나왔다. 리카싱은 서슴없이 우리에게 스타 TV에서 200만 달러어치의 광고를 사줄 것을 요구했다. 딱히 돈이 필요해서가 아니었다. 그 정도의 돈이라면 그에게는 정말 푼돈에 불과했다. 당시에도 그랬지만 나는 그의 제안을 상징적인 의미로 받아들였다. 둘째 아들의 첫 사업 시도가 성공하기를 바라는 그에게는 매우 중요한 문제일 터였다.

나는 천성적으로 무언가를 망설이는 편이 아니었지만 그럼에도 나중에 답을 주겠노라며 얼버무렸다. 사실 내게는 회사를 대표해 그런 결정을 내릴 권한이 전혀 없었기 때문이다. 골드만 삭스는 보수적인 파트너 관계로 운영되었고, 나는 이 사안이 내가 속한 운영위원회에서 격렬한 토론으로 이어질 것임을 알았다. 물론 그렇다고 홍콩에서 가장 영향력 있는 사업가의 기분을 상하게 하고 싶지도 않았다.

점심 식사가 끝나자 리카싱은 승강기까지 나를 따라왔고 함께 승강기를 타고 내려와서 우리를 배웅했다. 무척 예의 바르고 친밀한 행동이었기에 머지않아 나도 미국에서 아시아 손님들을 대할 때 똑같이 하게 되었다. 나는 그에게 점심 대접과 시간을 내준 것에 고마움을 표시했고 그의 제안을 검토하고 적극적으로 고려하겠다고 말했다.

내가 차에 오를 때 리카싱이 했던 말이 기억난다.「감사합니다, 폴슨 씨. 골드만 삭스에서 스타 TV의 광고 패키지를 이용할 거라는 사실에 벌써부터 기분이 좋아집니다.」

미국에 돌아오자마자 동료들은 내가 리카싱에게 속았다고 말했다. 하지만 나는 우리가 홍콩 시장에서 후발 주자인 만큼 이를 만회하고 원하는 바를 달성하려면 그에 상응하는 노력이 필요하다고 생각했다. 이번 제안을 수락함으로써 장차 리카싱과 그의 가족이 벌이는 사업에 공동으로 투자할 기회를 얻고 투자은행 업계에서 경쟁력을 갖출 수 있을 것으로 예측했다. 미국에서는 우리와 공동으로 투자하는 것에 일부 고객들이 과민한 반응을 보이기도 했다. 하지만 홍콩의 경우에는 그 반대였다. 고객과 함께 투자함으로써 그들의 신뢰를 얻을 수 있었고 그들 세계의 일원이 될 수 있었다. 나는 리카싱의 제안을 이 같은 방향으로 나아가기 위한 첫 단계로 생각했고 골드만 삭스 운영위원회를 설득하고자 노력했다. 쉬운 일은 아니었다. 게다가 골드만 삭스는 기관이나 기업 고객을 주로 상대하는 회사였기에 일반 대중을 상대로 광고를 할 이유가 전혀 없었다. 그럼에도 위원회는 결국 내 생각에 동의했고, 우리는 스타 TV와 광고 계약을 체결하고 이를 홍콩의 소아암 재단에 기증했다.

결과적으로 이후 우리는 홍콩에서 처음으로 중대한 거래 중 하나를 진행하게 되었다. 리처드 리가 스타 TV를 루퍼트 머독에게 매각하는 일을 돕게 된 것이다. 당시 영국 사무소에서 유럽 쪽 금융 업무를 총괄하던 존 손턴이 1992년에 다보스에서 열린 세계 경제 포럼 행사에서 우연히 리처드 리를 만난 것이 발단이었다. 그로부터 얼마 뒤 스타TV 측에서 우리 사람들에게 사모(私募)를 통한 기금 조성에 관해 이야기하기 시작했다. 우리가 광고를 사기로 결정하지 않았더라면 절대로 찾아오지 않았을 기회였다. 사모가 열리기 전 존은 홍콩으로 날아갔고 전략적 투자자를 구하는 편이 더 낫다고 리처드를 설득했다. 존이 염두에 둔 인물은 리처드와 리카싱이 앞서 최소 두 번이나 합의하는 데 실패했던 루퍼트 머독이었다. 존은 골드만 삭스 인터내셔널의 부회장인 브라이언 그리피스에게 도움을 청했다. 그리피스 경은 머독이 소유한 『런던 타임스』의 모기업 타임스 뉴스페이퍼 홀딩스 이사였다. 세 사람이 함께 저녁을 먹었고 이후 몇 주 동안 존은 경쟁사인 영국의 미디어 기업 피어슨 PLC를 계속 경쟁 응찰자로 둔 채로 리처드와 루퍼트가 합의를 도출하도록 조율했다. 1993년 7월에 공표된 대로 이 거래를 통해 머독은 스타TV의 모기업인 허치비전 유한회사의 지분 63.6퍼센트를 약 5억 2500만 달러에 매입했다(2년 뒤에는 나머지도 모두 매입했다).

정말 굉장한 거래였다. 이 거래를 계기로 머독은 아시아에 진출하게 되었고 리처드 리는 통찰력 있는 사업가로서 자신의 능력을 입증하며 단숨에 세간의 주목을 받았다. 그는 초기 투자금의 몇 배에 달하는 돈을 벌었고 전도유망한 사업가로 급부상했다.

이후 우리는 리카싱과, 그가 보유한 회사들과 꽤 많은 일을 함께하면서 그가 다수의 기업들에 출자하고 매입하고 매각하는 것을 도왔다. 단순히 우리가 200만 달러짜리 제안을 수락했기 때문에 이런 임무들이 우리에게 주어진 것은 아니었다. 그러기에는 리카싱이 너무나 뛰어난 사업가였다. 우리는 그와 함께한 모든 일들을 하나같이 우리 스스로 따내야 했다. 다만 앞서의 제안을 받아들임으로써 협상 테이블에서 한자리를 차지할 수 있었고 그래서 계약을 따내기 위해 경쟁할 수 있었다. 이 과정에서 홍콩에서, 나중에는 중국에서도 우리의 이름을 알릴 수 있었다.

물론 우리가 원했던 모든 계약을 따낸 것은 아니었다. 아울러 우리가 따낸 계약이 번번이 잘 풀린 것도 아니었다. 톈안먼 광장에 인접한 베이징의 노른자위 땅을 대규모로 개발하고자 한 오리엔탈 플라자 공사는 갈수록 복잡해졌고 논란이 일면서 수없이 재검토되었다. 10억 달러 이상이 투입될 예정이던 그 공사는 1993년 9월에 착공되었지만 환경 운동가들의 저항과 맥도널드의 반대로 이듬해에 중단되었다. 특히 맥도널드는 앞서 20년짜리 장기 임대 계약을 체결하고 해당 지역에 베이징 최초의 체인점을 개설한 터였다. 이런저런 문제들은 결국 해결되었다. 맥도널드 측에서도 체인점 위치를 이전하기로 합의했다. 최대 투자자까지 둥젠화로 교체한 리카싱은 단호하게 밀어붙였고, 2000년에 마침내 오리엔탈 플라자가 문을 열었다. 이 과정에서 골드만 삭스는 20퍼센트에 가까운 지분을 거의 다 잃었고 소득도 전무하다시피 했다.

우리가 갓 시작했을 때 직면한 거래들 중에서 오리엔탈 플라자의 경우처럼 우여곡절을 겪은 사례가 딱히 이례적인 것은 아니었다. 그리고 우리는 장차 실행해 나갈 사업들을 매우 신중하게 선택하고 그 무엇도 당연하게 여기지 말아야 한다는 사실을 금방 깨달았다. 세계 어디에서나 마찬가지이겠지만 특히 이제 막 경제적으로 급격한 변화가 시작된 중국에서는 그것이 현명한 접근법이었다. 중국이 외국 투자를 받아들이기 시작하면서 거의 모든 거래가 정부 고위층에서 논의되었다. 다시 말하자면 승인 과정에 다수의 공무원들이 관여하면서 의사 결정 과정은 복잡하고 산만했으며, 우리 같은 외부인이 보기에 불투명했다. 수많은 양해 각서가 체결되었지만 아무런 진전이 없기 일쑤였다. 즉 걸맞은 권한이 없거나 자신의 상관에게 프로젝트를 〈영업〉할 능력이 없는 관리들이 비공식적인 협상을 남발했다. 무엇보다 중국은 법치를 강력히 고수하려는 의지가 부족했다. 반대로 사람이 법을 대신하는 경우가 다반사였고, 이는 사업을 하려면 개인적으로 탄탄한 인맥을 구축하는 것이 필수임을 의미했다. 나 역시 바로 그런 이유로 특히 사업 초기에 자주 중국을 방문했다. 시간이 지나면서 우리는 적절한 고객에 적절한 중국인 중재자의 지원까지 갖춘 실행 가능성이 높은 거래를 구별할 줄 알게 되었다. 그럼에도 중국과 일하는 법을 배워 나가던 초기에는 너무나 자주 갑작스럽고 당혹스러운 방향 전환으로 좌절을 맛보아야 했다. 이른바 우리가 깔고 있는 양탄자가 언제 없어져도 이상하지 않은 상황이었다.

이 교훈은 우리가 중국의 전력 산업 구축을 돕고자 노력하는 과정에서 직접적인 경험을 통해 배운 것이었다. 처음에는 간단한 일처럼 보였다. 중국은 경제가 급성장하면서 전력 수요가 늘었고, 늘어난 수요를 감당하느라 애를 먹고 있었다. 전력 부족 현상은 중국 연안의 인구 밀집 지역이자 산업화가 빠르게 진행되고 외국인 투자에 상대적으로 개방적이던 산둥성과 광둥성 같은 곳에서 특히 심했다. 홍콩과 국경을 맞댄 광둥성은 잦은 부분 정전으로 골치를 앓았다. 하루 스물네 시간 가동해서 전 세계로 선적될 제품을 생산해야 하는 공장들에는 전혀 바람직하지 않은 상황이었다.

우리는 미국의 사례를 참조해서 해법을 내놓았다. 간단히 말해 발전소 지분을 일단의 외국인 투자자에게 매각해서 그들을 정부와 대등한 공동 소유주로 만든다는 계획이었다. 그런 다음에 이들 새로운 주인들의 수익금을 신규 발전소 건설 자금으로 융통하는 것이다. 자금 조달 방식은 간단했지만 우리는 이 사업을 성사시키기가 절대로 쉽지 않다는 사실을 알았다. 중앙정부 기관보다는 지방정부가 대체로 이런 실험적인 사업에 더 적극적인 의지를 보였다. 하지만 중국이 아직 한 번도 국유 발전소를 외국인에게 판 적이 없다는 점에서 이를 밀어붙이기 위해서는 정치적인 용기에 더해서 노련한 수완이 필요할 터였다.

골드만 삭스의 프로젝트 파이낸스 전문가 톰 기비언이 적당한 발전소를 물색했고, 1993년 초에 우리는 탄탄한 인맥을 가진 국영 투자 기관인 차이나 벤처테크 투자 법인과 제휴하여 전력 생산 프로젝트에 투자하기로 했다. 산둥성에서의 일은 빠르게 진행되었다. 11월에 미국 증권거래위원회와 같은 역할을 하는 중국증권감독관리위원회의 승인을 받은 뒤에 우리와 차이나 벤처테크 투자 법인은 리카싱과 토목 건설 회사인 벡텔을 비롯한 다른 투자자들과 함께 산둥에서 가장 큰 120만 킬로와트 규모의 발전소 지분 중 30퍼센트를 1억 8000만 달러에 매입하기로 했다고 발표했다. 해당 발전소는 다수의 투자자와 산둥성 전력 공사, 산둥 인터내셔널 신탁 및 투자 공사 등이 공동으로 소유한 새로운 회사를 통해 운영될 예정이었다.

그때 거래에 빨간불이 켜졌다. 베이징에서 열린 한 회의에서 기비언이 프레젠테이션을 통해 해당 거래의 구조를 자세히 설명했다. 여기에는 거래가 성사되기 위해 꼭 필요한 투자자들에게 돌아갈 예상 수익 — 처음 12년 동안 매년 13퍼센트에 조금 못 미쳤다 — 도 포함되었다.

그날 청중석에는 리샤오린(李小琳)이라는 여성이 참석했다. 그녀는 전력 산업을 담당하는 젊은 관료였고 우연하게도 국무원 총리이자 발 빠른 개혁에 반대하는 보수적인 인물 리펑의 딸이기도 했다. 이후 우리가 아는 것은 거래를 철회하라는 지시를 받은 사실뿐이었다. 들리는 말로는 리펑이 외국인 투자자들에게 높은 수익률이 돌아가는 것을 마음에 들어 하지 않았다고 했다. 1993년

12월에 산둥성 전력 사업은 그렇게 취소되었다.

우리는 중요한 교훈을 배웠다. 즉 다수의 관료들이 거래를 승인할 수도 있지만 전원 합의제로 운영되는 시스템에서는 요직에 있는 단 한 명의 관료가 거래를 없던 일로 만들어 버릴 수도 있었다. 따라서 우리가 집중하는 일에 관심을 가질 만한 모든 인물과 기관을 상대로 노력을 다각화하고 그들을 철저하게 우리 편으로 만들어야 한다는 사실을 배웠다. 산둥성 전력 사업처럼 복잡하고 획기적이며 총리가 예의 주시하는 정치적으로 민감한 사업인 경우에는 애초에 고위 관료들로 구성된 국무원의 승인을 받아야 했다. 중국인들은 오늘날에도 내부 의견을 조율하는 데 그다지 뛰어난 능력을 보이지 못하고 있다. 하물며 1990년대 초 중국 정부의 새로운 정책 승인 절차는 아직 개선해야 할 점이 많았다.

리펑의 개입은 또 경제가 재건되는 시점의 중국에서 권력과 가족 간의 교점을 명확하게 일깨워 주었다. 총리 직위와 별개로 리펑은 이전부터도 전력 산업과 오랫동안 관계를 맺어 왔고, 그의 아들 한 명과 딸 역시 해당 분야에서 유력 인사로 성장하는 중이었다. 바로 이 부분이 갈수록 늘어나는 당 지도부 자녀들의 영향력과 관련해서 내가 맨 처음 인지한 사실이었다. 요컨대 혈연을 이용하는 것이 보편적인 현상이었다. 당 지도부의 많은 아들딸, 즉 소공자들은 똑똑하고 유능했으며 따라서 합법적으로 그에 걸맞은 생산적인 직업을 가졌다. 물론 그렇지 않은 경우도 많았고, 만연한 정실 인사가 적폐로 발전하면서 일반인들의 분노를 사기도 했다. 잔인할 만큼 경쟁적인 시험 성적이 일반 시민들의 미래를 결정하는 나라에서 이런 공공연한 부정(不正)은 엄격한 능력주의 전통에 완전히 배치되었다.

당시에는 실망하기도 했지만 우리는 산둥성 전력 사업의 실패 덕분에 중국에서 사업을 해나가는 과정에서 보상을 받기도 했다.

체면을 중시하는 중국인들은 일단 약속을 하면 그 말을 지키려고 한다. 아울러 최고 경영자는 조율 중인 거래가 회사의 이익에 최선이 아니라고 판단될 경우 거래를 취소할 수 있는 전적인 권한을 갖는다. 같은 맥락에서 국가 원수는 자국의 이익에 도움이 되지 않는 거래를 취소할 수 있다. 이런 반전이 일어났을 때 거의 모든 나라들이 재빨리 사과하는 것 외에는 달리 아무것도 할 필요를 느끼지 않는다. 하지만 중국은 다르다. 리펑이 거래를 취소해서 우리를 당혹스럽게 했을 때도 다른 사람들은 적당한 시기가 되면 산둥성에서 진행되는 다른 사업을 따낼 수 있게 해주겠다며 우리를 안심시켰다. 중국증권감독관리위원회의 위원장이자 국유 기업 최초의 기업공개 임무를 맡은 진보적이고 헌신적인 개혁가 류훙루는 해당 전력 공사의 기업공개 임무를 우리에게 위임하겠다고 약속했다. 실제로 우리는 1994년에 위임장을 받음으로써 보상받았다 — 물론 주식을 공개하기까지 결코 평탄한 과정은 아니었다. 산둥 인터내셔널 전력개발공사는 1999년 6월에 마침내 홍콩 주식 시장에 상장되었다. 은행가와 기업 경영진이 투자자들의 관심을 끌기 위해서 먼 길을 마다하지 않고 많은 도시를 최소 세 번이나 순회했지만 실패했을 정도로 길고 험난한 과정을 거친 뒤였다.

리펑의 산둥성 거래 개입이 나와 내 파트너들에게 교훈을 주었듯이 중국 지도부는 세세한 경제적인 부분과 개혁 프로그램으로 초래되는 변화에 직접적으로 개입했다. 이는 계획경제의 피할 수 없는 유산 — 고위층의 계획적인 개입 — 이기도 했지만 그들이 국가적 차원에서 내리는 방향 설정의 중요성을 보여 주는 한 단면이기도 했다.

1990년대에 외국인 사업가들이 중국의 고위 지도자를 만나고 친분을 쌓기가 비교적 수월했던 것도 바로 이런 이유였다. 하지만 이런 분위기는 그다지 오래가지 않았다. 이를테면 2002년에 총서기에 임명된 뒤로 일개 사업가가 후진타오 같은 인물을 직접 접견하기란 거의 불가능했다. 원자바오 총리까지는 그래도 만나기가 조금 수월했다 — 그도 구체적인 거래와 관련한 이야기는 나누지 않았을 것이 분명하다. 이런 변화는 단순히 개인적인 성향의 문제가 아니라 상전벽해와 같은 변화의 결과였다. 경제가 급속히 발전하면서 중국에서 사업을 하려는 외국인들이 줄을 선 마당에 더는 중국 지도자들이 그들의 비위를 맞출 필요가 없어진 것이다. 게다가 이제 최고위층에는 조력자도 많았다. 더 유능하고 경험도 풍부한 관료들이 각 부처와 국가 요직에 포진하면서 정부 조직 자체가 점점 전문화되어 가고 있었다.

주룽지는 내가 1990년대에 자주 만난 고위 지도자 중 한 명이었다. 당시 그는 국무원 부총리로서 일상적인 경제 업무를 총괄하는 지위에 있었고, 우리는 주로 금융이나 경제 정책에 관한 문제로 만났다. 그는 똑똑하고 요점을 잘 이해했으며 해결책을 찾는 데 집중했다.

주룽지는 열심히 노력해서 그 위치에 올랐다. 후난성에서 고단한 어린 시절을 보내고 1951년에 명문 대학인 칭화 대학교 공학과를 졸업한 뒤 중앙정부의 계획 기관에 취직했다. 언제나 솔직한 말만 해서 마오쩌둥의 정치적 대격변기에 두 번이나 축출당했다. 하지만 그는 불굴의 정신과 인내심을 가진 남자였다. 문화 대혁명이 끝나자 베이징으로 복귀했고, 경제개혁위원회에서 일하다가 1987년에 상하이 시장으로 임명되었다. 그리고 바로 그곳에서 공산당 집권 이래 최초로 중국증권거래소를 정식 출범시켰다. 또한 푸둥 지역, 즉 와이탄 동쪽의 채소 농장과 습지로 이루어진 싱가포르 면적과 맞먹는 지역을 새롭고 활기찬 금융 중심지로 바꾸기 위한 노력을 이끌었다. 그 결과 이 지역은 중국에서 가장 높은 빌딩들로 채워졌다.

주룽지는 솔직했고 허튼소리를 하는 법이 없었다. 여기에 더해서 적어도 나를 대할 때만큼은 아무리 거슬리는 조언이라도 국익을 위해 최선이라고 생각되면 기꺼이 받아들일 줄 아는 훌륭한 경청자였다. 1993년에 골드만 삭스는 국가 신용 등급과 관련해 중국에 조언을 제공하고 있었고, 같은 이유로 나는 그가 미국 신용 평가 회사인 스탠더드 앤드 푸어와 만나는 자리에 동석해 있었다. 그런데 스탠더드 앤드 푸어가 중국에 우려를 표한 대목 중 하나를 주룽지가 평소와 달리 직접적으로 다루지 않는다고 느껴졌다. 회의가 끝난 뒤에 주룽지에게 내가 느낀 부분을 솔직하게 그러나 정중하게 설명했다. 동료 중 한 명이 경악했다. 주룽지는 침묵했고, 동료들은 그의 침묵을 불길한 전조로 받아들였다. 하지만 주룽지는 뼛속까지 실리적인 사람이었고, 뒤이어 무디스 인베스터스 서비스와 만난 자리에서 솔직하고 영리하게 동일한 문제를 다루었다.

주룽지를 비롯한 중국 지도자들은 국유 기업을 세계 주식 시장에 공개하는 것에 무척 관심이 많았다. 아직은 민영화라는 개념이 다소 생소할 때였지만 중국인들은 자금 조달과 산업 구조조정 측면에서 민영화에 따른 잠재력을 금방 인지했다. 주룽지는 1985년부터 1990년까지 마거릿 대처의 민영화와 규제 완화 노력을 이끈 브라이언 그리피스를 비롯해서 골드만 삭스의 여러 임원과도 이미 아는 사이였다. 그는 나와 처음 만난 자리에서 어떤 산업이 최선의 후보일지 타당성 조사를 해달라고 요청했다. 아울러 뉴욕 증권거래소에 기업을 상장하는 데 시간이 얼마나 걸리는지 물었다.

「대략 6개월에서 2년 정도 걸립니다.」

하지만 중국 기업을 상장시키는 일은 당초 예상했던 것보다 훨씬 힘들었다. 중국의 국유 기업들은 공산당의 지배 아래서 국가의 모든 부동산과 자산을 소유할 뿐 아니라 모든 상업적 기능과 활동을 감시해 온 정부로부터 보호를 받으며 성장한 터였다. 석유 및 가스의 탐사와 시추부터 농업과 제조업, 광업에 이르기까지 모두 그러했다. 어떤 기업을 포함시킬지부터 생산 할당량을 얼마나 부과할지까지 정부가 모든 것을 결정했다. 이 과정에서 생산의 질이나 관리 감독이나 회계는 무시되었다.

경제가 개방되면서 국유 기업들은 맹렬히 성장했다. 그럼에도 여전히 정부의 통제를 받았고, 노동자 본인뿐 아니라 그 가족까지 종신토록 보살펴야 하는 고비용 복지 구조 등 정부로부터 부과되는 수많은 짐에 짓눌렸다. 기업은 직원들을 위해 병원이나 학교, 식당, 상점은 물론이고 때로는 공동묘지까지 운용했으며 자신들이 제공하는 복지 혜택을 자랑스럽게 여겼다. 브라이언 그리피스는 이런 기업 중 한 곳을 방문하고 나서 딱 중세 마을 같다는 촌평과 함께 실제로 이렇게 말했다. 「그런 기업을 뉴욕 증권거래소에 상장하기란 불가능합니다.」

신생 민간 경제 부문 — 외국 자본의 투자를 받은 벤처 기업이나 특별경제구역의 수출업자들, 소도시나 마을 단위의 향진 기업 등 — 이 번창한 1990년대에 이르러 대다수 국유 기업들은 비대해졌고 비효율적이 되었으며 빚과 적자에 허덕였다. 그들은 현대적인 상관습에 거의 무지했을 뿐 아니라 그들의 경제적인 손실 규모를 파악하기가 거의 불가능한 원시적인 정보만 공개했다. 관리자는 사업적 결정에 필요한 더 큰 권한을 부여받았지만 그에 걸맞은 훈련이 되어 있기는 고사하고 자질이 부족한 경우도 많았다. 기업은 집중하지 못했고 그 결과 자원을 낭비했다. 경영진은 처음 맛보는 자유에 취해서 자주 잘못된 판단이나 부정한 결정을 내렸다. 불완전한 복합 기업을 설립했고, 부동산 투기에 손을 댔으며, 마치 유사 은행처럼 행동하면서 다른 기업들에 무분별하게 외상을 주었다.

더욱 심각한 문제는 이들 공룡 기업에 돈을 빌려주는 국영 은행들의 기능이 사실상 정지된 점이었다. 이들 은행은 현대적인 대출 업무나 투자 및 위기 관리 요령을 거의 알지 못했으며 악성 대출 규모는 물론이고 자신들의 자산을 평가하거나 손실을 측정하는 법조차 제대로 알지 못했다. 심지어 그들을 관리하는 주체는 그들에게 국유 기업에 대출을 해주라고 지시하는 동일한 지역 관리들이었다. 자신이 애정을 쏟는 프로젝트를 위해 돈을 빌리고자 하는 성(省) 단위 정치인들에게 동시에 은행을 감독하게 하고 은행의 자본 건전성을 심사하게 하는 것이 얼마나 비효율적이었을지는 누구나 상상할 수 있다.

주룽지는 국유 기업이 관리되는 방식을 철저히 점검했다. 그들에게 제공되는 특혜와 보조금을 없애고 전문 관리자들의 성장을 독려함으로써 국영 산업을 활성화하고자 했다. 또한 국유 기업의 주식을 민간에 공개하고 〈전략적인〉 지분은 선도적인 국제 기업들에 판매함으로써 자본을 확충하고자 했다. 또 국유 기업들이 국제적인 회계 기준을 채택하도록 압박하면 기업이 보다 잘 운영될 수 있을 것으로 생각했다. 여기에 더해서 국유 기업을 개혁하려면 본질적으로 기업들에게 이를테면 법인 회사 버전의 철밥통(즉 무제한적인 대출과 무조건적인 부채 면제)을 제공하는 금융 제도의 개혁이 필요하다는 사실도 인지했다.

당시 세계 각국의 정부들은 이를테면 자산 구조를 조정함으로써 내수 산업을 더 경쟁력 있게 만들거나 자금을 조달하거나 빚을 갚거나 공동 소유권을 강화하는 등의 다양한 이유로 민영화를 추진하는 추세였다. 일례로 독일은 일종의 주식 문화를 정착시키기 위해 노력하고 있었다. 몇몇 정부는 기업이 국가에 귀속되거나 통제를 받는 대신 시장의 원칙을 적용받을 때 더 나은 성과를 올릴 거라는 입장을 취했다.

한편 중국은 그들만의 독자적인 방식을 채택했다. 그들로서는 〈민영화〉라는 용어부터가 불편했다. 〈중국식 사회주의〉와 딱히 잘 맞아떨어지지도 않았다. 그래서 〈기업화〉나 〈자본 리스트럭처링〉이라는 용어를 즐겨 사용했다. 정부 지도자들은 국유 기업에 대한 통제를 그대로 유지하는 전략을 선택했다. 다양한 산업 분야에서 그들이 이미 주식을 매각한 기업들을 계속해서 당의 통제 아래 둔 채 당에서 경영자를 선택할 수 있도록 했다. 당시의 나로서는 이런 전략이 일시적인 것인지 아니면 장기적인 계획인지 알 수 없었다. 하지만 시간이 흐를수록 국가의 통제권을 포기하는 것에 대한 거부감이 명백히 드러났고, 정치와 이데올로기에 단단히 뿌리를 둔 이러한 욕망은 오늘날까지 계속해서 부정적인 영향을 끼치고 있다. 거대한 정부 부처에서 떨어져 나온 너무나 많은 중국의 대기업들이, 그들을 최고의 글로벌 기업으로 육성해서 정부 지원이나 수출에만 의존하지 않는 또 다른 경제 모델로 나아가고자 하는 중국 정부에 이러저러한 문제를 야기하며 발목을 잡고 있다. 이런 기업들의 운영 방식은 실질적인 경쟁을 통해 그들을 더 현대적이고 효율적이며 시장 지향적인 기업으로 만들려는 주룽지의 계획과 맞지 않았다.

민영화에 대한 중국의 관심은 전 세계 투자은행들의 이목을 끌기에 충분했다. 그리고 골드만 삭스는 꽤 오랫동안 그런 투자은행들을 따라잡기 위해서 노력해야 했다. 처음에는 자딘 플레밍이나 슈뢰더, 베어링스처럼 영국 식민지 시절부터 홍콩에서 활동해 온 영국 은행들이 HSBC(홍콩 상하이 은행) 산하의 종합 금융 기관인 워들리와 탄탄한 인맥을 보유한 홍콩의 신생 투자 회사인 페레그린 등과 더불어 유리한 고지를 선점한 터였다. 하지만 우리는 오랜 역사를 보유한 이런 은행들의 취약성을 간파했다. 실제로 그들은 홍콩 반환 이전부터 이미 쇠퇴의 길을 걷고 있었고 홍콩 반환 이후에는 역사의 뒤안길로 사라졌다. 우리의 미국 경쟁자들 중에서는 모건 스탠리가 우리보다 앞서 홍콩에서 기반을 다진 터였다.

초기에 골드만 삭스가 중국에서 한 일은 대부분 교육과 관련한 사업이었다. 어쩌면 학교를 운영하는 편이 차라리 나았을 정도였고, 실제로 그런 생각을 하기도 했다. 골드만 삭스의 투자 은행가들은 인맥을 구축하고 사업 기회를 모색하는 순간에도 각종 세미나와 회의를 열어서 마치 개인 지도를 하듯이 민영화의 장점을 설명하고, 중국의 산업을 분석하고, 해외 증권거래소에 상장할 만한 기업을 선정하고, 예컨대 자산 실사와 수요 예측, 투자를 유치하는 방법 등 기업공개에 필요한 기술적인 세부 과정을 설명했다.

하나같이 절대적으로 필요한 일들이었다. 똑똑하고 유능한 것과 별개로 정부 부처의 관리들이나 아직 미숙한 금융 시스템 안에서 일하는 관리들은 대체로 정통 경제학에 대한 배경 지식이 전무하고, 현대적인 금융 업무나 자본 시장에 대한 직접적인 경험도 부족한 상태였다. 그럼에도 그들은 마치 스펀지처럼 빠르게 배웠고 정보를 흡수했으며 끊임없이 더 많은 세부 내용과 분석을 요구했다.

우리는 서둘러 홍콩 사무소를 설립해서 일본을 제외한 아시아 지역에서 활동하기 위한 허브로 삼았다. 아시아 지역이 빠르게 발전하면서 1994년에 이르러서는 동남아시아 전역을 관리하기 위해 수백 명의 은행가와 지원 인력을 배치했다. 중국 전담 팀도 꾸리기 시작했는데, 우리는 으레 그렇듯이 내부적인 훈련을 거쳐 훌륭한 투자 은행가로 육성할 젊고 재능 있는 전문가들을 찾아 나섰다.

일부 경쟁 기업들은 금융 업무에 관련된 적성이 아닌 언어 능력만 보고서 직원을 채용했다. 또는 〈중국인〉이라는 이유만으로 타이완이나 홍콩 현지인을 채용했다. 우리는 서로 경쟁하되 동료애를 중시하는 골드만 삭스의 문화 속에서 함께 성장해 나갈 인재를 구하고자 했다.

우리는 유망한 중국 본토 출신들을 발굴했다. 초기에 발굴한 중국인 유학생 가운데 브랜다이스 대학과 하버드 경영대학원에서 학위를 딴 류얼페이도 그중 한 명이었다. 류얼페이는 우리가 채용한 최초의 중국인 은행가였고 초기에 중국 본토에서 인맥을 구축하는 데 지대한 공헌을 했다. 1993년에 그가 퇴사하면서 우리는 체리 리를 채용했다. 그녀는 전공을 경제로 바꾸기 전까지 베이징 외국어 대학교에서 영어를 가르쳤고, 류얼페이도 그녀의 학생 중 한 명이었다. 똑똑하고 헌신적인 그녀는 개혁적인 성향의 총리 자오쯔양이 이끄는 국무원 경제개혁위원회에서 일했고 중국증권감독관리위원회의 초창기 구성원이었다. 체리 리는 뉴욕 본사에서 잠깐 동안 골드만 삭스의 문화와 사업을 배우고 나서 1994년 2월에 베이징 사무소를 개설했다. 우리는 그해 11월에 상하이 사무소도 열었지만 중국 업무의 대부분은 계속해서 홍콩 사무소에서 맡았다.

중국 쪽 사업 전망은 답답했다. 우리는 다수의 정부 발행인에게서 채권을 사들이고 가끔씩 자문 업무도 맡았지만 정작 자본 조달 업무를 맡기까지는 오랜 시간이 걸렸다. 1994년 1월에 중국증권감독관리위원회는 2차로 해외 주식 시장에 상장할 스물두 개의 후보 기업 명단을 발표했다. 여기에는 몇몇 전력 회사들도 포함되어 있었지만 그럼에도 1차 명단의 마지막 기업이 그해 6월에 홍콩 주식 시장에 상장될 즈음에 이르러서는 더 이상의 투자자를 찾기가 어려웠다. 일부 후순위 기업들의 낮은 자산 가치가 원인 중 하나였다.

우리가 좌절한 또 다른 이유는 덩샤오핑의 남순강화를 계기로 과열되기 시작한 중국 경제의 변덕스러움 때문이었다. 여신 관리가 느슨해진 뒤로 1992년 중국 은행들의 투자 대출은 50퍼센트나 급증했고 그 결과 이듬해에 물가가 15퍼센트나 상승했다. 광둥성과 그 남쪽에 위치한 섬이자 중국 최남단에 위치한 하이난성에서는 투기적인 부동산 개발이 범람했다. 주룽지는 1991년에 국무원 부총리가 되었고, 1993년 4월에 리펑이 심근경색으로 쓰러지면서 경제 문제와 관련해서 더 많은 권한을 갖게 되었다. 그가 당면한 과제는 개혁 기반을 잃지 않으면서도 경제를 진정시킬 방법을 찾는 것이었다. 그는 경제 분야의 즉각적인 위기와 근본적인 문제를 동시에 처리하기 위한 접근법을 취했다.

주룽지는 중앙은행을 직접 관리하면서 은행 대출을 줄이고 물가를 잡기 위한 열여섯 개 조항으로 된 긴축 계획을 마련했다. 세 개의 정책 은행을 신설하고 나머지 다른 은행들에 대해 대출 과정에서 더 이윤 지향적이고 덜 정치적으로 일하도록 압박함으로써 금융 제도 개혁을 위한 첫 번째 단계를 밀어붙였다. 세제와 금융 제도를 정비하고 외환 거래를 개혁했다. 소문에 따르면 주룽지는 중앙정부에서 내놓은 새로운 규칙을 따르지 않는 은행 간부의 〈머리를 쳐내는〉 데 일말의 주저함도 없이 단호했다. 개혁 성향의 주룽지와 그의 동료들은 그들의 책임 아래 전쟁을 치렀다. 과도한 통화 공급량 증가와 신용 거품으로 1994년에는 물가 상승률이 24퍼센트를 넘었지만 주룽지의 단호한 조치가 효과를 발휘하면서 경제는 연착륙했고 물가 상승률도 1996년과 1997년에 각각 8.3퍼센트와 2.8퍼센트로 떨어졌다.

한편 골드만 삭스는 1994년에 바닥을 경험했다 — 중국이 원인은 아니었다. 1994년 2월 미국 연방준비제도이사회의 급격한 금리 인상으로 국제 채권 시장이 대폭락했고, 이에 부실하게 관리되던 영국의 트레이딩 사업이 날아갔기 때문이다. 한 달에 1억 달러씩 손실이 발생하고 있었다. 이 같은 전사적인 재정 위기에 더해서 그동안 은퇴하는 파트너들에게 그들이 파트너가 될 때 출자한 자금의 절반을 가지고 나가게 하는 파트너십 구조도 문제가 되었다. 많은 파트너들이 이런 식으로 은퇴하면서 회사는 추락 위기에 봉착했다.

그 무렵, 즉 위기가 한창이던 1994년 9월에 존 코자인과 나는 각각 회장과 부회장에 임명되어 회사를 이끌 책임을 맡았다. 회사가 나아갈 방향에 대해서는 각자 생각하는 바가 달랐지만 서둘러서 무언가를 해야 한다는 사실에는 서로 이견이 없었다. 우리는 힘든 결정을 내려야 했고 전 세계적으로 직원들을 13퍼센트나 해고해야 했다. 아시아, 특히 중국에서 진행 중이던 사업은 그대로 유지하고 싶었지만 회사의 생존을 위해 사업을 대폭 축소해야만 했다. 결과적으로는 그때 사업을 축소한 것이 회사로서는 전혀 손해가 아니었다고 생각한다. 그 무렵에 회사가 세계 무대에서 급격하게 성장하면서 부적절한 직원들을 너무 많이 고용했기 때문이다.

4 진금백은(眞金白銀)

1997년 9월에 열린 제15차 공산당 전국대표회의를 계기로 중국의 경제 개혁으로 나아가는 길은 더욱 공고해졌다. 빠르게 늘어나는 민영 기업의 역할에 일부 인사들이 불만을 드러내자 중국의 지도자 장쩌민은 불만을 잠재우기 위해서 당이 본래의 정체성에 충실하고자 경제의 모든 측면을 통제할 필요는 없다고 단언했다.

그는 〈경제 전반에서 국영 산업의 비중이 줄어든다고 해서 중국의 사회주의적 본질이 달라지지는 않을 것이다〉라고 선언함으로써 민간 부문의 활성화를 장려하는 동시에 다음 단계의 경제 개혁으로 나아가기 위한 결정적인 장(場)을 마련했다. 고용 인원만 1억 1000만 명에 달하고 전체 산업의 국내총생산 중 거의 30퍼센트에 가까운 비율을 차지하는 비틀거리고 적자에 허덕이는 국유 기업들에 대한 구조조정 작업이 이제 본격적으로 시작될 참이었다. 장쩌민은 제목에 〈덩샤오핑 이론의 대기치를 높이 들어라〉라는 구절이 포함된 연설에서 합병과 정리 해고, 기술 개선과 주식 매각 등의 방법으로 느릿느릿 움직이는 이 공룡들의 숫자를 줄임과 동시에 구조조정을 실시하겠다고 천명했다.

당시는 한 국유 기업에 모든 시선이 집중된 상황이었다. 홍콩과 뉴욕에서 전례가 없는 기업공개를 불과 몇 주 앞둔 차이나 텔레콤이었다. 중국 해안에 인접한 번창하는 두 성(省)의 이동통신 자산을 둘러싸고 42억 2000만 달러 규모의 거래가 진행되고 있었고, 복잡하고 분산된 중국 통신 시스템의 특성상 이 시장성 있는 회사는 아무것도 없는 상태에서 밑바닥부터 만들어져야 했다.

차이나 텔레콤의 기업공개는 이 회사가 개혁 대상인 다른 국유 기업들의 본보기가 되기를 바라는 주룽지의 확고한 영향력을 보여 주었다. 현장에서 잔뼈가 굵은 부총리는 개혁의 어려움이 세부적인 부분에 있음을 알았다. 그뿐 아니라 차이나 텔레콤 주식을 공개하는 과정이 관리들의 손에서 운영되는 기업들에 변화를 독려하고 산업계 전체와 규제 기관을 개혁하도록 압박할 수 있음을 알았다(기업공개가 없었다면 관리들은 그 임무에 매달릴 생각이 없었을 것이다). 그렇게 함으로써 중국의 세계무역기구 가입을 오랫동안 방해해 온 장애물을 제거하고 이후에 이어질 외국과의 본격적인 자유 경쟁에 대비해서 중국을 더 잘 준비시킬 수 있을 터였다.

하지만 중국은 주룽지의 노력에 호응하여 뭉칠 생각이 전혀 없었다. 주룽지는 당파적이고 이데올로기적이며 타성에 젖은 반대 세력에 부딪쳤다. 혹시라도 차이나 텔레콤의 기업공개가 실패로 끝난다면 더 개방적이고 시장 지향적인 체제로 나아가려는 중국의 행보 전체가 비틀거릴 수 있었다. 불행하게도 시장 상황은 불리하게 흘러갔고, 30년 만에 아시아를 강타한 최악의 경제 위기 속에서 차이나 텔레콤은 민간에 공개할 준비를 완료했다. 기업공개를 맡은 골드만 삭스는 그야말로 진퇴양난이었다.

이보다 더 위험할 수 없는 도박이었다. 중국 개혁의 미래가, 그리고 골드만 삭스의 평판이 위기에 직면했다.

아이러니하게도 골드만 삭스가 차이나 텔레콤의 상장을 맡게 된 이유 중 하나는 우리가 고사한 또 다른 사업 때문이었다. 1990년대 초에 골드만 삭스는 중국의 주요 상업은행과 합작해서 중국 투자은행 설립을 도와 달라는 요청을 받았다. 하지만 중국에 진출한 이래로 단순한 조언자나 투자자가 아닌 더 넓은 영역으로 사업을 확장하기를 원해 왔던 것과 별개로 우리가 받은 제안에는 한 가지 문제가 있었다. 골드만 삭스는 새로 설립할 투자은행의 지분 중 대략 3분의 1까지만 소유할 수 있었다. 몇몇 동료들은 그럼에도 제안을 반겼다. 그 제안이 다수의 다른 사업으로 이어질 중대한 기회가 될 수 있다고 생각해서다. 하지만 나는 강력히 반대했다. 우리에게 통제권이 없는 사업에 관계하고 싶지 않았기 때문이다.

내가 보기에 우리가 성공할 가능성은 거의 없었다. 골드만 삭스의 특징과 방식을 유지할 수 있을지 의문이 들었고, 우리의 능력을 온전히 발휘할 수 있을지도 의문이었으며, 겨우 소수의 지분만을 보유한 채 중국과 같은 나라에서 법을 준수할 수 있을지도 확신이 없었다. 직원을 채용하고 훈련시키고 팀워크 문화와 고객 서비스, 높은 윤리 기준을 강화할 실적 평가와 보상 시스템을 만들어야 한다는 점에서 하나의 조직을 운영하는 것은 매우 어려운 일이다. 직원들이 모두 뉴욕의 한 지붕 아래 있을 때도 그랬다. 하물며 지구 반대편에서 골드만 삭스가 아닌 다른 경영진의 말을 듣는 경우라면? 절대로 가능할 리가 없었다.

우리는 결국 제안을 고사했다.

모건 스탠리가 우리 대신에 제안을 받아들였고, 1995년에 중국건설은행과 합작해서 대대적인 홍보와 함께 중국국제금융공사를 설립했다. 그리고 우리의 최대 경쟁자는 머지않아 우리가 예견한 곰덫에 빠지고 말았다. 1996년 9월에 중국건설은행의 당시 수장이던 왕치산이 뉴욕 본사로 나를 찾아왔을 때 나는 그들의 문제가 얼마나 심각한지 엿보았다.

그전에 그와는 두 번 만난 것이 전부였다. 한 번은 기억에 남을 만한 저녁 식사였다. 열정적 개혁가인 왕치산은 흠잡을 데 없는 인간관계에 박식하고 전도유망한 인물이었다. 나는 아내 웬디와 동행했고 우리는 골드만 삭스 소속인 동료 한 명과 베이징에 있는 한 식당에서 왕치산을 만났다. 통역사를 대동하고 대화를 나누었음에도 웬디와 왕치산은 죽이 잘 맞았다. 왕치산은 정말 아는 것이 많았다. 식당 한쪽 구석에 설치된 텔레비전에서 끊임없이 중국 팝 비디오가 방영되는 가운데 그와 웬디는 교육 이론을 주고받았고 중국과 유럽, 미국의 역사를 분석했다. 마침내 왕치산이 웬디에게 〈폴슨 부인, 죄송하지만 남편을 잠시 빌려도 되겠습니까?〉라고 양해를 구했고 우리는 중국의 경제 상황과 개혁 전망으로 주제를 옮겨 갔다. 그는 무척 매력적인 사람이었지만, 나는 중국건설은행과 모건 스탠리의 관계 때문에 그를 경쟁자로 여기고 있었다.

같은 맥락에서 2년 뒤에 왕치산이 뉴욕의 내 사무실로 걸어 들어왔을 때 나는 어리둥절할 수밖에 없었다. 먼저 그는 자국의 통신 산업을 개혁하고 기업공개를 통해 주식을 매도하려는 중국의 계획을 대략적으로 설명했다. 앞서 그해 여름에 우리가 들었던 소문, 즉 중국 정부가 조만간 민영화를 추진한다는 것이 사실로 드러나는 순간이었다. 시점은 아마도 홍콩 반환이 이루어지는 1997년 7월 1일 전후일 터였다.

투자은행이라면 누구나 맡고 싶어 할 만한 사업이었다. 차이나 텔레콤의 기업공개는 획기적인 전기가 될 것이 분명했다. 자본 조달 효과와 별개로 세계 시장에 〈중국〉을 각인시키고 다른 국유 기업들로 기업공개를 확대하는 계기가 될 것이었다. 아울러 중국의 통신 인프라를 더 광범위하게 개혁할 수 있는 시발점이 될 것이었다. 중국의 통신 시장이 성장하고 더 현대화되면서 주식 자금이나 부채 조달, 기업의 인수 합병 등 부가적인 사업으로 확대될 가능성도 다분했다.

왕치산은 선도적인 중국 투자은행으로서 중국국제금융공사가 해당 사업에 적극적으로 개입할 것이라고 강조했다. 그리고 잠시 후 폭탄과도 같은 발언을 했다.

그가 말했다. 「우리는 이 일에 선도적인 글로벌 은행이 필요합니다. 골드만 삭스가 그런 은행이 되어 주었으면 합니다.」

나는 재빨리 대답했다. 「우리도 정말 중국과 함께 일하고 싶습니다.」 그럼에도 이렇게 덧붙이지 않을 수 없었다. 「이미 모건 스탠리라는 파트너가 존재하는데 이 사업을 우리와 진행해도 될지 모르겠습니다.」

왕치산의 답변은 간단했다. 「당신이 걱정하는 바는 잘 알겠습니다. 그렇지만 우리는 이미 골드만 삭스와 일하기로 결정했습니다.」

왕치산의 답변에 나는 깜짝 놀랐다. 모건 스탠리와 무슨 문제가 있는지는 몰라도 — 중국국제금융공사 내부의 불만을 둘러싼 소문은 우리도 들었다 — 그들은 여전히 파트너였고, 나는 모건 스탠리가 여전히 유리한 위치에 있다고 생각하던 참이었다.

왕치산은 실질적인 고객인 우전부가 아닌 중국건설은행의 수장이었다. 하지만 나중에 골드만 삭스의 다른 동료들이 왕치산에 대해 들려준 이야기에 따르면 〈그는 절대로 단순한 은행가가 아니었다〉. 차이나 텔레콤 건과 관련해서 그가 중국건설은행의 수장이라는 사실은 중요하지 않았다. 주룽지 부총리가 그에게 차이나 텔레콤의 기업공개 임무를 맡겼고, 중국의 거대 국유 기업들을 개혁하고 재편성하기 위해 이 거래를 본보기로 삼고자 한다는 사실이 중요했다. 왕치산은 중국과 주룽지를 위해서 일했고 그에 입각해서 결정을 내렸다. 주룽지에게는 시류와 기세가 그들의 편일 때 무기력한 관료주의와 정치적 반대를 극복하고 변화를 이끌어 낼 추진력과 실행력까지 갖춘, 이른바 개혁에 헌신적인 조력자와 부하들이 주변에 포진해 있었고 그들을 전적으로 신뢰했다. 왕치산은 그런 주룽지의 핵심 측근 중 한 명으로 부상하고 있었다.

중국인들은 왜 모건 스탠리에 화가 났을까? 내가 느낀 바로는 문화와 의사소통이 문제였다. 양측은 각자 다른 기대 속에서 합작 투자에 임했으며 상대가 무엇을 원하는지 정확히 알지 못했다. 아마도 모건 스탠리는 당초에 하나의 지역 사업을 성공시킴으로써 순수 외국 은행들은 손대기 어려운 내수 사업으로 영역을 확장하고자 했을 것이다. 합작 투자를 통해서 바로 그 발판을 마련하고자 했을 것이다. 하지만 왕치산의 머릿속에는 훨씬 큰 그림이 들어 있었다. 그는 중국을 현대화하고자 했다. 중국 최고의 협상 조정자 중 한 명이 나중에 내게 설명한 바에 따르면 왕치산은 중국국제금융공사가 초기 단계에서 수익을 내는 것에 연연하지 않았다. 중국국제금융공사의 성공 여부는 중국의 개혁 과정에서 얼마나 도움이 되었는지에 의해 판가름 날 터였다.

모건 스탠리가 중국국제금융공사를 중국의 내수 사업으로 취급했다면, 중국인들은 자국을 대표하는 국제적인 종합 금융 기관으로 생각했다. 왕치산은 어떻게 중국 금융 기관을 세계적인 수준으로 육성해서 서방 세계의 투자은행들과 어깨를 나란히 하게 만들지 고민하고 있었다. 하지만 막상 차이나 텔레콤 건으로 모건 스탠리와 접촉한 왕치산과 중국국제금융공사 부총재 팡펑레이(方風雷)는 모건 스탠리로부터 중국에 그들만의 채널을 보유하고 있기 때문에 국제적인 기업공개를 위해 따로 파트너가 필요하지 않다는 말을 들어야 했다. 모건 스탠리의 은행가들은 차이나 텔레콤의 기업공개가 과연 실현될 수 있을지에 대해서도 회의적인 입장이었고, 설령 그렇게 되더라도 거래 규모가 그다지 크지 않을 것으로 예상했다. 당연하지만 중국인들이 그리고 있던 그림은 결코 그런 차원의 것이 아니었다.

내가 그들의 사례에서 깨달은 교훈은, 상대가 진정으로 원하는 것을 알기 위해 그들의 이야기에 귀를 기울여야 한다는 것이었다. 그리고 상대가 원하는 것이 불합리하거나 비윤리적이지 않은 한 상대가 목표한 것을 달성하기 위해 최선을 다하거나 아니면 아예 불가능한 목표라고 단념시켜야 한다는 것이다. 모든 경우에 그렇지만 동일한 말과 표현이 완전히 다른 의미로 이용되기 쉬운 중국에서는 이런 태도가 특히 중요했다. 합작 투자를 하면서 한쪽은 동일한 목표를 공유한다고 생각하지만 다른 한쪽은 관심사가 전혀 다를 수 있기 때문이다.

심지어 파트너라는 말이 오해를 낳았을 수도 있다. 내가 나중에 알게 된 바로 중국인들은 모건 스탠리가 합작 회사에 투자하는 부분이 그다지 많지 않다고 생각했다. 그들은 중국인들을 훈련시키는 대가로 이런저런 특혜를 챙길 것이었다. 그런 연유로 중국인들은 모든 통제권을 가진 채 존중받기를 원했고 거의 고객에 준하는 대우를 받고 싶어 했다. 반대로 모건 스탠리는 비록 지분은 작았지만 중국국제금융공사를 합작 회사의 운영과 관련해 자신들에게 전적으로 의지하는 파트너로 여겼고, 이는 어쩌면 당연한 생각이었다.

한편 중국인들과 합작 투자를 하지 않은 우리는 그들을 고객으로 대하기가 훨씬 용이했다. 우리는 모든 길이 중국국제금융공사로 통하고 그곳 인물들과 친해지면 우리에게 여러모로 유리하다는 사실을 알았다. 처음에는 모건 스탠리와의 관계 때문에 아무도 우리를 상대하려고 하지 않았다. 말 그대로 아무도 우리를 상대해 주지 않았다. 하지만 팡펑레이만은 예외였고, 공교롭게도 중국국제금융공사에서 가장 중요한 인물도 바로 그였다.

간단히 말해서 팡펑레이는 내가 중국에서 만난 사람들 가운데 가장 비범한 사람 중 한 명이었다. 집요하고 창의적이며 인맥의 나라 중국에서도 불가사의할 정도로 두터운 인맥을 보유했다. 그는 1952년에 후난성의 마오쩌둥 고향 근처에서 태어났으며 베이징에서 자랐다. 그의 부모는 공산당원이었고 중급 정부 관리였다. 그 세대의 다른 많은 사람들처럼 팡펑레이와 그의 가족은 문화 대혁명 기간에 수난을 당했다. 아버지와 형은 징역을 살았으며 그들의 처우에 불만을 제기했다가 팡펑레이 자신도 열여섯 살의 나이에 3개월 동안 감옥살이를 했다. 출소 후에는 네이멍구로 유배되어 2년 동안 농부와 양치기로 일했다. 이후 5년 동안 군에서 복무했으며 전기 설비 공장에서 2년을 근무했다.

문화 대혁명이 끝나자 팡펑레이는 광저우에서 중산 대학으로도 알려진 명문 쑨원 대학교에 진학했다. 졸업 후에는 오늘날 상무부의 전신인 대외경제무역합작부에 들어갔다. 중앙기율검사위원회 산하의 공작대에 배치된 그는 1983년에 반부패 운동을 지원하기 위해 화중 지역의 허난성으로 보내졌다. 그리고 그곳에서 2년을 지내는 동안 경제 분야로 전향했다. 그는 다른 품목은 둘째 치더라도 매년 50만 마리에 달하는 돼지를 홍콩에 수출하는 허난성 농산물 무역 공사의 최고 관리자가 되었고, 이 무렵부터 국제 무역과 투자를 관리하는 성 위원회에서 운영을 도왔다. 허난성에서 말년에 그가 보좌한 상관 중 한 명이 머지않아 우전부 부장이 되는 우지촨이었다.

중국건설은행이 중국국제금융공사의 중국 쪽 파트너로 떠올랐을 때 왕치산은 앞서 자신이 직접 채용해서 투자 자회사 운영을 맡겼던 팡펑레이를 합작 회사의 중국 쪽 고위 관료로 선임했다. 팡펑레이는 모건 스탠리가 자신을 무시한다고 느꼈다. 그로서는 특히 화가 날 수밖에 없었다. 중국국제금융공사를 설립하는 데 일조한 인물이 바로 자신이었기 때문이다. 그는 1990년대 초에 중국의 투자은행 설립을 구상했다. 국유 기업의 개혁 속도를 높이기 위해서였다. 그리고 자신이 구상한 바를 제수씨의 아버지이자 유명한 경제학자인 류궈광(劉國光)과 논의했다. 류궈광은 그를 중국에 세계은행 지점을 개설한 뒤 초대 지점장이 된 에드윈 림에게 소개했다. 그렇게 림과 팡펑레이는 중국국제금융공사를 설립했고, 림은 세계은행을 휴직한 채 1996년까지 중국국제금융공사의 초대 최고 경영자를 맡았다.

어쩌면 팡펑레이가 독불장군이라서 일처리 과정에서 지나치게 자신의 방식을 고집했을 수 있다. 그는 영어도 서툴렀고 우리 기준에서 보자면 어쨌거나 신출내기에 불과했다. 하지만 그렇다고 그의 재능이나 추진력을 과소평가했다면 그것은 큰 실수였다. 팡펑레이는 행동력을 갖춘 인물이었고 중국의 시스템을 활용하는 데 천재적이었다. 결과를 만들어 내는 능력만 보자면 나는 팡펑레이와 같은 은행가를 본 적이 거의 없었다. 심지어 중국 내에서도 그는 독보적인 인물이었다. 타고난 이야기꾼이었고 아무리 복잡한 문제라도 중국인 관료들에게 이해하고 실행하기 쉽게 풀어서 설명할 줄 알았다.

팡펑레이는 지칠 줄 모르는 행동가였고, 우리는 존중받아 마땅한 한 명의 고객으로서 그를 대우하고자 만전을 기했다. 여기에는 존 손턴이 앞장섰다. 존 손턴은 훌륭한 전략가였고 기업의 은밀한 관계와 고객 서비스에 능했으며, 이 같은 장점을 바탕으로 일찍부터 경력을 쌓아 온 인수 합병 분야에서 그리고 팡펑레이의 지지를 얻는 과정에서 소중한 조언자 역할을 해주었다. 가끔은 골드만 삭스 안팎에서 다른 사람의 신경을 건드리기도 했지만 고객에게 신뢰를 얻고 거래를 성사시키는 데는 타의 추종을 불허했다. 영국과 유럽 시장에서 골드만 삭스의 사업 확장을 이끈 이력에 걸맞게 탁월한 아이디어와 제안 거리가 넘쳐 나는 인물이었다. 존 손턴은 특유의 직설적인 태도로 팡펑레이에게 다가갔으며 실제로 이렇게 말했다. 「당신은 자신을 은행가라고 소개하지만 금융 업무의 기본조차 모르고 있습니다. 마찬가지로 나는 아시아를 담당하지만 중국에 대해서 아무것도 아는 게 없습니다. 나는 당신에게 금융 업무를 가르칠 테니, 당신은 나에게 중국을 가르쳐 주십시오.」 팡펑레이는 존의 솔직함을 존중의 표시로 받아들였다.

오랜 기다림이 끝나고 마침내 도이치 텔레콤의 기업공개가 1996년 11월 18일로 확정되었을 때 우리는 팡펑레이와 우전부 관리들이 포함된 중국 대표단을 프랑크푸르트로 초청해서 VIP처럼 대접했다. 골드만 삭스 회장 존 코자인도 그들을 만났다. 우리가 성공시킨 독일 최초의 거대 민영화 사업을 그들이 현장에서 직접 목격하고 있을 때였다. 기업공개는 차질 없이 진행되었고 도이치 텔레콤은 결국 130억 달러의 자금을 확보했다. 우리는 중국 대표단이 비록 복잡하지만 소중한 그들의 텔레콤 자산이 가진 잠재력에 대해서 새삼 확신을 가지고 고향으로 돌아가기를 바랐다. 아울러 그들의 사업에 골드만 삭스가 최고의 파트너라는 확신을 갖기를 바랐다.

도이치 텔레콤 건은 중국인들에게 깊은 인상을 남겼다. 심지어 최근까지도 왕치산은 자주 독일이 도이치 텔레콤을 분리하는 데 8년이 걸렸다면 중국은 주간사를 지정하고 6개월도 되지 않아 기업공개를 마쳤다고 농담처럼 이야기했다. 물론 독일의 경우에는 이를테면 베를린 장벽의 붕괴와 뒤이은 통일처럼 그사이에 처리해야 할 몇 가지 중대한 사건들이 발생한 터였다. 그럼에도 두 나라 사이에는 공통점이 있었다. 중국과 마찬가지로 독일의 우편 통신 서비스는 매우 복잡하게 얽혀 있었다. 도이치 텔레콤은 1989년까지 독일의 우체국인 연방 체신청 산하였을 뿐 아니라 그 뿌리는 신성 로마 제국 시대까지 거슬러 올라갔다.

고위 관리나 되어야 가정에 유선 전화를 보유하던 중국에서도 통신 산업과 국가의 관계는 그 뿌리가 깊었다. 문화 대혁명 기간에는 우전부가 일시적으로 폐지된 채 통신 산업이 군부에 의해 운영되었다. 1973년 들어서 통신 산업은 다시 민간으로 넘어갔지만 복잡하고 뒤죽박죽인 상태였다. 수많은 지역과 성 단위의 관청들이 복권된 우전부에 더해서 그들이 속한 지역 정부에도 보고를 진행했다. 개혁을 시작한 뒤로 베이징의 중앙정부는 복수의 경로를 통해 수집한 결과들을 취합해서 상업 활동과 규제 기능을 분리하고 행정 권한을 분산시키고자 노력했다. 그리고 1990년대 초에 통신 산업의 상업적인 기능을 관리하기 위해 차이나 텔레콤으로 더 많이 알려진 통신총국을 설립했다.

통신총국 설립 과정에서 정부는 조세 특례 정책을 채택하고 관리자에게 수익에 대한 더 많은 책임을 부여하면서 이전까지 외면받았던 부문에 투자를 늘렸다. 그럼에도 1980년대 말까지 유선 전화 가입자 수는 (1978년에 500명당 한 명이던 수준에서는 늘어났지만) 200명당 한 명 수준에 불과했다. 이에 중국 정부는 1992년부터 1996년까지 기간 시설에만 350억 달러를 투입함으로써 세계 어디에서도 유례를 찾아볼 수 없는 대대적인 사업 확장에 돌입했다. 결과는 놀라웠다. 유선 전화 가입자 수가 1150만 명에서 거의 5500만 명으로 급증했으며, 이동통신 가입자 수는 17만 7,000명에서 700만 명으로 급증했다. 여기에 더해서 1996년 말부터 1997년 중반까지 240만 명의 이동통신 가입자가 새로 추가되었다. 하지만 갈 길은 여전히 멀었다. 1996년을 기준으로 유선 통신 가입률은 4.5퍼센트로 미국의 64퍼센트와 비교되었고 이동통신 가입률은 미국의 16.3퍼센트에 비해 0.6퍼센트에 불과했다. 그럼에도 중국의 잠재력은 어마어마했다. 중국이 너무 늦게 시작한 덕분에 기존 시스템 운용에 들어간 매몰 비용이 적었고, 따라서 해당 시점에 이미 뒤처진 기술들을 과감히 포기하고 바로 다음 단계로 나아갈 수 있을 터였다.

예전과 달리 현명해진 소비자들은 1990년대에 들어서도 여전한, 이를테면 새로운 회선이 개설되기까지 〈오랜 대기 시간〉이나 사업 확장에 필요한 자금 조달을 위해 우전부가 회선 개통이나 그 밖의 서비스에 부과한 〈높은 요금〉 등 열악한 서비스에 갈수록 불만을 제기했다. 정부는 점차 우전부에 대한 특혜를 축소했고, 국무원도 중국 철도부와 전력부 등이 주주로 참여한 중국연통(차이나 유니콤)이라는 새로운 경쟁자의 합류를 승인했다(여기에 더해서 전 미국 국무장관 헨리 키신저가 명예 고문에 선임되면서 이 기업의 명성은 더욱 높아졌다). 비록 차이가 많은 2등이었지만 중국연통은 이동통신 서비스까지 제공하면서 우전부의 독점을 막았다. 소비자에게 부과되는 요금도 내렸다. 1990년대 후반에 이르자 통신 산업을 확장하려는 중국의 야심 찬 시도는 해당 산업으로 조달되는 것보다 많은 자금을 요구했다.

어쩌면 왕치산과 팡펑레이의 지원만으로 차이나 텔레콤 계약을 따낼 수도 있었겠지만 우리는 혹시라도 반대의 목소리가 나오지 않도록 만전을 기했다. 1996년 12월에 그들이 내게 우전부의 강력한 수장인 우지촨과의 만남을 주선했다. 그와의 만남은 시작부터 불길했다. 체리 리와 나는 우전부와 그다지 멀지 않은 곳에서 교통 체증으로 인해 발이 묶여 있었다. 우리는 불안한 마음에 연신 손목시계를 확인했다. 절대로 늦으면 안 되는 약속이었다. 만약 늦는다면 거의 용서할 수 없는 모욕으로 여겨질 터였다. 약속 시간까지는 5분이 남았고, 우리는 여전히 꼼짝하지 못했다.

「어떻게 할까요?」 내가 체리 리에게 물었다.

「뛥시다.」

우리는 택시에서 내려 달리기 시작했다. 오버코트를 휘날리며 창안로를 따라 전속력으로 뛰었고 행인들의 웃음을 샀다. 다행히 겨우 시간에 맞추어 거대한 담갈색 빌딩의 우전부에 도착했다. 안경을 낀 예순 살의 우지촨은 벌써 도착해서 우리를 기다리고 있었다. 그는 거의 평생을 통신 산업 분야에 종사해 온 인물이었다. 베이징 우전 대학교를 졸업한 뒤 기술자로 시작해서 부서장과 부부장에 올랐고 1993년에 우전부 부장이 되었다. 심지어 결혼도 동종 업계의 여성과 했다. 결혼한 지 거의 40년이 된 그의 아내는 통신 전문가였다. 완고하고 노회한 관료인 우지촨은 그 긴 세월 동안 통신 분야에서 자신의 지배력을 위협하는 경쟁자들을 앞지르고 물리쳐 온 터였다.

우리의 목표는 우지촨의 지지를 얻어 골드만 삭스가 특히 우전부 임원에게 꼭 필요한 민영화에 관한 설명회를 개최하는 것이었다. 물론 우지촨과 인맥을 쌓고 우리가 차이나 텔레콤 건을 얼마나 중요하게 생각하는지 그에게 보여 주고 싶은 마음도 있었다. 세계적인 투자은행의 최고 운영 책임자로서 나는 일상적인 업무를 절대로 소홀히 할 수 없는 위치였지만 그럼에도 차이나 텔레콤 건을 직접 챙기고 있었다. 서열과 위계 의식이 세계에서 가장 강한 중국인들을 상대하자면 꼭 필요한 부분이었다. 나는 남중국해에 위치한 섬인 하이난성의 싼야에서 1월 중에 개최하기로 합의한 설명회에 직접 참석하겠다고 약속했다. 싼야는 곳곳에 해변이 산재하고 신혼부부들에 더해서 우지촨이 선호하는 대형 호텔들이 있는 열대의 휴양지였다. 놀랍게도 우전부는 그곳에 우리가 사용할 만한 호텔을 보유하고 있었다.

설명회와 우리 팀을 조직한 인물은 홍콩의 한 항공기 대여 회사에 공동 창립자로 참여해서 몇 년 동안 근무하다가 골드만 삭스에 합류한 왕쉐밍이었다. 그녀는 특히 우지촨 부장과 왕치산을 비롯해 중국인 고객들과 관리들을 상대로 유대를 강화하는 매우 중요한 역할을 수행했다. 〈얼굴〉의 중요성을 아는 그녀는 혹시라도 우리가 하이난에 부적절한 인물을 보내지는 않을까 걱정했다. 우지촨 같은 고위급 부장 앞에서 돈에 관련된 이야기를 하는 자리에 혹시라도 급이 떨어지는 은행가를 보낸다면 위임장을 받을 기회를 그 자리에서 바로 날려 버릴 수 있었다. 존 손턴은 골드만 삭스의 시니어 파트너가 참석해야 한다는 의사를 분명히 했고, 우리 팀은 금융과 관련한 모든 측면을 다루는 프레젠테이션을 준비하면서 크리스마스를 보내야 했다.

1997년 1월 중순, 예정일을 2주 앞두고 나는 설명회 참석을 취소해야 했고 그럼으로써 사소한 위기를 초래했다. 나를 대신해 설명회에 참석할 수 있을 뿐 아니라 우지촨 부장과 어울리는 지위에 있는 인물이 필요했다. 적당한 인물을 구하지 못하면 우지촨 역시 참석하지 않을 수 있었고, 그럴 경우 심하면 계약이 틀어질 수도 있었다. 바로 얼마 전 존 손턴이 아시아 지역 회장에 임명되었지만 아직 40대 초반의 나이였고 우지촨의 위상에 비하면 조금 부족한 느낌이었다. 다행히도 골드만 삭스 인터내셔널의 부회장이자 쉰세 살의 밥 호매츠가 참석 의사를 밝혀 왔다. 회사 내부적으로는 우리 6인 운영위원회의 일원인 존 손턴의 지위가 훨씬 높았지만 호매츠는 1971년에 헨리 키신저가 중국의 문호를 열었을 당시에 미국 국가안전보장회의 소속이었고 1979년에 양국의 관계 정상화를 이끌어 낸 논의에도 깊이 관여한 바 있었다. 중국인들은 그처럼 오랜 인연을 변함없이 소중히 여겼고, 나를 대신해 그가 참석하는 것을 반겼다.

설명회에는 골드만 삭스의 투자 은행가들을 비롯해서 그들의 파트너인 중국국제금융공사 직원들과 베이징과 그 밖의 다른 성에서 찾아온 한 부대의 우전부 소속 관리들까지 수십 명이 모였다. 우지환 부장이 회의를 시작했고 존 손턴이 설명회를 이끌었다. 프레젠테이션은 통신 회사의 주식을 민간에 공개하기에 앞서 우전부와 중국국제금융공사 직원들에게 기본적인 지식을 제공하는 차원이었다. 팡펑레이는 우리에게 이렇게 말했다. 「나는 금융에 대해서 또는 기업공개에 관련된 규칙이나 규제에 대해서 잘 모릅니다. 내가 모르는 것은 우전부 전체가 모른다고 생각하면 됩니다.」

우리 팀은 도이치 텔레콤의 기업공개 사례를 본보기로 회사를 조직하고 회계를 관리하는 방법부터 사업 소개서를 작성하고 투자자를 유치하는 방법에 이르기까지 모든 것을 교육하면서 중국인들이 기업공개 과정을 이해할 수 있도록 도왔다. 그들은 언어 문제에도 불구하고 중국인들이 으레 그러하듯이 꼼꼼하게 필기하면서 주어진 정보를 적극적으로 받아들였다. 특히 도이치 텔레콤의 최고 재무 책임자가 이야기할 때는 독일어에서 영어로, 다시 중국어로 통역되는 이례적인 광경이 연출되기도 했다.

중국인들에게는 야심 찬 목표가 있었다. 그들은 세간의 이목이 집중될 두 건의 중대한 행사 날짜에 맞추어 그해 9월까지 사업을 마무리 짓고 싶어 했다. 하나는 중국 영토, 즉 홍콩에서 처음 개최되는 세계은행과 국제통화기금의 연례 총회였고, 다른 하나는 5년마다 소집되어 지도부의 변화를 포함해서 당의 핵심적인 결정을 비준하는 중국 공산당 전국대표대회였다. 여기에 더해서 우리는 중국인들이 20억 달러 이상의 자금을 조달하고자 한다는 사실을 알게 되었다. 중국이 아직까지 6억 2500만 달러가 넘는 거래를 진행해 본 적이 없다는 점을 감안할 때 그야말로 눈이 동그래지는 액수였다. 경제적 분석에 근거한 수치도 결코 아니었다. 단지 목표일 뿐이었다. 그럼에도 그들의 목표는 확고했다.

우리가 직면한 가장 명백한 문제는 실질적으로 기업공개의 대상이 될 회사 자체가 아직 없다는 것이었다. 차이나 텔레콤(홍콩)이 3월 말에 공식적으로 문을 열었지만 아직은 자산이 전혀 없는 껍데기 회사에 불과했다. 기업공개를 앞둔 상태에서 정작 판매할 주식을 발행할 회사도 없는 꼴이었다. 우리는 우전부를 도와 기업을 선정하고 상장 요건을 맞춘 뒤 투자자들을 설득할 수 있도록 만들어야 했다. 이를테면 자산이 공개되어 있고 예측 가능한 수입이나 현금 흐름을 보유한 현재 운영 중인 회사로 시작해서 회계 감사를 진행하고 경영진과 함께 기업공개를 준비하는 일반적인 계약과는 정반대였다. 우리는 일을 진행해 나가면서 완전히 새로운 본보기를 만들어야 했다.

존 손턴과 마이크 에번스는 우지촨 부장에게 20억 달러 규모의 거래가 성사되려면 우전부가 많은 조건을 충족해야 할 거라고 설명했다. 중국 정부는 변함없이 강력한 통제권을 행사하고 싶겠지만 홍콩의 상장 요건을 충족하면서 중국 정부가 원하는 만큼의 자금을 조달하기 위해서는 차이나 텔레콤(홍콩)의 지분 중 상당량 — 20퍼센트에서 25퍼센트 사이 — 을 시장에 내놓아야 했다. 아울러 차이나 텔레콤은 그들의 장래성을 확실하게 보여 줄 수 있도록 가장 알토란 같은 자산을 포함시켜야 했다. 어쨌거나 투자자들은 중국 통신 시장의 거대한 잠재력을 구매하려 할 터였다. 투자를 유치하기 위한 2주짜리 순회 홍보 행사를 기꺼이 수행할 유능한 관리 팀도 필요했으며, 해당 기업이 미국의 까다로운 회계 및 재정 기준을 통과했다고 투자자들을 안심시키기 위해 홍콩뿐 아니라 뉴욕 증권거래소에도 상장할 필요가 있었다. 또한 중국 정부는 통신 관세를 투명하게 만들 명쾌한 규정을 마련해서 투자자들이 성장 전망을 평가할 수 있도록 해야 했다. 우지촨 부장이 동의했고 위의 다섯 가지 조건이 명문화되었다. 그리고 마이크 에번스가 서류에 서명했다. 비록 정식 계약은 아니었지만 우리는 미끼를 물었고, 이제 움직이는 일만 남았다.

현실적인 관점에서 볼 때 중국 정부로서도 차이나 텔레콤의 지분을 극히 일부만 매각할 수 있는 입장이 전혀 아니었다. 차이나 텔레콤은 지나치게 거대한 동시에 복잡했으며 투자자들의 관심을 끌기에 다소 부족한 유선 통신 사업에 편중되어 있었다. 해법은 차이나 텔레콤(홍콩)을 이동통신 사업에 집중하게 한 다음 여러 성에서 선별된 이동통신 자산들의 종자 회사로 만드는 것이었다. 우전부는 우리를 도와서 소득 총액과 성장 잠재력, 당위성과 같은 조건을 충족하는 성들을 물색했다. 그들은 어떤 성이 천 단위가 아닌 백만 단위의 고객을 보유했는지, (가입자 한 명당 더 높은 수익을 올릴 수 있다는 점에서) 농촌 가입자보다는 상업용 가입자를 얼마나 보유했는지, 중간 이윤은 얼마나 되는지 등을 확인했다. 그런 다음에는 우리 사업 팀이 나서서 행정적으로 또는 정치적으로 얽힌 사안들을 분류하고 유선 통신 자산으로 분류되어 있는 이동통신 자산을 파악했다. 그동안은 대부분의 성에서 이들 두 가지가 하나로 관리되고 있었다.

이 모든 것을 파악하기란 결코 쉽지 않았다. 우전부에서 제공한 장부는 하나같이 이해하기 힘든 수준이었고, 얼마 뒤 자산 실사를 하는 단계에 이르러서는 회계법인 KPMG 소속의 350명이 넘는 정식 회계원들이 꼼꼼하게 장부를 뒤져야 했다. 그들은 밤낮으로 우전부 소속 공무원들을 들볶으면서 숫자들을 맞추었고 종국에는 이들 공무원 중 몇몇이 제발 하루만 쉬게 해달라고 사정하기에 이르렀다.

한편 지역 통신 사업에 통제권을 행사하던 대다수의 성들은 함께하기를 거부했다. 그들로서는 가장 전도유망한 사업을 그리고 거기에서 나오는 돈을 베이징의 우전부가 통제하는 공기업에 넘길 이유가 없었다. 실제로 그들은 이동통신 자산의 폭발적인 경제 가치를 알았기에 차이나 텔레콤(홍콩)에 포함되는 대신 자신들이 직접 거래를 주도하고자 했다. 하지만 우전부는 강력한 영향력을 이용해서 그들의 저항을 잠재웠다. 이 경우에서 보듯이 초기의 개혁 노력은 중앙정부의 통제가 약화되기보다 오히려 더욱 강화되는 결과로 이어졌다.

우전부는 거래에 포함시킬 후보로 세 개의 성을 선발했다. 광둥성, 저장성, 장쑤성이었다. 하나같이 급속한 성장 잠재력을 바탕으로 빠르게 번창하는 지역이었다. 시작은 그중에서 이동통신 가입자 수가 가장 많은 저장성과 광둥성부터 하기로 결정되었다. 이동통신 가입자 수는 두 성을 모두 합쳐도 중국 전체의 30퍼센트에 불과했지만 수익성과 성장 전망을 감안했을 때 차이나 텔레콤(홍콩)을 시가총액 80억 달러짜리 회사로 만들기에 시장 가치가 충분했다. 이후 이 회사의 주식 중 25퍼센트를 시장에 내놓으면 중국 정부가 목표로 하는 20억 달러의 자본을 조달할 수 있을 터였다.

거래 과정에서 차이나 텔레콤(홍콩)이 투자자들에게 단지 광둥성과 저장성의 시장성에 대해서만 확신을 주지 않는 것이 중요했다. 다시 말해서 중국 이동통신의 미래에 대한 확신을 주어야 했다. 그래야만 나중에 장쑤성을 비롯한 다른 성들의 이동통신 자산도 흡수될 수 있을 터였다. 따라서 우리는 처음부터 차이나 텔레콤(홍콩)을 통해 성 단위의 이동통신망을 기본적으로 모두 통합해서 전국 단위의 거대한 운영 시스템을 만드는 것을 전제로 했다. 이럴 경우에 경제 발전을 저해하는 장애물을 제거하는 동시에 차이나 텔레콤(홍콩)이 성장하는 데 도움이 될 두 가지 매력적인 요소가 추가될 터였다. 하나는 시작 단계에서 차이나 텔레콤(홍콩)이 통제권을 행사할 성들에서 수요가 증가하는 데 따른 차이나 텔레콤(홍콩)의 자체적인 성장이었고, 다른 하나는 차이나 텔레콤(홍콩)이 단계적으로 흡수하게 될 다른 성들의 이동통신 자산이 성장하는 것이었다. 우리는 투자자들에게 이렇게 말할 수 있을 터였다. 〈거의 개방형 펀드나 다름없는 이 부분을 생각해 보라. 거의 매년 우리는 더 많은 성들을 추가해 나갈 것이다.〉

처음에 나는 중국의 미래가 걸린 이 도박이나 다름없는 대담한 계획에 의구심을 품었다. 혹시라도 중국이 다른 성들의 자산을 계속 투입하지 않으면 어찌할 것인가? 투자자들은 헛된 약속을 믿고 돈을 투자한 셈이 될 것이다. 하지만 나는 중국인들이 계속해서 자산을 투입할 수밖에 없다는 사실을 알았다. 그들은 외국의 노하우를 원했고 자본을 원했으며 다른 국유 기업들도 시장에 내놓기를 원했다. 차이나 텔레콤(홍콩)은 세계가 중국을 바라보는 일종의 렌즈가 될 터였다. 그들은 이 렌즈를 통해 중국의 대기업이 경쟁력을 갖출 수 있을지, 제대로 운영될 수 있을지, 이윤은 낼 수 있을지, 따라서 투자할 가치가 있을지 등의 여부를 판단하게 될 것이었다. 이 거래를 성공시키기 위해서라면 중국인들은 무슨 일이든 할 터였다.

1997년 5월 20일, 우전부는 우리가 원하던 대로 해당 거래의 공동 조정자 역할을 골드만 삭스와 중국국제금융공사에 공식적으로 위임했다. 조만간 기업공개가 이루어질 차이나 텔레콤(홍콩)의 준비를 돕고 이 회사의 마케팅과 주식 가격 책정을 조화롭게 수행할 일차적인 책임이 이제는 우리에게 있다는 뜻이었다. 우지촨 부장의 사무실에서 후에 차이나 텔레콤의 회장과 최고 경영자가 되는 우전부의 재무 담당 이사 스추이밍이 자필로 서류를 작성하고 차이나 텔레콤의 사장 천자오빈과 나란히 서명했다. 존 손턴과 팡펑레이도 각각 골드만 삭스와 중국국제금융공사를 대표하여 서명했다. 얼마 뒤 우전부는 J. P. 모건과 베어 스턴스를 우전부의 재정 고문으로 고용했다. 그들에게는 기본적으로 차이나 텔레콤에 특히 주식을 공개할 때 가격을 책정하는 문제와 관련해서 독자적인 조언을 제공하는 제한된 역할이 주어졌다.

이 무렵 골드만 삭스 베이징 사무소는 만리장성 쉐라톤 호텔 바로 옆에 위치한 건물에 방 두 개짜리 사무실을 사용하고 있었는데 위임장을 받자마자 두 방이 모두 사람들로 붐비기 시작했다. 우리는 기업공개를 준비하느라 밤낮으로 일하는 우리 팀 밑으로 곧바로 열여섯 명의 상근 직원을 새로 채용했다. 베이징과 항저우, 광저우, 홍콩 현지에도 직원을 배치했고, 그들에게 매주 화요일마다 우전부의 스추이밍에게 보고하도록 했다. 세계가 이 거래를 주시할 참이었고, 우리는 실수가 없도록 만전을 기했다.

6월에 들어서 차이나 텔레콤(홍콩)은 홍콩의 주요 통신 서비스 제공자인 홍콩 텔레콤의 지분 5.5퍼센트를 영국 회사이자 1980년대에 마거릿 대처 정부에 의해 가장 먼저 민영화된 국유 기업 중 하나이며 홍콩 텔레콤의 지배 주주인 케이블 앤드 와이어리스로부터 12억 달러에 매입할 것이라고 발표했다. 왕치산과 우지촨 부장은 영국의 전기 통신 유한회사가 케이블 앤드 와이어리스 인수에 입찰할지 모른다는 이야기를 들은 뒤로 지난 2년 동안 차이나 텔레콤에 홍콩 텔레콤의 주식을 매입하도록 제안해 온 참이었다. 제안은 끝내 실현되지 못했지만 우지촨은 끊임없이 지배권을 중국으로 가져오기 위한 아이디어를 내놓았다. 요컨대 그는 홍콩의 통신 서비스가 홍콩 반환 이후에도 계속해서 영국의 손에 남아 있지 않기를 바랐다. 하지만 홍콩 텔레콤 건은 차이나 텔레콤(홍콩)을 상장하는 것과 별개로 진행하기로 결정되었다. 시장의 관심은 〈레드칩〉, 즉 홍콩에 상장된 중국 본토의 기업들에 쏠려 있었고, 우리는 차이나 텔레콤의 기업공개가 홍콩의 다른 자산 문제와 뒤

섞이는 것을 원하지 않았다.

팡펑레이는 강철 같은 체력과 만족할 줄 모르는 배움에 대한 열정을 가지고 있었다. 본격적으로 기업공개를 준비하는 몇 달 동안 그는 왕쉐밍을 대동한 채 수시로 만리장성 쉐라톤 호텔을 방문해서 마이크 에번스에게 조언을 구했다. 호텔 로비에 머무르면서 스카치를 주문하고 마이크와 왕쉐밍과 함께 거래에 관련된 모든 측면에 대해서 몇 시간씩 이야기를 나누었다. 어떤 날은 투자은행의 수수료에 대해서 이야기를 나누었고, 어떤 날은 수요 예측과 관련한 세부적인 내용에 대해서 이야기를 나누었다. 그는 세계에서 가장 뛰어난 금융 시장 전문가에게 배우고 있었다.

체력에서 팡펑레이를 능가하는 인물이 존재한다면 아마도 마이크 에번스일 것이다. 배짱이 두둑하고 남에게 지는 것을 싫어하는 마이크는 1984년 로스앤젤레스 하계 올림픽 때 쌍둥이 남동생 마크와 함께 캐나다 대표로 출전한 조정 8인 경기 종목에서 금메달을 따기도 했다. 마크는 1994년부터 홍콩에서 골드만 삭스의 아시아 사업을 감독했고, 1997년에 뉴욕으로 자리를 옮겨 세계 주식 시장을 총괄했다. 마이크는 살로몬 브라더스에 근무하다가 1993년에 골드만 삭스에 합류했으며, 1996년까지 유럽 쪽 주식 시장을 총괄했다. 도이치 텔레콤의 민영화 사업을 진행했던 그에게 차이나 텔레콤의 기업공개 건에 대한 감독을 맡긴 것은 당연한 선택이었다. 큰 키에 마르고 적극적인 성격을 가진 그는 노 젓는 사람 특유의 한계에 굴하지 않는 면모를 보였다. 그는 최고의 금융 공학에 예리한 전략적 사고를 더해서 최고 경영자나 국가 원수를 대할 때와 마찬가지로 가장 말단의 분석가들과도 격의 없이 소통하면서 적극적으로 모든 세부적인 업무에 관여했다.

홍콩 반환 시점에 맞추어 6월 말에 나는 홍콩으로 날아갔다. 영국이 156년 만에 공식적으로 홍콩을 중국에 반환함으로써 중국과 홍콩은 공히 새로운 시대를 맞이하게 되었고 며칠에 걸쳐 축제가 열렸다. 골드만 삭스에서도 홍콩 반환을 기념하는 대규모 만찬회를 열었다.

행사 기간에 나는 우연히 오랜 친구이자 모건 스탠리가 딘 위터, 디스커버 앤드 컴퍼니를 합병하면서 얼마 전 모건 스탠리의 신임 최고 경영자가 된 필 퍼셀과 마주쳤다. 필 퍼셀과 나는 시카고에 있을 때부터 알던 사이였다. 당시 그는 시어스 로벅에서 경영 전략 팀을 이끌고 있었고, 나의 고객 중 한 명이었다. 그는 모건 스탠리의 아시아 총괄 책임자 잭 워즈워스와 함께 홍콩에 머무르고 있었다. 나는 그를 진심으로 존경하는 마음과 별개로 우리가 차이나 텔레콤 건을 맡게 되었다는 사실에 약간은 우쭐하지 않을 수 없었다.

결국 필 퍼셀은 바로 앞에 나를 세워둔 채 잭 워즈워스에게 말했다. 「우리의 합작 투자 파트너가 이 사업을 골드만 삭스에 넘긴 경위를 다시 설명해 주시오.」

잭 워즈워스는 최고의 은행가이자 전문가였음에도 대답할 말을 찾지 못했다.

나는 승리 앞에서 겸손하라고 또는 다른 사람에게 승리를 뽐내지 말라고 그동안 직원들에게 항상 주의를 주었다. 하지만 정작 나 자신은 필 퍼셀 앞에서 으스대고 싶은 충동을 결국 참지 못했다. 그는 내 친구였고, 이런 나의 행동은 내가 이 분야에 종사하면서 목격한 가장 어이없는 사건 중 하나를 일으키는 단초가 되었다.

나의 득의양양함은 오래가지 못했다. 7월 1일에 홍콩이 중국에 반환되었다. 7월 2일이 되자 시장은 순식간에 아수라장으로 변했다. 수개월째 투기 세력과 전쟁을 치러 오던 태국이 자국의 통화를 방어하는 것을 결국 포기했다. 그날 하루에만 바트화가 달러화 대비 20퍼센트 가까이 급락하면서 고공 성장을 이어 가던 아시아의 수많은 나라들을 장차 수개월에 걸쳐 강타하게 될 외환 위기를 촉발했다.

제일 먼저 타격을 받은 나라는 태국이었지만 고통은 곧바로 전염되었고 지난 10년간의 발전을 되돌려 놓았다. 핫머니*와 지나치게 손쉬운 대출, 부동산 투기, 필연적인 정실 자본주의, 즉 부패와 내부자 거래로 그동안 아시아 경제는 전반적으로 과열된 상태였다. 거품이 꺼지자 자본은 떠나갔고 은행 대출도 급격하게 위축되었다. 여기에 더해서 이들 나라는 주로 수출에 의존한 탓에 화폐 가치의 변동에 더욱 취약할 수밖에 없었다. 일부 국가들이 달러 페그제**를 시행하는 상황에서 달러가 강세를 보이자 수출품 가격이 상승하면서 수출 물량이 대폭 감소했다. 위축된 일본 경제도 동남아의 수출 시장을 더욱 약화시켰다.

재앙의 조짐은 1996년에 나타났는데 처음에는 지역적인 현상처럼 보였다. 바트화를 둘러싼 투기는 1997년 5월에 해당 통화에 대한 대대적인 공격이 진행되면서 절정으로 치달았다. 태국 정부는 자국의 통화를 방어하기 위해 수십억 달러를 쏟아 부었다. 하지만 7월에 이르러 더는 싸움을 지속할 수 없는 상태가 되었고 결국 변동 환율제를 채택했다. 며칠 뒤에는 필리핀이 자국의 페소화를 평가 절하했으며 말레이시아와 인도네시아의 통화도 공격을 받았다. 이 지역의 자본이 해외로 유출되면서 여파가 확산되었다. 아시아의 주식 시장이 거센 후폭풍을 맞고, 통화가 마비되고, 유동성이 말라 버리고, 은행들이 도산하고, 국채 가치가 하락했다. 결국 국제통화기금이 태국과 인도네시아와 한국의 통화를 지원

* 국제 금융 시장에서 높은 수익을 노리고 유동하는 단기 자금.

** 자국 화폐를 고정된 달러 가치로 묶고 정해진 환율에 따라 환전해 줄 것을 약속한 환율 제도.

하기 위해 400억 달러를 원조하기에 이르렀다.

절대로 역대 최대 규모의 기업공개를 진행하기에 최적의 타이밍은 아니었다.

이 모든 현상은 수개월 이상 지속될 것이 분명했다. 그럼에도 홍콩 시장은 외환 위기 초반에 나름 선전했다. 홍콩의 항셍 은행에서 발표하는 항셍 주가 지수는 1996년에 30퍼센트가 넘게 올랐으며 하향세로 돌아서기 전인 1997년 1월까지 꾸준한 오름세를 기록했다. 이후 4월에 다시 회복세로 돌아섰다. 아마도 임박한 홍콩 반환을 둘러싼 기대감 때문이었겠지만 어찌되었든 안정적인 오름세를 이어 갔다. 바트화가 붕괴된 그 운명의 한 주 동안은 주가 지수가 3.2퍼센트 넘게 떨어졌지만 곧바로 성장 동력을 회복해서 8월 7일에 이르자 1만 6673포인트라는 신기록까지 세웠다.

시장 변동은 불안을 초래했다. 나는 골드만 삭스의 아시아 진출 초기에 동남아시아 쪽이 더 안전하다는 판단 아래 중국보다 동남아시아 시장을 선호했던 시기를 떠올리지 않을 수 없었다. 아시아의 외환 위기가 한창이던 순간에 우리는 아시아에서의 사업을 면밀히 재검토했다. 존 손턴의 지휘로 여러 사업을 하나씩 정밀하게 분석했고 인원은 줄이되 더 뛰어난 은행가들을 선발하면서 세간의 주목을 받는 몇몇 사업과 인맥을 쌓는 데 집중하기로 결정했다. 차이나 텔레콤 같은 고객을 발굴하고 비교적 덜 중요한 많은 사업을 쫓느라 힘을 분산시키지 말아야 한다는 생각이었다. 굵직한 거래들로 명성을 쌓아 간다면 다른 사업들은 저절로 따라올 터였다. 이것이야말로 골드만 삭스의 글로벌 전략이었지만 아시아에서만큼은 집중하지 못한 측면이 있었다.

원래는 기업공개일이 9월 중순으로 잡혀 있었지만 이는 외환 위기가 도래하기 전부터 이미 무리한 계획이었다. 골드만 삭스와 중국국제금융공사 팀은 차이나 텔레콤을 검토할 당시에 그들에게 이처럼 경쟁이 치열한 분야에서 그토록 많은 자금을 조달하고자 하는 회사라면 투자자들이 요구하는 것을 들어주라고 압박했다. 기업공개를 준비하는 과정 — 막연한 가정에 이의를 제기하고, 문제의 해답을 찾고, 수지 타산을 맞추고, 사업 계획을 명확히 세우고, 운영진의 자질을 검토하고, 손익 분기점에 집중하는 등 — 자체는 우전부가 올바른 방향을 설정하고 차이나 텔레콤의 운영 방식과 통신 산업 전반을 정비해서 결정적인 변화를 만들어 가도록 도움을 주었다. 우리는 행정과 규제 차원의 현안에까지 관심을 확대했다. 유선 통신 자산은 장차 어떻게 처리되어야 하는가? 정부의 역할은 무엇이고 각각의 성들은 어떻게 정부의 시책에 맞추어 나갈 것인가? 이동통신은 어떤 식으로 규제되어야 하는가?

이런 현안들을 둘러싼 접근법에서 주룽지는 개혁가로서 자신의 천재성을 증명했다. 그는 우전부나 관리자들이 절대로 스스로 알아서 추진할 수 없거나 추진하지 않을 변화를 추동하기 위해 시장을 이용했다. 앞서 말했듯이 그는 이상주의자가 아니었다. 철저한 실리주의자였으며, 중국 기업의 효율성을 제고하고 국가 복지를 개선하는 데 필요한 개혁의 속도를 내기 위해서라면 기꺼이 시장 원리를 이용하고자 하는 사회주의자였다.

그는 그해 말에 가진 만남에서 특유의 무뚝뚝한 말투로 내게 말했다. 「경영 방식이 시대에 뒤처져 있으며, 보다 현대적이고 진보적으로 바뀔 필요가 있습니다.」

그럼에도 주룽지는 자신이 할 수 있는 일은 거기까지라고 생각했다. 국유 기업의 입장에서는 외국 자본이 필요했지만 중국 정부의 입장에서는 통제권을 포기할 수 없었기 때문이다. 이유는 간단했다. 국유 기업이 적자에 허덕이는 이유 중 하나는 직원이 너무 많다는 것인데 외국인이 통제권을 잡을 경우에 직원들을 대대적으로 해고할 수 있었기 때문이다. 주룽지는 약 80퍼센트에 육박하는 직원들이 해고될 것으로 전망했다. 제대로 된 사회 보장 제도도 없는 상황에서 그런 일이 벌어진다면 국가의 안정성까지 위협받을 수 있었다. 중국은 사회 안전망을 마련하는 한편으로 주식시장을 이용해서 중국의 실정에 맞는 부분적인 민영화를 추진할 필요가 있었다.

한편 우리 팀은 1997년 10월 23일로 날짜를 늦춘 기업공개를 준비하느라 불가능에 도전하고 있었다.

마이크 에번스와 그의 중국국제금융공사 쪽 파트너는 세 곳에서 주로 진행될 분할 발행을 통해 주식을 판매하기로 계획을 세웠다. 미국과 아시아 그리고 국제 시장(주로 유럽)이었다. 아시아 지역에서는 홍콩의 일반 개인 투자자에게 판매하는 방법과 기관에 판매하는 방법, 주요 기업 투자자들에게 배당하는 방법이 모두 동원되었다. 특히 우리는 주요 기업 투자자들을 참여시킴으로써 안정적인 판매를 도모하는 동시에 홍콩 시장에 확신을 줄 수 있을 것으로 판단했다. 10여 명의 거물 실업가들과 중국국제투자신탁공사 같은 중국 본토 기업의 홍콩 지점들은 상장된 가격에 주식을 매입해서 최소 1년 동안 보유하기로 합의했다. 그들은 모두 합쳐서 초도 물량의 절반에 가까운 주식을 매입했고, 이는 차이나 텔레콤의 전체 주식 중 10퍼센트에 해당하는 물량이었다. 이런 초석 투자의 개념은 이전에 한 번도 시도된 적이 없는 전략이었다. 우리는 차이나 텔레콤의 상황에 맞추어 이 개념을 만들었고, 장차 많은 성공적인 기업공개 사례에서 동일한 전략이 사용될 터였다.

하지만 거래 예상 규모가 늘어나고 시장 상황이 불안정해지면서 일부 투자자들이 불안감을 드러냈다. 우리의 제안에 따라 우지촨 부장이 선전시에서 열린 긴급회의에 그들을 소집했다. 마이크 에번스는 그들에게 그동안의 진행 과정을 설명하면서 당초 예상보다 서른 배나 많이 몰린 개인 투자자들은 물론이고 전 세계 기관들 사이에서도 차이나 텔레콤 주식에 대한 수요가 엄청나다고 설득했다. 하지만 일부 기업 투자자들은 여전히 뚱한 반응을 보였다. 그들은 상장된 가격에 주식을 매입해서 의무적으로 보유하고 있는 동안 혹시라도 갑자기 주가가 곤두박질치지 않을까 걱정했다.

그들을 안심시키는 것은 우지촨 부장의 몫이었다. 그는 짧지만 감동적인 말로 자신에게 주어진 역할을 훌륭하게 완수했다. 그는 당시의 시장 상황이 어떻든 간에 차이나 텔레콤(홍콩)에 투자하는 데 따른 장기적인 이득이 단순한 보상으로 끝나지는 않을 것이라고 단언했다. 우지촨 부장은 〈이번은 단지 전채 요리에 불과합니다. 주요리는 아직 나오지도 않았습니다〉라는 말로 그들을 설득했고, 그들은 버텨 내었다.

9월 29일에 우리는 처음으로 투자자들에게 차이나 텔레콤의 주식 가격 폭을 공개했다. 총 26억 주에 가격은 7.75홍콩달러에서 10홍콩달러 사이였다. 얼마 뒤 마이크와 중국국제금융공사 팀은 캐러밴을 끌고 2주 예정으로 미국과 유럽, 아시아의 10여 개 도시로 정신없이 바쁘게 진행될 순회 홍보 행사를 떠났다. 미국에서 제일 먼저 방문한 도시는 뉴욕이었고, 10월 8일이었다. 나는 플라자 호텔에서 오찬을 겸한 발표회를 개최했다. 미래의 투자자들은 청중석에서 중국어로 진행되는 설명을 실시간으로 통역해 주는 이어폰을 착용했다. 수요가 점점 가시화되면서 우리는 좀처럼 하지 않을 일을 벌였다. 순회 홍보 행사 도중에 주식 가격의 폭을 9.39홍콩달러와 12.48홍콩달러 사이로 상향 조정한 것이었다.

공모가를 정하기 위한 회의에 들어갈 때 마이크는 공모가가 상정한 가격 폭의 중간쯤 되어야 한다고 생각했지만, 중국건설은행 대표인 왕치산은 투기꾼이 꼬이는 것을 막기 위해 더 높은 가격에 주식을 발행하기를 원했다. 또한 그를 비롯한 중국인 관리들은 주식 가격에 두 배의 행운을 뜻하는 숫자 88을 넣기를 원했다. 그들은 한사코 주당 11.88홍콩달러를 고집했다. 왕치산은 극도의 자신감을 보였지만 그럼에도 뒤로 한 발 물러났다.

「그냥 11.80홍콩달러로 갑시다.」 그가 차분한 어조로 마이크에게 말했다.

「제안이 아니었습니다.」 마이크가 그 순간을 회상했다. 「그건 통보였습니다.」

홍콩에서는 주식이 상장되어 거래가 개시되기 일주일 전에 가격이 정해진다. 상장 예정일 전날 공모가가 확정되고 바로 다음 날부터 거래가 시작되는 미국과 대조적이다. 우리는 10월 16일에 주가를 공표했다. 상장일인 10월 23일을 일주일 앞둔 시점이었다.

마이크는 시장 상황을 잘 알았고, 결국 그의 우려가 현실로 나타났다. 앞서 7월에 촉발된 아시아의 외환 위기가 홍콩을 향해 처음으로 그 이빨을 드러낸 것이다. 10월 17일, 즉 우리가 주가를 공표하고 불과 하루 뒤에 타이완이 자국의 통화 방어를 중단했다. 투기꾼들은 이제 아시아에서 달러 페그제를 시행하는 마지막 지역인 홍콩을 공격했다. 새로운 홍콩 특별행정구 당국은 통화 방어에 전념하면서 단기 금리를 차츰 인상했고, 그 결과 홍콩의 부동산 시장이 위축되었다. 차이나 텔레콤의 주식 거래가 개시되기 하루 전인 10월 22일에 이르러서는 홍콩 주식이 14퍼센트나 떨어졌다. 우리는 거센 역풍 속으로 항해하기 시작했다.

10월 23일 목요일, 홍콩은 어두컴컴한 하늘에 비까지 쏟아지는 궂은 날씨였다. 캐나다 출신인 마이크 에번스는 이런 날씨를 불길한 징조로 여겼다. 아침에 스추이밍과 함께 홍콩 증권거래소로 걸어가면서 그가 말했다. 「비가 이렇게 많이 오다니 믿어집니까?」

「좋은 징조입니다.」 스추이밍이 정정해 주었다. 「조짐이 좋습니다.」

홍콩 통화가 공격을 받으면서 항셍 지수도 순식간에 급락했다. 그날 하루에만 10퍼센트가 넘게 떨어졌고 곧바로 검은 목요일이라는 악명을 얻었다. 차이나 텔레콤은 장이 개시되자마자 10.50홍콩달러로 떨어졌고, 하루 종일 휘청거리다가 10.55홍콩달러로 개시 첫날을 마감했다.

차이나 텔레콤은 42억 2000만 달러의 자금을 조달했지만 홍콩 주식 시장이 계속해서 공격을 받고 있었기 때문에 우리 모두는 앞으로 어떻게 될지 몰라서 불안했다. 금요일이 되자 차이나 텔레콤 주식은 공모가를 넘어선 12.15홍콩달러를 기록했다. 그다음 주 월요일에는 주식 시장이 폭탄을 맞은 상황에서도 공모가보다 조금 높은 11.95홍콩달러를 유지했다. 이날 항셍 지수는 6퍼센트가 하락했다. 그 여파로 뉴욕에서도 소규모 폭락 사태가 발생했으며 다우존스 산업 평균 지수는 7.2퍼센트가 떨어졌다. 장이 조기에 마감되기 전까지 두 번이나 거래가 중단될 정도였다. 화요일은 더 끔찍했다. 항셍 지수는 14퍼센트나 하락했고, 차이나 텔레콤은 상장된 첫날 종가인 10.55홍콩달러로 후퇴했다.

중국인들도 안절부절못하기는 마찬가지였다. 왕치산이 내게 들려준 후일담에 따르면 그의 상관인 주룽지 부총리가 불같이 화를 내며 홍콩에 머물던 그에게 베이징으로 복귀하라고 전화했을 정도였다. 주룽지를 만나러 들어가기 직전에 그는 전화로 차이나 텔레콤의 주가를 확인했고, 주가가 반등했다는 소식을 들었다.

「42억 달러를 만들었습니까?」 주룽지가 그에게 물었다.

「그렇습니다.」 왕치산이 대답했다. 「전진바이인(眞金白銀).」

그것은 〈돈주머니를 두둑하게 하다〉라는 의미의 중국식 표현이었다.

「그 돈이 실제로 우리 주머니에 들어와야 안심할 수 있습니다.」 주룽지가 말했다. 「그래야 진짜 내 돈이라고 할 수 있을 것입니다.」

오늘날에는 믿기 어려울지 모르지만 당시의 중국은 늘 돈을 걱정했다.

다행히도 차이나 텔레콤 주식에 대한 매수세는 강력했고 가격을 방어하는 데 성공했다. 그해 말에 차이나 텔레콤 주식은 상장 첫날 종가에서 26퍼센트 오른 가격으로 거래되고 있었다. 공모가와 비교해도 13퍼센트나 오른 가격이었다. 반면에 항셍 주가 지수는 3퍼센트 남짓 오른 터였다.

마이크 에번스가 나중에 내게 고백한 바에 따르면 그는 공모가를 책정할 당시에 왕치산이 틀림없이 수요가 있을 거라며 계속 자신을 설득하려 했을 때 〈이 사람들은 거래 가격을 책정하는 요령에 대해서 정말 아무것도 모르는구나〉라고 생각했다고 한다.

얼마 뒤 그는 생각이 바뀌었다고 고백하면서 이렇게 결론을 내렸다. 「아마도 나는 중국에서 거래 가격을 책정하는 법을 전혀 모르고 있는 것 같습니다.」

팡펑레이는 중국 미신과 연관 지어 다른 견해를 내놓기도 했다. 홍콩 증권거래소에서 차이나 텔레콤의 상장 코드 번호는 941번이었는데, 이 숫자를 중국어로 발음하면 〈위험 속에서 살아남는다〉라는 말과 비슷하다는 것이었다.

차이나 텔레콤을 상장한 지 한 달도 안 되어 나는 아내 웬디와 중국 환경 포럼에 참석하기 위해 베이징으로 날아갔다. 이 포럼에서 나는 국제자연보호협회를 대표해 그동안 많은 관심을 가지고 있던 자연 보호의 경제학에 관해 연설할 예정이었다.

11월 21일에 나는 중난하이의 자광각에서 주룽지를 만났다. 존 손턴과 마이크 에번스, 웬디도 함께였다. 웬디는 세세한 부분을 놓치지 않는 예리한 눈으로 진한 파란색 양탄자와 호화로운 꽃 장식 그리고 우리 일행의 차 시중을 들기 위해 우아한 옷차림에 군인처럼 절도 있는 걸음걸이로 들어온 젊은 여성들을 유심히 바라보았다. 지난 2월과 마찬가지로 주룽지와 나는 통역사를 대동한 채 협탁을 사이에 두고 마주 앉았다. 주룽지가 우리에게 차이나 텔레콤 건과 관련해서 암묵적인 지지를 보여 준 날로부터 9개월이 채 지나지 않은 시점이었다. 언제나 그렇듯이 중국인들은 무언가를 결정하는 데 오래 걸렸지만 일단 결정하고 나면 행동은 놀라울 만큼 빨랐다.

「차이나 텔레콤의 성적에 만족합니까?」 주룽지가 내게 물었다.

나는 대답했다. 「차이나 텔레콤 주식은 외환 위기에도 불구하고 아시아에서 최고의 성과를 거두었습니다. 상장 과정에서 주식을 청약하지 않았던 사람들은 두고두고 후회할 것입니다.」

주룽지는 〈정원에서 가장 아름다운 한 송이 꽃〉을 의미하는 중국 속담을 인용했다. 아시아의 외환 위기 속에서도 차이나 텔레콤이 중국의 안정성을 보여 준 것에 빗댄 말이었다.

그는 나에게 〈골드만 삭스가 큰일을 해냈습니다〉라고 치하했다. 그러고는 편자 형태로 앉아 있는 사람들 가운데 마이크 에번스를 가리켰다.

「골드만 삭스에는 마이크 에번스 같은 분이 많습니까?」

「한 명뿐입니다.」 내가 말했다. 「그는 자신의 분야에서 세계 최고입니다.」

주룽지가 말했다. 「에번스 씨, 나한테 선생 같은 인재가 열 명만 있다면 모든 국유 기업을 바꿀 수 있을 것입니다. 선생 같은 인재가 100명이 있다면 나라 전체를 바꿀 수도 있을 것입니다.」

차이나 텔레콤 기업공개는 주룽지에게 이런 목표로 나아가기 위한 출발점을 제공했다. 아울러 세간의 주목을 받은 최초의 국유 기업 개혁 사례로서 진정 획기적인 사건이었다. 차이나 텔레콤의 성공은 중국이 나아가고자 하는 경제적 방향을 세계 시장이 인정했음을 알리는 신호였다. 또한 중국이 산업적인 기반을 갖추는 데 굳은 의지나 기술이나 신선한 관점이 부족한 관료들은 절대로 할 수 없는 어떤 역할을 서방 세계의 자본 시장이 대신해 줄 거라는 주룽지의 가설이 옳았음을 확인해 주었다.

이 거래는 또 통신 산업 부문에 대한 대대적인 기업 구조 개편의 시작을 알렸다. 그 결과로 전국적인 이동통신 시스템이 탄생하고 내수 시장은 일련의 복잡한 기업 개편을 통해 보다 경쟁적으로 변할 터였다. 차이나 텔레콤을 상장하고 얼마 뒤 중국 정부는 다른 부처에서 관장하던 일부 업무를 합병해서 우전부를 재편하고 존경스러운 우지촨 부장의 지휘 아래 신식사업부로 이름을 변경했다. 차이나 텔레콤(홍콩)은 최종적으로 차이나 모바일이 되었다. 일부는 차이나 텔레콤이라는 상표를 그대로 유지한 채 중국의 유선 통신 사업을 합병했고, 종국에는 이동통신으로 사업을 확장했다. 또 다른 신생 도전자 기업인 차이나 네트콤은 1999년에 등장해서 차이나 텔레콤이 운영하던 중국 북부의 유선 통신 사업을 인수했으며, 2008년 중국연통에 합병되었다. 결국 중국은 세 개의 거대하고 경쟁력 있는 국가 소유의 통신 회사를 보유하게 되었다.

5 회장님이 잠든 사이

저우융캉(周永康)은 중국석유천연가스공사의 최고 관리자였고 미국의 전임 대통령 조지 H. W. 부시를 무척 만나고 싶어 했다. 1998년 초였고, 우리는 저우융캉이 조지 부시의 고향인 텍사스주 휴스턴에서 열리는 에너지 산업 회의에 참석할 것이라는 정보를 입수했다. 중국석유천연가스공사는 중국에서 가장 크고 중요한 에너지 회사인 동시에 차이나 텔레콤에 이어 두 번째로 민간에 공개될 것으로 예상되는 거대 국유 기업이었다. 당연히 나는 저우융캉과 그 동료들에 대해 더 자세히 알고 싶었다. 그를 처음 만난 것은 1997년 11월 중국석유천연가스공사 베이징 본사 근처에서 함께 점심을 먹을 때였다. 베이징 석유 대학교에서 수학한 저우융캉은 공부를 마치고 중국 북동부의 얼어붙은 땅으로 향했을 만큼 전문적인 석유 사업가였다. 짙은 색 정장 차림에 자랑스럽게 흰 양말을 신고 다니던 그 시대의 많은 정부 관리와 달리 옷차림도 세련되고 옷매무새 또한 구김살 하나 없이 단정했다. 그 이전 해부터 중국석유천연가스공사의 운영을 맡은 그는 영리하고 진지한 남자였다. 사업이 지지부진한 상태임을 알았으며 해당 공사를 완전히 뜯어고치겠다는 야심이 확고했다.

우리는 저우융캉과 그의 동료들을 미국 본사로 초청했고, 조지 부시의 사촌이자 골드만 삭스의 자산 관리부에 근무하는 조지 허버트 워커 4세를 통해 전임 대통령과의 만남을 주선했다. 2월 12일에 나는 존 손턴과 마이크 에번스와 함께 휴스턴으로 날아갔다. 그리고 전임 대통령의 사무실에서 저우융캉을 만났다. 부시의 아들 닐이 우리를 맞이했고 전임 대통령에게 안내했다. 저우융캉이 부시를 중국의 오랜 친구라고 부르면서 활짝 웃었다. 조지 부시는 1950년대에 석유 굴착 회사인 사파타를 설립했고, 양국의 관계가 정상화되기 이전인 1974년부터 1975년까지 베이징에서 미국 연락 사무소 대표로 일한 적이 있었다.

「나는 평생을 석유 사업가로 살았습니다.」 저우융캉이 조지 부시에게 말했다. 「석유 사업가의 말은 언제나 믿어도 됩니다.」

부시는 늘 자신감이 넘쳤고 개방적이며 친근한 태도를 보였다. 벽에 걸린 수집품을 설명해 주었고, 지난해 11월 칼리지스테이션 근처에 자신의 대통령 박물관이 문을 연 사실을 자랑스럽게 이야기했다. 전임 대통령은 우리를 안쪽 사무실로 안내했다. 우리는 세계 정세와 유가(油價) 전망, 석유 사업가의 전반적인 특징 등에 관해 한동안 가벼운 대화를 나누었다. 그는 베이징에서 지내던 시절과 중국이 좋은 쪽으로 얼마나 많은 변화를 이루었는지 즐겁게 회상했다. 갑자기 그가 책상에서 종이 한 장을 꺼내더니 짧은 편지를 써서 저우융캉에게 주면서 리펑 총리에게 전해 달라고 부탁했다.

저우융캉이 왜 조지 부시를 만나고 싶어 했는지 나로서는 단지 추측만 할 수 있을 뿐이다. 내가 파악하기로 대다수 중국인들은 미국을 방문할 때 유명한 미국인과 만나는 것을 좋아했다. 호기심과 중국인 특유의 지위에 대한 집착이 혼합되어 나타나는 현상일 수도 있었고, 그런 유명 인사를 만나고 돌아가면 중국에서 자신의 위상이 올라가기 때문일 수도 있었다. 이유야 어쨌든 중요한 것은 실질적인 어떤 대화를 나누는 것이 아니었다. 중국과 거래하면서 내가 배운 바로는 만남 자체가 중요했다. 전임 대통령과의 만남은 우리가 저우융캉과 인맥을 구축하는 데 도움이 될 터였고, 아마도 저우융캉이 중국에서 약간이라도 명성을 높이는 데 도움이 될 터였다. 나는 조지 부시가 리펑에게 쓴 편지 내용은 모르지만 그가 저우융캉에게 편지를 전해 달라고 부탁한 대목에 주목했다. 세월이 흘러서 나 또한 다른 중국 지도자에게 중요한 메시지를 전할 일이 생겼을 때 마찬가지로 그에게 부탁했다. 그 무렵에는 이런저런 자리를 거친 끝에 그는 공안부 부장이 되어 있었고, 나는 미국 재무부에 근무하고 있었다.

우리는 오후 비행기로 뉴욕에 돌아왔다. 다음 날 아침 일찍부터 저우융캉과 그 동료들에게 우리의 업계 전문 지식과 자본 시장 기술 수준을 보여 주기 위해 일련의 프레젠테이션을 진행했다. 저우융캉에게 우리가 주식을 거래하는 층도 보여 주었다. 금융 및 조사 전문가들이 석유와 천연가스에 관한 의견을 제시하고 자금 조달과 관련한 기초적인 사항들을 설명했다. 점심 식사를 한 뒤에 저우융캉 일행은 뉴욕 증권거래소로 향했고, 그곳의 주식 시세 전광판에 환영 문구가 뜨면서 자신들의 이름과 중국석유천연가스공사의 이름이 나오자 무척 즐거워했다.

우리는 논의할 안건이 남아 있었지만 저우융캉 일행은 모건 스탠리도 방문해야 해서 시간이 부족했다. 모건 스탠리를 방문하는 것은 민감한 문제였고 우리로서는 그다지 도와주고 싶지 않은 일이었다. 차이나 텔레콤 건의 성공으로 팡펑레이는 우리와 계속 같이 일하기를 원했고, 우리의 경쟁자들은 당연히 격분했다. 차이나 텔레콤 건에서 손해를 본 모건 스탠리 또한 중국건설은행과 관계를 회복하고 중국석유천연가스공사의 위임을 받기 위해 애쓰는 중이었다. 차이나 텔레콤 기업공개를 통해 자신의 상관에게 〈진금백은〉을 안겨준 중국건설은행 총재 왕치산은 중국에서 가장 넓고 경제적으로도 가장 중요한 광둥성의 부성장에 임명되었다. 새로운 은행장에는 저우샤오촨(周小川)이 임명될 터였고 그 역시 주룽지의 핵심 측근 중 한 명이었다.

저우샤오촨의 임명 소식을 듣고 나는 주룽지의 능숙한 인재 활용에 진심으로 탄복했다. 뛰어난 경제학자인 그는 중국건설은행을 본보기로 삼아 병든 금융 업계를 재편하고자 했다. 국유 기업의 개혁은 주식 매각을 통해 진행되고 중국국제금융공사는 주식 매각이 진행될 때마다 매번 개입할 터였다. 민간 시장이 변화의 지렛목이라면 저우샤오촨은 주룽지를 도와 지렛대에 압력을 가할 터였다.

나중에 우리는 중국석유천연가스공사 팀이 모건 스탠리의 경영진과 충분한 시간을 갖지 않은 것에 모건 스탠리 측에서 불쾌감을 드러냈다는 소식을 전해 들었다. 저우융캉은 뉴욕에서 빽빽한 일정을 소화해야 했다 — 물론 휴식을 취하며 시내에서 하룻밤을 즐기기도 했다. 그들은 유명한 스테이크 식당인 스미스 앤드 월렌스키에서 저녁을 먹고 단체로 새로 개봉한 영화 「타이타닉」을 보러 갔다. 나중에 골드만 삭스가 중국석유천연가스공사 건을 수주했을 때 모건 스탠리는 이 거대한 석유 회사의 주요 경쟁자인 시노펙의 기업공개 업무를 위임받게 될 터였다.

중국인들의 정서에서 석유는 특별한 위치를 차지했다. 단지 중요한 에너지 자원일 뿐 아니라 오랜 세월을 거치면서 독립과 자립의 상징이 되었다. 말 그대로 국가적 자존심의 원천이었다. 1949년에 정권을 잡은 마오쩌둥은 얼마 뒤부터 지나치게 수입에 의존하는 경제에서 벗어나기 위해 소련에 도움을 요청했다. 그때까지 중국의 석유 탐사는 헛수고로 끝나는 경우가 대부분이었다.

냉전 시대 마오쩌둥의 동맹국이던 소련은 각종 장비와 기술, 재정 지원과 함께 수천 명의 전문가를 파견했다. 1958년에 시추 공사가 시작되었고 이듬해에 큰 경사라는 의미의 다칭(大慶)으로 알려진 중국 북동부의 한 유전에서 석유가 발견되었다. 하지만 이념 차이와 갈등이 심화되면서 1960년에 소련은 거의 모든 기술 고문을 데리고 철수했다. 2년 뒤 두 나라는 관계를 끊었다.

중국은 독자적으로 에너지 자원을 개발하기로 결심하고 부족한 전문 기술력을 순수한 의지로 메웠다. 정부는 노동자를 대거 투입하여 마치 군사 작전을 수행하듯이 도전에 임했다. 그리고 잘 알려진 대로 왕진시라는 인물의 지휘 아래 한 팀이 영하 30도의 강추위 속에서도 작업을 이어 나갔고 마침내 석유를 추출했다. 마오쩌둥은 〈철인〉 왕진시와 그가 이끈 1205번 작업 팀의 업적을 치하하면서 전국에 〈다칭 정신〉을 본받으라고 촉구했다. 왕진시는 모범적인 노동자이자 국가 영웅으로 칭송되었고, 1968년에는 중국 공산당 중앙위원회 위원으로 선출되었다. 2년 뒤 그는 마흔일곱 살의 나이로 세상을 등졌다.

저우융캉이 1967년부터 일을 시작한 다칭은 그동안 발견된 유전 가운데 가장 생산성이 높은 유전이 되었다. 1960년대와 1970년대에 중국의 전체 원유 생산량 가운데 평균적으로 약 4분의 3을 차지했고, 한창때에는 하루에 100만 배럴 이상을 생산했다. 유전들이 속속 개발되면서 중국은 에너지 자립이라는 목표를 향해 나아갔고, 1970년대 말에 이르면 세계에서 아홉 번째로 큰 산유국으로 부상했으며, 특히 이웃한 일본에 석유를 수출하게 되었다. 시기적으로도 운이 좋았는데 1970년대에 발생한 오일 쇼크로 원유 가격이 급등했기 때문이다. 이제 덩샤오핑을 비롯한 중국의 지도자들은 급증한 석유 수익으로 어쩌면 현대화 계획에 필요한 비용을 충당할 수 있을지 모른다고 생각했다.

하지만 이런 기대와 달리 덩샤오핑의 개혁에서 촉발된 폭발적인 성장으로 중국의 에너지 수요는 새로 지어진 공장부터 처음 냉장고를 사서 가동하기 시작한 일반 소비자에 이르기까지 전례 없는 수준으로 늘어났다. 1980년대 말 즈음에는 중국이 다시 원유를 수입해야 하는 처지로 전락할 것이 분명해졌다. 수요가 증가했음에도 최저 경쟁 가격은 보합세를 유지했는데, 내수용으로 판매되는 원유는 시장 가격보다 낮게 판매하도록 정부가 의무화한 것도 그 원인 중 하나였다. 이러한 가격 정책은 에너지 소비가 많은 국유 기업들에게 이익이었지만 새로운 탐사나 생산을 하는 데 필요한 자금을 고갈시켰다. 결국 1994년에 중국은 또다시 원유 순수입국이 되었다.

이번에는 중국 지도자들도 에너지 공급 문제를 다칭 정신에만 의존할 수 없었다. 그러기에는 중국은 이미 세계 경제에 너무나 깊숙이 발을 들여놓은 터였다. 대신 다른 형태의 에너지를 개발하고 해외 유전 탐사를 통해 원유와 가스의 생산량을 늘리는 등 공급원을 다각화할 필요가 있었다. 그러려면 우선 자금이 필요했고 광범위한 경제적, 정치적, 국가적 안전장치도 필요했다. 원유를 다시 수입에 의존하더라도 자국의 원유 공급이 무역 제재 등으로 지장을 받지 않도록 대비할 필요가 있었다. 여기에 더해서 국가가 통제하는 에너지 산업 전체가 실력을 키워 필요한 자원을 찾아내고 확보하고 관리하는 부분에 세계적인 경쟁력을 갖추어야 할 터였다.

1978년에 개혁이 시작된 이래 중국의 지도자들은 에너지 산업계를 좀 더 효율적이고 논리적으로 조직화된 독립체로 재편하고자 노력했다. 중국 정부는 수심 5미터 이상의 바다에서 해양 천연가스와 유전을 개발하기 위해 1982년에 외국 기업과 합작해 중국해양석유총공사를 설립했다. 1년 뒤에는 석유 공업부에서 정유 및 석유 화학 부문을 분리해 이전까지 화학 공업부와 섬유 산업부 아래에 있던 화학제품 및 섬유 제조 회사들과 묶어 중국석유화공집단공사, 즉 시노펙을 만들었다. 이 회사는 석유 정제와 생산 그리고 석유 화학제품에 대한 마케팅을 책임지게 될 터였다. 1988년에는 일정 부분의 석유 정제와 화학제품 생산에 더해서 육상에서 행해지는 석유 및 천연가스 탐사와 생산을 담당하기 위해 중국석유천연가스공사가 설립되었다. 그들은 주요 송유관을 비롯해 육상의 모든 유전과 수심 5미터 이내의 해상 유전을 관리했다. 중국에서 가장 큰 유전인 다칭도 그들의 관할이었다.

1990년대 말에 가까워지면서 중국의 석유 및 천연가스 회사들은 높은 운영 비용과 낮은 생산성, 과도한 인력 채용, 낡은 장비 등의 문제에 짓눌린 채 서방의 경쟁자들에게 뒤처졌다. 중국석유천연가스공사는 이외에도 평균을 상회하는 높은 생산 비용 때문에 어려움을 겪었다.

우리는 중국석유천연가스공사의 구조조정과 기업공개가 차이나 텔레콤의 경우보다 정치적으로 훨씬 힘들고 구조적으로 매우 복잡할 거라는 사실을 알았다. 차이나 텔레콤의 경우에 우리는 우전부가 그들의 가장 매력적인 자산, 즉 주요한 성들의 모바일 서비스를 분리해 시장에서 관심을 끌 회사를 설립하도록 도왔다. 하지만 중국석유천연가스공사의 경우는 또 달랐다. 거시경제적인 측면에서 전망이 불투명했다. 아시아의 외환 위기로 수요는 사라지고, 석유수출국기구는 혼란에 빠졌으며, 원유 가격은 1973년 이전부터 한 번도 본 적 없는 수준까지 떨어졌다. 여기에 더해서 중국석유천연가스공사에 요구되는 변화를 생각하면 그야말로 엄두가 나지 않았다.

그럼에도 불구하고 우리는 밀어붙였다. 마이크 에번스는 우리가 차이나 텔레콤 건으로 하이난섬에서 진행했던 프레젠테이션을 본떠 중국석유천연가스공사의 경영진과 골드만 삭스의 전문가들이 대거 참석하는 〈정상 회담〉을 열자고 저우융캉에게 제안했다. 저우융캉도 그렇게 하기를 바라는 듯했다.

뉴욕을 방문한 뒤에 저우융캉은 회의 참석차 모스크바로 날아갔다. 골드만 삭스의 중국 팀 책임자 쉬쯔왕도 함께 갔다. 우리는 그를 〈제트Z〉라고 불렀다. 그는 상하이 푸단 대학교에서 경제학 석사 학위를 받고 터프츠 대학교 플래처스쿨에서 국제 비즈니스 관계학 석사 학위를 취득했으며, 정력적이고 임기응변에 능한 은행가였다. 우리는 1년 전에 모건 스탠리에서 그를 영입한 터였다. 모스크바에서 저우융캉과 대화를 나누면서 제트는 어떤 요소들이 거래 진행을 가로막고 있는지 더 잘 이해하게 되었다.

장애물 중 하나는 1998년 3월에 국무원 총리로 임명될 예정인 주룽지가 기업공개에 의문을 표시하면서 정부 내에 에너지 산업을 둘러싼 논란을 초래한 사실이었다. 알려진 바로 주룽지는 중국석유천연가스공사와 그 자회사들의 역량 및 전망을 낮게 평가했고, 해당 공사의 해외 자산 인수 계획을 못마땅하게 여겼다. 반면에 저우융캉은 국제적인 전략을 선호했으며, 에너지와 전력 산업에 막강한 영향력을 행사하던 전임 총리 리펑도 마찬가지였다. 주룽지는 또 배럴당 13달러인 원유 가격이 더 떨어질 수 있다고 생각하는 듯했다. 주룽지 혼자만의 생각이 아니었다. 『이코노미스트』는 이듬해에 발표한 기사에서 원유 가격이 배럴당 5달러까지 떨어질 것으로 예상했다. 우리는 중국의 몇몇 결정권자들이 어떤 거래든 그전에 먼저 시노펙과 중국석유천연가스공사를 합병하라고 압박하고 있다는 소문도 들었다.

주룽지가 총리가 되면서 개혁을 요구하는 채찍질이 그 어느 때보다 날카로워졌다. 주룽지는 국유 기업들에 인원 감축과 기술 개선 등의 방법으로 3년 안에 이익을 내라고, 그렇게 하지 못하면 구조조정을 해서 도태시키겠다고 통보했다. 쓸데없이 몸집을 불려 온 정부 조직도 표적이 되었다. 주룽지는 800만 명에 달하는 관료 군단을 절반으로 감축하고, 40개 정부 부처를 29개로 줄이도록 지시했다. 대다수 산업 부처는 책임이 축소되면서 그들의 규제 기능은 국가경제무역위원회로 넘어갔고 상업적 자산 또한 별개의 국유 기업들로 독립했다. 새로운 부처도 세 개가 신설되었는데 인원 감축에 따른 해고 문제를 처리할 노동 및 사회복지부도 그중 하나였다. 주룽지의 목표는 정부의 역할에서 상업적인 활동을 분리하고 규제자와 운영자를 구분함으로써 국유 기업을 더욱 상업화하는 것이었다.

주룽지의 개혁은 에너지 산업 분야에 즉각적인 영향을 미쳤다. 국무원은 중국석유천연가스공사와 시노펙을 별개 회사로 유지하되 자산 스와프를 통해 구조조정을 실시해서 수직 통합* 된 전국 규모의 석유와 천연가스 회사를 만들기로 결정했다. 이전까지는 중국석유천연가스공사가 석유 산업의 〈전반부〉에 해당하는 탐사와 생산에 집중하고, 시노펙이 〈후반부〉에 해당하는 정제와 판매에 집중해 온 터였다. 이제 중국석유천연가스공사는 시노펙에 몇몇 유전을 넘기고 대신 다수의 정제 공장과 석유 화학 공장, 소매 유통 회사를 넘겨받게 되었다. 아울러 중국석유천연가스공사의 탐사와 생산 자산은 중국의 북쪽과 북동쪽, 북서쪽에 집중하고, 시노펙의 자산은 주로 남쪽과 동쪽을 담당하게 되었다. 간단히 펜을 몇 번 놀림으로써 중국 정부는 그들 버전의 엑손이나 로열 더치 셸, 브리티시 페트롤륨 같은 회사를 갖게 된 셈이었다. 중국이 이 같은 행보를 진행 중일 때 세계 석유업계도 결정적인 순간을 맞이

* 원료 기업이 말단 제품 분야로까지 생산 영역을 넓히는 것.

하고 있었다. 낮은 원유 가격과 치열해진 경쟁으로 대대적인 합병이 이루어지면서 이른바 초거대 기업의 탄생을 앞두고 있었다. 브리티시 페트롤륨은 1998년에 아모코와의 합병을 앞두고 있었고, 같은 해에 엑손과 모빌도 그들의 합병이 임박했다고 발표했다.

중국 정부는 또 하나의 중대한 변화를 이루어 냈다. 그해 봄까지 석유를 원료로 하는 거의 모든 제품의 가격은 시장 가격보다 낮춰 정부가 결정해 왔다. 소비자에게 효율적으로 보조금을 지급하는 방식이었지만 동시에 중국석유천연가스공사의 이익을 제한하는 방식이기도 했다. 하지만 이제부터는 내수용 원유와 석유 화학 제품의 가격이 국제 시장의 가격에 맞추어 고정될 예정이었다.

정부는 중국석유천연가스공사와 시노펙에서 자체적으로 수행하던 감독과 행정 책임을 국가경제무역위원회로 이관하고 기업들이 관리와 운영에 집중하도록 독려하고자 국토자원부를 신설했다. 그리고 석유 탐사를 허가하거나 매장량을 추산 및 평가하는 등 중국의 풍부한 광물 자원을 관리하기 위해 설립된 이 국토자원부를 저우융캉에게 맡겼다. 우리로서는 깜짝 놀라지 않을 수 없었고, 동시에 우리 업무가 차질을 빚게 될지도 모른다는 우려가 들었다. 1996년 말에 중국석유천연가스공사의 운영을 맡기 시작한 저우융캉은 처음부터 구조조정과 민영화에 집중했다. 하지만 당은 저우융캉에 대해서 훨씬 큰 계획을 가지고 있었다.

3월 중순에 함께 점심 식사를 하던 자리에서 저우융캉이 우리에게 자신의 후임인 마푸차이(馬富才)를 소개했다. 마푸차이는 저우융캉과 비슷한 경력을 가진 인물이었다. 두 사람 모두 석유 산업계의 베테랑이었는데, 마푸차이는 저우융캉의 발자취를 따라온 터였다. 그럼에도 그들은 우리와의 업무 관계에서 사뭇 다른 모습을 보여 주었다. 이를테면 저우융캉은 중국석유천연가스공사를 구조조정하고자 하는 야심과 열정이 있었다. 반면에 마푸차이는 전략과 재무의 세계로 이제 막 첫발을 내디딘 실무자 유형에 가까웠다. 매사에 확신이 없었을뿐더러 행동도 느렸다. 이런 점들이 우리 팀에서 하는 일에 도움이 될 리 만무했고, 실제로 많은 단계에서 거래를 지연시켰다.

중국석유천연가스공사를 상장하는 일은 아마도 나의 재임 기간 중 골드만 삭스가 중국에서 맡은 가장 힘든 임무였을 것이다. 중국석유천연가스공사의 자회사이자 2000년 4월에 홍콩과 뉴욕에서 상장된 페트로차이나 컴퍼니의 기업공개에 관한 이야기가 나오면 오늘날까지도 골드만 삭스의 베테랑들이 앓는 소리를 낼 정도다. 우선 전반적인 경제 상황이 아주 좋지 못했다. 닷컴 거품이 빠르게 팽창하는 중이었고, 투자자들은 〈구경제〉 기업에 거의 관심을 보이지 않았다. 하물며 해당 기업이 유례없는 가격 하락으로 어려움을 겪는 산업군에 속한 경우라면 더더욱 말할 필요가 없었다. 여기에 더해서 페트로차이나의 상장은 중국 기업을 미국에서 상장하는 것에 대해 최초로 조직화된 저항을 불러일으킬 터였다.

여기까지가 중국석유천연가스공사의 외부적인 현실이었다. 내부적으로는 기업 이미지를 쇄신해서 투자를 유치하고, 상장 요건을 충족하고, 국제 규제 기관의 검열을 통과하기 위해 처절할 만큼의 노력이 요구되는 상황이었다. 중국석유천연가스공사는 대다수 다른 국유 기업과 마찬가지로 서방 세계의 기준으로 보자면 100만 명 이상의 노동자들에게 회사가 집과 학교, 장례식장, 식당, 경찰서까지 모든 편의 시설을 제공한다는 점에서 하나의 기업이라기보다 독립된 도시 국가에 가까웠다. 현대적인 공공 기업을 만들기 위해 꼭 필요한 역할과 그렇지 않은 역할을 구분하는 작업은 모든 관련자의 창의력과 정력을 시험하는 엄청난 도전이었다. 이런저런 시점에 해당 거래를 위해 일한 전문가들만 1,000명이 넘었다. 골드만 삭스는 차이나 텔레콤 기업공개 때보다 두 배나 많은 마흔 명으로 팀을 꾸렸다. 여기에 중국국제금융공사의 파견단과 맥킨지 앤드 컴퍼니의 자문가, 일곱 군데의 법률 회사에서 고용한 변호사, 프라이스 워터하우스 쿠퍼스의 회계 감사단 등이 합류했다.

거대 석유 회사 간의 자산 스와프가 완료되고 1998년 6월에 중국석유천연가스공사는 집단 공사로 재통합되었다. 나는 중국석유천연가스공사의 새로운 수장 마푸차이에게 보내는 짧은 편지에서 축하 인사와 더불어 중국석유천연가스공사의 구조조정에 전력을 다하겠다는 개인적인 약속을 거듭 강조했다. 우리는 중국국제금융공사와 긴밀한 공조 관계를 유지했지만 공식적인 위임장을 받은 것도 아니었고 중국석유천연가스공사는 그들이 언제 상장할지, 과연 상장은 할 것인지조차 우리에게 확실히 말해 주지 못했다. 이는 중국에서 사업할 때 직면하는 전형적이고 실망스러운 상황이었다. 이를테면 주무 부처가 거래의 이런저런 측면에 대한 프레젠테이션과 보고서를 요청하고, 경쟁자에 대한 분석을 요구하고, 국무원의 다른 선택지 검토와 취사선택에 따라 연신 갈팡질팡하면서 몇 개월씩 유동적인 상태가 지속되었다. 그런 가운데 막후에서 갑자기 어떤 결정이라도 내려지면 중국인들은 무슨 일이든 간에 기록적인 시간 안에 끝내기를 원했다. 그 결과 상대방은 긴장의 끈을 놓지 못한 채 현재 자신의 상황이 어떠한지, 추가적으로 어떤 조치를 취할 수 있는지 등을 끊임없이 살펴야 했다. 물론 팀원들도 계속 자리를 지키면서 대기해야 했다.

1999년 2월에 마푸차이는 내부적으로 기업공개 팀을 만들고 나중에 자신의 뒤를 이어 해당 공사의 최고 경영자가 될 장제민(蔣潔敏)에게 팀을 맡겼다. 장제민은 호리호리하고 여윈 모습이었지만 뛰어난 실력과 결단력을 갖춘 유능한 인물이었다. 그는 민영화를 완료하기까지 다른 누구보다 신뢰할 수 있는 중국 쪽 파트너 역할을 해주었다. 중국석유천연가스공사는 상장시킬 수 있는 자회사를 설립해야 했다. 당연하지만 자회사에 어떤 사업을 포함시킬지 판단하는 일은 그 자체로 복잡하고 정치적으로 어려운 과정이 될 것이 분명했다. 자산 스와프 이후에 이제 수직 합병된 중국석유천연가스공사는 대규모 석유 및 천연가스 탐사와 생산 업무, 정제와 영업 활동, 수많은 석유 화학 공장까지 사업 영역이 더욱 늘어난 상황이었다. 그들은 중국의 원유 및 천연가스 생산과 판매 분야에서 지배적인 위치를 차지했지만 적자를 내고 있던 천연가스와 화학제품 사업을 호전시킬 필요가 있었다.

나는 마푸차이나 다른 국유 기업의 수장들이 기업공개를 준비하는 모습에 진심으로 공감했다. 1999년 초에 나 역시 그들과 똑같은 경험을 했기 때문이다. 골드만 삭스는 매우 고통스러운 내부 논의 끝에 비상장 기업으로서 130년의 역사를 뒤로한 채 공개 기업이 되기로 결정했고, 나는 골드만 삭스의 자체적인 기업공개에 많은 시간과 노력을 바쳐야 했다. 골드만 삭스는 1999년 5월에 상장되었다.

페트로차이나를 설립하기 위해 골드만 삭스와 중국국제금융공사는 중국석유천연가스공사의 경영진이 각고의 노력을 통해 핵심 자산과 비핵심 자산을 구분하고 분리하도록 유도했다. 핵심 자산은 페트로차이나로 이관하고 비핵심 자산은 중국석유천연가스공사에 그대로 둘 참이었다. 또한 페트로차이나의 지분은 중국석유천연가스공사에서 90퍼센트를 소유하고 나머지 10퍼센트만 민간에 매각될 터였다. 여기까지는 해야 할 일이 아주 명확했다. 한편 중국석유천연가스공사의 사회 복지 기능은 세계적 경쟁력을 갖추어야 하는 기업에 적합하지 않았다. 하지만 해당 기능을 분리하고자 한다면 요람에서 무덤까지 국가가 국민을 보살펴 줄 거라는 뿌리 깊은 믿음에 기초한 체제 속에서 살아온 종업원과 경영진은 쉽게 받아들이지 못할 터였다. 개혁이 시작되기 전까지 이들에게 직장은 단순히 오전 9시부터 오후 5시까지 일하고 월급을 받아 가는 곳이 아니었다. 중국어로 딴웨이(單位)라고 부르는 직장은 중국 도시민의 삶에서 구심점 역할을 했다. 중국인들은 학업을 마친 뒤 평생직장에 배속되었다. 그곳에서 의식주는 물론이고 사회 복지와 의료 서비스를 제공받았다. 대신 여행도, 결혼도, 아이를 갖는 것도 직장에서 허락을 받아야 했다. 세월이 흘러 민영기업들은 경쟁이 치열해지면서 이런 시스템이 사라졌지만 국유기업들의 경우에는 그대로 유지되었다. 그 결과 지나치게 많은 종업원과 막대한 재정적 부담, 경영을 방해하는 그 밖의 여러 요소들로 압박을 받게 되었다.

그 같은 비능률이야말로 주룽지와 그의 동료 개혁가들이 제거하고자 한 것이었다. 그들은 기업 정비와 강제 해고에 동반될 단기적인 고통을 감내할 준비가 되어 있었다. 그 과정에서 노동자와 그들의 고용주 그리고 국가 전체가 얼마나 많은 분열과 고통을 겪었을지는 상상만 할 수 있을 뿐이다. 새로운 기회를 이용해서 덕을 본 사람들에게는 잘된 일이었지만 해고되거나 나이 든 노동자에게는 — 특히 사회 보장 제도가 아직 제대로 발달하지 못한 채 정부의 지원을 받아야 했던 시절이라는 점에서 — 분명 끔찍한 일이 아닐 수 없었다. 중국석유천연가스공사만 하더라도 약 150만 명의 현직 근로자와 모두 합치면 아마도 600만 명에 육박할 그 가족들을 책임지고 있었다. 반면 세계적인 거대 석유 회사 브리티시 페트롤륨의 경우에는 1999년 기준으로 채용 직원이 대략 8만 명에 불과했다. 이런 차이가 암시하는 내용은 명백했다. 중국석유천연가스공사가 경쟁력을 갖추기 위해서는 수십만 명의 근로자를 해고해야 한다는 사실이었다. 그러나 공사 관리들은 근로자를 해고하는 데 주저했고 어쩌면 당연한 일이었다. 결국 페트로차이나는 약 48만 명의 직원을 승계했다. 그리고 2년 안에 10억 달러 또는 전체 비용의 8퍼센트를 줄이겠다는 야심 찬 목표를 세웠고, 2002년까지 5만 명의 근로자를 줄인다는 계획을 세웠다.

중국석유천연가스공사의 숫자는 당시 중국의 문제가 어느 정도인지 그 규모를 암시할 뿐이다. 해당 기간 중국의 고용 및 해고 실태를 조사한 통계 자료들이 비록 오락가락하기는 하지만 그중 하나인 2004년 국제통화기금이 추산한 바에 따르면 중국은 1990년부터 2001년까지 국영 산업 부문에서 4000만 명 이상을 해고한 것으로 나타났다.

해고된 노동자들은 변변찮은 퇴직금을 받았고, 대다수가 새로운 직장을 찾지 못했다. 그들이 겪는 고초는 심각한 수준이었고 여러 가지 면에서 지극히 부당했다. 새로운 세상에 적응할 준비가 안 된 사람들에게 이러한 혼란 덕분에 수억 명을 빈곤에서 벗어나게 해줄 시장 중심 체제가 탄생했다는 사실은 전혀 위안이 되지 않았다. 많은 사람이 나중에 가서 흔히 시끄러운 방식으로 더 많은 보상금을 요구했고, 대체로 기업들도 평화를 지키고자 그들이 요구하는 돈을 지급했다. 이런 와중에도 주룽지와 그 주변의 개혁가들은 장쩌민 주석의 지지를 등에 업은 채 온갖 고생과 정치적 위험을 무릅쓰면서 국유 기업에 대한 개혁을 단호하게 밀어붙였다. 그들은 소위 철밥통이 기업의 효율성과 중국의 미래를 갉아먹고 있음을 알았다.

중국석유천연가스공사의 사회 복지 기능이 문제라는 사실은 쉽게 알 수 있었지만, 이것만으로 직원이 지나치게 많은 문제를 모두 설명하기에는 부족했다. 즉 다른 원인도 있었는데 거의 모든 사업 — 석유 탐사와 채굴부터 건설과 엔지니어링에 이르는 수십 가지 기능 — 이 내부에서 이루어졌기 때문이다. 이러한 운영 형태는 필시 자급자족의 유물인 동시에 개혁 이전에는 동일 분야의 민간 시장이 존재하지 않았고, 따라서 비슷한 기능을 경쟁적으로 제공하는 민영 기업이 없었기 때문일 것이다. 중국 밖에서는 거대 석유 회사들이 대부분의 비슷한 기능을 외부에서 조달함으로써 고정비와 그 밖의 비용을 줄이고 있었다.

요는 페트로차이나가 비핵심적인 기능과 사업 활동을 중국석유천연가스공사에 남겨 둘 거라는 사실이었다. 중국석유천연가스공사는 궁극적으로 사회 복지 업무를 중앙정부에 넘기기로 했고, 중앙정부에서도 단계적으로 이러한 사회 복지 임무를 떠안기로 이미 합의한 터였다. 그에 따라 고위 관료들이 재정적인 어려움을 이유로 주저하는 지방정부들을 향해 짐을 나누어 지도록, 궁극적으로는 짐을 넘겨받도록 압박하고 있었다. 한편 페트로차이나는 수수료를 받고 일정한 서비스를 제공하기로 모기업인 중국석유천연가스공사와 계약을 맺기로 했다.

이미 잘 알려지고 높이 평가되던 수많은 사업들이 새로 설립된 페트로차이나에 맞지 않았다. 일단의 국제 석유 탐사와 생산 자산은 물론이고 철인 왕진시 때문에 유명해진 상징적인 채굴 사업도 마찬가지였다. 이 같은 결정은 역사적·정서적인 이유에서 많은 논란을 초래했지만 골드만 삭스의 투자 은행가들이 지적한 대로, 그리고 마푸차이와 페트로차이나에서 자체 조사와 접촉을 통해 확인했듯이 엑손이나 BP(브리티시 페트롤륨) 아모코 같은 다국적 에너지 기업들도 진즉에 시추 사업에서 손을 뗀 상황이었다.

페트로차이나는 중국석유천연가스공사로부터 가장 매력적인 자산 일부를 넘겨받았으며, 여기에는 석유와 천연가스의 탐사 및 생산, 정제와 마케팅, 석유 화학 사업 등이 포함되었다. 아울러 높은 가치를 지닌 다칭 유전과 중국에서 생산되는 천연가스의 84퍼센트를 수송하는 파이프라인도 소유하게 되었다. 그 결과 중국에서 확인된 석유와 천연가스 매장량의 70퍼센트와 1998년에 중국에서 생산된 양의 3분의 2 이상을 관리하게 되었다.

미국의 엄격한 회계와 규제 기준을 충족해 상장을 하기란 결코 쉬운 일이 아니었다. 증권거래위원회는 5년간의 회계 기록을 요구했고, 그들의 요구에 부응하여 미국에서 훈련받은 애널리스트들이 관련 자료를 수집하고 수집된 자료에 근거해서 감가상각 시기 같은 것들을 알아내기 위해 만주의 유전으로 파견되었다. 우리는 프라이스 워터하우스 쿠퍼스 회계 팀과 함께 그동안의 회계 결정과 관련해서 증권거래위원회의 수많은 질문에 답해야 했다. 그중 하나가 에너지 기업을 평가하는 중요한 척도인 매장량에 관한 것이었다. 우리는 신망 있는 자문 회사를 고용해서 국제 표준 매장량 평가를 실시했다. 이것은 중국의 매장량을 파악하기 위해 시도된 최초의 조사였다.

증권거래위원회의 결정을 통보받기까지 몇 주가 걸렸다. 그리고 마침내 통보를 받았지만 하필이면 설 바로 전날이라 중국에는 거의 모든 사람이 고향에 내려가고 아무도 없었다. 증권거래위원회는 페트로차이나가 중국 정부를 상대로 생산 허가권을 해마다 갱신해야 한다는 사실에 우려를 나타냈다. 아무리 형식적인 절차에 불과하더라도 불확실성을 초래한다는 이유였다. 혹시라도 규제 기관이 갑자기 갱신을 거부하면 어떻게 되겠는가? 페트로차이나의 매장량은 아무 가치가 없게 될 터였다.

당장 중국 정부의 권리 포기 각서를 받아야 하는 상황이었다. 우리는 설 명절이 끝날 때까지 기다릴 수 없었고, 국토자원부에 아는 고위급 인사도 없었다 — 저우융캉은 1999년에 쓰촨성에 당서기로 부임한 터였다. 중국 전체가 휴가에 들어간 상황임을 감안할 때 놀랍게도 중국국제금융공사의 한 수석 은행가가 적당한 관리를 수배하는 데 성공했다. 그는 해당 관리를 약간은 어르고 달래서 설 명절임에도 우리의 요청을 처리해 주도록 손을 썼다. 차이진융이라는 그 은행가는 세계은행 출신의 베테랑이자 베이징 대학교를 졸업한 뒤 보스턴 대학교에서 경제학 박사 학위를 취득한 인물이었고, 모건 스탠리에서 근무하다가 중국국제금융공사에 합류한 터였다. 포기 각서는 곧바로 국토자원부에도 발을 걸치고 있던 원자바오 부총리(후에 총리가 된다)의 서명을 거쳤다. 머지않아 증권거래위원회의 허가가 떨어졌고, 그에 따라 우리는 기업공개를 계속 추진해 나갔다.

페트로차이나를 상장하기까지는 일련의 방해물과 씨름해야 했다. 아시아는 1997년의 외환 위기에서 아직 회복하는 중이었다. 중국 경제는 여전히 위축되어 있었다. 1997년에 9.3퍼센트였던 국내총생산 성장률도 1999년에 이르러 7.6퍼센트로 떨어졌다. 인터넷 주식 시장의 열풍이 최고조에 이른 상황에서도 홍콩에 상장된 H주식, 즉 중국 기업의 주식들은 저조한 실적을 면하지 못했다. 원유 가격이 다시 상승세로 돌아섰음에도 — 1998년에 배럴당 10달러였던 가격이 2000년 2월에는 배럴당 27달러가 되었다 — 에너지 산업은 진부하고 매력 없는 분야로 여겨졌다. 급기야 1999년 10월에는 중국해양석유총공사가 우리 경쟁사 중 한 곳이 어려운 시장 환경 속에서 추진하던 25억 달러 규모의 기업공개 계획을 백지화하기에 이르렀다. 이제 페트로차이나 상장은 더더욱 실패할 수 없는 일이 되었다. 두 건의 기업공개가 연달아 실패할 경우 세계적으로 당혹스러울 뿐 아니라 중국과 중국의 에너지 산업에 대한 신뢰의 부재를 증명하는 셈이 될 터였다. 덩달아 페트로차이나를 이끄는 마푸차이의 경력도 그대로 끝장날 터였다.

우리는 시장의 관심을 끌기 위해 볼거리를 준비했다. 투자자들은 당연히 궁금해할 터였다. 과연 공산주의 국가의 국유 기업이 오랜 습관을 버리고 그 모든 약속을 이행할 수 있을까? 그래서 우리는 페트로차이나에 혁신적인 성과 보수제를 실시하도록 설득했다. 페트로차이나는 중국의 다른 국유 기업들에게 선례가 될 획기적인 행보를 통해 300명의 고위 경영진에게 스톡옵션을 인정하고, 그보다 더 많은 중간 관리자를 위해 일괄 보상 방안을 마련했다. 그 결과 고위 관리자들이 받는 보수의 약 70~75퍼센트는 순이익과 자본 이익률, 비용 절감 등과 연계된 실적 목표의 달성 여부에 따라 결정되었다. 페트로차이나는 각각의 사업 부문에 대해 명백한 재정 목표도 설정했다. 다양한 보상의 대부분이 주식을 보유해야 혜택을 누릴 수 있었기 때문에 주주와 경영진의 이해가 일치했다.

안정적인 주식 거래를 위해 우리는 차이나 텔레콤의 전례를 따라 몇몇 핵심적인 투자자를 모집했다. 그들은 3억 5000만 달러 규모의 주식을 매입해서 최소 6개월 동안 보유하기로 합의했다. 리카싱을 비롯한 투자자들은 하나같이 차이나 텔레콤에 투자했던 사람들이다.

우리는 또 다른 묘안을 내서 거물급 전략적 투자자 한 곳도 끌어들였다. 자본을 조달할 뿐 아니라 페트로차이나가 세계적인 수준의 석유 회사와 관계를 구축해서 그들의 경험과 관리 노하우, 기술력을 배우도록 하기 위함이었다. 이 같은 접근법 또한 중국에서는 처음 있는 일이었다. 이후 대규모 기업공개가 진행될 때마다 중국 정부는 특히 금융 분야에서 전략적 투자자들을 환영하게 될 터였다.

거물급 전략적 투자자는 BP 아모코였다. 우리는 최고 경영자인 존 브라운과 잘 알고 있었다. 그는 1999년 5월 골드만 삭스의 기업공개 과정에서 골드만 이사회에 합류한 터였다. 브리티시 페트롤륨의 관심은 미국의 석유 회사 ARCO(애틀랜틱 리치필드)를 인수해서 아시아에서 비축유를 대폭 늘리는 데 있었다. 브라운은 한

동안 중국의 눈치를 보고 있었다. 나는 런던으로 날아가서 마이크 에번스를 만났다. 우리는 브라운을 만나러 그의 사무실로 찾아갔고 우리의 제안을 설명했다.

결코 만만한 일은 아니었다. 브리티시 페트롤륨은 1999년에 시베리아의 거대 천연가스 유전을 개발하는 벤처 사업에 투자했다가 얼마 전 2억 달러에 달하는 자산 손해를 입은 터였다. 이 때문에 브라운은 참여에 앞서 조심스러운 태도를 보였다.

「이 거래가 과연 성사될 수 있을까요?」 브라운이 물었다. 「그리고 성공할 수 있을까요?」

우리가 물론이라며 안심시키자 그는 〈다행이군요. 우리는 또 다른 실패를 감수할 수 있는 상황이 아닙니다〉라고 말했다.

골드만 삭스의 투자 은행가들은 순회 홍보 행사가 시작되기 이전에 중국석유천연가스공사가 브리티시 페트롤륨과 합의에 이르기를 바랐다. 하지만 브리티시 페트롤륨은 우리와 달리 서두르지 않았고, 중국석유천연가스공사가 정말 투자할 가치가 있는지 확실히 하고자 했다. 브라운은 자신의 회사가 기업공개에 대대적인 투자를 하는 대신 번창하는 중국 남부의 여러 성에서 연료 소매업에 진출할 수 있게 해달라고 요청했다. 하지만 문제가 있었다. 중국은 세계무역기구 가입을 준비하는 매우 중요한 단계에 있었다. 그리고 기꺼이 계약을 체결하고자 한 중국석유천연가스공사의 의지와 별개로 앞서 중국이 세계무역기구 협정을 체결하면서 합의한 일정에 따르면 브리티시 페트롤륨의 요구는 절대로 수용할 수 없는 성급한 요구였다.

우리는 브리티시 페트롤륨과 계약을 체결하지 못한 채 런던 순회 홍보 행사를 마쳤다. 투자자들의 반응은 뜨뜻미지근했다. 우리가 뉴욕에서 마케팅을 시작하는 순간까지도 브리티시 페트롤륨은 여전히 투자 의사를 명확히 밝히지 않았다. 덩달아 마푸차이의 불안감도 갈수록 커졌다. 그는 페트로차이나가 절대로 중국해양석유총공사의 전철을 밟지 않기를 원했다.

중국석유천연가스공사는 중국이 세계무역기구 가입을 목전에 둔 상황에서 정부로부터 브리티시 페트롤륨 측이 원하는 원료 소매업 진출을 허가할 거라는 약속을 받아 내야 했다. 마푸차이는 국유 기업을 감독하는 부총리 우방궈(吳邦國)의 소재를 알아내서 상황을 설명했다. 우방궈는 지지 서한을 제공하기로 하고 중국석유천연가스공사 팀에 자신을 대신해 서한 초안을 작성해 달라고 요청했다. 주유소 사업을 승인한다는 내용이 담긴 초안이 그에게 급히 팩스로 전송되었다.

다음 날 아침 부총리의 회신이 도착했는데 내용이 모호했다. 요컨대 부총리는 중국석유천연가스공사가 브리티시 페트롤륨에 주유소를 매각해도 된다고 확실하게 말하지 않았다. 대신에 중국이 일단 세계무역기구에 가입하면 그러한 거래들에 좀 더 개방적인 태도를 취할 거라고 강조했다. 브라운은 이 막연한 약속을 받아들였고, 기업공개 과정에서 판매되는 주식의 최대 20퍼센트까지 매입하기로 합의했다. 금액으로 환산하면 최종적으로 6억 달러에 육박했다. 시간이 걸리기는 했지만 결국 브리티시 페트롤륨은 페트로차이나와 합작 투자를 통해 2007년까지 광둥성에서 500개의 주유소를 확보하게 되었다.

정말 아슬아슬했지만 그런 것이 중국의 방식이었고 매사 중국에서 일이 진행되는 방식이었다. 중국에서는 자주 애매한 상황에서 일을 진행해야 했다. 경제 전반을 주먹구구식으로 개혁하는 중국 정부가 중앙에서 모든 것을 통제하고 계획하던 시절에는 불필요한 법률과 규정을 시행하기 이전에 거래를 완료해야 했다. 중국인들이 자신이 한 말을 중시하고 약속을 지킨다는 사실을 믿어야 했다. 그들이 이런저런 이유에서 상대의 바람대로 글로써 확답을 줄 수 없는 경우에도 마찬가지였다. 법률이 아닌 사람에 의해 통치되는 나라에서 이는 당시에도 그랬지만 오늘날까지도 상당 부분 유효한 현실이다. 신뢰와 위신이야말로 무엇보다 중요했다. 즉 중국인들이 무엇을 하겠다고 약속했다면 비록 속 시원하게 확답을 주지 않더라도 무조건 그들을 믿어야 했다. 지난 20여 년 동안 중국 정재계의 최고위 인사들을 상대해 온 나의 경험에 비추어 볼 때 그들은 그렇게 하는 편이 가장 유리하다고 판단될 경우에 반드시 약속을 지켰다. 같은 맥락에서 그들에게는 페트로차이나의 기업공개를 확실하게 성공시키는 것도 명백히 이익이 되는 일이었다. 브리티시 페트롤륨 측은 중국에게 서구의 노하우와 자본이 필요하며 따라서 외국 파트너를 기만할 이유가 없다는 사실을 정확히 이해하고 있었다.

브리티시 페트롤륨의 합의는 매우 중요했다. 상장 주관 업무가 대중의 저항을 불러일으켰기 때문이다. 시작은 중국석유천연가스공사의 기업공개 소식이 언론에 보도되기 시작한 1999년 가을부터였다. 가장 먼저 나선 것은 종교 단체들이었고, 그들은 중국석유천연가스공사가 수단에서 벌인 행위를 비난했다. 중국석유천연가스공사가 수단에서 유정과 채굴권에 더해 현지의 주요 탐사 및 생산 기업인 그레이터 나일 오일 프로젝트의 지분 40퍼센트를 보유했다는 이유에서였다. 미국은 국제 테러 행위 지원과 낮은 인권을 이유로 1997년부터 해당 국가에 무역 제재를 가한 터였다. 인권 운동가들은 수단 정부가 이 석유 수익을 수단 남부 지역에서 기독교인과 정령 신앙자들을 상대로 내전을 벌이는 데 사용할 거라고 주장했다. 그들은 중국석유천연가스공사의 기업공개가 수단 정부의 이런 활동에 재정적으로 도움을 주게 될 거라며 반발했다.

우리는 중국의 관련자들에게 이런 비판의 심각성을 주지시키는 한편 새로 설립될 회사를 수단 문제와 분리하기 위해 노력했다. 회사 이름도 모기업과 확실히 구분되도록 페트로차이나로 지었고, 수단에서의 사업은 다른 비핵심 자산과 함께 중국석유천연가스공사에 남겨 놓았다. 여기에 추가로 회계 방화벽과 추적 장치까지 마련해서 기업공개에 따른 수익금이 수단에서 악용되지 않도록 만전을 기했다.

나는 중국 공산당의 통제를 받는 국유 기업이 상장된 회사의 지분 중 절대량을 보유하고 있는 구조가 마음에 들지 않았다. 우리가 모기업과 페트로차이나 사이에 재정적으로 철저한 통제 장치를 마련해야 한다고 고집스럽게 주장한 것도 그런 이유였다. 나는 그 같은 해법이 실질적으로 페트로차이나의 운영을 공개 조사와 국제 자본 시장의 엄격한 기준에 부합하게 만들 수 있는 첫 번째 단계라고 생각했다. 수많은 경제 실험들이 모방되고 있는 중국에서 페트로차이나의 사례가 절실히 요구되는 개혁 과정을 더 단순하고 빠르게 만들어 줄 거라고 믿었다. 또한 경영진이 상장 기업을 운영하는 경험을 쌓고 중국인들이 시장 규칙과 새로운 주주들의 기대를 만족시켜야 하는 압박감이 어떻게 더 성공적인 기업을 만드는지 알게 된다면 페트로차이나의 기업공개 이후에도 중국석유천연가스공사에 남겨진 다른 가능성 있는 사업들의 민영화가 계속 이어질 것으로 예상했다. 주룽지도 분명 그랬을 테지만 나는 믿었다. 시간이 지날수록 정부가 사업적인 결정에 개입하거나 특혜를 제공하는 등 경쟁적이고 시장 지향적인 기업들의 발전을 저해하는 행위가 점차 줄어들 터이고, 민간 시장에 공개된 국유 기업들을 둘러싼 당의 경영 지배권도 차츰 수동적인 방향으로 변해 갈 터였다.

그동안에도 페트로차이나의 기업공개에 대한 반발은 점점 더 거세졌다. 환경 운동가들은 티베트를 문제 삼았고, 여기에 미국 노동총연맹 산업별 조합 회의가 이끄는 조합원들이 가세했다. 그들의 저항은 노동계 지도자들과 중국의 세계무역기구 가입 반대 세력이 주도하는 최후의 결전에 대비한 일종의 드레스 리허설이었다. 중국은 1986년에 세계무역기구의 전신인 관세 및 무역에 관한 일반 협정에 가입하기 위해 처음 문을 두드렸다. 1999년 11월, 미국과 중국은 결정적인 돌파구를 마련했고 세계무역기구 협정에 합의했다. 이제 빌 클린턴은 미국 시장을 중국에 영구적으로 개방하기 위해 의회를 설득해야 했다. 기존에는 중국이 매년 심사를 받아야 했으며, 그때마다 중국 정부에 반대하는 운동가들이 으레 시위를 벌였다. 앞서 12월에도 시애틀에서 열린 세계무역기구 회의를 격렬하게 방해했던 반대자들은 그들의 운동에 페트로차이나를 이용하면서 대통령의 제안을 거부하도록 의회를 설득하려 했다.

노동조합 지도자들은 중국의 열악한 근로 환경에 분노했고, 노동 및 인권 문제를 확장해서 해당 거래의 투자 가치를 깎아내리는 새로운 전술을 시도했다. 미국 노동총연맹 산업별 조합 회의에서 발표한 한 보고서는 수단의 각종 현안과 예정된 노동자 해고, 기업의 지배 구조 등이 투자자들에게 큰 손실을 초래할 거라고 강력히 경고했다. 한편에서는 미국이 수단에 제재를 가하게 되면서 미국 교직원 연금이나 캘리포니아주 정부 공무원 연금 기금을 포함한 수많은 연금 기금이 주식을 매입하지 않겠다고 발표하기에 이르렀다.

이 같은 움직임에 우리는 곤경에 처했다. 나는 이런 우려들과 왜 일부 투자자들이 주식을 매입하지 않으려고 하는지 이해했다. 우선은 나부터도 지주회사와 상장된 회사를 분리한 채 지주회사를 계속해서 불투명한 방식으로 운영하는 구조가 마음에 들지 않았다. 게다가 수단 정부의 혐오스러운 행위도 절대로 용납할 수 없었다. 하지만 나는 한 번도 모 아니면 도 성향이었던 적이 없었다. 언제나 더 많은 진전을 가져올 수 있다면 원하는 것의 반이라도 취하는 사람이었다. 중국석유천연가스공사의 사업 중 상당 부분을 민간에 공개하는 것도 그런 것이라고 믿었다. 이 거래가 중국 경제의 핵심 사업 부문에 요구되는 개혁의 활력소가 될 것이며, 종국에는 중국석유천연가스공사의 나머지 자산들도 민영화되고 민간 주주들의 감시와 통제를 받게 될 거라고 생각했다. 나는 자국의 경제를 세계 경제와 통합하도록, 시장을 개방하고 자유 무역을 승인하도록 중국을 계속 독려하는 것이 중요하다고 믿었다.

기업공개가 미국 증권거래위원회에서 지정한 휴지 기간* 단계에 있었기 때문에 우리는 언론의 비난에도 아무런 해명을 할 수 없었다. 대신 골드만 삭스의 수석 보좌관인 존 로저스가 적극적으로 나섰고, 클린턴 행정부의 핵심 인사들에게 해당 거래의 안전장치에 대해 설명했다. 그는 골드만 삭스에 합류하기 전까지 국무 차관으로 일했기 때문에 워싱턴의 생리를 잘 알았다. 설득력 있는 대변자로서 그는 개혁이 중국에서 상전벽해와 같은 변화를 일으키고 있으며, 그 결과 중국의 형편이 나아지고 미국을 비롯한 세계와의 관계도 개선될 거라고 주장했다. 의회 의원들이 클린턴 행정부의 개입을 요구하며 로비를 벌였지만 재무부와 국무부는 끝내 개입하지 않았다.

인권의 관점에서, 나는 중국이 중앙 계획경제를 바탕으로 시장주의를 받아들인 이상 필연적으로 더 많은 경제적·정치적 자유가 생길 거라고 굳게 믿었다. 페트로차이나의 기업공개가 끝난 뒤에

* 발행사가 증권거래위원회에 유가증권 발행 사실 및 내용을 등록하기까지의 기간. 이 기간에는 해당 유가증권 발행 인수단에 참여한 회사들이 유가증권에 대한 광고나 판촉을 할 수 없다.

내가 『뉴욕 타임스』의 특집 기사에서 썼듯이 〈중국과 상시 통상 무역 관계를 유지하는 것은 페트로차이나의 기업공개보다 백 곱절 혹은 천 곱절 이상 큰 이야기다. (……) 자유 시장에 내재하는 개인의 자유와 자주성, 책임 등은 중앙 집권 체제와 본질적으로 물과 기름의 관계다〉.

비록 중국의 발전 속도는 더뎌졌지만 나는 오늘날까지도 여전히 그렇게 믿고 있다.

발행 주식의 대부분을 일반 투자자도 매입할 수 있도록 해야 한다는 홍콩 시장의 요건을 충족하자면 우리는 투자자들로부터 최소 20억 달러의 자본을 확보해야 했다. 페트로차이나의 기업공개 논의 초기에는 50억 달러 이상을 모아야 한다는 말도 나왔었다. 하지만 브리티시 페트롤륨이 마침내 계약서에 서명하고 나서도 투자자들은 미온적인 반응을 보였다. 결국 우리는 2000년 3월 14일에 페트로차이나의 상장을 통한 목표치를 28억~34억 달러로 하향 조정했다. 솔직히 그만큼이라도 과연 모을 수 있을지 확신할 수 없었다.

마푸차이는 행복해 보이지 않았다. 나는 그 이유를 짐작할 수 있었다. 바로 극심한 압박감 때문이었다. 페트로차이나 건에 대해서 그동안에도 다소 주저하는 듯한 태도를 보여 온 그가 이제는 중국 지도부를 실망시킬까 봐 전전긍긍하고 있었다. 한번은 홍콩으로 순회 홍보 행사를 떠날 참인 일단의 은행가들을 몇 시간씩 붙잡아 둔 채 앞서 우리가 수요 감소를 반영하기 위해 낮출 것을 권했던 공모가를 놓고서 다시 논쟁을 벌였다. 마푸차이는 이러한 변화를 인정하고 싶지 않은 듯했다.

「나는 국가의 자산을 그런 식으로 팔아 치울 수 없습니다.」 한 은행가가 당시에 그가 했던 말을 떠올렸다. 「정말 못 하겠습니다.」

페트로차이나의 기업공개를 준비하는 과정 자체도 너무나 치열하고 힘들었을 뿐 아니라 마푸차이 또한 그 나름대로 극심한 압박감에 시달리고 있었기 때문에 의견을 조율하는 과정에서 발생한 의사소통 문제가 결국 서로에 대한 신뢰를 무너뜨리고 말았다. 3월 30일에 민간에 공개될 예정인 페트로차이나의 최종 주가를 결정하는 마지막 순간에 이르러 마푸차이가 끝내 발목을 잡았다. 가격 논의는 중국석유천연가스공사와 페트로차이나의 고위 경영진과 중국국제금융공사의 고위 은행가들 그리고 우리 팀이 참석한 가운데 뉴욕의 우리 사무실에서 진행되었다. 논의는 오후 7시 30분에 시작되었고, 우리는 금방 끝날 것으로 예상했다. 수요가 감소한 이상 최저 가격에 근접한 1.24홍콩달러에서 1.51홍콩달러 사이로 가격을 책정하는 것이 당연했기 때문이다. 대형 기관들이 우리에게 언질을 준 예상가도 1.28홍콩달러에 가까웠으며, 우리는 이 가격을 고수할 수 있을지조차 확신하지 못했다.

마푸차이는 그토록 낮은 가격에 거래가 이루어지면 자신에게 감점 요인이 될 거라고 생각해서 승인을 거부했다. 회의가 시작된 후 두 시간 정도가 지났을 때 나는 집에 가기로 했고 마이크 에번스에게 결정이 나면 전화로 알려 달라고 부탁했다. 전화는 끝내 오지 않았다. 회의는 다음 날 새벽 5시 30분이 되어서야 끝났다. 중국석유천연가스공사와 중국국제금융공사 관리들 사이에서 중국어로 뜨거운 설전이 벌어졌고, 중국어로 〈배신자〉라는 의미를 가진 단어도 심심치 않게 들렸다고 했다. 새벽 2시쯤 마푸차이는 회의석상에서 그대로 잠이 들었다. 기업공개 과정을 감독하도록 중국 정부에서 임명한 경영 간부 장제민이 주도해서 회의를 이어나갔다.

「그쪽 회장님은 잠이 드셨군요.」 마이크 에번스가 장제민에게 말했다. 「당신과 나는 이 건을 위해 2년 동안 일했습니다. 거래가 원만히 이루어지기를 바란다면 지금 이 가격으로 진행하는 수밖에 없습니다. 나를 믿어요, 이건 우리가 결정해야 할 일입니다.」

드디어 장제민이 동의했다. 잠에서 깬 마푸차이도 마지못해 결정을 받아들였다. 하지만 이후로도 꽤 오랫동안 마푸차이의 존재는 골드만 삭스에 계속 불편한 상황을 초래할 터였다.

페트로차이나의 구조조정 작업은 힘들고 때로는 험악한 순간이 연출되기도 했지만 중국을 생각하면 꼭 필요한 일이었다. 기업공개를 통해 29억 달러의 자본을 확보한 페트로차이나는 15년 만에 전 세계 상장 기업 가운데 가장 큰 석유 생산 회사로 이름을 올렸다. 2011년에는 엑손모빌도 추월했다. 2007년 상하이에서 위안화로 표시된 주식이 첫선을 보였을 때는 비록 잠깐이었지만 시가총액이 1조 달러를 넘기면서 시가총액 기준으로 전 세계에서 가장 큰 회사로 등극하기도 했다. 1999년에 33억 달러였던 회사의 수입도 2013년에는 210억 달러로 늘었다.

페트로차이나 같은 국유 기업들을 더 경쟁력 있게 재조직하고 회생시키는 과정에서 중국인들은 수천만 개의 일자리가 사라지는 것을 기꺼이 감내하고자 했다. 그 결과 즉각적으로 수많은 고통과 혼란과 불안에 직면했다. 장기적으로는 민영화된 많은 국유기업들이 빠르게 성장하는 중국 경제에 기여하면서 더욱 커지고 강해졌으며 효율적으로 변모했다. 하지만 2000년대 초반에 개혁 노력은 중단되었다. 중국을 대표하는 국유 기업들의 실적과 사업 실력은 전 세계 경쟁자들의 그것에 비해 여전히 매우 뒤처져 있다.

구조조정에 따른 고통은 여전히 많은 사람들에게 현재 진행형이다. 페트로차이나와 중국석유천연가스공사에서 해고된 노동자들은 퇴직금을 받았지만 2002년에 이르러 돈이 떨어지자 다시 회사로 몰려와 더 많은 돈을 요구했다. 다칭을 비롯한 여러 도시에서 대대적인 시위와 폭동이 잇따랐다. 2000년에 주식을 공개한 시노펙과 구조조정을 거친 전국의 수십 개 국유 기업들도 사정은 비슷해서 기업은 물론이고 정치 지도자들에게도 어려운 과제를 남겼다. 많은 국유 기업들이 치안 유지를 위해 추가 보상금을 지급하거나 이전 노동자를 재고용하는 등의 방식으로 대응하면서 한편으로는 계속해서 사업을 키우기 위한 방안을 모색해 나갔다. 비교적 최근인 2012년에도 2000년 시노펙의 기업공개 준비 과정에서 해고되어 불만을 품은 노동자들이 베이징에서 시위를 하겠다고 위협했다. 그러자 시노펙의 회장 푸청위(傅成玉)는 20만 명에 달하는 노동자의 연금을 인상하거나 아니면 그들을 〈비활동〉 급여자 명단에 넣어 주겠다고 약속했다. 이들 노동자들이 부당한 대우를 받았으며 매우 힘들게 살고 있다고 판단한 것이다. 결국 회사 차원의 복지가 아무리 잘 설계되어 있거나 후해도 중국이라는 국가는 충분한 재원을 갖춘 전국 규모의 연금 제도나 사회 안전망이 부족했고 이후에도 줄곧 그럴 터였다. 이는 중국이 해결해야 할 매우 시급한 과제였다.

6 광둥 마구간 청소

서양에서는 중국이 자본 시장의 주요 참가자로 부상하기까지 순탄하고 안정된 길을 걸었을 것으로 자주 생각했지만 광둥성 같은 지역에 특별경제구역을 설치하는 것부터 뉴욕 증권거래소에 최초로 중국 기업을 상장하기까지의 과정은 결코 순조롭지 않았다. 덩샤오핑의 대대적인 개혁은 보기 드문 생산성 제고와 번영을 불러왔지만 충분한 투명성과 감독 없이 자본주의 세력의 고삐가 풀리면서 방대한 규모의 쓰레기와 부실 경영, 사기와 부패를 낳기도 했다. 나는 중국의 기적 이면에 존재하는 이 어두운 측면을 직접 확인했다. 세계 여러 은행과 회사채 소유자, 기타 채권자 등에게 총 60억 달러에 육박하는 채무를 가진 광둥 엔터프라이즈(홀딩스) 또는 GDE라는 고집불통인 한 투자 그룹의 구조조정을 이끌기로 합의했을 때였다.

골드만 삭스가 광둥 엔터프라이즈와 엮이게 된 것은 친숙한 정보원이자 개혁을 위한 중요한 실험에서 급증하는 재정 문제를 해결할 책임을 안은 채 1997년 말 광둥성 부성장으로 부임한 왕치산을 통해서였다. 산둥성에서 태어나 시안의 시베이 대학교 역사학과를 졸업한 다독가 왕치산은 분명 미완의 대기(大器)였다. 전통적인 중국 방식에 익숙했을 뿐 아니라 개혁개방에 절대적으로 중요한 서양식 사고와 관행에 대해서도 예리한 통찰력을 보였다.

아시아 외환 위기의 맹공격을 견뎌 냈지만, 특히 광둥성의 경우처럼 끊임없이 통화 투기 세력에 시달리던 홍콩과 밀접한 관계를 유지한 채 수출에 의존하는 점에서 중국은 여전히 취약한 상태였다. 광둥성에서 소유한 광둥 엔터프라이즈의 문제를 해결하기 위해 왕치산이 골드만 삭스에 도움을 요청했다. 광둥 엔터프라이즈와 더불어 그와 비슷한 기업인 광둥 국제신탁투자공사는 중국에서 규모가 가장 크고 눈에 띄는 기업이었지만 하나같이 끔찍한 상황에 처해 있었다 — 단기 대출금 상환을 연장해 줄 수 없었을뿐더러 지급 불능 위기에 몰려 있었다.

이런 일에 개입해야 한다고 생각하자 나는 도무지 흥미가 생기지 않았다. 파산 기업의 회생 작업이나 이와 유사한 형태의 구조조정 작업은 골드만 삭스 같은 자문 회사들 사이에서 힘들기로 악명이 높았다. 기술적으로 복잡할뿐더러 업무 강도가 높고 필연적으로 많은 논란을 야기할 터였다. 이런 거래를 진행하려면 우선 기업에 그들이 기피하는 고통스러운 작업을 수행하도록 설득하는 동시에 불만 가득한, 그럼에도 어쩌면 우리 고객이 될 수도 있는 그들의 채권자와 껄끄러운 협상을 벌여야 했다. 그 과정에서 유능한 직원들은 진이 빠지는 경우가 비일비재했으며, 내 이름에 오점을 남기거나 고객과도 거리가 멀어질 수 있었다. 골드만 삭스에는 그처럼 다수의 이해가 첨예하게 대립하는 일에 기질적으로 어울리는 인물이 거의 전무했다. 골드만 삭스에 소속된 최고의 은행가들은 다리를 건설하는 훈련을 받을 뿐 반대로 다리를 불태우는 훈련을 받지 않기 때문이다. 하지만 파산 기업의 손실을 분담하는 문제로 채권자들이 설전을 벌이다 보면 너무나 많은 경우에 다리가 끊어진다.

왕치산의 부탁에 나는 심호흡을 하고서 물었다. 「이 일을 할 만한 더 나은 적임자가 정말 없습니까?」

「나를 위해서 해주시오. 게다가 정말 중요한 일입니다.」 그가 말했다. 「나는 당신이 이 일을 처리해 주기를 원합니다.」

그 이유는 곧 드러났다. 중국의 고위 지도자들이 과거와 철저히 단절하기로 결정한 것이다. 그에 따라 이들 두 회사는 앞서 비틀거렸던 다른 거대 기업들과 달리 정부 차원의 지원이나 재정적인 도움을 전혀 받지 못할 터였고, 그들이 진 빚에 대해 국가가 어떠한 책임도 지지 않을 터였다. 이제 그들은 구조조정을 단행하든지 아니면 사업을 정리하는 수밖에 없었다. 정부의 대응에 외국 기업들이 충격을 받겠지만 중국 지도부는 시장 질서를 바로 세우는 일과 관련해서 자신들이 얼마나 진지한지 투자자와 채권자 모두에게 분명한 메시지를 전해야 한다고 생각했다. 이제는 자전거에서 보조 바퀴를 떼야 할 시점이었고, 중국 정부는 무모한 자식들을 보호하는 일에서 손을 떼야 했다.

중국에서 진행 중인 개혁과 왕치산의 위신을 생각하면 매우 위험한 일이었다. 그럼에도 내가 처음에 고사한 이유는 왕치산도 그것이 얼마나 어려운 일인지를 알고 있는지 확인하고 싶었기 때문이다. 하지만 결국 선택의 여지가 없었다. 어찌 거절할 수 있겠는가? 골드만 삭스는 그동안 중국의 여러 기념비적인 사업에 동참할 기회를 얻어 온 터였고, 왕치산과도 긴밀하고 우호적인 관계를 유지해 온 터였다. 그렇게 우리는 내가 예상하기에 보람 없는 일이 될 게 뻔한 일을 맡기로 했다. 인간관계에서는 받는 것이 있으면 주는 것도 있어야 한다. 정말 중요한 고객이라면 그가 어렵기만 하고 이익이 되지 않는 일을 부탁할 때도 〈예스〉라고 말해야 했다. 특히 그 고객이 앞서 차이나 텔레콤(홍콩)의 기업공개와 같이 수익성 좋고 기득권까지 선점할 수 있는 임무를 준 사람이라면 더 말할 필요가 없었다.

광둥 엔터프라이즈의 구조조정 작업은 예상했던 것보다 훨씬 힘들었다. 동시에 우리가 장차 중국에서 진행할 가장 중요한 사업 중 하나로 자리매김할 터였다.

왕치산이 광둥성에서 물려받은 곤경은 20년째 진행 중이었다. 1978년 덩샤오핑의 개혁이 시작되면서 중국은 해외 무역과 투자에 대해 조심스럽게 시장을 개방했다. 중국 정부는 화교 자본을 유치하기 위해 광둥성을 비롯한 이웃한 푸젠성에 특별경제구역을 설치했다. 이와 동시에 해외 — 각종 은행부터 채권 시장에 이르기까지 — 에서 돈을 빌리고 그 돈으로 자국을 개발하는 데 박차를 가하고자 투자 회사의 설립을 허가했다. 투자 회사들은 외국 기업과 합작 회사를 설립해서 그들의 자본과 기술, 경험을 흡수하도록 장려되었다. 국무원의 직접적인 감독을 받으며 1979년에 설립된 중국국제투자신탁공사는 그중에서도 최초로 설립되었을 뿐 아니라 가장 유명한 투자 회사였다. 머지않아 전국의 성과 지방 당국, 국영 은행 등에서 설립한 유사 투자 회사들이 난립했으며, 개중에는 중국 내에서 자본을 조달하려는 회사들도 있었다.

국제투자신탁공사로 알려진 이 기관들은 효율적인 현대식 자본 시장이나 상업은행 같은 선택지가 없던 중국 경제에서 결정적인 자금원 역할을 했다. 당시 외국 은행들은 중국 내에서 사업을 하는 외국 기업에만 돈을 빌려줄 수 있었고 국영 은행들은 거대 국유 기업에만 자본을 공급했다. 이런 상황에서 국제투자신탁공사는 외국 은행들에게 전도유망한 새로운 시장을 열어 주었고 지방정부에게는 교량이나 발전소처럼 절실히 필요한 기간 시설 사업을 추진할 수 있도록 새로운 자금원을 제공해 주었다. 물론 국제투자신탁공사가 외국 자본을 끌어들일 수 있는 유일한 길은 아니었다. 특별경제구역을 승인한 바로 그 규정이 성이나 시 당국에 홍콩에서 이른바 창구 회사를, 드러난 바로 중국 본토의 사업에 자금을 지원하기 위한 창구나 다름없는 회사를 설립할 수 있도록 허가했기 때문이다. 이런 회사들은 중앙정부의 느슨한 감독과 자금을 조성해야 하는 지방정부의 절박한 필요성 때문에, 특히 1997년을 기점으로 홍콩을 중국에 반환하기로 한 1984년 협정이 체결된 뒤로 번창했다. 1980년대 말에 이르면 중국에만 수백 개의 투자 신탁 회사들이 존재했고, 그보다 훨씬 많은 회사들이 홍콩과 마카오에서 중국 지역 정부의 지원을 받고 있었다.

그 과정에서 지역 정치인들은 기간 시설을 원조하는 본래의 임무에서 더 나아가 부동산 개발과 건설 회사, 나중에는 모든 종류의 사업에 직접 투자하기 시작했고 자주 자신들의 성이 아닌 다른 지역에 투자했다. 여기에 더해서 중국 본토의 몇몇 기업들은 홍콩에 자회사를 차리고 상장함으로써 외부 자본을 끌어들였다. 이른바 레드칩으로 불리는 이들 회사들은 국제신탁투자공사를 비롯한 그 밖의 창구 회사들과 합작해서 과열된 부동산 시장부터 가격 변동이 심한 고위험 주식 매입에 이르기까지 점점 더 위험한 사업에 돈을 쏟아 부었다.

모르는 사람은 중앙정부를 일종의 전지전능한 조직으로 생각하지만 모름지기 중앙정부가 특히 광둥성처럼 크고 활동적인 성이 하는 일에 대해서 일일이 지시를 내리거나 통제하기란 결코 쉬운 일이 아니다. 공산당이 1949년에 정권을 잡기까지 수십 년의 세월을 포함하여 역사적으로 아주 오랫동안 군벌에 포위되어 있던 나라에서 중앙정부와 지역 자치 정부의 긴장 관계는 언제나 관심 대상이다. 심지어 오늘날에도 중국은 지방에 지나치게 강력한 거점을 구축하지 못하도록 고위 정치 지도자와 군 사령관을 대상으로 순환 배치를 실시하고 있다.

무리하게 빚을 얻어 투기를 하는 것은 절대로 바람직한 현상이 아니다. 설상가상으로 중앙정부는 지방정부가 얼마나 많은 빚을 지고 있는지 전혀 알지 못했다. 공채나 은행 대출, 담보를 비롯해 지방정부의 부채를 모두 합치면 어림잡아도 수백억 달러에 이를 것으로 추산되었다. 외국 채권자들은 늘 그랬듯이 중앙정부가 지급 보증을 서줄 거라고 믿고서 거리낌 없이 돈을 빌려주었다.

과도한 대출을 막기 위해서 베이징 정부가 나섰지만 효과는 미약했다. 투자 기관이 이미 성이나 지역 지도자들의 꿀단지가 되어 있었기 때문이다. 그들은 직업적으로 출세하는 데 필요한 지역의 성장을 도모하기 위해서, 때로는 자기 주머니를 불리기 위해서 돈을 빌렸다. 자격이 미달하거나 부패한 대출 이용자와 외국인 조력자 간의 불미스러운 공모를 통해 충분한 재정적, 법률적 분석 없이 전적으로 인맥에 기초하는 〈꽌시(關係)〉 대출이 성행했다. 외국인 조력자들은 이러한 거래를 통해 중앙정부에 돈을 빌려주었을 때보다 훨씬 많은 수익을 챙기는 한편 그 또한 중국 정부가 보증하는 거래라며 파리나 프랑크푸르트, 도쿄, 뉴욕에 있는 그들의 사장을 안심시켰다. 사업을 축소하라는 중앙정부의 지시에도 불구하고 지역 지도자들은 거래를 계속했다. 오래된 중국 속담처럼 〈산은 높았고, 황제는 멀리 있었다〉.

불건전한 금융 관행은 역사적인 부흥을 이룬 중국의 치욕스러운 이면이었다. 이는 10억이 넘는 인구를 보유한 거대한 나라가 모든 행위를 일일이 지시하는 계획경제에서 보다 자유롭고 시장 지향적인 방식으로 운영되는 체제로 급격하게 바뀌어 가는 과정에서 나타난 약간은 필연적인 현상이었다. 중국은 모든 영역에서 법률이 새로 제정되거나 개정되어야 했을 뿐 아니라 이미 법률이 존재하는 경우에도 공공 기관 — 진정한 의미에서 독립적인 사법부나 전권을 위임받은 규제 기관 등 — 이 부족해서 효과적인 통치가 어려웠다. 게다가 기존의 기관들을 운영할 적절히 훈련된 공무원도 부족했다.

이런 문제들을 해결하려면 시간이 필요했지만 공산당 지도부는 개혁의 시대에 성장과 번영을 제공한 것을 빌미로 자신들의 정통성을 주장했다. 모든 면에서 독창적이고 진화하는 중국식 자본주의라는 이상적이고 포괄적인 청사진을 계획하는 동안에도 그들은 경제에 대해 손을 놓고 있을 수 없었다. 따라서 중국의 선도적인 지식인들이 어떤 국제 표준과 관행을 채택할지 연구하는 한편으로 중국은 때로는 창의적이고, 때로는 혼란을 초래하며, 때로는 불법적인 대대적이고 즉흥적인 경제 개혁에 매진했다. 그런 와중에 정부 인사들은 너무나 자주 불법적인 행위를 보고도 못 본 체했다.

중국 당국은 경기 부양책을 모색하는 과정에서 광범위한 실험을 부추겼다. 야심에 찬 지역 지도자들에게 대대적인 실험 — 안후이성에서 소규모 개인 농장을 운용하도록 독려하거나, 선전시 같은 지역에 특별경제구역을 설치하는 등 — 을 진행하도록 허락했다. 그들의 실험은 종종 국가 정책으로 채택되었고 조만간 중국을 바꾸어 놓을 터였다. 과학 연구에 종사하는 싱크탱크부터 군부에 이르기까지 거의 모든 국가 조직이 사업에 뛰어들었다. 변화를 옹호하는 사람이 성공하면 그들은 영웅으로 추대되었고 종국에는 엄청난 부자가 될 수 있었다. 기업가부터 정부 관리와 길거리 행상까지 모두가 이런 분위기에 동참하면서 그때그때 상황에 적응해야 했다. 아무리 정직한 사업가도 일관되게 적용되는 규칙의 부재 속에서 합법과 불법의 얇은 경계를 오가며 회색 지대에서 사업을 운영해야 했다.

〈물론 뇌물을 금지하는 법이 있었다. 이 법이 선별적으로 집행되면서 때때로 경각심을 불러일으키기도 했지만 그럼에도 법을 지키는 사람은 아무도 없었다〉라고 중국에서 가장 존경받는 한 사업가가 당시를 회상하면서 내게 말했다. 자신의 화려한 경력을 돌아보면서 그는 무미건조한 말투로 〈그런 시스템 속에서 그토록 오래 살아남은 것〉이야말로 가장 큰 성공이라고 말했다.

이 모든 것은 중국의 초기 자본주의에 거친 서부 시대 같은 느낌을 더해 주었다. 수백만 명이 1980년대에 명목상 중국인민은행의 감독을 받는 초기 장외 시장을 통해 주식을 소유했지만, 그보다 훨씬 많은 — 그리고 위험한 — 거래가 아무런 통제를 받지 않는 암시장에서 이루어졌다. 공인 거래소가 1990년과 1991년에 각각 상하이와 선전에서 문을 열었지만 지역 신문들이 이름을 붙인 이른바 〈주식 열풍〉은 조금도 수그러들지 않고 계속 맹위를 떨쳤다. 1992년 8월 선전에서는 신규 상장되는 주식을 매입할 권리를 추첨하는 현장에 거의 100만 명에 달하는 사람들이 몰려들어 사흘 동안 줄을 섰다. 정부에서 준비한 신청서가 동나자 공무원들이 신청서를 빼돌렸다며 — 사실로 밝혀졌다 — 5만여 명의 시민들이 밤새도록 폭동을 일으켰다. 이 사건은 중국증권감독관리위원회가 설립되는 계기가 되었다. 1990년대 전반에 걸쳐 국가에서 지원하는 증권 회사들이 우후죽순으로 등장했으며 주가 조작도 만연했다. 이들 중 수십 개는 도산할 터였다.

인민해방군은 어느새 거대한 상업 조직으로 변모했다. 1990년대에 이르러서는 이미 수천 개의 기업을 보유하고 있었다. 대다수가 걸출한 당 지도자의 아들과 딸, 즉 태자당(太子黨)의 개인 영지처럼 운영되었다. 항공사와 광산부터 단란주점이나 통신 회사에 이르기까지 다양한 사업체를 통해 매년 수십억 달러의 수입을 올렸다. 합법적인 사업만 놓고 보았을 때 그렇다는 말이다. 여기에 더해서 인민해방군 장교들은 당시에 유행한 밀수에도 직접 관여하거나 지원하면서 자동차나 휴대전화, 기름, 담배 등을 들여왔다. 결국 1998년에 장쩌민 국가주석은 예산을 늘려 주는 대신 인민해방군에 상업적인 자산을 매각하라고 지시했다. 정부는 밀수를 엄중 단속했고, 그 결과 관세 수입이 불과 1년 사이에 81퍼센트나 급증했다.

전통적으로 상업이 번창하고 사업 수완이 뛰어난 광둥성처럼 열풍이 휘몰아친 지역도 드물었다. 특별경제구역이 최초로 문을 연 곳도 광둥성이었고, 개혁이 흐지부지해지고 있음을 우려한 덩샤오핑이 재차 개혁의 불꽃을 살리고자 1992년에 그 유명한 남순(南巡)을 다닐 때 방문한 곳도 광둥성이었다. 홍콩을 비롯한 아시아의 제조업자들은 중국 전역에서 몰려든 이주민 수백만 명의 값싼 노동력을 이용하기 위해 광둥성의 주강(珠江) 삼각주로 생산 설비를 이전했다. 1990년대 초에만 매년 14퍼센트 이상씩 성장하면서 광둥성은 세계의 공장이 되었다.

광둥성은 또 투기와 부실한 관리, 재무 부정의 온상이기도 했다. 왕치산은 부임하자마자 미래가 불투명한 제2 금융 기관들 — 광둥성에는 약 마흔 개의 국제신탁투자공사가 난립했다 — 과 마주했으며, 궁극적으로는 이들을 지원하거나 구조조정을 하거나 아니면 폐쇄해야 할 터였다. 그중에서도 가장 급한 불이 광둥 엔터프라이즈와 광둥 국제신탁투자공사였다.

광둥 엔터프라이즈와 광둥 국제신탁투자공사는 두려움을 모르는 폭주 기관차였다. 홍콩에 회사를 설립할 권한을 가장 먼저 부여받은 광둥성은 수출을 촉진함과 동시에 꼭 필요한 원료를 수입하기 위해서 1980년에 광둥 엔터프라이즈를 출범시켰다. 광둥 엔터프라이즈는 거침없이 사업을 확장했으며 1987년에는 홍콩에 상장된 회사이자 부동산 및 투자 전문 기업인 유니온 글로벌 개발회사를 인수하면서 레드칩 기업 열풍을 이끌었다. 후에 유니온 글로벌 개발은 광둥 투자유한공사로 이름을 바꾸었다. 1998년에 이르러서 광둥 엔터프라이즈는 집중력을 상실한 채 제대로 통제되지 않는 복합 기업이 되어 있었다. 중국과 동남아시아, 유럽 등지에서 다섯 개의 레드칩 자회사를 포함하여 혼란스러울 정도로 많은 사업체를 운영하고 있었다. 광둥 국제신탁투자공사도 비슷하게 마구잡이식 확장에 착수해서 중국에서 두 번째로 큰 신탁 회사이자 광둥에서 가장 큰 부동산 개발업체로 성장했다. 그들은 제조 기업에 투자하는 동시에 맥도널드 같은 외국 기업과 합작 투자를 모색하기도 했으며, 산하에 두 개의 레드칩 기업도 보유하고 있었다.

이들 두 기업은 무능한 관리자들 때문에 파산을 눈앞에 두고 있었다. 그중에서도 호화로운 은퇴 생활을 위해 이들 기업에 달라붙어 있던 지역 정치인들이 특히 문제였다. 광둥 엔터프라이즈와 광둥 국제신탁투자공사는 둘 다 불안한 자본 구조 위에서 설립되었을 뿐 아니라 외부 자본을 지나치게 많이 빌린 터였다. 모든 금융 피라미드가 그렇듯이 그들은 〈부정기적인〉 회계로 이런 문제를 숨긴 채 눈덩이처럼 불어나는 손실을 은폐하면서 최대한 새로운 자금을 끌어들여 상환 능력을 유지했다. 하지만 외환 위기가 아시아를 강타하고 채권자들이 해당 지역에서 돈을 회수하기 시작하자 두 기업은 금융 긴축 상태에 빠졌고 기존의 빚을 돌려 막을 수도 없게 되었다.

왕치산의 설명에 따르면, 그는 두 회사 대표가 사무실에 찾아와서 채권자들의 요구를 들어줄 수 있게 도와 달라고 하도 부탁하는 바람에 업무가 마비될 지경이었다. 처음에는 그도 필요한 자금을 지원해 주었지만 그들은 금방 다시 찾아왔고 더 많은 돈을 요구했다. 왕치산은 계속 돈을 빌려준다고 해서 해결될 문제가 아니라는 것을 알았다.

「메우기에는 구멍이 너무 컸습니다.」 그가 내게 말했다. 「끝이 보이질 않았죠.」

1998년 12월에 나는 홍콩으로 날아가 광둥 엔터프라이즈의 구조조정 문제와 관련해서 골드만 삭스가 광둥성에 자문을 제공할 거라고 발표했다. 5성급의 화려한 고층 건물인 아일랜드 샹그릴라 호텔에서 왕치산을 만나 계약서에 서명한 뒤에 자세한 내막을 알고 싶어 하는 현지 언론에 우리의 계획을 설명했다. 광둥 엔터프라이즈는 홍콩 시장의 주요 참가자였으며, 그 같은 기업의 구조조정에 착수한 것은 개혁을 지향하던 중국 정부로서도 처음 있는 일이었다. 둘이 맞추어 붉은색 부토니에르까지 한 왕치산과 나는 낮은 단상 위에서 녹색 모직 천으로 덮인 탁자에 앉아 질문을 받았다. 탁자 위에는 마이크가 가득했다. 회견장은 시끄럽고 집요한 기자들로 발 디딜 틈이 없었다. 그들은 한 명씩 돌아가면서 다른 기자가 했던 질문을 되풀이하거나 표현만 달리하는 방식으로 연신 광둥 엔터프라이즈의 미래와 해당 기업에 대한 성(省)의 책임에 관한 질문을 퍼부었다.

언론의 관심은 시장의 불안감을 보여 주었다. 앞서 두 달 전 왕치산과 중국 지도부는 하나의 운영 주체로서 광둥 국제신탁투자공사를 구제하기에는 너무 늦었다고 판단했다. 이미 많은 돈이 투입된 마당에 또다시 돈을 낭비하느니 해당 기업을 정리하기로 했다. 이 같은 결정에 투자자들은 망연자실했다. 중앙은행이 기존에 등록된 대출 기관에 돈을 돌려줄 거라며 투자자들을 안심시켰지만 광둥 국제신탁투자공사의 부채 중에는 아예 등록조차 안 된 것도 많았기 때문이다. 그야말로 은행들이 비공식적인 경로로 돈을 빌려주느라 바빴던 것이다. 신용 평가 기관들은 중국의 주요 신탁투자 회사들에 대해 신용 등급을 하향 조정했다. 불안해진 채권자들이 더 적극적으로 자금 회수에 나서면서 광둥 엔터프라이즈의 목을 옥죄자 성 당국의 일부 인사들이 사태 해결을 위해 노력하겠다는 성명을 발표했다. 그리고 10월 말에 주룽지가 밀수 단속 차원에서 광둥성을 방문하자 정부가 광둥 엔터프라이즈를 재편할 거라는, 즉 주룽지의 승인하에 성 당국이 새로운 동력을 제공할 자산을 추가 투입할 거라는 말이 흘러나왔다. 하지만 더 이상은 어떤 구체적인 말도 없었고 언론은 자세한 내막을 알아내고자 열을 올렸다.

홍콩 언론의 적극적인 반응에 당황한 나와 달리 왕치산은 동요하지 않았다. 그렇다고 중국 본토에서 일찍이 이 같은 상황을 접해 본 적도 없을 터였다. 그곳의 언론은 제어하기가 훨씬 쉬웠기 때문이다 — 정부에 순종적일 뿐 아니라 종종 취재하는 회사로부터 뒷돈을 받기도 했다. 왕치산의 메시지는 간결하고 직접적이었다. 요컨대 광둥 엔터프라이즈를 재정적으로 독립적이고 상업적으로 자생적인 회사로 만들기 위해 준비된 개혁 조치를 성 당국과 중앙정부가 전적으로 지지한다는 내용이었다. 왕치산의 설명에 따르면 중국은 개혁에 매진하는 중이었고 광둥 엔터프라이즈의 개혁은 다른 국유 기업들에게 본보기가 될 터였다. 개혁 작업은 기업 자체와 재정 및 관리 문제에 집중될 예정이었다. 왕치산은 사람들 앞에서 작업이 성공한다면 광둥 엔터프라이즈가 고품질의 자산과 최고의 경영 능력을 보유한 채 최고의 국제 관행과 기준을 이해하고 따르게 될 거라고 확언했다. 동시에 광둥성이 경기 호황에 힘입어 자본을 공급하기에 충분한 자원을 보유하고 있으며, 골드만 삭스의 자문에 따라 필요하다면 광둥 엔터프라이즈에 추가로 자산을 투입할 거라는 점도 분명히 했다.

「대주주란 부모와 같습니다.」 그가 말했다. 「자식이 아무리 어른이 되었더라도 그들에게 정말 커다란 문제가 발생했다면 부모는 능력이 되는 한 여전히 그들을 보살피고 도와주어야 합니다.」

그동안 왕치산을 단순히 은행가로 알았던 나는 이때 처음으로 그를 정치적인 지도자로 보게 되었다. 그것도 지극히 유능하고 자신감 넘치는 지도자였다. 그가 이야기한 내용보다 그 태도 때문이었다. 그는 현실적이었고 솔직했으며 직설적인 동시에 매력적이었다. 기자들 앞에서 흔들리지 않고 원칙에 충실했다. 그 모든 것이 한데 어우러져 대가의 풍모를 보였다. 세월이 흘러 2008년에 금융 위기가 발생했을 때 나는 기자들에게 둘러싸여 질문 공세를 받으면서 자주 왕치산의 냉정함과 명료함을 떠올렸고 그가 보여주었던 품위와 웅변술을 부러워했다.

그날 행사에서 내게 주어진 역할은 상대적으로 매우 소박했다. 기술적인 지원과 궁극적으로는 윤리적 지원을 제공하는 것이었다. 언론과 채권자들이 보기에 골드만 삭스를 고용한다는 것은 중국이 이 위기를 임의대로 해결하지 않고 최대한 국제 관행에 따라 해결할 거라는 증거였다. 나는 우리가 최선을 다할 것이라는 다짐을 밝힘과 동시에 골드만 삭스에서도 해당 기업에 자본을 투자할 거라고 공표함으로써 골드만 삭스가 이번 일을 얼마나 진지하게 생각하고 있는지를 강조했다. 나는 구조조정이 완료되면 골드만 삭스가 역경을 딛고 일어선 이 회사에 2000만 달러를 투자할 거라고 설명했다.

「우리는 구체적인 또는 일정한 어떤 보상을 바라고 이 일을 하는 것이 아닙니다.」 내가 말했다. 「광둥성의 잠재력을 믿기에 투자를 하고 있는 것입니다.」

건설부 소속 선임 기술자의 아들로 태어난 왕치산은 베이징에서 고등학교를 다닐 때 총학생회 회장이었을 만큼 타고난 지도자였다. 문화 대혁명 때 그의 가족도 다른 많은 지식인과 마찬가지로 고난을 겪었다. 예컨대 그의 아버지는 1929년에 칭화 대학교에 입학했을 정도로 뛰어난 학생이었지만 화장실 청소부로 일해야 했다.

왕치산도 산시성(陝西省)에 있는 옌안의 시골로 보내졌다. 옌안은 마오쩌둥과 그의 유격대원들이 대장정을 끝내고 동굴에 숨어 있던 지역으로 유명하다. 왕치산은 일단의 급우들이 자신과 마찬가지로 그곳에 배치되도록 손을 썼다. 개중에는 친누이의 친구도 포함되어 있었는데, 후에 그의 아내가 되는 야오밍산이었다. 미셸이라는 이름으로도 알려진 그녀는 전임 상무부 부장이자 1980년대 말에 국무원의 상무 부총리이자 중국 공산당 중앙정치국 상무위원회 위원이 되는 야오이린의 딸이었다. 어느 날 공작대와 함께 석탄을 캐던 중 미셸은 6미터 깊이의 탄갱 안으로 떨어져 척추를 다쳤다. 그녀는 어쩌면 양쪽 발을 모두 절단해야 하는 위중한 상태였는데 의사들이 산산이 부서진 뼛조각을 어렵게 맞추었다. 그녀는 1976년에 왕치산과 결혼했고, 계속 공부해서 의사가 되었다.

1971년에 왕치산은 산시성 박물관에서 일했고, 2000년의 역사를 가진 성도(省都) 시안의 시베이 대학교에서 역사학을 공부했다. 그로부터 3년 뒤 시안은 진시황의 병마용(兵馬俑)이 발견되면서 세계적으로 유명해질 터였다. 그는 산시성 박물관에서 두 번째로 근무하다가 1979년에 베이징으로 복귀했고, 중국사회과학원 산하 근대사 연구소의 연구원이 되었다. 왕치산은 동시대의 수많은 사람들이 그랬던 것처럼 거의 타성적인 사명감에 따라 움직이면서 수억에 달하는 중국인들의 삶을 개선하기 위해 자신을 끊임없이 채찍질했다. 옌안의 척박한 땅에서 직접적인 경험을 통해 그들의 빈곤과 절망을 알게 되었기 때문이다. 1980년에 그는 다른 세 명의 젊은 지식인들과 함께 한 유력한 당 기관지에 개혁을 위한 새로운 틀을 제안하는 논문을 발표하면서 유명세를 얻었다. 〈사군자〉라고 알려진 그들은 이내 개혁적인 성향을 지닌 자오쯔양 총리가 조직한 유력한 싱크탱크에 영입되었다. 그 결과 왕치산은 농촌 개혁을 위한 결정적인 토대를 마련하는 일을 도우면서 1980년대의 대부분을 보냈다. 그는 1983년에 공산당에 가입했고, 이듬해 중국이 공식적으로 이중 가격제를 채택하는 계기가 된 유명한 젊은 경제학자들의 모임에서 두각을 나타냈다. 특히 이중 가격제는 공인된 국영 산업 분야가 아닌 다른 분야에서 더 자유로운 상품 시장을 개척할 수 있게 한다는 점에서 단계적인 개혁의 핵심 요소였다. 왕치산은 1989년에 중국건설은행의 전신인 중국인민건설은행의 부총재가 되면서 금융 분야에 첫발을 내디뎠다. 해당 은행은 상업은행의 성격이 짙었지만 그럼에도 당시에는 국가의 경제 계획에 호응하여 건설과 기간 시설에 관련된 프로젝트에 자금을 분배하는 국책 은행으로서의 역할을 계속 병행했다.

왕치산은 1990년대 초부터 당시 부총리였던 주룽지와 긴밀한 관계를 유지하기 시작했다. 주룽지가 그를 자신의 사무실로 불러서 두 시간에 걸쳐 이것저것 꼬치꼬치 캐물은 다음이었다. 두 사람은 이전에도 만난 적이 있었지만 오랜 시간 대화를 나눈 것은 이때가 처음이었다. 머지않아 주룽지는 중국인민은행을 직접 챙기기 시작했다. 왕치산의 능력에 깊은 인상을 받은 주룽지는 만연한 외환 투기를 억제하기 위해 그를 중앙은행 부총재로 데려왔고, 왕치산은 주룽지의 기대에 부응했다. 하지만 이는 급속히 발전하는 중국 경제를 좀먹는 여러 문제를 해결함으로써 왕치산을 소위 해결사로 자리매김하도록 만든 그의 수많은 업적에서 시작에 불과했다.

나는 1994년 2월에 왕치산을 만났다. 정부의 대리인 역할을 벗어던지고 온전한 상업은행으로 거듭나기로 한 중국건설은행을 이끌기 위해 그가 중앙은행을 그만둔 직후였다. 그는 얼른 보기에도 영민한 지성을 바탕으로 이해가 빨랐고 상업적인 지식과 정치적 능력을 겸비한 보기 드문 인재였다. 일이 되도록 가능한 것과 원하는 것을 구분할 줄도 알았다. 또한 1998년 12월의 광둥 엔터프라이즈 기자 회견 현장에서 보았듯이 화술의 대가였다. 하지만 언론 앞에서 보인 그 모든 허세에도 불구하고 그는 광둥 엔터프라이즈의 상황에 걱정이 이만저만이 아니었다. 기자 회견을 마치고 함께 점심 식사를 하는 자리에서 그가 들려준 설명에 따르면 실제로도 그럴 만했다. 우선 광둥 엔터프라이즈는 사람들이 예상했던 것보다 훨씬 재정 상태가 심각했다. 부채의 절반 이상이 단기 부채라서 여유가 거의 없었고 자산 가치도 생각보다 낮을 확률이 농후했다. 무엇보다 회계 팀에서 여러 자회사의 부정행위를 적발했다.

광둥 엔터프라이즈의 문제는 단지 해당 기업만의 문제가 아니었다. 중국 지도자들은 홍콩의 안정성과 시장을 걱정했다. 광둥 엔터프라이즈와 광둥 국제신탁투자공사 때문에 투자자들이 다른 중국 본토의 신탁 회사들에 대해서 매우 신중한 태도를 취했고, 악성 부채에 시달리는 중국의 거대 국영 은행들을 둘러싼 우려가 가중되었기 때문이다. 중국의 전반적인 경제력은 문제가 되지 않았다. 중국은 금융 제도와 자본 계정이 폐쇄적이고 무역 수지도 양호하며 통화가 시장에 의해 결정되지도 않았기 때문에 주변국보다 훨씬 탄력적으로 아시아의 외환 위기를 피할 수 있었다. 심지어 일시적으로 수출이 감소했을 때조차 인민폐를 평가 절하하지 않았다. 그렇게 되면 일련의 경쟁적인 평가 절하를 촉발함으로써 사태가 더 악화될 수 있었기 때문이다. 외환 보유고도 1450억 달러에 이를 정도로 상당했고, 계속 늘어나는 중이었다. 베이징 정부는 일찍이 채권을 발행하는 방식으로 시장을 실험한 터였고 해당 실험은 공동 주간사인 골드만 삭스가 목표치의 두 배인 10억 달러를 조달했을 정도로 인기를 끌었다.

주룽지와 왕치산은 새로 발견한 근육을 풀 기회를 발견했다. 국제신탁투자공사들과 레드칩 기업들, 창구 회사들을 정리해서 뒤

뚱거리는 중국 금융 제도의 모범적인 개혁 사례로 만들 기회를 포착했다. 첫 단계는 투자자들을 상대로 중앙정부가 이들 기업의 채무를 책임지지 않을 거라는 사실을 분명히 밝히는 것이었다. 이는 사실 새로운 정책도 아니었다. 신용 평가 기관들도 국제신탁투자공사의 채무가 중국 정부에 의해 보장되지 않는다고 주기적으로 경고해 온 터였다. 그럼에도 그동안의 경험이 암시하는 바는 달랐다. 요컨대 외국 자본의 이탈을 우려한 중국 정부가 실패한 기업의 채권자들에게 번번이 빚을 모두 갚아 주었던 것이다. 성의 차용금은 원칙적으로 중앙정부에서 책임져야 할 국가 차원의 채무가 아니었지만 현실에서는 정확히 그런 식으로 취급되는 듯했다. 바로 그런 이유 때문에 성 단위의 국제신탁투자공사 같은 기업들은 저렴한 금리로 대출을 받을 수 있었고, 위험한 행동을 서슴지 않았으며, 무능하고 부패한 관료들도 자리를 보전할 수 있었다. 외국 대출 기관들도 자산 실사나 차관과 채권을 둘러싼 자본 시장의 타당한 평가는 외면한 채 정부의 암묵적인 보장에만 의존하며 마냥 수도꼭지를 개방했다.

주룽지는 금융 관행을 현대화하고 도덕적 해이를 근절하고자 했다. 나쁜 결과로 이어진 현명치 못한 결정들이 시장경제 발전에 치명적임을 분명히 했다. 금융 관행을 현대화하고 도덕적 해이를 근절하면 외국 자본과 접할 기회를 축소함으로써 통제 불능인 채무자들의 고삐를 더욱 단단히 조일 수 있을 터였고, 지역 및 성 정부를 중앙정부의 통제 아래 둘 수 있을 터였다. 무엇이 국가 차원의 채무인지 아닌지 명확히 하는 것은 국유 기업의 구조조정과 민영화로 나아가는 길목에서 매우 중요한 일이었다.

왕치산의 설명에 따르면 주룽지는 〈누구든 실수를 하면 그에 대한 책임을 져야 한다〉라는 단호한 믿음을 가지고 있었다.

물론 채권자들이 이런 말을 좋아할 리 없었다. 그들은 잃을 것이 없는 게임을 하면서 편안하게 사업을 영위해 온 터였다. 게다가 공정하게 이야기하자면 중국 관료들도 애매한 태도를 보였다. 그들은 광둥 국제신탁투자공사를 폐쇄하고 은행들에게 1999년 1월 초까지 순서대로 권리 청구를 등록하라면서 일종의 경고 사격을 했다. 하지만 마감 시한 직전인 12월에 중국 정부는 톈진시 — 중국에서 네 번째로 인구가 많고 베이징에서 동남쪽으로 120킬로미터 떨어진 보하이만에 위치한 도시 — 당국에 만기가 도래한 현지 국제신탁투자공사의 엔화 부채 중 부족액을 대신 상환하도록 허가를 내주었다. 이 사건은 광둥 국제신탁투자공사의 채권자들에게 중국 정부가 결국에는 자신들을 구제해 줄 거라는 희망을 주었다.

왕치산의 임무는 세심한 주의를 요하는 일이었다. 그는 아시아 외환 위기로 인한 상처가 채 아물지도 않은 상태에서 광둥 엔터프라이즈의 채권자들을 상대로 엄하게 나갈 방법을 찾아야 했다 — 그럼에도 채권자들을 너무 서운하게 만들면 중국이 국유 기업들의 기업공개를 통해 더 많은 자본을 조달하려고 할 때 중국의 증권 시장에 등을 돌리게 할 수 있으므로 너무 지나쳐서도 안 될 터였다. 다행히 우리에게는 골드만 삭스 팀을 이끌면서 왕치산에게 조언을 해줄 완벽한 인물이 있었다. 싱가포르 출신이면서 아시아 지역의 투자 사업을 공동 관리하는 스티븐 샤프란이었다. 그는 기업 개선 작업과 관련하여 경험이 풍부했고 진정한 금융 공학자이자 복잡하게 얽힌 재정 구조를 분석하고 해부하는 전문가였다. 그는 지칠 줄 모르는 사람이었고, 이면에 감추어진 것을 보기를 좋아했으며 무엇보다 매력적이었고 그럼에도 냉철하고 공명정대하고 결단력이 있었다. 어려운 협상을 성공시키려면 꼭 필요한 자질들이었다.

스티븐은 왕치산을 만나기 위해 홍콩에서 광저우행 기차에 몸을 실었다. 그는 왕치산과 만난 자리에서 성 정부가 그동안 너무 호의적이었다고 솔직하게 말했다. 그는 왕치산에게 채권자들로서는 〈분명 크리스마스가 일찍 찾아왔다고 생각했을 것입니다〉라고 말했다. 그는 다시 홍콩으로 돌아가는 기차에 올랐고, 그가 미처 홍콩에 도착하기도 전에 나는 왕치산에게서 전화를 받았다. 내용은 간단했다. 「그 사람과 일하고 싶습니다.」

광둥 엔터프라이즈의 구조조정 작업을 감독하기 위해 스티븐은 홍콩으로 자리를 옮겼다. 골드만 삭스의 다양한 부서에서 스무 명을 차출해 팀을 꾸렸고, 차이나 텔레콤 건에서 핵심적인 역할을 한 왕쉐밍도 그중 한 명이었다. 이외에도 노스웨스턴 대학교의 켈로그 경영대학원을 졸업하고 골드만 삭스에 합류하기 전까지 고문으로 일한 전도유망한 마틴 라우(나중에 엄청나게 성공한 중국 소셜 미디어 개척자 텐센트 홀딩스의 사장이 된다)와 중국 본토에서 태어나 데이비스 포크 앤드 워드웰에 근무하다가 그해에 골드만 삭스에 합류했으며 후에 골드만 삭스의 베이징 사무소 대표가 되는 브라이언 리 등이 포함되었다.

스티븐의 주된 중국 쪽 파트너는 왕치산의 오른팔인 우제쓰 박사였다. 노련한 경제학자인 우 박사는 중국공상은행에서 근무한 적이 있었고, 부산한 선전시 부시장을 거쳐 1998년에 광둥성 성장의 보좌관으로서 왕치산과 합류한 터였다. 중국에서는 매우 드물게도 기술과 지도력을 겸비한 관료 중 한 명이었고, 광둥 엔터프라이즈의 구조조정과 광둥 국제신탁투자공사의 청산 작업을 매일같이 관리한 억척스러운 일꾼이었다.

골드만 삭스 팀의 최우선 임무는 광둥 엔터프라이즈의 자산을 파악해 가치를 평가한 다음 어떤 자산을 유지하거나 매각할지 또는 문을 닫을지 결정하는 것이었다. 그렇게 함으로써 돈이 되는 자생적인 기업을 구제하고 채권자들에게 자본을 되찾을 수 있는 기회를 제공하기 위함이었다. 광둥 엔터프라이즈를 해체하는 작업은 결코 말처럼 쉽지 않았다. 짧은 회사 연혁에도 불구하고 광둥 엔터프라이즈는 뚜렷한 역량 집중이나 전략, 논리도 없이 10여 개 사업 분야에 걸쳐 수백 개의 자회사를 보유한 초현실적인 거대 기업으로 발전했다. 대군의 회계사들과 함께 스티븐의 팀은 이들 기업 하나하나의 이력과 구조를 재구성해야 했다. 기록이 존재하더라도 부적절하게 관리된 경우가 대부분이었기 때문에 스티븐 팀은 자주 직원들의 단편적이고 불완전한 기억을 꿰어 맞추면서 소위 기업 민속학자가 되어야 했다. 광둥 엔터프라이즈의 자회사 중에 가치 있고 합리적으로 잘 운영되는 회사는 아주 소수에 불과했고, 대다수는 가치가 전혀 없었고 성의 기간 시설 발전과 관련된 일을 하는 회사도 거의 전무했다.

스티븐이 발견한 것은 아주 우습거나 어이가 없는 것뿐이었다. 양조장이나 무두질 공장, 세탁기 공장 같은 주류 회사들과 동떨어진 장어 양식장도 있었는데 그마저도 장어는 지난번 홍수에 모두 휩쓸려 갔다고 했다 — 애초에 정말 장어가 있었는지는 모를 일이었다. 이외에도 파리 외곽에 호텔을 하나 소유하고 있었고 태국의 해안가에 때만 되면 물에 잠기는 땅도 있었다.

심지어 범죄 행위도 있었다. 예컨대 광둥 엔터프라이즈는 광난 홀딩스의 지분 중 거의 60퍼센트를 보유했다. 광난 홀딩스는 민물고기와 가금류, 채소와 가축을 납품하는 홍콩의 가장 큰 공급 업체 중 하나이자 한창 주가를 올리던 레드칩 회사였다. 아울러 온갖 사기 행위의 온상이었다. 일부 임원들이 이윤을 부풀리기 위해 공모하거나 공금을 횡령했으며, 그들보다 훨씬 많은 수가 허위로 거래를 신고해 신용장을 발행하게 함으로써 은행 돈을 편취했다. 결국 광난 홀딩스의 중역 중 세 명이 재판을 받았고 몇몇은 중국 본토로 도망쳐 잠적했으며, 광난 홀딩스와 자회사들이 연루된 일련의 사기 사건으로 열여섯 명이 기소되었다.

회사의 재정 상태는 엉망진창이었다. 광둥 엔터프라이즈의 협력사인 KPMG 회계 회사는 1998년 들어 처음 9개월간 해당 기업이 23억 달러의 손실을 입었을 것으로 추산했다. 손실금에는 광둥 엔터프라이즈가 회계 장부를 조작하기 위해 들인 일회성 경비들이 포함되어 있었다. 이런 경비 중에는 광둥성의 지방 자치 기관들을 비롯한 다른 정보기관들에 대출된, 그럼에도 회수 불능 채권으로 분리되는 돈들도 들어 있었다.

골드만 삭스 팀에서 일한 누군가의 설명처럼 〈광둥 엔터프라이즈는 사업할 때 절대 하지 말아야 할 행동을 모두 모아 놓은 백과사전 같았다〉.

광둥 엔터프라이즈의 부채는 그 조직만큼이나 복잡했다. 광둥 엔터프라이즈와 그 계열사들은 약 170개의 내외국 은행들과 300명이 넘는 회사채 소유자들, 1,000여 명의 무역 관련 채권자들에게 총 60억 달러에 가까운 빚을 지고 있었다. 은행 대출만 22억 달러가 약간 넘었는데 대부분이 외국 은행으로부터 대출받은 것이었다.

이러한 대출금 중 상당 액수가 변제 불가능할 터였다. 중국 정부는 회사 재건을 위해 소득을 발생시킬 자산을 기꺼이 투입할 용의가 있었지만 동시에 정부가 모든 손실을 보전해 주지 않을 거라는 사실을 분명히 하고자 했다. 1999년 1월, 홍콩에서 채권자들과 처음 만난 자리에서 중국 정부는 구조조정의 일환으로 광둥 엔터프라이즈 그룹과 본사가 마카오에 있으며 마찬가지로 광둥성이 소유한 창구 회사 남웨의 원금 상환일을 늦추어 달라고 요청했다. 물론 이자는 두 회사 모두 계속 지불할 터였다.

은행들은 난색을 표했다. 처음에는 채권자 협의회를 구성하라는 광둥 엔터프라이즈의 요구도 받아들이지 않았다. 채권자 협의

회란 부실기업 때문에 발생한 손실을 최소화하기 위해 공동으로 노력하는 담보 채권이나 무담보 채권을 보유한 채권자 대표들로 구성되는 조직이다. 그 대신에 은행들은 과거에도 그랬듯이 중국인들이 생각을 바꾸어 손실을 보전해 줄 거라는 몽상에 집착했다. 하지만 서방 세계의 관행을 따르고자 하는 주룽지와 왕치산의 결심은 단호했다. 그들은 국유 기업들이 국가의 피보호자가 아닌 진정한 영리 법인처럼 행동하고 그렇게 대우받기를 원했다.

채권자들은 전전긍긍했다. 광둥 엔터프라이즈가 받은 은행 대출은 대부분 무담보 대출이었다. 이는 은행들이 특정 자산을 담보로 잡지 않은 채 이제는 파산한 기업의 지급 보증 약속만 믿고 대출해 주었다는 뜻이다. 정부의 구제 금융이 없는 한 구조조정안을 따르지 않으면 광둥 엔터프라이즈는 파산할 수밖에 없었다. 그러면 은행들의 손해는 더욱 막대해질 터였다. 중국 관료들은 1월 들어서 부채가 당초 예상보다 두 배나 많은 광둥 국제신탁투자공사를 파산시키고 폐쇄하기로 결정했다고 발표하면서 정부가 그러한 길을 갈 준비가 되어 있다는 사실도 분명히 밝혔다. 광둥 국제신탁투자공사의 채권자들로서는 죽은 시체를 헤집어 그나마 얻을 수 있는 것을 회수하게 될 터였다. 정부의 결정은 투자자들에게 투자 원금을 달러당 10센트도 환수하지 못할 거라고 경고했다. 1986년 이래로 파산법을 시행해 온 중국에서 광둥 국제신탁투자공사는 최초로 파산 절차를 밟는 대기업이 될 참이었다. 그들의 파산은 더 시장 지향적인 경제로 나아가는 데 매우 중요한 행보였고, 광둥 엔터프라이즈의 채권자들에게도 무척 효과적인 경고가 되었다. 말 그대로 닭을 죽여서 원숭이를 겁준 셈이었다. 은행을 비롯한 채권자들은 왕치산을 만나 보도록 대표단을 파견하고 주룽지와 만난 자리에서 불만을 토로했다. 물론 중국 지도부는 요지부동이었다.

광둥 엔터프라이즈의 채권자들은 결국 태세를 전환했다. 은행권 — 런던에 본사를 둔 스탠다드 차타드 은행 그리고 유럽의 ABN-암로 은행과 BNP 파리바 은행이 주축이 되어 — 과 회사채 소유자들 — 미국의 유력한 사모펀드 기관인 블랙스톤(아시아)이 자문을 맡았다 — 로 나뉘어 각각 채권자 협의회를 구성했다. 협상이 완료되기까지는 거의 2년이 소요될 터였다. 우선은 광둥 엔터프라이즈의 재정이 얼마나 처참한 상태인지 모두가 알아야 했다. 3월에 회계 회사인 KPMG가 수 주일 동안 조사를 진행했고, 충격에 휩싸인 채권자들에게 광둥 엔터프라이즈의 부채가 자산보다 약 16억 달러나 많다는 사실을 발표했다. 광둥성은 1965년부터 홍콩의 대부분 지역에 담수를 공급해 온 기업인 둥선 상수도 프로젝트를 투입해 광둥 엔터프라이즈의 자산과 현금 유동성을 강화하고자 하고 있었다. 그럼에도 왕치산은 채권자들에게 그들이 엄청난 손실을 감수하거나 금융계 용어로 〈헤어컷〉, 즉 대대적인 채무 삭감을 해주어야 할 거라고 경고했다. 『비즈니스위크』에 소개된 왕치산의 설명에 따르면 〈내가 감사합니다, 라고 말을 했음에도 박수 소리가 전혀 들리지 않았다. 그간의 경험에 비추어 보았을 때 무척 이례적인 일이었다〉.

골드만 삭스 팀이 일차적으로 공식 구조조정 제안서를 준비했고, 5월 말 그랜드 하얏트 홍콩 호텔에서 왕치산이 그 내용을 우울한 표정을 짓고 있는 은행가 500명 앞에서 공개했다. 지극히 복잡한 내용이라 너무 깊이 들어가지는 않겠지만 제안서는 기본적으로 광둥 엔터프라이즈를 구조조정함으로써 레드칩 회사이자 광둥 엔터프라이즈의 자회사인 광둥 투자유한공사를 살리고 가치가 큰 둥선 상수도 프로젝트를 광둥 엔터프라이즈의 자산으로 포함시킨다는 내용이었다. 이외에도 다수의 자회사들이 문을 닫게 될 터였고, 홍콩에 소재한 광둥 엔터프라이즈의 부동산을 포함한 나머지는 파산보다는 회생시키는 편이 더 나은 다른 두 기업에 흡수될 터였다. 한편 채권자들은 광둥 투자유한공사와 앞서 언급된 다른 두 기업의 우선주와 채권이 포함된 혼합 증권과 약간의 현금을 받게 될 것이었다.

이 제안에는 나름의 배려가 들어 있었다. 제안대로라면 추가로 투입될 상수도 회사의 가치가 제안된 헤어컷 금액과 대충 비슷했기 때문에 돈을 빌려준 사람들과 중국 정부가 손실을 똑같이 분담했다. 그럼에도 채권자들은 제안을 거절했다. 일부는 낮은 이자율과 긴 채권 만기일을 특징으로 하는 조건을 문제 삼았고, 일부는 채무 삭감을 아예 받아들이려 하지 않았다. 우리는 일찍이 이런 반응을 예상했다. 즉 우리는 채권자들이 협상 테이블에 나오기를 원했지만 손실을 피할 수 없다고 그들을 설득하기 위해 단호한 협상 조건을 제시한 터였다. 왕치산은 그들에게 구조조정에 동의하지 않으면 광둥 엔터프라이즈가 아예 없어질 수도 있다고 강조했다. 골드만 삭스 팀에서는 혹시라도 그렇게 될 경우에 무담보 채권자들이 달러당 11센트밖에 회수할 수 없을 거라는 분석 결과를 제시했다.

스티븐 팀과 광둥 엔터프라이즈의 임원들은 세부적인 내용이야 조정할 수 있지만 큰 틀은 바꿀 수 없다는 점을 분명히 했다. 1999년 7월에 채권자들과 만난 자리에서 최종적으로 이러한 내용들이 제시되었다. 대략적으로 정리하면 다음과 같았다. 채권자들이 손실을 정부와 분담하기로 동의하는 조건으로 광둥성 당국은 둥선 상수도 프로젝트를 광둥 투자유한공사의 자산에 포함시킨다. 광둥성은 둥선만을 자산으로 이용할 것이며, 둥선은 광둥 투자유한공사의 자산으로만 투입될 수 있다. 광둥성 당국은 채권자 협의회의 대표들하고만 협상을 한다. 채권단이 협상에 불응할 경우 정부는 광둥 엔터프라이즈를 해체한다.

추가로 광둥 엔터프라이즈는 기존의 부채에 대한 이자의 지급을 중단하겠다고 발표했다. 이처럼 강경한 태도는 채권자들의 원성을 사기도 했지만 그들을 협상 테이블로 돌아오게 하는 데도 도움이 되었다. 5월의 제안보다 많은 조건이 완화된 채 마침내 12월에 예비 협정이 체결되었다. 최종 합의는 1년이 더 지난 2000년 12월 22일에 이루어졌다. 합의 시점에서 회사채 소유자와 대출 기관의 회수율은 채권자들이 청구한 금액의 대략 63퍼센트에 이를 것으로 전망되었다. 물론 담보를 보유한 채권자들은 상수도 회사의 뛰어난 실적과 부활한 중국과 홍콩 경기 덕분에 궁극적으로는 원금을 전액 회수하게 될 터였다.

전직 우주 비행사였다가 이스턴 항공의 최고 경영자로 변신한 프랭크 보먼은 일찍이 〈파산이 없는 자본주의란 지옥이 없는 기독교와 같다〉라고 말했다. 1999년 5월 광둥 엔터프라이즈의 구조조정을 둘러싼 첫 번째 제안을 발표한 직후에 기자들과 이야기하면서 왕치산도 비록 표현은 달라도 비슷한 견해를 피력했다. 〈시장경제의 기본 원칙은 승자는 얻고 패자가 잃는다는 것이다.〉

왕치산이 광둥성의 부성장으로서 물려받은 골칫거리를 깔끔하게 해결한 일은 개혁의 중요한 이정표가 되었고, 점점 더 시장 지향적인 경제로 나아가는 데 획기적인 진전을 가져왔다. 또한 필연적인 기업의 도산을 파산 절차와 구조조정을 통해 해결한 선례를 만들었고, 국유 기업의 기업화와 민영화에서 중요한 전제인 기업과 정부의 채무가 결정적으로 어떻게 다른지 그 차이를 좀 더 명확하게 구분 지었다. 그가 보여 준 일련의 행동은 외국인 투자자나 채권자와의 관계를 바꾸어 놓았고, 금융 제도를 정비하는 시발점이 되었으며, 국유 기업들의 향후 개혁 청사진을 제공했다. 또한 일단의 불미스러운 금융 관행으로 이어져 온 도덕적 해이를 없애는 중요한 일보(一步)였고, 주룽지가 세계무역기구 가입을 위해 노력하는 가운데 중국이 얼마나 진지하게 상업적 시장 원리를 받아들이고자 하는지 알려 주었다.

광둥 엔터프라이즈의 기업 개선 작업을 통해 왕치산은 중국에서 믿을 수 있는 사람이라는 입지를 다졌고 힘과 영향력을 넓혀 나갔다. 그는 광둥성에서 베이징으로 복귀해 국무원 경제 체제 개혁 판공실의 부서장 격인 주임이 됨으로써 중국 전역의 개혁을 주관하는 심장부로 들어갔다.

골드만 삭스는 광둥 엔터프라이즈의 기업 개선 작업에 관여한 것을 계기로 아무리 어려운 일도 중국에서 추진 중인 중대한 변화를 지원하고 촉진하는 방식으로 결국은 해낸다는 명성을 더욱 공고히 다지게 되었다. 아울러 회사뿐 아니라 나도 앞으로 한동안 개혁의 선봉에 설 보기 드문 유능한 중국의 지도자와 개인적으로 가까워졌다.

7 성공을 위한 교육

광둥 엔터프라이즈의 대실패를 부른 무능과 뇌물 수수는 중국의 전문 경영인 부족 문제를 극적으로 부각시켰다. 주룽지는 다른 누구보다 이 문제에 대해 잘 알고 있었다. 그는 1998년에 국무원 총리가 되었고 국유 기업을 개혁하려는 자신의 야심 찬 계획이 미숙한 사업 운영 때문에 실패하는 것을 원치 않았다. 차이나 텔레콤의 기업공개가 끝나고 얼마 뒤인 1997년 가을에 그를 만났을 때 주룽지는 우리가 구조조정 및 기업공개를 돕고 있는 기업들을 위해 훌륭한 관리자를 양성할 방법을 찾아 달라고 나를 압박했다. 그가 특유의 무뚝뚝한 어조로 말했다. 「경영진이 퇴보하고 있습니다.」

주룽지는 1999년 3월 중난하이에서 나와 내 동료들을 만난 자리에서 재차 경영자 교육을 화두로 꺼내 들었다. 당시 우리는 광둥 엔터프라이즈라는 늪에 깊이 빠져 있었을 뿐 아니라 무척 복잡하게 얽힌 중국석유천연가스공사의 기업공개를 위한 초기 작업에 막 돌입한 상태였다. 나는 주룽지에게 이런 일과 그 밖의 다른 구조조정 작업이 정말 중요하기는 하지만 중국이 자국 기업을 운영할 최고의 인재들을 발굴하지 않는 한 성공하지 못할 거라고 말했다. 광둥 엔터프라이즈 문제와 관련해서 왕치산을 보좌하는 우제쓰도 훌륭한 경영인이고 중국석유천연가스공사의 기업공개를 감독하는 장제민과 차이나 텔레콤(홍콩)의 회장이자 대표 이사를 맡고 있는 왕샤오추(王曉初)도 훌륭한 경영인이었지만 막상 국유 기업을 운영하는 관리자들 중에서 최고라고 할 만한 인재는 별로 많지 않았다.

이 같은 약점은 부분적으로 말년의 마오쩌둥이 남긴 유산이었다. 문화 대혁명 기간에 대학교를 폐쇄함으로써 경력의 전성기를 맞아야 할 한 세대의 발전을 가로막은 것이다. 이런 점에서 보았을 때 나는 중국 대학들이 문을 닫은 1966년에 다트머스 대학교에서 2학년 과정을 막 수료했다. 그리고 1977년 12월에 중국에서 10여 년 만에 처음으로 전국 규모의 대학 입학시험이 실시되었을 때는 이미 다트머스 대학과 하버드 경영대학원을 졸업하고 국방부와 닉슨 행정부를 거쳐 골드만 삭스에서 4년째 투자 은행가로 일하고 있었다. 같은 기간 동안 나와 비슷한 또래의 중국인들은 작물을 수확하거나 돼지를 돌보거나 석탄을 캐거나 다른 일단의 고된 허드렛일에 매달려 있었다. 그런 쓰라린 체험은 그들의 야망을 부채질하고 개혁 욕구를 더욱 공고하게 만들기도 했지만 그들에게서 국가에 필요한 교육을 받을 기회를 박탈하기도 했다.

무엇보다 1990년대 말은 중국이 중앙 계획경제에서 전환한 지 불과 20년밖에 되지 않은 시점이었다. 장차 경영자가 되려는 사람들이 직접적인 경험을 쌓거나 중국의 교육 제도가 새로운 시장경제의 필요에 맞추어 적응하기에는 결코 충분한 시간이 아니었다. 중국 대학들은 도로나 댐, 공장 등을 건설할 기술자를 대량으로 양성하기에 충분히 훌륭했지만 유능한 관리자를 양성하기에는 다소 부족했다. 우리는 중국 현지에서 골드만 삭스 직원을 모집하는 과정에서 직접적으로 이 문제에 부닥쳤다. 그리고 최근에 현지 대학교를 졸업한 졸업생이나 외국에서 공부한 중국인 유학생을 채용해서 우리가 직접 교육하는 편이 중국 기업에서 일했던 경력자, 특히 국유 기업 출신을 영입하는 것보다 훨씬 합리적이라는 결론을 내렸다. 이들 경력자들은 대부분 자신의 업무와 상관없는 기술을 가지고 있거나 나쁜 습관에 젖어 있었다. 너무 조심스럽거나, 새로운 아이디어를 제안하기를 꺼리거나, 직속상관 앞에서 지나치게 공손했다.

중국에는 앞에서 이끌어 줄 최고의 경영대학원이 필요했고, 중국의 MIT라는 칭화 대학교의 교육 프로그램을 눈여겨보던 주룽지 총리는 나에게 그 대학교를 평가하고 개선 방안을 알려 달라고 부탁했다. 골드만 삭스의 당시 사장이자 공동 최고 운영 책임자이던 존 손턴도 주룽지의 부탁을 받아들이라며 나를 부추겼다. 존 손턴과 나는 경영 개선이 얼마나 중요한지 그리고 주룽지가 모교인 칭화 대학교에 얼마나 헌신적인지 잘 알고 있었다. 그는 1951년에 칭화 대학교에서 전기공학 학사 학위를 취득했을 뿐 아니라 바로 그곳에서 지금의 아내를 만났고 살을 에는 듯한 베이징의 추운 겨울에 난방이 제공되는 몇 안 되는 학교 건물 중 하나인 도서관에서 오랜 시간을 함께하며 그녀의 마음을 얻은 터였다. 그는 1984년에 칭화 대학교에 경제관리학원을 설립하고 총리가 되기 이전부터 학장을 맡아 오고 있었다.

1999년 봄 나는 내내 골드만 삭스의 임박한 기업공개에 매달렸지만 기업공개가 끝난 5월부터는 칭화 대학교 문제에 좀 더 집중할 수 있었다. 10월에 총리를 다시 만날 예정이었고 그때 칭화 대학교의 구체적인 개선 방안을 제시하기로 했다. 칭화 대학교는 거의 90년 동안 중국의 엘리트들을 교육해 왔을 뿐 아니라 하버드나 매사추세츠 공과대학교 같은 미국의 일류 대학들도 부러워할 만한 명성과 영향력을 누려 온 학교였다. 1990년대 말 중앙정치국 상무위원회 위원 일곱 명 중 두 명이, 즉 주룽지와 후진타오가 칭화 대학교 출신이었다. 2002년에 이르면 아홉 명 중 네 명이었다. 현재 지도자인 시진핑 역시 칭화 대학교 출신이다.

학생들의 수준은 문제가 아니었다. 칭화 대학과 인근의 베이징 대학교에는 해마다 전국 시험에서 최고 점수를 받은 학생들이 모여들었다. 하지만 칭화 대학교의 경제관리학원은 교과 과정과 교수 방식이 시대에 뒤져 있었고 참신한 교수진이 필요했다. 세계 수준의 대학이 되기 위해서는 세계 수준의 교수가 있어야 했지만 많은 교수들이 구시대를 살아온 사람들이었기 때문에 시장이나 현대적인 상관습에 대해 잘 알지 못했다. 해당 대학원 교육은 그다지 실용적이지 않은 경제 이론에 대체로 한정되었다. 중국에 필요한 것은 마르크스 이론가가 아니라 기업을 경영할 인재였음에도 칭화 대학교의 교과 과정은 재무나 마케팅, 전략, 조직처럼 지극히 중요한 분야를 너무 소홀히 하고 있었다.

내가 아는 한 비즈니스 교육이란 학문적인 동시에 실무적이어야 했다. 비즈니스를 가르치는 것은 의술을 가르치는 것과 비슷하다. 이론도 중요하지만 실습도 그에 못지않게 중요하다. 의술을 배우는 학생들이 시체 해부와 병원 회진을 통해 배우듯이 비즈니스를 배우는 학생들은 사례 연구 — 하버드 경영대학원에서 100여 년 전에 개발한 방법으로 학생들에게 현실 세계의 기업이나 경영자들이 직면하는 복잡하고 현실적인 딜레마를 분석하게 하는 것 — 를 통해 배워야 한다. 칭화 대학교의 교수법은 중국의 교육 제도가 너무나 많은 경우에 그러하듯이 강의와 암기, 필기시험으로 이어지는 암기식 교육에 의존했다. 혁신적이고 상호 간의 이견을 조율하는 방식으로 문제를 해결하도록 요구하지 않았다. 학생들은 팀의 일원으로서 일하는 법을 배워야 했다. 여간해서는 협업이 잘 이루어지지 않는 중국에서 이는 특히 중요했다. 하버드 경영대학원에서 우리는 답이 〈맞다〉라거나 〈틀리다〉라고 말하는 대신 우리 스스로 생각하고 동료 학생들과 때때로 위협적이기까지 한 교수들 앞에서 자신이 생각한 바를 논리적으로 방어하도록 장려되었다. 이런 교육 방식은 분석력과 자신감을 키우는 데 도움을 주었다. 나는 비슷한 교육 방식이 중국 학생들에게도 도움이 될 거라고 믿었다.

10월에 이르러 나는 일련의 제안을 준비 완료했다. 내가 아는 하버드 경영대학원 교수들을 비롯해 골드만 삭스의 동료들과도 수많은 논의를 거친 뒤였다. 개중에는 존 손턴과 브라이언 그리피스, 왕쉐밍도 있었고 칭화 대학교 출신으로 면도날처럼 예리한 지성을 가진 프레드 후도 있었다. 프레드 후는 칭화 대학교 산하의 국립경제연구소 공동 책임자로 근무하면서 골드만 삭스 홍콩 사무소에서 대중화권(大中華圈)*의 경제 상황을 추적 관찰하는 일을 하고 있었다. 다른 무엇보다 나는 칭화 대학교에 국제 자문위원회를 설립하도록 권유할 계획이었다. 해당 위원회는 학계 권위자들과 중국의 정재계 지도자들뿐 아니라 현실적인 조언과 더불어 경제관리학원의 명성을 높여 줄 세계적으로 유명한 재계 인사들로 꾸려질 터였다.

경제관리학원은 사례 연구 방식으로 교수법을 전환할 뿐 아니라 중국만의 특별한 사례를 만들어 낼 새로운 장기 계획이 필요했다. 그리고 그전까지는 중국의 실제 사업 환경에 기반한 경영자 교육 프로그램을 활성화해야 한다고 제안할 참이었다. 이를 통해 지금 당장 도움이 절실한 경영자들을 도울 수 있을 터였다. 게다가 그런 프로그램에 대해서는 수업료를 더 높게 책정할 수 있기에 칭화 대학교의 경영자 교육 과정들이 거의 시작과 동시에 자생적인 구조로 운영될 것으로 기대되었다. 그렇게 생기는 돈의 일부로

* 중국과 홍콩, 타이완을 묶은 경제권.

연구소를 만든다면 최고 수준의 교수들을 끌어 모아 보유할 수 있을 것이고 칭화 대학교의 명성도 더욱 높아질 것이었다.

내가 아는 뉴욕의 몇몇 지인들은 이념적인 장애나 학문의 자유 문제와 부딪히지 않으면서 어떻게 서양의 방법론을 가르치는 교육 프로그램을 만들 수 있었는지 의아해했다. 우리가 역사나 저널리즘이나 정치학 또는 그 비슷한 주제의 교육 과정을 설계했더라면 의심할 여지없이 분명히 고생했을 것이다. 정치적 안정을 중시하는 중국에서는 자국민에게 인권이나 시민권 문제로 토론할 수 있는 자유가 거의 허용되지 않았고, 정치 체제나 공산당 일당 독재 문제로 논쟁을 벌이는 것은 더더욱 허용되지 않았다. 그럼에도 실리적인 중국 지도부는 경제에 대해서만큼은 다른 모습을 보여 주었고 정부의 경제 정책에 관한 공개적인 토론이나 비판에 비교적 관대한 태도를 취했다. 정부 내에서도 경제 문제를 주제로 건전한 토론이 이루어졌으며, 중국인 관료들은 배울 수만 있다면 전 세계 어느 나라에서든 배우고자 했다. 효율적인 경영이라는 측면에서 그들은 자신들이 아직 배울 것이 많다는 사실을 자각하고 있었다. 바로 이런 자각이 더 진보된 비즈니스 교육 프로그램을, 특히 그들이 쉽게 협조할 수 있는 분야인 MBA 프로그램을 설계하도록 이끌었다. 중국인 관료들은 배우고자 하는 의욕이 있었고, 자국의 학생들과 전도유망한 지도자들에게 가능한 한 최선의 비즈니스 교육을 제공하고자 했다.

1999년 10월 주룽지를 만나기로 한 바로 전날에 학생들과 함께 시간을 보내고 강연도 하기 위해 칭화 대학교에 들렀다. 차에 탄 채 대학교 정문을 통과하자마자 한적하고 거의 목가적인 교정의 아름다움에 감명을 받았다. 베이징의 서북쪽 모서리에 위치한 칭화 대학교는 한때 청 왕조가 황실 정원으로 사용했던 곳에 1911년에 지어졌으며, 내가 회의차 주로 방문해 온 북적거리는 정부 내각과 국유 기업 본사가 밀집한 지역에서 꽤 멀리 떨어져 있었다. 중국과 그리스-로마, 독일식 건축 양식이 혼재하는 대학교 건물들이 당초 미국 유학을 준비하는 학생들을 위해 설립된 학교의 오랜 역사를 보여 주었다. 1900년, 국수주의자들인 의화단이 외국인 이익 단체에 맞서 들고일어난 이후에 서구 열강들은 중국 정부에 배상금 지불을 요구했다. 그 뒤 미국 대통령 시어도어 루스벨트가 대미 배상금 일부를 칭화 대학교에 기부금 명목으로 되돌려 줌으로써 학교 설립 재원으로 조달했다. 1917년에 헨리 머피가 설계했고, 오늘날 대강의실로 이용되는 돔 형태의 원형 건축물에 남아 있는 제퍼슨 시대의 흔적에서 당시 미국의 영향력을 볼 수 있었다.

경제관리학원은 새로 지은 5층짜리 흰색 석조 건물로 바로 얼마 전에 이사했다. 현관 통로에는 중국어로 주룽지의 헌사가 새겨져 있었다. 내가 듣기로 헌사 중에는 이런 내용도 들어 있었다. 〈세계 수준의 경제 경영대학원을 목표로 함께 노력합시다.〉 동료인 프레드 후와 왕쉐밍과 함께 나는 노벨 경제학상 수상자들의 사진이 쭉 걸려 있는 벽을 지나 학생들로 가득 찬 대강의실로 들어갔다. 학생들이 너무 많이 몰리는 바람에 일부는 다른 방에서 스피커를 통해 강연을 들어야 했다. 나는 기업 운영의 다양한 측면에 대해 약 30분간 이야기하고 일과 삶의 균형을 찾는 것이 얼마나 중요한지에 대한 약간의 고찰로 강연을 마무리 지었다. 이후에는 질문을 받았는데 폭넓은 주제로 한 시간에 걸쳐 학생들과 질문과 대답을 주고받는 과정에서 나는 그들이 보여 주는 에너지와 진지함, 집중력에 완전히 압도되었다. 강연이 끝나자 학생들은 말 그대로 나에게 몰려들었고 공책이나 나에 관한 또는 골드만 삭스에 관한 신문 기사를 내밀면서 친필 사인을 부탁했다. 그 어느 때보다 나 자신이 록스타처럼 느껴진 순간이었다.

물론 내가 방금 제2의 게티즈버그 연설을 했다고는 생각하지 않는다. 예나 지금이나 나는 준비된 원고조차 잘 읽지 못했고 강연 자체도 너무 길었음이 분명했다. 하지만 자국 경제를 개혁하고 빈곤의 세기에서 벗어나고자 하는 나라에서 투자 은행가는 인기 있는 직업이었다. 게다가 내가 한 어떤 이야기가 특히 여학생들의 심금을 울렸다. 나는 많은 중국인이 단순한 직업이나 돈을 버는 것 이상의 어떤 가치를 추구하고 있다는 것을 알았다. 그래서 나의 가족과 기도, 자연환경을 보호하는 일 등이 나에게 얼마나 중요한지 이야기했다. 골드만 삭스에서 출세의 사다리를 오를 당시에도 아이들이 잠들기 전까지 책을 읽어 주기 위해 일찍 퇴근했고 아이들이 모두 잠든 다음에 고객과 통화를 재개했다고 설명했다. 강연이 끝나고 의외로 많은 학생들이 다가와서 기도와 나의 종교에 대해 물었다. 하나같이 여학생들이었다.

칭화 대학교에서 학생들과 시간을 보내는 동안 한 가지 문제가 있었다. 학생들의 영어가 억양이 너무 심해서 그들이 하는 말을 이해하는 데 어려움을 겪은 것이다. 내가 이해할 수 있도록 통역자가 질문을 다시 말해 주어야 할 정도였다. 비밀이란 없는 중국에서 이 일은 당연히 주룽지의 귀에 들어갔다. 다음 날 아침 동료들과 나는 베이징 서쪽에 위치한 댜오위타이 국빈관에서 주룽지와 만났다. 칭화 대학교에서 그다지 멀지 않은 곳이었다. 주룽지가 내게 먼저 발언할 기회를 주었다. 나는 조심스럽게 계획을 설명했다. 그러자 주룽지는 본격적인 논의에 들어가기 전에 대뜸 사과부터 했다.

그가 말했다. 「정말 창피하군요. 우리 학생들은 외국어 실력이 그다지 좋지 않습니다. 교사들도 마찬가지입니다. 최고의 인재들이지만 영어 실력은 아직 미흡합니다.」

주룽지는 칭화 대학교에서 제공되는 교육의 질을 높이고자 단단히 결심한 터였다. 영어 실력을 높이는 일은 학생들의 수준을 끌어올릴 수 있는 가장 현실적인 방법 중 하나였다. 지금 와서 생각해 보면 그가 영어를 강조한 데에는 또 다른 이유가, 훨씬 미묘한 동기가 있었던 것 같기도 하다. 그는 칭화 대학교가 교수진을 보강할 필요가 있음을 알았다. 자신이 담당한 과목을 가르칠 능력이 없거나 주룽지의 표현에 따르면 〈기업 경영에 관련된 실질적인 경험과 지식이 부족한〉 교수들이 많았기 때문이다. 하지만 그들의 입지는 탄탄했고 따라서 쉽게 쫓아낼 수도 없는 상황이었다. 이런 교수들에게 영어로 가르치도록 요구하면 그들은 할 수 없을 것이고, 그러면 새로운 피를 수혈하기가 훨씬 쉬워질 터였다.

「오랫동안 나는 중국의 개혁을 완성해 줄 세계 수준의 경영대학원을 설립하고자 했습니다.」 그가 우리에게 말했다. 이어 나를 바라보면서 이야기했다. 「이 문제와 관련해서 우리는 당신에게 의지할 것입니다.」

총리의 승인으로 그리고 막대한 책임감 속에서 나는 칭화 대학교 프로젝트에 본격적으로 뛰어들었다. 나는 내 친구이자 당시 하버드 경영대학원 학장을 맡고 있던 킴 클라크에게 연락했다. 그는 칭화 대학교 경제관리학원과 자매결연을 맺는 데 동의했다. 하버드는 사례 연구법이라는 비할 데 없는 지식을 전수해 주었을 뿐 아니라 칭화 대학교 경제관리학원의 경영자 교육 프로그램에 훌륭한 명성을 안겨 주었다. 하버드 경영대학원의 존경받는 교수이면서 다작 작가인 동시에 고위 경영진을 대상으로 하는 동 대학원의 유명한 상급 경영자 과정에서 오랫동안 학생들을 가르친 워런 맥팔레인이 상하이에서 연구와 병행하여 학생들을 가르치고 있던 것은 뜻하지 않은 행운이었다. 그는 칭화 대학의 경영자 교육 프로그램을 새롭게 다듬고 중국 나름의 사례 연구를 개발하면서 지원을 아끼지 않았다. 하버드 경영대학원과 활발하게 협업해 오던 맥킨지의 고문단도 칭화 대학교의 5개년 전략 계획을 수립하기로 합의했다.

나는 전화기에 매달린 채 칭화 대학교 경제관리학원의 자문위원회에 합류하도록 세계 유수의 기업가들을, 이를테면 이스트먼 코닥의 조지 피셔와 BP 아모코의 존 브라운, 노키아의 요르마 올릴라 같은 최고 경영자들을 섭외했다. 아울러 퀄컴의 어윈 제이컵스와 일본 소프트뱅크의 손정의, 홍콩의 거대 제조 및 아웃소싱 기업인 리 앤드 펑의 빅터 펑 등과도 접촉했다. 나중에는 아메리칸 인터내셔널 그룹의 행크 그린버그, 소니의 이데이 노부유키, 에스쿠엘 그룹의 마저리 양, 모토로라의 크리스 갤빈, 악사의 클로드 베베어, 월마트 스토어스의 리 스콧, 퍼시픽 센추리 사이버웍스의 최고 경영자 리처드 리 등도 동참할 터였다.

강력한 자문위원회를 만들려는 욕심에 나는 여기서 더 나아갔다. 레노버의 설립자인 류촨즈와 중국은행의 새로운 경영자 류밍캉, 바로 얼마 전 중국건설은행에서 중국증권감독관리위원회로 자리를 옮긴 저우샤오촨 등 내가 아는 중국 쪽 인사들과도 접촉했다. 나는 하버드의 킴 클라크도 끌어들였다.

놀랍게도 접촉한 거의 모든 경영자들이 제안을 받아들였다. 실제로 너무나 많은 사람들이 제안을 수락하는 바람에 자칫 유능한 최고 경영자들이 너무 많아서 발생할 수 있는 문제 — 자문위원회가 너무 비대한 경우 효율성이 떨어지는 문제 — 를 고민해야 할 정도였다.

하지만 진짜 문제는 다른 데 있었다.

중국에는 튀어나온 못이 망치를 맞는다는 말이 있다. 그리고 나는 자문위원회의 첫 회의를 준비하는 과정에서 나와 나의 동기에 관한 비판과 뒷말이 칭화 대학과 주룽지를 흔들어 왔음을 알게 되었다. 내가 아는 한 이런 〈정보〉들은 내가 중대한 역할을 맡고 있는 것에 분개한 나와 경쟁 관계에 있는 은행가들에게서 나온 것이었다. 〈폴슨이 자신의 모든 고객을 위원회에 집어넣고 있다. 그렇게 해서 자신의 지위를 확대하려는 것〉이라는 소문이었다.

음모는 내가 골드만 삭스의 새로운 싱가포르 사무소 개점 행사에 참석하기 위해 뉴욕에서 막 비행기를 타려고 할 때 절정으로 치달았다. 나는 개점 행사에 참석한 뒤 베이징으로 날아가서 2000년 10월 6일로 예정된 칭화대 자문위원회의 창립총회에 참석할 계획이었다. 그런데 비행기를 타기 직전에 칭화 대학교 경제관리학원의 당시 부학장인 자오춘쥔과 수시로 연락을 주고받던 왕쉐밍에게서 내가 자문위원회를 이끌게 될지 또는 자문위원회에서 어떤 역할을 하게 될지 불투명하다는 말을 들었다. 장시간 밤 비행기를 타고 아시아에 갈 때면 나는 으레 휴식을 취했지만 이날만큼은 도무지 잠을 이룰 수 없었다. 불확실성과 오해가 나를 초조하게 만들었다. 나는 펜과 종이를 꺼내서 총리에게 내가 무슨 일을 했으며 왜 그렇게 했는지 정확히 설명하는 장문의 메모를 몇 시간에 걸쳐 작성했다. 나 자신이나 골드만 삭스가 아닌, 전적으로 칭화 대학과 중국을 위한 행동이었음을 분명히 밝혔다. 나는 직설적인 이 중국의 지도자가 마찬가지로 직설적이고 헛소리와는 거리가 먼 이 글을 믿어 주기를 바라는 수밖에 없었다. 비행기를 갈아타기 위해 프랑크푸르트에 내렸을 때 왕쉐밍에게 전화를 걸어 편지를 받아 적게 한 다음 주룽지에게 전해 달라고 부탁했다. 내가 싱가포르행 비행기에 탑승한 뒤 그녀는 이 편지를 저우샤오촨에게 주었고, 저우샤오촨이 주룽지에게 직접 편지를 전달했다. 저우샤오촨은 칭화 대학교 출신 중에서도 뛰어난 인물이었고 칭화 대학교의 개선 방안을 준비하는 과정에서 내게 자문을 제공해 온 터였다.

나는 싱가포르에 도착하자마자 우리 팀에 확인했고 주룽지에게 그런 편지를 써서 왕쉐밍에게 전달하게 한 나의 무모한 행동에 대해서 중국에 있는 우리 쪽 사람들이 탐탁지 않게 여긴다는 말을 들었다. 그들은 그런 노골적인 행동은 상황을 더욱 악화시킬 뿐이라고 말했다. 그들의 격한 충고에 나는 더더욱 불안해졌다. 마침내 골드만 삭스 신규 사무소의 개점 행사가 끝나자 나는 곧장 베이징으로 날아갔다. 다음 날 아침 칭화 대학교에 도착했을 때는 아무것도 기대할 것이 없었다.

나는 침을 삼키면서 총리의 헌사를 지나쳐 경제관리학원 건물로 걸어 들어갔다. 지나치게 의욕적인 나의 성격이 심지어 같은 미국인들이 보기에도 너무 밀어붙이는 것처럼 보일 수 있음을 절감하는 순간이었다. 칭화 대학교 측 사람이 존 손턴과 왕쉐밍, 프레드 후, 나를 회의장으로 안내했다. 회의장에는 여러 나라에서 이번에 새로 임명된 자문위원회 위원 가운데 참석할 여건이 된 10여 명이 이미 자리하고 있었다. 우리는 대리석 복도를 따라 오래된 도서관 안으로 들어갔다. 나를 향해 성큼성큼 걸어오는 주룽지를 보면서 나는 최악의 상황에 대비했다. 하지만 정작 총리는 늘 그랬듯이 다정한 미소를 지어 보이면서 두 손으로 나의 오른손을 감쌌다.

「당신이 보낸 편지는 잘 읽었습니다.」 그가 영어로 말했다. 「나도 당신이 이야기한 모든 것에 동의합니다.」

우리가 자리에 앉을 때 주룽지가 나를 보며 말했다. 「의장님, 총회를 시작하시지요.」

자문위원회의 창립총회는 매우 성공적이었다. 주룽지는 진지했고, 칭화 대학교는 내가 아는 다른 많은 교육기관과 달리 자문위원회 위원들의 조언에 매우 수용적인 태도를 취할 것이 분명했다. 주룽지의 지지를 등에 업은 나는 자신감을 가지고 경영자 교육 프로그램을 개설하고, 교수진을 개선하고, 객원 교수들을 초빙하기 위한 우리 계획을 밀어붙였다. 왕쉐밍은 몇 달 동안 칭화 대학교에 살다시피 하면서 해당 프로젝트를 감독했고 부학장인 저우샤오촨과 긴밀히 공조했다. 그녀가 보여 준 판단력과 사람을 다루는 능력, 신중함, 결과를 만들어 내는 능력은 정말 대단했다.

하버드 경영대학원의 워런 맥팔레인은 칭화 대학과 중국에서 처음으로 사례 연구법을 활용함으로써 경영자 교육 프로그램이 거의 즉각적으로 시작될 수 있도록 도와주었다. 처음에는 필요한 정보를 공유하는 것에 몇몇 중국 기업들이 거부감을 보이기도 했지만 중국 본토에서 두터운 신뢰를 받고 있던 빅터 펑이 정보를 공유하더라도 절대로 국가 기밀이 외부로 빠져나가는 것은 아니라고 그들을 설득해 주었다.

창립총회가 열린 지 3개월도 채 지나지 않은 2001년 1월에 첫 번째 프로그램인 「인터넷 시대의 경영」이 개설되었다. 워런 팀이 개발한 중국 중심의 새로운 일곱 가지 사례 연구를 특징으로 하는 프로그램이었다. 사례 연구의 대상이 된 기업 가운데 다섯 기업의 최고 경영자들이 프로그램에 나와서 중국 전역에서 참가한 85명의 경영자들에게 그들의 식견을 제공했다. 워런과 다른 두 명의 하버드 경영대학원 교수들은 칭화 대학교의 다른 교수들과 함께 프로그램을 운영하면서 수업을 진행하는 동시에 교수들을 훈련시켰다. 2002년 6월 즈음이면 해당 프로그램은 온전히 칭화 대학교 경제관리학원의 교수들만으로 수업이 진행될 터였다. 오늘날 이 대학원의 중국 비즈니스 사례 센터는 중국초상은행부터 뜨거운 국물 요리 전문점으로 큰 성공을 거둔 체인 레스토랑인 하이디라오훠궈에 이르기까지 매년 수십여 가지의 새로운 사례들을 발굴해서 자료를 모으고 있다. 이들 사례의 상당수는 칭화 대학교의 교수진에 의해 개발되었고, 이제는 그 숫자가 400개를 넘고 있다

(참고로 하버드 경영대학원은 7,500개가 넘는다).

그 첫 번째 교육 프로그램 이후로 5만 명이 넘는 중급 및 고급 경영 간부들이 칭화 대학교의 비학위 과정이자 이제는 가짓수가 60여 개에 달하는 경영자 교육 프로그램을 이수했다. 학위를 수여하는 경영자 MBA 프로그램은 2002년 6월에 개설되었다. 4,000명이 넘는 중국의 고급 경영자들과 고위 공무원들이 이 대학원의 대표적인 18개월짜리 경영자 MBA 프로그램을 거쳐 갔다. 칭화 대학 측은 또 프랑스의 국제 경영대학원인 인시아드와 제휴해서 18개월짜리 EMBA 프로그램도 제공한다.

학부나 전통적인 MBA 프로그램에 비해 수업료를 높게 책정한 경영자 교육 프로그램은 칭화 대학교의 재무 상태를 개선하는 데 도움이 되었고, 그 결과 전 세계에서 유능한 교수들을 채용할 수 있도록 도움을 주었다. 칭화 대학교는 하버드 경영대학원, 매사추세츠 공대의 슬론 경영대학원, 컬럼비아 경영대학원, 예일 경영대학원, 캘리포니아 대학교의 하스 경영대학원, 버클리 등지에서 서른 명에 달하는 새로운 강사와 저명한 교수를 모집해서 2002년부터 3년씩 돌아가며 강의를 맡도록 함으로써 경제관리학원의 교수진을 대폭 강화했다. 현재 이 대학원은 국립경제연구소와 중국 비즈니스 사례 센터, 재정연구소를 비롯해 산하에 열여덟 개의 연구소를 보유하고 있다.

2002년 6월에 열린 자문위원회 총회를 마지막으로 나는 회장직에서 물러났다. 또 다른 비영리 단체이자 내가 공동 회장을 맡고 있던 국제자연보호협회 아시아-태평양 협의회에 더 전념하기 위해서였다. 내 뒤를 이어 회장이 된 BP 아모코의 존 브라운은 유능한 후임자의 수준을 뛰어넘어 탁월한 능력을 보여 주었다. 나는 2006년에 재무 장관이 되기 전까지 자문위원회에 계속 적을 둔 채 모든 회의에 빠짐없이 참석했다. 자문위원회 활동에서 가장 좋았던 점은 학생들의 발표와 관련된 부분이었다 — 물론 갈수록 그들이 하는 말을 이해하기가 쉬워진 것도 한몫했다. 경제관리학원의 영어 수준을 끌어올리고자 한 주룽지의 의지가 결실을 맺는 순간이었다. 오늘날에는 대학원 수업의 3분의 2가 영어로 진행된다.

나는 도전에 직면할 때마다 동일한 접근법을 취하는 편이다. 요컨대 먼저 큰 그림을 그린 다음 추진력을 얻기 위해 단시간에 성취할 수 있는 구체적인 첫 단계를 선택하고 빡빡한 일정에 맞추어 인정사정없이 밀어붙인다. 그렇게 하지 않으면 집중력과 동력을 잃기 쉽기 때문이다. 이러한 접근법으로 나는 비즈니스에서도, 그리고 칭화 대학교에 관련된 일을 할 때도 효과를 보았는데 상당 부분은 결과 지향적인 주룽지 역시 그 같은 방식으로 일하는 것을 선호한 덕분이었다. 그는 최선의 국제 관행을 채용하면서도 경제 개혁 과정에서 그가 으레 추구해 온 것처럼 중국에서 사업을 할 때 실제로 부닥칠 수 있는 현실에 근거한 경영대학원을 만들고 싶어 했다. 우리는 골드만 삭스에서 교육과 상관없는 일을 했지만 교육에도 관심을 가졌고, 중국이 그들에게 필요한 개혁을 이어 나가는 데 양질의 경영자 교육이 얼마나 중요한지도 알았다. 여기에 더해서 우리가 어려운 일도 해낼 수 있음을 증명했다.

이 모든 것이 자국의 개혁과 현대화를 서두르고 있던 주룽지에게 어필한 터였다.

8 윈난성 샹그릴라 구하기

광둥 엔터프라이즈와 일할 즈음에 나는 지구상에서 가장 아름다운 곳 중 하나를 보존하는 일에 점점 이끌렸다. 바로 중국 남서쪽에 위치한 윈난성이었다. 솔직히 중국이란 나라에서 그토록 극적인 생물학적 다양성을 지닌 원시림을 보게 될 거라고는 전혀 예상하지 못한 터였다. 1990년대 말에는 어디를 가든지 중국이 경제 기적을 일구면서 치른 끔찍한 대가를 볼 수 있었다. 심지어 냄새와 맛으로도 느껴졌다. 급속한 산업 발전으로 공기와 물이 오염되고 시민들의 건강이 위협을 받았을 뿐 아니라 탐욕스러운 개발자와 무분별한 관광객들의 침략에 중국의 경이로운 자연은 속수무책으로 방치되고 있었다.

나는 이처럼 생태학적 재해가 자행되는 모습을 지켜보기가 괴로웠다. 일리노이주 배링턴의 농장에서 어린 시절을 보낸 까닭에 자연과 야생 동물에 내내 깊은 관심을 가졌을 뿐 아니라 자연 그대로의 모습으로 보존된 지역에 애착을 느꼈다. 어린 시절 나는 까마귀와 너구리를 반려동물처럼 키웠고 장래 희망으로 산림 감시원을 꿈꾸었다. 동물이나 식물에 관한 책이라면 가리지 않고 읽었다. 그 시절 나에게는 온 가족이 미국과 캐나다 국경에 위치한 채 자연의 모습을 그대로 간직한 바운더리워터스로 2주 동안 카누 여행을 떠나는 매년 7월이 가장 행복한 시간이었다. 배스와 송어를 잡고, 블루베리를 따고, 곰과 비버, 수달을 볼 수 있는 그 2주 동안은 마치 천국에 있는 것 같았다. 경영대학원을 졸업하고 차례로 워싱턴 D. C.와 국방부, 닉슨 행정부에 근무하던 기간에는 10월이 되면 주말을 이용해 아내 웬디와 함께 버지니아주와 메릴랜드주에 걸쳐 있는 애서티그 섬을 찾아 연례 이동 중인 송골매의 다리에 식별 밴드를 달았다. 먹이사슬의 최상위에 위치한 이 맹금류는 특유의 맹렬한 아름다움으로 나를 사로잡았고, 우리 인간들 세상을 향해 이렇게 주장하는 듯했다. 〈우리가 건강하면 자연도 건강하다.〉

웬디와 나는 1974년에 고향 배링턴으로 돌아가 부모님에게 매입한 약 2만 제곱미터의 땅에 집을 지었다. 야생의 아름다운 미개지를 좋아하는 마음이 나에 못지않았던 아내는 우리 집과 경계가 맞닿은 자연 보호 구역에 배링턴의 토종 목초와 여러 풀들을 되살리기 위해 열심히 매달리기 시작했다. 내가 골드만 삭스에 막 입사했을 무렵이었고 우리 부부는 돈이 빠듯한 상황이었다. 그래서 아내가 미국에 본사를 둔 비영리 단체이자 생물 다양성을 보존하는 일에 헌신하는 국제자연보호협회에 가입하기 위해 500달러를 썼다는 말을 들었을 때 나는 놀라서 아무 말도 할 수 없었다. 어쨌거나 웬디는 국제자연보호협회에 점점 더 깊이 관여했고 — 처음에는 자원봉사자로 시작해서 일리노이와 뉴욕 지부를 총괄하는 지부장이 되었으며, 나중에는 전미 위원회 부회장이 되었다 — 나 역시 국제자연보호협회의 영향력과 유효성을 인정하기 시작했다.

때마침 국제자연보호협회는 극동 아시아와 중국에서의 활동을 강화하려 하고 있었다. 하지만 아시아-태평양 협의회의 활동이 활성화되도록 도와 달라는 그들의 부탁을 받고서 처음에는 망설였다. 농담을 가장한 채 정신없이 빠른 발전 속도를 생각하면 머지않아 이들 지역에는 보호할 것이 그다지 남아 있지 않을 거라고 말했다. 한편으로는 내가 직접 목격한 허술한 환경 규제와 무관심을 고려할 때 국제자연보호협회가 얼마나 효율적일 수 있을지 의문이었다. 내가 새 관찰과 미개지에 관심이 많다는 이야기를 들은 중국인 친구들은 으레 그렇듯 손님을 대접하려는 마음에서 자주 나에게 오지 탐험을 제안했다. 하지만 자연을 보호하는 일에 개인적인 관심을 표명하는 사람은 정작 아무도 없었다. 내가 알고 지내던 관료들도 대체로 마찬가지였다. 내가 알던 다른 개발도상국의 지도자들처럼 그들의 주된 목표는 일자리를 창출하고 가난을 줄이는 것이었다. 환경오염을 해결하는 문제는 우선순위에서 동떨어져 있었다. 단 한 명, 왕치산은 예외였다. 그는 광둥성의 부성장으로 재직하는 동안 줄곧 유독성 쓰레기와 산업 오염 물질로 썩어 가는 성 내의 여러 강들을 정화해야 한다고 역설했다.

무엇보다 나는 구체적인 결과를 예측할 수 있는 프로젝트에 참여하기를 선호한다. 내가 참여함으로써 변화를 만들 수 있다고 생각될 때 동참하는 편이다. 예컨대 내가 1980년대 말에 가입한 야생 동물 보호 단체인 페레그린 펀드는 멸종 위기의 맹금류를 구한다는 명확한 사명을 가지고 있었고, 이미 가시적인 성과도 내고 있었다. 1996년부터 이 단체의 회장을 맡고 있던 나는 과연 국제자연보호협회에도 그처럼 즉각적인 영향력을 발휘하기를 기대해도 될지 확신하지 못했다.

이런 회의적인 시각은 캐럴 폭스라는 한 놀라운 여성의 이야기를 들으면서 누그러졌다. 그녀는 주로 하와이에서 국제자연보호협회의 프로그램 개발 책임자로 활동하면서 아시아-태평양 프로그램을 개발했는데, 그녀의 야심 찬 계획에는 인도네시아와 팔라우섬의 삼림과 산호초를 보호하는 프로그램도 포함되어 있었다.

캐럴은 몇 년 전 타이완과 홍콩에 살면서 표준 중국어를 배웠고 국제자연보호협회의 전문 지식을 중국 본토에 접목하고 싶어 했다. 그녀는 국제자연보호협회가 윈난성 서북부에서 추진해 오던 한 프로젝트에 대해 설명했다. 히말라야 산맥의 구릉 지대에 위치한 이 오지는 제임스 힐턴의 1933년 소설 『잃어버린 지평선』에 등장하는 신비한 낙원 샹그릴라에 영감을 준 것으로 여겨지는 곳이었다.

캐럴이 언급한 프로젝트는 태국의 한 사업가와 공조로 시작되었다. 800년의 역사를 간직한 그림처럼 아름다운 고원 도시 리장과 해발 5,600미터의 최고봉을 품은 채 이 도시를 내려다보는 위룽쉐산 일대를 생태 관광지로 개발하려는 과정에서 이 사업가가 국제자연보호협회에 도움을 요청했다. 계획은 결국 무산되었지만 캐럴은 이 지역의 놀라운 문화적, 생태적 다양성을 보호하는 데 국제자연보호협회가 나서기로 결정했다.

윈난성 서북부에 위치한, 세계에서 가장 볼거리가 많고 생물학적으로 풍요로운 생태계 중 하나인 이 산악 지대의 높은 곳에는 아시아에서 가장 큰 네 강의 분수령이 있다. 바로 이라와디강과 살윈강, 메콩강, 양쯔강이다. 이 중 뒤의 세 강은 산 정상에서 계곡까지 깊이가 거의 3킬로미터에 이르는 장엄한 계곡들을 관통하며 북쪽에서 남쪽으로 나란히 흐른다. 물줄기가 가장 가까이 모이는 지점에 다다르면 서로의 거리가 88킬로미터도 되지 않는다. 이웃한 미얀마에서 불어오는 따뜻한 계절풍 덕분에 해발 420미터의 고지에도 진달래가 만발하며, 깊고 비옥한 계곡은 중국 전체의 20퍼센트가 넘는 식물종과 3분의 1에 가까운 포유류와 조류에게 안식처를 제공한다. 이 중에서 이를테면 약 60센티미터의 키에 들창코를 가진 윈난성 검은술마모셋 원숭이 같은 동식물 100여 종이 멸종 위기에 처해 있다. 이 지역 동식물의 상당수는 마지막 빙하기를 견뎌 냈고 온화한 계곡에서 살아남아 이제는 유일하게 윈난성에서만 볼 수 있는 존재가 되었다.

이 지역의 다양성은 지역 주민에게도 그대로 이어진다. 중국 인구의 대략 90퍼센트가 한족이다. 그들은 표준 중국어나 약간의 차이가 있는 방언을 사용하며, 인구 밀도가 높은 연안이나 중앙 지역에 모여 산다. 하지만 중국에는 쉰다섯 개의 민족이 존재하며, 이들은 주로 광활하고 척박한 국경 지대에 몰려 있다. 티베트나 신장 같은 분쟁 지역에 국제 사회의 관심이 더 많이 쏠리기는 하지만 산이 많고 국경이 느슨한 윈난성에도 전체 주민의 3분의 1이 넘을 정도로 많은 소수 민족이 살고 있다. 국제자연보호협회가 활동하던 윈난성 서북쪽에는 거의 스무 개의 소수 민족이 서로 인접하여 살아간다. 이들 중 불교도인 티베트족은 야크를 기르고 눈에 잘 띄는 높은 산비탈에 수도원을 짓는다. 정령 신앙자인 나시족은 주로 리장에 모여 살면서 전통 음악을 뽐내고 전 세계를 통틀어 마지막 남은 상형 문자로 의사소통을 한다. 살윈강 상류 쪽 유역에 거주하는 리쑤족은 한족보다 국경 너머에 있는 미얀마 사람들과 긴밀한 관계를 맺으며 살아간다.

1980년대에 이들 지역 중 일부가 자연 보호 구역으로 지정되었지만 빈약한 보호 정책과 허술한 법 집행은 거의 도움이 되지 않았다. 가난한 현지 주민이 땔나무를 베거나 염소와 야크를 방목함으로써 가파른 산비탈을 훼손하는 것을 막거나, 보존되어 마땅한 것을 파괴하는 난개발을 허가하지 못하도록 지방정부를 억제할 유인책이 전혀 없었다. 국제자연보호협회의 장기 목표는 우선적으로 보호해야 할 지역을 파악하는 것이었다. 이들 지역을 국제 기준이 적용되는 국립공원으로 지정함으로써 지방정부에 수익을 발생시키고 그렇게 발생한 관광 수익 중 일부를 현지의 소수 민족들에게 분배하는 방식으로 빈곤 문제를 다소나마 해결함으로써 그들이 자연을 훼손하는 대신 보존하면서 생계를 유지할 수 있게 도움을 주는 것이었다.

나는 국제자연보호협회의 아시아-태평양 협의회 공동 회장의 생각에 동의했고, 1997년 11월 베이징에서 열린 중국 최초의 환경 회의에 협회를 대표해 아내 웬디와 함께 참석했다. 거대 다국적 기업은 물론이고 유엔 같은 국제단체의 대표까지 수백 명이 회의에 참석했다. 윈난성의 부성장 뉴사오야오는 이날 중국의 수많은 정재계 지도자들이 모인 자리에서 윈난 하천 대정비 프로젝트를 소개했다. 그리고 나는 국제자연보호협회가 타협과 협동으로 문제를 해결하기 위해 어떻게 정부 및 민간 기업들과 긴밀히 공조할 것인지 설명했다. 외부인의 잔소리에 반사적으로 반감을 드러내는 중국인에게는 국제자연보호협회의 비(非)대립적이고 과학적인 접근법이 이상적이었다. 중국인 관료들이 가장 듣기 싫어하는 것이 바로 외국 산업 강대국의 설교였다. 논란의 여지가 있지만 자신들은 환경을 오염시키면서 강대국이 되어 놓고는 이제 와서 중국의 발전을 가로막을지도 모를 조언을 하려 한다는 이유에서였다.

나는 중국이 저돌적으로 성장하는 과정에서 어쩔 수 없는 선택을 했다는 사실을 인정하면서도 건강한 경제와 건강한 환경이 꼭 대립하는 것은 아니라는 견해를 피력했다. 환경을 보호하는 일은 훌륭한 비즈니스였다. 이미 훼손된 것을 복구하는 비용보다 사전에 예방하는 비용이 더 저렴하기 때문이다. 나는 또 미국에서 환경 보호 정책을 채택한 주(州)들이 전반적인 성장부터 비(非)농가의 취업률과 건설 부문에 이르기까지 모든 경제지표에서 그렇지 않은 주들을 능가한다는 연구 결과에 주목했다.

때로는 이런 선택을 하기가 얼마나 어려운지 직접 목격했다. 중국 최초의 환경 회의에 참석했던 몇몇 사람들과 함께 인민대회당에서 리펑 총리를 만났을 때였다. 우리가 산둥성 발전소 벤처 문제로 비틀거리던 시절까지 되짚어 보자면 그는 예컨대 개혁을 받아들이지 못하고 거부감을 드러냈던 일부터 시작해서 나와 의견이 일치하는 경우가 거의 없었다. 시작부터 리펑은 부유한 서방 국가들이 자국의 산업을 육성하는 과정에서 환경을 오염시켰으므로 중국에 환경 정화 비용을 지원해야 한다고 말했다. 우리에게 3년 전부터 양쯔강에 짓기 시작한 거대한 싼샤(三峽)댐을 언급하면서 중국 쪽에서 할 일은 다 하고 있다고 단언했다. 리펑은 엔지니어 출신이었고 많은 논란을 야기한 싼샤댐은 그의 자랑거리였다. 머지않아 싼샤댐에서 생산될 엄청난 친환경 에너지에 자부심을 느끼고 있었다. 반면에 나는 바로 그 댐 때문에 수십만 명이 삶의 터전을 빼앗기고 수많은 유적지가 물에 잠길 뿐 아니라 거대한 양쯔강의 흐름이 방해받는 탓에, 오염원을 정화하고 풍수해를 줄이고 희귀종에게 서식 환경을 제공해 주는 자연 습지가 파괴될 수 있다는 생각에 걱정이 앞섰다.

이번에도 리펑의 접근법은 나와 달랐다. 나는 석탄을 때는 화력 발전에 비하면 깨끗하고 재생 가능한 수력 발전이 낫다고 생각했지만 지나치게 방대하고 복잡하며 너무나 많은 환경 위험과 사회 분열을 수반하는 프로젝트에 의문을 가질 수밖에 없었다. 그럼에도 국가적으로 당면한 많은 도전 과제에 의욕적으로 맞서고자 하는 여러 관료들을 만났고, 결과적으로 자연을 보호하는 일에 중국이 점점 더 헌신하고 있다는 사실에 고무된 채 베이징의 회의장을 떠났다.

기금을 모으는 일 자체가 하나의 도전이었다. 나는 중국의 부자들도 돈을 낼 준비가 되었음을 먼저 보여 주지 못하면 미국에서 기금을 모으기가 어려울 거라는 사실을 알았다. 당시 중국에서는 자선 활동이 일반적으로 조상을 기리기 위해 고향에 후원을 하거나 지역 관료에게 잘 보이기 위해 〈기부〉를 하는 형식으로 이루어지고 있었다. 그런데 생물 다양성을 위한 기금을 조성하려고 비슷한 생각을 가진 사람들을 모은다? 그 자체로도 매우 어려운 일이었지만 아시아의 외환 위기가 맹위를 떨치던 당시에는 특히나 불가능에 가까운 일이었다.

나는 환경 위기에 직면해서 기업가들이 나선 홍콩에서 시작하기로 했다. 1998년 6월 우리는 국제자연보호협회 아시아-태평양 협의회를 비롯해 일단의 고위 정부 관료와 홍콩 현지의 생물 다양성을 보존하는 일에 헌신하는 사업가 등이 함께하는 만찬 행사를 준비했다. 선박업계의 거물이면서 홍콩 특별행정구 행정 장관 둥젠화의 동생이기도 한 둥젠청이 홍콩의 조용한 아일랜드 클럽에서 주최한 이 행사로 100만 달러의 기금이 조성되었다. 조성된 기금만큼이나 잠재적인 기부자들의 인식을 높인 것도 중요한 성과였다. 일단 취지를 이해하기만 하면 본토의 중국인들도 선뜻 돈과 시간을 내줄 터였다. 실제로도 얼마 뒤면 나는 공기를 정화하고 수질을 개선하는 일에 깊은 관심을 가진 중국인들이 매우 많다는 사실을 알게 될 터였다. 중국의 발전과 함께 따라온 환경 훼손을 불만스럽게 바라보는 중국인들이 매우 많다는 사실을 알게 될 터였다. 이외에도 정치 지도자를 포함한 많은 이들이 아직 남아있는 미개지와 아름다운 지역에 엄청난 자부심을 가지고 있을 뿐 아니라 그들의 자연 유산을 보호하고자 했다.

만찬 행사가 끝났을 때 나는 골드만 삭스에 급한 일이 생기는 바람에 윈난성으로 가려던 당초 계획을 취소하고 미국행 비행기를 타야 했다. 9월로 예정된 골드만 삭스의 기업공개를 앞두고 내가 공동 최고 경영자로 임명된 것이었다. 참고로 우리 회사의 기업공개는 열악한 시장 상황 때문에 결국 연기된다. 한편 웬디와 딸 어맨다는 국제자연보호협회의 몇몇 회원들 및 직원들과 함께 협회가 보호하려는 지역들에서 하이킹과 캠핑을 하면서 그리고 현지 공무원들과 만나면서 며칠을 보냈다. 하지만 내가 직접 윈난성을 방문하기까지는 그로부터 4년도 더 걸렸다.

고무적인 진전도 있었다. 예컨대 윈난성 정부는 하천 대정비 프로젝트를 시작하기로 국제자연보호협회와 합의했다. 더 광범위하게는 베이징 중앙정부가 환경 문제에 부쩍 관심을 보이기 시작했다. 1998년에 그들은 기존의 환경 기관을 국가환경보호총국으로 승격하고 규제와 법 집행을 강화했다. 한편 그해 여름에 양쯔강을 따라 발생한 잇단 큰 홍수로 4,000여 명이 목숨을 잃었고 1500만 명 이상이 집을 잃었다. 이제 사람들은 난개발과 대규모 상업적 벌목으로 초래되는 강 상류 유역의 무분별한 삼림 파괴가 얼마나 위험할 수 있는지 절감했다.

윈난성 프로젝트를 이끌 팀도 차츰 형태를 갖추기 시작했다. 캐럴 폭스는 현장 업무를 진두지휘할 인물로 리장 출신의 나시족 여성 로즈 뉴를 일찍부터 섭외해 둔 터였다. 로즈는 정부의 윈난성 검역원에서 거의 10년 동안 근무한 뒤에 태국에 소재한 아시아 공과대학교에서 석사 학위를 취득했다. 그녀의 졸업 논문 「생태 관광과 환경 보호: 중국 남서부의 한 소수 민족 거주 지역에 관한 전략적 분석」은 국제자연보호협회의 사명과 그보다 더 완벽할 수 없을 정도로 딱 맞아 떨어졌다. 로즈는 뉴질랜드에서 남편과 함께 살고 있었지만 캐럴이 그녀를 고향으로 돌아오도록 설득했다. 1999년 초에는 그랜드캐니언 신탁의 공동 설립자이자 미국 국립공원 전문가인 (미국 배우 에드워드 해리슨 노턴의 아버지이기도 한) 에드워드 모어 노턴이 아내 앤 맥브라이드와 함께 팀에 합류했고 윈난성의 성도인 쿤밍으로 이사했다. 미국 시민운동 단체인 코먼 코즈의 대표를 지낸 맥브라이드는 얼마 뒤 지역 주민들에게 카메라를 주어 특별한 장소를 촬영하게 한 다음 이들 장소가 그들에게 어떤 의미가 있는지 설명하도록 하는 혁신적인 프로그램을 만들 터였다.

정치와 마찬가지로 모든 자연 보호 활동은 지역에 밀착해야 한다. 지역민의 지지를 받지 못하는 프로젝트는 절대로 성공할 수 없기 때문이다. 국제자연보호협회의 직원들은 현장에서 모든 이해 당사자, 즉 국가 기관의 관리자와 성이나 시에 소속된 공무원, 공동체 구성원, 예컨대 국제자연보호협회 같은 자연 보호 단체 등이 한자리에 모여서 각각의 쟁점에 대해 끝장 토론을 벌인 다음 하나의 계획안을 도출하는 이른바 포괄적인 접근법을 채택했다. 설계에 의한 환경 보존이라고도 불린 이 접근법은 의사 결정에 앞서 합의를 중시하는 중국의 전통과도 잘 맞았다. 그렇게 환경 보존이 필요한 지역을 파악하고 이들 지역의 생물 다양성을 위협하는 요소를 줄이기 위한 전략이 수립되었다. 국제자연보호협회 직원들은 행동에 나설 구체적인 지역을 특정하고자 중국 과학자 및 공무원과 공조하고 유능한 미국 생물학자와 환경 전문가의 조언을 참고하면서 관련 지역의 동물과 식물, 지리적 특징뿐 아니라 사회 경제적 상황에 대해서 1년 반 동안 자료를 수집했다. 그 과정에서 중국인 협력자들에게 환경 관리와 자료 수집 방법 등을 교육하는 일도 병행했다.

이런 활동을 지원할 강력한 이사회를 만들기 위해 나는 골드만삭스 홍콩 사무소에서 아시아 지역 투자 금융 관리 부서를 이끌던 팀 다텔스의 도움을 받아 현지의 기업가들과 고위 관료들을 발굴했다. 결정적으로 싱가포르공화국의 국부(國父)이자 1990년까지 30년 넘게 총리를 지낸 리콴유를 아시아-태평양 협의회에서 나와 함께할 공동 회장으로 영입할 수 있었다. 리콴유의 합류로 국제자연보호협회는 순식간에 인지도가 수직 상승했다. 무역과 금융, 혁신의 선도적인 중추로서 손바닥만 한 도시 국가의 놀라운 경제 성장을 지휘한 그를 존경하고 있던 중국에서도 협회의 위상이 더없이 높아졌다.

당초 이사회의 구성원들은 그다지 열정적인 환경 보호론자가 아니었다. 물론 예외도 있었다. 나스닥에 상장한 최초의 중국 기업이 될, 인터넷에 소프트웨어와 인프라 솔루션을 제공하던 아시아 인포의 공동 창립자이자 랴오닝성 토박이인 에드워드 톈이 그러했다. 차이나 네트콤(홍콩)의 제2인자가 될 정도로 타고난 기업가인 에드워드는 그의 양친과 마찬가지로 정규 교육을 받은 생물학자였고, 텍사스 테크 대학교 러벅 캠퍼스에서 박사 과정을 공부하는 동안 북미의 방목장을 연구했다. 그들이 아시아-태평양 협의회와 협력하면서 시간이 흐를수록 예컨대 홍콩 리 앤드 펑의 빅터 펑이나 타이완 극동 그룹 회장 더글러스 퉁쉬 같은 다른 많은 기업가들도 헌신적인 환경 보호론자가 되었다. 심지어 왕치산은 국제자연보호협회 자문위원회의 일원으로서 자신이 일찍부터 환경 교육을 받을 수 있었던 것에 대해 오늘날까지 나에게 고마움을 표하고 있다.

우리는 2000년 8월 리콴유가 싱가포르에서 주재한 한 회의에서 첫 회합을 가졌다. 국제자연보호협회는 단기간에 우리 프로젝트에 지원할 수백만 달러의 기금을 유치했다. 그럼에도 정작 협회가 중국 현지에서 효율적으로 운영되지 못한다면 세상의 모든 돈이 다 무용지물일 터였고, 실제로도 협회는 극복해야 할 여러 문제에 직면해 있었다.

윈난성과 지역 정부의 지도자들이 우리 프로젝트를 처음부터 지지해 주었음에도 국제자연보호협회는 여러 경쟁자와 씨름하면서 중앙정부 기관들 간의 조화롭지 못한 업무 처리 때문에 어려움을 겪어야 했다. 1980년대에 중국은 국가적인 의의가 있는 지역을 두 종류의 보호 구역으로 지정했다. 만리장성 구역부터 쓰촨성의 티베트 마을까지 다양한 〈풍치지구(風致地區)〉는 주로 관광지로 개발되었으며 기이하게도 건설부에서 관리했는데, 그들이 생각하는 공원이란 인상적인 건물을 지을 수 있는 작은 노지에 불과한 경우가 많았다. 반면에 국가임업국에서 관리하는 〈자연 보호구역〉은 상업적인 행위가 더 엄격하게 제한되었다. 물론 이런 제한들은 자주 묵살되었다. 지역 공무원들은 개발을 밀어붙이기 일쑤였고 보호 구역 안이나 인근에 거주하는 가난한 원주민들은 입에 풀칠이라도 하려고 버둥거리면서 — 나무를 베거나 소규모 광산을 시굴하면서 — 일상적으로 규제를 무시했다.

자연 및 문화유산을 보호하는 동시에 지속 가능한 생태 관광을 통해 현지에 수익을 발생시키는 국제자연보호협회의 접근법은 이들 두 모델을 반씩 섞어서 절충하고 있었지만 결과적으로 관료 조직들 간의 갈등만 더욱 부채질했다. 어쩌면 협력자가 될 수도 있었을 건설부와 국가임업국 관리들은 하천 대정비 프로젝트가 그들 부서에 의해 관리되는 시스템을 무너뜨릴 수 있다며 우려를 나타냈다. 단 자신들의 영향력을 확대할 기회로 여긴 국가환경보호총국은 좀 더 우호적인 태도를 보여 주었다.

한번은 우리가 사용하는 용어 때문에 갈등이 빚어지기도 했다. 언젠가 한 건설부 직원은 캐럴과 그녀의 동료들에게 우리가 보호하려는 지역을 국립공원이라 부를 권한이 없다고 말했다. 그 직원의 주장에 따르면 국립공원은 건설부 소관이기 때문에 건설부가 관여하지 않은 이상 국제자연보호협회가 국립공원이라는 말을 쓸 수 없다는 것이었다.

캐럴의 답변처럼 우리가 보존할 필요가 있다고 파악한 지역들을 중국인들이 어떻게 부르든 그것은 우리에게 중요하지 않았다. 문제는 그 지역들을 보호하는 것이었다. 우리는 윈난성에 단지 실험적인 공원을 만드는 것에 그치지 않고 중국의 나머지 지역에도 적용 가능한 모델을 만들고 싶었다. 요컨대 윈난성 하천 대정비 프로젝트는 본격적인 경제 개혁에 앞서 선전시에 특별경제구역을 만들었듯이 본격적인 자연 보호 활동을 위한 중국의 모범적인 실험 사례가 될 터였다.

다행히 국제자연보호협회는 중국개발계획위원회의 강력한 지원을 받을 수 있었다. 어떻게 그런 지원이 가능했을까? 이는 모든 잠재적인 후원자와 접촉하는 것이 얼마나 중요한지를 보여 준다. 국제자연보호협회는 정부 인사들을 교육하기 위한 노력 중 하나로 다른 나라의 국립공원을 방문하는 중앙 및 지역 관리들의 현장 학습을 후원했다. 현장 학습은 파견단에 매번 깊은 인상을 주었다. 그중 한 파견단에 중국개발계획위원회 부주임이던 하오젠슈가 포함되어 있었다. 그녀가 속한 파견단은 그랜드캐니언과 옐로스톤, 요세미티 국립공원 등을 잠깐씩 들러 가며 미국을 방문한 뒤에 제출한 최종 보고서에서 중국이 우리가 제안한 윈난성 하천 대정비 프로젝트를 진행해야 한다고 강력히 권고했다.

중국개발계획위원회는 이 지역에 어떤 조치를 취할 수 있는 권한은 없었지만 경제 발전 5개년 계획이 수립될 때마다 매우 중요한 역할을 했고, 따라서 막강한 영향력을 가지고 있었다. 하오젠슈 부주임도 대단한 영향력을 가진 인물이었다. 직물 공장에서 근로자로 일하던 그녀는 1951년에 불과 열여섯 살의 나이로 실을 잣는 과정에서 발생하는 폐기물을 줄이는 방법을 고안했고 단숨에 〈스타 모범 노동자〉로서 전국적인 유명세를 얻었다. 나중에는 당의 엘리트 조직인 중앙위원회의 일원이 되면서 중국에서 가장 높은 자리에 오른 여성 중 한 명이 되었다.

1999년 봄에 그녀는 국제자연보호협회와 윈난성 정부가 리장에서 공동 주최하는 연수회의 개최를 도왔다. 국가환경보호총국과 건설부 등 많은 기관의 공무원들이 머리를 맞대고 윈난성 서북 지역의 미래를 논의하기 위한 자리였다. 이후에 국제자연보호협회와 윈난성의 공무원들은 특히 광범위한 지역을 새로운 자연 보호 구역과 국립공원으로 지정할 것을 요구하는 청사진을 내놓았다. 이외에도 지역 주민들에게 대체 에너지를 제공할 것을 목표로 제시했으며, 소규모 광산을 비용 대비 효율적인 대규모 광산으로 대체해서 더 나은 기술과 오염 방지책을 시행하도록 제안했고, 25도 이상 경사진 가파른 땅은 경작을 중단하고 그 이하의 비탈진 경작지에도 계단식 농법을 도입할 것을 권유했다. 윈난성 당국은 이 제안을 받아들여 윈난성의 제10차 경제 개발 5개년 계획(2001~2005)에 반영했다. 그리고 마침내 거의 6만 7,000제곱킬로미터에 육박하는, 웨스트버지니아주보다 넓고 타이완 면적의 두 배에 달하는 지역을 윈난성 하천 대정비 프로젝트 구역으로 지정했다.

이 같은 성공 덕분에 국제자연보호협회는 계속 중간 영역에서 활동할 수 있었다 — 물론 그럼에도 중국 정부로부터 여전히 공식적인 승인을 받을 필요가 있었다. 중간 영역에서 활동한다는 것은 중국에서 으레 그렇듯이 장점인 동시에 단점이 될 수 있었다. 국제자연보호협회가 자유롭게 이런저런 실험을 할 수 있다는 것이 장점이라면, 단점은 프로젝트가 언제든 폐기될 수 있다는 것이었다. 중국 정부는 비정부 기구를 신뢰하지 않았다. 당시 중국에는 정부의 승인을 받은 비정부 기구가 거의 전무하다시피 했다. 하물며 국제자연보호협회는 수많은 티베트 소수 민족들의 본거지인 티베트와 인접한 매우 민감한 지역에서 활동하고 있었다. 중국의 지도자들은 티베트와 관련된 모든 것을 잠재적인 문젯거리로 여겼다.

승인을 받는다면 중국 최고위층의 승인을 받는 것이 합리적이었다. 즉 장쩌민 주석을 만나야 한다는 뜻이었다. 문제는 어떻게 그런 자리를 만들 것인가였다. 특정 프로젝트나 거래에 공을 들이는 외국인들이 수시로 중국 주석을 만날 수 있던 시절은 이미 오래전에 지나 버렸다. 여기에 더해서 내가 장쩌민 주석과 논의하고 싶은 사안이 하나 더 있었다. 바로 중국의 자본 시장을 지속적으로 개혁하는 문제였다. 골드만 삭스는 중국에 그들이 모든 지분을 보유한 채 운영하는 증권 회사를 설립하고자 오랫동안 염원했지만 오직 합작 회사의 형태로만 참여할 수 있었다. 세계 최고 은행들의 시장 참여를 제한하는 것은 오히려 문제를 키우고 중국 자체의 발전 잠재력을 제한하는 행보였다. 적어도 나는 그렇게 생각했다. 그리고 중국의 수많은 개혁가들이 이런 나의 생각에 동조했음에도 정부 고위층에는 시장을 더 개방하는 문제를 둘러싸고 저항이 존재했다. 어떤 것은 이념적으로 비타협적인 태도에서 비롯되었고, 어떤 것은 제한된 경쟁을 통해 기득권을 확보한 자국의 증권 산업계에서 불거졌으며, 어떤 것은 내가 생각하기에 이해 가능한 신경 과민증에서 비롯되었다. 세계 시장이 그야말로 요동치고 있었기 때문이다. 예컨대 2000년 3월에는 닷컴 거품이 꺼지면서 나스닥 종합 지수가 폭락했고, 얼마 뒤인 2001년 늦가을에는 미국의 거대 에너지 기업 엔론이 공중 분해되었다. 게다가 중국 시장은 변덕스럽기로 악명이 높았다.

고위 관료와 면담하려면 국가 기관의 도움이 필요했지만 금융 분야의 정부 기관들은 우리를 도와주지 않을 것이 분명했다. 골드만 삭스가 장쩌민 주석과 면담하는 모습을 본다면 전 세계 거대 금융 회사들이 너도나도 주석에게 일대일 면담을 요청할 텐데 중국인들로서는 그런 일이 일어나는 것을 절대로 좌시하거나 용인하지 않을 것이기 때문이었다. 반면에 중국에서 활동하면서 환경 문제에 전념하는 비정부 기구들은 장쩌민에게 면담을 요청하는 일이 좀처럼 드물었다. 그래서 우리는 국가환경보호총국을 통하기로 결정했다.

다만 이 점은 분명히 밝혀야 할 것 같다. 즉 우리는 환경 문제를 논의하자고 하고서 실제로는 금융 문제에 관한 논의를 시작하는 유인 상술을 쓰려고 한 것이 아니었다. 오히려 중국 관료들이 두 가지 문제를 모두 논의하기를 원했다 — 면담이 순조롭게 진행될 수 있도록 중국 측에서는 중국증권감독관리위원회의 저우샤오촨도 참석할 예정이었다. 어쨌거나 중요한 사실은 우리의 접근법이 기존의 절차에 부합해서 성가신 세계 은행들에게 빌미를 주지 않은 채 환경과 금융 문제를 논의할 수 있었다는 것이다.

아쉬운 점도 있었다. 환경 기관은 영향력이 그다지 크지 않았고, 따라서 장쩌민과 쉽게 접촉할 수 있는 위치도 아니었다. 해당 기관의 관료들은 우리를 대신해 주석에게 면담을 요청하는 것 자체를 끔찍한 도박으로 생각했으며, 절대로 선을 넘고 싶어 하지 않았다. 결국 우리는 골드만 삭스의 중국 사무소장 쉬쯔왕을 통해 환경 문제에 관심이 많은 장쩌민의 맏아들 장멘헝(江綿恒) 박사에게 접근했다. 그렇게 해서 장쩌민 주석으로부터 비공식적으로 면담을 승인받기에 이르렀다. 일단 면담이 승인된 후에는 국가환경보호총국의 관리들을 설득해야 했다. 우리가 이면 경로를 통해 확인했는데 그들이 요청하기만 하면 면담이 성사될 수 있다고 설득해야 했다. 국가환경보호총국이 마침내 주석에게 면담을 요청해도 되겠다는 확신을 갖기까지 국제자연보호협회 직원들은 무려 3개월에 걸쳐 수차례 베이징을 오가야 했다. 이는 중국인 관리들이 얼마나 조심스럽게 일하는지를 보여 주는 하나의 사례에 불과했다.

2002년 2월 첫 주에 우리는 중난하이에서 장쩌민을 만났다. 중국의 수도는 여기저기에서 춘절 행사를 준비하느라 한창 부산한 모습이었다. 폭죽 소리가 요란한 가운데 기차역은 귀향길을 서두르는 여행자들로 붐볐다. 하지만 중난하이의 두꺼운 담장 안쪽은 늘 그렇듯 한없이 조용하고 평화로웠다. 오후 4시에 우리는 화려하게 장식된 접견실로 안내되었고, 거대한 수묵 산수화 아래에 편자 형태로 배치되어 있는 플러시 천 재질의 팔걸이의자에 앉았다. 나는 캐럴 폭스와 에드워드 노턴, 로즈 뉴에 더해서 골드만 삭스의 수석 보좌관 존 로저스와 쉬쯔왕, 왕쉐밍을 대동했다.

중국 정부 측 참석자 중에는 국가환경보호총국의 셰전화(謝振華) 국장도 있었다. 칭화 대학교 출신의 엔지니어인 그는 국가환경보호총국의 전신인 허술한 환경 관련 기관에서 일하면서 자신의 경력 중 오랜 기간을 중국의 환경을 위해 싸우는 생색 안 나는 일에 바쳐 온 인물이었다(그는 2006년에 기후 변화 협약의 중국 측 수석 대표로 임명된다). 이외에도 윈난성 성장인 쉬룽카이(徐榮凱)와 저우샤오촨도 참석했다.

장쩌민 주석은 언제나 그렇듯 편안하고 격의 없는 모습이었다. 잘 지은 그래서 비싸 보이는 짙은 색 정장을 차려입고 트레이드마크인 사각형의 검은 테 안경을 쓰고 있었다. 그가 곧장 본론을 꺼내 들었다. 「중국은 주식 시장과 국제 환경 정책에 대해서 더 많이 배워야 합니다.」 그가 우리에게 말했다. 「이 두 가지 문제를 가지고 이야기해 봅시다.」

장쩌민은 나에게 금융 문제에 대해 이런저런 질문을 던졌다. 특히 경제 발전에서 주식 시장이 갖는 중요성에 대해 물었다. 그는 으레 그렇듯 냉소적인 투로 아이작 뉴턴의 〈자신은 물체와 천체의 움직임은 예측할 수 있지만 주식의 움직임은 도무지 알 수 없다〉라는 유명한 말을 인용했다. 나스닥 지수가 최고가를 기준으로 60퍼센트 넘게 폭락하는 모습을 보면서 당혹스러웠다고 말했다. 나는 그의 관심이 진심에 가까울 거라고 생각했다. 요컨대 2001년 중반 이후로 상하이 증권거래소의 종합 지수도 3분의 1가량 폭락한 상태였기 때문이다. 장쩌민은 중국이 주식 시장을 보유하는 데 따른 장점을 인정하면서도 중국인 특유의 투기 성향에 대해 우려를 표시했다.

나는 주식 시장이란 급증하는 중국 자본을 은행 금고에 묻어 두는 대신 국가의 경제 활동에 투자할 수 있는 수단을 제공한다고 설명했다. 또한 사람들이 돈을 투자하는 기업을 운영하기 위해서는 우수한 경영 관리자를 확보하는 일이 매우 중요하다고 강조했다. 그리고 면담 중간에 건강한 경제와 건강한 환경이 상호 의존적인 관계임을 지적하면서 윈난성과 자연 보호 문제로 화제를 돌리려고 했지만 장쩌민은 내가 예상한 것보다 오랫동안 계속해서 자본 시장에 관심을 표명했다.

내가 설명을 마치자 장쩌민은 더 자세하게 보고서로 작성해서 자신에게 보내줄 수 있는지 물었다.

「요금을 청구하지는 마시오.」 그가 씁쓸한 투로 덧붙였다. 「당연하지만 J. P. 모건에 부탁해도 되는 일이라오.」

그는 편자 형태의 한쪽에 위치한 중국 측 인사들에게 무언의 지시를 내렸다. 그런 다음 나를 향해 이제 환경에 관한 이야기를 시작하자고, 안 그러면 셰전화와 쉬룽카이 성장이 화를 낼지도 모른다고 말했다.

나는 국제자연보호협회를 〈세계 최고의 자연 보호 단체〉라고 짤막하게 언급한 다음 로즈 뉴를 소개하고 그녀에게 윈난성 하천 대정비 프로젝트에 대한 설명을 부탁했다.

「저는 리장 출신의 일개 나시족 여자입니다.」 로즈가 장쩌민을 똑바로 응시한 채 입을 열었다. 「우리가 윈난성에서 진행하는 일을 주석께 보고하는 임무를 맡고서 처음에는 무척 떨렸습니다. 그런데 오늘 말씀하시는 것을 들어 보니 주석님의 고향이 제 남편 고향과 고작 강 하나를 사이에 둔 곳이었습니다. 그러자 이런 생각이 들었습니다. 와우, 주석님의 말투가 시아버지와 똑같구나.」

듣는 이의 마음을 여는 훌륭한 모두 발언이었다. 이때부터 이

자그마한 몸집의 나시족 여성은 두 발이 겨우 바닥에 닿을 정도로 커다란 붉은색 의자에 앉아 완벽하게 분위기를 주도했다. 원고도 없이 대략 20분 동안 국제자연보호협회가 윈난성에서 벌이고 있는 사업과 윈난성은 물론이고 중국 전체에 하천 대정비 프로젝트가 갖는 중요성을 설명하면서 예리하고도 함축적인 프레젠테이션을 진행했다.

장쩌민 주석은 완전히 집중한 채 내 오른쪽에 앉은 로즈의 모습과 설명이 더 잘 보이고 들리도록 내 쪽으로 몸을 기울였다. 나하고 자리를 바꾸자고 제안하고 싶을 정도였다.

어느 순간 그는 로즈가 설명하는 중간에 끼어들어서 그런 접근법을 지칭하는 특정한 영어 표현이 있는지 물었고, 로즈의 대답을 소리 내어 되뇌었다. 「설계에 의한 환경 보존이라, 무척 체계적이고 과학적인 접근법일세.」

엔지니어 출신인 장쩌민은 체계적인 것을 좋아했다.

로즈가 프레젠테이션을 마치자 장쩌민은 명쾌하고 꼼꼼한 설명이었다며 약간은 과장스럽게 그녀를 치하했다. 그는 로즈에게 영어를 어디에서 배웠는지 물었고 자신도 그녀가 수학한 아시아 공과대학을 안다고 말했다. 그러고는 다시 중국 측을 돌아보며 선언했다. 「중국의 모든 관련 공무원은 국제자연보호협회와 협조해서 프로젝트를 성공시키고 이 모델을 중국 전역으로 확대하시오.」 바로 우리가 듣고 싶었던 말이었다.

그 뒤에는 외국의 한 환경 단체 대표들과 중국 주석 간에 처음 이루어진 면담을 보도하려는 취재진이 몰려들었다. 연신 카메라 플래시가 터졌고, 방송국 카메라맨들이 서로 좋은 자리를 차지하려고 경쟁을 벌였다. 면담 후 장쩌민은 내게 중국의 다른 지역에 국제자연보호협회의 윈난성 프로그램이 모범적인 환경 보호 사업임을 보증하는 서한을 작성해 주었다. 같은 날 국제자연보호협회는 국가환경보호총국과 협력하기 위한 협정에도 서명했다. 국제자연보호협회는 윈난성에서 수년째 적극적인 활동을 해왔다. 그리고 이제 장쩌민 주석에게 공식적인 승인을 받음으로써 모든 단계의 중국 정부 기관과 공조할 수 있는 길이 열렸다. 이제는 국제자연보호협회와 같은 외국의 비정부 기구가 중국에서 심지어 티베트와 맞닿은 국경 지대에서 그토록 적극적으로 활동하는 것에 대해 아무도 이의를 제기할 수 없을 터였다.

로즈 뉴는 장쩌민의 서한을 액자에 넣어서 자신을 곤란하게 만드는 관리를 만날 때를 대비해 지참하고 다녔다. 국제자연보호협회는 그해 10월에 베이징 사무소를 개설했고, 얼마 뒤 과학적 생태 지역 개발 계획을 추진하는 국가환경보호총국으로부터 우선적으로 환경 보전이 필요한 지역을 파악해 달라는 요청을 받았다. 그리고 이 작업으로 중국에 최초의 일원화된 생물 다양성 데이터베이스가 만들어졌다. 이 데이터베이스에 기초한 청사진이 정부의 중국 생물 다양성 보존 전략 및 시행 계획에 반영되었다. 생물 다양성 보존 전략 및 시행 계획은 원자바오 국무원 총리의 승인을 받아 2012년에 발효되었고, 위기에 처한 중국의 동식물과 주요 생태계를 90퍼센트까지 보호하기 위해 자연 보호 구역을 강화할 것을 요구했다. 계획안에 따르면 2015년까지는 우선 지역에 대한 철저한 생물 다양성 조사를 실시하고, 2020년부터는 중국에서 더 이상의 생물 다양성 손실이 발생하지 않게 할 터였다.

2003년에 윈난성 프로젝트 지역 중 상당 지역이 세계 자연 유산으로 지정되었다. 오늘날 세 개의 강줄기가 나란히 흐르면서 윈난성 삼강병류(三江并流)로 알려진 이 지구는 유네스코에서 세계 유산으로 인정한 가장 넓은 지역 중 하나다. 2007년 6월에는 윈난성 북서쪽에 성에서 감독하는 중국 최초의 실험적인 국립공원이 문을 열었다. 총면적 1,294제곱킬로미터에 다수의 티베트 마을을 비롯해 우뚝 솟은 산봉우리와 산정 호수, 삼림 지대, 목초지를 포함하는 이 푸다춰(普達措) 국립공원은 처음부터 엄격한 국제 환경 보호와 생물 다양성 보호, 생태 관광 기준을 따르도록 설계되었다. 한편 윈난성 정부는 2020년까지 총 열 개의 국립공원을 조성하는 계획을 승인했다.

장쩌민 주석을 만난 이후에 쉬룽카이 윈난성 성장은 차기 이사회의 개최지를 윈난성으로 해달라며 아시아-태평양 협의회를 초대했다. 협의회 임원들에게 그들이 보호하려고 노력하는 지역을 직접 볼 수 있게 하자는 취지였다. 우리는 제안을 받아들였다. 2002년 10월 말에 아내 웬디와 어맨다와 나는 리장에서 열릴 예정인 이사회에 참석하기 전에 해당 지역을 둘러보기 위해 일찌감치 비행기에 올랐다.

비밀이란 없는 중국이었기에 애당초 우리가 조용히 들어가기란 불가능했다. 역시나 쿤밍 공항에는 쉬룽카이 성장이 나와 있었다. 그는 새벽에 도착하는 우리와 혹시라도 길이 어긋날까 봐 밤새 그곳에 있었다고 했다. 의례적인 조찬 행사를 마치고 웬디와 어맨다와 나는 국제자연보호협회의 과학 이사 밥 모슬리와 에드워드 노턴을 비롯한 몇몇 현지 중국인 직원들과 함께 메이리쉐산(梅里雪山)으로 출발했다. 우리는 새롭게 샹그릴라라는 이름을 얻은 마을까지 비교적 짧은 거리를 비행기를 타고 이동했다. 관광객을 모으기 위한 마케팅으로 중뎬 마을을 비롯한 그 일대 마을들은 관내의 다른 마을들을 물리치고 바로 이전 해에 국무원의 승인을 받아 공식적으로 샹그릴라로 이름을 바꾼 터였다.

그날 밤 우리는 더친이라는 작은 도시에 머물렀고 다음 날 아침에 한 학교를 방문했다. 앞서 국제자연보호협회는 이 학교에 옥상의 태양열 온수기를 비롯해 돼지 분뇨에서 추출하는 바이오 가스,

즉 메탄가스를 연료로 사용하는 친환경 난로와, 학생과 교직원에게 신선한 채소를 공급하는 온실을 제공한 터였다. 이러한 개선이 비록 그 자체로 환경을 보존하는 일은 아니었지만 그럼에도 지역 주민들에게 대부분 기숙학교에 다니는 그들의 자녀가 보다 좋은 환경에서 생활하는 모습을 흐뭇한 마음으로 바라보게 해주었다. 실제로 그 일대의 많은 주민들은 집에 고효율 장작 난로를 설치하는 일에 적극적인 모습을 보였다.

이후 나흘 동안 우리는 숲이 무성하고 기대 이상으로 입이 떡 벌어질 만큼 아름다운 윈난성의 일부 지역을 답사했다. 더친을 떠나서는 위벙이라는 작은 마을의 기점까지 사륜 구동 자동차로 이동했고 거기서부터 걸어서 마을에 들어갔다. 위벙에서부터는 오래된 활엽수 숲 사이로 난 힘든 오르막길과 내리막길을 걸었고, 300미터가 넘는 아찔한 절벽을 내려다보는 좁고 구불구불한 오솔길을 조심조심 나아갔으며, 철 늦은 용담 몇 송이가 여전히 꽃을 피우고 있는 고산 초원을 가로질렀고, 벽에는 하얗게 회반죽을 칠하고 지붕에는 옥수수를 널어 말리는 집들이 옹기종기 모여 있는 마을들을 지나 위벙강을 따라서 메콩강까지 내려갔다.

때는 이미 10월이었기에 야생화가 만발한 장관을 볼 수는 없었지만 장마철이 진즉에 끝난 덕분에 수정처럼 맑은 하늘이 메이리쉐산의 우뚝 솟은 산봉우리들과 극적인 대조를 이룬 모습은 거의 초현실적인 위안을 주었다. 산봉우리와 폭포, 계곡 등이 어우러진 풍경을 보면서 대다수가 티베트 불교 신자인 현지인들이 왜 이 지역을 신성하게 여기는지 이해할 수 있었다. 특히 어느 급경사 구간을 오르자 수목 한계선 위로 폭포가 위용을 드러내던 순간의 기억은 지금까지도 생생하다. 우리는 그곳에서 점심으로 인스턴트 국수와 나시족의 전통 빵인 바바를 먹었다. 웬디와 나도 폭포를 등진 채 큼직한 바위 사이에 자리를 잡았다. 어느덧 산등성이에 내려앉은 태양이 한 무리 히말라야 눈비둘기의 비현실적으로 하얀 날개 위에서 반짝이는 광경을 경이로운 눈으로 바라보았다.

밥 모슬리의 설명에 따르면 우리가 이틀 밤을 머무른 위벙 마을은 현지 주민들에 의해 유지되고 여러 인근 수도원의 종교 지도자들이 지지하는 복잡하고 종교적인 지역제(地域制)를 채택하고 있었다. 이미 그날 하루 종일 고지대의 세찬 바람에 펄럭이는 기도 깃발을 수시로 목격한 나로서는 그다지 놀라운 일이 아니었다. 요컨대 위벙에는 벌목과 수렵을 비롯해 모든 채취 활동이 가능한 지역이 존재했다. 수렵은 불가능하지만 야크를 방목하거나 약초와 버섯을 채취할 수 있는 지역도 있었다. 신들이 산다고 여겨지는 일부 지역에는 사람의 접근이 제한되었다. 규칙을 어기면 처벌을 받았다. 이런 종교적인 지역제는 서구 사회에서 교육을 받은 환경 보존 계획자들이 (또는 대다수 중국인 자연과학자들이) 메이리에 보호 구역을 구상하면서 적용하려고 생각할 수 있는 어떤 것이 아니었다. 하지만 다행히도 밥 모슬리가 있었고 그는 우리가 어쩌면 알지 못했을 이런 세상을 인지하고 적용하도록 도와주었다. 수백 년 동안 이어져 온 이 시스템을 활용함으로써 우리 팀은 해당 지역에서 생물 다양성을 보호할 수 있는 더 많은 기회를 얻었다. 그리고 나는 성공적인 자연 보호를 위해 고위층과의 인맥도 중요하지만 그에 못지않게 시간을 투자하고 열심히 노력해서 현지인의 요구를 파악하는 것도 매우 중요하다는 사실을 깨달았다.

어떤 때 중국은 매우 빠르게 움직인다. 또 어떤 때는 변화 속도가 지독하게 느리다. 그럼에도 내가 가장 약한 부분이기도 한 인내심과 끈기를 발휘하면 보상이 따른다. 중국에서의 환경 보호 운동은 절대로 간단하거나 곧바로 효과가 나타나는 해결책을 제안하지 않을 것이었다. 중국의 엄청난 인구와 제한적으로 남은 자연 지역을 감안하면 지극히 방대한 지역을 엄격한 자연 보호 구역으로 설정하기란 그야말로 불가능하다. 미국과 거의 비슷한 육지 면적을 보유한 (하지만 경작 가능 면적은 미국의 3분의 2 수준에 불과한) 중국은 미국의 네 배가 넘는 자국민을 부양해야 한다. 게다가 다른 모든 나라처럼 수많은 이해 당사자들이 땅과 그 안의 자원에 대해서 경쟁적으로 소유권을 주장한다. 전통적인 생활 방식을 유지하려는 현지 주민부터 땅을 팔아서 수익을 늘리려는 지역 공무원이 있고, 급증한 전력 수요를 감당하기 위해 오염되지 않은 협곡에 댐을 건설하려는 발전 사업자도 있으며, 풍부한 광물 자원을 개발하고자 하는 광산업자도 있다.

개발 세력과 환경 보존 세력 간의 갈등은 특히 자원이 풍부한 지역일수록 높다. 그동안 수많은 댐과 광산이 건설되었고 훨씬 많은 숫자가 제안되었다. 국제자연보호협회는 예컨대 댐을 건설할 위치와 구조를 조언하기 위해 전문가들을 초빙하는 등 생태계 파괴를 최소화하기 위해 노력했다. 그 과정에서 살윈강 상류에 열세 개에 이르는 일련의 댐을 건설하도록 제안한 최근의 경우처럼 우리와는 반대 입장에 있는 다른 중국 및 국제 환경 보호 단체들과 협력하기도 했다.

국제자연보호협회를 통한 우리의 노력에서 보듯이 중국 정부는 새로운 아이디어에 수용적인 태도로써 화답했다. 자국의 환경을 보호하기 위한 전례 없는 도전에 임해 자연과 인간의 요구 사이에서 균형을 유지하면서 기꺼이 실험적인 시도를 통해 해결책을 강구하고자 했다. 윈난성에서 시도된 실험적인 국립공원들이 성공적인 결말을 맞게 된다면 다른 성에서도 동일한 개념을 받아들일 것이었다. 그리고 정말 그런 일이 일어난다면 중국은 위기에 처한 자국의 자연과 문화유산을 구하는 목표에 조금 더 가까이 다가가게 될 것이었다.

9 하나의 은행, 두 개의 시스템

중국으로 향하는 비행기에 몸을 실은 채 한밤중에 태평양 상공을 지날 때였다. 골드만 삭스에서 임대해서 사용하는 제트기의 조종석에서 기장이 나오더니 나에게 다가와 사무실에서 급한 전화가 왔다고 말했다. 급유를 위해 캄차카반도에 잠깐 들렀다가 이륙한 지 불과 30분이 지난 시점이었고 기착지에서 비서인 줄리 베흐트와도 이미 통화를 했기 때문에 그녀가 금방 다시 연락을 해왔다는 사실에 어리둥절했다.

마이크 에번스와 나는 이틀 예정으로 여러 회의에 참석하러 가는 길이었다. 일정은 그날 아침에 홍콩에서 중국의 거대 국영 전력 회사 대표와 만나는 것부터 시작될 터였다. 해당 전력 공사는 전국의 송전 및 배전 업무를 책임지고 있었고 기존에 보유한 송전망을 분할하려는 계획을 추진 중이었다. 우리는 관련 사업 중 일부를 수주할 수 있을 것으로 기대하고 있었다. 이후에는 베이징으로 넘어가서 칭화 경영대학원의 집행위원회 위원들을 만나고 이제는 중국증권감독관리위원회를 이끌고 있는 저우샤오촨과 조찬도 함께할 예정이었다. 당시 골드만 삭스는 중국계 은행으로서는 최초의 국제적인 기업공개이자 수십억 달러 규모에 이르는 중국은행의 홍콩 자산 구조조정 건으로 한창 분주한 상황이었다. 기업공개는 5개월도 남지 않은 2002년 2월로 예정되어 있었고, 비실거리는 금융계를 개혁하려는 주룽지 총리의 계획을 위해서라도 성공적인 본보기가 되어야 했다. 저우샤오촨은 막후에서 금융 개혁을 주도하는 두뇌 중 한 명이었다. 나는 그와 금융 개혁에 대해 논의하고 싶었다.

줄리 베흐트에게 전화를 걸었고 그녀가 골드만 삭스의 수석 보좌관인 존 로저스와 연결해 주었다. 그리고 통화를 시작한 지 얼마 지나지 않아 내 머릿속에서는 향후 일정과 관련한 상념들이 모두 증발해 버렸다.

그가 말했다. 「헨리, 비행기가 세계 무역 센터를 들이받았습니다.」

늘 그렇듯이 침착하고 차분한 말투로 그는 이 사건이 단순한 사고인지 아니면 더 심각한 사태인지 모르겠다고 덧붙였다. 하지만 그와 통화하는 중간에 수화기 너머에서 재차 커다란 외침 소리가 들렸다. 나중에 안 사실이지만 브로드가 85번지 — 세계 무역 센터에서 남쪽으로 불과 몇 블록 떨어진 곳 — 에 위치한 본사 22층에서 골드만 삭스 직원들이 창문을 통해 또 다른 비행기가 나머지 세계 무역 센터 건물과 충돌하는 모습을 보면서 내지른 소리였다. 존은 1994년에 골드만 삭스에 합류하기 전까지 정부 기관에서 10년 넘게 근무한 사람이었다. 그가 말했다. 「이건 절대로 사고가 아닙니다.」

나는 마이크에게 손짓으로 말했다. 「기장에게 비행기를 돌리라고 해요. 지금 당장 돌아가야 합니다.」

비행기가 커다란 곡선을 그리면서 방향을 틀었고 동쪽으로 날아가기 시작했지만 얼마 후 다시 경로를 바꾸었다. 나는 즉시 무슨 일인지 물었다. 군용기를 제외하고는 미국 영공이 폐쇄되었다는 답이 돌아왔다. 얼마나 심각한 상황인지 실감하는 순간이었다.

우리는 홍콩으로 계속 나아가는 수밖에 없었다.

이후 몇 시간은 한없이 길게 느껴졌다. 우리는 가족이 모두 무사한지 확인했고 나는 2, 3분 간격으로 새로운 소식을 확인했다. 당연하지만 갈수록 더 우울한 소식들만 들려왔다. 뉴욕의 쌍둥이 빌딩이 무너졌고, 펜타곤이 공격당했으며, 펜실베이니아주 생스빌 북쪽에서 비행기가 추락했고, 사망자와 파괴로 인한 희생자가 계속 늘어나고 있었다. 우리는 골드만 삭스 직원들이 다치지 않았다는 사실을 그나마 다행으로 여겼지만 안타깝게도 수많은 직원들이 가족을 잃었다는 사실을 알게 되었다. 어떤 면에서는 그 상황이 비현실적으로 느껴졌다. 조종사들과 마이크 에번스와 나는 방음이 되어 웅웅거리는 소리만 들리는 작고 조용한 전세기에 갇힌 채 하늘을 부유하고 있었다. 궁금한 것은 많았지만 아무런 대답도 들을 수 없었고, 아무것도 할 수 없었다. 그저 물어볼 것이 생각날 때마다 사무실에 반복해서 전화를 걸 뿐이었다. 그런 와중에도 우리의 몸은 우리가 가능한 한 빨리 돌아가고자 하는 곳으로부터 빠르게 멀어지는 중이었다.

우리는 오전 7시에 홍콩에 착륙했고 지체 없이 일정을 소화하기로 했다. 나는 우리의 의지와 결심을 보여 주고 싶었다. 그리고 모범을 보이고 싶었다. 누구도 이런 공격으로 우리를 멈추게 할 수 없다는 사실을 알리고 싶었다. 시내로 들어가는 차 안에서 나는 전 세계 2만 3,000명에 달하는 직원들을 안심시키기 위해 사내(社內) 전체에 보낼 음성 메일을 작성하기 시작했다. 지금 그들은 가족과 친구는 물론이고 골드만 삭스와 뉴욕의 다른 회사 동료들을 걱정하고 있을 터였다.

첫 일정은 홍콩의 페닌슐라 호텔 최고층에 위치한 고급 레스토랑 펠릭스에서 리펑 전 총리의 정치적 피후견인이자 국가 전력 공사의 최고 경영자인 가오옌과 조찬을 하는 자리였다. 믿을 수 없게도 그는 미국에서 벌어진 비극적인 사건에 전혀 관심이 없는 것처럼 보였다. 내가 충격과 슬픔으로 덜덜 떨면서 미국이 공격당한 사실을 언급했음에도 그는 아무런 말이 없었다. 정말 단 한 마디도 하지 않았다. 그보다는 엄청난 양의 아침 식사를 즐기면서 레스토랑 측에 자신이 좋아하는 음악을 반복해서 틀도록 하는 것에 훨씬 관심이 있는 듯했다. 그런 와중에도 나는 존 로저스에게서 새로운 소식을 보고받느라 두 번이나 양해를 구해야 했다. 로저스는 여전히 사무실을 지키고 있었고 내가 돌아갈 때까지 매일 밤 사무실을 지킬 터였다. 나는 얼른 그 자리가 끝나서 저 자기중심적이고 오만한 남자로부터 벗어나기를 바랄 뿐이었다. 공교롭게도 1년도 채 지나지 않아 가오옌은 10억 달러 규모의 비리 사건에 연루되어 중국에서 도주했고, 이후로는 내내 도망자 신세를 면치 못했다.

다행히 내가 만난 다른 지도자들과 경영자들은 가오옌과 사뭇 다른 태도를 보이거나 전화를 걸어 애도하고 미국과 미국인, 시장을 걱정해 주었다. 가오옌의 무례함은 그 이전이나 이후에도 중국의 고위 관료들에게서 한 번도 보지 못한 것이었다.

마이크와 나는 서둘러 홍콩 사무소로 돌아갔다. 나는 골드만 삭스에서 사망자가 발생하지 않았다는 사실에 안도하면서도 그날 일어난 여러 가지 사건 때문에 겁에 질리고 정신적으로 큰 충격을 받았을 직원들을 걱정했다. 많은 사람들이 뉴욕에서 일하는 친구나 가족을 걱정하면서 안절부절못했다. 나는 골드만 삭스에 개인의 안전을 최우선으로 하도록 분명히 했다. 직원들한테는 앞을 보면서, 이를테면 가족에게 연락하거나 지인들을 위로하는 등 긍정적인 방식으로 힘을 집중하도록 독려하기 위해 최선을 다했다. 마이크와 나는 홍콩의 재무 서기관인 앤터니 렁과 함께 점심 식사를 했고, 이후에는 홍콩 특별행정구의 행정 장관인 둥젠화와 리카싱을 만났다. 그들은 모두 텔레비전으로 미국에서 발생한 참사를 목격한 터였다. 충격과 애도의 마음을 전했으며 우리와 마찬가지로 약간은 겁을 먹은 상태였다. 우리 눈앞에서 세상이 변하고 있었고 그다음에는 또 어떤 일이 벌어질지 아무도 알 수 없었다.

나는 베이징을 방문하려던 계획을 연기한 채 존 로저스와 뉴욕 사무실과 공조하여 최대한 빨리 미국으로 돌아갈 방법을 모색했다. 동시에 골드만 삭스의 직원들을 안심시키기 위해 그들 모두에게 몇 시간 뒤면 내가 돌아갈 것이고 〈우리는 강력한 한 팀이자 회사로서 (……) 위기의 순간에도 절대 흔들리지 않을 버팀목으로서 계속 앞으로 나아갈 것〉이라는 지극히 사적인 음성 메일을 발송했다.

우리는 9·11 사태 이후에 하늘 길을 통한 미국 입국을 허가받은 첫 해외 여행자 중 하나였다. 내가 주요 투자은행의 경영자였고 9·11 사태 이후 폐쇄된 시장을 재가동하는 것이 국가적으로 매우 중요하게 여겨졌기 때문이다. 마이크 에번스와 나는 9월 14일 금요일 홍콩에서 넷제트 전세기에 서둘러 몸을 실었다. 중간 급유를 위해 오사카에 기착했을 때 나는 또 다른 음성 메일을 녹음했다. 전 직원에게 로어맨해튼으로 돌아와 업무에 복귀할 것을 독려하는 내용이었고 굳이 장황하게 이야기할 필요는 없었다. 〈우리는 평소에 해왔던 업무를 재개할 것입니다.〉

전세기 양옆으로 F-16 전투기를 대동한 채 알래스카 상공을 지나 미국을 가로질러 비행하던 기억이 지금도 생생하다. 우리는 뉴욕주 화이트플레인스에 착륙했다. 기사인 앨릭스 노레딘이 마중 나와 있었다. 그가 맨해튼의 어퍼웨스트사이드에 있는 우리 집으로 갈 것인지 물었다.

「아닙니다.」 내가 말했다. 「사무실로 바로 가주세요.」

땀이 줄줄 흐를 정도로 무덥고 구름이 많이 낀 날이었다. 우리는 시내로 들어가는 한산한 도로를 지나 자동차 전용 도로인 FDR 드라이브를 따라 빠르게 나아갔다. 커낼스트리트에서 바리케이드를 통과한 다음 그라운드 제로 인근의 사고 현장에 진입했을 때였다. 나는 내내 마음의 준비를 했음에도 눈앞에 드러난 광경에 엄청난 충격을 받았다. 사방이 온통 폐허와 잿더미로 변한 가운데 텅 빈 거리에는 구급차와 경찰차, 주 방위군의 모습만 보였고 끔찍한 탄내가 진동하고 있었다.

이후 며칠은 정말 특별한 경험이었다. 미국 채권 시장이 목요일부터 다시 문을 연 가운데 골드만 삭스 직원들은 대다수가 회사로 복귀해서 운영 및 기술 팀에 합류해 밤낮으로 일하고 있었다. 그런 직원들에게 편의를 제공하기 위해 골드만 삭스는 많은 노력을 기울였다. 위기 관리 팀을 통해 뉴저지와 맨해튼을 오가는 배편도 마련했고, 경찰의 호위를 받으며 안전 경계선을 통과하는 버스도 준비했으며, 비상 발전기에 연료를 공급할 유조차도 준비했다. 월요일부터 다시 문을 열 예정인 뉴욕 증권거래소와 스물네 시간 내내 긴밀히 공조하며 준비하는 팀도 있었다. 나는 뉴욕 증권거래소 객장에서 월 스트리트의 다른 대표들과 함께 개장을 알리는 종을 울린 뒤 서둘러 골드만 삭스의 객장으로 돌아와서 우리 회사가 월트 디즈니의 주식을 대량으로 거래하는 상황을 지켜보았다.

나의 예상대로 시장의 관점에서 끔찍한 하루였다. 투자자들의 억눌린 공포가 폭발하면서 매도 세력의 완패로 마감한 그날 하루에만 다우존스 산업 평균 지수는 7퍼센트가 넘는 684.81포인트나 폭락했고 역사상 세 번째로 큰 낙폭을 기록했다. 그럼에도 시장은 양호한 상태였으며 나는 크게 걱정하지 않았다. 나는 미국을 믿었고, 미국 경제의 회복력과 금융 시스템을 믿었다. 우리가 다시 반등할 거라고 확신했다. 시장이 매끄럽게 제 기능을 발휘하고 국민들이 며칠 동안의 끔찍한 충격과 슬픔을 극복해 가는 모습을 보면서 안도했다. 우리 골드만 삭스의 직원들뿐 아니라 솔직히 말하자면 믿을 수 없을 만큼 어려운 상황에서도 열심히 일하고 있는 월스트리트의 모든 동종 업계 종사자들이 너무나 자랑스러웠다. 나는 서로가 아무리 맹렬한 경쟁 관계에 있더라도 더 본질적이고 중요한 부분에서는 우리 모두가 하나임을 깨달았다. 분명하게는 애국심도 그중 하나였고 많은 사람이 공유하는 뜨거운 인류애 역시 마찬가지였다. 그리고 바로 그 인류애를 바탕으로 우리는 테러 따위로는 절대로 우리를 무너뜨릴 수도 없거니와 우리의 의지를 꺾을 수 없다는 사실을 단호하게 증명하고자 했다.

그날 나는 골드만 삭스의 전 세계 파트너들과 고객들에게 열심히 전화를 돌렸다. 전화 통화는 다음 날 아침 저우샤오촨과 왕치산을 마지막으로 끝났다. 왕치산은 광둥성에서 올라와 지대한 영향을 미칠 정부의 경제 개혁에서 중추 역할을 하는 국무원 경제개혁위원회를 이끌고 있었다. 나는 미국인들이 그리고 골드만 삭스의 직원들이 겁먹지 않았다는 사실을 그들에게 직접 이야기해 주고 싶었다. 그들 두 사람뿐 아니라 주룽지 총리를 비롯한 중국의 모든 사람이 안심해도 될 터였다. 우리는 절대로 주저앉지 않을 것이었다. 그리고 적어도 골드만 삭스에서 계속 관여하는 한 그들의 개혁 계획은 예정대로 진행될 것이었다.

마오쩌둥 시대의 중국에서는 상업은행이 그다지 필요하지 않았다. 중국 재정부가 국유 기업들에 자본을 대주면 국유 기업들이 재정부에 다시 수익을 돌려주는 비효율적이고 폐쇄적인 순환 방식을 취했기 때문이다. 국유 기업에 소속된 도시 노동자들은 회사로부터 기본적인 생필품을 직접 제공받았고, 시골에서 겨우겨우 살아가는 농부들은 돈이 거의 없거나 아예 없었다. 국내총생산의 6퍼센트에 불과한 가계 저축으로 국가 발전을 도모하기에는 역부족이었다. 오늘날에는 가계 저축이 국내총생산의 절반에 이르고 있다(반면 미국의 가계 저축은 국내총생산의 5퍼센트에 불과하다).

단 하나의 은행이 금융 시장을 지배했다. 바로 거대한 다목적 은행인 중국인민은행이었다. 중국인민은행은 중앙은행으로서 통화 공급량을 관리하고, 금리를 결정하고, 자국의 외환 보유고를 감독하는 동시에 상업은행으로서 중국에서 이루어지는 거의 모든 대출에 관여하고 전체 예금 중 80퍼센트를 보유하고 있었다. 이외에도 다른 몇몇 금융 기관이 존재했지만 공산화되기 이전 중국 경제의 흔적에 불과했고 그나마도 1949년을 기점으로 재정부와 중국인민은행에 흡수되었다. 1912년에 설립되어 1928년까지 난징 임시 정부와 북부 독군 정부의 중앙은행 역할을 했던 중국은행도 중국인민은행 산하의 외국환 거래 담당 부서로 전락했다. 농촌 사업의 재정 지원을 위해 1951년에 설립된 중국농업은행 역시 이후 30년 중 대부분의 기간 동안 중국인민은행의 일부로 기능했다. 중국 재정부는 사회 기간 시설과 건설 사업에 자금을 분배하기 위해서 1954년에 중국인민건설은행을 설립했다.

계획경제에서 보다 시장 지향적인 경제로 탈바꿈하기 위해서는 상업은행이, 궁극적으로는 자본 시장이 필요하다. 우선은 은행이다. 자본을 효율적으로 분배하는 데 상업은행이 중요한 역할을 수행하기 때문이다. 상업은행은 기업과 개인에게 대출을 해주고, 예금주의 돈을 안전하게 지켜 줄 뿐 아니라 그들이 돈을 모을 수 있게 도와주며, 신용장이나 무역 금융부터 B2B 결제 방식 중 하나인 락박스 서비스와 자금 이체에 이르기까지 보통 사람들이 거의 관심을 갖지 않지만 그럼에도 상업 활동이 원활하게 이루어지도록 도와주는 수많은 당좌 거래를 제공한다.

1978년에 개혁개방이 시작되면서 중국 지도자들은 시장에 필요한 보다 광범위한 서비스를 경쟁적으로 제공하도록 일단의 은행들을 설립하기 시작했다. 중국은행과 중국농업은행은 중국인민은행에서 분리되어 국무원이 직접 감독하는 독립적인 상업은행이 되었다. 중국인민건설은행은 1979년 10월 재정부에서 분리되었고 나중에 중국건설은행으로 이름을 바꾸었다. 1984년에 국무원은 중국인민은행을 전통적인 중앙은행의 기능에 더 가깝게 만들기 위한 일련의 개혁을 단행했다. 그 결과 해당 은행의 상업적인 기능은 새로 설립된 중국공상은행으로 이관되었다. 중국공상은행은 2만 개가 넘는 지점과 분점을 보유하고 대출 규모가 전체 은행 대출의 절반에 이르면서 단박에 중국에서 제일 큰 은행이 되었다.

정부의 의도는 새로 탄생한 중국농업은행과 중국은행, 중국공상은행, 중국건설은행 등 네 개의 거대 상업은행이 국유 기업에 금융을 제공함으로써 기업들을 국가의 경제 계획에 맞추어 성장하게 하는 것이었다. 은행은 대출 업무와 돈을 빌려 가는 기업에게 점차적으로 더 엄격한 기준을 적용할 터였다. 이 같은 접근법은 결국 실패로 드러났다. 새로운 은행까지는 만들었지만 더 엄격한 기준이 자리를 잡지 못한 것이다. 1984년의 금융 개혁으로 의사 결정권이 분산되면서 지방의 지점 관리자들에게 상당한 재량권이 주어졌다. 하지만 그들은 영리 기업을 운영하기에는 너무 미숙하고 경험도 부족했다. 게다가 그들은 무슨 수를 써서라도 더 많은 돈을 융통하려는 지방정부나 당 지도자에게 휘둘리기 일쑤였다. 그들, 즉 지방정부나 당 지도자들로서는 그들의 정치적인 미래뿐 아니라 개인적인 영달이 걸린 문제였다.

이들 4대 은행은 급증하는 기업 활동으로 점점 더 늘어난 가계 저축을 쓸어 담으면서, 그리고 이 돈을 국유 기업에 빌려주면서 빠르게 성장했다. 이 과정에서 무서울 정도로 빠른 성장을 견인하기도 했지만 악성 인플레이션을 가속하는 데 일조하기도 했다. 1989년 발생한 톈안먼 광장 시위의 기저에는 이런 악성 인플레이션 때문에 촉발된 불안이 존재했다. 결국 이 과열된 팽창 열기는 산더미처럼 많은 악성 대출로 이어질 터였다.

점차적으로 경쟁을 확대해 나가는 과정에서 10여 개에 이르는 중소 규모의 합작 은행들이 새로 생기거나 예컨대 상하이에 기반을 둔 교통은행처럼 공산 혁명 이전부터 존재해 온 방식에서 재편되었고, 1995년에는 국무원에서 시 당국 소유의 이른바 도시 상업은행이라는 또 다른 형태의 은행들에 인가를 내주었다. 하지만 금융계에서 권력은 여전히 4대 은행에 집중되어 있었다.

인플레이션에 맞서 국가 재정과 세금 관련 정책들을 도입하면서 주룽지는 금융 제도를 고쳐 나가기 시작했다. 그는 다른 무엇보다 은행의 대출 결정에 지방정부가 개입하지 못하도록 차단하고 중복되는 부서가 많아 책임 소재가 불투명한 중앙은행을 개혁하고자 했다. 권한이 분산된 뒤로 중국인민은행 산하의 성 단위 지점들이 너무나 많은 경우에 4대 은행의 현지 지점에서 발생한 손실을 부담하라는 압력에 굴복하고 있었다(중앙정부는 중국인민은행을 쇄신하고 강화하는 한편 지방의 은행 지점에서 베이징 본사로 권한을 되가져오기 위한 새로운 중앙은행법을 도입할 터였다. 서른한 개에 달하던 성 단위의 중국인민은행 지점을 통폐합해서 아홉 개 지역의 지점으로 대체하고 이들 지점의 책임자를 지방정부가 아닌 중앙은행이 임명하도록 할 터였다).

정부는 또 세 개의 새로운 은행, 즉 중국국가개발은행과 중국수출입은행, 중국농업개발은행도 신설했다. 도로나 다리, 발전소 등 정부에서 진행하는 사업에 자금을 대도록 하기 위함이었다. 하지만 이런 〈정책〉 대출은 대체로 채무 불이행률이 높을뿐더러 그 규모가 이제는 상업 대출에 전념하라는 지시를 받은 중국공상은행과 중국인민건설은행, 중국은행, 중국농업은행에서 진행하는 대출의 3분의 1이 넘을 때도 있었다.

비록 선의에서 비롯되었지만 이러한 행보 중 어떤 것은 완전히 실패했다. 예컨대 새로운 정책 은행들은 이내 상업 대출에 나서기를 원했다. 반면에 거대 상업은행들은 비틀거리는 산업을 지원하라는 정치적 압박에 여전히 시달렸고 그 결과는 부실한 여신 결정으로 이어졌다. 그들의 대출 중 압도적으로 많은 비율이 휘청거리는 국유 기업들에게 이루어졌고, 국유 기업들은 점점 더 대출금으로 회사 운영비를 충당하고 있었다. 반면에 활력이 넘치지만 신출내기에 불과한 민영 기업들은 대출을 구걸해야 했다.

더욱이 개혁은 미래의 대출 결정을 개선하는 데는 힘을 쏟았지만 은행들의 회계 장부에 이미 만연한 문제들은 외면했고 그로 인한 부작용이 금방 나타났다. 국유 기업들은 엄청난 적자를 내면서도 자유롭게 돈을 빌려 쓴 결과 어마어마한 빚을 졌고, 은행들이 제 기능을 다하지 못하게 만들었으며, 경제 성장을 저해하는 동시에 세계 시장에서 중국의 입지가 약화될 위험을 초래했다. 1997년에 중국 정부는 휘청거리는 4대 은행의 대출 중 25퍼센트가 불량 채권일 것으로 추정했다. 나중에 알고 보니 이 수치도 심히 과소평가된 것이었다. 정부가 더 엄격한 여신 분류 기준을 적용하기 시작했을 때는 악성 부채 비율이 50퍼센트까지 치솟았다.

이런 문제가 만천하에 드러난 것은 아시아의 외환 위기 때였다. 아시아 국가들이 수출 감소에 더해서 화폐 가치까지 하락하면서 끔찍한 재앙을 맞은 것이다. 투기성 짙은 부동산 대출 시장이 붕괴했고, 수많은 은행이 도산했으며, 충격에 빠진 세계 투자자들이 불안감에 자금을 회수했다. 중국 은행들이 휘청거리자 중국이 좌초할지 모른다는 의심이 여기저기서 고개를 쳐들었다. 아시아의 외환 위기에서 촉발된 불황의 여파가 중국을 덮치고 중국의 국내총생산과 수출 성장률이 급락했음에도 불구하고 중국의 지도자들은 강력하게 버티기로 결정했다. 예컨대 주룽지는 인민폐를 절하하지 않기로 했다. 인민폐의 가치를 낮추면 중국의 수출 경쟁력은 높아지겠지만 아시아 전체에 인근 궁핍화 현상을 초래할 터였다. 대신에 경제를 활성화하기 위해 대대적인 기간 시설 사업에 착수했고 금융 제도를 개선하기 위해 움직였다.

중국 정부는 1998년에 국내총생산의 3퍼센트에 달하는 2700억 위안(약 325억 달러)을 4대 은행에 투입했다. 해당 은행들의 자기자본 비율을 최소 국제 기준인 8퍼센트에 맞추기 위함이었는데 그럼에도 악성 대출 문제는 여전히 시스템을 위협했다. 단순히 국가 재정을 투입해서 해결하기에는 너무나 심각한 수준이었다. 불량 채권의 총 가치가 중국 정부의 1년 세입은 물론이고 1450억 달러에 이르던 외환 보유고를 훨씬 넘어선 상태였다.

뉴욕 연방준비은행의 전임 총재이자 골드만 삭스에서 리스크 위원회와 글로벌 규정 준수 및 관리 위원회의 공동 회장을 맡고 있던 제리 코리건을 포함한 골드만 삭스의 투자 은행가들이 중국 정부와 다양한 해법을 논의하기 시작했다. 그들은 정기적으로 베이징으로 날아가서 그들의 경험과 조언을 중국 정부와 금융계 지도자들과 나누었다. 중국 쪽 인사 중에는 저우샤오촨도 있었는데, 그는 주룽지로부터 은행에 적용할 구조조정 프로그램을 개발하라는 임무를 부여받은 터였다. 주룽지 총리는 불량 채권과 자본 문제, 산업 전반의 기업 지배 구조 문제를 해결할 체계적인 계획을 원하고 있었다. 골드만 삭스의 도움을 받아 중국 정부는 스웨덴의 불량 채권 개선 작업을 비롯한 중동부 유럽의 은행 구조조정 사례와 정리 신탁 공사를 통한 미국의 1980년대 저축 및 대출 위기 극복 사례 등 다양한 국제 모델을 연구했다.

저우샤오촨은 중국건설은행의 대차대조표에 존재하는 악성 대출을 특별한 목적으로 설립된 자산 관리 회사로 옮긴 뒤 해당 기업으로 하여금 자산 매각과 출자 전환, 불량 채무 기업의 운영 정상화 등을 통해 최대한 회생 노력을 하게 한다는 계획을 세웠다. 1999년 10월에는 4대 은행 중 나머지 세 은행도 각각의 자산 관리 회사를 설립했다. 2000년 말에 이르러 이들 네 개의 자산 관리 회사는 4대 은행의 전체 대출 자산 중 5분의 1이 넘는 1700억 달러를 보유하게 되었고, 이는 1999년 중국 국내총생산의 15.5퍼센트에 이르는 엄청난 규모였다. 이 같은 조치로 4대 은행의 대차대조표에서 불량 채권은 감소했지만 당연하게도 문제가 완전히 사라진 것은 아니었다.

이처럼 어마어마한 액수를 다루기 위해서는 약간의 복잡한 금융 공학이 필요했다. 중국 정부는 1998년에 자본 재구성에 필요한 325억 달러를 마련하기 위해 중앙은행에 거대 은행의 지급준비율을 낮추도록 하는 방법을 사용했다. 은행들이 재정부에서 발행하는 채권을 매입할 수 있도록 돈줄을 풀어 준 것이었고, 재정부는 나중에 이 자금을 다시 자본금 명목으로 은행에 투입했다. 불량 채권 문제를 처리할 때도 비슷한 순환 논리가 이용되었다. 자산 관리 회사의 자본금은 재정부에서 출자되었고 이들 회사들은 중앙은행에서 돈을 빌리거나 할인율이 낮은 채권을 발행해서 해당 은행들에게 매입하게 함으로써 불량 채권의 매입 자금을 조달했다.

계획은 성공적이었고 고무적인 결과를 이끌었다. 물론 문제도 있었다. 자산 관리 회사들은 부실 채권을 액면가로 인수했지만 채무자의 부실 문제를 해결하기 위해 아무것도 할 수 없었다. 대부분이 지독한 부실 채권인 데다가 겨우 20퍼센트에 가까운 채권 회수율은 자산 관리 회사들의 대대적인 손실을 예고할 뿐이었다. 그들은 출자전환을 통해 채무자의 지분을 흡수할 수 있었지만 정계에 두터운 인맥을 보유한 국유 기업들을 상대로 운영 방식을 바꾸도록 강제할 권한이 없었다. 하지만 이들 자산 관리 회사들은 향후 10년 동안은 계속 운영될 계획이었고, 중국인들이 이 문제를 더 잘 해결할 수 있을 때까지 재정적인 심판을 늦춤으로써 그들에게 시간을 벌어 주었다.

금융 부문의 구조조정을 기획한 저우샤오촨은 20년 동안 늘 개혁의 최전방에 있었고 2002년부터 중앙은행 총재를 맡았다. 내가 저우샤오촨을 처음 알게 된 것은 그가 중국건설은행을 이끌기 시작한 직후인 1998년 초였다. 우리는 페트로차이나의 기업공개 문제로 열띤 토론을 나누었다. 당시 골드만 삭스는 중국건설은행과 모건 스탠리가 합작한 투자은행인 중국국제금융공사와 기업공개 주간사 자리를 놓고 경쟁하고 있었다. 큰 키에 예의가 바른 저우샤오촨은 재능이 많은 남자였다. 유창한 영어 실력에 1980년대에 뛰어난 테니스 실력을 뽐내기도 했으며, 서양의 고전 음악과 오페라, 브로드웨이 뮤지컬에 지속적인 애정을 보였다(언젠가는 대학원생들에게 도움을 받아 서양 뮤지컬 안내서를 발간하기도 했다).

통찰력 있는 사상가인 저우샤오촨은 집안도 매우 좋았다. 집안이 좋다는 것은 중국에서 언제나 커다란 장점이었다. 문화 대혁명 이후 제1기계공업부의 유력한 관료였던 그의 부친은 같은 부에서 일하는 미래의 공산당 지도자 장쩌민의 젊은 시절 멘토였다. 저우샤오촨의 부모는 둘 다 1950년대에 소련에서 수학했다. 그들은 중앙의 정책 기획자 — 모친은 화학부 관리였다 — 였고, 무분별하게 확장되는 경제를 중앙에서 효과적으로 관리해야 할 정책 기획자들의 능력에 깊은 회의를 느꼈다. 한편 저우샤오촨 본인은 대학원에 다니는 동안 수학적 모델을 이용해서 계획경제에서 나타나는 실질적인 문제들을 분석했다. 어떤 정보를 수집해서 국가계획위원회에 보고할 수 있는지 분석했고, 계획경제와 시장경제의 자원 배분 상황을 비교했으며, 하향식 계획경제의 유인 구조 — 또는 유인이 결여된 구조 — 를 조사했다.

저우샤오촨을 비롯한 그의 부모와 세 명의 형제는 문화 대혁명 기간 동안 전국의 외딴 지역에 따로따로 흩어져 살았다. 저우샤오촨은 10월부터 시작해서 이듬해 5월까지 혹독한 겨울이 지속되는 만주의 헤이룽장성에서 농장 노동자로 4년을 지냈다. 그는 이 기간에 독서를 하거나 쌓으면 높이가 150센티미터에 이를 정도로 수집한 레코드판을 들으면서 음악에 대한 애정을 키워 나갔다. 한 번은 나에게 이런 말도 했다. 〈문화 대혁명 기간에 그들은 사람들에게 클래식 음악을 듣지 못하게 하려 했지만 시골에서는 그런 것에 아무도 신경 쓰지 않았다!〉 무엇보다 그는 이 혹독한 유배 기간에 자신을 성찰하고 자신의 나라에서 옳고 그른 것이 무엇인지, 어떻게 하면 중국인의 삶을 개선할 수 있을지를 고민했다.

1980년대 초의 베이징은 다양한 실험이 이루어지는 일종의 분주한 실험실 같았다. 칭화 대학교에서 자동화와 시스템 공학 박사 과정을 밟던 저우샤오촨은 동년배인 왕치산과 함께 유력한 젊은 개혁가로 부상했다. 왕치산이 농촌 개혁에 집중했다면 저우샤오촨은 가격 전략이나 무역, 외환에 관련된 문제를 집중적으로 연구했다. 이들 분야에 대한 종합적인 개혁 계획을 수립하기 위해 당시 국가경제위원회 부주임이던 주룽지와 협력했다. 박사 학위를 취득한 다음에는 1986년에 중국 경제체제개혁연구소 부소장으로 일하기 시작했고, 같은 해에 국가경제체제개혁위원회 위원이 되었다. 왕치산과 마찬가지로 그는 일단의 학자들을 비롯해 외국에서 돌아온 지식인들과 가깝게 지냈는데, 그들은 1988년에 베이징에 증권거래소를 설립하고자 하고 있었다.

저우샤오촨은 1991년에 중국은행 부행장이 되었고 주룽지가

1993년에 중앙은행을 직접 지휘하기 시작한 뒤로 금융계에서 점점 더 명백히 개혁적인 성향을 드러냈다. 그는 상업 대출과 정책에 기반한 대출을 분리하도록 촉구하는 논문을 공동 집필했으며, 1995년에 중국의 외환 거래 감독 기관인 국가외환관리국을 이끌었고, 이듬해에는 중국인민은행 부총재가 되었다. 당시 중국인민은행에서는 미국 연방준비제도를 모델 삼아 더 엄중히 관리되는 기업으로 거듭나기 위한 쇄신 작업이 한창이었다.

주룽지가 금융 문제를 해결하도록 왕치산을 광둥성에 파견한 뒤인 1998년에 저우샤오촨은 중국건설은행 총재가 되었다. 중국건설은행의 총재가 됨으로써 그는 계획을 수립하는 단계에서 참여했던 개혁을 직접 시행하는 위치가 되었다. 중국건설은행 산하의 투자은행인 중국국제금융공사가 1990년대 말에 진행된 대대적인 구조조정과 기업공개 과정에서 주간사 또는 공동 주간사 역할을 할 터였기 때문이다. 모건 스탠리와의 관계는 깔끔하게 정리된 참이었고 주룽지의 아들인 주윈라이가 중국국제금융공사의 운영위원회에 선임되었다.

저우샤오촨은 계속해서 더 광범위한 개혁을 추진했다. 1999년에는 주룽지의 명령을 받아 포괄적이고 장기적인 금융 개혁 계획을 대략적으로 설명하는 논문을 발표했다. 그는 이 논문에서 은행들이 어떻게 구조 개혁을 진행해서 — 회계와 기술, 투명성을 제고함으로써 운영 방식과 대출 관행을 개선하는 등 — 지주회사로 거듭나고 기업공개를 준비해야 하는지 설명했다. 기업공개가 성공하려면 은행들은 기존의 대출 채권 문제가 해결되었고 재발 방지를 위한 안전장치들이 만들어졌다고 미래의 투자자들을 안심시켜야 할 터였다.

저우샤오촨의 원래 제안은 통제권은 유지하되 최대한의 자본을 확보하기 위해 정부의 지분을 30퍼센트로 낮추는 것이었다. 하지만 주룽지 총리가 그에게 다른 고위급 지도자들이 절대로 제안을 받아들이지 않을 거라고 말했고, 결국 저우샤오촨은 논문에서 정부가 은행 지분의 50퍼센트 이상을 보유해야 한다는 의견을 피력했다. 이 논문은 주룽지의 고집으로 2000년에 『인민일보』에 발표되었고, 같은 해에 저우샤오촨은 중국증권감독관리위원회 위원장이 되었다.

중국은행(홍콩)은 주룽지의 계획에 모르모트로 선택되었다. 중국 본토의 다른 은행들에 비해 해당 은행의 사정이 낫고 운영 상태도 더 좋을 것으로 생각되었기 때문이다. 어쨌거나 중국은행(홍콩)은 치열한 홍콩 시장에서 당시에는 중국인민은행보다 훨씬 엄격하고 높은 평가를 받던 규제 기관인 홍콩 통화청의 감독을 받으면서 HSBC 홀딩스나 스탠다드 차타드 같은 세계적인 거대 은행들과 수십 년째 경쟁해 온 터였다. 이 같은 요소는 중국은행(홍콩)을 전 세계 투자자들에게 상당히 매력적으로 보이게 하는 동시에 공산권 은행에 투자하는 데 따른 부담도 최소화해 줄 터였다.

중국은행(홍콩)이 본토의 다른 은행들보다 사정이 낫다는 결론은 그다지 특별할 것 없는 결정이었다. 우선 중국은행(홍콩)은 단일 기관이 아니었다. 오히려 이를테면 84년의 역사를 지닌 중국은행 홍콩 지점 자체는 물론이고 중화인민공화국 정부가 정권을 잡은 뒤에 국영화한 중국 본토의 은행 중 일곱 개 은행의 홍콩 지점들에 더해서 중화인민공화국 정부가 홍콩 현지에 설립한 두 개의 은행까지 총 10여 개의 은행들이 잡다하게 섞인 집합체에 가까웠다. 중국은행은 1980년대에 이들 은행을 새로 설립한 중국은행(홍콩) 그룹으로 묶으려는 시도를 했지만 공동 ATM 망을 사용하거나 약간의 소프트웨어를 공유한 것을 제외하고는 대체로 피상적인 움직임에 불과했다. 이오밍 페이에 의해 설계된 홍콩 해안의 놀랄 만큼 아름다운 타워에 공동으로 본사를 두고 있었지만 이들 은행은 각각의 상호와 지원 부서, 정보 관리 시스템을 보유한 채 독립적으로 운영되었다. 회계 장부는 당연히 통합되지 않았다. 그룹 차원의 최고 재무 책임자나 리스크 담당 임원도 없었다. 대체로 현대의 은행치고는 좀처럼 보기 힘든 이례적인 문제들이 혼재하는 상태였다.

당연히 그룹의 운영 성과는 실망스러웠다. 2001년에 추정 수익이 3억 5500만 달러였는데 980억 달러에 이르는 자산을 고려하면 보잘것없는 액수였다. 악성 대출은 중국 본토의 은행들에 비하면 소소한 수준이었지만 홍콩 기준에서는 여전히 많은 편이었다. 2000년 말을 기준으로 불량 채권율이 10.19퍼센트에 달했는데 홍콩 현지의 경쟁자였던 항셍 은행은 3.3퍼센트에 불과했다.

1990년대 대부분의 기간 동안 중국은행을 진두지휘해 온 인물이 바로 왕쉐빙(王學兵)이었다. 사람들은 그의 이름을 광둥식 발음의 철자를 따서 HP라고 불렀다. 대외 경제 무역 대학교의 전신인 베이징 대외 경제부를 졸업한 그는 중국은행의 런던과 뉴욕 지사에서 근무했으며, 뉴욕 지사에서 일정 기간 트레이더로 일한 뒤에 1988년부터 미국 사업 총책을 맡았다. 왕쉐빙은 1993년에 베이징으로 돌아왔고 중국은행 은행장이 되었다. 나는 1996년 겨울에 그를 처음 만났다. 중간 정도의 키에 눈에 띄는 짙은 색 안경을 쓴 그는 환한 미소와 활기찬 성격, 유창한 영어 덕분에 외국인 은행가들에게 인기가 많은 편이었다. 얼마 전부터 그는 우리의 오랜 친구이자 중국국제금융공사 부총재인 팡펑레이에게 조언을 구해 오던 참이었고, 이에 팡펑레이가 우리에게 도움을 요청한 터였다.

1999년 10월, 팡펑레이는 어느 토요일에 베이징 쿤룬 호텔에서 골드만 삭스의 중국 팀 팀장인 쉬쯔왕과 트레이시 울스텐크로프트를 만나기로 약속을 잡았다. 트레이시 울스텐크로프트는 골드만 삭스의 아시아 금융 사무소를 운영하는 동시에 일본 쪽 금융 업무를 총괄하는 수장 중 한 명이었다. 약속 장소에 도착하자 두 사람은 당혹스럽게도 호텔 사우나로 안내되었다. 그곳에서 팡펑레이가 머리에 차가운 오렌지색 목욕 수건을 얹고 몸에는 흰색 수건을 걸친 채 그들을 기다리고 있었다. 손님이라고는 그들이 전부였다. 팡펑레이의 보좌관 두 명이 입구를 통제한 까닭이었다. 팡펑레이가 굳이 그런 장소를 택한 이유는 구체적인 금융 개혁 계획을 설명하는 과정에서 최대한 기밀을 유지하기 위함이었다. 그는 중국은행에 초점을 맞추어 〈하나의 은행, 두 개의 시스템〉 전략을 제시했다. 홍콩 반환 당시에 덩샤오핑이 천명한 〈하나의 국가, 두 개의 시스템〉 원칙을 이용한 전략이자 두 개의 별도 법인을 (하나는 중국 기업으로, 다른 하나는 국제 기업으로) 만들어 양쪽 지분을 보유한 하나의 지주회사 아래에 둔다는 계획이었다.

트레이시 울스텐크로프트는 그해 크리스마스에 팡펑레이와 머리를 맞대어 중국은행(홍콩)의 구조조정 계획을 내놓았고, 이듬해 1월에 왕쉐빙은 나를 비롯한 골드만 삭스 팀과 함께 점심을 먹는 자리에서 해당 계획을 세부적으로 검토했다. 악성 대출을 정리하고 출자전환을 거친 뒤 주식 상장을 통해 자금을 조달하는 접근법은 시간이 지나면서 바뀌겠지만 중국은행(홍콩)의 상장을 진행하는 원칙이 되었고 구조조정을 앞둔 4대 국영 은행들에게 기업 공개를 위한 청사진을 제공했다.

그럼에도 왕쉐빙은 이 계획이 시행되는 것을 지켜보지 못했다. 우리와 점심을 먹고 얼마 지나지 않아서 그는 중국건설은행으로 자리를 옮겨 저우샤오촨을 대신했고, 저오샤오촨은 중국증권감독관리위원회로 옮겼다. 당혹스럽지만 빈번한 중국 지도층의 순환식 임무 배치 중 하나였고 왕쉐빙의 자리는 홍콩 레드칩 복합 기업 차이나 에버브라이트 그룹의 회장이자 전에 중국인민은행 부행장으로 일했던 류밍캉(劉明康)에게 계승되었다.

주룽지는 적절한 인재를 적절한 자리에 배치하는 것이 성공의 열쇠라고 생각했다. 따라서 류밍캉을 중국은행의 기업공개를 밀어붙일 적당한 인재로 보았음이 분명했고, 류밍캉이 골드만 삭스와 협력해서 우리가 다른 여러 대규모 거래에서 보여 준 것처럼 성공을 이어 가기를 바라는 것이 분명했다.

5월에 우리는 협력 각서에 서명했다. 나에게는 LMK라는 서양식 약칭으로 부르는 것에 익숙해진 류밍캉이 우리의 팀워크를 비롯해 〈지식과 기술, 연륜〉에 깊은 인상을 받았다고 발표했다. 1998년과 1999년에 광둥 엔터프라이즈의 구조조정을 진행하는 과정에서 류밍캉의 경영 팀과 신뢰를 쌓은 것이 도움이 되었다. 당시에 광둥 엔터프라이즈와 깊이 얽혀 있던 중국은행의 경영 팀은 우리의 투명한 워크아웃 절차를 높이 평가한 터였다. 아울러 페트로차이나의 기업공개를 추진할 당시에 시장으로부터 받은 비난에 더해서 정치적 비난까지 감내했던 점에 대해서도 높은 점수를 받았다.

2000년 10월에 나는 류밍캉을 만났다. 그는 그 자리에서 국무원이 중국은행(홍콩)을 먼저 상장하고 적당한 시점에 본토에 있는 중국은행을 상장하는 2단계 전략을 취하기로 결정했다고 공식 확인해 주었다. 존 손턴이 류밍캉과 기술 이전 계약을 체결했고, 그에 따라 골드만 삭스는 중국은행 직원들에게 최선의 교육 지원을 제공하기로 했다. 2001년 1월 2일에 존 손턴과 골드만 삭스의 금융 팀이 중국은행의 기업공개 건을 수주하기 위해 공식적으로 경쟁에 뛰어들었을 당시에 우리는 이미 거래를 따낸 것이나 마찬가지였다. 우리는 스위스의 은행 UBS와 중국은행 산하의 투자 금융 기관과 공동으로 주간사가 될 것이었다.

중국은행은 중국은행(홍콩)의 구조조정을 단행하는 과정에서 엄청난 과제에 직면했다. 특히 주룽지가 처음부터 정해 둔 마감 시한이 문제였다. 그에 따르면 상장은 2001년 4/4분기까지 완료되어야 했다. 그토록 많은 준비 작업을 해왔지만 어떤 면에서 우리는 처음부터 다시 시작해야 했다. 적어도 중국은행의 경영진과 관련해서는 그러했다. 트레이시 울스텐크로프트가 경영진에 구조조정 과정을 설명하기 위해 위임장을 받고 처음으로 이사회에 참석했을 때였다. 한 임원이 우리에게 중국은행의 주가 순자산 비율을 얼마로 생각하고 있는지 물었다. 다른 증권 인수 회사 소속의 한 은행가가 단호한 어조로 〈2.8배〉라고 말했다. 당시 세계 최고 수준의 은행들이 순자산가치 — 부채와 무형 자산을 뺀 기업의 자산 가치로 평가된다 — 의 두 배에서 세 배 사이에서 거래되고 있던 점을 고려하면 너무나 높은, 심지어 터무니없는 평가였다. 류밍캉이 트레이시에게 의견을 물었다.

「아직은 전혀 모르겠습니다.」 트레이시가 솔직하게 대답했다. 「앞으로 6개월 동안 할 일이 바로 순자산 가치가 얼마인지 파악하는 것입니다. 그래야만 적절한 주가 순자산 비율을 알 수 있습니다.」

순자산 가치가 얼마인지 알아낸다는 것은 우리가 불량 채권을 파헤쳐서 그로 인한 자본 손실이 얼마이며 정부가 불량 채권을 인수할 의지가 있는지 없는지 알아내야 한다는 뜻이었다. 이미 시작된 중국은행의 개혁을 마무리 지으려면 적어도 1년 반이 더 소요될 터였다. 이 기간 동안 우리는 변화를 가속하기 위해 열심히 밀어붙이는 동시에 정책 고문과 경영 컨설턴트, 투자은행으로서 복합적인 역할을 수행해야 할 터였다. 나는 2001년 4월에 류밍캉을 만난 자리에서 기업공개의 성패가 철저한 개혁에 달렸음을 분명히 했다.

개혁은 단지 주식을 매각하기 위함이 아니었다. 건실한 은행을 만들기 위함이었다. 성공적인 기업공개는 전 세계에 중국 은행들이 세계적인 금융 기준에 도달했음을 알릴 터였다. 하지만 그 같은 기업공개는 새로운 주주들이 건실한 은행의 주식을 보유했을 때만 가능한 일이었고 이를 위해서는 중국은행의 개혁이 전제되어야 했다. 류밍캉은 자신이 잘 이해했으며 나만큼이나 동일한 결과를, 즉 건실한 은행을 원하고 필요로 한다며 나를 안심시켰다. 2001년의 구조조정은 총 열다섯 개의 자회사들을 대상으로 진행되었다. 자산 가치가 1조 50억 달러에 이르는 중국은행(홍콩)은 홍콩에서 HSBC(홍콩 상하이 은행)에 이어 두 번째로 큰 은행이 되었다. 구조조정으로 직원이 수백 명 가까이 줄었고, 대다수 하위 은행들이 동일한 상호를 사용하게 되었으며, 회계와 경영, IT(정보 통신) 기술이 강화되었고, 균일한 여신 분류 기준이 만들어졌다. 중국계 은행 중에는 최초로 보다 엄격한 대출 분류 시스템을 시행하는 은행이 되었다. 2001년 10월에는 이들 하위 은행들이 공식적으로 합병되었다. 그런데 바로 그 무렵 2001년 9월 11일에 발생한 사건으로 세상이 뿌리까지 흔들렸다.

9·11 테러 공격이 세계 시장을 뒤흔들자 중국 정부는 불량 채권의 포지션 규모를 확정하지 않고 계속해서 미적거렸다. 이들 불량 채권으로 발생할 손실 중 얼마나 많은 부분을 흡수할 것인지 결정하지 않은 채 시간을 끌었다. 그로 인해 중국은행의 기업공개 날짜도 뒤로 늦춰졌다. 우리가 위임장을 받았을 때만 하더라도 기업공개일은 2001년 말로 예정되어 있었다. 그랬던 것이 2002년 2월이 되었고 얼마 뒤에 또다시 연기되었다. 마음이 조급해진 나는 그해 12월에 베이징에서 류밍캉을 만나서 2002년 상반기에 성공적으로 기업공개를 추진하려면 그의 직원들이 빨리빨리 결정을 내려 주어야 한다고 강조했다.

여기에 더해 새로운 문제들까지 등장해서 기업공개가 더욱 늦추어질 위기를 초래했다 — 우리와 중국은행의 관계가 더욱 까칠해졌음은 물론이다. 가장 시급한 문제는 사기와 부패 문제가 제기되면서 중국은행의 평판이 나빠진 것이다. 류밍캉의 전임자인 왕쉐빙이 1월에 라이벌인 중국건설은행 총재 자리에서 임기를 1년도 채우지 못하고 해임되었다. 이유인즉슨 그가 중국은행 뉴욕 지점과 로스앤젤레스 지점을 운영할 때 불법 행위를 저질렀다는 주장 때문이었다. 이와 별개로 신문 보도를 통해 일단의 중국은행 경영자들이 광둥성에 있는 한 지점을 통해서만 2001년까지 9년이 넘는 기간 동안 5억 달러에 달하는 돈을 횡령했다는 사실도 폭로되었다(이후 왕쉐빙은 공산당에서 축출되었고, 뇌물 수수 혐의로 재판을 받아 징역 12년을 선고받았다).

다른 어떤 상황에서도 결코 좋은 소식은 아닐 터였다. 하물며 기업공개를 앞둔 상황에서는 잠재적인 재앙이나 마찬가지였다. 최악의 타이밍에 다른 문제들도 불거졌다. 2001년 12월, 회계 부정을 저지른 엔론이 당시만 하더라도 미국 역사상 가장 큰 규모로 도산했다. 미국의 거대 에너지 기업이 도산한 충격적인 사건은 몇 주에 걸쳐서 뉴스 헤드라인을 장식했고, 기업의 회계 실태를 정밀 조사하고 시장 감시의 적절성을 둘러싼 관심을 높이는 계기가 되었다(이 사건으로 2002년 7월에 사베인스-옥슬리 법안이 통과되어 미국 시장에 더 엄격한 기준이 적용될 터였다). 엔론 사건은 전 세계 투자자들과 기업 간부들, 정부 지도자들의 관심을 끌었다.

엔론 사건이 터지고 얼마 뒤 주룽지에게서 경제 실권을 넘겨받을 것으로 기대되는 원자바오 부총리를 만났다. 그는 엔론이 어떻게 그처럼 도산하게 되었는지, 엔론의 도산으로 미국과 세계 경제가 어떤 영향을 받게 될지 등 많은 질문을 쏟아 냈다.

미국 자본 시장의 여파가 류밍캉과 그의 동료들에게도 미쳤다.

당초 우리는 뉴욕과 홍콩에서 기업공개를 진행할 계획이었다. 하지만 이제 중국인들은 뉴욕 증권거래소를 제외한 채 홍콩에서만 진행하기를 원했다. 미국 시장의 경계심이 커지고 상장 요건이 엄격해짐에 따라 기업공개가 늦어질까 봐 걱정했다. 게다가 이제는 중국은행의 추한 비밀까지 만천하에 드러난 참이었다. 하지만 골드만 삭스의 주식 시장 팀은 생각이 달랐다. 뉴욕 증권거래소에서 기업공개를 진행하면 수요를 일으키는 데 도움이 될뿐더러 뉴욕 증권거래소의 승인을 받음으로써 모기업과 다른 중국 은행들이 시장에 진출할 토대가 만들어질 것으로 생각했다.

중국인들은 단호했으며 우리 생각에 갈수록 불만을 드러냈다. 그들은 처음 진행하는 그들의 은행 상장이 성공하기를 바랐고 가능한 한 빨리 밀어붙이기를 원했다. 이듬해 자리에서 물러날 예정이던 주룽지 역시 퇴임 전까지 은행 개혁 작업을 본궤도에 올려놓기를 원했다. 또한 중국 은행들이 새로 체결된 세계무역기구 가입 협정에 따라 금융 시장이 전면 개방될 2006년까지 확실하게 준비되기를 원했다.

나는 류밍캉과의 이견을 좁히고 싶었다. 그를 안 지는 비록 2년에 불과했지만 나는 그를 친구로 생각했으며, 칭화 대학교 경제관리학원 국제자문위원회에서 함께 일하는 것도 즐거웠다. 그는 다수의 골드만 삭스 직원들과 가까운 사이였고 우리가 하는 일에 지원을 아끼지 않았다. 우리 팀이 자신의 팀을 밀어붙여 결과를 만들어 내는 방식에 깊은 인상을 받은 듯 보였고, 이런 과정을 통해서 자신의 사람들이 성장할 것이라고 생각했다.

나는 류밍캉에게도 매료되었다. 그에게서 동시대의 수많은 중국인 지도자들이 문화 대혁명 기간 동안 생존을 위해 그리고 나중에는 자신의 성공을 위해 보여 준 불굴의 정신과 독창적인 재간을 보았다. 그는 현명하고 의지가 강했으며 고상한 인격의 소유자였다. 금융 업무에 대해 이미 잘 알고 있었지만 늘 더 많은 것을 배우기를 열망했다. 상하이에서 자란 그는 1965년에 고등학교를 졸업한 뒤 장쑤성의 한 농장에 육체노동자로 보내졌다. 그곳에서 낡을 대로 낡은 BBC 교재로 공부하면서 그리고 긴 겨울밤에는 몰래 미국 정부의 해외 방송인 「미국의 소리」 특별 영어 교육 프로그램을 들으면서 비밀리에 영어를 완벽하게 익혔다. 1979년에는 스물아홉 살의 나이로 5700만 명에 가까운 인구가 사는 장쑤성에서 시골로 보내진 젊은이들 가운데 대학교에 가지 않고 곧바로 일을 할 수 있는 단 두 명만 뽑는 공무원 시험에 합격했다. 1984년에는 중국은행 런던 지점에 근무하면서 마거릿 대처의 민영화 작업을 생생히 지켜보았다. 중국으로 돌아온 그는 1993년에 푸젠성 부성장에 선임되었다. 이후 갈수록 요직을 맡았는데 중국개발은행과 중국인민은행을 거쳐 차이나 에버브라이트 그룹을 1년 동안 이끈 뒤 마침내 중국은행에 합류했다.

2002년 2월에 나는 내가 머물던 숙소 근처인 베이징 그랜드 호텔에서 류밍캉과 조찬을 하기로 했다. 류밍캉이 받았을 압박감을 이해하지 못하는 바는 아니었지만 그렇다고 그와의 만남이 기다려지는 것도 아니었다. 그는 언제나 예의 바르고 사려 깊었지만 우리는 우리 입장을 고집해서 그를 한계까지 밀어붙일 것이 분명했다. 어쨌거나 그는 충성스러운 공산당원인 동시에 매우 유능한 관리였고, 자신이 속한 정부의 까다로운 상관을 만족시키기 위해서라도 계약을 지체 없이 마무리 지어야 했다.

나는 짧은 거리를 이동하기 위해 트레이시 울스텐크로프트와 함께 차에 올랐다. 큰 키에 매사추세츠 출신이며 사람을 다루는 일에 능숙한 트레이시가 내게 상황을 정리해 주었다. 요컨대 류밍캉은 무슨 일이 있어도 이 기업공개 건을 마무리 짓고자 할 터였다. 따라서 우리는 유연성을 발휘하거나 아니면 해고 위험을 감수해야 할 터였다.

고민할 시간은 충분했다. 15분쯤 걸렸어야 하는 이동 시간이 베이징의 극심한 교통 체증 때문에 두 배나 걸렸기 때문이다. 그리고 생각이 길어지면 길어질수록 나는 더 명확하고 단순하게 상황을 볼 수 있었다. 기본적으로 우리는 이렇게 주장하고 있었다. 〈이것이 우리가 그동안 일해 온 방식이다. 이전에도 통한 방식이기 때문에 이번에도 똑같이 해야 한다.〉 나는 우리가 괜한 고집을 피우는 것은 아닌지 또는 마이크 에번스가 나중에 한 말처럼 〈너무 삐딱한〉 것은 아닌지 의문이 들었다. 어쨌든 우리는 얼굴이 붉어지도록 우리 주장을 내세우고 있었지만, 류밍캉은 꿈쩍도 하지 않았다. 그에게 중요한 것은 타이밍이었다. 정말 그랬다. 그는 중국은행(홍콩)의 기업공개가 잘되기를 바랐지만 기다릴 수 없었고, 따라서 홍콩에서만 기업공개를 진행하는 편이 훨씬 편한 길일 터였다. 시간이 지체되면 단지 중국은행뿐 아니라 금융계에 대한 개혁 노력 전체가 영향을 받을 수밖에 없었다.

바로 그 순간에 나는 지금 이 상황이야말로 우리 고객이 정말로 필요로 하는 것에 귀를 기울이지 않는 전형적인 경우임을 깨달았다. 나는 트레이시를 돌아보며 말했다. 「트레이시, 당신과 나는 주식 시장 쪽 사람들을 잠시 잊어야 할 것입니다. 류밍캉에게 〈알겠습니다〉라고, 〈당신의 시간표에 맞출 수 있으며 미국에서 상장할 필요도 없습니다〉라고 말해야 할 것입니다.」

나는 본능에 따라 즉석에서 결정을 내렸다 — 그리고 올바른 결정이었다. 자본 시장 쪽을 담당하는 마이크 에번스와 그의 부하 직원들에 대한 절대적인 믿음도 있었다. 나는 그들이 어떻게든 일을 해낼 거라는 것을 알았다.

이제 나는 그때처럼 순진하지 않다. 어쩌면 우리는 우리 주장을 굽히지 않은 채 뉴욕 상장을 고집했을 수 있었다. 만약 그랬다면 분명 류밍캉은 더할 나위 없이 신사적인 태도로 우리 입장을 이해했을 것이고 결국에는 우리를 대체할 다른 은행을 찾아 나섰을 것이다.

「저도 동의합니다.」 트레이시가 말했다. 「하지만 월 스트리트 사람들이 우리가 원칙을 포기했다고 생각하지 않을까요?」

나는 트레이시에게 그 원칙이라는 것이 부도덕하거나, 불법적이거나, 투자자에게 손해를 끼치거나, 고객을 위해 옳지 않은 어떤 것에 반대하는 것을 의미한다면 언제까지라도 원칙을 지킬 거라고 말했다. 하지만 이 경우에는 사정이 달랐다. 우리가 판단해야 할 것은 이런 것들이었다. 중국 정부는 이 계약을 성사시키려는 의지가 있는가? 상장할 기업이 기본적으로 깨끗한 회사인가? 사람들은 정직한가?

내가 내린 결론은 전부 〈그렇다〉였다.

무엇보다 나는 그들이 세계적인 투자자들을 상대로 부실 은행을 매각하고자 시도할 형편도 못 된다고 판단했다.

호텔에 도착해서 류밍캉과 밀린 대화를 나눌 때였다. 그가 바로 전날 텔레비전에 나온 나를 보고 반가웠다고 말했다. 전날 나는 윈난성에 국립공원을 만드는 문제로 장쩌민 주석을 만났는데 이 만남이 그날 저녁 주요 뉴스로 꽤 길게 보도되었다. 류밍캉은 금융 이외에도 다양한 분야에 관심을 가진 인물이었다. 그가 중국은행감독관리위원회를 맡게 되었을 때 그의 작품이 해당 위원회의 연례 보고서 표지를 장식했을 정도로 재능 있는 예술가였고, 환경 문제와 클린 에너지에도 깊은 관심을 가지고 있었다. 류밍캉이 우리의 환경 보존을 위한 노력에 감동했다고 말했다.

「나는 당신이 이끄는 골드만 삭스가 머리뿐 아니라 가슴으로도 중국에 가장 이로운 길을 찾고자 집중한다는 사실을 확신하게 되었습니다.」

나는 그에게 우리가 중국은행(홍콩)에 가장 유리한 길을 모색하는 일에도 집중하고 있다고 강조했다.

내가 류밍캉에게 우리가 마음을 바꾸었으며 그의 계획을 받아들이기로 했다고 선언했을 때 그 방에서 놀라지 않은 사람은 아마도 트레이시밖에 없었을 것이다. 나는 뉴욕 증권거래소를 건너뜀으로써 우리가 특히 부실 채권에 관한 투명성과 정보 공개를 계속 요구할 수밖에 없다고 설명했다. 류밍캉도 동의했다. 사실 그는 너무나 기쁘고 안도한 나머지 어떤 요구라도 받아들였을 것이다. 류밍캉은 2년째 우리 은행가들과 긴밀히 협조해 왔고 계속해서 우리와 일하기를 원했다. 파트너를 바꾸자면 사업이 또 지연될 수밖에 없었다.

결과적으로 나의 선택은 현실적인 동시에 신중했다. 나는 중국은행이 진지하게 그들의 문제를 해결하고자 하는지 그리고 그럴 만한 운영 능력을 가졌는지 판단해야 했다. 그리고 문제를 해결하지 못했을 때 다른 누구보다 중국인들 자신이 많은 것을 잃게 될 거라는 결론을 내렸다. 중국은행이 또다시 실패를 겪거나 추문에 휩싸일 경우 나머지 은행들의 상장은 물론이고 금융 개혁 자체가 발목을 잡힐 게 뻔한데 중국 정부로서는 절대로 그런 위험을 감수하지 않을 터였다. 뉴욕 증권거래소에 상장한다면 그 모든 문제를 확실하게 정리할 시간을 조금 더 벌 수 있겠지만 나는 류밍캉과 중국 정부가 그처럼 밀어붙이는 데는 이미 모든 문제가 정리되었기 때문일 거라고 판단했다. 만약 그 부분과 관련해서 내가 그들을 믿지 않는다면 아무리 뉴욕 증권거래소에 상장하고 석 달에서 여섯 달을 더 끌어도 아무것도 달라지는 게 없을 터였다.

나는 류밍캉의 능력과 중국 정부의 진정성에 중국에서의 골드만 삭스의 미래를 걸었다. 둘 중 어느 하나만 어긋나더라도 나는 크게 실망할 터였다.

중국은행(홍콩)의 상장은 5개월 뒤인 2002년 7월에 진행되었다. 중국은행(홍콩)은 상장을 통해 28억 달러의 자금을 조성했다. 이는 몇몇 소수의 기대치에 살짝 못 미치는 수준이었지만 류밍캉과 중국 지도부는 결과에 매우 흡족해 했다. 2000년 10월 시노펙이 33억 달러의 자금을 조성한 이래로 가장 큰 중국 기업 상장 건이었고 홍콩에서만 상장한 단일 건으로는 역대 최대 규모였다. 무엇보다 중요한 점은 중국은행이 중국 본토가 아닌 다른 곳에서 주식을 판매한 최초의 중국 국영 은행이었고 그 과정에서 중국계 은행을 향한 많은 국제 투자자들의 부정적인 시선을 바꾸어 놓은 것이었다.

중국은행(홍콩)의 상장은 전 세계적으로 약 18억 달러의 수요를 발생시킬 터였다. 그중 대다수가 홍콩의 개인 투자자들에게서 발생했다. 그들의 강력한 매수세 덕분에 중국은행(홍콩)은 홍콩에서 현지 지하철 회사인 MTRC에 이어 두 번째로 가장 많은 사람들이 주식을 보유한 회사가 되었다. 물론 그 과정은 쉽지 않았다. 이유는 차고 넘쳤다. 9·11 사태로 휘청거린 시장의 약세와 불안이 계속되는 상황이었다. 중국은행은 앞서 6월에 정부로 하여금 추가로 15억 달러 규모의 부실 채권을 인수해서 장부에 기록하지 않고 부외로 처리하는 기구로 옮기게 했다. 그 결과 부실 대출 비율은 9퍼센트로 감소했지만 여전히 걱정스러운 수준이었다. 이에 몇몇 기관 투자가들은 투자를 기피하기도 했다. 당연하지만 그들은 나중에 자신들의 결정을 수차례에 걸쳐 후회했을 것이다. 중국은행(홍콩)의 주식 가치가 세 배 이상 뛰었기 때문이다.

이 새로운 시장에서 우리가 은행가로서 성공한 비결은 눈앞의 문제에만 연연하지 않고 더 멀리 보면서 중국과 중국 지도부를 믿은 것이었다. 리카싱의 청쿵 그룹이나 궈씨 일가의 순훙카이 그룹 등 수많은 투자 기업들이 동일한 믿음을 가지고 중국은행(홍콩)

의 기업공개에 투자했다. 우리는 페트로차이나와 차이나 텔레콤의 경우와 마찬가지로 스탠다드 차타드를 전략적 투자자로 끌어들였고, 그들은 12개월간 주식을 보유하는 조건으로 전체 주식의 1퍼센트인 약 5000만 달러에 달하는 주식을 매입했다. 류밍캉에게는 중국은행(홍콩)의 주가가 다른 홍콩 은행들에 비해서 경쟁력을 갖는 것이 중요했기 때문에 최종 주가는 1.6배를 약간 상회하는 주가 순자산 비율로 정해졌다. 당시에 1.8배이던 스탠다드 차타드의 주가 순자산 비율을 고려한 결과였다. 류밍캉은 물론이고 그의 동료들도 모두 만족스러워했다.

무엇보다 중요한 점은 마침내 중국에서 은행 구조조정과 개혁 작업이 시작된 것이었다.

10 세상에서 가장 큰 현금 인출기

일종의 악성 폐렴인 사스가 발병하면서 2003년 초에 아시아 여행이 수개월 동안 마비되었다. 아시아를 드나드는 여행객 자체가 사라졌다. 중국과 홍콩은 사스가 발생한 진원지였고, 사스의 위험을 간과하거나 감추려던 중국 위생부 부장의 초기 대응 — 중국 정부는 2003년 2월까지 세계보건기구에 최초 발병 사례를 보고하지 않았다 — 은 전 세계를 공포에 빠뜨리는 데 일조했다. 사람들은 중국을 방문하는 것은 물론이고 거의 어디에서든 중국인을 만나는 것 자체를 두려워했다.

나는 이런 공포를 직접 목격했다. 아내 웬디는 국제자연보호협회에서 윈난성에 국립공원을 조성하는 프로젝트를 담당한 로즈뉴를 뉴욕으로 초청해서 중국인 친구들에게 프레젠테이션을 하도록 자리를 마련했다. 그들 중 상당수는 명망 있는 가문 출신이었고 뉴욕과 홍콩을 또는 뉴욕과 중국을 오가며 생활하는 사람들이었다. 웬디는 로즈에게 아무런 이상이 없을뿐더러 윈난성에서는 사스 발병 사례가 단 한 건도 보고되지 않았다고 그들을 안심시켰지만 결국 예정된 오찬을 취소해야 했다. 그들 중 누구도 로즈와 같은 방에 들어갈 준비가 되어 있지 않았기 때문이다.

그들 중 한 사람이 따지듯 물었다. 「윈난성에 사스 문제가 없다고 어떻게 믿을 수 있죠?」

내가 알던 다른 모든 조직과 마찬가지로 골드만 삭스도 여행을 제한하고 다양한 예방 조치를 취하는 등 현명하게 대처했고, 나 역시 예정된 몇 건의 출장을 취소해야 했다. 그럼에도 6월 초에 일본 출장 일정이 잡혀 있었는데 동료인 데버라 레가 일본을 들른 다음에 중국으로 넘어가는 것이 어떻겠냐고 물었다. 사스 위기는 진정되고 있었지만 여전히 두려움 때문에 중국을 방문하는 사람이 거의 없는 상황이었다. 데버라는 세계무역기구 가입 문제로 중국과 협상할 때 미국 통상대표부에서 일했고 미국 국가안전보장회의에서 일하기도 했는데 중국에서 국내 증권업 면허를 취득하기 위해 내가 해야 할 일들을 조언하고 있었다. 결과적으로 그녀의 조언은 성공적이었다. 그녀는 중국을 특히 잘 이해했고 뛰어난 직감을 가졌기에 나는 그녀의 제안을 늘 귀담아 들으려 노력했다.

우리는 왕치산에게 연락했다. 그는 사스 문제를 해결하기 위해 앞서 4월에 베이징의 대행 시장으로 임명된 참이었다. 그에게서 베이징을 방문해도 안전하다는 답변이 왔다. 골드만 삭스 내에서는 많은 사람이 중국 방문을 말렸지만 이를테면 홍콩 사무소의 프레드 후처럼 중국 방문의 필요성을 강력히 주장하는 사람도 있었다. 게다가 왕치산이 괜찮다고 이야기한 이상 나로서는 충분히 안심이 되었다. 나는 6월 3일 밤에 도쿄에서 거의 텅 빈 유나이티드 항공기를 타고 중국으로 날아갔다. 그리고 사스가 발병한 이래 최초로 중국을 방문한 서방 세계의 최고 경영자라는 말을 들었다. 확실히 그에 상응하는 대접도 받았다. 나는 댜오위타이 국빈관에 있는 호화로운 숙박 시설에 묵었는데 스위트룸에 딸린 욕조는 작은 수영장으로 써도 무방할 정도였다. 나의 방문 사실은 텔레비전 저녁 뉴스에서 톱으로 다루어졌고 다음 날 조간신문의 1면을 장식했다. 언론을 이용한 이런 홍보를 통해 중국은 자국이 다시 정상적으로 운영되는 모습을 보여 줄 수 있었고, 위기에 정면으로 대응한 왕치산도 커다란 명성을 얻었다.

중국이 어려움에서 벗어나는 데 도움을 주었다는 사실이 기쁘기는 했지만 나의 방문 목적은 단지 중국이 안전하다고 세상에 알리는 것이 아니었다. 골드만 삭스의 많은 사업이 수개월 동안 미루어진 탓에 단 하루에 불과한 짧은 일정이었지만 최대한 많은 회의를 소화하기로 했다. 2003년 6월 4일의 아침은 중국에서 가장 큰 은행인 중국공상은행의 당시 은행장이던 장젠칭(姜建淸)과 국빈관에서 조찬을 하는 것으로 시작되었다. 존 손턴과 프레드 후는 이전부터 그와 함께 일해 왔지만 내가 장젠칭을 만난 것은 그때가 처음이었다. 그는 자신감과 활기가 넘쳤고 자신이 이끄는 거대 조직을 변화시키려는 의지가 대단했다. 우리는 중국공상은행을 비롯한 다른 은행들과 더 많은 일을 할 의향이 있었다. 실제로도 장젠칭을 만난 다음에 나는 중국은행의 새로운 은행장인 샤오강(肖鋼)을 만나기 위해 서둘러 이동했다. 그는 마흔네 살이었고 중국 금융계에 새롭게 떠오르는 스타였으며 매력적인 사람이었다. 함께 점심을 먹으면서 우리는 중국은행의 구조조정 전략과 전망을 논의했다.

그다음에는 곧바로 톈안먼 광장 바로 동쪽 옛 공사관 구역에 위치한 시장 집무실로 왕치산을 만나러 갔다. 시청은 한때 일본 영사관이 있던 웅장한 구내에 자리하고 있었다. 광둥성에서 임기를 마친 왕치산은 2년간 베이징의 한 경제 개혁 사무소에서 일하다가 하이난성에 당 서기로 부임했지만 얼마 지나지 않아 사스 사태를 해결하기 위해 다시 베이징으로 돌아왔다. 2002년 11월에 광둥성에서 처음 사스 바이러스가 출현했을 때 중국 정부는 이를 숨겼고 심지어 환자들까지도 숨겼다. 그러는 사이에 수백 명의 사망자가 발생했고 수천 명이 감염되었다. 중국뿐 아니라 동남아시아와 캐나다까지 바이러스가 확산되었다. 중국은 결국 2003년 4월에 이르러서야 더 이상 숨기기를 포기했다. 위생부 부장과 베이징 시장을 해임했으며, 왕치산을 불러들였다. 왕치산은 직접적이고 거침없는 대응으로 난관을 헤쳐 나갔다. 학교를 폐쇄하고, 수천 명을 격리하고, 정확한 발병 건수를 공개하고, 사스 전용 병원을 새로 지정했다. 병원 중 하나는 불과 8일 만에 지어지기도 했다. 6월이 되면서 사스 사태가 마침내 진정되었다. 전 세계적으로 8,000명 이상이 감염되고, 그들 중 11퍼센트 가까운 사람들이 사망한 뒤였다.

중국 정부와 왕치산은 사스를 통제하기 위해 엄격한 조치를 도입했다. 공항과 기차역, 호텔 등 어디나 할 것 없이 체온 감지기가 설치되었다. 관공서에 들어가려는 사람은 누구나 체온을 측정해야 했다. 나는 점점 더워지는 날씨에 이 사무실에서 저 사무실로 급하게 다니느라 혹시라도 감지기에 걸려서 회의에 참석하지 못하게 될까 봐 걱정되었다. 결과적으로 나는 괜찮았지만 내 동료인 리처드 노드는 그렇지 못했다. 홍콩 사무소에서 아시아 업무를 지휘하는 리처드는 남아프리카공화국 출신으로 큰 키와 넓은 어깨를 가졌고, 중난하이에서 찌는 듯한 구내를 이리저리 서둘러 다니느라 땀을 많이 쏟았다. 결국 황쥐(黃菊) 상무 부총리를 만나기로 한 회의실 밖에 설치된 체온 감지기에 세 번이나 걸렸다. 왕치산은 사스 의심 환자를 대상으로 실시해 온 엄격한 격리 제도에 대해 자세히 설명했고, 우리는 리처드에게 며칠 동안 격리될 거라고 놀리며 재미있어 했다. 결국 중국인들이 구강 체온계를 가져와서 리처드에게 열이 없다는 것을 확인하고 나서야 통과시켜 주었다.

이때까지만 하더라도 나는 이번 방문이 여러 가지 측면에서 나의 골드만 삭스 재직 기간 중 가장 중요한 중국 출장이 될 거라는 사실을 알지 못했다. 이후로도 몇 년 동안 중국인 친구들은 이번 방문에 대해 상당한 호감을 가지고 계속 언급했고, 처음 만나는 중국인들도 세간의 이목을 끈 이번 방문으로 나의 존재를 알게 되었다고 자주 이야기했다. 골드만 삭스가 알짜배기 사업들을 수주하는 것을 부러워하던 경쟁사들이 걸핏하면 내가 운 좋게도 적절한 시기에 중국을 방문한 덕분이라고 폄하하는 것도 내게는 즐거움이었다. 사실 나는 오래전부터 중국인들이 상징적인 제스처를 중시한다는 것을 알았고, 깊고 오래가는 개인적인 만족감과 자부심으로 보답을 받았다.

나는 마침내 중국을 다시 방문하고 커다란 환대까지 받아서 매우 기뻤다. 하지만 집으로 돌아오는 길에는 희비가 엇갈렸다. 전세기를 타고 베이징을 출발한 나는 중간에 서울에 들러 존 손턴과 합류했다. 존은 그 달을 마지막으로 회사를 떠날 예정이었다. 20년 넘게 몸담은 골드만 삭스를 결국 떠나기로 한 것이다. 그가 어떤 경력을 목표로 하는지 이전부터 이야기를 나누며 알고 있던 나로서는 그다지 놀라지 않았다.

언제나 그래 왔듯이 존 손턴은 완전히 새로운 일을 선택했다. 1949년 이래로 칭화 대학교 최초의 비중국인 정교수가 되기로 한 것이다. 생활은 베이징과 미국을 오가며 할 예정이었다. 미국에서는 워싱턴 D. C.의 유명한 싱크탱크인 브루킹스 연구소에 소장으로 취임할 예정이었다. 나중에 배릭 골드의 회장직도 맡게 될 터였다. 존과 나는 수년간 가깝게 일했고, 나는 그의 조언과 매일 주고받던 대화를 그리워하게 될 것이었다. 존은 놀랍도록 전략적인 사고를 했고, 최고의 아이디어를 제시했으며, 골드만 삭스의 고객들에게 훌륭한 자문을 제공했다. 이상주의자이면서 탁월한 사업 수완을 겸비한 보기 드문 인재였다. 워낙에 관료주의를 혐오하던 그였기에 1990년대 말에 그가 골드만 삭스의 중국 사업을 설계하고 구축하는 일에 합류하자 중국의 많은 개혁가들이 자연스럽게 그와 한편이 되었다. 존 손턴은 1999년에 이루어진 골드만 삭스의 기업공개를 앞두고 공동 사장인 동시에 공동 최고 운영 책임자가 되었고, 중국에서 골드만 삭스의 프랜차이즈를 설립하는 데 가장 큰 공을 세웠다.

2004년 가을에 나는 중국공상은행의 장젠칭을 다시 만났다. 이 만남은 골드만 삭스가 중국에서 체결한 가장 이례적이면서 이론이 분분했던 거래를 위한 장이 되었다. 당시는 기업공개에 앞서 구조조정을 진행하던 중국의 거대 은행들에게 매우 중대한 시기였다. 중국공상은행의 기업공개에 참여하기로 한 골드만 삭스의 결정은 중국과 서구 은행들이 합작하는 방식에 분명한 변화를 보여 줄 터였다. 기존에는 골드만 삭스와 같은 투자은행이 중국은행에 자문을 제공하는 방식이었다. 이제 우리는 금융 파트너로서의 역할도 모색하고 있었다. 모든 서구 은행들이 대형 은행의 기업공개 과정에서 주도적인 역할을 맡고 싶어 했지만, 그럼에도 프레드 후만큼 간절하게 위임 계약을 따내기를 바란 은행가도 없을 것이다. 골드만 삭스의 은행가 중에서 중국공상은행과 가장 밀접한 관계를 유지해 오던 프레드는 그해 11월 초에 창안로 바로 근처의 아름다운 황실 기록 보관소가 내려다보이는 레스토랑에서 장젠칭과 함께하는 오찬 자리를 마련했다.

우수한 경제학자에서 뛰어난 투자 은행가로 변신한 프레드는 경제와 중국 지도자들의 우선 사항이 무엇이고, 그 우선 사항을 달성하기 위해 어떤 정책적인 변화가 필요한지 등에 대해 누구보다 잘 알았다. 인맥도 풍부했고 은근하게 영향력도 있었다. 재능과 투지가 넘치는 프레드는 야망과 고도의 집중력으로 무장한 채 새롭게 떠오르는 이른바 덩샤오핑의 개혁이 낳은 젊은 지도자들의 전형이었다. 1963년에 중국 중남부 후난성의 작은 촌에서 태어난 프레드는 문화 대혁명이 시작되었을 때 겨우 세 살이었다. 그는 시골에서 역경을 견뎌야 했지만 10년이나 지속된 정치적 혼란에도 불구하고 어떻게든 학업을 이어 갔다. 1978년에 수백만 명이 치열한 경쟁 속에서 전국 대학 입학시험을 치렀고, 프레드 후는 열다섯 살의 나이로 가장 우수한 칭화 대학교에 입학했으며 동 대학에서 공학 석사 학위를 취득했다. 프레드의 동급생들은 그보다 훨씬 나이가 많았고 농장이나 공장에서 노동자로 일하느라 잃어버린 세월을 만회하려는 욕구가 강했다. 덩샤오핑의 개혁 프로그램을 지켜보면서 영감을 받은 프레드와 동시대의 대학 졸업생들 — 1990년대에 주룽지의 핵심 참모로 발탁되고 2013년에 재정부 부장이 되는 1978년 칭화 대학교 입학 동기인 러우지웨이(樓繼偉) 같은 — 은 중국에 변화를 불러오기로 굳게 결심하고 개혁의 깃발을 들어 올렸다.

프레드 후는 계속해서 하버드 대학교에서 경제학 석사와 박사 학위를 취득했고, 국제통화기금에서 전속 경제 전문가로 근무했다. 그는 국제통화기금이 동구권과 구소련 국가들에 시장 개혁을 요구할 때 최전선에서 중앙은행 총재들과 재무 장관들을 교육하는 일을 수행했다. 그러던 중 업무차 중국으로 돌아왔고 워싱턴을 방문하는 중국 관리들의 교육을 도왔다. 그리고 중국 정부에서 일해 달라는 요청을 거절하고 1997년에 골드만 삭스에 수석 중국 경제학자로 입사했다. 프레드는 곧 실용적인 경제 지식과 고객의 신뢰를 받는 검증된 능력을 바탕으로 자신의 잠재력을 보여 주었다. 나는 2003년에 그를 중국 투자 금융 부문의 공동 대표로 임명했다. 결과물을 만들어 내는 그의 능력 — 그는 탁월한 일꾼이자 방대한 인맥의 소유자였고, 통찰력 있는 사고를 바탕으로 강력한 유대 관계를 구축했다 — 은 정말 놀라웠다. 시간이 지날수록 나는 그의 전략적인 조언에 점점 더 의지하게 되었다.

중국 관리들도 주기적으로 그에게 자문을 구했다. 주룽지부터 시진핑에 이르기까지 고위 지도자들과 면담을 끝내고 서로 인사를 주고받을 때면 으레 프레드가 경제 개혁에 관한 제안서를 건네거나 이런저런 주제에 대해 묻는 말에 답변하는 모습을 볼 수 있었다. 나는 우리와 거래하는 기업 고객들 중에서 중국 국유 은행의 최고 경영자들이야말로 프레드가 가진 재능의 진가를 가장 잘 알아본 사람들이라고 생각한다.

장젠칭은 자신의 오른팔인 판궁성 박사를 포함해 몇몇 동료들을 오찬에 대동했다. 프레드와 나는 존 로저스와 마이크 에번스, 크리스 콜과 함께였다. 크리스 콜은 우리 회사의 최고참 금융 기관 전문가인 동시에 2002년에 골드만 삭스의 투자은행 부문 공동 대표가 된 뛰어난 은행가였다. 장젠칭 일행이 도착하기 전에 우리는 잠깐 동안 전략을 짤 기회가 있었다. 중국공상은행은 중국에서 가장 큰 규모와 가장 강력한 시장 지배력을 가진 은행이었지만, 중국은행과 중국건설은행이 먼저 상장될 예정이었다. 우리는 중국은행의 홍콩 자산에 대한 기업공개를 담당했었기 때문에 중국은행에 대해서는 유리한 입장이었다. 이들 세 은행의 기업공개를 모두 맡게 될 가능성은 매우 희박하고 한 건을 맡으면 다른 건을 맡기가 어려울 수 있기 때문에 우리는 중국공상은행의 위임을 받는 데 집중하기로 했다. 이를 위해서 나는 우리 능력을 최대한 어필하면서 적극적으로 나가는 것이 최선책이라고 판단했다. 장젠칭이 우리를 선택하기만 한다면 추후에 우리가 해결해야 할 문제들은 복에 겨운 고민이 될 터였다.

우리는 오찬 자리에서 경제 번영에 관련된 문제부터 중국은행이 중국건설은행보다 먼저 상장될 것인지, 이들 두 은행이 자본을 얼마나 끌어 모으고 어떤 투자자들을 끌어들일지, 각 은행의 부실채권이 얼마나 악성일지 등에 이르기까지 활발한 대화를 나누었다. 장젠칭은 중국공상은행의 장단점을 솔직하게 인정했다. 중국공상은행은 그다지 수익을 내지 못하는 중이었고, 자본 수준이 낮은 상태였으며, 악성 대출에 지속적으로 시달리고 있었다. 하지만 그는 중국공상은행의 국내 시장에 대한 지배력을 강조하면서 자신이 도입하고 있는 변화에 대해 긍정적인 해석을 내놓기도 했다. 중국공상은행은 그동안 더 엄격한 대출 분류 기준을 채택하고, 신용 정책과 절차를 강화하고, 새로운 신용 관리 시스템을 갖추고, 정보 통신 기반 시설에 대대적으로 투자했다. 또한 이른바 올드북으로 불리는 1999년 1월 1일 이전에 진행된 대출을 그 이후에 이루어진 대출인 뉴북과 분리했다. 과거에 이루어진 기업 대출 중 부실 채권 비율이 2003년 말을 기준으로 거의 57퍼센트에 달했지만 최근에 진행된 기업 대출에서 부실 채권이 차지하는 비율은 2퍼센트 미만이었다. 차츰 나아지고 있었지만 그래도 아직 갈 길이 멀었다.

나는 골드만 삭스의 은행 자문 경력과 자본 시장에서 우리가 할 수 있는 것들을 설명했다. 또한 페트로차이나 같은 거대 중국 기업들을 상대로 대대적인 구조조정을 실시하고 궁극적으로 그들의 성장을 도모하는 과정에서 우리가 무엇을 배웠는지 강조했다. 아울러 장젠칭에게 이런 유명한 기업공개 건들을 마이크 에번스가 직접 주도했으며, 향후 중국에서 진행될 다른 거래들도 그가 감독할 거라는 사실을 장젠칭에게 상기시켰다. 마이크가 골드만 삭스의 아시아 사업부 회장에 임명되었으며, 보다 실무적인 역할을 하기 위해 홍콩으로 이사할 거라는 사실도 덧붙였다. 나는 크리스 콜이 세계 유수의 은행과 보험 회사에 자문을 제공해 왔으며 크리스와 마이크가 골드만 삭스의 기업공개를 진행할 당시에 나와 함께 일했다고 말했다. 또한 프레드 후와 그의 팀이 중국은행(홍콩)의 기업공개가 끝난 뒤에 교통은행에 성공적인 자문을 제공했고 그 결과 교통은행이 포괄적인 구조조정 프로그램을 시행해서 보다 건전한 대차대조표를 갖게 되었고 HSBC 홀딩스를 전략적 투자자로 확보함으로써 외국 은행이 중국은행에 전략적 파트너로 참여하는 최초의 사례를 만들었다고 강조했다. 교통은행은 홍콩에서 기업공개 준비를 거의 마친 상태였다.

장젠칭과 나는 커다란 원형 식탁에 나란히 앉아 있었는데, 통역사가 내 말을 옮기자 그가 의자에서 몸을 돌려 정면으로 나를 바라보았다.

그는 이렇게 물었다. 「골드만 삭스는 기업공개 전에 우리의 전략적 투자자가 될 생각이 있습니까?」

그의 제안은 전혀 생각지도 못한 것이었다. 나는 상장 주관 업무를 따내려고만 생각했지 이런 옵션에 대해서는 전혀 신경도 쓰지 않은 터였다. 발상 자체는 새로운 것이 아니었다. 기업공개 이전에 중국공상은행을 포함한 중국의 은행들에 투자하는 문제를 두고 우리는 1년이 넘도록 토론하고 논쟁해 온 터였다. 프레드는 일찍부터 이 방식을 옹호해 왔고 크리스와 마이크를 비롯해 다른 사람들을 끈질기게 설득해 동조를 이끌어 냈다.

가장 회의적인 사람은 바로 나였다. 금융적인 근거는 솔깃했다. 은행에, 특히 신흥 시장의 은행에 투자하는 것은 근본적으로 그 나라의 경제를 이용하는 투자 방식이고 급속하게 발전하는 중국 경제는 그중에서도 빠르게 성장할 것이 틀림없었다. 하지만 나는 잠재적인 위험에 대한 생각을 떨칠 수 없었다. 중국 은행들이 정부의 지원을 받아 부실 대출을 정리하고 있기는 했지만 가장 실적이 좋은 은행조차 금방이라도 자본 잠식과 파산으로 치달을 수 있었다. 골드만 삭스가 거액의 자본을 투자하는 것은 금전적인 위험에 더해서 평판의 위험까지 동반하는 일이었기 때문에 나는 불안했다.

장젠칭의 단도직입적인 접근법 또한 나를 약간 불쾌하게 했다. 물론 프레드가 사전에 그와 투자에 관한 이야기를 나누었겠지만 나는 우리 직원들이 논의를 거쳐 결론을 낸 다음에 장젠칭이 공개적으로 이런 아이디어를 제시하는 것이 적절하다고 여겼다. 그러나 바로 이것이 장젠칭의 방식이라는 것을 나중에 알게 되었다. 그는 대담하고 자신만만하고 내가 만났던 대다수 중국 국유 기업의 최고 경영자들과 확연하게 달랐다. 그들은 대체로 신중했고, 따라서 이를테면 대본이 어느 정도 정해진 이야기를 했다. 즉 미리 대답을 알고 있지 않은 한 이와 같은 요청을 꺼렸는데 혹시라도 거절당해서 체면을 구기는 것을 두려워했기 때문이다. 장젠칭은 단호하고 직접적이고 즉흥적이었다.

나중에야 이런 특징들을 존중하게 되었지만 당시에는 아직 그를 잘 모를 때였다. 칠흑 같은 검은색 머리에 키가 크고 이목구비가 뚜렷하며 마치 운동선수 같은 걸음걸이를 가진 장젠칭은 불필요한 동작 없이 힘차고 절도 있게 행동했다. 허물없이 잘 웃기도 했다. 나는 그가 조금은 지나치게 자신만만하다고 느꼈다. 중국공상은행에 너무 오랫동안 몸담아 온 터라서 자신이 직면한 문제들을 과소평가하고 이런 문제들을 다루는 자신의 능력을 너무 과신하고 있는 것은 아닌지 의심했다. 도널드 럼스펠드의 표현을 빌리자면 나는 그가 자신이 무엇을 알지 못하는지 알지 못하는 것 같아서 걱정스러웠고, 확실히 나 역시 그가 무엇을 알지 못하는지 알지 못했다. 이 사실이 나를 불편하게 만들었다.

내가 말했다.「우리는 기업공개와 관련해서 귀사와 함께 일하기를 원합니다. 하지만 투자에 대해서는…….」

나는 잠시 망설였고 상대에게 무안을 주지 않으면서 거절할 말을, 요컨대 제의는 고맙지만 골드만 삭스는 투자하지 않을 거라는 사실을 최대한 에둘러 전달할 방법을 고민했다. 당연하지만 그를 불쾌하게 만들어서 기업공개를 주관할 기회를 잃고 싶지 않았다. 내가 생각을 마무리할 즈음에 누군가가 헛기침을 하는 소리가 들렸다. 마이크 에번스였다.

그가 낮은 목소리로 말했다. 「헨리, 어쩌면 둘 다 진행하는 방법도 고려해 보는 것이 어떻습니까?」 마이크는 내가 투자에 반대한다는 사실과 생각하는 바를 솔직하게 이야기하는 성향임을 아는 까닭에 내가 사실상 기회의 문을 닫아 버리기 전에 주저 없이 나의 말을 가로막고 나선 것이었다.

나는 재빨리 동료들의 얼굴을 살폈다. 존과 마이크, 프레드, 크리스 모두 동의한다는 듯이 고개를 끄덕이고 있었다. 걱정스러운 마음과 별개로 나는 우리 팀을 믿고 투자 가능성을 열어 두기로 즉석에서 결정을 내렸다. 필요하다면 나중에 정중하게 물러날 방법을 찾으면 될 터였다.

이윽고 장젠칭을 돌아보면서 말했다. 「중국공상은행에 투자할 방법도 같이 알아보겠습니다. 감사합니다.」

아울러 이 일이 대대적인 프로젝트가 될 것이 분명하고, 따라서 이 일을 수행하기 위해서는 우리 회사의 내부 절차뿐 아니라 많은 것을 공부할 필요가 있다고 확실하게 덧붙였다. 나는 우리가 기업공개를 주관함으로써 도움이 되기를 열망하며, 그가 다른 전략적 투자자들을 찾는 데에도 우리가 도움을 줄 수 있다고 강조했다.

나는 〈프레드를 비롯한 골드만 삭스 팀 전원이 모든 단계에서 도움을 드릴 것입니다〉라고 그에게 단언했다.

내가 이야기를 마치자 장젠칭이 고개를 끄덕이며 내게 고맙다고 말했다. 그가 흡족해하는 것이 느껴졌다. 나는 고객의 성향을 파악할 줄 알았기 때문에 매사에 자신만만한 장젠칭이 직접적인 답을 원할 거라는 사실을 알았다. 그래서 가능한 한 직접적인 답을 주었다. 그는 내가 아는 한도 내에서 그보다 더 확실하게 답을 줄 수는 없다는 사실을 알 만큼 노련했다.

얼마 뒤 나는 그에게 서신을 보내 우리가 세부적인 내부 평가를 시작할 예정이며 투자 기회를 〈진지하게〉 받아들이고 있음을 재차 확인해 주었다. 나중에 프레드는 내가 장젠칭 은행장에게 보내는 서신을 중국어로 옮기는 과정에서 우리의 진지함을 최선을 다해 강조했다고 내게 말했다.

내가 중국공상은행 투자에 회의적이었던 데는 충분한 이유가 있었다. 중국 은행들이 여전히 정부의 지시에 따라 대출을 진행하는 이른바 정책 금융이라는 유해한 과거 유산에 시달리고 있었고, 특히나 그 지원 대상이 적자에 허덕이고 성장 가능성도 없는 국유 기업들인 경우가 많았기 때문이다. 1990년대 말에 주룽지 총리는 이 정책 금융 업무를 새로운 전문 기관으로 이관하고 대신에 국유 은행의 내부적인 관리와 위기 관리 기술을 강화함으로써 그들을 보다 상업적인 금융 기관으로 바꾸고자 했다. 그는 가장 큰 규모를 자랑하는 4대 국유 은행의 자본 구조를 개선하기 위해 325억 달러를 투입했는데 당시로서는 무척 대담한 시도였음에도 불구하고 결과적으로 턱없이 부족한 것으로 드러났다. 은행들이 사용하던 낡은 회계 방식과 채권 분류 체계 때문에 악성 대출의 규모가 너무 적게 추산된 것이 문제였다. 이 같은 자본 재구성을 마치고 4년 뒤 중국 정부는 은행들이 자기자본비율을 국제 최저 기준인 8퍼센트까지 끌어올리려면 추가로 1조 위안(1210억 달러)이 더 필요할 것으로 추산했다. 이는 중국의 연간 재정 수입의 절반이나 국내총생산의 10퍼센트에 가까운 금액이었다.

중국공상은행은 이런 문제를 단적으로 보여 주는 예였다. 1999년부터 중국공상은행은 약 500억 달러 규모의 악성 대출을 화룽 자산관리공사로 이전했다. 화룽 자산관리공사는 부실 채권을 정리하고 회수할 목적으로 설립된 기관이었다. 하지만 5년 뒤에도 중국공상은행의 장부에는 여전히 850억 달러에서 950억 달러 상당의 악성 대출이 남아 있었다. 이는 해당 은행의 전체 대출금 중 대략 5분의 1에 해당했다.

저우샤오촨은 임박한 외환 위기를 피하고 자신이 기초한 주룽지의 계획에 따라 개혁을 가속화할 방법을 찾는 데 앞장섰다. 중국증권감독관리위원회를 거쳐 중앙은행 총재로 임명되면서 저우샤오촨의 영향력은 더욱 커진 상태였다. 저우샤오촨은 새로 구성된 정책 결정 소조의 일원이기도 했는데 이 소조는 금융 분야의 개혁을 선도하기 위해 정부 기관들에도 영향력을 행사할 수 있었다. 2003년에 원자바오 총리가 설립한 정책 결정 소조는 황쥐 상무 부총리가 조장을 맡고 저우샤오촨이 일상적인 업무를 담당했다. 중국 정부는 류밍캉을 초대 주석으로 하는 중국은행업감독관리위원회도 신설해 은행 업계를 규제하고 감독하던 중국인민은행의 역할을 이관하고 중국인민은행에는 화폐 문제에만 집중하도록 했다. 중국은행업감독관리위원회는 오늘날 미국의 통화감독국이 하는 역할을 수행하게 될 터였다.

저우샤오촨의 원래 은행 개혁안은 은행이 구조조정을 거쳐 외국의 전략적 투자자들을 유치한 다음에 상장을 진행하는 방식이었다. 이 과정에서 전략적 투자자들은 은행의 버팀목이 되고, 선진 기술과 사업 관행을 공유하고, 은행의 지배 구조를 강화해 줄 터였다. 저우샤오촨은 외국 투자자들에게 지분을 매각하는 것이 은행의 허술한 대차대조표를 개선하고 안정적인 자본을 끌어올 최선의 방법이라고 결론지었다. 나중에 일각에서는 중국의 자산을 너무 싼값에 넘겼다고 비난하기도 했지만 지금 와서 돌이켜보더라도 나는 이 결정이 그동안 중국이 보여 주었던 가장 중요하고 현명한 결정 중 하나였다고 생각한다. 만약 중국이 이런 접근법을 취하지 않았더라면 중국의 은행들은 자본 구조를 강화하지 못했을 것이고 2008년에 금융 위기가 몰아닥쳤을 때 부채는 과도하게 많고 자금은 부족해서 좌초한 유럽의 대다수 금융 기관들과 동일한 운명을 맞이했을 것이다.

그럼에도 기업공개 절차를 시작하려면 은행들은 다시 한번 대차대조표를 정리할 필요가 있었다. 저우샤오촨은 은행의 자기자본비율을 높이고 추가로 드러난 수백억 달러의 악성 대출을 처리하기 위해 외환 보유고 중 일부를 사용하기로 했다. 다행히 수출이 호황을 누리고 자본 유입이 급증하면서 중국의 외환 보유고는 빠르게 증가하는 추세였다. 중국은 중국석유천연가스공사와 같은 기업의 구조조정 때와 대조적으로 은행이 보유한 모든 사업체를 기업공개에 포함하는 현명함을 보였다. 그에 따라서 여전히 당이 주도하는 불투명한 모기업의 이사회로부터 통제를 받는 예컨대 페트로차이나 같은 하나의 자회사가 아닌 은행 전체가 상장될 터였다.

중앙은행은 중앙후이진투자공사라는 새로운 기구를 설립해서 시스템 측면에서 중요한 역할을 하는 은행들의 정부 지분을 흡수하도록 했다. 해당 은행들의 자본 구조를 개선함으로써 금융 시스템의 안정성을 확보하기 위함이었다. 2003년 말에 중앙은행은 중국은행과 중국건설은행에 각각 225억 달러를 투입했다. 그 결과 각 은행의 자기자본비율은 8퍼센트로 상승했고, 재정부가 해당 은행들에 가지고 있던 지분은 모두 없어졌다. 두 은행은 새로운 주주, 즉 보다 엄격하지만 보다 개혁 지향적인 중앙은행의 통제를 받게 되었다.

이 같은 정리 작업에도 불구하고 노련한 다수의 투자자들은 은행 대출의 질에 대해 의문을 제기했고 궁극적으로는 은행업계 전반의 지불 능력을 의심했다. 이런 회의적인 태도에 우리는 누구보다 익숙했다. 교통은행은 중국의 대형 은행 중에서도 장부가 가장 깨끗한 편이었지만 우리는 2005년 중반으로 계획한 교통은행의 기업공개를 준비하는 과정에서 대부분의 외국 은행들이 부실 채권과 충분히 예상 가능한 자본 부족 사태에 대한 우려로 투자를 꺼린다는 사실을 알게 되었다. 결국 우리 팀에서 교통은행의 자본 구조를 개선할 방안을 마련한 다음에야 HSBC(홍콩 상하이 은행)은 거의 한계치인 19.99퍼센트의 주식을 매입하기로 했다.

장젠칭이 나중에 내게 들려준 이야기에 따르면 그는 전략적 투자자를 구하기 위해 세계적으로 유명한 선도적인 금융 기관들을 마흔 곳 넘게 접촉했다고 한다. 하지만 흥미를 보인 곳은 유럽의 알리안츠와 포르티스밖에 없었고 후에, 즉 우리의 협상 소식이 유출된 뒤에 미국의 J. P. 모건 체이스와 시티 그룹이 관심을 표명했다고 했다. 그나마도 그가 추진하는 수십억 달러 규모의 투자 계약에 대해서는 하나같이 부정적인 반응을 보였다.

나는 장젠칭과 내 동료들에게 골드만 삭스에서 투자하는 것을 매우 신중하게 검토하겠다고 약속했고, 따라서 프레드와 크리스, 마이크에게 중국공상은행을 철저히 조사하도록 지시했다. 내게 확신을 달라고 그들에게 요구했다. 곧 그들이 작업한 결과물이 나오기 시작했고, 드러난 숫자들은 나를 흥분시켰다. 그때까지 나는 자산의 질과 그 모든 부실 대출에 초점을 맞추고 있었다. 하지만 대차대조표의 반대쪽 면은 전혀 뜻밖의 상황을 보여 주었다. 이를테면 중국공상은행의 예금 보유액은 6000억 달러가 넘었으며, 계산에 따르면 매 영업일마다 거의 2억 2500만 달러의 예금이 새로 유입되고 있었다. 1년이면 미국의 전체 은행 중 상위 15위 안에 들어갈 만큼 많은 돈이 모일 터였다.

수익 구조는 그야말로 믿을 수 없을 정도였다. 중국 정부는 은행의 기업 대상 여신 금리와 예금자 대상 수신 금리를 고정해 놓고서 두 이자율 사이의 간격을 인위적으로 넓게 유지함으로써 은행들이 두둑한 수익을 올릴 수 있도록 보장해 주었다. 막대한 현금이 쏟아져 들어오는 가운데 중국공상은행은 정말 어마어마한 돈을 벌고 있었다. 이 정도의 수익 구조라면 그 많은 악성 대출로 인한 손실도 금방 만회할 수 있을 것이었다.

어느 날 나는 크리스 콜에게 말했다. 「그야말로 세상에서 가장 큰 현금 인출기로군요.」

투자에 찬성하는 크리스와 프레드, 마이크의 논거가 나를 설득하기 시작했다. 중국의 활력과 성장 잠재력은 중국의 은행 부문과 떼려야 뗄 수 없는 관계였고, 소매 고객 1억 5000만에 기업 고객 250만 그리고 중국의 전체 은행 자산 중 17퍼센트를 보유한 중국공상은행보다 호황기 경제를 더 잘 대표할 기관은 거의 없었다. 중국의 성장에 따른 그토록 방대한 혜택을 누릴 만한 기업은 달리 상상하기가 어려웠다. 게다가 우리는 중국 정부가 중국공상은행의 성공을 위해 전력을 다하고 있다는 사실을 알았다. 그들은 보다 건전하고 보다 잘 경영되는 수익성 있는 은행들을 원했다. 기업공개 이후에도 그들은 어차피 지배 주주로 남을 터였다. 그야말로 완벽한 이권 동맹이었다.

나는 장젠칭을 좋아하고 신뢰하게 되었다. 그의 자신감이 각고의 노력과 근면함에 기인한다는 사실을 알았기 때문이다. 장젠칭은 상하이에서 태어났다. 아버지는 병원 약사였고, 어머니는 교사였다. 그는 중학교를 졸업한 뒤에 장시성의 가난한 외딴 마을로 하방(下放)되어 벼농사를 지으면서 시골 초등학교에서 학생들을 가르쳤다. 그러다가 허난성의 석탄 광산으로 옮겨 광부로 일했다. 문화 대혁명이 끝나고 상하이로 돌아온 그는 상하이 재경 대학교를 다녔고, 중국인민은행 상하이 지점에 은행원으로 입사했다. 고난의 세월은 그를 동시대의 많은 사람처럼 더 강하고 단호하게 만들었다.

장젠칭은 회계에 묘한 재능과 친밀감을 가졌다. 한번은 그가 내게 말했다.「은행 장부의 숫자는 음악의 음조와 같습니다. 항상 어떤 논리성이 존재합니다. 재무 보고서를 읽을 때면 마치 악보를 보고 있는 기분이 듭니다. 그 느낌이 정말 좋습니다.」

장젠칭은 없는 시간을 쪼개서 상하이 교통 대학교에서 공학 석사 학위와 경영학 박사 학위를 취득했고, 승진을 거듭했다. 그는 2000년에 중국공상은행의 은행장이 되었고(2005년 10월에 회장이 된다) 자신의 경력에서 거의 전부를 차지하는 조직의 문화와 사람과 절차에 변화의 물결을 일으킴으로써 피할 수 없는 개혁을 기꺼이 진두지휘하는 역동적인 지도자의 모습을 보여 주었다.

궁극적으로 중국공상은행의 놀라운 시장 지배력과 별개로 투자 쪽으로 마음이 기운 것은 장젠칭 때문이었다. 은행업에 대한, 일을 끝까지 파고들어서 해내는, 직원들에게 동기를 부여하고 조직을 변화시키는 그의 기술과 열정 때문이었다. 숫자들의 앞뒤가 맞는지 확인하는 일도 중요했지만, 중국공상은행이 강력한 지도자를 보유했다는 확신은 절대적으로 중요했다. 실제로 그는 강력한 지도자였다. 진정한 믿음을 가진 사람이었다. 때때로 그가 지나치게 낙관적이라는 생각이 들 정도였다. 하지만 나중에 알게 되었지만 그는 낙관적인 것과 전혀 거리가 멀었다.

나는 회사 내에서 찾아낼 수 있는 모든 똑똑한 사람들에게 중국공상은행에 투자하는 아이디어에 대해 의견을 구했다. 그리고 이 아이디어를 예컨대 하나의 내부 위원회에서 다른 위원회로, 종국에는 이사회까지 올라가면서 일련의 엄격한 확인과 교차 확인을 거치는 공식적인 심사 절차에 회부했다. 하지만 나는 이 투자의 실행 여부를 결정하는 것이 단순히 컴퓨터를 이용한 수치 계산이나 자산 실사 이상의 무언가라는 사실을 인정할 수밖에 없었다. 내가 고위 임원들과 이사회 구성원들에게 설명했듯이 이 투자는 단지 관습적인 의미의 금융 투자가 아니었다. 우리는 중국 정부가 중국공상은행과 그 자매 은행들의 성공을 필요로 한다는 사실을 아는 상황에서 중국이라는 국가 자체에 돈을 거는 셈이었다. 이들 은행의 기업공개는 자금을 모으는 것 못지않게 세계 무대에서 중국 은행 업무 시스템의 타당성을 입증하고 인정받는 것과 관련이 있었다. 이들 은행의 중요성은 아무리 강조해도 지나치지 않을 터였다. 실질적인 자본 시장이 전무한 상태에서 거대 은행들은 중국 경제 전체를 떠받치는 네 개의 금융 기둥 같은 존재였다. 중국 정부는 절대로 그들이 망하도록 내버려 둘 수 없었다. 같은 맥락에서 우리가 투자하는 돈도 그만큼 안전할 것이었다. 물론 도로는 양방향이었다. 다시 말해서 중국은 중국공상은행의 정당성을 입증하기 위해 골드만 삭스의 투자를 원하고 있었다.

우리는 어떤 실수의 여지도 없도록 중국공상은행과 구체적인 조건을 협상하기 시작했다. 그리고 합의를 통해 중국공상은행의 포트폴리오를 꼼꼼하게 검토하고 채권 가치에 대한 평가를 승인할 수 있는 권리를 얻었다. 이런 〈평점들〉이 궁극적으로는 은행의 가치를 결정했다. 왜냐하면 손실이 발생할 경우 무조건 은행 자본이 감소할 것이기 때문이다. 이러한 자산 실사는 중국의 규제 기관에 중국공상은행의 자본 구조가 충분히 개선될 수 있고, 이를 보장할 절차가 이미 가동되고 있다는 신뢰감을 주었다. 우리는 중국공상은행에 함께 투자자로 참여하게 된 아메리칸 익스프레스와 독일의 알리안츠와도 조율 작업에 들어갔다.

우리는 잠재적인 제휴 관계에 있는 두 당사자에 대해 많은 생각을 했다. 중국공상은행은 골드만 삭스와 제휴함으로써 무엇을 얻을 수 있고, 골드만 삭스는 중국공상은행과 제휴함으로써 무엇을 얻을 수 있는가? 전략적 투자자가 된다는 것은 기술과 노하우를 서로 공유한다는 것을 의미했다. 시장 지배력이라는 골드만 삭스의 장점을 바탕으로 우리는 전략적 협력 팀을 구성해서 더 나은 위기 관리 시스템과 정보 기술, 경영 관리가 자리 잡도록 도왔고, 중국공상은행이 보고와 투명성, 지배 구조와 같은 부분을 개선하도록 지원했다. 뉴욕 연방준비은행의 전임 총재 제리 코리건 같은 골드만 삭스의 고위 임원들도 베이징으로 날아가서 중국공상은행의 이사진과 임원진을 대상으로 올바른 신용 위기 관리를 위한 문화와 상관습에 관한 세미나와 교육을 진행했다.

한편 중국 지도부와 장젠칭은 전면적인 구조조정에 박차를 가했다. 궁극적으로 중국공상은행은 1997년에 약 4만 2,000개에 달했던 지점과 기타 영업소를 1만 8,000개로 대폭 축소했고, 2003년 말을 기준으로 39만 명이 넘었던 직원을 35만 5,000명까지 줄였다(1990년대 중반에는 57만 명에 육박했다). 2005년 봄에 중국공상은행은 그들의 대차대조표를 철저하게 조사하기 시작했다. 그리고 4월에 중국의 외환 보유고에서 150억 달러의 자본을 지원받았고, 재정부가 150억 달러에 상당하는 지분을 소유하게 되었다.

중국공상은행은 또 커다란 악성 대출 두 덩어리를 떠넘겼다. 5월에는 약 300억 달러 규모의 부실 채권을 재정부로 직접 떠넘기고 대신 이자 채권을 발행했다. 한 달 뒤에는 자산 관리 회사 네 곳에 경매로 550억 달러 규모의 부실 채권을 매각했다. 1999년과 2000년에 분리 매각한 부실 채권까지 포함하면 중국의 최대 은행인 중국공상은행은 1350억 달러 규모의 악성 대출을 6년도 안 되는 기간 안에 처리한 셈이었다. 정말 놀라운 수치였고, 중국공상은행을 비롯한 중국의 은행업계가 얼마나 취약했으며, 중국 정부가 어째서 이 어지러운 상황을 정리하겠다며 그토록 의지를 불태웠는지 짐작할 수 있는 대목이었다. 6월에 이르러 우리는 중국공상은행과 비공식적 합의에 도달한 상태였다. 이제는 공식적인 자산 실사를 준비하는 일과 중국공상은행의 장부를 구석구석까지 검토할 외부 감사를 고용하는 일에 전력했다.

여러 가지 사건들이 겹치면서 시장에서 중국 은행들을 바라보는 시선에 변화가 생겼다. 우선은 중국 금융 부문의 일부라도 소유하려는 서구 은행들이 우르르 몰려들기 시작했다. 6월에 중국건설은행은 뱅크 오브 아메리카가 최대 19.9퍼센트를 매입할 수 있는 옵션과 함께 약 9퍼센트의 지분을 소유하는 대가로 30억 달러를 투자하기로 합의했다고 발표했다. 이 거래가 적어도 회의적인 투자자들의 관심까지는 끌지 못했다면 그다음 주에 진행된 교통은행의 기업공개는 확실히 모든 사람의 관심을 끈 것이 분명했다. 우리가 HSBC(홍콩 상하이 은행)와 공동으로 인수 주선 업무를 맡은 교통은행 주식은 19억 달러 규모의 매물에 비해 상대적으로 엄청난 수요가 몰리면서 거래 첫날에만 13퍼센트가 상승했다. 1년 전 여름에 19.9퍼센트를 사겠다며 위험 부담을 감수했던 HSBC가 이제는 매우 영리해 보였으며 중국 은행들을 둘러싼 투자 역학에도 갑작스레 변화가 생겼다. 이를테면 싱가포르 정부의 투자 기관인 테마섹 홀딩스는 재빨리 중국건설은행에 10억 달러를 투자하기로 합의했다. 골드만 삭스의 자문을 받은 스코틀랜드 왕립 은행 산하의 한 투자 그룹은 중국은행 지분 10퍼센트를 31억 달러에 매입할 것이라고 발표했다. 테마섹 홀딩스 또한 중국은행 지분 10퍼센트를 사들이기로 합의했고, 스위스의 UBS도 중국은행 지분 1.6퍼센트를 매입했다. 불과 1년 전만 하더라도 찬밥 신세였던 중국 은행들이 이제는 세계 투자 무도회의 여왕으로 등극한 모양새였다.

7월이 가기 전에 우리는 알리안츠, 아멕스와 공동으로 중국공상은행에 대한 투자와 관련해 핵심적인 세부 사항에 대해 비공식적인 합의에 도달했다. 교통은행 기업공개의 대대적인 성공으로 우리는 약간 더 높은 평가액을 지불하고 중국공상은행 지분 8.45퍼센트를 매입하기로 했다. 중국공상은행은 이 시기에 기업공개 준비를 마친 여러 은행들 가운데 가장 취약한 곳으로 인식되었지만, 우리는 시장 지배력과 엄청난 예금 수신율을 감안할 때 이 은행이야말로 가장 건실하다고 생각했다(중국농업은행은 다른 은행들보다 훨씬 악조건이었고, 2010년이 되어서야 기업공개가 이루어진다). 38억 달러에 달하는 투자 금액은 덩샤오핑이 외국 자본에 중국을 개방한 이래 단일 거래로는 최대 규모를 기록한 외국인의 직접 투자였다.

사전 합의와 장젠칭의 강력한 지원에도 불구하고 우리는 최종 승인을 받기까지 아직 갈 길이 멀다는 것을 알았다. 중앙은행과 각종 금융 규제 기관들과 정부 부처들 그리고 궁극적으로는 국무원의 승인을 받아야 했기 때문이다. 우리는 낙관했지만 그렇다고 승인이 보장된 것은 아니었다.

중국은행이 우리를 기업공개 주간사로 선정했다고 공식 발표한 2005년 8월 30일 바로 그날에 우리가 중국공상은행과 투자 협약을 맺었다는 이야기가 알려졌다. 그야말로 불운한 우연이었다. 마치 좋은 것이 너무 많아서 하나만 고르기가 힘든 상황을 보여 주는 전형적인 사례 같았다. 우리는 이미 세간의 이목을 끈 중국은행(홍콩)과 교통은행의 기업공개를 주관한 터였다. 이제 우리는 모두가 선망하는 알짜배기 사업을 두 건이나 더 손에 넣은 상황이었다. 게다가 우리가 중국공상은행의 인수 주선 업무도 맡을 가능성이 높다는 추측이 당연하게 받아들여지고 있었다. 사실이 그러했다. 중국공상은행과 체결한 투자 양해 각서에는 우리가 기업공개의 주간사가 될 것이라고 명기되어 있었다.

우리가 기업공개를 주관하고 투자도 하는 것은 정확히 장젠칭이 원하던 바였다. 하지만 그는 골드만 삭스가 중국공상은행과 중국은행의 기업공개를 거의 동시에 주관한다는 사실을 알고 우리가 너무 무리한 시도를 하는 것은 아닌지 우려했다. 그래서 일정을 앞당겨서 중국은행보다 먼저 상장하기를 원했다. 2005년 9월에 워싱턴 D. C.에서 개최된 세계은행과 국제통화기금 회의에 참석하기 위해 장젠칭이 미국을 방문했다. 그는 제일 먼저 뉴욕에 들렀다. 골드만 삭스의 관리위원회 앞에서 중국공상은행의 전망에 대해 멋진 발표를 했고, 우리는 뉴욕의 금융 전문가들에게 그를 소개하는 오찬을 마련했다. 그가 록펠러 가문의 역사에 매료되어 뉴욕시 외곽의 포칸티코힐스에 위치한 록펠러 가문 소유지를 방문했다는 사실을 알게 된 우리는 데이비드 록펠러를 오찬에 초대했다. 장젠칭은 매우 기뻐했다.

나는 세계은행과 국제통화기금 회의에서 장젠칭을 여러 번 만났다. 그는 자신이 골드만 삭스에서 인수 주선 업무를 맡아 주기를 얼마나 원하는지 강조하면서 내게 중국은행과 일하는 것을 포기하라고 압박했다. 그는 정말 집요했다. 우리는 골드만 삭스의 워싱턴 D. C. 사무소에서도 같은 이야기를 나누었고, 골드만 삭스가 주최한 만찬에서도 가장자리로 벗어나 같은 이야기를 나누었다. 이 만찬에서는 세계무역기구의 초대 사무총장이자 골드만 삭스 인터내셔널의 당시 회장이던 피터 서덜랜드가 세계적인 사건들을 주제로 빌 클린턴 전 대통령을 인터뷰했다. 이 자리에서 장젠칭은 자신이 중국으로 떠나기 전인 다음 날 아침에 만날 것을 고집했다. 골자는 매번 같았다. 중국은행의 위임을 포기하라는 것이었다. 나는 그에게 골드만 삭스가 두 가지 업무를 병행하는 데 어떤 어려움도 없을 거라고 안심시키기 위해 최선을 다했다.

나중에 알게 된 사실이지만 나는 상황을 너무 쉽게 생각하고 있었다. 중국공상은행과 중국은행의 발표는 투자은행 업계를 깜짝 놀라게 했으며, 그에 따른 역풍은 날카롭고 격렬했다. 우리의 경쟁사들이 들고일어나서 골드만 삭스가 너무 많은 사업을 따내고 있으며 우리가 맡은 업무가 이해관계의 상충으로 가득하다고 공개적으로 또는 비공개적으로 비난했다. 우리는 중국의 금융 부문에서 우리가 획득한 타의 추종을 불허하는 영향력과 경험이 우리 고객들에게 기여하기 위해 이용될 수 있는 독자적인 장점으로 인식되어야 한다고 주장했다. 게다가 우리 고객들은 국가 소유의 자매 은행들이었으므로 같은 시기에 상장해서 서로 투자자를 유치하기 위해 전면전을 벌이는 상황이 발생하지 않도록 기업공개 시기를 조율하는 것이 중국 정부에도 이득이었다. 나는 장젠칭과 샤오강 중국은행 회장에게도 그렇게 말했다.

하지만 비판의 목소리는 점점 더 커져 갔다. 우리의 수많은 경쟁사들이 중국 고위층 자녀를 채용하고 있었고 그 점을 이용해서 우리에게 영향력을 행사하는 것을 매우 좋아했다. 그들의 활약이 중국 관리들의 생각에 얼마나 영향을 미쳤는지는 추측만 가능할 뿐이지만 금융 부문의 지도자들이 우리를 바라보는 태도에 변화가 생겼음은 분명했다. 저우샤오촨은 우리가 중국공상은행과의 거래에서 맡은 역할을 옹호했다. 지배 구조를 개선하려는 노력의 일환으로 그는 서구 사회의 경영자와 이사회처럼 장젠칭이 스스로 결정할 권리를 갖는 것을 지지했기 때문이다. 하지만 명백한 저항 세력이 등장했다. 재정부는 투자은행이 중국의 상업은행에 전략적 투자자가 되는 것이 이치에 맞지 않다고 판단했다. 중국은행업감독관리위원회의 새로운 수장 류밍캉은 기본적으로 중국의 금융 부문이 개방되기를 원했지만 이와 별개로 재정부와 마찬가지로 투자은행이 아닌 상업은행이 중국공상은행에 투자하는 것을 선호했다.

설상가상으로 우리의 계약 조건 중 일부가 새어 나갔고 중국이 국가 자산을 헐값에 매각하고 있다는 대중의 비판이 급증했다. 비난이 골드만 삭스만을 겨냥한 것은 아니었다. 중국공상은행 투자는 장부 가액의 1.18배로 가격이 책정되고, 중국건설은행과 중국은행은 각각 1.15배와 1.14배로 책정된 터였다. 우리는 이 같은 가격 책정이 외국의 전략적 투자자들에게 거액의 자본으로 모험을 하도록 설득하기가 얼마나 힘들었는지 보여 줄 뿐이라는 것을 알았지만 이 계약들은 이제 교통은행의 믿을 수 없는 성공에 비교되고 있었다. 교통은행의 주식은 상장 이후에 32퍼센트가 상승해서 장부 가액의 두 배에 해당하는 가격으로 거래되고 있었다.

사태는 곧 절정으로 치달았다. 장젠칭으로부터 중국공상은행에 투자해 달라는 요청을 받고 1년이 지난 2005년 11월 3일에 나는 저우샤오촨과 창안로에 위치한 중국인민은행 본점의 9층 식당에서 점심을 먹었다. 보통 저우샤오촨과 함께하는 점심 식사는 즐겁고 지적인 자극이 충만한 자리였다. 양국의 경제 상황부터 중국의 개혁이나 신흥 자본 시장의 발전 또는 칭화 대학교 경제관리학원의 진척 상황에 이르기까지 다양한 주제로 대화가 오갔지만 그날은 그렇지 않았다.

저우샤오촨은 늘 그렇듯 침착하고 점잖았지만 중앙은행을 운영하는 일과 별개로 국무원 산하 국유 은행 개혁 영도 소조의 주임이었고, 이 소조는 부처 간 조정 기구로서 의사 결정 권한을 가지고 있었다. 그는 황쥐 상무 부총리에게 직접 보고했고 4대 국유 은행의 구조조정 계획을 세우고 시행하는 과정에서 핵심적인 역할을 했다. 그리고 바로 그런 역할을 수행하는 차원에서 그가 상부에서 직접 하달된, 정신이 번쩍 들게 하는 메시지를 우리에게 전했다. 중국 지도부는 하나의 투자은행이 그처럼 규모가 큰 두 건의 거래를 동시에 주관하는 것이 공정한 경쟁 환경을 조성하는 데 걸림돌이 될 것으로 판단했다. 그리고 골드만 삭스는 어떤 건을 포기할 것인지 결정해야 했다. 저우샤오촨은 이 문제를 논의하거나 우리 입장을 듣기 위해서가 아니라 이 같은 소식을 기분 나쁘지 않게, 그럼에도 확실하게 전달하기 위해 우리를 초대한 것이 분명했다.

저우샤오촨은 나를 비롯해 마이크 에번스와 크리스 콜, 프레드 후가 즉석에서 바로 결정할 수 있도록 자리를 비켜 주었다. 아마도 사안의 긴급성을 강조하기 위함인 듯했다. 우리끼리 잠깐이지만 강도 높은 대화가 오갔다. 나는 저우샤오촨에게 중국은행의 상장을 주관하고 중국공상은행에 투자하겠다고 그리고 중국공상은행의 기업공개에 공동 주간사로 참여하는 것은 포기하겠다고 말했다. 우리는 상장 주간사보다는 전략적 투자자로서 중국공상은행과 더 많은 일을 함께할 수 있을 거라고 판단했다. 단지 기업공개에 참여하는 것보다 중국공상은행에 전례 없는 투자를 하는 쪽이 중장기적으로 중국공상은행이나 골드만 삭스가 중국 내에서 맡게 될 역할에 훨씬 큰 의미를 부여할 터였다. 여기에 더해서 이미 위임을 받은 중국은행의 기업공개 건을 거절할 경우 중국은행에 피해를 줄 것이 염려되기도 했다. 며칠 뒤 나는 우리가 결정한 내용을 정식 문건으로 확정했다.

결국 우리는 중국공상은행에 투자할 권리를 획득했다. 나는 중국공상은행의 전략적 투자자 조인식에 참석하기 위해 1월에 베이징으로 날아갔다. 자그마치 26억 달러에 달하는 투자금은 골드만 삭스가 그때까지 한 투자 중 가장 큰 규모였다.

중국공상은행은 골드만 삭스 대신에 그들의 기업공개를 주관할 운 좋은 은행을 선발하기 위해 공식 미인 대회를 열었다. 메릴린치와 크레디트 스위스, 도이치 방크, 공상동아금융, 중국국제금융유한공사가 최종 선발되어 위임을 받았고, 중국공상은행은 그해가 가기 전에 시장에 상장될 것으로 예상되었다. 맞수 관계에 있는 투자은행들 간의 전투 연대기에 대해서 다루기를 좋아하던 언론은, 그들이 골드만 삭스의 충격적인 굴욕으로 묘사하기로 결정한 사건을 대대적으로 보도했다. 우리가 2006년 10월에 진행된 세계 최대 규모로 기록될 기업공개의 주간사로 선정되지 못한 것은 사실이다. 하지만 골드만 삭스는 향후 수년 동안 수십억 달러의 수익을 얻게 될 투자를 했다. 그리고 장젠칭 및 중국공상은행과 진정한 협력 관계를 구축했으며, 중국공상은행의 구조조정과 중국의 은행 개혁에 의미 있는 공헌을 했다.

골드만 삭스 팀은 프레드 후의 지휘로 2006년 6월에 홍콩에서 중국은행을 상장했다. 중국은행은 112억 달러의 자금을 조달함으로써 2000년 이후로 진행된 기업공개 중에서 가장 큰 규모를 기록했다. 중국은행은 한 달 뒤에 상하이에서도 상장되었고 25억 달러를 추가로 조달했다. 아울러 홍콩과 상하이 두 곳에서 모두 상장한 최초의 본토 기업이 되었고, 중국의 A주식 시장에서 가장 가치 있는 회사가 되었다. 중국공상은행은 2006년 10월에 상장했고, 홍콩과 상하이에서 동시에 상장된 최초의 은행으로 기록되었으며, 총 219억 달러를 모금했다.

이 두 건의 거래는 중국의 금융 개혁 역사에서 최고 성적을 기록했다. 수년간 구조조정을 거친 다수의 거대 국유 기업들은 안정적인 상태로 접어들었다. 그들은 국내 시장을 지배했고 더 이상의 변화를 봉쇄한 채 유력한 기득권이 되었다. 정부 부처 간 세력 다툼이 증가했고, 점점 더 많은 보수적인 파벌들이 변화에 저항했다. 변화가 그들에게 기득권을 포기하도록 요구했기 때문이다. 반개혁적이고 보호 무역주의를 옹호하는 발언도 갈수록 늘어났다.

성공은 안주로 이어졌고 개혁을 지지하던 최고위급 지도자들이 현직에서 물러나면서 개혁은 교착 상태에 빠졌다. 주룽지는

2003년에 총리직에서 물러났고, 장쩌민 전 국가주석은 2004년 말에 그의 마지막 공직인 중앙군사위원회 주석직에서 물러났다. 그들의 뒤를 이은 공산당 중앙위원회 총서기 후진타오와 원자바오 총리는 관심의 방향을 개혁에서 사회 안정과 조화로 돌렸다. 장쩌민의 협력자이자 중앙정치국 상무위원이었으며 금융과 경제를 담당한 상무 부총리였던 황쥐가 개혁주의자들을 지원했지만 2005년에 불치병에 걸려 2007년에 사망했다. 특히 4대 국유 은행의 정부 측 지분을 보유한 중앙후이진투자공사의 관리 주체가 중앙은행에서 재정부로 바뀌었는데, 당시의 재정부는 개혁에 덜 우호적이었다.

그러는 동안에도 국유 은행들은 그들의 시장 지배력을 끊임없이 이용해서 막대한 이익을 창출하며 거대 공룡이 되어 갔다. 2012년에 중국공상은행은 시가총액을 기준으로 세계 최대 은행이 되었고, 그 뒤를 이어서 중국건설은행이 2위에 올랐다. 중국농업은행과 중국은행은 각각 5위와 7위를 차지했다. 2008년에 세계 금융 위기가 발생했을 때 중국 은행들은 붕괴 위기에서 벗어난 지 5년 만에 중국 경제를 안정시키고 세계 시장이 자유 낙하하는 것을 막는 데 큰 역할을 했다. 하지만 금융 위기는 본연의 상업적 목적에 충실한 은행을 육성하려던 개혁 노력에 추가적인 대가를 요구했다. 이를테면 2009년에 중국 정부는 경기 부양을 위한 대출금으로 은행들에게 9조 6000억 위안(1조 4000억 달러)의 거액을 동원하라고 압박했다. 이는 과거 정책 대출 접근법으로의 급격한 유턴을 의미했다. 이제 은행들은 비경제적이거나 비효율적인 다수의 프로젝트에 자금을 지원하면서 의심할 여지없이 점점 더 많은 악성 대출을 양산했다.

정부 보조금이나 규제 혜택을 비롯한 각종 특혜들은 너무나 많은 경우에 신성불가침의 권리로 여겨지며, 이런 사고방식을 바꾸는 일은 윗선의 강력한 의지가 없는 한 결코 지속되지 않는다. 하지만 중국 지도자들은 전임자들의 혁신적인 개혁 노력 덕분에 물려받은 급속한 경제 성장이 마치 스스로 그 여세를 몰아가기라도 할 것처럼 변화를 위한 노력을 계속하기보다는 안정을 추구하는 일에 더 많은 관심을 쏟는 듯했다. 내가 보기에 중국은 자국의 경제가 미완성 상태라는 생각을 가지고 접근할 필요가 있었다. 중국 경제는 중국이 지닌 잠재력을 완전히 발휘하기 위해서라도 반드시 완수해야 하는 까다로운 진화 과정의 초기 단계에 머물러 있었다. 중국은 개혁 속도를 올리는 대신 오히려 늦춤으로써 자칫 휘청거릴 — 그리고 사회 안정을 해칠 — 위험을 감수하고 있었다.

2부 새로운 장

11 국가의 부름

적어도 일흔 번은 중국을 방문한 나였지만 2006년 9월에 미국의 재무 장관 직함을 달고 처음 방문했을 때는 이전과 사뭇 다른 분위기가 느껴졌다. 사이렌이 울렸고 길게 이어진 자동차 행렬이 뒤따랐으며, 우리는 시후(西湖)를 향해 급속히 발전한 항저우의 뻥 뚫린 6차선 고속도로를 질주했다. 물론 이 모든 환대가 매우 감격적이었지만 여기에는 단순한 환대 이상의 의미가 있었다. 나는 이처럼 성대한 의식의 그 어느 것도 나를 위한 것이라고 착각하지 않았다. 사업가로서 중국에서 많은 친구를 사귄 것은 틀림없는 사실이지만 지금의 나는 미합중국을 대표해서 처음으로 중국을 방문하는 중이었기에 막대한 자부심과 목적의식을 느꼈다. 상당한 압박감도 느꼈다. 이번 방문은 미중 관계를 개선하고 유지할 새로운 방법을 모색하기 위한 프로젝트의 세부 사항을 결정짓기 위함이었는데 중국이 여기에 동조할지 100퍼센트 확신이 없었기 때문이다.

나는 재무 장관직을 수락할지 여부를 두고 오랫동안 고민했다. 질주하는 자동차에 앉아 있으려니 몇 달 전 중국인민은행 총재 저우샤오촨이 개인적으로 내게 해준 말이 떠올랐다. 「헨리, 당신은 변화를 만들 수 있습니다.」

이제 미국과 그가 속한 나라와의 관계를 시작하며, 나는 바로 그렇게 할 수 있을 거라고 믿었다.

중국에서는 상징성이 대단히 중요하기 때문에 우리는 이번 방문의 세부적인 요소에 심혈을 기울였다. 우선은 지금까지의 관례를 깨고 베이징이 아닌 다른 지역을, 즉 개혁의 중요성을 강조하기 위해 민간 부문의 경제 활동이 활발한 지역을 방문하기로 결정했다. 상하이의 바로 남서쪽에 위치한 항저우는 바다를 면한 저장성의 성도였고 기업가 정신과 활기차고 토착적인 민간 경제로 유명했다. 항저우의 공장에서 쏟아져 나온 저가 상품들이 컨테이너선에 실려서 전 세계로 운송되었다. 나는 미국의 신임 재무 장관이 중국의 경제와 개혁을 이해하고 비단 국가 지도자들뿐 아니라 다른 분야의 인사들과도 우호적인 관계를 유지하며 중국에 베이징이 아닌 다른 지역도 존재한다는 사실을 아는 사람이라는 강력한 신호를 보내고 싶었다. 나는 누구를 가장 먼저 만나야 할지도 고심했는데, 저장성의 당 서기였던 시진핑은 완벽한 선택이었다. 급부상하는 정치 스타 시진핑은 저장성의 민간 부문을 홍보하는 데 특히 효과적인 지도자였다. 나는 그와 만남으로써 중국 정부에 또 하나의 강력한 신호를 보낼 수 있을 것으로 생각했다.

나는 매우 구체적인 임무를 가지고 중국을 방문한 터였다. 조지 부시 미국 대통령과 후진타오 중국 국가주석은 양국 간의 이른바 미중 전략경제대화에 착수하기로 이미 합의한 바 있었다. 부시 대통령은 내게 이를테면 〈슈퍼 내각〉의 지위를 부여함으로써 미중 전략경제대화에서 나머지 내각 구성원들을 이끌고 조율할 수 있는 권한을 주었다. 나는 미중 전략경제대화야말로 미국과 중국의 경제적인 관계 — 내가 생각하기로 양자 관계에서 미국에 가장 중요한 부분 — 를 유지하기 위해 할 수 있는 최선의 방법이라고 생각했다. 미국과 중국의 교섭은 하위 단계에서 약 100여 개에 달하는 회담으로 분산된 채 수렁에 빠진 상태였기에 보다 잘 조율되고 우선순위를 정리할 필요가 있었다(일례로 나는 형편없는 문서 번역 문제까지 더해지면서 더욱 엉망이 된 불충분한 의사소통 때문에 불법적인 벌목 관행을 중단시키려는 노력이 어려움을 겪었다는 사실을 알게 되었다). 나는 장기적인 문제에 대처하는 동시에 단기적인 성과를 도출할 포괄적인 절차를 수립할 계획이었다.

재무 장관이라는 새로운 직책을 맡은 지 두 달 만에 지금 여기서 시진핑을 만나러 항저우 시내를 빠른 속도로 관통하고 있는 것도 바로 그런 이유였다. 나중에 알게 되겠지만 그는 중국의 차기 지도자가 될 인물이었다. 우리 쪽에서는 큰 키에 요란하고 전염성 강한 웃음을 가진 중서부 출신의 미국 국가경제위원회 의장 앨 허버드와 조지 H. W. 부시 행정부에서도 일했던 켄터키 출신의 재무부 차관 팀 애덤스, 나를 도와서 조만간 미중 전략경제대화의 조정관으로 일하게 될 빛나는 미소와 강철 같은 의지를 지닌 뉴저지 출신의 퀘이커교도 타이야 스미스가 동행하고 있었다.

시진핑은 1953년에 시중쉰(習仲勳)의 아들로 태어났다. 시중쉰은 홍군으로 활동했으며 한때 국무원 부총리를 지냈다. 광둥성의 당 서기로 있을 당시에는 중국 최초의 특별경제구역을 만드는 데 중요한 역할을 했다. 특유의 청렴함과 오점이 없는 개혁 경력으로 유명한 시중쉰은 개혁적인 당 지도자 후야오방의 가까운 협력자였다. 후야오방의 사망은 1989년에 톈안먼 광장에서 학생 봉기를 촉발하는 데 일조했고, 시중쉰은 이후에 곧바로 권력의 중심에서 밀려났다.

앞서 문화 대혁명 기간 중에 시중쉰이 투옥되자 존경받는 당 지도자의 아들로 특권을 누리던 시진핑은 열다섯 살의 나이에 시골로 보내져서 7년 동안 고된 육체노동을 경험했다. 시진핑은 노력 끝에 중국 버전의 아이비리그로 돌아올 수 있었고 칭화 대학교에서 화학 공학과 법학 학위를 취득한 뒤에 중국 공산당 내에서 차근차근 위로 올라갔다. 중앙군사위원회의 비서장을 지냈고, 1980년대 초에 국방부 부장을 역임한 추앙받는 혁명 장군 겅뱌오의 개인 비서로 일하면서 군 경험도 쌓았다. 이후에는 다양한 지방과 현과 성 정부에서 근무했다. 2002년에 저장성으로 오기 직전까지는 부유한 연안 지역인 푸젠성의 성장이었다. 활기 넘치는 타이완과 해협을 사이에 둔 푸젠성에는 중국 최초로 지정된 특별경제구역 중 하나가 있었다. 얼굴 없는 당 관료들의 비슷비슷한 삶과는 대조되는 매혹적인 인생 이야기를 가진 시진핑은 아름다운 인기 가수 펑리위안(彭麗媛)과 결혼했다.

나는 몇 달 전에 시진핑을 뉴욕에서 만난 적이 있었다. 당시에 시진핑은 미국 기업과 금융계의 엄선된 지도자들과 친분을 쌓을 목적으로 저장성 대표단을 이끌고 자매결연을 맺은 뉴저지주를 방문 중이었다. 큰 키에 자신감 있는 태도로 회의장을 환하게 만들 정도로 커다란 존재감을 뿜어내는 그를 보면서 나는 왜 그가 고위급 지도자로 빠르게 승진했는지 알 수 있었다. 그는 예리한 판단력을 바탕으로 미래를 내다보았다. 같은 맥락에서 경제가 번영할수록 인건비가 상승하기 때문에 저장성이 제조업 분야에서 보유한 저비용의 이점을 잃기 전에 중국이 저장성에 번창한 민간 부문의 기업가 정신을 다른 어딘가에 복제해 놓아야 한다고 강조했다. 그는 이를테면 싱가포르가 지난 수십 년 동안 행해 온 것과 비슷하게 저장성과 다른 연안 지역이 더 높은 상품 가치를 지닌 산업으로 옮겨 갈 수 있도록 지원할 필요성에 초점을 맞추었다.

시진핑이 내게 말했다. 「우리는 혁신을 배양할 수 있는 더 나은 환경을 구축해야 합니다. 민간 부문의 중소기업이 그 길을 인도할 것입니다.」

결정적으로 그는 중국이 환경 보호 문제를 그의 표현에 따르자면 〈긴급한 우선 사항〉으로 다루면서도 이 같은 변화를 이루어 내기를 원했다. 그는 내가 국제자연보호협회와 함께 윈난성에서 한 일을 칭찬했고, 아내 웬디가 그에게 선물하라고 추천한 센트럴 파크의 새들에 관한 책을 받고서 매우 좋아했다.

이번에 시진핑을 만날 곳은 항저우의 유명한 시후 국빈관이었다. 1972년에 리처드 닉슨 미국 대통령이 세상을 깜짝 놀라게 하며 중국을 방문했을 때 닉슨과 저우언라이는 이 아름다운 호숫가에서 만났고, 이틀 뒤에 역사적인 상하이 코뮈니케를 발표하면서 양국의 관계 정상화를 선포했다. 나와 마찬가지로 시진핑도 나의 방문에 그 같은 상징성을 투영한 것이 분명했다. 실제로도 그는 내게 저우언라이와 닉슨이 함께 걸었던 길을 산책하고 싶다고 말했다. 그럼으로써 내가 미중 관계를 위해 하고자 하는 일의 중요성이 더욱 부각될 거라고 말했다. 닉슨과 저우언라이가 산책했던 길을 따라 걷는 시점에서 시진핑의 말은 부시 대통령이 내게 맡긴 중책을 새삼 절감하게 했다. 나는 나 스스로를 이처럼 매우 중요한 관계의 관리인으로 여겼고 진심으로 양국의 관계를 개선하고 싶었다.

우리는 통역을 통해 이야기를 나누었고, 경호원과 수행원이 뒤따르고 있었다. 고풍스러운 누각을 지나고 붉은 샐비어가 눈부시게 핀 구불구불한 길을 따라 내려가서 화려한 조각이 새겨진 목조 대문을 통과해 호숫가로 향했다. 시후는 길게 가지를 늘어뜨린 버드나무들에 둘러싸여 있었고, 호수 여기저기에 점점이 흩어진 섬들이 우아한 흰색 교각들로 연결되어 있었다. 완벽히 가꾸어진 정원이 물가까지 뻗어 있는 호수의 풍경은 참으로 식물 공학이 만든 경이였다. 나는 미중 관계에 대한 나의 생각과 왜 미중 전략경제대화가 미중 관계에 중요한지를 설명했다. 사진을 찍기 위해 서로 밀치며 몸싸움을 벌이는 기자들의 모습에 우리는 잠시 발걸음을 멈추고 대문 아래에 나란히 선 채로 과거에 닉슨과 저우언라이가 그랬던 것처럼 자세를 취했다. 시진핑은 아주 기분이 좋아 보였고 무척 우호적이었다. 나중에 지인들에게 들은 말에 따르면 그는 미국 재무 장관의 첫 중국 방문 일정으로 자신을 제일 먼저 만나러 와준 내게 무척 고마워했다고 했다.

시진핑을 만남으로써 얻는 이익이 또 하나 있었다. 후진타오 국가주석과 개인적으로 만날 일정을 아직 잡지 못하고 있었는데 나는 반드시 약속을 잡고 싶었고 시진핑에게 도움을 받을 수 있을 것 같았다. 들리는 말에 따르면 후진타오는 나와 만나는 것을 불안해했다. 그는 어떠한 깜짝 발언도 원하지 않았고, 내가 자신과의 만남을 기회 삼아서 공개적으로 중국의 저평가된 환율 — 중국이 미국인의 일자리를 빼앗는다고 미국 의회 의원들이 불평할 때마다 언급되는 가장 중대한 단일 사안 — 에 대해서 설교를 늘어놓을까 봐 걱정했다. 하지만 나는 그럴 의도가 전혀 없었다. 단지 후진타오 주석과 미중 전략경제대화에 대해 논의하고 싶었고, 이 점을 시진핑에게 확실하게 밝혔다. 항저우에서 비록 하루만 묵고 가지만 나의 메시지가 후진타오에게 틀림없이 전달될 거라고 생각했다.

시진핑을 만난 다음에는 158년의 역사를 가진 러우와이러우(楼外楼)에서 중국 기업가들과 함께 저녁을 먹었다. 러우와이러우는 넓은 부지에 시끌벅적한 해산물 식당이었다. 저장성의 외무부 관리가 밝은 목소리로 언급한 바로는 장제스가 무척 좋아했던 식당이었다. 나는 미국이 중국의 민간 부문을 지원한다는 신호를 보내고 싶었고 자신의 번영하는 성에 기업가적인 활동을 독려하고 있는 시진핑에게 힘을 실어 주고 싶었다. 저녁 식사를 함께한 10여 명 중에는 농부의 아들로 태어나 열다섯 살에 대장장이가 되고 나중에는 중국 최대의 자동차 부품 제조업체인 완샹 그룹을 설립한 루관추(魯冠球)와 석공의 아들로 태어나 세 명의 대학교 동창과 함께 간염 진단 장비 판매업체를 설립하고 이를 상하이 소재의 제약과 부동산, 철강, 소매업을 아우르는 다각화된 지주회사 푸싱 그룹으로 발전시킨 궈광창(郭廣昌), 은퇴한 교사 두 명의 도움을 받아 중국 최대의 음료 회사인 와하하를 공동 창업한 쭝칭허우 같은 기업가들이 포함되어 있었다. 중국 기업가들은 나와 저녁을 먹는 자리를 이용해서 인민폐의 약세가 지속되는 것을 포함하여 그들의 사업에 도움이 되는 정책들에 대해 찬성론을 펼쳤다.

저녁 식사 후에 우리 재무부 팀과 나는 숙소 부근을 산책했다. 공식적으로는 관광이 목적이었지만 비밀 유지를 위한 목적도 있었다. 실내에서는 우리 대화가 중국 정부의 만연한 도청에 노출될 수 있었다. 반면에 실외에서는 자동차와 사람들이 만들어 내는 소음을 차단막으로 삼아서 우리만의 대화에 집중할 수 있었다. 우리는 호텔 진입로를 따라 내려가서 호수 쪽으로 걸어갔다. 그런데 중국 공안이 우리 경호원의 앞과 뒤에서 산책에 동행하며 우리 앞길에 있는 보행자들을 강제로 비켜 나게 하는 바람에 작은 소란의 원인 제공자가 되고 말았다. 우리는 소란을 피하기 위해 서둘러 대화를 종료했다.

나는 재무 장관으로서 중국에서 보낸 첫날에 만족하며 잠자리에 들었다. 그리고 다음 날 아침 베이징에 도착해서 후진타오 주석과 만날 약속이 잡혔다는 소식을 들었을 때는 기분이 더욱 고양되었다.

후진타오 주석이 2006년 4월에 워싱턴을 방문했을 때 부시 대통령이 그를 위해 준비한 백악관 오찬에 나도 초대를 받았다. 당시 나는 재무 장관직을 제안받은 상태였고 바로 전날 저녁에 부시 대통령의 면담 요청을 받았지만 이미 장관직을 거절하기로 결심한 터였다. 그래서 부시 대통령과는 오찬 자리에서 지나가듯 마주친 것이 전부였다.

행사에 참석하기 위해 워싱턴에 온 대규모 중국 측 대표단에는 중국인민은행 총재 저우샤오촨도 있었다. 그는 백악관 오찬 전에 국제통화기금을 방문하는 중이었다. 나는 바쁘게 돌아가는 공식 행사의 틀 밖에서 그를 만나 안부를 묻고 싶었기에 그가 방문 중이던 국제통화기금으로 찾아갔다. 저우샤오촨이 내게 재무 장관직을 수락할 것인지 물었다. 『뉴욕 타임스』에 실린 기사를 포함해서 내가 재무 장관직을 수락할 것이라는 추측이 난무했지만 확실히 저우샤오촨은 언론을 통해 접하는 이야기보다 훨씬 많은 것을 알고 있는 듯했다. 나는 인기 없는 행정부의 마지막 2년 동안 내가 할 수 있는 일이 별로 없을 것 같아서 제안을 거절했다고 말했다. 그는 친구로서 하는 말이라고 단서를 달면서 정말 유감이라고 말했다.

저우샤오촨이 말했다. 「조국을 위해 일하는 것은 크나큰 영광입니다. 더 중요한 사실은 변화를 만들 수 있는 기회가 어떤 형태로 찾아올지 아무도 모른다는 것입니다.」 저우샤오촨의 말이 계속해서 내 머릿속을 맴돌았다. 이후 한 달여 동안 그의 말을 곱씹으면서 자아 성찰의 시간을 갖고 가까운 친구들과 대화도 나눈 뒤 앞선 나의 결정을 재고하기 시작했다. 나중에 안 일이지만 백악관은 여전히 나에게 관심이 있었고 나는 5월에 대통령을 만나서 직책의 범위를 논의하기 위해 다시 워싱턴으로 날아갔다.

나는 복지 수혜권을 개혁할 필요성에 대해서 부시 대통령과 이야기를 나누었다. 이 문제가 미국의 가장 긴급한 경제 현안이라고 생각했기 때문이다. 우리는 은행 업무 시스템을 강화함으로써 테러리스트들에게 흘러가는 자금을 차단하고 범죄 국가들에게 그들의 행동을 바꾸도록 압박할 수 있는 방안도 논의했다. 나는 대통령에게 내가 중국에 얼마나 많은 관심을 가지고 있는지 분명하게 알렸다. 그리고 미국이 미중 양국 관계에 접근하는 방식을 어떻게 개선할 수 있을지에 관한 의견을 제시했다.

내가 말했다. 「중국인들은 장기적이고 전략적으로 사고합니다. 우리도 똑같이 해야 합니다.」

1972년에 관계를 회복한 이후로 미국과 중국의 관계를 결정해 온 것은 안보 문제였다. 안보를 강조하는 현상은 중국과 미국으로 하여금 공동의 적인 소련에 맞서기 위해 서로 손을 잡게 만들었던 초강대국 중심의 냉전 시대 정치학이 낳은 당연한 부작용이었다. 하지만 세상은 극적으로 변했고 — 가장 명백한 증거는 이미 오래 전에 소련이 몰락했다는 사실이다 — 미국은 접근법을 개선할 필요가 있었다. 이제 중국에게 가장 중요한 사안은 경제 문제였고, 대통령도 이 점을 잘 알고 있었다. 미국은 경제적인 차원에서 중국과 관계를 쌓아야 했다.

부시 대통령이 후진타오 주석에게 가장 악몽과도 같은 걱정거리가 무엇인지 묻자 후진타오 주석이 매년 2500만 개의 새로운 일자리를 창출해야 하는 것이라고 대답한 기억이 난다. 중국 지도부는 다른 무엇보다 안정을 추구했고, 이는 곧 강력한 경제력을 보유하고자 한다는 뜻이었다. 강력한 경제력을 보유하기 위해서는 시장 지향적인 추가적인 개혁과 중국의 가장 중요한 무역 상대국인 미국과의 호혜적인 관계가 필요했다. 기본적으로 중국 공산당은 당의 정치권력을 유지하는 대가로 국민에게 풍족한 삶을 제공하기로 거래를 맺었다. 중국 지도자들이 국민들에게 받는 신임도 경제적인 기회와 일자리 창출, 생활수준의 끝없는 향상에 그 뿌리를 두고 있었다. 중국 공산당과 국민 사이의 거래는 중국의 체제를 유지해 주는 일종의 접착제였다. 하지만 중국의 계속된 성공으로 국민의 기대감은 높아진 반면에 오염된 공기와 식수 문제부터 극심한 소득 격차에 이르기까지 점점 더 많은 사회적 스트레스가 누적되면서 이런 기대감을 충족시키기란 더욱 어려워졌다.

나는 미국이 중국과 제대로 된 경제 관계를 구축하기만 한다면 중국에 관련된 나머지 다른 사안들도 자연스럽게 그 뒤를 따를 것으로 판단했다. 안정적이고 경제 성장에 도움이 되는 계획이라면 중국도 긍정적인 반응을 보일 터였다. 그렇지 않고 이를테면 무역 전쟁을 야기하는 보호 무역주의 법안을 채택함으로써 경제 관계가 걷잡을 수 없게 된다면 양국 관계 전체가 비틀거릴 터였다. 중국과 함께라면 미국은 거의 모든 주요한 세계 문제를 해결하기가 좀 더 수월해질 것이었다. 반대로 중국 없이는 무엇을 하든지 훨씬 힘들어질 것이었다. 중국을 상대하려면 미국은 단호하고 주장이 분명해야 하며 양국에서 적절한 인재들이 선발되어야 했다. 이를 위해 고위급 차원에서 기관 대 기관의 접근법이 필요하고 양국의 최고 의사 결정권자들이 서로 마주 앉아야 할 것이었다. 반드시 필요한 직접적이고 포괄적인 업무 협약을 담보하기 위해서는 미국 대통령과 중국 국가주석을 비롯한 고위급 지도자들이 투입되어야 할 터였다.

토요일 아침에 백악관 2층 관저에 위치한 대통령 서재 트리티 룸에서 대통령과 마주 앉았을 때 나는 완전히 솔직하게 나갔다. 그 어떤 것도 중국의 최고 의사 결정권자들과 오랜 시간에 걸쳐 쌓은 인맥을 대신할 수 없었고, 나는 대통령에게 내가 쌓은 인맥을 잘 활용하고 싶다는 뜻을 전했다.

부시 대통령이 말했다. 「물론입니다. 나는 당신의 경험을 이용하고 싶습니다.」 그는 무엇보다 내가 이란과 북한이라는 곤란한 문제에 대해 중국과 진전을 볼 수 있도록 도와주기를 바란다고 말했다.

나는 부시 대통령과 면담하기 전부터 재무 장관직을 수락하기로 결심한 상태였다. 대통령과 만나기로 하고 그 앞에서 거절 의사를 표하는 사람은 없겠지만 그럼에도 나는 재무 장관이 어떤 일을 할 수 있는지 분명하게 알고 싶었다. 나는 나의 결정을 골드만삭스의 누구에게도 곧바로 알리지 않았다. 그리고 5월 25일에 중국으로 이틀 일정으로 출장을 갔다. 투자은행의 수장으로서 마지막 출장이었다. 가장 중요한 일정 중 하나는 프레드 후와 샤오강 중국은행장과 함께 저녁 식사를 하는 것이었다. 샤오강은 골드만삭스의 동료들이 주관하고 바로 얼마 전에 114억 달러 규모로 진행된 중국은행의 기업공개가 순항하는 상황을 즐기고 있었다.

다음 날 나는 프레드 후, 마이크 에번스와 함께 진런칭(金人慶) 재정부 부장을 만났을 때 그의 입에서 나오는 말을 듣고 깜짝 놀랐다.「친구 존 스노로부터 폴슨 회장님이 차기 재무 장관이 될 거라는 소식을 들었습니다.」

CSX의 전임 회장으로 당시 재무 장관이던 존 스노는 내가 그의 후임으로 내정된 사실을 분명히 모르고 있을 터였다. 나도 불과 며칠 전에야 알았기 때문이다. 나는 농담으로 화제를 전환했고, 진런칭도 그 이야기를 다시는 꺼내지 않았다. 나중에 마이크가 말했다.「중국 사람들은 무슨 근거로 회장님이 골드만 삭스 회장을 그만두고 침몰하는 부시 정부에 합류할 거라고 생각했을까요?」

그해 여름에 재무 장관직을 수락한 뒤 나는 어떤 새로운 방식으로 중국에 접근해야 실제로 효과가 있을지 고민하기 시작했다. 이 과정에서 골드만 삭스에 있을 때 중국 문제로 자주 조언해 주던 데버라 레에게 도움을 요청했다. 노련한 경제학자인 그녀는 클린턴 정부에서 최고의 중국 무역 협상가로 일할 당시에 무엇보다 중국의 세계무역기구 가입에 관련된 업무를 담당한 경험이 있었다. 중국에서 사업을 하는 미국 기업들은 물론이고 중국 기업들하고도 같이 일해 봤기 때문에 그녀의 조언을 신뢰했다. 그녀의 남편은 골드만 삭스의 수석 보좌관 존 로저스였고, 나는 그해 여름 내내 수시로 워싱턴 D. C.에 위치한 이들 부부의 집에 들러서 미중 전략경제대화의 기본적인 사항들에 대해 거실에서 그녀와 끝장 토론을 벌였다.

데버라가 기록을 맡은 가운데 그녀와 나는 그들의 가족 소파에 나란히 앉아서 아이디어를 고민했다. 마침내 우리는 미중 전략경제대화에 다른 무엇보다 중요한 세 가지 목표가 필요하다는 결론을 내렸다. 첫째는 미국과 중국 간 협력을 증진함으로써 양국의 경제 관계를 발전시키는 것이고, 둘째는 중국의 경제 개혁 속도를 높이는 것이며, 셋째는 중국이 더 많은 자국 시장을 경쟁에 개방하고 지적 재산권 보호에 더 많은 노력을 기울이고 시장 지향적인 통화 정책으로 나아가는 데 더욱 속도를 냄으로써 세계 경제의 책임 있는 구성원이 되도록 독려하는 것이었다. 우리는 특정한 정책보다는 절차 자체에 집중했다. 신뢰를 구축하고 성과를 낼 수 있는 가장 효과적인 방법은 무엇인지, 공동의 전략적 이해관계에 집중하고 현장에서 발생한 논쟁 때문에 교착 상태에 빠지는 사태를 예방할 방법은 무엇인지를 고민했다.

우리는 상명하달 방식과 전원 합의 방식이 복잡하게 뒤섞인 중국의 의사 결정 방식에 효과적으로 대처할 수 있는 체계를 설계하고 싶었다. 또한 중국의 중앙 집중식 권력 구조와 이전부터 국가에서 모든 것을 계획해 온 관행 때문에 정책적인 변화를 이끌어 내려면 고위 관리들을 포함시켜야 한다는 사실도 알고 있었다. 그럼에도 전원 합의를 지향하는 중국의 강력한 전통은 우리가 가능한 한 많은 부장들과 영향력 있는 관리들에게 동의를 얻을 방법도 강구해야 한다는 사실을 의미했다. 여기에는 문제의 사안에 대해 직접적인 책임이 없는 부장들이나 관리들도 포함되었다. 내가 진작부터 깨달은 바에 따르면 혼자서 〈예스〉라고 말하는 경우는 없지만 여럿이 〈노〉라고 말하는 경우는 비일비재했다. 최고위층의 승인을 받는 것도 언제나 필요한 일이었다.

내가 재무 장관으로 일하기 시작했을 당시에 미국에서 대중 관계를 관리하던 방식은 효과를 내기에 너무나 분산되어 있었다. 미국의 많은 부서들과 기관들이 서로 선의의 대화를 유지했다. 즉 통상과 무역부터 경제 발전과 과학, 기술에 이르기까지 다양한 주제로 합동 위원회나 포럼, 제휴 관계가 존재했다. 하지만 논의는 세부 단계에서 수렁에 빠졌고 큰 그림을 그릴 수 있는 사안들을 놓치기 일쑤였다. 미국의 대중 정책은 정부의 최고위 수준에서 조율되고 있었지만 내각의 각 장관들은 아무래도 자신의 사안이 최우선 순위를 차지해야 한다고 생각하는 경향이 강했다. 한편 중국은 미국이 원하는 것이 무엇인지, 그 보답으로 무엇을 줄 것인지와 관련해서 좀 더 명확한 메시지를 원했다.

우리는 미중 전략경제대화가 잘되어 가고 있음을 보여 주고 정치적 지지도 얻어 내기 위해서 장기적이고 전략적인 목표에 집중하는 것도 중요하지만 단기적인 성과를 내는 것 또한 매우 중요하다고 판단했다. 이를 위해서는 정기적인 공식 회의뿐 아니라 실무 부처나 기관 수준에서 협상과 대화가 지속적으로 이어질 수 있는 절차를 마련해서 서로 신뢰를 쌓고 부득이하게 발생하는 위기를 해결하도록 도와야 했다. 이런 식으로 신뢰가 쌓인다면 예를 들어 중국이 개발도상국에서 실시하는 공격적인 자원 탐사 같은 민감한 주제들을 논의하기도 훨씬 수월해질 것이었다. 또한 모든 결정은 반드시 실행에 옮겨질 수 있도록 세심하게 추적되고 후속 조치가 취해질 터였다.

미중 전략경제대화는 진행 중인 논의와 기존의 단체들을 대체하는 것이 아니라 보충하고 조율하는 역할을 할 것이었다. 각료들은 그들이 주관하는 교류를 계속해 나가면서 미중 전략경제대화를 통해 보다 탁월한 플랫폼을 얻을 것이었다. 이를테면 미중 통상무역합동위원회는 상무 장관 칼로스 구티에레즈와 미국 무역대표부 대표 수전 슈와브가 계속 지휘하고, 그들의 포럼은 중국 관리들과 후속 조치를 통해 지적 재산권 문제부터 철강과 섬유 산업의 반덤핑 무역 분쟁에 이르기까지 일상적인 무역과 투자 문제를 해결할 것이었다.

전통적으로 중국과의 고위급 회담은 양쪽이 미리 준비한 글을 읽으면서 서로 딴소리만 하는 답답하고 소모적인 모임에 그치는 경우가 많았다. 그야말로 알맹이가 거의 없는 불만족스러운 절차에 불과했다. 우리는 미중 전략경제대화를 통해 좀 더 역동적인 접근법을 구상했다. 예컨대 미국이 환경 문제와 관련한 주장을 펼칠 경우 그들은 한정된 권한을 가진 환경부 관리들뿐 아니라 다른 부처의 부장들과 부총리들, 공산당 상무위원들까지, 즉 다양한 포트폴리오와 권한을 가진 관리들을 상대로 주장을 펼치게 될 것이었다. 그리고 혹시라도 이 과정에서 획기적인 돌파구가 도출된다면 미국 내각과 중국 국무원의 최고위급 정부 관리들이 즉석에서 이를 바로 비준할 것이었다.

부시 대통령은 행정부의 모든 경제 사안에 관여할 수 있는 나의 권한을 확인해 주었고, 우리는 〈경제〉를 중국인들처럼 더 넓은 의미로 규정하기로 했다. 경제가 에너지나 환경, 식품과 제품의 안전성 같은 필수적인 문제들을 다루지 말아야 할 이유가 있을까? 나는 미중 전략경제대화가 국가 안보와 대외 정책을 제외한 모든 분야를 아울러야 한다고 생각했다. 그러자면 내가 미중 관계에서 내각의 동료 각료들을 통솔하는 역할을 해야 할 터였다. 물론 이 경우에 어떤 문제가 발생할 수 있는지도 충분히 인지하고 있었다. 즉 누군가는 틀림없이 이를 권력 장악으로 여길 터였다. 하지만 내가 의도하는 바는 아니었다. 미중 전략경제대화가 성공하려면 누군가는 미국의 목표에 우선순위를 정해야 했고, 그런 다음 중국의 최고위 인사와 다양한 주제와 논란에 대해서 협상을 벌여야 했다. 부시 대통령이 1년에 두 번씩 이런 일을 하기란 불가능했지만 나는 가능했다.

슈퍼 내각이라는 직위는 중난하이의 지도자들에게 미국이 이 기획을 진지하게 여긴다는 것을 확실히 인지시키는 동시에 내가 중국에서 활동하는 데 필요한 〈체면〉을 세워 줄 것이었다. 원래부터 중국은 미국 내각의 각료를 중국의 부총리보다 낮은 직급으로 여겨 온 터였다. 여기에 더해서 나는 변화를 만들기 위해 미국 정부 내에서 반드시 확보해야 할 입지도 얻었다. 나는 단순히 대표단을 이끄는 것이 아니었다. 우리가 하는 모든 일을 조율할 것이었다. 중국이 미국과의 폭넓은 대화를 수용할지 여부를 알아보기 위해 재무부 직원들이 중국 쪽에 의향을 타진하기 시작했다. 나는 7월 10일에 취임 선서를 마치자마자 행정부 안에서 이 주제를 거론했다.

물론 미중 전략경제대화와 관련해서 최종적으로 결정을 내릴 가장 중요한 인물은 부시 대통령이었다. 내가 제시한 미중 관계 개선 방안에 대통령이 이미 지지를 표명하고 백악관의 관료들도 긍정적인 반응을 보여 주었음에도 나는 관료주의라는 지뢰밭을 내가 까치발로 걷고 있으며 사실상 내각의 동료 각료들에게 미중 전략경제대화를 이해시키기까지 결코 쉽지 않을 거라는 사실을 잘 알았다. 다행히도 나는 백악관 국가안보보좌관 스티븐 해들리의 즉각적인 지지를 얻었다. 그는 내가 1970년대 초에 경영대학원을 졸업한 뒤 들어간 첫 직장인 국방부에서 나의 후임으로 들어왔던 사람이다. 우리는 서로 겹치는 친구가 많았다. 그는 부시 백악관에서 나를 환영해 주었으며 내가 대통령과 다른 사람들에게 나의 생각을 설명할 때 그리고 궁극적으로 각 부처에 관련 절차를 진행하도록 할 때 많은 도움을 주었다.

이런 일련의 행보로 가장 곤경에 처한 사람 중 한 명이 국무 장관 콘돌리자 라이스였다. 나는 선서를 한 당일에 그녀와 점심을 먹었다. 이전에 콘돌리자 라이스를 딱 한 번 만난 적이 있는데, 그녀가 골드만 삭스에 면접을 보러 왔을 때였다. 이후에 그녀는 부시의 선거 운동에 합류한 터였다. 우리는 서로 마음이 잘 맞았다. 처음에는 그녀가 약간 불쾌한 기색을 보이기도 했지만 당연한 반응이었다. 그녀는 중국을 상대할 때 국무 장관이 두 명인 상황을 원하지 않았다. 나는 그녀의 역할까지 빼앗을 의도가 전혀 없음을 분명하게 밝혔고, 결과적으로 그녀는 미중 전략경제대화의 든든한 후원자가 되었다. 나는 또 국방 장관 도널드 럼스펠드의 지지도 얻었다. 그와 나는 골드만 삭스가 시어스 이사회에 회사 구조 조정 문제로 자문을 제공할 때 그가 시어스의 이사로 있었던 것이 인연이 되어 알게 되었다. 나는 그가 미중 전략경제대화에 반대할 거라고 예상했지만 놀랍게도 반대하지 않았다. 어쨌거나 그는 불과 몇 달 뒤인 2006년 12월에 국방 장관에서 물러났다. 상무부의 구티에레즈와 무역대표부의 슈와브를 비롯해서 어쩌면 내가 권력 놀음을 하고 있다는 합리적 의심을 했을 수 있는 관료들도 미중 전략경제대화의 작동 방식을 알게 된 다음에는 열렬한 지지자가 되었다. 그들은 특히 다양한 중국 부처의 부장들과 만날 수 있을 뿐 아니라 후진타오 주석이나 원자바오 총리에게 자신들의 입장을 직접 설명할 기회를 얻을 수 있다는 사실에 흥분했다.

당연하지만 모든 사람이 수긍한 것은 아니었다. 몇몇 동료들은 애초에 미중 전략경제대화에서 재무 장관에 종속되기를 원하지 않았다. 어떤 이들은 괜히 미중 포럼을 하나 더 늘릴 필요가 없다고 생각했고, 바쁜 일정을 쪼개서 해마다 베이징을 방문해야 한다는 사실도 달가워하지 않았다. 시기가 최악이라고 경고하는 이들도 있었다. 미국의 중간 선거가 불과 몇 달 뒤이고 2008년 대통령 선거 운동이 이제 막 모양새를 갖추기 시작하는 시점에서 미국 정치인들에게 중국은 언제나 민감한 주제였다.

게다가 중국은 곧 있으면 2007년 지도부 교체를 발표할 예정이었고, 우리는 아직 중국에 미중 전략경제대화의 요지를 이해시키지 못한 상황이었다. 우리는 평상시처럼 관료들을 통하는 채널에 의존해서 우리 메시지를 전달할 수 없다는 사실을 알았다. 관료들을 통하는 채널은 느릴뿐더러 역효과를 낳을 수 있었다. 국무원의 모든 관료가 관여하려 들 것이고 그 결과 끝없는 논쟁이 이어질 것이며, 공동의 대화를 위한 미국의 고상한 아이디어는 결국 줄줄이 엮인 중국 소시지처럼 될 것이 분명했다. 우리 메시지를 곧장 중국 정부의 고위층에 전달해 줄 만큼 베이징에 연줄이 있는 누군가를 찾아내야 했다.

결국 전령으로 선택된 인물은 내가 오래전부터 알고 지내던 저우융캉이었다. 거의 10년 전 나는 골드만 삭스가 페트로차이나의 획기적인 기업공개를 준비할 당시에 중국석유천연가스공사의 사장이던 그를 처음 알게 되었다. 그는 중간에 국토자원부 부장으로 자리를 옮겼는데 그가 그다지 좋아한 자리는 아니었다. 1999년 초에 베이징 사무실로 그를 방문했던 일을 결코 잊지 못할 것이다. 그가 나에게 말했다. 「당신은 우리 정부의 주요 인사들을 잘 알고 있습니다. 당신의 영향력을 이용해서 나를 이곳에서 좀 벗어나게 해주십시오.」 나는 큰 소리로 웃었다. 그해에 당은 그를 쓰촨성의 성장으로 임명했다. 2002년 12월에는 다시 베이징으로 돌아와서 공안부를 맡았다. 160만에서 170만 명에 달하는 공안 요원들과 간부들로 이루어진 경찰 조직의 수장으로서 저우융캉은 이제 중국 정부에서도 가장 강력한 관리 중 한 명이 되어 있었다.

상호 안보 문제를 논의하기 위해서 그가 상당한 규모의 대표단과 함께 워싱턴을 공식 방문했다. 그는 특히 스티븐 해들리와 앨버토 곤잘러스 법무 장관, 마이클 처토프 국토안보부 장관을 만날 예정이었다. 나는 예전에 그와 맺은 인연을 이용해서 표면적으로는 중국 금융계에서 일어나는 불법적인 행위에 우려를 제기하고자 재무부에서 회의를 갖자고 요청하기로 했다. 중앙정치국의 일원인 저우융캉이라면 미중 전략경제대화에 관한 우리의 생각을 다른 관료들을 통하지 않고 곧바로 후진타오에게 전해 줄 수 있을 터였다.

7월 27일에 재무부의 대형 회의실에서 저우융캉과 그가 이끄는 대표단을 만났다. 재무부 청사와 조화를 이루며 19세기 양식으로 꾸며진 회의실에는 벽에서 돌출된 고풍스러운 촛대와 가스등 샹들리에, 뒷면에 미국의 달러 문양이 새겨진 마호가니 의자 등이 갖추어져 있었다. 저우융캉과 나는 긴 탁자를 사이에 두고 마주 앉아서 북한의 대량 살상 무기 확산과 은행 업무 시스템에 대한 공격까지 다양한 현안을 논의했다. 그리고 잠시 뒤에 나는 미중 전략경제대화에 관한 나의 생각을 제시했다. 저우융캉은 그다지 놀라지 않았다. 전날 저녁에 주중 미국 대사인 클라크 랜트에게 나의 의도를 미리 귀띔해 둔 터였고, 오랜 지인인 주미 중국 대사 저우원중에게도 우리 쪽에서 중요하게 제시할 계획이 있다고 이야기하면서 회의를 주선해 달라고 요청한 터였기 때문이다. 저우원중 대사도 이 회의에 참석했는데, 나중에 내게 우리의 요구에 중국 외무부가 놀랐다는 말을 전해 주었다. 그들은 미국 재무 장관이 도대체 중국 공안부장과 어떤 중요한 문제를 논의하고 싶어 하는지 궁금했다고 했다.

내가 말했다. 「저우융캉 부장님, 이 제안을 후진타오 주석에게 직접 전달해 주셨으면 합니다.」

저우융캉은 우리의 요청에 기뻐했고 〈베이징에 돌아가자마자〉 후진타오 주석에게 전하겠다고 약속했다.

형식적인 회의 절차가 마무리된 다음 나는 그에게 내 사무실을 간단히 안내하면서 재무부가 소장한 기념품들을 보여 주었다. 저우융캉은 광란의 1920년대에 활동했던 갱 두목 알 카포네에게서 몰수한 권총에 특별한 관심을 보였다.

우리는 곧 비공식적인 경로로 후진타오가 나의 제안에 긍정적인 반응을 보였다는 소식을 들었다. 이어서 9월 초에 부시 대통령과 후진타오 주석 사이에 전화 통화를 주선했고, 두 지도자들은 그해 말 즈음에 베이징에서 미중 전략경제대화를 시작하기로 동의했다.

미중 전략경제대화는 내가 시후에서 시진핑을 만난 다음 날인 9월 20일에 베이징에서 공식 발표될 예정이었다. 나는 세부 사항에 대해 합의하기 위해서 9월 21일에 중국 최고위 관리들을 만나기로 되어 있었는데 단지 미중 전략경제대화만을 염두에 둔 것은 아니었다. 미국에서는 중간 선거를 앞두고 보호 무역주의를 요구하는 압박이 거세지고 있었다. 민주당 척 슈머 뉴욕주 연방 상원 의원과 공화당 린지 그레이엄 사우스캐롤라이나주 연방 상원 의원은 중국이 인민폐의 가치를 조작했다는 이유로 중국에 보복을 가하기 위한 초당파적인 법안을 기초했다. 그리고 이 법안이 9월 말에 찬반 투표에 부쳐질 예정이었기 때문에 나는 변동 환율제가 필요하다는 사실을 중국에게 강조하고자 했다.

중국의 환율 정책은 갈수록 뜨거운 쟁점이 되었다. 계획경제 시절에 중국 정부는 통화 가치를 달러에 고정한 채 달러 페그제를 실시했다. 경제가 개방됨에 따라 인민폐는 계속해서 평가 절하되었고, 1980년에 1달러당 1.5위안이던 인민폐의 가치는 1994년에

8.62위안으로 떨어졌다. 중국의 경상 수지가 향상되면서 중국 정부는 1990년대 말부터 2005년까지 환율을 달러당 8.27위안 수준으로 유지했고, 2005년에 인민폐에 엄격한 달러 페그제를 적용하지 않기로 결정했다. 인민폐는 여전히 중앙은행의 엄격한 관리를 받고 있었지만 그럼에도 이제는 통화 바스켓에 대비해 가치가 매겨졌다. 바스켓을 구성하는 통화의 종류는 비밀이었지만 달러가 주된 요소라는 추측이 지배적이었다.

많은 미국인들은 중국이 자국의 수출품에 부당한 혜택을 주기 위해서 아직도 인민폐의 가치를 낮게 유지한다고 생각했다. 여러 주장에 따르면 중국 제조업체들은 번창하고 금고에 돈이 넘치는 반면에, 미국 기업들은 가격 경쟁력이 없어서 문을 닫거나 해외로 이전하고 있었다. 게다가 미국의 대중 무역 적자 폭도 커지고 있는 상태였다. 나는 일자리 손실과 미국 노동자들에게 가해지는 압박에 대해 대중과 그들을 대표하는 의원들이 느끼는 우려에 깊이 공감했다. 세계 무역은 값싼 수입 상품과 인플레이션 감소라는 혜택을 가져왔지만 기업은 직원을 감축해야 했다. 그리고 이는 가정과 사업이, 때로는 지역 사회 전체가 황폐화되는 결과로 이어졌다. 이 같은 고통은 중서부에 위치한 우리 집 근처까지 대대적으로 덮쳐 왔다.

이는 부분적으로 인민폐의 가치를 인위적으로 낮춘 것에서 기인했다. 경제 분석가들은 중국이 시장에 개입하지 않았다면 인민폐가 좀 더 강세를 보였을 거라고 지적했다. 하지만 이 문제와 문제 해결책은 훨씬 복잡했다. 중요한 사안인 것은 맞지만 중국의 통화 정책은 지나치게 단순하게 해석되고 오해를 받는 측면이 있었다. 통화는 미중 무역 수지를 둘러싼 문제의 주된 원인이 아니었다. 어쨌거나 미국은 거의 모든 주요 경제국과의 무역에서 적자를 기록했다. 대중 적자는 차라리 중국인들이 너무 많이 저축하고 너무 적게 소비하던 바로 그 순간에도 미국인들이 너무 적게 저축하고 너무 많은 돈을 빌리게 만든 다양한 구조적인 문제들에서 왔다고 할 수 있었다. 이런 구조적인 문제를 바로잡는 것이 바로 핵심이었다. 환율 정책을 고치는 것은 미봉책일 뿐이었다.

미국의 일자리 손실에는 확실히 다른 이유들도 존재했다. 제조업과 많은 다른 직종에서 일자리를 없애고 있는 새로운 과학 기술의 도입도 이유 중 하나였다. 빠르게 진화하는 시장의 요구에 부응할 수 있는 선진 기술을 갖춘 노동자들을 이제는 충분히 배출하지 못하고 있는 교육 제도도 이유 중 하나였다.

통화는 한 나라의 경제가 가진 힘과 활력을 반영해야 한다. 나는 항상 강한 달러 정책을 옹호해 왔다. 하지만 이는 외환 시장을 조작한 결과가 아닌 건전한 거시경제 정책을 비롯한 재산권과 시장 원리를 수호하려는 헌신적인 노력이 투자자들에게 신뢰를 불어넣는 강한 경제의 결과여야 한다. 인민폐가 인위적으로 약세를 유지하고 반대급부로 달러가 강세를 유지하는 것은 절대로 바람직한 현상이 아니었다.

이제 중국은 세계의 매우 중요한 일원이 되었기 때문에 국가가 끊임없이 개입해서 인위적으로 인민폐를 약세로 유지하는 정책은 중국이나 미국 또는 세계 경제에 유익하지 않은, 오히려 해로운 왜곡 현상을 빚어냈다. 이런 현상 중 하나는 내수 성장을 희생해 가면서 수출 중심의 성장에 과도하게 의존하는 것이었다. 이로 인한 문제는 2008년에 금융 위기가 터지면서 유럽과 미국에서 중국 제품에 대한 수요가 급격히 감소했을 때 지극히 분명해질 터였다.

중국이 진심으로 시장 중심의 경제를 원한다면 자국 통화가 경제 현실을 반영하도록 만들 필요가 있었다. 자유롭게 교환할 수 있고 시장에 의해 결정되는 인민폐는 중국에 큰 이익이 될 터였고, 미국에도 마찬가지였다. 아울러 효율적인 시장에 꼭 필요한 보다 정확하고 현실적인 가격을 도출해 낼 것이었다. 또한 더 나은 자본 배분을 가져오고, 중국이 자국 경제의 균형을 조정하는 데 도움을 주고, 번영에 따른 혜택을 더 널리 퍼뜨릴 것이었다.

하지만 중국은 인민폐를 변동 환율제에 완전히 맡기는 것보다 먼저 현대적인 은행 업무 시스템을 발전시킬 필요가 있었다. 내가 궁극적으로 중국의 자본 시장을 대외 경쟁에 개방하도록 압박한 이유도 바로 그 때문이었다. 구조적인 개혁에 더해서 더 많은 미국 기업과 제품이 중국 시장에 진출할 경우 미국 노동자들은 단순히 통화 가치를 조정함으로써 얻는 혜택보다 훨씬 종합적인 혜택을 누리게 될 것이었다. 더 탄탄해진 중국 경제 역시 미국의 투자와 수출품을 마치 스펀지처럼 흡수할 터였다.

통화 문제가 궁극적으로 중요한 이유는 통화 가치가 중국의 개혁 속도를 보여 주는 매우 가시적인 지표였기 때문이다. 자국 경제의 변화를 꾀하기 위해서라도 중국은 인민폐가 경제적인 현실을 반영할 수 있도록 인민폐의 가치를 계속 올릴 필요가 있었다. 중국도 이 점을 잘 알았다. 결국 양국의 공공연한 견해 차이는 변화의 속도와 규모에 관한 것이었다.

이번에 중국을 방문하기 일주일 전에 나는 재무부에서 행한 연설에서 이런 논쟁에 대해 언급했다. 『뉴욕 타임스』를 비롯한 일부 언론들은 이를 중국에 보내는 〈경고〉로 해석했다. 이 같은 발언 때문에 후진타오가 통화 문제로 설교를 들을까 봐 걱정했는지는 모르겠지만 슈머 의원과 그레이엄 의원의 행동을 늦추는 데는 효과적이었다. 그들은 예의 법안을 계속 밀어붙이기에 앞서 나의 중국 방문 결과를 기다리고 있었다. 두 의원은 영리하고 중국에 대해서 전반적으로 잘 알았음에도 통화 문제를 목표로 삼아 끈질기게 물고 늘어졌다. 대중이 이해하기 쉬운 문제일 뿐 아니라 중국을 자극해서 개혁을 앞당기도록 만들 수 있을 거라고 생각해서다. 다행히도 그들은 내게 미중 전략경제대화가 효과를 낼 수 있다는 사실을 입증할 기회를 주기로 했다. 슈머는 공개적으로 말했다. 「나는 헨리가 구체적인 성과를 가지고 돌아오기를 바랍니다. 하지만 중국의 말과 행동이 일치하지 않았던 과거 사례에 비추어 볼 때 우리는 투표를 요청할 수밖에 없을 것입니다.」

미중 전략경제대화에서 누가 중국 측을 이끌지 아직 결정되지 않은 상태였는데 대표를 선정하는 문제는 매우 민감한 사안이었다. 부시 대통령이 나에게 슈퍼 내각의 지위를 주기로 한 것처럼 중국 측 역시 상당한 고위급 인사를 대표로 선정해서 국무원의 부장들을 통솔할 권한을 부여할 필요가 있었다. 논리적인 선택을 하자면 공산당 중앙정치국 상무위원으로 금융과 은행을 담당하는 황쥐 상무 부총리가 적임자였지만 그는 건강이 매우 좋지 못한 상태였다.

우리는 대신 원자바오를 요구했지만 중국 정부의 강력한 반발에 부딪혔다. 중국의 총리와 미국의 재무 장관이라는 직급의 차이를 생각하면 당연한 반응이었다. 게다가 원자바오가 애당초 미중 전략경제대화에 관여할지도 불확실하거니와, 관여한다고 하더라도 과연 어떤 역할을 하게 될지 불명확하다는 이야기가 들렸다. 이러지도 저러지도 못하고 있던 와중에 중국 쪽의 누군가가 우리 쪽 핵심 인사 한 명을 따로 불러서 〈원자바오를 그만 요구하시오. 후진타오 본인이 그 역할을 원하고 있습니다〉라고 말해 주었다.

전혀 뜻밖의 전개였지만 우리로서는 참으로 운이 좋은 전개가 아닐 수 없었다. 기본적으로 중국 쪽에서는 후진타오가 미중 전략경제대화의 개념을 열렬히 지지해서 직접 본인의 통제 아래 두고 싶어 한다고 말하고 있었다. 너무나 명백한 이유로 결국 후진타오는 나의 파트너가 될 수 없었지만 어쨌거나 그는 적극적으로 관여할 것이었다. 대신 중국에서는 우이(吳儀) 부총리를 중국 측 대표로 선임했다.

우이는 네 명의 부총리 중 한 명이었지만 황쥐가 담당한 업무의 상당 부분을 처리하면서 상무 부총리를 효과적으로 대신하고 있었다. 중국 정부를 통틀어 여성으로서는 가장 고위급 관리였다. 당시 예순일곱 살이던 우이는 중국의 중앙에 위치한 우한에서 태어났다. 화학 공학을 전공한 뒤 중국 서부에 위치한 황량한 간쑤성의 정유 공장에서 경력을 시작했으며, 석유 산업계에서 점차 높은 직위로 오르다가 1988년에 베이징시 부시장에 임명되었다. 1990년대에는 대외무역경제합작부 부장으로 일하면서 중국의 세계무역기구 가입 협상에 기여했다. 사실상 우이는 중국이 수출 강국으로 성장하기까지 지대한 역할을 했다. 결과를 만들어 내는 능력으로 유명한 그녀는 사스 위기가 발생했을 때 무능력한 위생부 부장을 대신해 달라는 요청을 받았고, 사스 위기를 성공적으로 극복하면서 높은 평가를 받았다. 게다가 이미 미중 통상무역합동위원회의 중국 측 고위 관리로서 미국과 교섭하는 일에 관여하고 있었다. 황쥐의 건강이 악화된 이후로 더 많은 책임을 맡게 되면서 부총리로서 그녀의 지위는 더욱 확대되었다.

나는 처음에 우이에 대해서 몇 가지 우려가 있었다. 우선 그녀는 오랜 기간을 무역 협상가로 일했고 괜히 철의 여인이라는 별명이 생긴 것도 아닐 터였다. 나의 경험으로 볼 때 전문 협상가들은 쌍방의 이익을 믿지 않았다. 최대한 많이 얻어 내면서 최대한 적게 양보하기 위해서 상대보다 나은 술책을 쓰려고 한다. 그런 면에서 그녀는 끈질긴 협상가였다. 우리가 미중 전략경제대화에서 다루고자 하는 다수의 사안들에 대해 우이가 배경 지식을 가지고 있지 않다는 점도 걱정되었다. 여기에 더해서 그녀가 중국을 대표해서 거래를 성사시킬 권한을 가졌을지도 의심스러웠다.

내게 중요한 것은 중국의 국가주석인 후진타오가 적극적으로 관여하기를 원한다는 사실과, 내가 중국에서 그와 단독 면담을 하게 될 거라는 사실이었다. 미중 전략경제대화가 미국에서 진행되는 경우에는 중국 대표단이 단체로 부시 대통령을 만나게 될 것이었다. 외교 의례가 발전하면서 미국 측 고위 대표단도 미중 전략경제대화가 끝날 때마다 전원이 인민대회당에 초대되어 후진타오를 만나게 될 것이었다. 중국의 부장들이 동석한 가운데 미국 내각의 각료들은 45분에 걸쳐 후진타오 주석에게 주요 사안에 대해서 그들의 의견을 피력할 터였다. 미국 대표단이 퇴장한 다음에도 나는 혼자 남아서 후진타오와 시간을 보낼 터였다. 당시에는 국가 원수가 아닌 누군가가 혼자서 중국 국가주석을 따로 만나는 것 자체가 전례가 없는 일이었다(미중 전략경제대화는 내가 아닌 미국 내각의 다른 고위 각료에게도 때때로 이와 유사한 접촉 기회를 누릴 수 있는 길을 열어 주었다). 이런 방식에 대해 나중에 부시 대통령과 대화를 나누었던 기억이 난다. 내가 후진타오 중국 국가주석과 독대를 했다고 말하자 대통령은 〈단독이라고요? 단독이라니 무슨 뜻입니까?〉라고 되물었다.

내가 말했다. 「말 그대로 단독입니다. 단둘이 만났습니다.」

「소규모 회의라니 부럽습니다.」 대통령이 말했다.

미중 전략경제대화 창설을 발표하기 위해 중국은 인민대회당에서 대규모 언론 행사를 주최했다. 중국의 모든 경제 관련 부처가 참석한 행사였다. 나는 이 행사에서 나의 공식적인 상대역을 처음 만났다. 희끗희끗한 머리에 키가 150센티미터쯤 되는 우이 부총리가 나와 악수를 하면서 손에 잔뜩 힘을 주었다.

그녀가 거리낌 없이 말했다. 「나를 적임자로 보지 않는다는 것을 알고 있습니다. 나의 권한이 충분하지 않다고 생각하는 것도 압니다. 하지만 앞으로 내가 재무 장관님만큼 혹은 그 이상으로 능력이 있다는 것을 보여 드리겠습니다.」

그렇게 중국의 철의 여인과 만났고 가슴 한쪽에서 그녀에 대한 호감이 싹트기 시작했다. 그녀의 기운찬 악수는 물론이고 직설적인 면이 마음에 들었다. 그녀는 사람들을 설득하는 데 타고났다. 결국 나는 그녀가 상대하기 까다로운 협상가이자 유능한 화술가임을 알게 될 터였다. 그녀는 절대로 말을 꼬아서 하지 않았고 그렇다고 무례하게 굴지도 않았다. 짙은 색 정장을 입은 남자들로 붐비는 그날의 웅장하고 천장이 높은 연회장을 둘러보면서 나는 그녀가 당과 국가의 최고위 서열에 오르기까지 결코 쉽지 않은 싸움을 해왔을 거라는 사실을 금방 알 수 있었다. 중국이 원칙적으로 평등 사회이고 나 자신도 직접 중국 전역에서 실업계에 진출한 역동적이고 영향력 있는 많은 여성들을 만나 본 터였지만 그들 중에서도 우이는 중국 정부의 최고위직까지 오른 유일한 여성이었다 — 25인으로 구성된 중앙정치국에는 우이를 제외한 다른 여성이 아예 없었고, 205인으로 이루어진 중앙위원회에는 여성이 불과 네 명뿐이었다. 나는 그녀에게 탄복했고 시간이 흐르면서 이 감정은 동업자 간의 동료애로 발전했다.

내가 이번 출장에서 후진타오와 얼마나 많은 시간을 보낼 수 있을지는 여전히 불확실했다. 일정이 다른 사람들과 만날 약속으로 가득 채워져 있었기 때문이다. 그중에서도 특히 기억에 남는 일정은 톈안먼 광장에서 가까운 창안로의 상무부 사무실에서 상무부장 보시라이를 만난 일이었다. 강한 포퓰리스트적 성향과 매스컴의 관심을 끄는 기술에 더해서 주목받는 것을 즐기고 언변이 좋은 정치인 보시라이는 떠오르는 스타였다. 많은 사람들이 그가 중국에서 가장 강력한 정치 기구인 중앙정치국 상무위원회를 목표로 삼고 있을 것으로 여겼다. 2006년까지만 하더라도 보시라이와 그의 아내 구카이라이(谷開來)가 6년 뒤 중국에서 가장 큰 정치 스캔들의 주인공이 될 거라는 징후는 전혀 느낄 수 없었다.

마오쩌둥이 승리를 거머쥔 해인 1949년에 태어난 보시라이는 진정한 태자였다. 그의 아버지 보이보는 뛰어난 경제 기획가인 동시에 마오쩌둥의 수영 파트너였다. 1960년대에 한 번 축출되었다가 덩샤오핑이 집권한 이후에 복권되었다. 덩샤오핑 아래에 있는 유력한 중국 공산당 원로들을 일컫는 〈8대 원로〉의 일원이기도 했다. 젊은 보시라이는 동시대의 대다수 사람들과 마찬가지로 문화대혁명 기간에 수감되거나 중노동을 하면서 고초를 겪었지만 일단 고통의 시간을 보낸 이후에는 공산당 내에서 빠른 속도로 승진을 거듭했다. 1992년부터 2000년까지 북동부 랴오닝성에 위치한 경제 허브 도시 다롄의 시장으로 재직하면서 급속한 성장과 번영을 두루 살폈고, 이후에는 랴오닝성의 성장으로서 몰락하는 성의 산업을 되살리는 일을 주관하다가 2004년에 상무부 부장으로 임명되었다.

보시라이와의 만남에서 나는 그가 예리하고 대단히 잘 준비된 중국 옹호론자라는 사실을 알 수 있었다. 그는 자신이 미중 전략경제대화 설립을 환영하며 후진타오도 미중 전략경제대화를 매우 중요하게 생각하고 있다고 말했다. 그는 내가 어떤 화제를 꺼낼 때마다 즉시 무시하는 태도를 보였다. 그가 〈미국은 왜 그렇게 통화에 대해 걱정합니까?〉라며 문제를 제기했다. 미국 국내총생산 대비 아시아 태평양 국가들에 대한 미국의 적자 비율은 지난 6년간 계속 감소세를 보이던 참이었다. 「좋은 현상 아닙니까?」 보시라이는 미국의 대중 수출이 20퍼센트 증가했으며, 어찌 되었든 중국의 대미 수출품 중 대부분은 비록 중국에서 운영되지만 외국인들이 투자한 기업에서 생산된다는 점을 강조했다. 나는 그에게 부시 대통령과 내가 보호 무역주의식 조치를 건전하지 않다고 생각하고 있으며 내가 상원 의원들을 설득해서 슈머-그레이엄 법안이 통과되지 않도록 하겠다고 단언했다. 보시라이는 장기적으로 신축 환율*이 유리할 거라는 사실을 인정하면서도 중국이 값싼 노동력 덕분에 경쟁에서 항상 우위를 차지할 거라고 주장했다. 불현듯 나는 그의 접근법이 저장성의 시진핑과는 사뭇 다르다는 생각이 들었다. 시진핑은 이미 중국이 비용 우위를 잃게 될 날을 예견하고 중국이 혁신하는 법을 배워서 가치 사슬의 더 높은 곳에서 경쟁할 방법을 궁리하고 있었다.

보시라이의 자신감과 대화술은 인상적이었고 기억력도 대단했지만, 나는 그가 또한 고압적이고 공격적이라고 느꼈다. 그는 통역을 일부 수정하기도 했는데 이런 행동은 내게 매우 깊은 인상을 남겼다. 그가 영어를 한다는 사실 때문에도 그랬지만 통역사를 무시하는 위압적인 태도 때문이기도 했다. 굳이 언급하자면 그의 통역사는 훌륭했다. 우리 일행은 그녀가 굉장히 정확할뿐더러 미묘한 의미도 잘 살려 통역한다는 것을 알았기에 보시라이가 통역에 끼어드는 행동은 자신이 주목받기 위한 것이라고 해석할 수밖에 없었다. 통역사도 극적인 연출을 추구하는 경향이 있기는 마찬가지였다. 그녀는 열정적으로 보시라이의 주장을 정확한 영어로 옮긴 다음에 마치 강조하듯이 펜을 탁자에 거칠게 내려놓았다.

다음 날 나는 다수의 중국 관리들이 배석한 가운데 인민대회당에서 후진타오를 만났다. 후진타오는 따뜻하고 반갑게 우리를 맞아 주었다. 그는 장기적인 정책 사안들을 논의하기 위한 포럼을 만드는 일의 중요성을 인정하면서 미중 전략경제대화에 적극적인 지지를 표명했다. 나는 미중 전략경제대화가 이를테면 무역과 같은 분야의 단기적인 입장 차이를 논의하고 해결하기 위한 자리

* 특정국과 외환 거래 시 변동 폭을 일정하게 정해 놓고 그 안에서 상승과 하락을 자유롭게 허락하는 환율 제도.

는 아니지만 그럼에도 종종 예기치 않게 발생하는 아주 심각하거나 정치적으로 민감한 사안들을 다룰 필요가 있다고 강조했다.

회의가 끝나자 미국 대표단은 회의실을 떠났고, 우이와 진런칭 재정부 부장, 다이빙궈 외교부 부부장을 제외한 다른 중국 관리들도 자리를 떴다. 그 사이에 후진타오와 잠깐 동안 심도 있는 대화를 나눌 기회가 생겼다. 나는 통화 문제를 어느 정도 강조하면서 미중 간 대화에 진전이 있음을 보여 주려면 양측이 장기적인 문제와 별개로 단기적인 성과를 언급할 필요가 있다고 설명했다. 아울러 중국 밖에서는, 특히 미국 의회에서는 변동 환율제를 중국의 개혁 의지를 가늠하는 지표로 여긴다는 점을 지적했다. 이 정도까지가 다른 중국 관리들이 있는 자리에서 내가 이야기할 수 있는 최대한도라고 생각했다. 그런데 회의가 완전히 마무리되면서 내게는 통역사 한 명만 대동한 채 후진타오 국가주석을 독대할 수 있는 기회가 주어졌다. 나는 그에게 더 구체적으로 통화 문제를 설명할 수 있었다.

나는 본격적인 대화에 앞서 후진타오 주석에게 중국에 이롭지 않은 일을 하라고 요청하는 것이 아니라고 강조했다. 이런 요청을 하는 것도 실제로 통화를 평가 절상하는 것이 중국에 이득이라고 믿었기 때문이다. 적어도 미국 의회가 보호 무역주의 조치를 취하는 것을 막는 데는 도움이 될 터였다. 그런 다음에 나는 정말 〈사적인〉 만남에서만 가능한 방식으로 미국 의회의 의원들이나 심지어 내각의 다른 동료들에게도 털어놓지 않았던 어떤 것을 이야기했다(물론 부시 대통령에게는 이 거래에 대해 사전에 보고했다). 나는 그가 납득할 만한 수치를 제시했다.

내가 말했다. 「후진타오 주석님, 올해 12월로 예정된 1차 미중 전략경제대화의 회기가 끝나기 전에 중국이 통화를 달러 대비 3퍼센트 인상한다면 물론 중국에도 이롭겠지만 제가 미국 의회를 상대로 미중 전략경제대화의 실효성을 설득하는 데도 도움이 될 것입니다.」

물론 내가 언급한 수치가 어떤 마법을 부릴 만한 수준은 아니었다. 하지만 나는 1차 미중 전략경제대화까지 3개월도 남지 않은 상태에서 만약 그 안에 중국이 3퍼센트를 인상한다면 1년으로 치면 거의 15퍼센트가 오르게 될 거라는 사실에 주목했다. 나는 실질적이고 유의미한 동시에 당연하지만 통화를 주권 문제로 보는 중국인들의 입장에서 대처할 수 없다거나 무례하게 느껴지지 않을 신의의 제스처를 찾고 있었다. 따라서 협상해야 할 요구가 아닌 건설적인 의견의 하나로서 조심스럽게 제안을 내놓았다. 나는 합리적인 환율 인상 폭과 시한을 명시하는 것이 중국을 움직이는 데 유리할 거라고 믿었다. 실행 가능한 수준에서 아무리 통화를 인상해도 주로 다른 요인들에 의해 결정되는 무역 적자에는 그다지 변화가 없을 것이다. 그러면 중국을 비난하는 사람들은 중국이 시장에 의해 결정되는 통화 정책을 채택하지 않는 한 계속 인상 폭이 불충분하다고 우길 거라는 중국의 핑계도 미리 차단할 수 있을 터였다.

인민폐는 중국이 달러 페그제를 폐지한 2005년 7월 이후로 2.4퍼센트가 오른 상태였다. 그리고 중국은 계속해서 통화를 인상해 나가기로 결정했다 — 다만 급격하게 진행할 경우 중국의 안정성을 위협할 수 있으므로 너무 서두르지 않겠다는 입장을 취했다.

후진타오가 신중하게 제안을 듣고 나서 말했다. 「무슨 말인지 알겠습니다.」

하지만 그는 조심스러웠고 확실하게 입장을 표명하지 않았다. 그렇다고 나의 메시지를 잘못 이해한 것도 아니었다. 나는 나중에 우이를 따로 불러서 미국과 중국에 다른 중요한 사안도 많지만 그럼에도 인민폐가 오르는 것을 미국이 보는 것이 중요하다고 강조했다.

그녀가 물었다. 「중요한 사안도 아니라면서 왜 자꾸 통화 이야기만 합니까?」

「통화는 미국에서 매우 중요한 상징입니다.」 내가 설명했다. 「이 문제를 거론하지 않으면 나는 미국에서 신뢰를 잃게 될 것입니다.」

나는 중국이 통화를 평가 절상할 거라고 확신하며 돌아왔다. 부시 대통령에게 그렇게 보고했고, 슈머 의원과 그레이엄 의원과도 통화를 했다. 그들은 9월 28일에 법안을 철회했다.

중국에 대한 나의 확신은 정확하게 들어맞았다. 그들은 나의 조언에 따랐고 인민폐가 빠르게 올랐다. 인민폐는 2006년 9월부터 1차 미중 전략경제대화의 회기가 끝나는 12월까지 1.3퍼센트가 올랐고, 2007년 5월에 열린 2차 미중 전략경제대화의 회기가 끝날 때까지 다시 2.2퍼센트가 올랐다. 미중 전략경제대화가 회차를 거듭할수록 인상 속도가 빨라지고 회기 중에는 훨씬 더 속도가 붙는 익숙한 양상을 보였다. 내가 재무부를 떠날 즈음에는 2006년 9월에 베이징에서 후진타오 주석을 만났던 때와 비교해서 13.8퍼센트나 올라 있었지만 중국의 외환 정책을 비판하는 사람들은 여전히 만족하지 못했다. 솔직히 그들은 중국 통화의 가치가 전적으로 시장에 의해 결정되지 않는 한 만족할 리가 없었다.

1차 미중 전략경제대화는 2006년 12월 14일과 15일에 베이징에서 개최되었다. 미국의 대표단은 미국 내각의 각료들과 기관장들이 단일 행사를 위해 한꺼번에 중국을 방문한 숫자로는 가장 많은 스물여덟 명으로 구성되었다. 클라크 랜트 주중 미국 대사를 비롯해서 내각의 동료 각료들 여섯 명, 즉 칼로스 구티에레즈 상무 장관과 일레인 차오 노동 장관, 마이클 리빗 보건 장관, 새무얼 보드먼 에너지 장관, 수전 슈와브 미국 무역대표부 대표, 스티브 존슨 환경보호국 국장이 대표단에 포함되었다. 벤 버냉키 연방준비제도이사회 의장과 제임스 램브라이트 수출입은행장도 동행했다. 중국 측에는 저우샤오촨 중국인민은행 총재, 진런칭 재정부 부장, 마카이 국가발전개혁위원회 주임, 톈청핑 노동사회보장부 부장, 보시라이 상무부 부장 등을 비롯해서 장관급 열네 명이 포함되었다. 전례 없는 고위급 인사들의 참여는 양국의 진지한 태도를 보여 주었다.

나는 다른 누구보다 미중 전략경제대화에 진지하게 임했고, 따라서 그 어떤 것도 우연에 맡길 생각이 없었다. 그동안 중국이나 다른 곳에서 열린 너무나 많은 공식 회의에서 각각의 대표가 차례로 연설을 하고 그들이 자리에 앉아 고개를 끄덕이는 동안 또 다른 대표가 미리 준비한 연설을 진행하는 모습을 보면서 나는 답답함을 느껴 오던 터였다. 따라서 굳이 미중 전략경제대화에 이 같은 운영 방식을 도입할 생각이 없었다. 연사들이 미리 준비한 의제를 건조하게 읽어 내려가기만 하는 것은 내가 원하던 바가 아니었다. 나는 실질적인 효과가 있는 회의를 원했다. 솔직한 발표와 허심탄회한 토론을 통해 핵심 사안들을 찾아내고 이 과정에서 일종의 이해와 신뢰가 쌓이면서 양국이 합의에 이르는 데 도움이 될 다양한 조치를, 이른바 결과물을 도출하기를 바랐다. 미중 전략경제대화의 공식 회의는 그 자체로 핵심 사안들을 협상하는 자리가 아니었다. 이런 협상은 회의장 밖에서 우이와 내가 주기적으로 주고받는 전화 통화를 통해서 또는 미국 재무부 소속의 타이야 스미스와 그녀의 상대역이자 당시 중국 재정부 국제국장이던 주광야오가 주재하는 실무진 차원의 회의를 통해서 이루어질 터였다.

「단지 말로만 떠드는 자리가 되어선 안 됩니다.」 나는 중국인들에게 단언했다. 「우리는 단기적인 결과물도 도출해야 합니다.」

나는 미국 대표단이 지켜야 할 이른바 폴슨 규칙을 만들었다. 휴대전화 사용 금지. 전화 통화 금지. 전원 회의 참석. 회의가 아닌 실제 대화라고 생각하면서 논의되는 모든 사안에 집중할 것.

대규모 양국 대표단은 인민대회당의 휑뎅그렁한 골든 홀에서 만났고 녹색 모직 천으로 덮인 두 줄의 긴 탁자에 서로 마주 보는 형태로 앉았다. 파워포인트를 이용한 발표를 좀 더 쉽게 볼 수 있도록 두 줄의 탁자 사이에 비디오 스크린이 설치되어 있었다. 좌석마다 명패가 놓여 있었고, 참석자가 발언을 신청하고자 할 경우 이를 표시할 수 있도록 명패 측면에 불이 들어왔다. 모든 자리에 최첨단 마이크가 설치되었다(재무부에서 사용하는 것보다 훨씬 성능이 좋았다. 중국 정부의 조달 규칙에 따르면 국산 제품만을 사용하도록 되어 있음에도 이들 마이크는 모두 외국 제품이었다). 훌륭한 그림들이 온통 노란색으로 칠해진 벽을 장식하고 샹들리에가 길게 내려온 골든 홀은 토론에 최적화된 구조와는 거리가 멀었다. 그럼에도 언제나 세부적인 부분에 신경을 쓰는 중국인들답게 밝은 색의 포인세티아 화분들이 회의실 가장가리를 빙 두르고 있었고, 늘 그렇듯 우아한 차림새의 젊은 여성들이 투입되어 거의 동시에 정확한 동작으로 차를 따라 주었다. 까다로운 우이가 메뉴부터 꽃 장식에 이르기까지 모든 준비 과정을 직접 감독했다는 사실은 나중에 알게 되었다.

1차 미중 전략경제대화에 앞서 우리는 몇 가지 주요 현안을 토론 안건으로 정한 터였다. 중국의 경제 발전 전략, 중국의 성장을 지속 가능하게 만드는 것, 무역과 투자 증진 그리고 에너지와 환경 문제를 둘러싼 구체적인 해법 등이었다. 우리는 인민폐에 관한 논의에 시간을 일부 할애했지만 이외에도 이산화황 규제, 첨단 기술 무역, 미국 엔터테인먼트 사업에 대한 규제, 해적판 DVD, 중국의 소비 진작 노력과 의료와 시골 지역 발전에 대해서도 이야기를 나누었다. 미국이 너무 많은 비자를 거부한다는 중국의 의견과 중국의 금융 서비스 부문이 외부 투자에 개방되어야 한다는 미국의 의견에 대해서도 논의했다. 아울러 중국의 도시와 농촌 간 불균형 문제를 자세히 다루면서 지도자들에게 부패 관리와 제한된 재산권 행사, 더 나은 의료와 교육 서비스의 필요성 등 최근 농촌 지역에서 사회 불안을 야기하는 구조적인 원인들을 진지하게 검토할 것을 촉구했다.

솔직한 이야기가 빛을 발하는 순간들도 있었다. 벤 버냉키 연방준비제도이사회 의장은 중국 관리들에게 연금과 의료 복지에 공공 지출을 늘리고 개인 보험을 좀 더 쉽게 이용할 수 있도록 허용할 것을 촉구했다. 높은 수준의 예비 저축이 소비를 방해하는 중국에서는 이런 조치들이 미국에 대중 무역 적자를 유발하는 근본적인 원인을 해결하는 부분에서 인민폐를 평가 절상하는 방법보다 훨씬 더 효과적일 터였다. 마카이(馬凱) 국가발전개혁위원회 주임 — 그는 2013년에 산업, 교통, 금융 서비스 정책을 담당하는 부총리가 된다 — 은 불충분한 건강 보험이 문제라고 인정하면서도 정부 차원에서 농부들과 가난한 도시 거주민들의 소득을 높이기 위해 노력하고 있다고 강조했다. 중국이 개혁에 역행하고 있다는 슈와브 미국 무역대표부 대표의 주장에 우이와 마카이는 격렬한 반응을 보였다. 마카이는 예의를 잃지 않으면서도 끈질기게 슈와브가 근거로 든 사실과 그녀의 분석에 이의를 제기했고 시장경제에서도 국가 차원의 거시적인 통제가 불가피하다고 주장했다. 「그렇지 않다면 규제가 존재하는 이유가 무엇이겠습니까?」

「우리의 개혁은 시장 지향적이어야 합니다.」 그가 단언했다. 「중국에 시장 지향적인 경제 체제가 수립되었는지 아닌지를 판단하려면 거시적인 통제를 무조건 개혁에 역행하는 행위로 볼 것이 아니라 자원 배분 과정에서 시장이 기본적인 역할을 수행하고 있는지 아닌지를 보는 것이 무엇보다 중요합니다.」

보시라이가 칼로스 구티에레즈 상무 장관의 발언에 더욱 도전적인 어조로 공세를 이어 나갔다. 구티에레즈가 〈우리는 중국의 투자를 환영합니다〉라고 말하자, 그는 〈미국은 중국의 투자에 개방되지 않았습니다. 중국해양석유총공사가 유노컬을 인수하려고 했을 때 무슨 일이 일어났는지 한 번 생각해 보십시오〉라고 쏘아붙였다.

나는 문제의 사건에 대해 너무나 잘 알고 있었다. 세간의 이목을 끌면서 많은 논란을 불러일으킨 중국해양석유총공사의 관련 거래에서 자문을 맡았던 회사가 바로 골드만 삭스였기 때문이다. 보시라이는 나를 곤혹스럽게 할 의도로 그 사건을 언급했음이 분명했다. 그럼에도 나는 오히려 그의 공격적인 주장을 반겼다. 그는 중국 동료들의 생각을 대변하고 있었고, 나는 미중 전략경제대화 회의가 활발하고 솔직하고 생각하게 만드는 자리가 되기를 바랐다. 솔직히 보시라이를 제외하면 첫 번째 미중 전략경제대화는 양측이 상대의 의향을 넌지시 떠보거나 너무나 많은 경우에 연사들이 정형화된 형식과 화두에 의존하면서 지극히 공식적이고 정적인 경향을 보였다. 하지만 이런 분위기는 장관들이 서로를 더 잘 알게 되고 그들이 정한 목표에 도달하기 위해 양측 실무자들이 각각의 회기 중간에 긴밀히 협력하면서 차츰 바뀌어 갔다.

중국해양석유총공사와 관련해서는 석유 매장량의 대부분을 아시아 지역에 가지고 있던 미국 기업 유노컬을 190억 달러에 인수하고자 입찰에 나섰다가 어쩔 수 없이 포기해야 했던 것이 사실이다. 나는 미국이 세계의 다른 어느 나라들만큼이나 해외 투자에 개방되어 있지만 이 건이 경쟁적인 거래였고 유노컬이 이미 셰브론과 계약을 체결한 상태였기 때문에 중국해양석유총공사가 정치적인 반발에 부딪힌 것이라고 설명했다. 대신 모두가 아는 사실, 즉 중국해양석유총공사가 더 높은 가격을 제시했지만 정치적인 이유로 인수를 철회해야 했다는 사실에 대해서는 언급하지 않았다. 사실 보시라이의 말이 맞았다. 이 사건은 갈수록 커지던 중국의 세계적인 야망이 미국의 반사적인 보호 무역주의와 충돌한 초기 사례였다. 나는 중국의 에너지 부문도 투자에 개방되지 않은 점을 지적했다.

1차 미중 전략경제대화에서 미국 내각의 각료들에게는 원자바오 총리와 후진타오 주석을 만나서 직접 쟁점을 제기할 수 있는 기회가 주어졌다. 미중 전략경제대화가 아니었다면 그들이 이들 두 지도자를 만날 기회는 거의 없었을 것이다. 원자바오는 바쁜 와중에도 우리에게 시간을 내주었고 자신이 미중 전략경제대화에 참석할 날을 기대하겠다고 말했다. 그리고 자신은 35분만 이야기하겠다고 말했는데, 놀랍게도 정확히 35분 동안 중국의 4기 원자로 건설에 기술을 제공할 기업으로 웨스팅 하우스 일렉트릭이 선정된 이야기를 공개했다. 나 또한 이 계약을 강력하게 밀어붙이고 있었으나, 당시 중국은 펜실베이니아주에 본사를 둔 웨스팅 하우스의 모기업이 일본 기업 도시바라는 이유로 결정을 주저하던 참이었다. 미중 전략경제대화를 통해 협상하고 있던 합의안의 우리 쪽 최종 수정안이 아직 중국 측에 전달되지도 않은 시점이었기 때문에 원자바오의 발표는 약간 깜짝쇼에 가까웠다.

후진타오 주석과 미국 대표단이 공식적인 면담을 가진 이후에 따로 그를 만난 자리에서 나는 부시 대통령의 안부 인사를 전했다. 그런 다음에 후진타오에게 재차 지속적인 변동 환율제를 강조하면서 차기 미국 의회가 이 문제에 대해 강하게 나갈 것이라고 경고했다. 금융 시장을 개방하는 것도 중국의 발전에 중요하고 미국과의 관계에도 유익할 거라고 강조했다. 후진타오는 금융 시장을 개방하는 문제의 중요성을 인정하면서도 금융 부문에 있어서는 지도자들이 천천히 나아가야 하고 〈한 번에 한 입만큼만 먹어야 한다〉라는 사실을 내게 상기시켰다.

내가 바라던 대로 1차 미중 전략경제대화는 즉각적이고 구체적인 몇몇 성과를 냈다. 무역이라는 민감한 주제에 대해 우리는 미국의 대중 수출을 지원하기 위한 자금 지원을 활성화하기로 합의했다. 중국은 뉴욕과 나스닥 증권거래소가 중국에 사무소를 열도록 허가했고, 자국을 운항하는 미국 항공기를 증편하는 문제에서 고착되어 있던 협상을 재개하기로 동의했다. 그리고 우리는 중남미 경제 개발을 촉진하기 위해 자금을 제공하는 미주 개발은행에 중국도 가입할 수 있도록 양국이 함께 노력하기로 합의했다. 조촐한 성과였지만 중요한 것은 우리가 만났고 민감한 주제를 논의했으며 합의를 이루어 냈을 뿐 아니라 가장 중요하게는 협력하는 분위기를 만들고 미래를 위한 효과적인 절차를 마련했다는 점이었다. 회기가 끝나자마자 나는 슈머와 그레이엄에게, 그리고 그들의 동료인 민주당 소속 맥스 보커스 몬태나주 연방 상원 의원과 공화당 소속 척 그래슬리 아이오와주 연방 상원 의원에게 전화해서 시작이 매우 좋다고 알리면서 인민폐가 9월 이후에만 1퍼센트가 넘게 오른 사실을 언급했다.

가장 감격적인 순간은 미중 전략경제대화가 열린 첫날 밤에 찾아왔다. 우리 대표단은 저녁에 자금성을 관광했다. 뒤이어 왕푸징 거리와 창안로의 교차로 한쪽 모퉁이에 위치한 베이징 호텔에서 화려한 연회가 열렸고 중국 밴드가 서양 음악을 연주했다. 우이가 우리를 위해서 특별한 것을 준비했다고 자랑스럽게 말했다. 우리는 바람이 세게 부는 호텔 고층 발코니로 안내되었다. 우이가 내게 주의를 주었다. 「밖에 나가면 뒤로 물러서 계십시오.」 그녀는 내가 낮은 난간 너머로 떨어질까 봐 걱정한 것이 틀림없었다.

12월의 밤공기에 외투도 입지 않은 나는 몸이 떨려 왔다. 보좌관들이 밖에 있다가 감기라도 걸리면 안 된다고 주의를 주었지만 주최 측에서 우리를 위해 준비한 것을 놓치는 일은 절대로 있을 수 없었다. 게다가 유난히 흥분한 듯한 우이의 모습을 보고 있자니 더더욱 그럴 수 없었다.

바로 그때 불과 몇 블록 떨어진 곳에서 믿기 힘든 광경이 펼쳐졌고 추위에 대한 생각은 머릿속에서 완전히 사라졌다. 자금성의 내부와 외부를 둘러싼 모든 조명에 불이 들어와 있었다. 수백 년의 세월 동안 왕조와 전쟁과 혁명과 시위를 목격해 온 거대한 고궁의 전역이 오로지 우리만을 위해서 환하게 빛나고 있었다.

12 파티오에서의 논쟁

2006년 11월 7일에 치러진 중간 선거에서 민주당은 공화당을 압도하며 연방 의회 상원과 하원, 대부분의 주지사직과 주 의회에 대한 지배권을 거머쥐었다. 부시 대통령이 〈한 방 맞은 것 같다〉라고 표현한 이 같은 선거 결과는 이미 격렬하게 분열된 워싱턴 정가를 더 깊숙이 갈라놓았지만 한 가지 핵심적인 부분에서는 예외였다. 요컨대 중국을 향한 맹렬한 공격에서 양당은 여전히 단결된 모습을 보여 주었고 환율 조작과 무역 적자의 심화, 미국의 일자리 감소 문제로 중국을 맹비난했다. 2008년에 대통령 선거 운동이 시작되면 이러한 적의는 더욱 심화될 것이 불을 보듯 뻔했다.

2007년 1월에 나는 상원 은행위원회에 증인으로 소환되었다. 민주당 소속 코네티컷주 연방 상원 의원인 크리스 도드가 위원장이었고, 그는 대통령 선거에 출마하겠다고 막 선언한 참이었다. 나는 도드 의원이 재무 장관인 나를 호되게 비난함으로써 점수를 따고 싶어 한다고 생각했기에 그 자리를 피하려고 했다. 그래서 재무부가 예산 협상을 끝낸 이후로 증언을 연기해 달라고 요청했지만 도드는 예정대로 출석하지 않으면 앞으로 자신과 절대로 협력 관계를 맺지 못할 거라며 으름장을 놓았다.

재무부는 법에 따라 1년에 두 번 미국의 주요 무역국과 외환 거래 상황을 조사해서 달러 대비 자국 통화를 조작하는 나라가 있는지 밝혀내고 관련 사실을 발견하면 의회에 보고할 의무가 있었다. 2006년 12월에 재무부가 제출한 보고서에서 나는 중국을 환율 조작국으로 분류하기를 거부했다. 중국을 환율 조작국으로 분류하면 역효과만 불러일으킬 뿐이라고 판단했기 때문이다. 중국에 불쾌감을 주어서 통화를 평가 절상하도록 하는 것이 더 어려워질 터였다. 중국은 결코 외국의 압력에 굴복하는 것처럼 보이고 싶지 않을 터였다. 재무부가 가장 최근에 중국을 환율 조작국으로 지정한 것은 1994년이지만 나의 결정은 거센 역풍을 맞았다. 나는 상원 의원들에게 최선의 접근법은 대립을 통한 것이 아니라 — 대립은 보복을 낳을 뿐이다 — 이미 성과를 내기 시작한 미중 전략경제대화에서 우리가 얻어 내는 것 같은, 강력한 의지가 담긴 약속을 통하는 것이라고 말했다.

「중국의 통화 문제와 관련해서 내가 목표하는 것은 전적으로 시장에서 결정되는 변동 환율제로 나아가면서 의미 있는 진전을 이루어 내는 것입니다.」 나는 이렇게 말하면서 혹시라도 중국이 환율을 조작해서 그들에게 제재를 가해야 한다면 그것은 국제통화기금에서 해야 할 일이라고 덧붙였다.

도드의 반박이 이어졌다. 「우리가 만나 본 선거구민들은 몹시 분노하고 있습니다. 선거구민들이 300만 개에 달하는 제조업계의 일자리가 이 나라를 떠나는 것을 지켜봐야 하는 마당에 의회가 이를테면 진전이라는 의미도 모호한 것을 미국이 얻어 낼 때까지 참고 기다릴 수는 없습니다.」

청문회를 계기로 나는 곧 우리가 상당한 압박에 직면하게 될 거라는 생각이 확신으로 굳어졌다. 2월이 되자 중국을 구체적인 표적으로 삼아서 〈비시장 경제국〉에 상계 관세를 부과할 것을 제안하는 법안이 하원에서 발의되었고, 추가적으로 다수의 법안들이 상원과 하원에서 만들어지고 있었다. 나는 대부분의 입법안이 단지 보여 주기 위한 것이고 실제로 법으로 제정할 의도가 있는 것은 아니라는 사실을 알면서도 이들 법안 중 어느 하나라도 표결 대상이 될까 봐 걱정되었다. 혹시라도 법안이 투표에 부쳐진다면 의회는 통과시킬 것이 분명했다. 분노한 선거구민들이 원하는 것이 바로 그런 것이었고, 어떤 의원도 중국을 〈부드럽게〉 대하는 것처럼 보이고 싶어 하지 않기 때문이다. 나는 의회 지도자들이 법안을 추진하지 않을 이유를 찾는 중이라고 믿었지만 한편으로는 어떤 예상치 못한 정치 경제적 사건이나 중국의 어떤 행동이 지도자들의 판단을 바꾸게 될까 봐 염려되었다.

나는 미국의 강요 때문이 아니라 중국에 궁극적으로 가장 이익이 되기 때문에 중국이 변동 환율제로 나아가야 한다는 입장을 취했다. 변동 환율제는 인민폐를 강세로 전환시킬 것이고, 그렇게 되면 무엇보다 가계 소비와 내수 주도 성장이 진작되면서 중국 내 경제 활동을 촉진할 것이었다. 변동 환율제는 정책 입안자들에게 인플레이션을 더 쉽게 조절할 수 있도록 해줄 뿐만 아니라 경제적 혼란과 투기적 거품 현상을 최소화할 것이었다.

후진타오 주석을 비롯한 중국 지도자들은 시장에서 결정되는 통화 정책으로 나아가기 위해 매진하고 있다고 말하면서도 경제 성장이 지장을 받거나 사회 안정이 위협을 받을 수 있기 때문에 너무 급하게 진행하지는 않겠다는 입장을 취했다. 그 결과 2007년 봄에 개최된 2차 미중 전략경제대화 때까지 인민폐의 명목 가치는 중국이 달러 페그제를 폐지한 2005년에 비해 6퍼센트가 상승했다.

내가 생각하기에는 더 시급하고 당면한 현안들도 있었다. 특히 중국은 금융 시장에 꼭 필요한 개혁을 진행하는 데 더욱 박차를 가할 필요가 있었다. 은행들을 정부의 통제와 비영리적인 대출 지시로부터 자유롭게 해주는 한편으로 효율적이고 경쟁적인 자본 시장을 육성한다면 중국이 저렴한 수출품에 덜 의존하고, 더 고부가 가치 상품을 생산하고, 민간 기업들에게 필수적인 자금 지원을 제공할 수 있는 경제로 옮겨 가는 데 도움이 될 것이었다. 중국의 개혁주의자들은 이러한 변화를 이루기 위해 강력한 저항에 맞서야 했다. 개중에는 이념적인 저항도 있었지만 중국의 개혁이 성공하면서 그 자체가 원인으로 작용한 예상치 못한 저항도 있었다. 즉 완전히 정비되어 이제 겨우 이익을 내기 시작한 국유 기업들이 강력한 기득권으로 부상하면서 더 이상 자국의 민간 기업들이나 외국 기업들과 경쟁하기를 거부한 것이다.

여기에 더해서 중국의 급격한 경제 성장은 부자와 가난한 사람, 도시민과 농부, 동부와 서부 지역 사이에 커다란 격차를 불러왔다. 후진타오 주석과 원자바오 총리는 불평을 누그러뜨리기 위해 〈조화로운 사회〉를 건설하는 일에 착수했다. 그들은 자신들의 정치적 자본을 위험해 보이는 시장 지향적인 개혁에 쓰는 대신에 농민공과 빈농, 연금 생활자 같은 뒤처진 사람들을 위한 포퓰리스트적인 지원에 쓰기로 작정했다. 중국의 급속한 발전은 어떤 면에서 거대한 부가 창출된 동시에 사회적 긴장이 악화된 19세기 말 도금 시대의 미국에서 나타난 것과 같은 부의 창출과 소득 격차를 보여주었다.

나는 자본 시장을 둘러싼 개혁이 중국에서 경제 성장 모델의 균형을 재조정하는 데 매우 중요하다고 보았기 때문에 자본 시장 개혁을 위한 캠페인을 시작해서 중국 지도부에 자극을 주기로 했다. 이를 위해 3월에 일본과 한국에서 양자 회담을 마친 뒤 상하이에서 자본 시장 자유화에 관한 연설을 하기 위해 중국으로 날아갔다. 중간에 베이징에 잠깐 들러서 미중 전략경제대화의 중국 측 대표인 우이와 비공식적인 만남을 가졌다. 우이는 보시라이 상무부장과 진런칭 재정부장, 저우샤오촨 중국인민은행 총재와 함께 왔다. 그녀는 장관급 관리 여섯 명을 동반한 사실에서 볼 수 있듯이 후진타오 주석이 미중 전략경제대화를 엄청나게 중요하게 생각하고 있다고 말했다.

우이의 말에 수긍하면서 나는 미국 의회에 미중 전략경제대화가 미국과 중국의 견해 차이를 해결하기에 적합한 포럼이라고 주장했다고 그녀에게 말했다. 또한 그렇기 때문에 우리가 반드시 성과를 내야 한다고 강조했다. 나는 통화 문제로 그녀를 압박했고 중국의 금융 시장을 외국의 상업은행과 투자은행에 개방할 것을 요구했다. 당시 중국은 거대 신흥 시장국들 가운데 가장 제한적인 소유주 지분 규정을 가지고 있었다. 즉 어떤 단일 외국 기업도 중국 은행의 지분을 20퍼센트 이상 소유할 수 없었다. 외국 자본이 소유할 수 있는 총한도는 25퍼센트까지였다. 외국 증권 회사들은 합작 투자 회사의 지분을 33퍼센트까지 소유할 수 있었고, 외국 자산 관리 회사는 합작 투자 회사의 지분을 49퍼센트까지 소유할 수 있었다. 외국의 단일 기업이 중국의 증권 회사에 대해 직접 소유할 수 있는 지분은 20퍼센트로 제한되었다. 나는 이런 한도를 아예 없애야 한다는 입장이었지만 최소한 50퍼센트 이상으로 늘어나기를 원했다. 이 당시에도 브라질과 러시아, 인도 같은 다른 개발도상국들에서는 외국 기업이 100퍼센트의 지분을 소유할 수 있었다.

나는 일부 중국 관리들이 증권 부문을 전략적인 국가 자산으로 믿으면서 외국인의 접근을 차단하고자 한다는 사실을 경험을 통해 알고 있었다. 골드만 삭스는 중국에서 증권사를 설립하기 위해 거의 4년을 준비했다. 그리고 창의적인 구조화와 참을성 있는 협상을 통해 마침내 골드만 삭스 가오화 증권을 출범시켰다. 골드만 삭스가 허용 한도인 33퍼센트의 지분을 보유했지만 그럼에도 전체적인 운영권을 가진 합작 투자 회사였다.

우이는 통화 개혁에 대해서는 반발하면서도 금융 시장에 대한 요구에는 고무적인 반응을 보였다. 이런 반응은 내가 1차 미중 전략경제대화 직후에 얻은 정보와도 일치했다. 당시에 진런칭 재정부장은 내게 소유 지분 상한선이 상향 조정될 것으로 확신한다고 말했던 것이다. 몇몇 참모들이 아직 일어나지도 않은 일에 마음만 너무 앞서 가지 말라고 주의를 주었지만 나는 매우 낙관적인 느낌이 들었다.

나는 2007년 3월 8일에 상하이 선물거래소에서 연설을 했다. 상하이 선물거래소는 8년 전 중국의 새로운 금융 중심지인 푸둥에 설립되었다. 푸둥은 황푸강을 사이에 두고 역사적인 와이탄 구역을 마주 보고 있으며, 빛나는 조명과 번쩍거리는 초고층 건물들로 가득했다. 나는 정부 관리와 대형 증권사 대표, 저명한 학자, 기자 등 수백 명의 청중에게 중국이 스스로의 가능성에 부응하기를 원한다면 금융 시장에 대한 개혁의 속도를 높여야 한다고 주장했다. 투명성, 명확한 재산권, 강력한 기관, 확실한 감독을 바탕으로 한 효율적인 자본 시장은 경제 성장을 촉진한다. 효율적인 자본 시장은 최고의 아이디어에 자금이 흘러가도록 만들 뿐 아니라 국민들에게 자국의 미래에 투자할 수 있도록 해준다.

괄목할 만한 진전들이 있기는 했지만 중국의 시장은 여전히 미숙하고 불완전했다. 국채를 포함해서 채권이라고 할 만한 것도 거의 없었다. 부동산은 비유동적이었고 대다수 사람들의 수입을 훨씬 초과했다. 주식 시장은 도입된 지 15년 정도가 지났지만 여전히 안정적이지 못했고, 회계 조작부터 헐값에 주식을 매입한 뒤 허위 정보로 뻥튀기해서 팔아 치우는 수법까지 온갖 사기 행위가 만연했다. 중국은 하루빨리 건전한 대안을 마련해서 새로 거머쥔 부를 투자할 필요가 있었고, 소비를 저해하는 높은 저축률을 초래한 사회 구조와 인구 통계의 변화에도 대처해야 했다. 국가가 요람에서 무덤까지 보살펴 주던 제도가 사라지고 국유 기업의 구조 조정으로 일자리가 대폭 감소하는 것에 두려움을 느낀 노동자들은 은퇴와 다른 위급 상황에 대비해서 더 많은 돈을 저축해야 했다. 한 자녀 정책도 마찬가지로 저축을 부추기는 데 일조했는데 효를 중시하는 중국 사회에서 나이 든 부모를 보살펴야 하는 부담이 더욱 늘었기 때문이다. 그럼에도 은행 예금 외에는 이런 〈예방적인〉 저축을 대신할 만한 적절한 투자 수단이 없고 국가에서 정하는 은행 이자율 또한 너무 보잘것없는 상황에서 사람들은 비상금을 마련하기 위해 수입에서 훨씬 더 많은 몫을 떼어 저축했다.

자본 시장이 자유화되면 중국 국민들은 더 다양한 투자 상품과 서비스에 접근할 수 있을 것이고, 그에 따라 더욱 다각화된 경제 발전이 촉진될 것이었다. 외국 기업들의 참여가 확대될수록 이런 일련의 과정에 더욱 속도가 붙을 것이고, 이것이 내가 소유 지분 상한선을 철폐하도록 권고한 이유였다. 나는 외국 은행에 어떤 특혜를 주라고 요청하는 것이 아니었다. 다만 세계 최고 은행들의 참여를 제한하는 것은 중국에 손해라고 믿을 뿐이었다.

「나는 튼튼한 자본 시장을 갖추지 않은 나라 중에서 성공적이고 지속 가능하며 균형 잡힌 경제를 보유한 나라를 단 한 곳도 알지 못합니다.」 나는 상하이에서 청중을 향해 말했다. 「마찬가지로 성공한 국가 중에서 국내외적으로 경쟁에 개방되지 않은 나라는 단 한 곳도 떠올릴 수 없습니다.」

내가 상하이 연설에서 거론한 사안 중 일부는 5월 22일부터 24일까지 워싱턴에서 개최될 예정이던 2차 미중 전략경제대화의 안건이기도 했다. 베이징에서 열린 1차 미중 전략경제대화 이후로 미국과 중국의 실무진은 실행 가능한 사안들에 노력을 기울여

오고 있었다. 2차 미중 전략경제대화의 안건에는 다른 무엇보다 금융 서비스와 균형 잡힌 경제 발전, 대체 에너지와 오염 감소를 위한 협력 등에 관한 경과 보고가 포함되어 있었다. 중국의 하늘을 미국 항공기에 개방하는 것을 포함하여 여러 주요한 합의들이 발표될 예정이었다.

미중 전략경제대화는 1년에 두 번 개최되는 양국 간 비공개 회의를 통해 실행 가능한 것들을 협상하고 서로의 의견 차이를 좁힐 목적으로 고안되었다. 이전에도 미국의 다양한 부처들이 중국 쪽 부처들을 상대해 왔고 앞으로도 계속해서 서로 직접적인 대화를 지속해 나갈 터였지만 미중 전략경제대화라는 절차는 중국인들에게 사안의 우선순위를 정해 주었고 미국에 지금껏 중국의 혼란한 관료주의 속에서 길을 잃고 표류하던 문제들을 해결할 수 있게 해주었다. 미중 전략경제대화가 시작되기 전에는 미국에서 각각의 부처들이 중국 관련 사안들에 대해 독립적으로 로비를 진행했다. 이제는 나의 부관인 타이아 스미스의 지휘 아래 각 부처의 차관들이 함께 자리에 앉아서 다섯 개에서 열 개로 축약된 미국 정부의 최우선 과제에 대해 해결책을 논의했다. 우리는 〈거시적인 아이디어〉를 모색했다. 즉 변화를 일으키는 동시에 미국과 중국 모두에 이익이 될 방안들을 궁리했다. 중국도 그들의 입장에서 똑같이 행동했다. 그런 다음에 양국은 미중 전략경제대화의 회기가 끝날 때마다 해당 회기에서 다루어진 모든 항목을 정리해서 이른바 결의안을 작성했다. 1년에 두 번 열리는 미중 전략경제대화 회의 자체는 실질적인 내용이 담긴 발표 후에 허심탄회한 토론을 이어가는 대화의 장이었다. 양측의 실무진은 합의 사항들이 반드시 이행되어야 하고 그렇지 못할 경우에 나나 우이 부총리에게 보고될 거라는 사실을 알았기 때문에 꼼꼼하게 후속 작업의 진행 상황을 추적했다. 그리고 관련 자료들을 요약한 축약본을 각각의 미중 전략경제대화가 끝나는 시점에 현황 보고서로 만들어 배부했다.

당연히 중국인들은 그들의 우선순위 목록을 가지고 있었다. 이를 바탕으로 자신들이 청정에너지나 민간 항공, 전자, 소프트웨어 같은 분야의 기술에 보다 더 접근할 수 있도록 미국의 새로운 수출 규제가 수정되거나 늦추어지기를 바랐다. 아울러 중국 기업들이 특혜를 받을 수 있도록 중국의 이른바 시장경제 지위를 인정하는 방안을 고려하라고 우리를 압박했다.

2차 미중 전략경제대화에 앞서 나는 우이 부총리에게 전화를 걸어 미국의 상황을 전했다. 또다시 워싱턴 정가의 의원들이 중국에 대해 인내심을 잃어 가고 있다고 설명하면서 그녀가 직접 미국 의원들과 만나서 중국의 입장을 들려주는 편이 좋을 것 같다고 조언했다.

「이번 회차에서 미중 전략경제대화의 존립 여부가 결정될 것입니다.」 내가 말했다. 「우리에게는 일단의 획기적인 성과물이 필요합니다.」

나는 중국이 증권 회사에 대한 외국 투자의 상한선을 높이는 데 합의한다면 그야말로 획기적인 성과가 될 거라고 생각했다. 하지만 2차 미중 전략경제대화를 앞두고 중국 대표단이 워싱턴으로 날아오던 시점에 타이야 스미스의 중국 상대역인 주광야오로부터 소유 지분 상한선을 높이는 것에 대해서 후진타오 주석과 원자바오 총리의 승인을 받지 못했다는 연락이 왔다. 1차 미중 전략경제대화가 끝나고 진런칭 재정부장이 상당히 낙관적인 태도를 보인 것을 생각하면 전혀 뜻밖의 결과였다. 내가 제시한 50퍼센트 이상은 안 되더라도 적어도 35퍼센트까지는 될 것으로 예상했기 때문이다.

중국 대표단은 5월 21일 아침에 앤드루스 공군 기지에 도착했다. 나도 현장에 나가서 그들을 맞이했다. 미중 전략경제대화의 공식 회의는 하루 뒤에 워싱턴 시내에서 시작될 예정이었다. 우이에게 존경을 표하기 위해 내가 공식적인 환영 인사를 하기로 되어 있었다. 나는 이참에 소유 지분 상한선 문제를 언급해서 우리가 원하는 양보를 얻어 내고자 했다.

격식을 갖춘 일련의 서두 행사를 마치고 바람이 부는 따뜻한 활주로를 나란히 걸으면서 나는 우이 부총리에게 말했다. 「문제가 심각합니다. 미중 전략경제대화가 시작되기 전에 이 문제를 해결할 방법을 찾아야 합니다.」

「우리는 미국이 우리에게 준 것보다 더 많은 것을 미국에 주었습니다.」 우이가 단호한 어조로 말했다. 「그래도 이야기는 해봅시다.」

나는 그날 내게 또 한 번의 기회가 있다는 사실을 알았다. 우리가 소유 지분 상한선 문제로 양보를 받지 못할 것이라는 말을 들은 뒤 나와 재무부 팀은 우이와 동료 관리들을 우리 집에 초대해 함께 저녁 식사를 하면서 그녀를 조금 더 설득하기로 결정한 터였다. 나는 재무부 비서실 차장 린지 밸디언에게 부탁해서 아내 웬디에게 서둘러 연락해 달라고 했다. 때마침 웬디는 재무부를 더 〈친환경적〉으로 만들기 위한 프로젝트에 참여하기 위해서 이날 재무부에 와 있었다.

다행히도 내가 결혼한 여성은 침착하고 기지 있고 놀랍도록 이해심이 많았다. 웬디는 내가 중국 출장을 갈 때 여러 번 동행했으며, 내가 중국에서 인맥을 쌓는 데 여러모로 도움을 주었다 — 물론 자신의 인맥도 많이 쌓았다. 중국인 손님들을 위해 요리한 적도 많은 그녀였지만 5월의 그날에는 제대로 된 저녁 만찬을 준비할 시간이 없었다. 대신 그녀는 동네에 있는 홀푸드 마켓으로 곧장 운전해 가서 테이크아웃 코너로 직행했다. 그러고는 베이징에서 온 손님들이 좋아해 주기만을 바라며 국수와 고추잡채를 비롯한 그 밖의 음식들을 카트에 담았다.

그날 저녁 워싱턴 D. C.의 매사추세츠 하이츠 지역에 프랑스의 전원주택풍으로 지어진 우리 집에 일단의 손님들이 방문했다. 우리 부부가 맞은 중국 쪽 손님은 우이와 보시라이를 비롯한 마카이 국가발전개혁위원회 주임과 저우샤오촨 중국인민은행 총재, 진런칭 재정부장, 저우원중 주미 중국 대사, 주광야오였고, 미국 쪽 손님은 타이야 스미스와 클라크 랜트 주중 미국 대사, 앨런 홀머 미중 전략경제대화 재무부 특사였다.

작은 산비탈 안쪽에 깊숙하게 자리 잡은 우리 집은 침실이 세 개였으며 작고 아늑했다. 계단 몇 개를 내려가면 나오는 주 공간은 내벽이 없이 개방된 형태로 거실과 식당이 나란히 이어졌고 밖에는 판석이 깔린 파티오*가 있어서 나무가 우거진 협곡과 잔잔한 개울이 내려다보였다. 손님들이 도착하자마자 나는 우이를 파티오로 안내한 다음 유리문을 닫았다. 우리 집 양쪽으로 매우 가까운 위치에 이웃집이 있었고, 그중 한쪽에는 『워싱턴 포스트』 기자가 살았다. 나는 흥분해서 목소리가 약간 커졌다.

「부총리님, 나는 비단 통화 문제 말고도 구조적인 문제들이 존재함에도 불구하고 우리가 획기적인 성과를 낼 수 있을 것으로 믿는다고 미국 의회에 이야기해 왔습니다.」 내가 말했다. 「이 말인즉슨 우리가 소유 지분 상한선 같은 문제들에서 실질적인 진전을 보여 주어야 한다는 뜻입니다. 부총리님과 나는 어떤 깜짝 발표도 없을 거라고 서로 약속했습니다. 하지만 지금 나는 깜짝 놀랐고 몹시 당황한 상태입니다.」

대화가 과열되면서 집 안에서 우리 말소리를 들은 웬디가 다 같이 앉아서 식사를 하지 못하게 될까 봐 걱정했지만 우리는 결국

* 건물에 둘러싸인 스페인식 정원.

식당에 모두 모였다. 저녁 식사는 뷔페식으로 진행되었다. 우리는 접시에 음식을 담아서 파티오나 거실에서 각자 적당한 자리를 찾아 식사를 했다. 우이와 나는 같은 자리에 앉았다. 타이야 스미스와 주광야오가 합석하면서 이번에는 대화가 더 부드럽게 이어졌다.

우이가 소유 지분 상한선 문제와 관련해서 자신의 속내를 털어놓았다.「나는 이 문제를 가지고 매우 열심히 노력해 왔습니다. 하지만 이번에는 안 될 겁니다.」

대화를 주고받으면서 나는 이 문제가 왜 그토록 중요한지 어쩌면 우이가 제대로 이해하지 못한 것은 아닐지 의심이 들었다. 그녀는 무역 협상가일 뿐 금융 전문가가 아니었다. 그녀의 배경 지식도 석유와 화학 공학에 관한 것이지 경제학이 아니었다. 게다가 그녀는 민간 부문의 자유로운 경쟁과 그로 인해 촉진될 수 있는 경제 성장을 경험한 적이 거의 없거나 전무했다. 아니면 단지 우리가 원한 것을 성사시키지 못한 것일 수도 있었다.

웬디가 홀푸드 마켓에서 사온 음식들은 대성공이었다. 고추잡채는 동이 났고 중국인의 관습대로 그들은 식사가 끝나자마자 떠날 준비를 했다. 나는 우이에게서 여전히 불편한 기색을 읽었다. 파티오에서 벌인 논쟁으로 그녀가 압박감을 느낀 것이 틀림없었다. 이번 미중 전략경제대화 회의는 나의 상대역으로 미국을 처음 방문한 우이 부총리에게 매우 중요했다. 철의 여인은 중국 정부의 지도부가 교체되는 이듬해에 은퇴할 예정이었다. 그녀는 좋은 분위기에서 물러나고 싶은 것이 분명했다.

나는 그녀를 불편하게 만든 것이 미안해서 우이를 가볍게 안아주었다. 감정 표현에 그다지 솔직한 편이 아닌 내가 그녀를 안아주는 것을 본 재무부 동료들이 놀랐고, 나도 놀랐다. 아마도 중국의 철의 여인이 느낀 놀라움의 크기와 다르지 않을 터였다.

나는 그녀를 안심시켰다. 「걱정 마십시오, 이번 회의는 잘될 겁니다.」

2차 미중 전략경제대화의 공식 회의들은 신고전주의 양식인 앤드루 멜런 오디토리움의 장엄한 분위기 속에서 진행되었다. 컨스티튜션 애비뉴에 위치한 오디토리움은 연방정부의 관청들이 모여 있는 이른바 연방 삼각 지대의 밑변에 위치했다. 전임 재무 장관의 이름을 따서 사원 양식으로 으리으리하고 화려하게 지어진 이 대강당은 미국 환경보호국 같은 여러 기관들이 입주해 있는 복합 단지의 일부였다.

1차 미중 전략경제대화와 마찬가지로 나는 미국 쪽 참가자들에게 중국인들이 연설을 길게 하는 경향이 있으며 그럼에도 우리가 예의를 지켜야 한다고 주지시켰다. 중국은 미국이 중국의 입장과 요구를 이해해 주기를 원했고 미중 전략경제대화를 매우 진지하게 받아들였다. 그들은 상세하고 빈틈없는 발표를 위해 많은 노력을 기울였다. 따라서 미국 쪽도 그에 맞추어 진지한 자세로 임할 필요가 있었다.

「그들은 워싱턴에 와 있는 대표단의 다른 동료들만이 아닌 중국에 있는 동료들을 대표해서 발표를 하는 것입니다.」 내가 설명했다. 「발표 기회는 그들에게 대단히 중요합니다. 여러분에게 자신들의 관점을 들려주는 것 자체가 그들에게는 실질적인 성과이기 때문입니다.」

우리는 몇몇 핵심적인 성과들을 공개할 수 있었다. 우선 부시 대통령의 우선순위 중 하나였던 미국 항공기의 중국 운항을 자유화한 〈열린 하늘〉 합의를 발표했다. 이 합의는 미중 전략경제대화의 가치를 보여 주는 좋은 예였다. 그동안은 중국을 운항하는 미국 항공편의 할당량이 너무나 적은 편이었다 — 독일을 오가는 직항편이 하루에 55편인 데 비해 중국을 오가는 직항편은 하루에

열한 편이 고작이었다. 항공기를 증편하면 중국에 돌아가는 혜택이 막대함에도 불구하고 — 추산에 따르면 하루에 한 편이 증가할 때마다 중국이 경제 활동에서 얻는 이익은 연간 2억 달러가 넘었다 — 중국의 국내 항공사는 시장 점유율을 잃는 것이 두려워서 중국 관리들에게 미국 항공사에 하늘 길을 개방하지 못하도록 압박했다. 2006년 4월에 미국 교통부와 국무부가 항공기 운항을 늘리기로 중국과 협상을 체결했지만 중국은 불과 4개월 만에 협상을 철회했다.

미중 전략경제대화는 중국 항공 산업의 편협한 동기를 넘어 국가 차원에서 이 문제를 제기하고 중국의 광범위한 이해 당사자들에게 호소함으로써 관련 논의에 새로운 동력을 불어넣었다. 1차 미중 전략경제대화에서 우리는 회담을 재개하기로 합의했다. 이후 6개월에 걸친 실무진의 노력 끝에 여객기 편수를 두 배로 늘리고 화물 노선과 화물 수송기에 적용되던 제한을 없애기로 한 합의안을 발표했다.

또한 2차 미중 전략경제대화에서는 중국의 금융 서비스 규제를 부분적으로 완화하는 지극히 바람직한 합의안이 발표되었다. 여기에는 합작 투자 회사들이 그들의 활동 영역을 점진적으로 확장해서 유가증권 중개업을 비롯한 자기 자본 거래*와 자산 관리 업무를 할 수 있도록 허용하는 방안이 포함되었다. 이른바 적격 외국인 기관 투자가**의 투자 한도는 기존의 100억 달러에서 300억 달러로 세 배나 늘어날 예정이었는데, 이는 상하이 연설에서 내가 강력하게 요구한 변화이기도 했다. 투자 한도의 증가로 UBS와 크

* 금융 회사가 수익 창출을 위해서 고객의 돈이 아닌 자기 자본이나 차입금으로 주식이나 파생 상품 등의 금융 상품을 거래하는 투자 행위.

** 중국 정부가 적절한 자격을 갖춘 외국인에게만 주식이나 채권을 살 수 있게 허용한 제도.

레디트 스위스 같은 거대 스위스 은행들부터 미국 템플턴 자산 운용 같은 자산 관리 회사와 빌 앤드 멀린다 게이츠 재단과 예일 대학교 같은 기관 투자가들에 이르기까지 전 세계 수십 개의 대형 투자 기관들이 그 혜택을 누리게 되었다. 이제 그들은 선전시와 상하이시의 증권거래소에서 인민폐 보통주를 전보다 대량으로 사고팔 수 있게 되었다.

우리는 또 중국에서 미국으로 수출되는 물품의 안전성에 관한 진지한 주제도 채택했다. 2007년 봄에는 〈메이드 인 차이나〉라는 상표가 심각한 타격을 입었다. 그들이 중국에서 수입한 애완동물 사료에서 공업용 화학 물질인 멜라민이 검출되어 미국 식약청이 사상 최대 규모의 리콜을 선언했기 때문이다. 사람들이 먹는 식료품에 동물 사료가 들어간 경우도 있었다. 마이클 리빗 보건 장관이 중국에 조사단을 파견하기도 했지만 여러 경제 부문에 얽힌 이 민감한 사안에 미중 전략경제대화가 초점을 맞추어야 할 이유는 명백했다.

우리가 중국과 맺은 운영 약정서의 원안에 따르면 나는 미중 전략경제대화 회의가 끝난 이후에 후진타오 주석과 개인 면담을 갖기로 되어 있었다. 면담은 내가 생각하기에 허심탄회했고 양국에 매우 유용했다. 2차 미중 전략경제대화가 끝나자 답례 차원에서 부시 대통령이 아이젠하워 행정 빌딩에서 미국과 중국 대표단을 만났다. 나는 대통령 집무실에서 우이와 면담하는 시간을 갖는다면 그녀에게 큰 의미가 있을 거라고 대통령에게 미리 귀띔했다. 그녀는 미국 대통령의 집무실에 들어가 본 적이 없었고, 세계무역기구 협상을 성공적으로 마쳤음에도 빌 클린턴 대통령과 사진을 찍지도 않은 터였다. 나는 우리 집에서 그녀를 불편하게 만든 일로 여전히 마음이 좋지 않았고, 부시 대통령은 기꺼이 그녀를 백악관으로 초대했다.

부시 대통령은 매력을 발산하는 법을 알았다. 웨스트 윙으로 이동하기 위해 행정 빌딩의 계단을 내려갈 때는 우이를 중앙에 오도록 한 채 안내했고 사진 기자들 앞에서 포즈를 취할 때는 나와 양옆에서 그녀의 손을 한쪽씩 잡았다. 대통령 집무실에 도착해서는 미중 관계와 그녀가 맡은 역할의 중요성에 대해서 우이와 대화를 나누었고, 그녀와 사진을 찍는 것도 잊지 않았다. 비공식적인 면담을 마친 다음에는 그녀의 양손을 잡고 몸을 숙여서 작별 키스를 했다.

우이는 이날 아무 말도 하지 않았지만 4년 뒤 베이징에서 나를 위해 준비한 오찬 자리에서 눈을 반짝이며 당시를 회상했다. 「그동안 수많은 외국 지도자들을 만났지만 대통령 집무실에서 키스를 받은 것은 그때가 처음이었습니다.」

의사당으로 몇몇 미국 의원들을 만나러 가면서 우이는 매우 의욕적인 모습을 보였다. 우이 부총리는 중국 여성들의 강력한 대변자였고 낸시 펠로시 하원 의장을 만난다는 사실에 몹시 들떠 있었다. 내게 민주당 소속 캘리포니아주 연방 하원 의원 펠로시를 만나는 것은 호랑이 굴에 들어가는 것과 같다고 경고했지만, 그녀는 겁내지 않았다. 게다가 우이는 호랑이 띠였다. 알고 보니 낸시 펠로시 의원은 용띠였고 용은 호랑이에게 〈미국 의회 의원들이 미중 전략경제대화를 예의 주시하고 있습니다〉라고 알려 주었다.

우리는 중국 대표단을 어떻게 대접해야 할지 고심했다. 무역 균형이나 에너지 개발과 비교하면 접대는 사소한 주제처럼 보이지만 중국은 접대를 매우 중요하게 여겼다. 자국의 문화를 공유하고 손님을 즐겁게 하기 위해 막대한 비용을 들여서 만찬과 불꽃놀이, 가수 공연, 곡예 등을 준비했다. 그러나 미국 재무부에서 집행할 수 있는 접대 예산은 중국과 비교도 되지 않았기 때문에 적은 돈으로 할 수 있는 적당한 무언가를 서둘러 생각해 내지 못하면 우리 팀은 형편없이 체면을 구기게 될 터였다.

결과적으로 우리가 찾아낸 해결책은 미중 전략경제대화의 하이라이트 중 하나가 되었다. 우리 팀은 열두 살의 타일러 톰슨이라는 놀라운 가수를 발견했는데, 그는 캘리포니아주 오클랜드 출신의 아프리카계 미국인이었다. 중국계 미국인이 많이 사는 지역에서 학교를 다닌 그는 중국의 전통 음악을 매우 좋아했다. 우리는 국무부 청사에 있는 격조 높은 벤저민 프랭클린 스테이트 다이닝룸에서 만찬과 함께 손님들을 맞이했다. 붉은색 모조 대리석으로 만든 코린토스 양식의 기둥들이 금테를 두른 천장의 회반죽 장식까지 솟아 있었고, 천장에는 유리를 세공한 휘황찬란한 샹들리에가 매달려 있었다. 타일러가 매우 훌륭한 솜씨로 몽골 민요를 불렀을 때 적어도 장관 한 명이 눈물을 보였다. 나중에 중국 대표단의 많은 사람들이 타일러에게 다가가서 공연을 칭찬했고 몇몇은 그에게 이렇게 말했다. 「내가 어렸을 때 어머니가 불러 주신 노래였단다.」

중국과 가깝게 지낸 세월 동안 나는 중국의 환경 문제와 중국의 급속한 성장을 분리하는 것이 불가능하다는 사실을 깨달았다. 중국 경제의 눈부신 도약은 자국의 환경에 무시무시한 피해를 입혔다. 중국 어디를 가든지 직접 보고 느낄 수 있는 사실이었다. 베이징을 비롯한 대도시들을 점점 더 짙게 뒤덮는 숨 막히는 스모그에서, 상당수의 국민들에게 자국에서 나는 물을 마실 수 없게 만든 악취가 진동하는 강과 호수에서, 카드뮴 같은 공업용 중금속에 오염된 이를테면 쌀 같은 기본적인 먹을거리를 둘러싼 보도에서 직접 확인할 수 있었다. 거리로 나온 환경 문제는 국민의 건강뿐 아니라 중국의 정치 사회적인 안정도 위태롭게 만들었다. 2005년 중국에서 환경 문제로 촉발된 시위는 5만 건에 달하는 것으로 추산되며, 일부는 폭력 사태로 번지기도 했다.

어떤 희생을 치르더라도 성장을 이루어 내기만 하면 보상을 받는 관리들이 지역 차원에서 국유 기업을 운영하는 중국의 경제 구조 자체가 남용을 부추겼다. 그 대가는 놀라웠다. 2007년에 세계은행은 중국이 환경오염 문제로 지불하는 비용이 국내총생산의 5.8퍼센트에 달하고, 매년 75만 명이 조기 사망에 이른다고 추산했다. 이보다 앞서 발표된 세계은행의 보고서에 따르면 세계에서 가장 오염된 도시 스무 곳 중에서 열여섯 곳이 중국에 있는 도시였다. 심각한 수질 오염과 대기 오염에 시달리는 중국은 유례없는 환경 재앙을 맞닥뜨리게 될 거라는 전망에 직면했다.

중국의 환경 문제는 국경 안쪽에만 한정되지 않았다. 대기 오염 입자들이 서풍을 타고 태평양을 건너서 미국까지 도달하기 때문이다. 끝없는 전기 수요를 충족하기 위해 석탄을 태우는 발전소들에 급격히 늘어나는, 고속도로를 달리는 기록적인 수의 자동차와 트럭까지 더해져서 온실 효과를 유발하는 이산화탄소 배출량이 2000년에서 2007년 사이에 거의 두 배로 뛰었다. 이제 중국은 미국을 앞질러 세계에서 이산화탄소를 가장 많이 배출하는 나라가 되었다. 중국이 환경 문제에 적절히 대처하지 못하는 한 지구의 나머지 국가들도 중국과 마찬가지로 고통을 겪게 될 것이다.

물론 중국은 환경 문제를 해결하기 위한 조치에 나서고 있었다. 2007년 6월에 중국은 기후 변화에 대처하기 위한 계획들을 발표하면서 2008년 베이징 하계 올림픽을 〈친환경적〉으로 치르겠다고 단언했다. 하지만 상충하는 이해관계에 더해서 지속적인 경제 성장을 추구하는 중국 지도부의 단호한 결의는 환경주의자들을 곤란하게 만들었다. 게다가 1998년에 기존의 무력한 기관을 대충 손봐서 급조한 국가환경보호총국은 짧은 경력에 경험도 부족했고, 직원도 턱없이 모자랐으며, 중난하이에서 어떠한 영향력도 발휘하지 못했다.

미국이라고 모든 면에서 완벽한 것은 아니지만 그럼에도 수십 년에 걸친 공개 토론, 충분한 준비를 갖춘 입법 과정, 정부 규제 등을 통해 건강한 환경이 강한 경제와 공존할 수 있다는 사실을 입증했다. 나는 모두의 이익을 위해서 중국이 접근법을 개선하는 데 미중 전략경제대화가 도움이 될 수 있기를 바랐다. 2006년 12월에 열린 1차 미중 전략경제대화에서 우리는 효율적이고 지속 가능한 에너지의 사용을 위해 협력하기로 합의했고, 이제 막 끝난 2차 미중 전략경제대화에서는 환경과 관련된 다양한 사안들에 대해 합의가 이루어졌다. 저공해 석탄 연소 기술도 그중 하나였고, 침식 작용과 사막화, 야생 동식물에게 필수적인 자연 서식지의 손실을 초래하는 불법적인 벌목을 중단시키기 위한 상호 협정 체결을 궁극적인 목표로 한 토론회도 포함되었다.

2007년 7월에 다시 중국을 방문했을 때 환경 문제는 나의 주요 안건 중에서도 수위를 차지했다. 내가 도착했을 때 중국은 한창 생태적인 재해에 시달리는 중이었다. 극심한 홍수가 중국의 중앙 지역과 연안 지역을 덮치면서 1억 500만 명이 넘는 국민이 피해를 입었고, 500명 이상이 사망했으며, 농작물이 망가졌고, 제방이 붕괴 위험에 처했다. 내가 도착하기 불과 일주일 전에 후진타오 주석이 피해 상황을 파악하기 위해 충칭을 방문했다. 중국은 수년째 가뭄과 심각한 홍수에 시달렸다. 삼림 벌채와 과도한 농사, 무분별한 개발이 문제의 원인이라는 것은 의문의 여지가 없었다.

미중 전략경제대화 재무부 팀의 주요 일원인 댄 라이트의 제안으로 나는 8월 1일로 예정된 후진타오 주석과의 면담에 앞서 티베트고원에 위치한 중국 최서단의 칭하이성(青海省)을 방문하기로 결정했다. 미국 관리가 방문하기에는 이례적인 지역이었다. 칭하이성의 거대하고 이제는 사라질 위기에 처한 함수호는 중국과 세계가 당면한 수많은 환경 문제들의 전형적인 사례를 보여 주었다. 나는 미국과 중국 양국에 환경 문제의 중요성을 강조하고 싶었다. 동시에 베이징과 상하이 말고도 중국에 엄청나게 많은 지역들이 존재하며, 중국이 직면한 문제들의 범위와 복잡성을 우리가 알고 있다는 것을 보여 주고 싶었다.

후진타오 주석은 1988년부터 1992년까지 티베트 자치구의 당 서기로 일하면서 중국 서부에서 다년간 머물렀다. 가난한 칭하이성에서 경제 발전을 독려한 터였다. 나는 칭하이를 방문하면 후진타오의 관심과 존경을 받게 되리라는 것을 알았다. 칭화 대학교와 협력해서 경제관리학원을 재활성화함으로써 후진타오는 물론이고 칭화 대학교에 헌신적이라고 소문난 졸업생들과도 인맥을 강화하게 된 것과 같은 상황이었다.

칭하이성을 방문하기 위해 나는 베이징에서 서쪽으로 2,090여 킬로미터를 이동했고 해발 3,048미터 높이까지 올라갔다. 칭하이호는 중국에서 가장 크고 가장 아름다운 호수 중 하나다. 호수를 둘러싼 지역은 〈중국의 급수탑〉으로 알려져 있는데 양쯔강과 메콩강, 황허강을 비롯한 아시아에서 가장 큰 일곱 개의 강이 이 고산 지역에서 발원하고 해당 지역의 빙하가 하류의 물줄기를 이루기 때문이다. 서유럽의 전체 면적과 맞먹는 칭하이-티베트고원은 중앙아시아로 뻗어 있고 티베트와 에베레스트산, 카슈미르 지역 일부를 아우르고 있다. 아시아 대륙의 계절풍 시스템에서도 핵심적인 역할을 하고 있으며, 따라서 전 세계 인구 중 절반 이상의 삶에 영향을 미친다고 할 수 있다.

하지만 칭하이호와 칭하이-티베트고원은 내내 위기에 처해 있었다. 특히 가뭄과 사막화에 시달려 왔는데, 지나친 방목과 토지 개간도 원인이었지만 기후 변화도 원인 중 하나였다. 칭하이호는 미국 유타주의 그레이트솔트호와 같은 내부 유역 호수다. 즉 물줄기가 바다를 향해 흐르지 않고 주변의 개울과 강물이 분지로 흘러드는 구조다. 호수 규모는 한 세기 동안 지속적으로 줄어들었고 — 한때는 100미터에 달했던 최대 수심이 이제는 불과 30미터에 가깝다 — 새 물이 유입되던 지류가 말라붙으면서 호수의 물은 점점 염도가 높아졌다. 1960년대 이전에는 108개의 담수 하천이 호수로 흘러들었지만 우리가 방문했을 즈음에는 가장 큰 지류인 부하강을 포함해서 85퍼센트에 가까운 지류가 사라진 상태였다.

아이러니하게도 2004년에 들어서 수량 감소는 역전되고 호수가 확장되기 시작했다. 과학자들은 기후 변화로 티베트고원의 거대한 빙하들이 빠르게 녹으면서 생긴 물이 유입되는 것으로 생각했다. 티베트고원 일대에서는 기온이 중국의 다른 지역보다 네 배나 빠르게 상승하고 있었다. 이는 해당 지역의 기후에 부정적인 결과를 초래할 뿐 아니라 지구의 제트 기류에 영향을 주어 세계의 다른 많은 지역에도 악영향을 끼칠 가능성이 있었다. 동행한 외국 및 중국 기자들에게 말했듯이 내가 칭하이를 방문한 목적은 〈중국 한가운데에서 발생한 환경 문제가 현지 기후와 경제뿐 아니라 전 세계의 기후와 경제에도 영향을 준다〉는 것을 실제 사례를 통해 알리기 위해서였다.

우리 일행에는 타이야 스미스와 댄 라이트, 린지 밸디언 등 재무부 직원과 중국과 미국의 과학자 여러 명이 포함되어 있었다. 우리는 칭하이성의 성도인 시닝을 출발해 자동차로 약 120킬로미터를 이동했다. 새로 깔린 4차선 고속도로가 어느덧 구불구불해지면서 서서히 광대한 협곡으로 들어갔다. 도중에 티베트 소수민족들이 점점 눈에 띄기 시작했다. 어린아이들은 볼이 다홍빛이었고, 햇볕에 그을려 피부가 가무잡잡한 그들의 부모는 스무 살만 되어도 이미 평생 할 일을 다한 사람들처럼 보였다. 그들은 하나같이 밝은색 옷을 입고 직물로 짠 허리끈을 두르고 있었다. 중간 중간에 풀을 뜯는 야크 떼와 알록달록한 마구를 맨 토종 조랑말들도 보였다. 그렇게 협곡 정상에 도착하자 노란 유채꽃이 눈부시게 핀 들판이 펼쳐졌고 바다처럼 끝이 보이지 않는 칭하이호가 마침내 모습을 드러냈다.

해발 고도가 3.2킬로미터에 이르는 고지대에서 바라본 경치는 말 그대로 숨이 막혔다. 하지만 물가까지 이어진 거대한 희고 고운 모래언덕에 직접 발을 들여놓자 곧바로 피해 상황이 눈에 들어왔다. 초목을 되살리려는 나무 심기 프로젝트가 진행되고 있지 않았더라면 우리가 서 있는 곳은 고비 사막이나 다름없었을 것 같았다. 앞서 중국 정부는 호수 문제를 해결하기 위해 9억 달러에 가까운 자금을 지원하겠다고 약속했다. 국제자연보호협회를 비롯한 세계은행과 아시아개발은행, 그 밖의 여러 기관들이 이 지역 생태계를 재건하기 위해 협력하고 있었다.

주최 측은 듬성듬성한 초목을 건드리지 않으려 조심하면서 모래언덕을 가로지르는 정해진 길을 따라 호숫가까지 나를 안내했다. 칭하이호는 중국인뿐 아니라 전 세계 여행자들에게 인기 있는 관광지였다. 새를 관찰하러 오는 관광객도 많았다. 겨울에 먹이를 찾아 인도에서 히말라야산맥을 넘어 오는 인도기러기와 멸종 위기에 처한 검은꼬리두루미에게 칭하이호는 매우 중요한 월동과 번식의 장소였다. 칭하이 방문 목적이 엄연히 환경 문제를 조사하는 것이었기에 당초 잠시 시간을 내서 새를 관찰하러 가자는 제안을 거절하기는 했지만 혹시 몰라서 쌍안경을 챙겨 온 터였다. 우리는 호숫가를 거닐었고 지역 정부의 관리들과 경호 인력과 우리 대표단도 함께였다. 그러던 중 최근에 맥주 파티를 벌인 흔적이 틀림없어 보이는 쓰레기 주변을 지나게 되었다. 내 옆에 서 있던 지역 관리들이 나와 동시에 맥주 캔을 발견했다. 나는 쓰레기를 놓친 환경미화원들이 곤란해지지 않을까 잠시 걱정이 되었다. 몸을 숙여서 캔 하나를 집어 살펴보았다. 그런 다음 캔을 다시 바닥에 내려놓고 발로 밟아 납작하게 만들었다. 이어서 또 하나를 납작하게 만들었다.

「호수를 깨끗하게 유지할 책임은 모두에게 있습니다.」 내가 말했다. 「나도 내 역할을 하겠습니다.」

지역 관리들도 동참했다. 곧 우리는 다 같이 캔을 찌그러뜨려서 쓰레기봉투에 담았다.

호수를 둘러본 다음 우리는 지역 지도자들 몇 명과 함께 점심을 먹으러 갔다. 비록 요리로 유명한 티베트인들은 아니었지만 나는 지역민들이 먹는 음식이 궁금했다. 우리는 길가에 있는 마을의 작은 식당에 들어갔다. 야크 도가니 — 뼈가 드러난 크고 물렁뼈가 많은 고깃덩어리들이 국물 속에서 헤엄치고 있었다 — 로 밝혀진 음식을 포함해서 몇 가지 요리가 나왔다. 칭하이호가 직면한 난제들을 토론하느라 너무 열중한 나머지 나는 무심코 국물에서 도가니를 건져 씹기 시작했다. 곧 타이야가 나의 어깨를 톡톡 치면서 속삭이듯이 말했다. 「헨리, 다른 사람들은 아무도 그걸 안 먹고 있어요.」 그녀의 말이 맞았다. 지역 관리들을 포함하여 함께 식탁에 앉아 있던 사람들은 하나같이 그 음식에 손을 대지 않고 있었다. 다시 보니 음식이 조금 오래된 것 같기도 했다. 다행히 탈이 나지는 않았다.

장엄한 고원을 둘러싼 위협을 바로 가까이에서 본 나는 깊은 인상을 받았다. 칭하이호를 떠나면서 기후 변화를 완화하기 위한 노력이 미중 협력의 근본 요소가 되어야 한다고 확신했다. 그 시작점은 청정에너지와 친환경적인 교통수단, 깨끗한 공기와 물, 생물 다양성을 추진하는 것이었다. 궁극적으로 이 같은 생각은 그 이듬해에 미국과 중국이 발표하게 되는 에너지와 환경에 관한 획기적인 합의로 이어질 터였다.

이튿날 나는 베이징에서 하루 종일 여러 회의에 참석했고 마지막 일정으로 인민대회당에서 후진타오 주석을 만났다. 후진타오는 내가 일부러 시간을 내서 중국 서부를 방문한 일이 그에게 얼마나 큰 의미인지를 설명하면서 일찍이 보지 못했던 열정을 발산했다. 그가 하도 말을 많이 해서 처음에는 우리에게 주어진 45분을 혼자 소진하고 미중 경제 관계에 관련된 골치 아픈 사안들을 피하려고 필리버스터를 하는 줄 알았다. 하지만 그가 대담 시간을 90분으로 연장했고 우리는 다른 어느 때보다 매끄럽게 의견을 교환했다.

「고도가 높아서 힘들지 않았습니까?」 그는 내게 칭하이성을 방문한 소감을 물으면서 자신은 그곳을 방문할 때 잠깐 적응하는 시간을 갖는다고 덧붙였다. 나는 평소에 콜로라도주의 산악 지대에서 많은 시간을 보내기 때문에 고도가 높아서 불편한 점은 없었다고 대답했다.

나는 곧바로 내가 염두에 두고 있던 문제로 옮겨 갔다. 후진타오에게 세계에서 가장 많은 에너지를 소비하는 두 나라인 미국과 중국이 기후 변화 문제와 관련해서 함께 솔선수범에 나서야 한다고 강조했다. 베이징에서 그러지 않아도 부족한 시간을 쪼개서 국가임업국의 자즈방 국장을 만났고 불법적인 벌목을 근절하기 위한 조치를 취하도록 독려했다는 말도 했다.

그런 다음에 대화는 좀 더 민감한 주제로 옮겨 갔다. 나는 후진타오 주석에게 최근에 수입 제품의 안전성 문제가 발생한 이후로 일부 미국 회사들이 자사 제품을 광고할 때 〈중국과 아무 관련이 없는〉이라는 표현을 사용하기 시작했다고 말했다. 3월에 애완동물 사료 사건이 터진 뒤로 미국 소비자들 사이에서 중국의 평판은 더욱 악화되었다. 6월에는 부동액 성분이 들어간 중국산 치약이 미국 판매대에서 완전히 퇴출되었다(파나마에서는 비록 실수였지만 동일한 성분이 감기약에 포함되어 100명이 넘게 사망하기도 했다). 이외에도 미국의 대규모 장난감 회사인 마텔에서 판매된 제품을 포함해서 납 성분이 함유된 페인트를 칠한 장난감에 관한 보도도 있었고, 금지된 항생제를 사용해서 양식된 해산물이 미국에 유통된 사건도 있었다. 중국 내부의 뉴스도 더 나을 것이 없었다. 7월 10일에 중국 정부는 비리를 저지른 전 국가식품약품감독관리국장 정샤오위의 사형을 집행했다.

후진타오는 이런 안전성 문제에 대처할 새로운 상급 기관을 신설했고 우이를 책임자로 임명했다고 말했다. 안전성 문제는 비리와 사기, 투명성 부족, 비효율적인 규제와 감독이 뒤섞여 복합적으로 발생하기 때문에 해결하기가 결코 쉽지 않았다. 하지만 중국의 수출을 촉진해 온 오랜 경험과 결과를 만들어 낼 줄 아는 능력에 걸맞은 명성을 가진 우이 부총리는 이 일을 맡을 적임자였다.

8개월 뒤에 다시 중국을 방문했을 때 또다시 화제에 오르면서 내가 칭하이성을 방문한 일이 얼마나 많은 중국인들의 관심을 끌었는지 알 수 있었다. 이번 방문에서 나는 원자바오 총리를 만났다. 그는 지질학을 공부한 공학자였고, 중국의 위험할 정도로 빠른 성장이 사회에 끼치는 영향을 연구하는 데 앞장서고 있었다. 우리는 온갖 중요한 경제와 금융 문제들을 짚어 가면서 광범위한 안건들을 논의하는 중이었다. 그래서 원자바오 총리가 갑자기 손을 들고 내 말을 끊었을 때 깜짝 놀랐다.

「폴슨 장관이 칭하이호 호숫가에 버려진 맥주 캔을 주웠다는 말을 전해 들었습니다.」 원자바오가 말했다. 「중국을 걱정하는 진심이 느껴지는 대목입니다. 우리는 정말 암울한 상황에 직면해 있습니다.」

고맙다는 말을 하면서 그의 얼굴은 환해졌지만 눈가가 촉촉해졌다. 나는 원자바오가 위기에 처한 자국의 환경을 무척 걱정하고 있다는 사실을 알았다. 중국은 기후 변화에 대처하기 위해 국가대책위원회를 설립했고, 원자바오는 에너지 소비와 온실가스 배출을 줄이기 위해 더 강하게 압박하도록 지방정부를 독려했다. 그럼에도 내게는 이런 노력들이 아무런 위안이 되지 못했다. 전 세계 어디나 마찬가지이듯이 말이 쉽지 행동은 어렵기 때문이다. 중국은 진심이었고 기후 문제의 심각성도 이해했지만, 기후 문제를 해결하는 것은 원자바오가 할 수 없는 어떤 일이었고 당시로서는 정부 차원에서 가장 시급한 문제도 아니었다.

중국 출장은 다른 이유에서도 중요했다. 내가 워싱턴을 출발하기 약 2주 전이었다. 바니 프랭크 하원 의원이 내게 전화를 걸어왔고 매사추세츠의 지역구민 한 명을 도와 달라고 요청했다. 미국 영주권자인 중국의 민주화 운동가 양젠리 — 그의 아내와 두 아이는 미국 시민이었다 — 가 중국 당국의 방해로 중국에서 오도 가도 못하는 상황이었다.

1963년에 중국 연안 지역인 산둥성에서 태어난 양젠리는 1980년대에 캘리포니아 주립대 버클리 캠퍼스에서 수학 박사 학위를 따기 위해 미국으로 떠나기 전까지 촉망 받는 공산당원이었다. 하지만 1989년에 동료 중국인 유학생들 사이에서 톈안먼 광장 시위에 참여할 대표로 뽑혀 중국으로 들어갔다. 정부의 진압을 피해 탈출에 성공한 그는 미국으로 돌아와서 하버드에서 정치경제학으로 두 번째 박사 학위를 받았다. 양젠리는 중국 입국이 금지되었음에도 중국 북부의 노동 불안 실태를 연구하기 위해 2002년에 친구의 여권으로 재차 중국에 들어갔다. 그리고 국내선 비행기를 타려던 중에 중국 당국에 체포되어 1년 넘게 독방에 감금되었다. 간첩 혐의로 징역 5년을 선고받았을 때는 감옥에서 이미 2년을 보낸 상태였다. 그는 감옥 안에서 전기 고문과 구타를 비롯해 육체적인 학대를 당했다고 주장했다.

2005년에 양젠리의 아버지는 아들의 석방을 위해 살고 있던 메릴랜드에서 중국까지 날아갔고 그곳에서 사망했다. 1년 뒤 중국 당국이 반체제 인사인 양젠리의 석방과 미국 송환을 제안했지만 양젠리는 먼저 부친의 묘소를 방문하겠다고 우겼다. 그는 2007년 4월에 감옥에서 풀려났지만 여권이나 다른 법적 서류가 없는 상태라서 중국을 떠날 수가 없었다. 콘돌리자 라이스와 다른 고위급 관리들이 그를 미국으로 데려오기 위해 노력했지만 아무 소용이 없었다. 유엔은 양젠리를 억류하는 것은 국제법 위반이라는 결의안을 발표했다.

양젠리의 아내는 자신이 거주하는 지역의 연방 하원 의원인 바니 프랭크에게 중국 정부에 압력을 넣어서 남편이 중국 정부로부터 여권을 발급받아 집으로 돌아올 수 있게 해달라고 요청했다. 바니가 내게 도움을 청했다 — 민주당 소속 매사추세츠주 연방 하원 의원인 그와 나는 위기에 처한 미국의 양대 국책 모기지 업체인 연방저당권협회와 연방주택금융저당회사를 개혁하기 위해 협력할 당시에 서로를 신뢰하고 존중하게 되었다. 나는 방법을 찾아보겠다고 약속했다. 자신의 자유와 안락한 삶을 희생하면서 동포를 돕는 사람들을 평소에 존경해 온 나는 바니의 이야기를 듣자마자 양젠리를 돕고 싶었다. 내가 알아본 바에 따르면 이 문제는 중국 정부에게도 매우 민감한 사안이었다. 따라서 양젠리가 여권을 발급받으려면 내가 중국 쪽 사람들과 개인적으로 그리고 매우 은밀하게 그 문제를 논의하는 수밖에 없었다. 우리는 7월로 예정된 출장에서 내가 강조할 사안 중 하나로 이 문제를 포함시켰다.

주중 미국 대사인 클라크 랜트는 내가 성공할 가능성이 거의 없다고 보았다. 그가 말했다. 「우리가 할 수 있는 것은 벌써 다 시도해 보았습니다.」

「두고 보십시오.」 내가 말했다. 「대사님이 나하고 같이 회의에 참석할 수는 없겠지만 나는 기필코 해낼 것입니다.」

나는 후진타오 주석에게 직접 이야기해서 그를 곤혹스럽게 만들기보다는 우이에게 접근해서 나머지 일을 그녀에게 맡기는 편이 더 나을 거라고 판단했다. 우이를 비롯한 수많은 고위 관료들이 참석하는 공식적인 회의들을 마친 뒤에 나는 우이를 따로 만났다. 보통은 타이야 스미스와 우이의 보좌관이 동행했지만 문제의 민감성을 고려하여 통역관만 대동한 채 우이 부총리와 단둘이 만나기로 했다. 나는 우이에게 양젠리를 풀어 주는 것이 중국에 이익이라고 설명했다. 그 이유로 내게 부탁을 한 바니 프랭크가 미국 하원 금융위원회의 위원장일 뿐 아니라 민주당이 절대다수를 차지하는 새 의회에서 가장 중요한 지도자 중 한 명이라는 점을 들었다. 그녀에게 통화 문제와 관련한 입법 가능성을 상기시키면서 양젠리를 풀어 주는 것이 나에게도 중요하다고 설득했다. 또한 이 일로 미국이 큰 소동을 벌이지도 않을 거라고 약속했다. 우리는 언론의 관심을 원하지 않았다. 오로지 그가 돌아오기만을 바랄 뿐이었다.

〈알아보겠습니다〉라고 우이가 말했다. 그녀는 다른 관리들과 상의할 필요가 있었다.

나는 후진타오나 원자바오 앞에서 절대로 양젠리 문제를 거론하지 않았다. 베이징을 떠나 워싱턴으로 돌아오는 날, 우이는 따로 나를 불러서 만일 양젠리가 여권을 받자마자 즉시 중국을 떠날 거라는 사실을 내가 보장한다면 중국 정부가 여권을 발급해 주겠다고 말했다. 아울러 양젠리가 미국에 도착할 때까지 이 소식을 비밀로 해달라고 요구했다. 나는 2007년 8월 1일에 미국으로 돌아왔고 양젠리가 비행기를 탔다는 확인이 올 때까지 기다렸다. 마침내 중국에서 연락이 왔고 나는 뉴욕주 파이어아일랜드에서 주

말을 보내던 바니 프랭크에게 전화했다. 그에게 양젠리가 풀려났다고 알려 주면서 언론에는 비밀로 해줄 것을 강조했다. 양젠리는 8월 18일에 미국에 도착했다.

양젠리의 일화는 미중 전략경제대화를 통해 얻을 수 있는 중국 지도자들에 대한 접근 기회와, 미중 전략경제대화의 주제에서 한참 벗어난 것으로 보일 수도 있는 문제들에 대해서도 이야기할 수 있는 기회를 보여 주는 좋은 예였다. 의문의 여지없이 나는 미중 전략경제대화와 관련해서 〈경제적〉이라는 단어를 매우 광범위하게 정의했고, 이에 대해서 일부 국무부 직원들은 그때까지도 여전히 약간 화가 나 있는 상태였다. 하지만 콘돌리자 라이스는 그렇지 않았다. 그녀는 우리가 하려는 일을 이해했고 지지했다. 더 중요하게는 부시 대통령도 마찬가지였고 미중 전략경제대화를 자신의 중국 정책에서 가장 중심에 놓았다.

부시 대통령은 미국이 중국과 건설적인 관계를 유지하는 것이 매우 중요하다는 사실을 알았다. 즉 상호 협력을 위한 유인을 늘리고 갈등이 유발될 수 있는 소지를 줄이기 위해 지속적으로 노력하는 것이 유리하다는 사실을 알았다. 그는 전 세계 지도자들 가운데 가장 먼저 베이징 올림픽에 참석하겠다는 의사를 밝혔고 자신의 결정이 중국에 얼마나 중요한지 알았다. 이런 와중에도 미국이 아시아에서 경제적, 외교적, 군사적으로 강력한 힘을 갖추어야 한다는 확신을 절대로 버리지 않았다. 미국이 인권과 종교적 자유를 옹호해야 한다는 사실을 알았다. 그럼에도 미중 경제 관계가 지극히 중요하다는 사실을 인지했으며, 정치적으로 불리한 상황에서도 중국과 거래하는 것을 지지했다.

13 새로운 구상

중국에서 후진타오 주석을 만나고 온 지 며칠이 지나지 않은 2007년 8월에 나는 또 다른 종류의 관계 형성을 위해 미국 서부로 향했다. 목적지는 몬태나주 빌링스였다. 그곳의 인상적인 산악 지대와 탁 트인 파란 하늘은 칭하이호를 둘러싼 고원과 특히 닮아 있었다. 나는 상원 재정위원회 위원장인 민주당 소속 맥스 보커스 상원 의원의 초대를 받아 그를 만나러 갔다.

상냥한 말투가 특징인 은발의 맥스 보커스 상원 의원은 늦여름의 휴회 기간 동안 집에 와 있었다. 나는 그의 지역구에서 이루어질 이번 만남을 계기로 그를 비롯해서 민주당 소속의 척 슈머 뉴욕주 연방 상원 의원과 공화당 소속의 척 그래슬리 아이오와주 연방 상원 의원, 공화당 소속의 린지 그레이엄 사우스캐롤라이나주 연방 상원 의원이 함께 초안한 반(反)중국 통화 법안을 막을 수 있기를 희망했다. 그 법안이 통과될 경우 국제통화기금으로부터 자칫 불이익을 당할 수도 있는 세계무역기구 협의회를 제안하는 부분부터 미국의 비위를 건드린 국가에서 수입되는 상품에 높은 반덤핑 관세를 부과하는 부분에 이르기까지 미국 정부는 다양한 규제를 가할 수 있게 되어 환율 조작국에 대한 대응도 더욱 날카롭게 벼려질 터였다. 6월에 제출된 이 법안은 7월 말에 상원 재정위원회에서 최종 심의를 통과한 상태였다.

내가 이 법안이 상원 본회의에 상정되는 것을 원하지 않은 이유는 통과될 것이 분명했기 때문이다. 그럴 경우 부시 대통령이 거부권을 사용할 수 있었지만 그의 거부권 행사도 기각될 가능성이 높았다. 비록 반중국적인 법안을 발의하는 데는 동참했지만 이 법안이 실제로 통과되는 것에는 찬성하지 않는 다른 의원들과 달리 슈머와 그레이엄은 정말 진지하게 법안이 통과되기를 바라는 것 같아서 나는 걱정이 되기 시작했다. 부디 빌링스를 방문하는 동안 보커스 의원을 설득해서 더 이상 상황이 악화되는 것을 막을 수 있기를 바랐다.

보커스-그래슬리-슈머-그레이엄 법안은 환율을 조작해서 불공정한 경쟁으로 이득을 취하려는 나라들을 응징하기 위해 2007년에 상원과 하원에서 각각 두 개씩 발의한 총 네 개의 법안 중 하나였다. 상원의 두 번째 법안은 은행위원회 위원장인 크리스 도드와 같은 위원회의 공화당 소속 최고 위원인 리처드 셸비가 발의한 것으로 문제의 국가가 고의적으로 환율을 조작했는지를 입증할 필요 없이 미국이 조치를 취할 수 있도록 하자는 내용이었다. 이 법안들은 모두 명백히 중국을 겨냥하고 있었다. 그나마 상원의 두 법안은 대통령이 국가 안보나 경제적인 이유로 제재를 포기할 수 있게 허용함으로써 행정부에 약간의 재량권을 부여했다. 반면에 하원에서 발의된 두 법안은 보다 엄격했다. 두 법안 중 하나는 대통령이 제재를 거부하는 것 자체가 불가능했고 인위적으로 자국의 통화 가치를 떨어뜨림으로써 이득을 취하는 수입품에 미국 상무부가 관세를 부과할 수 있도록 했다.

내게 몬태나주 여행을 권유한 사람은 반중국적인 입법안이 법으로 제정되는 것을 막기 위해 의회를 설득하고 있던 케빈 프로머 법률 담당 재무 차관보와 앨런 홀머 미중 전략경제대화 재무부 특사였다. 의회 사무실에서 보커스 상원 의원을 만나도 되는데 굳이 몬태나까지 가야 하는 이유가 무엇일까? 답은 간단하다. 사람들은 특별한 노력을 높이 평가하기 때문이다. 그때까지 나는 의원을 만나러 지역구까지 직접 찾아간 적이 한 번도 없었고 앞으로도 두 번 다시 없을 터였지만 여름 휴회 기간을 이용해서 세간의 이목과 압박감이 집중된 워싱턴에서 벗어나 보커스 의원을 방문한다면 우리의 협력 관계도 강화하고 어쩌면 내가 그의 생각에 영향을 줄 수도 있을 거라고 기대했다. 이런 방문은 보커스 의원에게도 적지 않은 의미가 있을 터였다. 그는 2008년 11월에 공화당 우세 지역에서 민주당 후보로 재선에 나설 예정이었다. 따라서 부시 행정부의 재무 장관이 그를 만나러 특별히 방문했다는 사실은 그에게도 결코 손해가 되지 않을 것이었다.

나는 보커스 의원에게 그의 생각을 존중한다는 사실을 알리고 나의 입장도 분명히 전하고 싶었다. 즉 불안정한 시장 환경에서 보호 무역주의 법안이 촉발하게 될 무역 전쟁은 우리가 절대적으로 피해야 할 상황이었다. 한때 증권거래위원회의 변호사로 일했던 보커스 의원은 나의 주장을 잘 이해했지만 이와 별개로 목장주와 소규모 자영업자, 독립적인 성향이 강한 서부 사람들이 섞여 있는 그의 지역구 유권자들은 대다수가 몬태나주의 일자리를 걱정하고 있었다.

몬태나에 도착한 첫날 나는 보커스 의원과 스테이크 식당에서 저녁을 먹으면서 나의 생각을 분명하게 전달했다(스테이크는 바로 전주에 먹은 야크 도가니보다 훨씬 맛있었다). 다음 날에는 함께 그의 지역구를 순회했다. 『빌링스 가제트』와 합동 인터뷰를 가졌고, 안전모와 고글을 착용한 채 빌링스의 작업 현장을 둘러보았으며, 시청에서 보커스 의원의 지역구 유권자들과 만나는 시간을 가졌다. 보커스 의원은 어떤 약속도 하지 않았지만 나는 그가 무역 현안을 잘 이해하고 있다는 사실을 알았다. 그는 1990년대 초에 어쩌면 중국의 최혜국 지위를 번복할 수도 있었을 법안에 조지 H. W. 부시 대통령이 거부권을 행사했을 때 대통령의 결정을 지지하기 위해 〈곡물 코커스〉를 결성한 적도 있었다. 빌링스를 떠나면서 나는 통화 법안과 관련해서 최소한 그가 어떤 행동에 들어가기 전에 나와 먼저 상의할 거라고 확신했다.

보커스 의원에게 설명한 대로 나는 의회가 미국인들의 불만에 호응하고자 한다는 사실을 이해했다. 하지만 그렇다고 무조건 보호 무역주의를 채택한다면 문제를 해결하기는커녕 오히려 공멸을 불러올 수 있었다. 중국 제품의 가격을 올리는 법안은 미국 소비자들에게도 해가 될 뿐이다. 어쩌면 자신의 수입으로는 텔레비전 같은 제품을 사는 것이 갑자기 감당할 수 없는 일이 될지도 모른다. 게다가 중국은 빠르게 성장하는 미국의 수출 시장이고 그들이 미국 제품을 구매함으로써 미국 기업과 근로자들도 덕을 보았다. 보커스 의원은 몬태나주에서 생산되는 쇠고기를 중국인들의 구매 목록에 집어넣으려 했지만 2003년 12월에 미국 소에서 광우병이 발견된 이후로 중국은 미국산 쇠고기에 문을 걸어 닫은 상태였다. 중국인들은 공개적인 위협에 대응하는 데 서툴렀다. 여기에 더해서 뒤로 물러서기보다는 보복하려는 경향이 강해서 이를테면 컴퓨터나 비행기, 농산품, 기계 같은 미국의 핵심적인 수출 분야가 타격을 입을 수 있었다. 문제의 입법안이 그대로 진행된다면 이를 계기로 다른 나라들도 유사한 보호 무역주의 조치를 취하고자 할 것이었다.

가뜩이나 막대하던 중국의 무역 흑자는 중국이 세계무역기구에 가입한 이후로 더욱 급증했다. 하지만 이런 무역 불균형으로 골머리를 앓기는 미국뿐 아니라 유럽과 일본도 마찬가지였다. 나는 통화 문제와 관련해서 굳이 부담을 감수하며 미국이 앞장서서 중국을 압박할 필요가 없다고 생각했다. 그래서 한동안 배후에서 움직이면서 국제통화기금이 조치에 나서도록 압박했다. 국제통화기금의 권한 중 하나가 회원국의 통화 정책을 감시하는 것이기 때문이다. 국제통화기금은 2007년 6월에 지난 30년간 유지해 오던 환율 감시 체제를 개정하겠다고 발표했다. 더 광범위한 권한을 가지고 의도보다는 결과에 초점을 맞추어 환율 조작 사례를 판단하기 위함이었다. 중국은 주권 침해라며 이 같은 개정에 반대했다.

어쨌거나 의회가 아닌 자본 시장에서 경력을 쌓아 온 내게는 통화 문제가 일종의 논점을 흐리려는 전략으로 보였다. 미국과 중국의 경제적인 견해 차이를 전적으로 우리 편 대 다른 편의 구도로 묘사하는 것은 단지 듣기에 좋을 뿐이지 실제로는 양쪽 모두에게 책임이 있었다. 결국 문제의 핵심은 경제 불균형이었다. 조심성 많은 중국인들이 지나칠 만큼 저축에 매달렸다면, 미국인들은 세금 제도와 정부 정책에 편승해서 닥치는 대로 저렴한 중국산 제품을 사들였고 덩달아 빚도 급격하게 불어났다. 굳이 중국이 값싼 제품을 공급하지 않았더라도 미국은 다른 나라에서 그런 물건을 들여왔을 것이다. 의심할 여지없이 미국은 과도한 소비 행위를 근절할 필요가 있었고, 중국은 지속 가능한 성장을 담보하기 위해 성장 모델에 변화를 줄 필요가 있었다. 중국에 모이는 어마어마한 돈이 서구 사회로 다시 흘러들면서 전 세계에 과도한 투기를 부채질하는 저금리 자금이 넘쳐났다. 미국인의 사치스러운 생활은 이런 현상에 불을 붙였다.

8월 말에 진런칭이 중국 재정부 부장직을 사임했다. 중국 정부는 공식적인 이유를 발표하지 않았지만 그가 성추문에 휘말렸다는 소문이 빠르게 돌았다(나중에 그가 타이완 스파이와 애정 문제로 얽혔다는 보도가 나오게 된다). 솔직히 말하자면 우리는 진런칭을 그다지 그리워하지 않을 터였다. 회의 중에 트림을 하거나 입을 벌리고 자는 불쾌한 버릇은 차치하더라도 중국 정부 내에서 영향력이 거의 없었기 때문이다. 그에 비하면 국가세무총국 국장에서 그의 후임으로 재정부 부장이 된 셰쉬런(謝旭人)은 훨씬 호감이 가는 사람이었다. 그는 미중 전략경제대화를 지지하면서도 재정부 특유의 보수적인 성향을 보였다.

하지만 나는 최신의 베이징발 정치 스캔들을 음미할 시간이 없었다. 미국에 이어 곧 전 세계를 집어삼킬 금융 위기가 발발한 까닭이었다. 시작은 8월 9일 프랑스에서였다. 파리에 본점을 둔 BNP 파리바 은행이 〈유동성의 완전한 증발〉을 이유로 물상 담보 채권을 보유한 투자 펀드 세 곳에 대한 상환을 중단했다. 유럽 시장은 극심한 신용 경색에 빠졌다. 다음 날에는 다우존스 산업 평균 지수가 400포인트 가까이 하락하면서 최근 5년 중 하루 낙폭으로 사상 두 번째를 기록했다. 수년에 걸쳐 부풀어 오른 부동산 거품이 결국 터졌다 — 〈거품〉이라는 단어는 앞으로 펼쳐질 재난의 규모와 참상에 어울리는 표현은 아니었다.

서브프라임 모기지 론 시장에서 비롯된 문제는 부동산 업계를 통해 은행과 그 밖의 대출 기관으로 확대되었고, 모기지 증권을 구매한 전 세계 투자자들에게 파급되었다. 아울러 미국의 담보 대출을 포장하고 보증해 온 준정부 기관인 연방저당권협회와 연방주택금융저당회사는 물론이고 시장에서 활발히 활동하던 투자 신탁 회사부터 전문 보험 회사까지 다양한 비은행 기관에도 곧바로 영향을 끼쳤다. 재무부에서는 부동산 시장의 조정 기간이 2008년까지 이어질 것으로 판단했다. 부동산과 그에 관련된 건설 같은 분야가 침체에 빠지면서 경제학자들은 경제 전망을 하향 조정하기 시작했다. 시장이 동요하고 성장 예상치가 낮아지자 달러도 약세로 돌아섰다. 11월 중순부터 12개월 동안 달러는 유로화 대비 14퍼센트가 하락했다. 석유 가격도 빠르게 올랐고 중국 같은 주요 석유 수입국들이 압박을 받았다. 급변하는 상황에 전 세계 시장이 흔들렸다.

미국에서 금융 압박이 심해지던 시점에 나는 세계 선진 경제 국가의 재무 장관들과 중앙은행 총재들이 모이는 이른바 G20으로 알려진 회의에 참석하기 위해 11월에 남아프리카공화국 케이프타운으로 날아갔다. G20은 아시아 외환 위기 이후 정책적인 대응을 조율하기 위해 1999년에 설립된 기구였다. 세계적인 경제 강국들의 모임인 G7과 마찬가지로 재무 장관들로 구성되지만 급격하게 성장한, 그럼에도 이전까지 국제 의사 결정 기구에서 발언권이 없던 주요 신흥 시장경제 국가들이 포함되었다는 점에서 G7과는 차이가 있었다. G20에는 독일과 프랑스 같은 서구의 경제 강국뿐 아니라 브라질과 러시아, 인도, 중국으로 이루어진 이른바 〈브릭스〉 국가들을 비롯해서 사우디아라비아와 멕시코가 회원국으로 참여했다(남아프리카공화국은 2011년에 브릭스에 가입했다).

나는 내가 머물던 케이프타운 외곽에 위치한 아름다운 리조트 르방돔 호텔에서 중국의 중앙은행 총재 저우샤오촨과 개인적으로 만날 약속을 잡았고 기대에 부풀어 있었다. 다른 무엇보다 최근 중국에서 일어난 서열 변화를 그가 어떻게 해석하는지 알고 싶었다. 한 달 전 중국 공산당은 5년마다 개최되고 누가 권력의 중심에 들어오거나 밀려났는지 또는 급부상하고 있는지를 엿볼 수 있는 비밀 지도부 회의를 가진 터였다. 이번에 열린 17차 전국대표대회의 정점은 새로 선출된 중앙정치국 상무위원들이 서열 1위부터 9위까지 순서대로 인민대회당에 마련된 거대한 무대 위에 오르는 순간이었다. 중국을 예의 주시하는 사람들에게 이 순간은 중요했다. 중국의 정치적인 절차가 매우 비밀스럽고 불투명하다는 점에서 모든 공식적인 행사가 중요하고 뜨거운 시선을 받았지만 그중에서도 이번 행사는 특히 중요했다.

모두의 예상대로 후진타오와 원자바오가 당내 서열 1위와 3위를 유지했다(전국인민대표대회의 상무위원장인 우방궈가 계속해서 서열 2위로 남았다). 시진핑이 중국 공산당 중앙정치국 상무위원으로 승진하면서 자신의 정치적인 미래를 공고히 했다는 점은 주목할 만했다. 나는 시진핑이 후진타오의 후계자로서 이제 확실히 중국의 최고 지도자로 가는 길에 올라선 것이 기뻤다. 시진핑이 중국과 미국 두 나라 모두에게 도움이 될 것이라고 믿었다. 그는 자유 시장과 민간 부문의 발전이 미래 중국의 경제적인 성공으로 가는 열쇠라는 사실을 알고 있었기 때문이다(그는 2008년 3월에 부주석으로 임명된다).

후진타오의 정치적인 피후견인으로서 북동부의 사양화된 공업지대인 랴오닝성을 재건한 공로를 인정받아 상무위원으로 승진한 리커창 역시 떠오르는 스타였다(그는 2008년 3월에 상무 부총리로 임명된다). 2006년에 나의 미중 전략경제대화 아이디어를 중국 국가주석에게 전달했던 저우융캉 공안부 부장도 중앙정치국 상무위원회에 합류했다.

일주일에 걸쳐 지속된 공산당 전국대표대회에서 후진타오와 원자바오는 내내 옳은 말만 했다. 최근 등장한 보호 무역주의 경향에 반대한다는 의사를 밝혔고 사회 복지 프로그램을 증설하고, 에너지 보존을 장려하고, 환경 보호를 강화함으로써 중국의 성장 모델을 조정하겠다고 약속했다. 하지만 상무위원회의 변화는 좀 더 조심성 있는 지도자 후진타오의 지배 체제를 굳히는 동시에 개혁에 우호적인 이전 당 총서기 장쩌민의 상하이방(上海幫)의 영향력을 축소하는 듯 보이기도 했다. 중국 정부 내에서 인사이동이 이루어지는 3월이 되면 후진타오가 이끄는 중국의 향후 5년이 어떨지 좀 더 자세히 엿볼 수 있을 터였다. 이를테면 우이는 은퇴를 앞두고 있었고, 우리는 누가 그녀의 뒤를 이어 우리의 대화 상대가 될지 알지 못했다.

중국의 경제 개혁이 위축될지 모른다는 나의 예감은 저우샤오촨과 조찬을 함께하는 자리에서 사실로 확인되었다. 바다가 보이는 객실 발코니에서 반짝거리는 남대서양을 내려다보던 중에 그가 조금 나쁜 소식이 있다면서 말문을 열었다. 그리고 미국 시장이 격변하고 있는 상황에서 중국은 미국에서 원하는 대로 자본 시장 개혁을 단행하지 않을 거라고 했다. 실망스럽기는 했지만 그다지 놀라운 소식은 아니었다.

우리는 여러 소식통으로부터 반개혁 세력이 힘을 얻었고 세계적인 금융 혼란으로 그들의 명분이 한층 더 공고해졌다는 이야기를 들었다. 서방 세계에서 실패한 방식을 굳이 모방할 이유가 무엇인가? 변화에 반대하는 사람들은 만연한 피해망상증과 외국인 혐오증을 이용했다. 그 전형적인 예가 그해에 중국에서 출간된 『화폐 전쟁』이라는 책의 이례적인 성공이었다. 저자는 쑹훙빙(宋鴻兵)이라는 사람이었다. 『다빈치 코드』 방식의 〈사건 추적〉이라는 요소와 경제학을 묘하게 섞은 이 책은 로스차일드 가문과 관련 있는 부유한 민간 은행들의 명령에 따라 움직이는 서방 국가들이 자본 시장을 이용해서 어떻게 개발도상국을 정복하고 특히 급부상하는 중국을 견제하고 있는지를 보여 준다고 주장했다. 서구 사회의 어느 누구도 음모론에 불과한 이 『화폐 전쟁』을 진지하게 받아들이지 않았지만 중국에서는 선풍적인 인기를 끌었고 국무원의 지도자들까지 읽었다는 말이 돌았다.

그럼에도 저우샤오촨은 개혁으로 나아가는 길을 대체로 낙관했다. 중국이 자국 통화와 관련해서 더 유동성을 보일 가능성이 크다고도 암시했다. 다만 불안정한 기류를 감안할 때 미국이 반중국적인 입법을 피하는 것이 중요하다고 지적했다. 미국에서는 중국을 향한 공격이 최고조에 달해 있었다. 8월 중순에 열린 선거 운동 행사에서 민주당의 대통령 후보인 크리스 도드는 중국산 식품과 장난감의 수입을 전면 중단하라고 부시 대통령에게 촉구했다. 나는 저우샤오촨에게 부시 대통령이 보호 무역주의와 보복주의에 반대한다는 사실을 상기시키면서 이 문제를 맥스 보커스와 논의하기 위해 내가 직접 몬태나에 다녀온 이야기를 들려주었다. 나는 반중국적인 법안이 통과되지 않도록 최선을 다하겠다고 말했다.

대화가 무르익자 나는 화제를 바꾸어 중국의 은행이 이란에 자금을 지원하는 상황이 걱정된다고 말했다. 나는 그동안 미국 재무부의 테러 및 재무 정보 담당 차관인 스튜어트 레비와 협력해서 세계 모든 주요 은행들에게 이란과 거래하는 데 따른 위험을 경고하기 위해 노력해 온 터였다. 외국 은행이 이란에서 합법적인 사업에 돈을 투자하는 것은 불법이 아니지만 이란은 몰래 불법적인 행위를 하는 것으로 악명이 높은 나라인 만큼 위험이 존재했다. 나는 이란의 테러 활동이나 핵무기 개발을 지원하거나 사주하는 어느 은행이든 미국의 제재를 받게 될 거라는 점을 분명히 밝혀 왔다. 중국의 주요 은행 중 하나가 미국의 제재를 받고 낙인이 찍혀서 미국이나 유럽에서 사업에 지장을 받는 것은 중국으로서도 결코 원하는 바가 아닐 터였다.

저우샤오촨이 말했다. 「내가 자세히 살펴보았는데 우리 은행들이 이란과 어떤 불법적이거나 부적절한 사업을 하고 있다고는 생각되지 않습니다.」

나는 〈은행들이 매우 조심해야 할 것입니다. 우리가 항상 지켜보고 있을 테니까요〉라고 주의를 주었고, 그는 확실하게 알아들었다.

케이프타운에서 열린 회의는 물론이고 가나와 탄자니아에서 탄탄한 경제 성장의 현장을 간단히 시찰하는 과정에서 나는 중국이 얼마나 빨리 세계 경제의 중심이 되었는지 새삼 깨달았다. 중국인들은 아프리카의 어디에나 있었고, 현지의 사회 기반 시설에 큰돈을 투자했으며, 석유 같은 필수 자원을 확보하기 위한 거래를 성사시켰다. G20을 계기로 중국을 비롯한 다른 신흥국들이 발언권을 갖게 된 것은 정말 잘된 일이라는 생각이 들었다 — 그들은 목소리를 낼 자격이 충분했다. 그에 따라 G20도 G7보다 한결 현대적인 세계 경제를 대표할 수 있게 되었다. 선진국들로만 구성된 G7은 중국 같은 나라들이 경제적인 부분에서 거의 의사 표현을 하지 않던 1970년대 중반에 결성되었기 때문이다. 그 결과 케이프타운 회의에서는 전 세계 상당수의 경제 주체들을 대표하는 재무 장관들과 중앙은행 총재들이 우리 모두에게 닥친 난관을 함께 검토할 수 있었다. 아울러 벤 버냉키 미국 연방준비제도이사회 의장과 내가 미국의 문제들과 대응 정책들을 설명하기에 이상적인 장소였다.

케이프타운에서의 경험으로 확신을 얻은 나는 대략 6개월 뒤에 부시 대통령에게 핵심적인 한 걸음을 더 나아가 장관급 모임에서 국가 정상들의 모임으로 G20을 확대하고, 선진국부터 신흥국에 이르기까지 다양한 국가의 최고 지도자들이 세계 문제를 해결하는 장으로 만들 것을 권유했다. 이런 생각은 미중 전략경제대화의 주요 목표 중 하나와도 딱 들어맞았다. 즉 중국을 세계 공동체 안으로 더 깊이 끌어들이는 것이었다. 세계에서 세 번째로 큰 경제 규모를 가졌고 두 번째를 향해 나아가고 있음에도 중국은 세계 지도자들이 모인 토론장에서 충분한 발언권을 갖지 못했다. 중국이 그들의 의견을 표출하지 못하는 것도 문제였지만 세계 질서에서 자국의 위상에 걸맞은 책임과 의무를 맡지 않는 것도 마찬가지로 문제였다.

최소한 우리에게는 더 큰 국제 조직이 필요했다. 금융 위기가 확산되고 있었기 때문이다. 미국의 주요 은행들은 거액의 손실을 입은 사실을 앞다투어 발표했고, 영국의 노던록 은행에서는 사람들이 한꺼번에 예금을 인출하는 뱅크런이 발생했으며, 내수 판매는 물론이고 소비 심리가 얼어붙고 있었다. 미국 정부는 활력을 잃은 경제를 살리기 위해 경기 부양책을 고려하기 시작했다. 부동산 문제가 신용 대출 시장을 통해 확대되자 달러 가치가 지속적으로 하락하면서 의회의 보호 무역주의 정서를 부추겼다. 11월에만 온전히 1퍼센트가 오르는 등 최근 들어서 인민폐의 상승세가 계속되었지만 의회에서는 아무도 알아차리지 못한 것 같았다.

나는 2007년 12월 12일과 13일에 베이징에서 개회될 3차 미중 전략경제대화를 앞두고 우이에게 전화를 걸어서 미국 의회에 감도는 적대적인 분위기에 대해 미리 언질을 주었다. 그리고 의회의 이런 분위기를 바꾸기 위해 나도 할 수 있는 모든 것을 다 하겠지만 그녀 쪽에서도 도와줄 필요가 있다고 덧붙였다.

「나는 최선을 다하고 있습니다.」 내가 말했다. 「하지만 올해가 가기 전에 통화 법안이 처리될 가능성도 배제할 수 없는 상황입니다.」

우이는 전화상으로 우호적인 태도를 보였다. 하지만 회의가 시작되기 전날 베이징에서 함께 저녁 식사를 하는 자리에서는 전혀 타협적이지 않은 모습을 보여 주었다.

중국은 베이징에서 약 48킬로미터 떨어진 그랜드 에포크 시티에서 3차 미중 전략경제대화를 개최했다. 실제 모습과 똑같이 재현한 자금성과 스물일곱 개의 홀로 이루어진 골프 코스를 결합한 이 관광지는 중국인들 사이에서 천하제일성(天下第一城)이라는 이름으로 알려져 있었다. 타이야 스미스와 나는 복합 단지의 한가운데에 전통적인 양식으로 꾸며진 우이의 숙소에서 우이와 주광야오를 만났다. 미국으로 치면 18세기 미국의 모습을 재현한 콜로니얼 윌리엄스버그와 디즈니랜드를 섞어 놓은 것이나 마찬가지인 이 특이한 그랜드 에포크 시티는 중국의 경제 발전이 가져온 급격한 변화를 생생하게 보여 주었다. 겨우 몇 년 전만 하더라도 나는 베이징의 역사 깊은 골목들을 걸어 다녔다. 이제 그 골목들과 그런 골목들을 특징으로 하던 구역들은 졸속한 도시화에 공간을 제공하기 위해 철거되어 사라졌다. 대신 관광객에게 환상의 세계를 보여 주고자 창조된 복제품 안에서 나는 저녁을 먹어야 했다.

우이는 이 사적인 만남을 기회로 그동안의 역할을 바꾸어서 미국의 통화 문제로 나를 곤란하게 만들었다. 요컨대 달러의 약세가 중국에 문제를 일으키고 있었다. 가뜩이나 평가 절하되어 있던 인민폐의 가치가 유로화와 엔화에 대비해서 더욱 낮아지면서 중국과 교역하는 유럽과 일본 기업들의 불만이 높아지고 있었다. 중국은 중국대로 이를테면 석유처럼 달러로 가격이 매겨지는 수입 물품에 들어가는 비용이 가파르게 상승하는 상황에 직면했다. 우이는 중국의 대미 투자에 대해서도 우려를 나타냈다. 6년 전 세계무역기구에 가입할 당시에 2120억 달러였던 중국의 외환 보유고는 그동안 어마어마하게 늘어서 2007년 12월을 기준으로 1조 5000억 달러에 달했다. 이 가운데 약 60퍼센트, 즉 9000억 달러 정도가 미국 정부의 중기 채권이나 장기 채권 또는 미국의 대형 모기지 대출 기관인 연방저당권협회와 연방주택금융저당회사 같은 기관의 주식에 투자되어 있었다.

그녀가 내게 말했다. 「미국은 우리의 통화를 조정하라고 요구하지만 오히려 미국 통화의 가치를 조절할 필요가 있습니다. 미국이 달러 하락을 방치하고 있는 까닭에 우리는 대단히 곤란한 상황에 처했고 미국 달러에 투자한 중국인들이 피해를 입고 있습니다.」

내가 답했다.「우리도 달러를 강세로 유지하기 위해서 노력하지만 달러의 가치는 자유 시장에 의해 결정됩니다. 우리는 강한 경제를 유지하는 정책을 추구해야 하고 실제로 그렇게 하고 있습니다.」

그러자 우이는 통화를 구체적으로 어느 수준까지 조정하기를 원하는지 물었다.「인민폐가 얼마만큼 인상되기를 원합니까? 수치를 알려 주십시오.」

나는 대답하지 않았다. 중국이 인민폐를 인상하려는 이유가 그렇게 하는 것이 자국에 이익임을 이제는 알게 되었기 때문이라는 사실을 우리 둘 다 알고 있었고, 따라서 나의 제안은 아무런 의미가 없었기 때문이다. 대신에 중국이 시장에 의해 가치가 결정되는 통화 정책을 수용해야 한다는 기존의 주장을 되풀이했다. 시장이 인민폐의 가치를 결정하는 날이 오기 전까지는 적어도 좀 더 현실적인 경제에 기초해서 인민폐의 가치를 정해야 할 터였다.

나는 우이에게 말했다.「현재로서는 아직 갈 길이 먼 상태입니다. 인민폐는 지금보다 훨씬 더 인상되어야 합니다.」

그런 다음 내가 생각하기에 더 중요하고 우선순위가 높은 주제로 옮겨 갔다. 중국은 왜 금융 시장 개혁에서 후퇴하고 있는가?

다음 날 기념 만찬이 끝났을 때 중국인들은 내가 우이와 탁구 시합을 하면 재미있는 이벤트가 될 거라고 생각했다. 나는 원래 탁구를 잘하지 못했기 때문에 우이에게 져도 아무 상관이 없었고 창피해 할 이유도 없었다. 웬디에게도 늘 졌다. 나는 이 시합이 미중 관계에 도움이 될 거라고 생각했다. 곧바로 아드레날린이 솟구치는 것을 느꼈고 우이와의 시합을 기대했지만, 우리 직원이 반대하고 나섰다.

재무부 홍보 담당 차관보이자 정책 기획 국장인 미셸 데이비스가 말했다.「우이에게 지는 모습을 보이는 것은 좋지 않습니다.」

그녀가 탁구 시합을 반대하고 나선 데는 또 다른 이유가 있었다. 이번에 베이징에 온 우리 재무부 팀에 IT 전문가인 론 릴리가 있었는데 그가 미국 내에서 상위권에 드는 탁구 선수였던 것이다. 미중 전략경제대화 팀은 중국이 자신하는 종목에서 그들의 콧대를 꺾어 줄 목적으로 론 릴리를 합류시켰고, 그는 자신의 탁구채까지 챙겨 왔다. 결국 우리는 우이와 나 대신 미국 재무부 팀에서 한 명을 선발하고 중국의 미중 전략경제대화 팀에서 한 명을 선발해서 시합을 하자고 제안했다. 중국 쪽에서는 당시 재정부 국제국 국장이던 주광야오를 지명했다. 접전이 펼쳐졌지만 결국 론 릴리가 이겼다. 중국 팀은 박수를 치고 응원하면서 경기에 매우 열광했고 그 후 몇 달 동안 부정 선수를 데려왔다며 우리를 놀렸다.

탁구 시합은 미국과 중국의 미중 전략경제대화 팀들 사이에 형성된 긴밀한 협력 관계를 직접 확인하는 기회가 되었다. 몇 주에 걸쳐 각각의 회의를 함께 준비하는 과정에서 양국의 관리들 사이에 형성된 존중과 신뢰를 바탕으로 한 유대감은 이듬해에 금융 위기가 더욱 심화되면서 빛을 발할 터였다. 미중 전략경제대화는 직접적인 접촉이 많은 것이 특징이었다. 5차 미중 전략경제대화까지 중국 국가 지도자들과 미국 관리들은 서른 번의 대면 회의를 가졌다. 나 역시 미중 전략경제대화의 중국 대표들과 스물네 번이나 전화 통화를 했다. 타이야 스미스와 주광야오는 약 200회에 걸친 사전 협의와 준비 회의를 감독했다.

3차 미중 전략경제대화에서 우리는 몇 가지 사안에 대해 포괄적인 합의를 이루어 냈다. 가장 중요한 성과는 제품 안전에 관한 세부적이고 광범위한 합의를 도출한 것이었다. 식료품과 동물 사료, 의약품과 의료 제품, 알코올과 담배, 장난감과 전기 제품 등 여덟 개 분야에서 제조 기준과 정부 감독을 강화하기로 했다. 비록 중국 쪽에서 발생하는 문제들이 주를 이루었지만 우리가 만들어 낸 의정서는 전 세계적인 생산망과 공급망에 의존하는 현대 시장에 가장 모범적인 사례를 제시했다고 할 수 있었다.

마이클 리빗 미국 보건 장관은 미중 전략경제대화를 적극적으로 활용하려는 열정적인 참가자였다. 그는 자신의 상대역인 중국 위생부 부장과 강력한 유대를 형성했다. 3차 미중 전략경제대화에서 리빗은 미중 전략경제대화가 생기기 전이라면 중국 쪽에서 단번에 거절했을 것이 분명한 제안을 했다. 미국의 식품 안전과 품질 관리 감독관을 중국 현지에 파견하게 해달라고 요청한 것이었다. 후속 협상에서 중국은 상호주의를 요구했다. 많은 미국인들이 터무니없다고 여겼겠지만 가는 것이 있으면 오는 것이 있는 법이다. 중국은 이 문제에 매우 협조적이었다. 4차 미중 전략경제대화에서 우리는 미국 식약청 직원이 중국에 파견되고 중국의 감독관이 미국에서 일하게 될 거라고 발표할 수 있었다. 관련 논의가 진척됨에 따라 성과도 훨씬 빨리 나타났다. 2008년 초에 중국산 원료를 주성분으로 하는 혈액 희석제가 오염된 사실이 드러났을 때 양국 기관은 서로 협력해서 재빨리 문제의 원인을 찾아낼 수 있었다.

2007년 말부터 나는 부시 행정부가 물러나면 상황이 어떻게 변할지 의문을 가졌고 미국과 중국이 더 장기적인 목표를 위해 공동으로 노력하는 문제를 고민하기 시작했다. 중국은 본래부터 전략적으로 사고하는 나라였고 연이은 5개년 계획들을 통해 자국의 장기적인 경제 목표를 중단 없이 전개해 나가면서 그에 따른 진척 상황을 꼼꼼하게 추적했다. 반면 미국의 정책들은 선거 결과에 따라 자주 방향을 선회했다. 신임 대통령이 미중 전략경제대화를 배제하도록 허용하면 어떻게 될까? 나는 미국과 중국의 공동 목표를 다루는, 그럼에도 공화당이든 민주당이든 모두 승인할 만한 어떤 주제를, 즉 어느 당에서 대통령이 나오든 쉽게 내치지 못할 주제를 찾아내야 한다는 결론에 이르렀다.

나만 이런 생각을 한 것은 아니었다. 앞서 우이도 우리가 장기간 공동으로 참여할 수 있는 중요한 주제를 찾아야 한다고 제안한 터였다. 나는 워싱턴의 지인들에게 조언을 구하기 시작했다. 나의 전 직장 동료이면서 이제는 칭화 대학교 글로벌 리더십 프로그램의 교수이자 이사로서 그리고 브루킹스 연구소의 소장으로서 중국과 미국을 오가며 바쁘게 지내던 존 손턴은 미중 양국이 에너지 부문에서 생산적인 협력 관계를 이어 갈 수 있을 거라고 조언했다. 나는 그의 말에 동의했고, 여기에 더해서 기후 변화에 따른 영향을 완화하려면 양국의 협력이 중요하다는 사실을 극적으로 일깨워 준 지난 7월의 칭하이-티베트 고원 방문을 떠올리면서 환경 문제와 환경 보존 문제도 논의에 포함시키기로 결정했다.

나는 우이에게 에너지와 환경이라는 가장 중요한 사안을 다룰 10개년 계획을 만들자고 제안했다. 그녀는 좋은 생각이라며 동의했고, 우리는 곧바로 작업에 착수했다. 우리는 3차 미중 전략경제대화에서 〈에너지와 환경에 관한 10개년 협력 계획〉의 실무진이 갖추어졌다고 발표했다. 국가발전개혁위원회 소속의 중국 팀과 미국 팀은 이후 6개월에 걸쳐 공동으로 미중 전략경제대화의 가장 중요한 업적 중 하나로 기억될 결과물을 만들어 냈다.

기후 변화나 에너지 안보와 같은 사안들의 규모와 민감성을 고려하면 양국 정부에서 다양한 부처의 최고 의사 결정권자들이 참여할 필요가 있었다. 미국의 경우에는 환경보호국과 상무부, 국무부, 에너지부, 재무부가 조직적으로 움직여야 한다는 뜻이었고, 나중에는 여기에 무역개발국도 추가될 터였다. 여섯 가지 핵심 분야, 즉 청정한 물과 청정한 공기, 청정하고 효율적인 운송, 청정하고 효율적이며 안전한 전기 생산, 에너지 효율, 숲과 늪지의 보존에 초점을 맞춘 프로젝트 팀들을 통해서 에너지와 환경 문제 사이의 떼려야 뗄 수 없는 상호 연관성이 드러날 것이었다. 다른 무엇보다 우리는 국민에게 깨끗한 공기와 식수를 제공하면서도 해외 석유에 대한 두 나라의 의존도를 낮추고 급증하는 에너지 수요를 충족할 방법을 찾을 수 있기를 희망했다. 나는 양국을 대표하는 최고의 연구소들이 서로 대화하고 공동으로 연구를 진행함으로써 모든 사람이 혜택을 누릴 수 있기를 바랐다.

조만간 우리는 에코 파트너십이라고 명명한 새로운 개념도 함께 추진할 예정이었다. 에너지와 환경에 관한 10개년 협력 계획이 전략적으로 중요한 광범위한 사안들을 다룬다면, 에코 파트너십의 목표는 대학이나 지역 수준에서 혁신을 장려하는 것이었다. 예컨대 전기차를 개발하기 위해 도시들 간에 파트너십을 체결하거나 친환경적인 비즈니스 모델을 개발하기 위해 공익 사업체들 간에 파트너십을 체결하는 식이었다. 시애틀과 다롄이 에너지 효율적인 항구를 만들기 위해 협력하고, 위치토와 우시가 깨끗한 물을 얻기 위해 협력하는 식이었다. 2008년 12월에 열리는 5차 미중 전략경제대화에서는 에코 파트너십 프로그램을 비롯해 일곱 개의 파트너십이 공개될 터였다.

3차 미중 전략경제대화에서 중국 관리들은 늘 그렇듯 호화로운 여흥을 준비했다. 우이는 식탁을 장식할 정교한 채소 조각품까지 모든 준비를 직접 감독했다. 축하연의 일부인 불꽃놀이는 중국인들의 기준에서 보더라도 더없이 장관이었다. 하물며 우리 미국인들이 그랜드 에포크 시티의 밤하늘을 한 시간 동안 수놓은 황홀한 피날레를 어떻게 느꼈을지는 말할 필요가 없었다. 외투를 가져가는 것을 깜빡한 탓에 불꽃놀이가 시작될 즈음에는 이가 부딪힐 정도로 몸이 덜덜 떨렸다. 이렇게 추운 날씨에 모인 우리 대표단을 위해 중국인들은 선물을 나누어 주었다. 목덜미가 털로 되고

별 문양이 새겨진 놋쇠 단추와 허리띠가 달렸으며 속을 두껍게 채워서 누빈 중국군 외투였다. 나는 온기가 간절했지만 도저히 그 외투를 입을 엄두가 나지 않았다. 혹시 사진에 찍히기라도 한다면 얼마나 가관이겠는가? 미국 재무 장관이 중국군 병사 복장을 하다! 만추리안 캔디데이트, 즉 꼭두각시가 따로 없을 것이었다(그럼에도 나는 외투를 간직했고 오늘 일리노이주에 있는 우리 집 근처의 초원으로 겨울 산책을 나갈 때 입고 갔다. 그곳에 파파라치라고는 사슴과 코요테가 전부다).

이듬해 봄에 은퇴할 예정인 우이에게는 이번이 마지막 미중 전략경제대화가 될 것이라는 사실에 나는 시원섭섭한 마음으로 회의에 임했다. 처음에 우이 부총리에게 느낀 불안감에도 불구하고 시간이 흐를수록 그녀와 그녀의 노력을 인정하게 되었다. 중국 속담에 친구가 되려면 먼저 싸워야 한다는 말이 있다. 나는 우이와 서로 의견이 엇갈리기도 했지만 진심으로 그녀를 좋아하게 되었다. 부디 그녀도 나에 대해서 마찬가지로 호감을 느꼈기를 바란다. 비록 속마음까지 알 수는 없겠지만 어쨌든 그녀는 내게 아름다운 선물을 주었다. 진시황릉에서 발견된 조각상을 축소 모형으로 만든 청동 말과 전차 조형물이었다. 나는 그녀의 선물을 재무부 사무실에 놓아두었다. 우이가 은퇴한 뒤에 나는 그녀가 은퇴 생활을 즐기는 데 도움이 되기를 바라면서 그녀의 작은 체구에 맞추어 주문 제작한 골프채 한 세트를 선물로 보냈다.

3차 미중 전략경제대화에서 주목할 만한 정책적인 성과들도 나왔지만 그에 못지않게 이 회의는 회의장에서 멀리 떨어진 곳에서 일어난 이를테면 대표단 중 극소수만 알고 있던 극적인 사건으로 특히 기억에 남았다. 우리는 천하제일성 호텔의 거대한 무도회장에 마련된 짙은 색의 기다란 목재 탁자에 둘러앉아 토론을 이어 가고 있었다. 그런데 내 옆자리에 앉아 있던 주중 미국 대사 클라크 랜트가 나를 향해 몸을 기울이더니 방금 대사관에서 온 연락을 전해 주었다. 미국 해군 구축함 머스틴호가 그날 밤 중국에서 영유권을 주장하는 타이완 해협을 통과할 거라는 내용이었다.

앞서 약 2주 전에 중국은 — 별다른 설명은 없었지만 분명히 미국이 타이완에 무기를 수출하기로 한 것과 최근에 부시 대통령이 달라이 라마와 함께 공식 석상에 모습을 보인 것에 발끈해서 — 미국 항공모함 키티호크와 부속 함정들의 홍콩 정박을 거부함으로써 미국 해군과 국방부를 난처하게 만들었다. 요컨대 해당 함대의 항공병과 해군 병사 수천 명은 홍콩에서 그들의 가족과 추수 감사절을 보낼 계획이었기 때문이다. 중국 당국은 하루도 지나지 않아서 〈단지 인도적 차원의 배려〉라며 정박을 허가했지만 키티호크함은 이미 경로를 바꾸어 일본에 있는 모항으로 향하고 있었다. 키티호크함과 다섯 척의 지원 전대는 모항으로 돌아가는 길에 타이완 해협을 통과했고, 이 과정에서 긴장감은 더욱 고조되었다.

그런데 지금 또다시 미국 군함이 타이완 해협을 통과할 거라는 소식이었다. 이런 식의 행동은 중국을 화나게 할 뿐 아니라 나의 신뢰성과 미중 전략경제대화의 신뢰성까지 훼손할 수 있었다.

나는 랜트에게 속삭였다. 「절대로 안 됩니다.」

「헨리, 이미 결정이 난 일입니다. 중단시킬 방법이 없어요.」

내가 말했다. 「로버트 게이츠가 여기에 와 있었다면 해군이 그렇게 행동하지 않았을 것입니다. 콘돌리자 라이스가 여기에 와 있었다면 그들이 그렇게 행동하지 않았을 것입니다. 마찬가지로 내가 여기에 와 있는데 그들이 그렇게 행동하면 안 됩니다.」

실제로 로버트 게이츠 국방 장관은 바로 지난달에 베이징을 방문했고 무기 판매 문제를 직접 거론하면서 미국이 타이완에 계속해서 방어용 무기를 판매할 거라고 이야기한 터였다. 그러면서도 다른 문제들에 대해서는 미국과 중국의 보다 원활한 소통을 촉구했다. 나는 얼른 중간 휴식 시간이 오기를 초조하게 기다리면서 내가 후진타오 주석을 만나기로 한 전날 밤에 미 해군 구축함이 타이완 해협을 지나는 것은 게이츠의 의도와도 부합하지 않을 것이라고 생각했다.

마침내 휴식 시간이 되었다. 나는 재빨리 국가안보보좌관 스티븐 해들리에게 전화를 걸었다. 열세 시간의 시차 때문에 워싱턴은 한밤중이었다. 해들리는 아직 잠에 취한 목소리로 작전이 승인되었다고 확인해 주었다.

내가 말했다. 「그럼 내가 대통령을 깨워야겠군요. 이 작전을 인정할 수 없습니다.」

해들리가 말했다. 「그러지 마십시오. 대신 로버트 게이츠를 깨우십시오.」

나는 국가안전보장회의를 통해 로버트 게이츠 국방 장관과 안면이 있었고 그를 무척 존경했다. 그럼에도 그날 밤 그와 전화가 연결되기까지는 너무나 오랜 시간이 걸렸다. 나는 먼저 일단의 고위급 군사 보좌관들을 상대해야 했고, 태평양 사령부 소속의 장교들도 거쳐야 했다. 그때 한 보좌관이 다소 거만하게 내게 무슨 일로 전화를 걸었는지 물었다. 나는 이전에도 해본 적이 없고 앞으로도 하지 않을 방법을 동원했다. 바로 직위를 이용하는 방법이었다. 「재무 장관입니다.」 내가 말했다. 「당장 게이츠 장관을 깨우시오.」

마침내 게이츠가 졸린 목소리로 전화를 받았다. 「헨리, 도대체 무슨 일입니까?」

나는 단도직입적으로 그에게 내가 베이징에 머무는 동안은 군함이 타이완 해협을 지나지 않기를 바란다고 말했다.

게이츠가 재빨리 조치를 취했다. 내가 그에게 기대했던 조치이자 입장이 바뀌었다면 나도 그를 위해 해주었을 조치였다. 그가

〈헨리, 당신에게 중요한 일이라면 우리가 취소하겠습니다〉라고 말했다.

전화기 너머에서 다른 사람들이 소곤거리는 소리가 들렸고 — 실상은 무척 실망하는 소리였다 — 나는 어떤 논쟁이나 번복의 여지를 두지 않기 위해서 곧바로 전화를 끊기로 했다. 다만 그전에 이렇게 말했다.「고맙습니다. 정말 고맙고 꼭 필요한 일이었습니다.」

나는 미중 전략경제대화 회의장으로 돌아가서 랜트에게 말했다.「해결되었습니다. 배는 그곳을 통과하지 않을 겁니다.」

약간 기분이 나빴던 것도 사실이지만 나는 결코 과도한 자만심에서 해군의 계획에 공연히 야단을 부린 것이 아니었다. 회의석상에 앉아 있던 미국 측 사람이라면 누구나 알 수 있었듯이 나 또한 중국이 절대로 이런 사건을 우연으로 여기지 않으리라는 사실을 알았기 때문이다. 신호와 상징을 중시하는 문화에서는 크고 작은 모든 행동과 사건에 의미를 부여한다. 이러한 경향은 투명성이 결여된 비밀스러운 의사 결정 과정과 만났을 때 더욱 확대된다. 즉 혹시라도 내가 베이징에 있는 동안에 미국 구축함이 타이완 해협을 통과했다면 중국인들은 미국이 키티호크함 사건으로 중국을 비난할 뿐 아니라 미중 전략경제대화 자체를 비롯해 미국 측 대표인 나의 입지를 깎아내리려 한다고 생각했을 것이다. 국방 장관인 게이츠 본인이 중국과 대화를 증진할 방법을 모색하는 상황에서 정작 국방부는 우리가 그동안 미중 전략경제대화를 통해 구축해 온 중요한 대화를 훼손시킬 위험을 감수했다는 사실이 정말 아이러니였다.

워싱턴으로 돌아갔을 때까지도 여전히 화가 나 있던 나와 달리 부시 대통령은 나의 예측 가능한 공격적인 행동을 재미있어 했다. 내가 귀국한 다음 날 열린 국무 회의에서 그가 만면에 미소를 띤

채 키득거리며 나를 맞았다. 그리고 내가 즉시 국방 장관과 통화하려고 시도했다는 사실을 뻔히 알면서도 놀리듯이 물었다. 「진작에 게이츠를 찾지 그랬습니까?」 대통령은 유머 감각이 있었고 터프가이들을 좋아했다. 그의 이런 성격은 금융 위기가 미국을 덮쳤을 때 진가를 발휘할 터였다.

14 세계의 결산일

우리는 4차 미중 전략경제대화를 준비하면서 지속 가능한 경제 성장에 초점을 맞추기로 결정했다. 2008년 6월에 4차 미중 전략경제대화가 시작된 시점에서 이 문제는 더없이 적절한 주제였다. 국제 유가가 치솟고 있었다. 원유 가격이 배럴당 138달러로 1년 전에 비해 두 배로 뛰었다. 연료와 비료 비용이 상승한 데다 지역적인 가뭄까지 겹치면서 식자재 가격이 올랐다. 특히 주식으로 이용되는 식품이 비싸지면서 전 세계의 일부 가난한 지역에서는 식량 부족 때문에 폭동이 일어나 사망자가 발생하기도 했다. 가격 급등에는 개발도상국들이 급속하게 성장하면서 희귀 천연자원에 대한 수요가 점점 더 늘어난 상황도 일조했다. 중국의 성공만으로 수억 명이 빈곤에서 벗어난 터였다. 이제 중국이 직면한 도전은 자국의 안정을 해치거나 세계에 재앙을 일으키지 않으면서 지속적인 발전을 이루어 가는 것이었다.

우리가 4차 미중 전략경제대화를 위해 메릴랜드주 아나폴리스에 있는 미국 해군사관학교에 모였을 즈음에는 장차 금융계를 집어삼킬 금융 위기가 심화되면서 미국을 뒤흔들고 있었다. 미국의 최근 역사 중 이 어두운 시기를 다룬 자료들은 결코 적지 않다. 그럼에도 금융 위기가 중국의 태도와 정책을 형성하는 데 얼마나 큰 영향을 끼쳤는지는 잘 알려지지 않았다. 금융 위기를 계기로 지나치게 수출에 의존하는 중국의 문제가 드러났고, 중국 경제를 내수를 진작하는 방향으로 재조정할 필요가 확인되었다. 중국이 최악의 위기를 견디기 위해 취할 조치들 — 특히 방대한 규모의 재정 지출 프로그램을 포함해서 — 은 중국에 반드시 필요한 구조 개혁을 중단하게 만들고 오늘날까지 중국을 괴롭히고 있는 악성 부채라는 값비싼 유산을 남겼다. 중국은 급증하는 문제들과 씨름하는 미국을 돕는 과정에서 충실하고 책임 있는 역할을 수행했다. 그러나 미국의 문제는 일부 중국인들에게 미국의 시스템에 대한 불신을 불러일으키는 동시에 중국의 자신감을 부채질했고, 그 결과 미중 관계의 성격이 눈에 띄게 달라지기 시작했다.

내가 이러한 변화를 똑똑히 감지한 것은 미중 전략경제대화 회의 중간의 휴식 시간에 회의장 밖에서 왕치산이 내 옆으로 다가왔을 때였다. 베이징 시장에서 물러난 그는 우이의 후임으로 미중 전략경제대화 중국 대표를 맡았다. 지난 3월에 부총리로 임명된 왕치산은 미국의 금융 위기가 그를 비롯한 당내 여러 고위 간부들이 미국을 바라보는 시각에 영향을 주었다는 사실을 내게 알려 주고자 했다.

「이전에는 장관님이 나의 선생님이었다면 이제는 내가 선생님의 위치에 있는 것 같습니다. 헨리, 미국의 시스템을 보십시오. 우리가 미국에게 계속해서 무언가를 배워야 하는 건지 잘 모르겠습니다.」

미국의 금융 위기는 자존심에 상처를 주었고, 이 순간은 가장 자존심이 상한 순간 중 하나였다.

나는 15년 가까이 왕치산을 알고 지냈으며 압박이 극심한 상황에서 그와 긴밀하게 협력했던 적도 몇 번이나 있었다. 우리는 친구가 되었고 속내를 털어놓을 만큼 절친한 사이가 되었다. 왕치산은 매력적이고 쾌활한 사람이었다. 때때로 매우 외교적인 행보를 보이기도 했지만 내 앞에서는 대체로 단도직입적이었고 허튼소리를 하지 않았다. 나는 그의 이런 면을 높이 샀고, 그래서 그의 솔직하고 생생한 표현에도 전혀 불쾌하지 않았다. 대신에 지난 30년 동안 중국에서 개혁을 밀어붙여 온 사람의 입에서 나온 말을 통해 그러한 변화를 추진하기에 중국의 환경이 얼마나 어렵게 변했는지 짐작할 수 있었다. 서구의 금융 위기를 계기로 자국의 자본 시장을 개방하는 문제와 관련해서 중국 내부의 저항이 더욱 거세진 것이다.

나는 〈미국이 많은 실수를 했지만 중국은 미국의 실수에서 배울 수 있습니다〉라고 대답했다. 미국이 직면한 문제에 근거해서 중국이 개방적이고 경쟁적인 시장을 발전시킬 필요가 없다고 판단하지 말아야 한다고 말했다. 나는 어떤 상황에서도 〈우리는 우리 시장을 바로잡고 우리 경제를 보호하기 위해 필요한 일을 할 각오가 되어 있습니다〉라고 덧붙였다.

그럼에도 미국의 시스템이 엄청난 — 게다가 점점 더 증가하는 — 스트레스 상황에 놓여 있다는 것은 의심할 여지가 없었다. 3월이 되자 금융 위기는 그때까지 미국에서 발생한 희생자 가운데 가장 유명한 기업을 집어삼켰다. 바로 모기지 담보 증권 시장에서 활약하던 거대 기업 베어 스턴스 투자은행이었다. 부동산 담보 문제가 터지자 베어 스턴스는 시장에서 신용을 잃었고 전면적인 투자금 인출 사태의 희생자가 되었다. 재무부와 연방준비제도, 뉴욕 연방준비은행이 3월 중순에 펼쳐진 이 광란의 주말 동안에 함께 노력해서 J. P. 모건 체이스가 베어 스턴스를 인수하도록 하지 못했더라면, 그리고 연방준비제도가 금융 지원을 제공하지 않았더라면 베어 스턴스는 결국 공중분해가 되었을 터였다.

금융 위기를 다룬 나의 책 『위기의 순간*On the Brink*』에서 이야기했듯이 베어 스턴스의 몰락은 전 세계에 큰 충격을 주었다. 특히 중국은 베어 스턴스의 몰락을 매우 심각하게 받아들였다. 중국의 국유 투자 기업인 중신증권이 앞서 베어 스턴스의 주식 6퍼센트를 10억 달러에 매입하기로 합의했기 때문이다. 중국은 베어 스턴스가 무너지자 급히 손을 뗐다. 이와 별개로 중국의 국부 펀드인 중국투자공사가 2007년에 세간의 이목을 끌면서 블랙스톤 그룹과 모건 스탠리에 투자를 했기 때문에 월 스트리트의 위태위태한 상황에 중국 지도자들이 초미의 관심을 쏟고 있었다. 여기에 더해서 중국도 금융 위기의 여파를 체감하기 시작했다. 중국 은행들이 직접적인 위기에 노출된 것은 아니었지만 세계 증시의 동반 하락으로 상하이 종합 지수가 2007년 10월에 최고점을 찍은 이래로 45퍼센트나 하락했다. 국내총생산의 성장률이 감소하고 미국과 다른 지역의 경제 활동이 둔화되면서 중국의 생사가 걸린 수출이 감소할 조짐을 보였다.

내가 이와 같은 중국의 우려를 가장 먼저 경험한 것은 4차 미중 전략경제대화를 준비하기 위해 4월에 베이징을 방문했을 때였다. 후진타오는 물론이고 원자바오와 왕치산은 마치 짜기라도 한 것처럼 하나같이 미국의 경제와 미국 은행의 건전성 그리고 중국이 모건 스탠리와 블랙스톤에 투자했지만 적자를 기록 중인 문제와 관련해서 내게 질문을 퍼부었다. 나는 미국이 신속하게 대처했다면서 그들을 안심시켰다. 스트레스가 높아진 금융 시장에 연방준비제도가 유동성을 제공하는 동시에 부시 행정부를 대표해서 내가 민주당이 주도권을 가진 의회와 협상한 1500억 달러 규모의 경기 부양 프로그램이 조만간 소비자들의 손에 돈을 쥐어 줄 거라고 말했다. 아울러 많은 전문가들이 하반기에 경제가 반등할 것으로 예측하고 있다는 점도 언급했다.

물론 전문가들의 예측은 완전히 빗나갔다!

중국은 우리가 그들과 정말 솔직하게 소통하는 점을 고마워했다. 베어 스턴스가 구제를 받았을 때도 닐 카시카리 재무부 차관보는 먼저 중국 재정부 관리들에게 연락해서 소식을 전했다. 이후 몇 달 동안 금융 위기가 고조되면서 우리가 연락하는 빈도와 강도는 더욱 늘어날 터였다. 미중 전략경제대화를 통해 조성된 광범위하고 지속적인 소통은 내가 왕치산, 저우샤오촨과 오랜 기간 구축해 온 관계까지 더해지면서 미국이 이 위태로운 시기에 미국에서 발행된 유가증권을 두 번째로 많이 보유한 해외 투자자와 경제적인 관계를 유지하는 데 도움을 줄 귀중한 도구가 될 터였다.

앞서 언급한 4월에 중국을 방문했을 때 나는 추가적인 문제가 발생할 수 있기 때문에 미국 재무부가 몹시 긴장하고 있다고 중국 관리들에게 알려 주었다. 그리고 악성 자산과 취약한 대차대조표, 은행이 은행에 대출해 주기를 망설이는 추세에 갑자기 불안을 느낀 투자자들의 분노가 각각의 금융 기관들을 향하기 시작하면서 당연하지만 신중한 태도를 취한 우리가 옳았던 것으로 드러났다. 나는 월 스트리트와 은행의 최고 경영자들에게 자본을 확충하고 유동성 부족 사태에 대한 대비책을 강화해야 한다고 강조했다. 2008년 봄부터 여름까지 리먼 브라더스의 최고 경영자 리처드 풀드에게도 충분한 자산을 보유한 전략적 투자자나 궁극적으로는 합병 파트너를 구해서 장차 다가올 험난한 시기에 대비하라고 수차례에 걸쳐 조언했다.

나쁜 소식들이 계속 쌓여 갔다. 미국의 주가가 2007년 10월에 최고점을 찍은 뒤로 내내 하락하면서 경제는 계속해서 동력을 잃었고 실업률이 상승했다. 6월에 5.6퍼센트를 기록한 실업률은 전년 대비 1퍼센트가 상승했다. 연방 경기 부양 프로그램에서 보낸 수표가 미국 시민들에게 기록적인 시간 안에 도착했지만 이 돈으로는 계속해서 오르는 휘발유 값이나 겨우 충당할 정도였다.

대통령 예비 선거를 거치면서 중국을 비난하는 목소리가 점점 커졌다. 5월에 민주당 내에서 서로 경쟁하던 힐러리 클린턴 상원 의원과 버락 오바마 상원 의원이 환율 조작에 대응해서 중국 제품에 징벌적인 세금을 부과할 수 있는 입법안에 지지를 표명했다. 나는 재무부의 중국 특사이자 미중 전략경제대화 특사인 앨런 홀머와 함께 의회에서 몇 시간에 걸쳐 자동 반사적인 보호 무역주의를 막으려고 노력했다. 우리가 통화 가치에서 얻어낸 진전 — 2005년 7월 이후로 인민폐는 거의 14퍼센트가 평가 절상되었다 — 을 지적했다. 미중 전략경제대화가 항공 자유화 협정부터 강화된 제품 안전까지, 만약 징벌적인 방식으로 방향을 선회한다면 잃을 수도 있는 가시적인 성과를 내고 있다는 점도 언급했다.

나는 왕치산이 6월에 미국을 방문하기 직전에 그에게 의회 분위기가 우이가 작년 봄에 방문했을 때보다 훨씬 암울하고 변덕스러워졌다고 귀띔했다. 만일 민주당이 반중국적인 입법안을 밀어붙이면 공화당도 반대표를 던지지 않을 상황이었다.

그에게 〈모든 것이 기폭제가 될 수 있습니다〉라고 경고했다.

그럼에도 심기 불편한 미국 의원들을 달랠 만한 매력을 가진 사람이 혹시라도 중국에 존재한다면 그 사람은 바로 왕치산 부총리라고 생각했다. 왕치산과 우이는 음과 양의 차이만큼이나 달랐다. 우이는 논점을 고수하고 정부의 공식적인 견해에 충실한 집요한 협상가였다. 중국의 입장을 단호하게 고수하기는 왕치산도 마찬가지였지만 그는 포괄적이면서도 세밀한 접근법을 취했고 지적인 주장을 펼치면서도 천연덕스러운 유머 감각을 발휘했다. 사람들과 어울리는 것도 좋아해서 거의 모든 모임을 환영했다. 또한 곤란한 질문을 받으면 받은 만큼 돌려주기를 좋아했다.

미국 의회의 지도부와 만나기로 되어 있던 왕치산의 일정과 별개로 나는 재무부의 캐시 룸에서 조찬을 겸해 중국의 새로운 미중 전략경제대화 대표단 지도부를 만나 보도록 일단의 상원 의원들과 하원 의원들을 초대했다. 재무부 청사 2층에 위치한 캐시 룸은 가장자리를 금으로 장식한 화려한 팔라초 양식의 공간이었다. 과거에는 이곳에서 정부가 금 증권이나 은 증권을 태환하거나 재무부 금고에서 동전과 화폐를 꺼내 와서 지역의 상업은행에 공급하는 등의 금융 업무를 보기도 했다. 조찬에는 공화당 소속의 놈 콜먼 미네소타주 연방 상원 의원과 돈 맨줄로 일리노이주 연방 하원 의원, 민주당 소속의 마리아 캔트웰 워싱턴주 연방 상원 의원과 샌디 레빈 미시간주 연방 하원 의원 등 일곱 명의 의원들이 참석했다. 그리고 어느 순간에 이르러서 의원 중 한 명이 중국은 기후 변화에 대처하는 데 헌신적이지 않다면서 왕치산에게 해명을 요구했다.

왕치산은 마치 뭐라고 답할지 곰곰이 생각하는 사람처럼, 또는 손님들이 자신의 말을 이해할 만한 수준이 되는지 궁금해하는 사람처럼 한동안 식탁을 둘러보았다. 그런 다음 경제학과 사회 정책과 개인적 책임을 아우른 일장 연설을 하기 시작했다. 그는 중국이 세계에서 세 번째로 경제 규모가 크지만 여전히 가난한 나라라고 지적했다. 일인당 국내총생산으로 따지면 중국은 나미비아보다 아래인 125위에 불과했다. 책임을 회피하고자 할 때 중국인들이 기본적으로 자주 언급하는 논거였지만 왕치산은 이를 기존과 다른 방식으로 이용했다.

그의 주장에 따르면 한편에서는 몇몇 미국인들이 자원을 낭비하고, 환경을 파괴하고, 지구 온난화를 부추긴다는 이유로 중국을 비난하고 있었다. 그러나 다른 한편에서는 많은 미국인들이 값싼 중국 제품 때문에 미국이 피해를 입고 있다고 주장하면서 중국에 자국 경제 생태계를 재조정해서 내수를 늘리도록 다그치고 있었다. 그렇다면 중국은 어떻게 해야 소비 진작과 지속 가능성을 동시에 추구할 수 있을까?

그가 말했다. 「보십시오. 오늘처럼 무더운 여름에도 이곳 사무실들은 에어컨을 켜 놔서 시원합니다. 겨울에는 난방기가 가동될 것입니다. 미국인들은 체력을 단련하기 위해 에어컨이 돌아가는 실내 체육관에서 운동합니다. 그런 다음에는 더운 물로 샤워하고 자동차를 타고 에어컨을 켭니다. 이것이 미국입니다! 중국 사람들은 이런 식으로 살지 않습니다. 그럴 형편이 못 되기 때문입니다. 나는 동료들에게 이야기합니다. 개개인의 행동으로 환경을 보존하자! 체력을 단련하고 싶거든 자전거로 출퇴근하라.」

대단한 연설이었다. 질의응답을 위해 마련된 자리가 한 편의 뛰어난 논설로 채워지는 순간이었다. 왕치산은 때때로 중국인들의 논거를 퇴색시키거나 약화시키는 등의 역효과를 불러오는 방어적인 태도를 전혀 보이지 않으면서도 중국의 지속 가능한 발전에 내재하는 역설적인 문제를 보여 주었다. 나는 왕치산이 개혁가이자 환경 보존론자로서 해결책을 찾고자 열심히 노력하고 있다는 사실을 잘 알았다(그는 국제자연보호협회의 아시아 태평양 회의에서 나와 함께 일했다). 그는 중국의 내재적인 어려움을 언급하는 과정에서 미국 의회 의원들을 상대로 강연을 하기보다 이를테면 앞서 몇 개월 전에 우리가 미중 전략경제대화에서 추진할 에너지와 환경에 관한 계획을 논의하기 위해 베이징에서 만났을 때 나에게 했던 것과 마찬가지로 어떤 곤란한 문제가 있는지 예증하고자 했다.

그는 이렇게 말했었다. 「이 세상에는 10억 명의 중국인들이 서구 방식으로 살아갈 수 있을 만큼 충분한 자원이 없습니다. 우리는 새로운 모델을 찾아야 합니다.」

나는 솔직히 그가 옳다고 생각했다. 그의 이야기를 들으면서 오래전 2월에 중난하이에서 주룽지를 만났을 때 그의 바짓단 아래로 삐져나온 긴 내복을 본 기억이 떠올랐다. 온갖 편의가 제공되는 미국의 지도자들이라면 절대로 감수할 필요가 없는 추위를 막기 위해서였다.

4차 미중 전략경제대화는 6월 17일과 18일에 미국 해군사관학교의 소박한 구내에서 개최되었다. 1845년에 설립된 해군사관학교는 메릴랜드주 아나폴리스에 세번강과 체서피크만이 만나는 자리에 위치했다. 워싱턴에서 차로 30분 정도의 거리라는 점도 이곳을 선택한 이유 중 하나였다. 나는 사무실과 거리를 둠으로써 우리 대표단이 미중 전략경제대화에 관련된 문제에만 집중하게 하고 싶었다. 하지만 나조차도 집중하기가 어려웠다. 4차 미중 전략경제대화가 시작되기 약 일주일 전에 리먼 브라더스는 2분기 실적을 발표해서 투자자들을 안심시키려고 했지만 결국 실패했다. 회사 주가는 마냥 떨어졌고 무대 뒤에서는 어떠한 매수자나 주요 전략적 투자자도 찾을 수 없었다. 우리 재무부 직원들과 연방준비제도 직원들은 계속해서 리먼 브라더스의 파산을 막을 방법을 모색했다. 한편 우리는 대형 모기지 기관인 연방저당권협회와 연방주택금융저당회사도 걱정되기 시작했다. 이들 두 기관을 개혁하기 위한 법안이 의회에서 표류하면서 두 기관이 모두 시장에서 강력한 압박을 받고 있었기 때문이다.

나는 휴식 시간마다 전화 통화에 매달렸지만 그럼에도 미중 전략경제대화 회의에서 슬쩍 빠져나오는 행동은 하지 않기로 했다. 동료 각료들에게도 그렇게 해줄 것을 요청했다. 한번은 행정부가 관심을 기울여야 하는 중서부 지역의 대규모 홍수 사태를 논의하기 위해 부시 대통령이 소집한 긴급회의에 누가 참석할 것인지를 두고서 내가 백악관과 협상을 벌이기도 했다. 대통령이 주관하는 회의도 매우 중요했지만 나는 중국 대표단이 그러는 것처럼 미중 전략경제대화 절차를 존중하기로 결심했다. 우리가 미중 전략경제대화에 전념하는 편이 더 이득일 거라고 믿었다.

미중 전략경제대화에서 발표할 때 나는 시장의 취약한 상태를 정면으로 다루고자 했다. 금융 시스템과 경제를 안정시키기 위한 부시 행정부의 노력을 설명했고, 시장에 기반한 유동적인 가격 정책이 주기적으로 호황과 불황을 오가는 경제에 자동 안전장치가 될 것이라고 언급했다. 또한 시장의 혼란이 중국에서 금융 부문의 개혁과 발전을 중단하는 변명이 될 수 없다고 강조했다.

다른 무엇보다 우리는 미국과 중국이 향후 10년간 청정하고 지속 가능한 에너지 개발을 위해 협력할 것을 약속한 에너지와 환경에 관한 10개년 협력 계획에 조인했다. 3차 미중 전략경제대화 때부터 준비해 온 이 협약은 우리의 노력이 다음 행정부까지 이어질 가능성을 높였다.

통화 문제는 계속해서 나를 괴롭혔다. 2007년 9월에 국제통화기금의 새로운 총재가 된 도미니크 스트로스칸은 프랑스의 전임 재무 장관이자 유력한 대통령 후보를 지냈다. 그는 국제통화기금이 보유한 금 일부를 매각하는 계획을 포함해서 몇몇 꼭 필요한 변화를 추진하기 위해 미국의 지원을 받고자 했다. 나는 국제통화기금에서 중국을 환율 조작국으로 지정하는 조건으로 우리가 지원하겠다는 뜻을 분명히 했다. 평가 절하된 인민폐가 전 세계의 근심거리가 된 상황에서 국제통화기금이야말로 이 문제를 다룰 적임자였다. 솔직히 말하자면 나는 미국이 항상 이 사안을 끌고 가는 것에 진력이 나 있기도 했다.

도미니크 스트로스칸은 국제통화기금에서 중국을 환율 조작국으로 지정하기로 동의했지만 이후에 어떤 은밀한 공작에 가담했고, 결국 나의 친구인 중국 중앙은행 총재 저우샤오촨이 내게 항의하기에 이르렀다. 아나폴리스에서 저우샤오촨이 휴식 시간에 내게 다가와 말했다. 「헨리, 스트로스칸은 우리를 환율 조작국으로 지정하고 싶지 않다고 이야기합니다. 자신은 우리에게 발전할 시간을 조금 더 주고 싶지만 폴슨 장관이 지금 당장 조치를 취해야 한다고 우긴다더군요. 만약 국제통화기금이 지금 그 같은 조치를 취한다면 우리로서는 통화를 조정하기가 더욱 어려워질 것입니다. 우리 인민들의 눈에 우리가 외부의 압력에 굴복하는 것처럼 보일 테니까요.」

중국은 신뢰할 수 있고 독립적으로 운영되는 다국적 기관의 공개적인 비난을 피하기 위해 필사적이었지만 이와 별개로 저우샤오촨은 늘 그렇듯 침착하고 합리적이었다. 비록 틀린 말은 아니더라도 스트로스칸이 중국에 강하게 나가기 위한 핑계로 나를 이용했다는 사실에 나는 약간 짜증이 났지만 친구인 저우샤오촨 앞에서 티를 내지는 않았다.

대신 저우샤오촨에게 이렇게 말했다. 「국제통화기금은 그들이 할 일을 해야 합니다. 그리고 중국이 더 유연한 환율 정책을 채택한다면 굳이 중국을 환율 조작국으로 지정할 필요도 없을 것입니다.」

애초에 도미니크 스트로스칸이 저우샤오촨에게 우리가 합의한 내용을 누설하지 않았더라면 더 좋았겠지만 속이 다 들여다보이는 그런 투명성이 실용주의적이고 솔직한 그의 성격 때문임을 알게 되었다. 그는 언제나 상대하기 쉬운 사람이었고 나중에 저우샤오촨에게 설득당해서 중국에 시간이 더 필요하다고 확신했다. 그때 나는 다만 저우샤오촨에게 합리적으로 가능한 선에서 조속하게 통화를 인상해 줄 것을 요청했다.

나중에 알게 되듯이 이때는 세상이 급격하게 변하기 직전이었다. 중국의 통화 문제는 곧 우리의 걱정거리 중에서 가장 뒤로 밀려날 것이었다.

금융 위기는 연방저당권협회와 연방주택금융저당회사에 심각한 타격을 주었다. 정부의 후원을 받는 이들 두 기관은 미국의 담보 대출 중 4조 4000억 달러를 보유하거나 보증했고, 여기에는 서브프라임 대출이 큰 비중을 차지하고 있었다. 연방저당권협회와 연방주택금융저당회사는 비대해질 수밖에 없었고 자기자본비율이 낮아졌으며 부실하게 운영되었다. 그럼에도 정치적으로 손댈 수 없는 존재가 되었다. 미국 정부가 설립하고 규제했기 때문에 많은 투자자들은 두 기관의 유가증권이 미국의 전적인 신뢰와 신용에 의해 보장된다고 지레짐작했다. 하지만 전혀 그렇지 않았다. 연방저당권협회와 연방주택금융저당회사는 주주들이 소유한 민영 기업이었음에도 정부의 보증을 받는다는 인식 때문에 저렴한 금리로 자금을 확보할 수 있었고 결국 막대한 위험을 떠안게 되었다. 나는 재무 장관에 취임하면서 요컨대 이익은 사유화하면서 위험은 사회화하는 이 불안정한 사업 모델을 개혁하기로 결심했다. 하지만 의회 의원들이 반대하고 나섰다. 이들 두 기관은 그들 스스로를 〈내 집 마련을 위한 아메리칸 드림〉이라고 포장했고 홍보와 로비의 달인이었다.

7월 초가 되면서 연방저당권협회와 연방주택금융저당회사는 강력한 압박에 직면했다. 우리는 그들이 모기지 사태를 무사히 넘기도록 도와서 미국 국경 너머로 단숨에 퍼져 나갈 수 있는 전면적인 금융 공황이 촉발되지 않도록 막아야 했다. 연방저당권협회와 연방주택금융저당회사에 가장 많이 투자한 기관들은 대부분 외국의 중앙은행들이었다. 연방저당권협회와 연방주택금융저당회사의 유가증권 발행액 5조 4000억 달러 중 1조 7000억 달러가 외국인 소유였다.

7월 7일에 연방저당권협회와 연방주택금융저당회사에 필요한 자금이 최대 750억 달러에 이를 거라는 전망이 나오자 투자자들이 주식 시장에서 속속 떨어져 나갔다. 그 여파로 7월 9일에 주가가 또다시 급락했다. 나는 시장이 진정되기를 기대하며 7월 13일에 재무부 청사 앞 계단에 서서 의회에 임시로 비상 권한을 요청해서 연방저당권협회와 연방주택금융저당회사에 대한 재무부의 신용 거래 한도를 늘리고 필요하다고 판단되면 재무부가 두 기관의 주식을 매입하겠다고 발표했다.

이틀 뒤 나는 의회에서 가시방석에 앉은 채 나의 요청을 두고 상원 은행위원회가 퍼붓는 공격을 온몸으로 받아내고 있었다. 나는 섬세하게 균형을 유지해야 했다. 즉 회의적인 의원들에게 두 기관의 상황이 매우 심각해서 정부의 개입이 반드시 필요하다고 설득하는 동시에 가뜩이나 불안해 하던 투자자들이 두 기관의 취약한 상태를 알게 됨으로써 공황 상태에 빠지는 사태가 발생하지 않도록 주의해야 했다. 나는 유용한 비유가 되기를 바라면서 당시에 생각하기에는 일리가 있었지만 나중에 나를 난처하게 만들 말을 했다.

「만일 여러분이 주머니 속에 물총을 가지고 있다면 그것을 꺼내야 할 것입니다. 하지만 여러분이 바주카포를 가졌고 사람들이 그 사실을 알고 있다면, 여러분은 그것을 꺼낼 필요가 없을 것입니다.」

상원 은행위원회의 악의에 찬 반응은 이런 상황에 신물이 난 의원들이 연방저당권협회와 연방주택금융저당회사는 물론이고 이들 기관에 투자한 투자자들을 포기할지도 모른다는 예측을 낳았다. 걱정이 된 외국 정부들이 관련 지침을 알려 달라고 요구하기 시작했다. 나는 데이비드 매코믹 재무부 국제 담당 차관을 내 집무실로 불렀다. 미국 육군사관학교 졸업생으로 1차 걸프전에 참전했던 데이비드는 백악관에서 국제 경제 담당 국가안보부보좌관으로 일한 적이 있었다. 나는 그를 존경하고 신뢰했다. 그라면 충분히 나를 도와서 민감한 업무를 함께 수행할 수 있을 것으로 생각했다.

우리는 연방저당권협회와 연방주택금융저당회사에 대해 각각 상위 15위까지 채권자 목록을 작성했다. 나는 데이비드에게 나와 함께 이들 두 기관의 문제를 해결하기 위해 우리가 최선을 다할 거라고 주요 외국 투자자들을 안심시키는 일을 맡아 달라고 요청했다. 우리가 작성한 목록에는 브라질과 러시아, 일본, 쿠웨이트 같은 나라들의 재무 장관과 중앙은행 총재가 포함되었다. 나는 필요할 경우 이들 재무 장관들과 중앙은행 총재들과 이야기를 나누었고, 데이비드는 여러 국가의 다양한 정부 관리들과 연락을 주고받았다. 중국의 후샤오롄은 데이비드가 맡은 그룹에서 가장 중요한 인사 중 한 명이었다. 그녀는 중국의 중앙은행 산하 투자 기관인 국가외환관리국의 국장이었고 해당 기관은 1조 8000억 달러의 외환 보유고를 관리했다. 이 가운데 거의 1조 1000억 달러가 미국 재무부 채권과 연방 기관채로 이루어져 있었다. 이런 나라들이 보유하고 있는 채권을 그대로 유지하면서 이미 취약해진 시장에 매물로 내놓지 않도록 해야 했다.

나는 데이비드에게 말했다. 「그들에게 우리가 하려는 일을 확실하게 이해시키십시오. 우리 정부가 가능한 한 최대로 연방저당권협회와 연방주택금융저당회사를 지원할 거라는 사실을 알리세요. 그들에게 확신을 주세요.」

데이비드는 투자자들과 지속적으로 접촉했다. 그가 곧 알게 된 사실에 따르면 투자국의 재무부나 중앙은행에서 근무하는 기술관료들은 자신들이 보유한 두 곳의 유가증권이 명시적으로 미국 정부의 보증을 받지 않는다는 사실을 인지하고 있었지만 그들의 상관들은 해당 유가증권이 미국 재무부 채권과 같은 것인데 수익률이 더 높다고 생각하고 있었다. 어떤 경우에는 보통주와 채권의 차이도 정확히 이해하지 못한 채 연방저당권협회와 연방주택금융저당회사의 주가에 관한 무시무시한 기사 제목을 보고 투자에 문제가 생겼다고 생각해서 기술 관료들에게 보유량을 줄이라고 압박하기도 했다.

나는 왕치산과 저우샤오촨을 포함해서 수많은 정부 관리들을 안심시키기 위해 전화를 걸었다.

「우리는 이 사태를 주의 깊게 지켜보고 있습니다.」 왕치산이 말했다.「미국이 우리의 금융 이익을 보호해 줄 것인지 분명히 하고 싶습니다.」

나는 내 중국인 친구에게 이론이 분분했던 의회에서의 논쟁에 대해 설명하고자 했다.「논쟁은 정치적인 연극일 뿐입니다.」나는 그에게 말했다.「우리 미국인은 언제나 해야 할 일은 합니다. 따라서 나는 의회가 연방저당권협회와 연방주택금융저당회사를 지원할 거라고 확신합니다.」

그에게 이야기한 것처럼 내게 확신이 있었다면 참 좋았을 것이다.

마침내 7월 30일에 의회는 재무부에 18개월 기한으로 비상 권한을 주었다. 8월 첫째 주에 연방저당권협회와 연방주택금융저당회사는 끔찍한 2분기 실적을 발표했다. 둘이 합쳐서 30억 달러가 넘는 적자를 기록한 터였다. 외국 투자자들로부터 전화가 잦아졌고 더욱 다급해졌다.

나는 우리가 최대한 숨김없이 상황을 설명해야 한다고 판단했다. 이에 따라 베이징 주재 미국 대사관 금융 담당 참사관이자 재무부의 중국 상주 재무관인 데이비드 뢰빈저가 미국 재무부 직원들뿐 아니라 때로는 연방준비제도와 증권거래위원회 소속 직원들과도 일주일에 한 번씩 전화 회의를 주재하기 시작했다. 그리고 새로운 상황이 발생할 때마다 중국 관리들에게 알려 주었다. 중국인들은 그들의 자산을 보호하는 데 초점을 맞춘 매우 날카로운 질문을 던졌다. 이들 기관이 위태롭지 않다는 것을 우리가 어떻게 확신할 수 있는가? 그들은 당장 팔지도 않겠지만 다른 투자자들이 사는 것을 보기 전까지 추가로 매입하지도 않을 거라고 딱 잘라 말했다.

1년 전에 약속한 올림픽 참관을 위해 나는 8월 7일에 가족과 함께 베이징으로 날아갔다. 규제 기관들이 연방저당권협회와 연방주택금융저당회사의 재정 상태를 평가하는 기간과 올림픽 개최기간이 겹치면서 운 좋게 짧은 휴가를 낼 수 있었다. 머릿속에는 미국의 위기에 관한 생각이 가득했다. 수많은 공식 모임에도 참석해야 했지만 이번 여행은 엄밀히 웬디와 우리 아이들인 메릿과 어맨다와 그들의 가족과 함께하는 휴가였다. 나는 대통령 사절단에도 속해 있지 않았다.

숙소인 웨스틴 베이징 차오양 호텔에 도착했을 때 웬디와 내게는 스위트룸이 배정되고 딸 어맨다와 사위 조시, 14개월 된 우리 손녀 윌라에게는 그보다 작은 방이 배정되어 있었다. 웬디의 제안으로 우리 부부는 방을 맞바꾸어서 아이들에게 더 넓은 곳을 주기로 했다. 호텔 직원들은 실망한 기색이 역력했다. 처음에는 왜 그렇게 호들갑을 떠는지 몰랐는데 나중에야 그 이유를 알 것 같았다. 비록 나는 휴가차 방문했지만 중국인들이 보기에는 평소와 다름없는 사업 방문이었다. 따라서 원래 우리 부부에게 배정된 방에는 틀림없이 도청 장치가 설치되었을 터였다. 우리가 방을 바꾸고 난 다음에는 경호원들이 계속 지키고 있어서 도청 장치를 새로 설치하기에 너무 늦었을 것이다. 중국인들이 어맨다가 윌라에게 『잘 자요 달님』을 읽어 주는 소리를 듣게 될 거라는 생각에 웬디와 나는 깔깔대고 웃었다.

우리 가족은 올림픽을 즐겁게 관전하고 관광을 즐겼다. 다만 내가 만리장성의 감시탑 중 한 곳에 올라가다가 낮은 천장에 머리를 세게 부딪히는 사건이 일어났다. 피가 많이 흐르기도 했거니와 내가 너무 크게 비명을 질러서 중국인들은 지금까지도 내게 그때 일을 들먹인다. 나는 미국 남자 농구 팀이 중국 팀을 이기는 것을 관전하고, 웬디와 아이들과 함께 공원에서 태극권을 직접 체험하고, 미국 언론과 인터뷰를 했다. 하지만 그러는 동안에도 내내 미국의 상황을 걱정했고 밤에 잠을 이루지 못했다. 워싱턴을 출발하기 직전에 벤 버냉키로부터 연방준비제도 직원들이 연방저당권협회와 연방주택금융저당회사의 회계 장부를 조사하다가 몇 가지 문제점을 발견했다는 말을 들은 터였다. 버냉키는 검토가 아직 예비 단계에 불과하다면서 나의 여행을 망치고 싶지 않다고 말했지만 결과적으로 그의 의도와는 반대로 되었다. 나는 더 자세한 사항을 알고 싶어서 몸이 근질거렸지만 막상 그에게 전화해서 불쾌한 세부 사항을 묻고 싶지는 않았다. 최악의 사태가 두렵기도 했지만 혹시라도 중국인들이 도청을 통해 상황의 심각성을 알게 되는 것을 원하지 않았기 때문이다.

베이징에 있는 동안 나는 약간 충격적인 소식을 접했다. 러시아의 고위 관리들이 중국 수뇌부에 접근해서 두 나라가 보유한 연방저당권협회와 연방주택금융저당회사의 유가증권 일부를 동시에 팔자고 제안했다는 내용이었다. 그렇게 되면 미국이 비상 권한을 이용해 해당 기관들을 지원할 수밖에 없을 것이기 때문이었다. 나는 문제의 두 기관은 물론이고 자본 시장 전체를 해칠 수도 있는 그 같은 제안을 하면서 러시아가 얼마나 진지했는지 알 수 없었지만 그들이 우리를 시험하는 것일 수도 있다는 생각에 불안해서 잠 못 이루는 밤이 늘어 갔다. 하지만 중국인들은 러시아의 제안에 동참하기를 거부한 채 미국 정부와 협력하면서 금융 위기 내내 미국의 유가증권을 계속 보유하는 대견한 의지를 보여 줄 터였다.

거의 매일 나는 근처 공원에서 운동을 했다. 어느 날 아침에 이런저런 궁리를 하며 빠르게 걷다가 멈추고 타이야 스미스를 한쪽으로 데려갔다. 그녀는 12월에 열릴 미중 전략경제대화에 대비해서 중국 실무진과 의견을 조율하기 위해 베이징에 와 있었다. 내가 말했다. 「나는 연방저당권협회와 연방주택금융저당회사, 그리고 미국의 금융 시장에 대해 계속 생각 중입니다. 이렇게 말하기는 정말 싫지만 솔직히 미중 전략경제대화에 집중할 수 없을 것 같습니다. 나를 대신해서 일을 진행하고 큰 문제가 생겼을 때만 와서 보고해 주십시오.」

나는 타이야 스미스를 전적으로 신뢰했다. 그녀의 명랑한 미소 뒤에는 강철 같은 투지와 풍부한 지략이 숨어 있었다. 그녀는 로버트 졸릭 국무부 차관의 특별 보좌관으로서 아프리카와 유럽 및 정치와 군사 문제에 대한 정책을 조언하는 일을 했었다. 그전에는 국무부의 다르푸르 담당 자문이었다. 나는 그녀의 판단력과 중국인들의 속내를 읽어 내는 능력을 믿었다. 미중 전략경제대화를 조율하는 그녀의 업무는 어쩌면 고되기만 하고 보람이 없을 수도 있었다. 이를테면 그녀는 미국 정부 전체의 활동을 체계화하고, 각료급 고위 인사들의 자존심을 달래 주고, 때로는 일부 인사들의 관심 프로젝트가 우선순위에서 밀린 이유까지 설명해야 했다. 하물며 중국에서도 비슷한 난관들을 극복해야 했는데 중국에서 협력 작업을 이끌어 내기란 결코 쉬운 일이 아니었다. 미중 전략경제대화를 준비할 때마다 타이야 스미스와 그녀의 팀은 절대로 쉽게 협력하지 않는 수많은 중국 부서들을 오가면서 중국에서 몇 주를 보내야 했다. 나는 타이야 스미스에게 농담 삼아 그녀가 미국에서만 관련 부처 간 협력 작업을 관리하는 것이 아니라 중국에서도 같은 일을 한다고 말하기도 했다.

나는 8월 15일에 전면적인 위기를 맞고 있는 워싱턴으로 돌아왔다. 그 주말에 투자 전문지 『배런스』는 〈연방저당권협회와 연방주택금융저당회사에 종반전이 다가오다〉라는 제목의 기사에서 미국 정부가 두 기업을 인수해서 일반 주주들을 모두 정리할 것이라고 예측했다. 월요일이 되자 두 기업의 주식은 지난 18년을 통틀어 최저가를 기록하며 폭락했다. 『배런스』의 보도는 선견지명이 있었다. 연방준비제도와 통화감독국에서 나온 조사관들이 외부 자문들의 보조를 받아 두 기업의 회계 장부에서 거액의 숨은 손실과 악성 자본을 발견했다. 시장에서 거래가 중지된 두 기업은 망할 위기에 처했고, 우리가 이들 기업을 인수하는 수밖에 달리 방법이 없었다. 불과 몇 주 전만 하더라도 전혀 예상하지 못한 일이었다.

9월 6일 토요일에 나는 연방저당권협회와 연방주택금융저당회사를 국유화하고, 최고 경영자들을 교체하고, 두 기관을 연방주택금융국의 공적 관리 아래 두는 유쾌하지 않지만 꼭 필요한 조치를 취했다. 정부는 부족한 자금을 보조하기 위해 각 회사에 최대 1000억 달러를 투입하고 두 기관을 위해 새로운 담보부 대출기금을 신설하기로 했다. 이런 구제 조치로 일반 주주들은 커다란 타격을 입겠지만 채권 소유자들은 보호를 받게 될 터였다.

그다음 날인 일요일에 나는 구제 조치를 공개했다. 우리가 이 거대하지만 대부분의 미국인들은 잘 알지도 못하는 기관들에 취한 조치들이 왜 중요한지 그 이유를 설명하는 것도 잊지 않았다. 공적 관리 부분에 대해서는 정부가 추가로 어떤 조치를 취할지 결정하는 동안에만 이루어질 일시적인 〈타임아웃〉이라고 설명했다. 아울러 만약 이들 두 회사가 파산했다면 〈미국인들이 주택 구입 자금이나 자동차 구입 자금, 기타 소비자 금융과 사업 자금 등을 빌리는 데〉 지장이 생겼을 것이고, 〈경제 성장과 일자리 창출에도 지장을 초래했을 것〉이라고 말했다.

이 당시에 나는 연방저당권협회와 연방주택금융저당회사가 파산한다면 전 세계적인 금융 붕괴로 이어질 거라고 믿었다. 이러한 믿음은 지금도 변함이 없다.

그날 나는 저우샤오촨과 왕치산에게 전화를 걸어 우리의 결정에 대해 설명했다. 금융 위기가 시작된 처음부터 우리는 어떤 문제든 솔직하게 털어놓기로 했고, 그들은 우리를 믿고 온갖 문제가 난무하던 시기에도 시장을 진정시키는 데 도움을 주었다.

「나는 우리가 불을 모두 껐다고 생각합니다.」 내가 왕치산에게 말했다. 「이로써 공황 상태도 끝날 거라고 믿습니다.」

그는 중국이 기존의 채권을 계속 보유할 거라고 약속하고 우리의 성공적인 위기 탈출을 축하하면서도 한편으로 주의를 주었다. 「장관께서 이로써 미국의 모든 문제가 종결될 거라고 믿고 싶은 마음은 잘 알겠지만 아직은 완전히 끝난 것 같지 않습니다.」

대화를 나누면서 나는 광둥 엔터프라이즈가 좌초한 10년 전과 비교했을 때 왕치산과 나의 입장이 얼마나 바뀌었는지 곰곰이 생각해 보았다. 비록 규모는 더 작았지만 광둥 엔터프라이즈도 연방저당권협회와 연방주택금융저당회사와 마찬가지로 투자자들 입장에서는 회사가 중국 정부의 보증을 받는다고 생각하지만 실상은 그렇지 않은 지속 불가능한 사업 모델을 채택한 터였다. 나는 지나가는 말로 왕치산에게 광둥 엔터프라이즈의 구조조정을 이끌었던 스티븐 샤프란이 지금 재무부의 주요 보좌진 중 한 명으로서 나에게 자문을 해주고 있다는 사실을 상기시켰다. 왕치산은 스티븐 샤프란의 업적을 대단히 높이 평가했으며, 매번 나에게 그의 안부를 묻곤 했다.

나는 왕치산에게 말했다. 「중국의 투자금은 그런 사람의 손에서 안전하게 관리되고 있습니다.」

우울했던 그해 여름과 가을을 돌아보면 기억에 남을 만큼 빛나는 순간이 극히 드물었다. 그럼에도 8월 말에 그런 순간 중 하나가 찾아왔다. 연방저당권협회와 연방주택금융저당회사를 인수하기 위한 준비가 한창일 때 중국인 활동가 양젠리가 아내와 두 아이를 데리고 나를 만나러 재무부를 방문한 것이다. 1년 전 내가 중국 정부로부터 그의 석방을 끌어내고 그가 미국으로 돌아올 수 있게 도와준 일에 대해서 직접 고마운 마음을 전하고자 찾아온 것이었다. 비록 중국에 들어갈 수는 없지만 양젠리는 여전히 활발하게 인권운동을 펼치고 있었고, 1990년에 캘리포니아에서 민주주의 지지 단체인 21세기 중국 재단을 설립해 이끌고 있었다.

나는 그를 위해서 내가 어떤 노력을 했는지 자세히 언급하기보다 그를 석방하도록 압박할 수단을 제공해 준 미중 전략경제대화에 공을 돌렸다.

하지만 그는 이미 나에 대해서 많은 것을 알고 있었다. 내가 골드만 삭스나 재무부에서 한 일이 아니라 주로 환경 보존 활동에 관한 것이었다.

그가 말했다.「감옥에 있을 때 장관님이 윈난성에서 진행하는 일에 대해서 알게 되었습니다.」

양젠리는 자신의 석방뿐 아니라 우리가 환경을 위해 진행하고 있던 일에 대해서도 굳이 고마움을 표시함으로써 나를 깊은 충격에 빠뜨렸다. 저명한 반체제 인사가 자신이 그토록 반대하는 바로 그 지도자들과 거의 동일한 방식으로 동일한 주제에 대해서 내게 고마움을 표시하고 있었기 때문이다. 그의 말을 들으면서 나는 중국인들에게서 공통점을 찾아내고 그들에게 의미가 있는 사안을 찾아내는 것이 얼마나 중요한 일인지를 새삼 깨달았다. 중국과 중국의 환경, 중국인의 안녕을 진심으로 걱정하는 행보를 취함으로써 나는 중국의 매우 다른 계층에 속한 사람들에게도 큰 영향을 준 셈이었다.

불안하게도 우리가 연방저당권협회와 연방주택금융저당회사를 인수한 뒤로 시장은 더욱 무력한 모습을 보였다. 새로운 자금이나 전략적 파트너를 찾지 못한 리먼 브라더스는 겁먹은 채권자들이 가뜩이나 돈에 쪼들리던 리먼 브라더스와 거래를 끊으면서 급격히 상태가 나빠졌다. 뉴욕에서 열린 세계적인 투자은행들의 긴급회의에서도 구제 방안이 마련되지 못하자 결국 그 뿌리가 1847년까지 거슬러 올라가는 역사적인 은행은 파산을 신청했다. 우리는 최대한 노력했지만 구매자나 투자자가 나서지 않는 상황에서 어떤 정부도 지급 불능 상태에 빠진 투자은행을 구제하도록 허락할 리 없었다. 같은 주말에 우리는 또 다른 주요 투자은행인 메릴린치 역시 비틀거리고 있다는 사실을 알게 되었다. 설상가상으로 거대 보험 회사인 AIG가 부실 담보 대출과 관련된 신용 부도 스와프 거래의 부작용으로 곤경에 처했다.

리먼 브라더스의 파산은 거의 공황에 가까운 사태를 초래했다. 9월 15일 월요일에 AIG를 선두로 금융 주식들이 폭락했다(다행히 뱅크 오브 아메리카가 메릴린치를 인수하기로 하면서 리먼 브라더스보다 더 큰 참사는 막았다). 자금 공급원이 줄어들기 시작하자 은행과 대규모 기업이 타격을 입었다. 프록터 앤드 갬블과 코카콜라 같은 주요 제조 회사들도 기업 어음을 판매하는 데 어려움을 겪기 시작했다. 머니 펀드들이 정부 증권에 비해 조금 더 수익을 올리기 위해 자주 구매하는 기업 어음은 많은 기업들에게 중요한 단기 자금 공급원이었다.

각각의 폭발이 기폭제 역할을 하면서 끊임없이 폭발이 이어졌다. 9월 16일 화요일에 우리는 AIG의 파산을 막으려면 그날 당일로 연방준비제도가 850억 달러를 대출해 주어야 한다는 사실을 알았다. 런던에서 리먼 브라더스의 자산이 동결되자 헤지 펀드들은 재무 상태가 명백하게 건전한 투자은행들과도 거래하기를 주저했다. 존 맥은 내게 전화해서 몹시 화가 난 목소리로 자신이 회장이자 최고 경영자로 있는 모건 스탠리를 공매자들이 공격하고 있다고 전했다. 높은 평판과 탄탄한 대차대조표만으로는 더 이상 안전을 보장받을 수 없었다. 모건 스탠리를 지키기 위한 자본을 조달하려고 필사적이던 존 맥은 필연적으로 중국투자공사를 떠올렸다. 중국의 외환 보유고 중 일부를 관리하는 중국투자공사는 모건 스탠리가 처음으로 분기 적자를 발표한 뒤인 2007년 12월에 모건 스탠리 주식 9.9퍼센트를 매입했다. 내가 왕치산과 가까운 사이라는 것을 아는 존 맥은 내게 그와 이야기해서 혹시 모건 스탠리에 대한 중국의 투자를 늘릴 방법이 있는지 알아봐 달라고 부탁했다.

모건 스탠리의 최고 경영자가 말했다. 「우리가 그들의 태도에서 알아낸 거라고는, 그들이 장관님의 직접적인 확답과 권유를 듣고 싶어 한다는 것이 전부입니다.」

나는 도울 방법을 찾아보겠다고 약속했다.

모든 것이 유기적으로 얽혀 있는 시장에서 어느 한 부분의 문제는 곧바로 다른 부분으로 확산되었다. 이제는 휴지 조각으로 변해 버린 리먼 브라더스 채권을 보유한 몇몇 펀드 회사들이 타격을 입으면서 미국의 단기 투자 신탁 중 하나인 머니 마켓 펀드 문제가 시작되었다. 이들 펀드 회사들이 〈브레이크 더 벅〉, 즉 주당 순자산 가치가 1달러 이하로 떨어지자 투자자들에게 1달러당 100센트도 지불하지 못할 거라는 두려움이 확산되면서 환매 거래가 홍수를 이루었다. 그 결과 펀드 회사들의 자금 보유량이 줄어들면서 기업 어음에 투자할 수 있는 돈이 감소했고 한순간에 기업 어음 시장이 얼어붙었다. 겁먹은 투자자들이 안전한 재무부 채권으로 갈아타면서 국채 수요가 늘어났다. 그러자 어느 순간부터 은행들과 투자자들이 서로에게 국채를 빌려주기를 거부하게 되었고 이른바 국채의 환매 조건부 채권 시장이라는 단기 펀드를 위한 또 다른 중대한 시장이 폐쇄되기에 이르렀다. 머니 마켓 펀드에 대한 재무부의 특별 긴급 보증만이 예컨대 크고 작은 모든 제조 회사들을 무너뜨리고 금융 부문의 위기를 모든 부문의 위기로 순식간에 확산시킬 수 있는 파멸적인 환매 사태를 막을 수 있을 터였다.

이 모든 일련의 문제들이 실패에서 실이 풀려 나가듯이 줄줄이 진행되고 있을 때 데이비드 매코믹이 내 집무실로 달려와서 외쳤다. 「정말 나쁜 소식입니다. 중국인들이 돈을 움직이고 있습니다.」

데이비드는 월 스트리트의 정보통으로부터 들은 소식을 전했다. 대형 머니 펀드 중 하나인 리저브 프라이머리 펀드의 주당 순자산 가치가 1달러 아래로 떨어지자 불안해진 중국 은행들이 단기 금융 시장에서 대규모로 돈을 인출하고 있다는 것이었다. 우리도 중국이 거래 상대방 위험*에 겁을 먹고 담보부 익일물 시장에서 철수하고 있다는 말을 들은 터였다. 여기에 더해서 그들은 연방저당권협회와 연방주택금융저당회사의 채권을 만기일이 비교적 짧은 다른 유가증권으로 교체하기 시작한 터였다.

조짐이 불길하기는 했지만 중국이 워낙에 큰 투자자였기 때문에 우리는 이 상황을 어떻게 해석해야 할지 잘 몰랐다. 나와 이야기할 때 왕치산은 중국이 미국 국채와 연방 기관채를 더 이상 구매하지도 않겠지만 그렇다고 내다 팔지도 않을 거라고 강조했다. 나는 데이비드에게 무슨 일인지 알아보라고 지시했다. 그는 저우샤오촨과 셰쉬런 재정부장 등 중국 지도자들에게 연락을 취했다.

데이비드가 저우샤오촨에게 말했다. 「총재님이 팔라고 조언한 건 아니겠지만 관료 조직의 어딘가에서 이런 결정들이 내려지고

* 거래 상대방의 파산이나 신용 등급 하락으로 발생하는 위험.

있습니다.」

저우샤오촨은 자기는 모르는 이야기라면서 알아보겠다고 약속했다. 그리고 다음 날 우리에게 전화해서 데이비드가 말한 내용들이 사실임을 확인해 주었지만 환매가 조직적인 차원에서 결정된 사항은 아니라고 단언했다.

「사람들이 제 딴으로는 현명한 선택이라고 생각한 모양입니다.」 저우샤오촨이 말했다. 「특히 리저브 펀드에서 철수하는 문제와 익일물과 관련해서 약간의 지침을 내리도록 하겠습니다.」

불과 얼마 뒤 잔뜩 긴장한 중국 기관들이 방침을 바꾸었다. 아이러니한 사실은 중국 은행들이 원래는 독립적으로 결정을 내려야 했다는 것이었다. 독립성이야말로 그동안의 개혁과 구조조정이 목표로 삼았던 부분이었기 때문이다. 우리는 저우샤오촨에게 은행들이 스스로를 보호하기 위한 조치를 취하지 못하도록 막아 주기를 바란 것이 아니었고, 따라서 그는 중국 은행들의 행보가 낳을 위험한 결과를 단지 지적만 할 수도 있었다. 실제로 중국 은행들은 여전히 상당 부분 국무원의 지배를 받았다. 은행의 공개주를 보유한 주주들이 따로 있었지만 은행은 국가 소유였고 은행의 최고 경영자들은 궁극적으로 정부의 명령을 받았다. 결과적으로 중국 정부가 내린 〈지침〉은 시장의 공황 상태를 일부 저지했다. 그리고 금융계는 그들에게 감사해야 할 터였다.

9월 19일 저녁에 존 맥은 나에게 다시 전화해서 중국투자공사와 그다지 진전된 내용이 없다고 보고했다.

그가 말했다. 「중국인들은 미국 정부가 진심으로 해결책을 찾고자 하는지 알고 싶어 합니다.」

「왕치산과 이야기해 보겠습니다.」 내가 그에게 말했다. 만약 부시 대통령이 후진타오 주석에게 연락하는 방법이 도움이 된다고 판단되면 대통령에게 그렇게 하도록 요청할 준비도 되어 있다고 덧붙였다. 리먼 브라더스보다 훨씬 규모가 큰 모건 스탠리가 파산하면 그 여파로 다른 기관들도 줄줄이 무너질 것이었다. 어쩌면 미국의 금융 시스템 전체가 붕괴하면서 또 한 번의 대공황을 불러올 수도 있었다.

다음 날 나는 부시 대통령에게 후진타오 주석과 이야기를 나누어야 할 수도 있으니 미리 준비해야 한다고 알렸다. 물론 이런 일은 중국투자공사가 모건 스탠리의 지분을 늘리는 문제에 더 적극적으로 관심을 보일 경우에만 일어날 터였다. 미국 대통령이 자국의 기업에 투자하라고 외국 정부에 요청하는 것은 그다지 바람직한 방식이 아니었기 때문에 이런 식의 접근은 매우 신중하고 간접적이어야 했다. 예컨대 부시 대통령은 후진타오 주석에게 미국 자본 시장의 문제를 처리하는 데 도움을 준 중국에 고마움을 표시함으로써 모건 스탠리가 미국의 금융 시스템에 얼마나 중요한지 암시할 수 있을 터였다. 재무부 직원들이 후진타오 주석의 주변 사람들에게 부시 대통령의 감사 인사가 모건 스탠리와 관련된 것이라고 분명하게 밝힐 것이었기 때문이다. 부시 대통령은 내게 이 문제와 관련해서 스티븐 해들리 백악관 국가안보보좌관과 협력할 것을 지시했다.

그날 밤 나는 왕치산과 통화했다. 1990년대에 모건 스탠리와 중국건설은행이 공동 설립한 합작 투자은행을 두고 서로 의견이 엇갈린 적도 있었지만 왕치산과 존 맥은 좋은 친구가 되었고, 왕치산은 모건 스탠리를 높이 평가하고 있었다. 하지만 우정으로 할 수 있는 일에는 한계가 있었다. 나는 그와 이야기를 나누면서 존 맥이 바라는 만큼 중국이 투자에 적극적이지 않다는 결론을 내렸다. 사실 왕치산은 전혀 관심이 없는 것 같았다. 혹시 중국이 투자를 한다고 하더라도 과연 안전할지를 걱정하는 것이 분명했다. 나는 그가 내게 확실한 보장을 받고 싶어 한다는 것을 알았지만 내가 해줄 수 있는 일이 아니었기 때문에 다른 주제로 넘어갔다. 부시 대통령이 굳이 후진타오 주석과 이야기를 나눌 필요도 없었다.

나는 중국이 우려하는 바를 알았기에 그다지 놀라지 않았다. 그들은 모건 스탠리 문제로 더 이상 돈을 잃고 싶어 하지 않았다. 그들로서는 잃을 것이 너무나 많았기 때문이다. 미국이 어려움에 처하자 새롭게 힘을 얻은 중국의 개혁 반대자들이 미국을 맹렬히 비난하면서 국수주의 정서를 부추기고 있었다. 블랙스톤과 모건 스탠리에 대한 투자에서 손해를 본 중국 정부는 몇 달째 여론의 뭇매를 맞고 있었다. 수많은 온라인 블로거들은 매일같이 투자 상황을 꼼꼼하게 추적하고 있었다. 만약 이러한 손실이 중국이 대량으로 보유한 연방저당권협회나 연방주택금융저당회사의 유가증권에서 발생했다면 심각한 정치적 문제에 더해서 정부가 신뢰를 잃었을 수도 있었다.

모건 스탠리는 결국 일본 기업인 미쓰비시 UFJ라는 파트너를 구했다(이 회사는 미국 재무부로부터 약간의 격려와 확인을 받은 뒤에야 투자에 동의했다). 분명히 말하자면 나는 이미 손실이 발생한 기업에 또다시 투자하는 위험을 감수하려고 하지 않은 중국을 절대로 비난할 생각이 없다. 살벌한 기사 제목과 숨이 멎는 듯한 시장의 폭락, 주요 금융 기관들의 전면적인 파산에도 불구하고 대체로 중국 지도자들은 매우 협조적인 태도를 보였다. 내가 말했듯이 그대로 버티는 것이 중국에도 이익이었다. 불안해 하기는 했지만 그들은 흔들리지 않았다 — 아시아의 외환 위기 때에도 마찬가지였는데 당시는 중국이 속한 지역이 붕괴 직전의 위기에 놓여 있었다. 이제는 미국과 유럽이 흔들리고 있었고, 중국의 강한 목적의식과 단호한 의지는 서구 사회가 생존하고 최악의 위기에서 빠져나오는 데 커다란 역할을 할 것이었다.

나는 골드만 삭스에서의 경력을 통해서 그리고 미중 전략경제대화에 공을 들이는 과정에서 구축된 인간적인 관계가 성과를 냈다는 생각이 들었다. 미중 전략경제대화에서 회의를 거듭하면서 조성된 개인적인 신뢰와 비공식적인 잦은 소통이 금융 위기 동안에 직접적으로 중국의 절제를 이끌어 냈다고 단언할 수는 없겠지만 명백하게 연관이 있었다는 것은 의심할 여지가 없다. 비록 실행 가능한 목표 목록에는 포함되지 않았지만 미중 전략경제대화의 이런 인간적인 차원의 성과가 그 긴박한 시기에 미국에 얼마나 중요한 역할을 했는지는 아무리 강조해도 지나치지 않을 정도다.

한편 누가 보더라도 임시방편만으로는 절대로 금융 시스템의 와해를 막지 못한다는 사실이 명백해졌다. 우리는 대공황 이후로 미국에 닥친 최악의 경제적 재난에 대처하기 위해 우리에게 특별 권한을 승인해 달라고 의회에 요청해야 할 터였다. 이러한 판단은 의회와 협의를 거쳐 7000억 달러 규모의 부실 자산 구제 프로그램을 신설하는 결과로 이어졌다. 정부는 이 프로그램을 이용해서 금융 기관들이 보유한 불량 자산을 매입함으로써 해당 기관들의 대차대조표를 건전하게 만드는 데 도움을 줄 수 있는 권한을 갖게 되었다.

내가 지금도 분명하게 기억하기로 부실 자산 구제 프로그램은 손에 땀을 쥐게 하며 가까스로 통과되었다. 처음에는 하원에서 이 안을 거부해서 일주일 동안이나 시장에 혼돈 상태가 이어졌다. 결국 10월 3일 금요일에 통과된 부실 자산 구제 프로그램은 그럼에도 시장을 안정시키는 데 실패했다. 그 원인 중 하나는 세계 곳곳으로 확산되는 이 문제의 성격이 점점 더 분명해지고 있었기 때문이다. 유럽은 서로 티격태격하느라 은행들의 문제를 바로잡지 못할 것이고 부실 자산 구제 프로그램도 충분하지 않을 수 있다는 투자자들의 우려가 깊어지면서 뒤이은 월요일에 아시아와 유럽, 미국에서 주가가 폭락했다. 부실 자산 구제 프로그램을 승인받기 위해 의회를 상대하면서 2주를 보낸 사이에 상황은 더욱 악화되었다. 결국 우리는 부실 자산 구제 프로그램의 불량 자산 인수 계획만으로는 충분하지 않다는 사실을 깨달았다. 시장의 신뢰를 회복하는 데 빠른 효과를 낼 수 있는 더 강력한 무언가가 필요했다. 재무부 내의 우리 팀은 700개가 넘는 은행들을 대상으로 자본을 투입하고 자본 구성을 재편하는 전면적인 계획에 착수했다.

영국 정부가 자체적으로 8750억 달러 규모의 은행 구제 금융을 준비하는 가운데 고든 브라운 영국 총리는 부시 대통령에게 G20 정상 회의를 개최할 것을 제안했다. 행정부 내에서 그의 제안을 받아들일 가치가 있는지 논의가 이루어졌다. 나는 그 같은 모임이 시장을 더욱 불안하게 만드는 정치적인 소동으로 이어질 수 있다는 점에서 한편으로는 우려스럽기도 했지만 세계적인 문제에는 세계적인 접근법이 필요하다고 판단했다. 그래서 11월 4일 미국 대통령 선거 이후에 가능한 한 가장 빠른 날짜에 회의를 열어야 한다고 주장했다.

일단 우리는 10월 10일 금요일로 예정된 세계은행과 국제통화기금의 연례 회의에서 G7 재무 장관들과 생산적인 회의를 하고 싶었다. 일반적으로 G7 회의는 미리 작성된 원고를 바탕으로 장관들이 차례로 연설문을 낭독한 뒤에 내부자나 언론 종사자 같은 소수의 사람들만 이해할 수 있는 전문 용어로 가득한 공동 성명을 배포하는 형식으로 진행되었다. 이번 회의는 우리의 결의를 대중과 시장에 전할 수 있는 진지하고 실질적인 방식으로 진행될 필요가 있었다. 회의는 시작부터 순조롭지 않았다. 각국의 중앙은행 총재들이 연달아 일어나서 자국의 문제가 리먼 브라더스의 파산 때문이라고 주장하면서 미국이 전 세계에 혼란을 야기했다고 비난했다. 부채 비율이 높고 자기자본비율이 낮은 유럽의 은행들은 사실상 리먼 브라더스가 무너지기 훨씬 전부터 재앙을 향해 걸어

가고 있었다. 그럼에도 분통을 터뜨리는 행위가 도움이 되기는 했다. 결국에는 내용에 충실하고 전문 용어를 줄인 설득력 있고 명료한 공동 성명을 발표함으로써 금융 위기를 타개하기 위한 단호한 조치에 다 같이 헌신하기로 약속했기 때문이다.

이런 성과에 고무된 백악관은 세계 정상 회의를 밀어붙였다. 나는 G20의 정상들을 초청할 것을 주장했다. 조슈아 볼턴 백악관 비서실장과 스티븐 해들리 국가안보보좌관, 댄 프라이스 국제 경제 담당 국가안보부보좌관이자 국제 경제 담당 대통령 보좌관을 포함해서 대통령의 보좌관들 대다수가 나와 같은 의견이었다. 그동안 G20의 재무 장관들과 중앙은행 총재들은 정기적으로 만났지만 국가 원수들은 한 번도 모인 적이 없었다. 나는 변화가 필요하다고 생각했다. 그리고 브라질과 인도, 중국 같은 G20의 신흥강국들이 한자리에 모이면 단지 현재뿐 아니라 미래까지 대변할 수 있을 것으로 생각했다.

이런 생각에 모두가 열광하지는 않았다. 미국 정부 내 몇몇 인사들은 효율적인 측면에서 20개국은 너무 많을 뿐 아니라 예컨대 비논리적이고 무책임하고 경제적으로 줄곧 반미 입장을 취해 왔다고 평가되는 포퓰리스트 정치인 크리스티나 페르난데스 데 키르치네르가 대통령으로 있는 아르헨티나 같은 나라들이 참여한다면 그룹의 유효성이 약화될 거라고 생각했다. 다만 한 가지 사실에 대해서는 우리 모두의 의견이 일치했다. 만일 중국이 G20에서 주도적인 역할을 맡을 의지가 있다면 — 그리고 세계 최대의 선진국인 미국과 세계 최대의 개발도상국인 중국이 이런저런 사안들에 합의한다면 — G20 정상 회의는 성공적인 회의가 될 거라는 사실이었다. 정상 회의에 관한 우리 계획을 더 진행하기에 앞서 나는 부시 대통령의 재가를 받아 왕치산에게 전화해서 후진타오 주석의 빠른 답변을 듣기로 했다.

비록 낮은 확률이지만 퇴짜를 맞을 가능성도 있었다. 10월 초에 미국이 타이완에 60억 달러 규모의 무기를 판매하기로 결정하면서 중국은 여전히 기분이 상해 있었기 때문이다. 하지만 우리는 스물네 시간도 지나지 않아 후진타오 주석에게서 열의에 찬 매우 긍정적인 답변을 받았다. 후진타오 주석은 이 긴급회의가 세계적인 강국으로서 중국의 새로운 역할을 보여 줄 이상적인 무대가 될 것으로 확신했다. 중국이 동참하기로 하자 부시 대통령은 G20 정상 회의를 추진하기로 결정했다.

고든 브라운을 제외한 유럽의 지도자들은 영향력이 오히려 희석될 수 있다고 우려하면서 이런 대규모의 회동을 반대했다. 한발 양보해서 우리는 (G7에 러시아가 추가된) G8과 G20 중 어느 쪽에도 속하지 않은 스페인과 네덜란드까지 초청하기로 합의했다. 수많은 의견이 오고 간 끝에 마침내 G20 정상 회의를 11월 14일과 15일 이틀에 걸쳐 워싱턴에서 열기로 결정했다. 데이비드 매코믹이 댄 프라이스와 함께 노력한 결과였다.

중국도 그들 몫의 고통을 느끼기 시작했다. 수출과 투자의 성장세가 둔화되는 가운데 주식 시장과 부동산 시장이 급격히 침체되었다. G20 정상들이 워싱턴에 도착하기까지 일주일도 남지 않은 11월 9일에 중국은 사회 기반 시설 건설을 주요 사업으로 2년에 걸쳐 5860억 달러를 투입하는 대규모 경기 부양책을 발표했다. 그때까지 중국에서 시도된 가장 큰 규모의 경기 부양책이었다. 중국 정부는 또한 여신 관리를 완화했다. 이듬해에는 국유 은행들에게 1조 달러가 넘는 거액의 대출 캠페인을 시행하도록 종용할 예정이었다. 5년 전만 하더라도 중국을 위태롭게 할 정도로 이런저런 문제를 안고 있던 바로 그 은행들이 이제는 중국과 세계 경제를 수렁에서 끌어내는 데 도움을 주고 있다니 정말 아이러니하다는 생각이 들었다.

11월 15일에 G20 정상들이 워싱턴에 위치한 국립 건축 박물관 그레이트 홀에 모였다. 코린토스 양식의 열주들이 높은 천장까지 솟아 있는 이 방대한 공간은 원래 남북전쟁 연금 사무국으로 사용할 목적으로 설계되었다. 회의에 참석하는 인원이 많은 까닭에 홀 안에는 거대한 정사각형의 탁자가 놓여 있었다. 실내를 둘러보면서 나는 세계 질서가 더 바람직한 방향으로 가고 있음을 방증하는 현장을 생생하게 확인할 수 있었다. 나의 시선을 사로잡은 그곳에는 니콜라 사르코지 프랑스 대통령과 앙겔라 메르켈 독일 총리, 실비오 베를루스코니 이탈리아 총리 등 유럽의 지도자들이 후진타오 중국 국가주석과 루이스 이나시오 룰라 다시우바 브라질 대통령, 만모한 싱 인도 총리 등과 한자리에 모여 있었다.

후진타오가 열정적으로 회의에 참석하고자 한 것에서 알 수 있듯이 중국은 국제 사회의 주요한 참가자로서 전면에 나서고 있었다. 미국과 유럽에 집중된 세계적인 금융 위기가 중국에는 국제 무대에 진출하는 계기가 된 것이다. 이는 비록 내가 바라던 시나리오는 아니었지만 중국도 세계 경제의 안정에 그들의 이해가 달려 있기는 마찬가지였고, 나는 신뢰 회복을 위해 협력을 제안하는 자리에서 중국이 주도적인 역할을 하는 모습을 보면서 흐뭇한 기분이 들었다.

회의 중간의 휴식 시간에 나는 후진타오와 왕치산을 잠깐 만날 기회가 있었다. 짧은 이야기를 나누던 중에 후진타오가 말했다.

「장관께서는 우리가 통화를 서둘러 인상하지 않은 것을 분명히 천만다행으로 여기고 있을 것입니다. 이제는 그 이유를 이해했으리라 생각합니다. 우리가 하려고 했던 어떤 일들은 하마터면 위험을 초래할 뻔했습니다. 우리는 이제 안정되었고 경기를 부양할 능력도 생겼습니다. 그 덕분에 우리는 물론이고 전 세계가 도움을 받고 있습니다.」

나는 후진타오 주석에게 감사를 표하는 한편으로 중국이 통화 개혁을 시작하기 위해 단행한 조치들이 유익했다고 생각한다고 말했다. 「중국 경제가 계속 성장세를 유지하는 것이 중요합니다.」 그러고는 이렇게 덧붙였다. 「다만 제가 생각하기에 그동안 중국의 성장을 뒷받침한 것은 통화 정책이 아니고 재정 지출이었습니다.」

회의 내내 중국은 거의 모든 사항에 협조적인 태도를 보였지만 단 한 가지 눈에 띄는 예외가 있었다. 요컨대 그들은 최종 공동 성명에 〈불균형〉이라는 단어를 사용하지 않기를 원했다. 이 단어가 중국의 과도한 저축과 미국의 과도한 대출을 암시하는 함축적인 표현이라고 생각했기 때문이다. 관련 주제는 수년째 골치 아픈 사안이었다. 금융 위기를 낳은 재정 과잉의 원인으로 불균형을 거론하는 것은, 중국 입장에서 보면 미국이 벌인 일로 중국을 나무라는 것이나 마찬가지였다. 나는 불균형이 양방향으로 작용한다고 항상 주장했다. 미국의 막대한 부채와 낮은 저축률은 중국의 과도한 저축률과 마찬가지로 세계 경제를 위태롭게 만든 원인이었다. 하지만 중국은 일말의 비난 가능성에도 매우 민감하게 반응했다. 왕치산은 중국의 불균형 문제를 금융 위기와 연관 지어서 공개적으로 다루지 말아 달라고 내게 주의를 주었다.

「이 문제를 거론하면 미국이 우리를 비난하는 것처럼 보일 것입니다.」 그가 말했다. 「우리는 그동안 한 번도 금융 위기가 미국의 탓이라고 비난하지 않았습니다.」

G20 회의에 들어가면서 나는 금융 위기에 대처하려는 우리의 노력이 옹졸한 보호 무역주의에 그리고 그에 대한 맞대응에 발목이 잡히는 상황을 우려했다. 하지만 완전히 잘못 짚었다. 선진 경제국들은 최근의 재난에 자국이 일조한 부분을 사과했고, 더 작은 규모의 경제국들은 자유분방한 서구의 금융 시스템을 비난하는

대신 과잉 반응에 대한 우려를 표명했다. 그들은 하나같이 보호 무역주의를 배격했으며, 자유 시장 원칙에 충실해야만 개혁이 성공할 수 있다는 데 의견이 일치했다. G20이 발표한 공동 성명은 20개국이 국제 금융 시스템을 강화하기 위해 개혁을 단행할 것임을 선포했고, 아울러 국제적 협력의 중요성을 강조했다.

G20 정상 회의가 끝나고 3주 뒤인 12월 초에 나로서는 마지막 미중 전략경제대화가 될 회의에 참석하기 위해 베이징으로 날아갔다. 2009년 7월로 예정된 차기 미중 전략경제대화에서는 버락 오바마 대통령 당선자가 새로 구성한 팀이 우리를 대신할 터였다. 실로 민주주의의 경이라는 말밖에 할 수 없는 미국 정부의 정권 인수 과정이 진행되는 상황에서 시장에는 아직도 긴장이 감돌았다. 우리는 끊임없이 발생하는 일련의 위기들과 여전히 씨름하고 있었다. 예컨대 GM(제너럴 모터스)과 크라이슬러가 도산 위기에 몰려 있었다(이들 두 기업은 부실 자산 구제 프로그램을 통해 정부 자금을 대출받아 파산을 면하게 된다). 11월 말에는 자본을 투입하고 정부가 보증을 서는 복합적인 방법으로 시티 그룹을 구제해야 했다. 미국 최대의 은행인 시티은행은 자산이 2조 달러에 달했다 — 이외에도 1조 2000억 달러에 달하는 부외 자산이 있었고, 이 중 절반이 담보 대출에 관련되었다. 시티은행이 불량 자산과 증권 시장을 통한 투기 세력의 공격을 견디지 못하고 결국 흔들리기 시작했다. 우리는 시티은행의 도산을 막기 위한 조치에 나서야 했는데, 혹시라도 파산하면 파국적인 결과를 불러올 터였다.

이런저런 문제들이 끊임없이 터지자 딕 체니 부통령은 내게 국내에 머물러 달라고 제안했다. 부시 행정부의 경제 팀과 매주 수요일마다 갖는 오찬 중에 나를 따로 불러내서 그가 말했다. 「대통령은 미국의 금융 시스템과 경제를 보호하는 부분에서 장관에게 의지하고 있습니다. 이런 상황에서 미중 전략경제대화에 참석하러 중국에 간다는 것은 전쟁 중에 나라를 비우는 것과 같습니다.」

나는 내가 중국에 가지 않으면 상황이 실제보다 더 나쁘게 보일 수 있다고 주장했다. 내가 회의 참석을 취소할 경우 시장에서는 미국의 상황이 정말로 절망적이라는 신호로 해석할 것이 분명했다. 내가 말했다.「내가 베이징에 가지 않거나 미중 전략경제대화 자체를 취소해 버리면 모든 사람이 진심으로 우리에게 큰 문제가 생겼다고 생각할 것입니다.」

부통령은 감정을 절제할 줄 아는 사람이었고 더는 고집을 부리지 않았지만 그가 나의 출국을 언짢게 생각한다는 것을 알 수 있었다. 보수 성향이 강했음에도 그는 부실 자산 구제 프로그램은 물론이고 금융 위기 동안에 우리가 어쩔 수 없이 실행해야 했던 꺼림칙한 자본 시장 개입 조치들에 대해서 한결같은 지지를 보여 주었다. 아울러 미중 전략경제대화와 미국과 중국의 쌍무적인 경제 관계에 대해서도 지지를 보여 주었다.

5차 미중 전략경제대화에서 나는 지난 2년 반 동안 기울인 노력의 가치를 절감했다. 그동안 부지런히 작업해 온 여러 가지 사안들이 마침내 결실을 맺고 있었다. 예컨대 미국은 중국의 투자를 환영한다고 선언했다. 우리는 외국의 직접 투자와 미국의 고소득 일자리 사이에 존재하는 상관관계를 확실하게 강조했다. 우리가 소중한 미국 자산을 중국이나 그 밖의 나라에 헐값으로 팔아치우려 한다고 생각하는 사람이 단 한 명도 없기를 바랐기 때문이다. 우리가 분석한 바에 따르면, 그동안 외국인 투자는 미국에서 500만 개에 달하는 일자리를 창출했고 급여도 전국의 현행 급여 수준보다 평균적으로 30퍼센트 이상 높았다.

5차 미중 전략경제대화에서 우리는 또 에너지와 환경에 관한 10개년 협력 계획의 일부로 에코 파트너십 협정에 조인하고 지역 기관들이 협력해서 환경 문제에 대처할 수 있도록 했다. 아울러 식품과 제품의 안전성을 높이기 위한 기술적인 교육을 체계화하고 긴급 사태가 발생했을 때 공동으로 대처하는 능력을 개선하는 등 지난 미중 전략경제대화들의 성과도 보완했다. 미중 전략경제대화를 비판하는 사람들이 보기에 어떤 성과들 — 미국을 방문하는 중국인 관광객 수가 급증한 것부터 불법적인 벌목에 공동 대응하기로 한 것까지 — 은 전혀 대단하지 않을 것이다. 하지만 이런 성과들은 수백 가지에 달했으며 하나하나가 모여서 많은 발전을 이루었다. 하나같이 미중 전략경제대화가 없었다면 달성할 수 없었을 것들이다. 각각의 성과들은 우리가 짓고 있는 튼튼한 건물을 구성하는 낱낱의 벽돌이었다. 건물이 완성되면 앞으로 불어올 갈등과 위기의 바람을 막아 줄 거라고 생각했다.

2006년 12월에 1차 미중 전략경제대화가 열렸을 때 우이는 개회사에서 미국이 어느 정도로 중국을 이해하지 못하는지 강조했다. 그녀가 보기에 세계 열강은 개발도상국인 중국을 존중하지 않았고 전략적 파트너로 대우하지도 않았다. 2년이 지난 이제 미중 양국은 최선을 다해서 서로 협력하고 있었다. 의견이 엇갈릴 때도 많았지만 양국은 서로의 이해가 일치하는 부분에서 위기를 완화하고 진전을 이루어 낸 미중 전략경제대화를 높이 평가했다.

내가 재무 장관으로 취임한 초기에 우리는 미중 전략경제대화에 관한 계획을 세우면서 세 가지 목표를 설정했다. 미국과 중국의 경제 관계를 개선하고, 중국의 시장 개혁을 지원하고, 중국이 책임감을 가지고 세계 무대에 진출하도록 독려하는 것이었다. 미국과 중국의 경제 관계는 이제 더 튼튼한 기반 위에 있으며, 환경적으로 지속 가능한 경제 성장을 달성하기 위한 공동의 노력에 의해 뒷받침되고 있다. 비록 원하던 수준까지 시장 개혁을 이끌어 내지는 못했지만 — 이 책을 쓰는 지금까지도 중국은 여전히 금융 회사에 대한 외국인의 투자 상한선을 없애지 않았지만 언젠가는 이 부분에서도 우리의 노력이 결실을 맺을 거라고 믿는다 — 우리는 미국 기업들이 중국에서 더 자유롭게 사업할 수 있는 환경을 만들었고, 부정적인 결과를 가져올 것이 분명한 보호 무역주의적 법안을 제정하지 않고도 인민폐의 절상을 이끌어 낼 수 있었다. 마지막으로 G20의 지위를 끌어올림으로써 중국에 자국이 큰 혜택을 누린 경제 시스템을 지탱하기 위해 책임 있는 지도적 역할을 수행할 기회를 제공했다. 나는 중국이 그들의 역할에 대해서 점점 더 많은 것을 배워 나가기를 바랐다. 세계 안정을 위해서는 문제를 해결하고자 하는 중국의 의지가 절대적으로 중요하기 때문이다.

젊은 투자 은행가 시절에 나는 나와 고객 사이에, 그리고 나의 회사와 고객의 회사 사이에 관계를 형성하는 것이 성공의 열쇠라고 배웠다. 재무부 장관이 되고 나서는 국가와 국가 간의 지속적인 관계를 형성하기 위해 노력했다. 직책을 맡은 담당자는 계속 바뀔 수밖에 없다. 내가 재무 장관직에 오래도록 있을 것도 아니고 중국 지도부 또한 바뀔 것이었다. 하지만 우리는 미중 전략경제대화라는 양국 관계를 위한 포럼을 창설했고, 우리가 직위에서 물러난 뒤에도 미중 전략경제대화는 지속될 거라고 믿는다. 실제로 오바마 행정부는 미중 전략경제대화의 접근법을 수용하는 동시에 외교 정책과 국가 안보를 포함하는 형태로 기존의 미중 전략경제대화를 확대하고 명칭도 〈전략과 경제 대화〉로 바꿀 터였다. 미국과 중국은 에너지와 환경에 관한 10개년 협력 계획을 발판으로 삼아 2014년 11월에 온실가스 배출을 제한하는 기념비적인 합의에 도달했다. 기후 변화에 대처하기 위해서는 협력 작업을 강화해야 한다는 나의 이상이 실현되는 순간이었다.

젊은 투자 은행가로서 나는 다른 것도 배웠다. 거절을 대답으로 받아들이지 말라는 것이다. 처음부터 원하는 바를 얻는 것은 불가능에 가까웠다. 특히 새로운 고객을 만났을 때는 더더욱 그랬다. 따라서 고객의 요구를 파악하고 나의 제안이 고객의 이익에 부합하도록 틀을 짜는 노력이 필요했다. 그런 다음에는 계속해서 밀어붙이고 같은 것을 지속적으로 요구해야 했다. 충분한 시간과 노력을 들인다면 대답은 긍정으로 바뀔 수 있었다. 당연하지만 나는 중국에서도 이 같은 접근법을 이용했다. 중국에 시장을 개방하거나 통화를 인상하라고 요구하는 과정에서 그동안 얼마나 많은 〈안 됩니다〉 또는 〈아직은〉 아니면 〈그렇게 빨리는 불가능합니다〉라는 말을 들었겠는가? 원하는 대답을 듣지 못했을 때조차 우리는 조금이라도 더 문이 열린 상태를 고정해 두려고 애썼다. 다음에 그리고 그다음에 조금씩 더 그 문을 열어 나갔다. 워낙에 문제도 많고 관여하는 사람도 많은 중국이라는 나라에서 우리는 그들이 적어도 변화를 지향하는 부분에서 일치된 목소리를 낼 수 있도록 돕고자 했다.

관례대로 미국 대표단이 후진타오 주석과 공식적인 자리를 갖고 난 다음에 나는 그와 개인적으로 대화를 나누었다. 후진타오 주석과 나는 인민대회당의 우아한 회의실 뒤편에 장막이 쳐진 작은 방에서 쿠션이 깔린 긴 의자에 나란히 앉았다. 나는 그에게 미국의 경제 문제를 둘러싼 여전한 걱정을 털어놓았고 새로운 행정부가 한동안 신중을 기하는 상황에서 너무 성급하게 많은 것을 기대하지 말라고 조언했다.

나는 〈미국에는 여전히 상당한 반중국 정서가 존재합니다〉라고 말하면서 중국이 개혁을 중단하거나 늦춘다면 미중 관계가 삐걱거릴 수 있다고 경고했다. 그에게 G20에서 보여 주었던 것처럼 세계 문제에 계속해서 헌신적인 모습을 보여 달라고 부탁했다.

거기까지가 내가 중국 국가주석에게 공식적으로 건넨 마지막 조언이었다. 후진타오 주석이 재무 장관인 내게 마지막으로 해준 말에서는 나를 안심시키려는 배려가 느껴졌다.

「미국이 원하는 만큼 빠르게 가지는 않겠지만 방향은 항상 전면을 향할 것입니다.」 후진타오가 말했다. 「중국의 개혁은 되돌릴 수 없습니다.」

나는 확실히 그렇게 되기를 희망했다. 예전에 골드만 삭스를 떠난 것과 마찬가지로 나는 곧 재무부를 떠날 터였다. 이후에 무엇을 할지 아무것도 생각해 둔 것은 없었다. 하지만 후진타오가 이야기하는 바로 그 순간에 나는 내가 무슨 일을 하든 상관없이 계속해서 나의 중국인 친구들에게 개혁 속도를 높이라고 압박할 거라는 사실을 깨달았다. 그렇게 하는 것이 중국에 이익이었고 미국과 세계에도 이익이었기 때문이다.

3부 가교(架橋)

15 한낮의 어둠

나는 평소에도 늦가을이나 겨울의 베이징 날씨를 좋아하지 않는 편이지만 2011년 12월 첫째 주처럼 음울하고 불쾌한 느낌을 받은 적도 없었다. 새로 설립한 비영리 기구인 폴슨 재단에서 도시 지속성을 주제로 회의를 주재하기 위해 베이징에 도착해서 얼마 지나지 않았을 때였다. 중국의 수도가 두텁고 어두운 스모그의 장막에 휩싸이면서 공항 활주로가 폐쇄되고 항공기 수백 편이 결항되거나 다른 곳으로 방향을 바꾸었다. 나중에 도착한 우리 참석자들 중 일부는 네이멍구에서 내려야 했다.

점심시간을 이용해 나는 회의에 특별 연사로 초청된 로스앤젤레스 주지사 앤토니오 비어라고사와 함께 호텔을 나섰다. 중국산 전지와 몸체에 로스앤젤레스 기업이 전매특허를 가진 구동축을 결합한 순수 전기 자동차를 홍보하기 위한 사진을 찍기 위해서였다. 오전 내내 호텔 안에 있다가 밖에 나온 나는 엄청난 충격을 받았다. 정오가 막 지난 시간이었음에도 너무나 어둡고 음침한 탓에 해 질 녘이라고 해도 믿어질 정도였다. 길 건너 사무용 고층 건물들이 흐릿한 그림자처럼 보였다. 눈이 따가웠고 눈물이 흐르기 시작했다.

우리는 코다 오토모티브의 최고 경영자 필 머토와 나란히 전기 자동차 옆에 서서 자세를 취했다. 사진을 더 찍기 위해서 앤토니오가 자동차 운전석에 앉았다. 그가 순간적인 충동으로 자동차에 기어를 넣었고 혼잡한 골목길을 따라 조용히 속도를 올렸다. 필은 자동차 뒷좌석에, 나는 조수석에 앉은 채였다. 차 안인데도 매캐한 공기에서 먼지 알갱이가 느껴졌다. 앤토니오가 자동차 전조등을 켰다. 마주 오는 자동차들의 희미한 불빛을 보면서 안개가 자욱한 빅토리아 시대의 런던을 배경으로 한 흑백영화 속 장면들이 떠올랐다. 중국 정부가 이런 전기 자동차를 더 일찍 도로에 풀어놓을 수는 없었는지 의문이 들었다.

오래지 않아 앤토니오는 길을 모르는 상태에서 더 멀리 갔다가는 되돌아가기 어렵다는 사실을 깨달았다. 그가 황급히 불법일지 모를 유턴을 하는 바람에 우리 몸이 급격히 한쪽으로 쏠렸다.

앤토니오가 내게 말했다. 「평생을 로스앤젤레스에서 살았는데 이런 스모그는 난생처음이군요.」

충분히 그럴 만했다. 미국에서 가장 오염이 심한 대도시인 로스앤젤레스의 공기가 베이징보다 나은 데는 분명한 이유가 있었다. 베이징의 대기는 석탄을 원료로 하는 발전소와 공장, 가정용 화로 등에서 발생하는 연기와 세계에서 가장 빠른 속도로 늘어나는 승용차와 트럭에서 배출되는 배기가스가 결합하여 점점 더 독성이 강해지고 있었기 때문이다. 베이징의 대기에는 로스앤젤레스 지역보다 평균 거의 일곱 배 많은 초미세먼지가 함유되어 있었다. PM 2.5라고 불리는 지름 2.5미크론 미만의 극도로 미세한 입자들은 내부 연소에 따른 치명적인 부산물로 인체에 흡수되어 장기 조직까지 침투할 수 있다.

전기 자동차를 타고 나갔던 2011년 12월 5일은 내가 기억하기로 공기가 최악인 날 중 하루였다. 〈기록된〉이라고 말하는 것이 옳을 것 같지만 당시는 중국 정부에서 관련 정보를 공개하지 않던 때였다. 베이징 시민들은 미국 대사관이 대사관 건물 지붕에 설치한 장비로 베이징의 대기 질을 측정해 한 시간 단위로 올리는 트윗에서 정보를 얻었다. 그날의 PM 2.5 수치는 416으로 미국 환경보호국이 〈해로운〉 수준으로 정한 300을 훌쩍 뛰어넘은 수치였다. 세계보건기구가 정한 건강한 대기 질 기준으로는 거의 열일곱 배나 초과한 터였다. 그 전날은 더 심해서 PM 2.5 수치가 500을 넘었다. 1년 전 PM 2.5 수치가 500을 기록했을 때는 트윗에서 〈미친 듯이 나쁜〉이라는 표현이 사용되었다. 대사관 측은 서둘러 이 장난 섞인 표현을 삭제했지만 대기 질에 관한 미국 대사관의 트윗 문구는 사면초가에 몰린 베이징 시민들에게 각인되어 지역의 환경 운동가, 언론인, 부동산 개발업자, 근심 어린 부모들로부터 격렬한 항의를 불러왔다. 당황한 중국 지도부는 행동에 나서지 않을 수 없었다.

오염된 공기는 놀라운 경제적 성공에 수반되는 여러 부정적인 측면들에 직면한 중국 정부가 해결해야 할 수많은 버거운 문제 중 가장 눈에 띄는 문제일 뿐이다. 고질적인 계획성 부재와 맞물린 무분별한 성장과 지독한 에너지 비효율성, 허술한 규제, 느슨한 법 집행으로 중국의 도시와 농촌은 피폐해졌다. 국토의 절반을 차지하는 건조한 북쪽 지역에서는 그나마도 늘 부족하던 지하수가 이제는 거의 고갈되었다. 강과 호수는 오염되었고 몇몇은 식수는 물론이고 관개용수로도 사용할 수 없을 지경이다. 실제로 중국인 중 약 3억 명은 고정적인 식수원조차 없는 상황이다. 또한 많은 지역에서 산업 폐기물이 토양을 오염시켜 작물과 가축에 해를 입히고 결과적으로 그것을 먹는 인간에게 해를 입히고 있다. 쌀에서 카드뮴 성분이 검출되었다는 보도가 넘쳐난다. 2013년에는 돼지 사체 수천 구가 황푸강과 지류에 둥둥 떠다니는 사건이 발생해서 상하이에 공급되는 물의 안전성을 위협했다. 주민들이 비정상적으로 높은 비율로 동일한 암에 걸리는 이른바 암 마을도 수백 곳이나 확인되었는데, 이런 마을들은 주로 오염된 물이나 공업 단지 근처에 위치했다.

환경 위기는 이런 우울한 이야기들의 일부에 불과하다. 중국에서 부의 불공정한 분배는 어제오늘의 문제가 아니다. 부패가 만연하고 빈부 격차가 극심할뿐더러 지역 간 불균형도 두드러진다. 동부 연안의 성(省)과 도시에 부가 집중된 반면 서부 내륙의 농촌 지역들은 심각할 정도로 낙후되어 있다. 도시에서는 수억 명에 달하는 사람들이 자신의 노동력을 제공함으로써 도시가 번창하는 데 일조하고도 시대에 뒤떨어진 거주 허가 제도 때문에 불법 체류자에 가까운 이류 시민으로 살아간다.

시민들의 건강과 행복, 경제적 안녕에 대한 위협은 심각한 사회 불안을 초래할 수 있다. 여론 조사에 따르면 각종 부패와 환경 문제 그리고 공무원들이 개발을 이유로 토지를 몰수하는 상황에 시민들의 불만이 점점 더 늘고 있다. 중국초상은행과 미국 컨설팅 회사 베인 앤드 컴퍼니가 2013년에 공동 실시한 조사에 따르면 투자 가능한 자산을 160만 달러 이상 보유한 중국 본토 부자들 가운데 5분의 3이 중국을 떠나려고 생각 중이거나 이미 떠난 상태였다. 투자처를 해외로 옮긴 사람도 2011년에 비해 두 배가 늘어 전체의 3분의 1에 달했다. 항의 시위와 민간 소요 사태를 모두 일컫는 이른바 군체성(群體性) 사건도 최근 10년 사이 전국에서 급증했다. 지방에서 발생하는 시위의 주된 원인은 환경 피해와 불법적인 농지 몰수에 대한 불만이었다. 중국 지도부의 입장에서는 과거 공산당의 지배에 정당성을 제공했던 경제적 번영이 이제는 반대로 당의 정당성을 훼손하고 있는 매우 역설적인 상황이다.

중국 지도자들도 알듯이 이러한 압박들은 계속 심해질 것이다. 수많은 성과에도 불구하고 중국은 여전히 상대적으로 가난한 나라다. 경제 규모가 세계에서 두 번째로 크다고 우쭐할 수 있겠지만 일인당 국내총생산 규모가 세계 80위에 불과해 전쟁으로 황폐해졌음에도 81위를 차지한 이라크보다 겨우 한 발 앞서 있을 뿐이다. 수억 명에 달하는 시민들이 빈곤에서 벗어나 신생 중산층이 되었지만 아직도 수천만 명 이상이 그야말로 근근이 살아간다. 성장 모델의 근본적인 변화 없이 그들의 생활수준을 끌어올리자면 환경 부담이 가중되고, 불평등이 심화되고, 자원 수요도 엄청나게 증가할 것이다. 그리고 이 모든 것은 중국을 비롯한 전 세계에 끔찍한 결과를 가져올 수 있다.

한편 중국의 경제 엔진도 속도가 느려졌다. 지난 30년 동안 평균 두 자릿수를 기록해 온 연간 성장률이 2014년에 7.4퍼센트로 떨어졌다. 다른 나라의 경우라면 아찔할 만큼 빠른 속도라고 하겠지만 중국으로서는 아시아 외환 위기의 여파를 겪은 1999년 이래 최악의 성적이었다. 성장세가 둔화된 것은 의도적인 부분도 있었다. 중국 정부는 과거 2008년과 2009년에 성장률을 촉진하기 위해 실시했던 대규모 부양책을 채택하지 않았다. 지도부는 중국 경제가 사회 기반 시설 중심의 정부 투자와 수출에 과도하게 의존하는 성향에서 벗어나 내수를 진작하고 서비스 부문을 활성화하는 방향으로 나아가기를 원한다. 그리고 지속적인 급속한 도시화가 이를 달성하는 데 도움을 줄 것으로 기대한다. 참고로 중국은 1978년 이래로 농촌에서 도시로 이주한 인구가 대략 3억 명에 달하고, 2030년까지 추가로 3억 명이 더 이주할 것으로 예상된다.

이 같은 대규모 이주가 나중에는 중국을 비롯한 전 세계의 경제와 환경에 지대한 영향을 끼친 일대 사건이 될 수도 있다. 중국은 그들이 추구하는 현대화를 달성하기 위해 경제적으로 건전하고 사회적으로 공정하며 생태학적으로 지속 가능한 새로운 도시화 모델을 찾아야 한다.

2009년에 재무부를 그만두고 다시 일반인 신분으로 돌아왔을 때 나는 앞으로 무엇을 할지 아무 생각이 없었다. 차라리 다행이라는 생각도 들었다. 육체적으로나 정신적으로 몹시 지쳐 있었기 때문이다. 가족과 함께할 시간이 많아진 것은 감사했지만 당시의 나는 그 어느 때보다 불행했다. 취미 활동도 전혀 즐겁지 않았다. 1년 내내 손꼽아 기다리던 바다 플라이 낚시에서 풀잉어와 여울멸을 잡아 올렸음에도 전혀 즐겁지 않았다. 나는 즐거움과 목적의식을 상실한 상태였다.

돌이켜 보면 여기에는 이유가 있었다. 무엇보다 나는 수십 년 만에 불어 닥친 최악의 경기 침체 속에서 갑작스레 직장을 잃고, 집을 잃고, 희망을 잃은 수많은 미국인들의 계속된 불행을 나 자신의 일처럼 받아들였다. 이제는 공직에서 물러나 상황을 개선하기 위해 할 수 있는 일이 아무것도 없다는 무력감이 나를 괴롭혔다. 2008년의 금융 위기가 또 다른 대공황 사태로 번지지 않도록 우리 나름대로는 최선을 다했다고 생각했기에 언론을 비롯한 몇몇 오바마 행정부 인사들의 혹평을 견디기 힘들었다(부실 자산 구제 프로그램의 도움을 받느니 차라리 고통 받는 쪽을 선택한 사람이 더 많았다는 여론 조사 결과는 아직도 기억에 선명하다). 나는 변호사들과 머리를 맞댄 채 몇 개월을 보내야 했다. 그 과정에서 수차례 소환에 응했고 면직을 당했으며 의회에서 증언했다. 대중이 선호하지 않는 새로운 방식으로 특별한 권한을 행사해야 했던 재무부 장관으로서 내가 취한 조치들에 대해서 나중에 조사가 이루어질 것이고 나에게 해명을 요구할 거라는 사실을 잘 알고 있었다. 하지만 단순히 인지하고 있던 것과 직접 겪는 것은 전혀 달랐다.

나는 미국 연방준비제도의 벤 버냉키와 팀 가이트너와 긴밀히 협력한 우리 부시 행정부의 인사들이 모든 일을 올바르게 처리했다고 주장하지 않았다. 하지만 우리는 최선을 다했으며 지극히 힘든 상황에서 주요 사안들을 올바르게 결정했다. 잘못된 결정을 내린 경우에는 즉시 수정해서 사태가 악화되는 것을 막았다. 나는 우리가 만들어 낸 성과에 자부심을 느꼈고, 이는 지금도 변함없다. 나는 우리가 어떤 도전에 직면했으며 어떤 조치를 취했는지 기록으로 남기기 위해 회고록 『위기의 순간』을 집필하기 시작했다. 금융 위기를 겪으며 얻은 교훈을 잊지 않는 것이 중요하다고 생각해서다.

어떤 작가들은 글쓰기를 통해 치유 효과를 얻는다고 한다. 한 번이라도 그런 사람들을 만나 보고 싶다. 요컨대 나에게는 전혀 해당하지 않는 말이었다. 『위기의 순간』을 집필하면서 나는 금융 위기 당시에 가장 끔찍했던 순간들을 다시 겪는 것 같았다 — 밤에 잠을 이루지 못할 정도였다. 내가 받은 중압감에 가족까지 신경이 날카로워졌다. 실제로 나중에 아내 웬디에게 책을 하나 더 — 바로 이 책이다 — 쓸까 생각 중이라고 하자 그녀는 곧장 이렇게 말했다. 「좋아. 그럼 난 다른 남자를 찾아 나설 거야.」

『위기의 순간』이 출간되고 우리 부부는 워싱턴 D. C.를 떠났다. 1994년에 골드만 삭스 경영진으로 합류하기 위해 뉴욕으로 이사하기 전까지 살았던 시카고 외곽 일리노이주 배링턴의 예전 집으로 돌아갔다. 나는 길게 심호흡을 하면서 이제 어떤 일을 할지에 집중하기 시작했다. 그동안은 이런 고민을 한 적이 거의 없었다 — 재무부에 있을 때는 시간이 없기도 했다. 골드만 삭스를 떠나면서 나는 월 스트리트로 돌아갈 일은 절대로 없을 것임을 알았다. 영리한 동료들, 까다로운 고객들과 머리를 맞대고 복잡한 문제를 해결해 나가는 생활도 즐거웠지만 나는 무언가 새로운 것을 시도할 준비가 되어 있었다. 웬디와 나는 우리의 시간과 노력, 우리가 가진 돈의 대부분을 환경 보호에 바치기로 결심했다. 처음에 잠깐 동안은 우리가 직접 비정부 기구를 설립하는 방법도 고려했지만 기존의 기구들과 협력하는 편이 더 효율적일 거라는 결론을 내렸다. 공기업이나 비영리 기구의 이사가 되어 달라는 제안도 많이 받았지만 거절했다. 실무를 담당하면서 환경 보호의 제일선에서 활동하고 싶었기 때문이다. 이사회 일은 관심 밖이었다.

그럼에도 한 가지는 분명했다. 즉 나는 중국과 의미 있는 방식으로 인연을 계속 이어 가고 싶었다. 2009년이 저물어 갈 무렵 오랜 친구인 저우원중이 전화를 걸어 왔다. 성격이 활달한 그는 당시 주미 중국 대사직을 맡고 있었는데 유명한 세계 경제 포럼인 다보스 포럼을 본떠 중국이 아시아에서 창설한 보아오Boao 포럼의 사무총장으로 내정된 참이었다. 그가 나에게 보아오 포럼의 첫 미국 측 이사가 되어 달라고 제안했고, 나는 수락했다.

2010년 4월, 하이난에서 열리는 포럼에 참석하기 위해 15개월 전 재무부를 떠난 이래 처음으로 다시 중국을 찾았다. 직전에 출간된 『위기의 순간』 중국어판을 챙겨 갔고 상하이와 베이징에도 들러서 장쩌민과 주룽지, 시진핑, 왕치산, 저우샤오촨 같은 전현직 중국 지도자들을 비롯해 오랜 지인들을 만났다. 그들은 하나같이 오바마 행정부와 미중 관계에 관한 질문을 퍼부었고, 만남이 거듭될수록 나의 사고에도 급진전이 일어났다. 나는 일평생 거대한 도전에 매력을 느껴 온 터였고, 중국에 올바르게 대처하는 문제야말로 미국에 무엇보다 중요한 일임을 중국 지도자들과 대화를 나누면서 다시금 깨달았다.

나는 대화를 나눈 대다수 중국인들에게서 이전에는 느낄 수 없던 승리주의에 가까운 자신감을 발견했다. 어느 정도는 당연한 태도였다. 휘청거리는 서구 경제에 반해 중국 경제는 탄탄해 보였다. 2009년 1분기 성장률이 6.2퍼센트로 떨어졌던 중국은 결국 연평균 8.7퍼센트를 회복했다. 반면 미국의 경제 규모는 2.4퍼센트가 줄어들었고 유로존은 4.1퍼센트나 축소되었다. 10년 전만 하더라도 중국 은행들은 거의 붕괴 직전이었다. 이들 은행이 이제는 탄탄한 자본 구조를 바탕으로 승승장구했다면, 서구 은행들은 긴급 구제 대상으로 전락했다. 우리 쪽에서도 중국식 경제 모델인 국가가 주도하는 시장 사회주의를 찬양하는 사람들이 생겨났다.

그렇지만 나를 비롯해 개혁 성향을 지닌 나의 대다수 중국인 친구들은 그들이 잘 모르기 때문이라고 생각했다. 세계 금융 위기는 오히려 중국의 약점을 속속들이 드러냈다. 예컨대 불황에 빠진 유럽과 미국에서 시장이 얼어붙자 중국의 수출 산업은 붕괴했다. 그럼에도 중국 경제가 다시 호황을 누린 이유는 정부가 대규모 경기 부양책을 실시한 덕분이었다. 그러나 이 같은 조치들로 실상이 왜곡되거나 더 많은 부패가 초래될 우려가 있었다. 결정적으로 다수의 중대한 경제 개혁이 하나같이 교착 상태에 빠져 있다는 사실이 무엇보다 문제였다. 더 적극적으로 시장 지향적인 결단을 내리지 않는 한 중국은 성공적으로 경제를 재건하기 어려울 터였다. 이 모든 상황을 접하면서 나는 더욱 신중해질 수밖에 없었다. 주체하지 못할 중국의 자신감으로 보건대 머지않아 중국과 미국이 긴장 관계에 돌입할 것이 분명했기 때문이다.

몇 달 뒤 후진타오 중국 국가주석의 미국 방문이 예정되었다. 나는 예전 동료인 데버라 레와 타이야 스미스의 주선으로 주미 중국 대사 장예쑤이에게 몇 가지 조언을 제공했다. 그중에서도 특히 시카고를 공식 방문해 줄 것을 강력히 제안했다(후진타오 주석은 2011년 1월에 시카고를 방문했다). 리처드 데일리 시장이 후진타오 주석을 위해 주최한 만찬이 끝난 뒤 나는 만다린 호텔까지 중국 대표단과 동행하여 왕치산과 회포를 풀었다. 그날 그의 방을 나설 즈음에는 중국 지도자들이 내가 앞장서서 미중 관계 개선에 실질적인 도움이 될 수 있는 플랫폼을 마련해 주기를 바라고 있음을 확신했다.

「폴슨 씨가 나선다면 우리 중국은 언제나 환영입니다. 당신의 조언에 귀를 기울일 것입니다.」 왕치산이 나에게 자신 있게 말했다. 「당신은 만들어 낼 줄 아는 사람이니까요.」

데버라 레와 나는 앞서 4년 반 전 미중 전략경제대화 창설을 준비할 때와 마찬가지로 둘이서 브레인스토밍을 하며 다각도로 아이디어를 논의하기 시작했다. 몇 달 동안 논의가 이어진 끝에 마침내 초기 자금을 전적으로 내가 부담하는 조건으로 비영리 재단인 폴슨 재단이 탄생했다. 2011년 6월에 공식 발족한 폴슨 재단의 사명은 미국과 중국 사이에서 더 긴밀한 협조를 이끌어 냄으로써 지속 가능한 경제 성장을 촉진하고 더 깨끗한 환경을 도모하는 것이었다. 우리는 몇 가지 분명한 목표를 세웠다. 요컨대 에너지의 효율적인 사용과 친환경적인 행위를 독려하고, 새로운 일자리 창출로 이어질 국가 간 투자를 확대하고, 국제적으로 관심이 집중된 사안들에 대해 고위급 지도자들의 책임 있는 자세와 모범적인 비즈니스 관행을 촉진하는 것이었다.

현재 폴슨 재단에는 서른 명의 전문 인력이 미국과 중국에서 생각하는 리더십과 환경 보존을 위해 일하고 있다. 우리는 목표를 이루기 위해 몇몇 중요한 프로그램을 진행하고 있다. 그리고 이들 프로그램은 도시화, 글로벌 리더십, 기후 변화와 대기 질, 환경 보존, 국가 간 투자 등의 영역에서 이를테면 중국 시장(市長)들에게 도시의 지속 가능성을 교육하는 강좌부터 중국 연안 습지 보호를 위한 전략 수립의 첫 단계로 생태 다양성 지도를 만들기로 한 계획에 이르기까지 다양하고 주도적인 성과를 이루어 냈다. 폴슨 재단은 또 국제적인 주요 사안에 대한 전 세계 학자들과 전문가들의 연구 결과와 정책 제안을 소개하기도 한다. 중국 개발은행들의 환경 친화적인 여신 분류 기준에서부터 중국 국유 기업들의 개혁에 이르기까지 그동안 다루어진 주제도 다양하다.

나는 처음부터 폴슨 재단이 엄격한 지적 기준을 갖추기를 바랐고, 운이 좋게도 시카고 대학교에 우리 둥지를 마련할 수 있었다. 정력적인 로버트 지머 총장은 시카고 대학교의 유능한 인재들을 활용하여 국내외에서 발생하는 긴급한 문제들을 해결하기 위해 여러 가지 프로그램을 개발해 오던 참이었다. 나는 해리스 공공정책학 대학원에서 특별 선임 연구원 지위를 얻게 되었고, 폴슨 재단은 시카고 대학교 산하의 독립 기구로 발족했다. 그럼에도 불구하고 재단이 여느 두뇌 집단처럼 단지 연구를 의뢰하거나 보고서를 출판하기만 하는 것은 내가 바라는 바가 아니었다. 나는 결과를 만들어 내고 싶었다. 실제로도 나는 폴슨 재단을 소개할 때 자주 〈행동 집단〉이라는 말을 사용했다.

그러다가 뉴욕에서 예전 상사이자 지혜와 명성과 위엄을 갖춘 존 화이트헤드를 만나고 나서는 생각을 바꾸었다. 2015년 2월에 작고한 그는 생전에 골드만 삭스를 경영했을 뿐 아니라 국무부 차관을 지냈으며 9·11 사태 이후에는 로어맨해튼 개발 계획을 비롯해 수많은 자선 프로젝트와 시민 프로젝트를 감독했다. 나는 폴슨 재단의 계획을 설명하면서 〈두뇌 집단〉이라는 용어가 마음에 들지 않는다고 말했다.

존이 내게 조언했다. 「명칭은 중요하지. 만일 자네가 재단을 단순히 〈행동 집단〉이라고 부른다면 사람들은 〈생각 없이 행동만 하는 헨리가 또 납시었군〉 할 걸세. 차라리 〈두뇌와 행동 집단〉이라고 하는 게 어떤가?」

나는 요점을 이해했다. 몇 주 뒤에 나는 우리 재단이 도시 지속성을 주제로 처음 주최하는 회의에 참석하기 위해 베이징으로 날아갔다. 그리고 이제는 경제를 담당하는 부총리로 자리를 옮긴 리커창을 만나서 존에게서 들은 조언대로 재단의 성격을 설명했다.

우리 재단을 〈두뇌와 행동 집단〉이라고 소개하자 리커창이 크게 반색했다. 그는 자신이 가장 좋아하는 말이 〈지행합일(知行合一)〉이라고 했다. 〈지식과 행동을 하나로 합친다〉라는 의미라고 했다. 그러고는 직접 붓으로 글자를 써주었는데 이 붓글씨는 현재 중국에서 우리 재단의 웹사이트와 레터헤드에 이용되고 있다.

고도 문명사회가 시작된 이래 인간은 더 나은 삶을 찾아서 농지에서 도시로 이주했다. 도시의 삶이 더 풍족하기 때문이다. 도시인은 농촌 사람들보다 더 많이 생산하고 더 많이 소비한다. 경제적인 측면에서 보면 도시화가 진행될수록 저부가가치 산업인 전통적인 농경에서 고부가가치 산업인 제조와 용역 부문으로 노동력이 재분배되면서 생산성과 소득이 늘어난다. 그와 함께 도시는 내수, 즉 주택 공급, 도로나 하수도 건설 같은 공공사업, 교육이나 보건 같은 공공 서비스, 자동차나 가전 기기 같은 고가 소비재 등에 대한 새로운 수요를 창출한다. 결과적으로 생산성이 높아지고 수요가 증가하면서 일자리 창출이라는 선순환이 일어난다. 산업화와 도시화가 오랫동안 맞물려 진행된 것이 전혀 놀랍지 않은 이유다.

역사 전반에 걸쳐 소수의 교육받은 엘리트 계층이 가난한 농부들을 지배해 온 중국이 최근 보여 준 놀라운 성장도 인류 역사상 가장 빠른 속도로 진행된 대규모 도시 이주와 병행해서 일어났다. 지난 30년 동안 도시로 이주한 중국인은 약 3억 명에 이를 것으로 추산된다. 이는 해당 기간에 미국의 전체 인구가 이동한 것과 마찬가지다.

중국의 인구 이동은 원래 의도한 바가 아니었다. 농촌 개혁이 놀라운 성공을 거두면서 농업 생산이 극적으로 증가하고 농촌에 방대한 잉여 노동력이 발생한 데 따른 우연한 결과였다. 농민들

중 일부는 이제 막 등장하기 시작한 향진 기업에 들어갔다. 그리고 그보다 훨씬 많은 수백만 명이 공장의 조립 라인이나 건설 현장, 아침 식사로 먹는 찐빵이나 구찌 모조품을 판매하는 가판대 등 새롭게 생겨난 일자리를 찾아 특별경제구역으로 흘러들었고 연안 도시에 활기를 불어넣었다. 인구 이동은 경제가 성장할수록 더욱 증가했으며 중국이 세계무역기구에 가입하고 세계적인 생산 기지가 되면서 절정에 이르렀다. 덩샤오핑이 개혁개방 정책을 시작한 1978년만 하더라도 중국인의 80퍼센트가 농사를 지었다. 지금은 절반 이상이 도시에 산다.

중국 전역에서 촌락은 소도시로, 소도시는 도시로, 도시는 그 어느 때보다 크고 점점 더 커지는 거대 도시로 탈바꿈했다. 그 과정에서 중국의 겉모습은 순식간에 놀라울 정도로 바뀌었다. 내 고향인 시카고에서는 시카고가 역사상 가장 빨리 성장한 도시라고 지난 수십 년 동안 주장해 왔다. 남북전쟁이 발발하기 직전인 1860년에 11만 2000명 남짓했던 인구는 시카고 만국 박람회를 통해 처음으로 시카고의 능력을 전 세계에 과시한 1893년에 110만 명으로 늘어났다. 하지만 이처럼 숨 막힐 듯한 시카고의 빠른 성장도 1980년에 인구 32만 1000명이던 시골에서 오늘날 영구 거주자만 1060만 명이 북적거리는 대도시로 변모한 선전시에 비하면 빛이 바랜다. 현재 중국은 100만 명 이상 인구가 거주하는 도시가 174개에 이른다. 반면에 미국은 아홉 개가 전부다.

중국은 경제만큼이나 스카이라인도 급성장했다. 세계에서 가장 높은 건물 열다섯 개 중 여섯 개가 중국 본토에 있다(미국은 세 개를 보유했다). 여기에 더해서 예순두 개의 마천루가 건설 중에 있으며 그중 여덟 개가 세계에서 가장 높은 건물 10위 안에 들 전망이다. 내가 상하이를 처음 방문한 1992년에 상하이의 최고층 건물은 새로 지어진 48층짜리 포트먼 리츠칼튼 호텔이었고 높이가 165미터에 달했다. 그 뒤로 아흔여섯 개의 새 건물이 더 높이 지어졌고 현재도 열다섯 개가 공사 중에 있다. 전국 곳곳에서 사무용 고층 건물이나 호텔, 공장, 쇼핑센터, 거주용 건물 등이 우후죽순처럼 들어섰다. 한편 중국 정부는 2011년부터 시작해서 2015년까지 가용 주택 3600만 채를 짓기로 했다. 가구당 평균 구성원 수를 세 명으로 가정할 때 세계에서 열두 번째로 인구가 많은 필리핀의 거의 모든 국민을 수용할 수 있는 양이다.

이들 도시에 편의를 제공하고 도시와 도시를 연결하기 위해 다양한 공공 기반 시설 공사도 진행되었다. 1978년에 개혁개방 정책이 시작될 때만 하더라도 중국에는 현대적인 자동차 도로가 거의 전무했다. 하지만 2013년 중국의 국가 고속도로망은 전장이 약 8만 5,000킬로미터에 육박했고, 2015년에는 10만 7,000킬로미터를 넘어섰다. 미국의 상징과도 같은 주간(州間) 고속도로 7만 5,000킬로미터는 일찍이 2011년에 추월했다. 또한 2006년에 첫 공사가 시작된 이후로 고속 철도는 거의 1만1,000킬로미터가 건설되었고, 일일 이용객만 200만 명에 달한다. 미국에는 현재 고속 철도가 아예 없으며 캘리포니아에 최초로 건설될 예정인 고속 철도는 2028년에나 완공될 예정이다(중국은 2020년까지 1만 7,000킬로미터를 건설할 계획이다). 이게 다가 아니다. 1980년에 중국이 보유한 민간 공항은 일흔일곱 개였다. 오늘날에는 182개를 보유하고 있으며, 현재 진행되고 있는 5개년 계획에 따르면 2015년까지 여든두 개가 더 지어질 것이다. 2020년까지 마흔 개 도시에 지하철을 만들 계획도 가지고 있다. 미국은 현재 열다섯 개 도시에 지하철이 있다.

이 과정에서 중국은 예컨대 도로를 건설하거나 공장이나 사무용 건물을 신축하는 현장에서, 노동자에게 음식을 비롯해 청소나 금융 자문을 제공하는 등의 서비스 영역에서 수천만 개의 일자리를 창출했다. 이 같은 개발은 어떠한 대가를 치르더라도 성장을 우선시하려는 정책과 유인이 만들어 낸 결과였다. 이제 중국인들은 그들이 무엇보다 우선시했던 성장의 진정한 대가를 지켜보고 있다. 중국은 물론이고 전 세계의 제한된 자원을 탐욕스럽게 먹어치우고 있는 자국의 현실에 직면해 있다.

무절제한 개발을 당연하게 여기는 중국인의 사고방식은 유인을 왜곡하고 시장의 작동 방식을 비틀면서 공직자의 공적인 생활과 사적인 생활에 지대한 변화를 가져왔다. 아래로는 촌장부터 위로는 성장(省長)에 이르기까지 모든 직급의 관리들이 성장을 추진하는 대가로 승진에 더해 너무나 많은 경우에 개인적인 부를 거머쥐었다. 그토록 많은 훌륭한 공공사업과 건축 분야의 비약적 발전을 이룩한 중국에서 그에 못지않게 많은 하얀 코끼리 프로젝트*가 진행되었다는 사실은 전혀 놀랄 일이 아니다. 중국의 이른바 유령 도시들이 대표적인 예다. 난개발로 들어선 이런 도시들에는 주민이 거의 살지 않는다. 그중에서도 네이멍구의 어얼둬쓰(鄂尔多斯市) 구도시 외곽에 위치한 캉바스(康巴什) 신도시가 가장 악명이 높다. 2003년부터 공사를 시작해서 100만 명이 거주할 수 있는 규모로 조성된 이 도시에는 2014년을 기준으로 약 2만 명에서 7만 명이 거주하는 것으로 집계되었다.

한편 중국 사회의 불평등 문제는 계속 심화되어 나이지리아나 브라질, 남아프리카공화국 같은 나라들과 비슷한 수준으로 치달으면서 중국 지도부를 불안하게 만들었다. 2005년 후진타오 주석은 〈조화로운 사회주의 사회〉 건설을 주창하며 지나치게 성장에 무게를 둠으로써 심화된 사회 문제를 해결하는 데 당의 역량을 집중하겠다고 천명했다. 그럼에도 예컨대 청정에너지 개발 같은 분

* 큰돈을 들였지만 수익성이나 쓸모가 없는 투자.

야에서 국가가 주도한 대규모 계획들은 여전히 지속적인 성장과 산업화를 요구하는 사회와 주변의 압력에 좌초되었다. 후진타오가 퇴임한 2013년에 조화로운 사회는 그 어느 때보다 요원해 보였으며, 그의 후계자들이 해결해야 할 일은 더욱 산적해 있었다.

1년 만에 만난 리커창이 내게 말했다. 「현대화를 위해서는 도시화의 길로 나아가는 수밖에 없습니다. 그런데 그 길이 너무 어려워서 마치 외줄타기 곡예를 하는 것 같습니다.」

2012년 12월이었고, 나는 도시화를 주제로 한 폴슨 재단의 두 번째 연례 회의에 참석차 베이징을 방문한 참이었다. 리커창은 바로 몇 주 전에 중국 공산당 내 서열 2위의 자리에 내정되어 2013년 3월에 국무원 총리로 정식 취임할 예정이었다. 우리는 시종일관 빠른 도시화 속도를 식품 안전성을 확보하고, 환경을 보호하고, 한정된 국가 자원을 보존하는 등의 문제와 보조를 맞출 필요성에 대해 논의하던 중이었다.

리커창이 말했다. 「대나무 장대로 균형을 잡으면서 걷는 곡예사 같습니다.」 그는 가상의 장대를 잡는 것처럼 양손을 넓게 벌려 앞으로 뻗은 채 약간은 과장되게 몸을 기우뚱거렸다. 「곡예사는 신중해야 합니다. 좁은 보폭으로 한 번에 한 걸음씩만 내딛습니다. 계속 앞으로 가야 하고 뒤로 물러날 수 없습니다. 멈추면 떨어집니다.」

농촌 산업화와 도시 개발의 조화라는 주제로 박사 논문을 쓴 리커창보다 이 줄타기 곡예에 대해 잘 아는 지도자도 별로 없을 것이다. 대다수 중국 지도자들과 마찬가지로 보수적인 짙은 색 정장과 포마드 기름을 바른 새까만 스포츠머리를 선호하는 59세의 리커창은 실제로 보면 무뚝뚝한 관료의 모습과 거리가 멀다. 똑똑하고 매력적이며 즉흥적인 성향을 지닌 그는 후진타오 전 국가주석의 정치적 후배 중 한 명으로 공산주의 청년단을 거쳐 공산당 최상층부에 오른 능수능란한 정치인이다.

우리는 중국 지도부가 모여 있는 중난하이의 자광각에서 대화를 나누었다. 자광각은 내가 16년 전 덩샤오핑이 사망한 바로 다음 주에 주룽지를 만난 장소이기도 했다. 반투명의 흰 커튼을 통과한 늦가을의 환한 햇살이 커다란 창문 아래로 선반에 진열된 정교한 찻주전자와 꽃병에 그림자를 드리웠다. 리커창은 장식용 덮개를 깐 붉은색 팔걸이의자에 등을 기대고 앉아 자신감 있고 느긋하며 겸손한 태도로 대화에 임하고 있었다.

문화 대혁명 기간에 박탈을 경험한 많은 지도부 인사들과 마찬가지로 리커창도 중국의 도시와 시골 생활이 얼마나 극명하게 다른지 직접적인 체험을 통해 잘 알았다. 그의 아버지는 성도인 허페이의 당 간부였고, 리커창은 화중 지역인 안후이성에서 자랐다. 1974년에 고등학교를 졸업하자 하방 정책에 따라 160킬로미터 남짓 떨어진 농장으로 보내졌다. 2년 뒤에는 공산당에 가입했고 한 시골 마을의 당 위원회 서기로 일했다. 낮에는 마을에서 발생한 분쟁을 조율하거나 멧돼지를 밭에서 몰아내면서 한밤중이 되면 수많은 책을 독파했다. 노력은 헛되지 않아서 전국적으로 대학 입학시험이 재개되었을 때 중국 최고의 명문 중 하나인 베이징 대학교 법학부에 입학했다. 대학교 재학 중에는 법 절차에 관한 영어 교재를 중국어로 번역하는 일을 돕기도 했다.

1982년에 대학교를 졸업한 리커창은 모두가 탐내는 외국 유학 기회를 고사하고 공산주의 청년단 베이징 대학교 지부를 이끌기로 했다. 그곳에서 처음 상사로 만난 사람 중 한 명이 바로 후진타오였다. 두 사람은 후진타오가 중국 남서부의 가난한 성인 구이저우로 배치되기 전까지 긴밀하게 협력했다. 리커창은 공산주의 청년단 고위 간부의 딸과 결혼했고, 승진을 거듭하던 와중인 1994년에 경제학 박사 학위를 취득했다. 그리고 4년 뒤 중국 중부에 인구가 9300만 명이나 밀집해 있는 낙후된 허난성에 성장 직무 대행으로 파견되었다. 그는 그곳에 6년 동안 머물면서 총 서른한 개에 달하는 성과 직할시, 자치구 중 28위에 머물던 허난성의 자국 내 국내총생산 순위를 18위로 끌어올렸다. 한편으로는 지역 혈장 클리닉과 혈액은행의 오염된 면역 혈청이 원인이 된 에이즈 발병 사태와 그에게 삼화(三火) 리커창이라는 별명을 안겨 준 치명적이고 잦은 화재 사건으로 일련의 위기를 겪기도 했다.

2004년에 중국 북동부의 사양화된 공업 지대인 랴오닝성의 당서기로 임명된 리커창은 시장 유인에 은행 대출과 중앙정부 자금을 결합해서 랴오닝성을 재건하기 시작했다. 120만 명이 입주할 신규 주택을 건설했으며 보하이만(灣)의 항구를 다섯 개로 늘린 다음 각각의 항구를 새로운 연안 고속도로로 연결하는 〈5점1선(五點一線)〉 프로젝트를 이끌었다. 이후 2007~2008년 지도부 정기 인사이동 때 리커창은 중국 공산당의 최고 권력 기구인 상무위원회에 입성하여 부총리로 임명되었다.

경영과 개혁을 담당하게 된 리커창 부총리는 도시화가 중국에 얼마나 중요한지 역설했다. 2010년에 당 지도부를 상대로 한 연설에서 도시화가 성장을 이끌 뿐만 아니라 불평등을 해소하고 양극단에 있는 극부층과 극빈층보다 중산층이 더 많은 〈올리브 모양〉의 소득 분배를 중국에 가져올 거라고 주장했다.

도시와 농촌의 차이는 극명했다. 도시 거주자들은 농촌 거주자들보다 네 배나 높은 생산성을 보였다. 요컨대 그들은 농촌 사람들보다 세 배를 더 벌었고 서너 배를 더 소비했다.

그날 오후에 리커창이 내게 말했다. 「격차가 크지만 큰 격차는 잠재력이 크다는 의미이기도 합니다. 우리는 미래의 중국 내수를 진작하는 데 있어서 도시화가 가장 큰 잠재력을 지녔다는 것에 모두 동의했습니다.」

실제로 도시화의 전제는 내수 진작이다. 즉 농부들을 도시로 데려옴으로써 소득 격차를 줄이고 그들의 생활 여건을 개선하여 결국에는 내수를 늘리겠다는 것이다. 하지만 도시 내부에도 불안한 소득 격차는 존재한다. 암묵적으로 단지 저렴한 노동력을 제공하는 존재로 간주되는 수억 명의 도시 이주민들이 원래부터 도시에 살던 사람들에게 주어지는 보다 풍족한 혜택을 거부당한 채 불법도 아니고 합법도 아닌 어중간한 세계에서 살아간다. 바로 후커우(戶口)라는 낡은 호적 제도 때문에 빚어진 현상이었다. 후커우 제도는 1950년대 급속한 산업화 과정에서 충분한 곡물 생산량을 확보하기 위해 농민을 농촌에 묶어 둘 방편으로 시작되었다. 소련과 마찬가지로 중국의 정책 입안자들은 국민을 농촌 인력과 도시 노동자로 분류한 뒤 그들의 공식적인 등급과 거주지를 고용권 및 사회적 혜택과 결부시켰다. 그 결과 도시 후커우 소지자는 주택을 비롯해 교육과 보건, 연금 같은 혜택을 받았다. 농촌 후커우 소지자는 자신이 속한 집단 농장이 소유한 토지에 거주하면서 농사를 지어야 했다. 후자가 도시 거주 허가증을 얻기란 거의 불가능했다. 허가증이 없으면 공식적인 도시 거주자에게 제공되는 다양한 혜택은 둘째치고 도시에서 머물 장소와 음식도 구할 수 없었기에 후커우 제도는 인구 이동을 효과적으로 제한했다.

하지만 개혁개방 정책이 성공하면서 상황이 변했다. 사업이 활성화되면서 현금을 지급하는 일자리들이 생겨났고 도시 후커우가 없는 사람들도 도시에서 생존할 수 있게 되었다. 성장을 최우선시하는 고위 공무원들도 물밀듯 밀려오는 농부들을 못 본 체했다. 이주민들의 생활환경은 으레 비참했다. 그들은 급성장하는 도시에서 단조롭고 위험한 일에 종사했으며, 남녀 구분도 없고 발 디딜 틈도 없는 남녀 공용 숙소에 살았다. 1년에 딱 한 번 설날이 되면 부모에게 맡기고 온 아이들에게 줄 선물이 가득 든 싸구려 나일론 가방을 짊어진 채 고향으로 가는 초만원 기차에 몸을 실었다(오늘날 부모와 떨어져서 양육되는 이른바 〈유수(留守) 아동〉의 수는 6000만 명이 넘는 것으로 추산된다).

상황이 이러한데도 농촌보다 기회가 훨씬 많다는 이점 때문에 농민들은 물밀듯이 도시로 몰려들었다. 오늘날 베이징을 비롯한 광저우와 그 밖의 대도시에는 이주 노동자를 의미하는 이른바 부동(浮動) 인구가 전체의 3분의 1이나 그 이상을 차지한다. 이들 이주민만으로 세계에서 다섯 번째로 인구가 많은 나라를 만들 수 있을 정도다. 이들의 저렴하고 근면한 노동력은 오늘의 중국을 건설하는 데 일조했다. 그럼에도 번영의 혜택을 누리고자 도시로 온 이주 노동자들은 좀처럼 공정한 대우를 받지 못한다. 그들의 평균 소득은 도시 후커우 소지자들이 벌어들이는 돈의 3분의 2에도 미치지 못한다. 집세와 식비를 지불하고 고향에 돈을 부치고 나면 그들이 쓰거나 저축할 수 있는 돈은 거의 남지 않는다.

대화 중에 리커창은 중국의 도시화율이 공식적으로는 50퍼센트가 넘지만 도시 후커우 소지자만 따지면 차라리 35퍼센트에 가깝다고 지적했다. 이를테면 대략 13억 5000만 인구 중 2억 명 이상의 이주 노동자들이 거주 허가증 없이 도시에 살고 있는 셈이다. 또한 그토록 엄청난 성공을 거둔 중국의 도시 거주자 중 거의 3분의 1에 달하는 사람들이 그 혜택을 온전히 누리지 못하고 있다는 말이기도 하다. 이런 상황은 분명 잠재적인 불안 요소였다.

후커우 제도를 고치는 것은 경제적인 타당성과 사회 정의 차원에서 당연하고 꼭 필요한 조치다. 이주민들은 도시의 시민 자격을 제대로 갖춤으로써 자기 자신과 아이들을 위해 더 나은 삶을 만들어 갈 것이다. 후커우 제도의 개혁이 가져올 소비 진작과 노동력의 자유로운 이동은 중국에도 이득이 될 것이다. 이 모든 것이 가능하도록 중국 정부는 이주민이 거주지를 옮길 때 연금이나 의료 서비스 같은 사회적 혜택을 더 쉽게 받을 수 있도록 해야 할 것이다. 여기에 더해서 도시 지역의 재정을 강화할 필요도 있다.

중국은 재산권 문제도 해결해야 할 것이다. 미국과 달리 중국에서는 국가가 모든 토지를 소유한다. 1990년대 말 이후로 도시민에게는 아파트를 소유할 수 있는 권리가 주어진 반면에 (건물 아래의 토지는 국가로부터 임대한다) 농민들에게는 집단 농장이 국가 명의로 소유한 땅을 경작하고 그곳에 거주할 수 있는 이른바 토지 이용권이 주어졌다. 그런데 최근 부동산 가치가 치솟으면서 많은 도시 거주자들이 갑작스레 떼돈을 벌었다. 토지에 대한 권리를 판매하거나 저당잡힐 수도 없는 농민들에게는 그저 먼 나라의 이야기에 불과했다. 이주민에게 연금이나 의료 혜택을 제공할 수 없을 정도로 재정이 어려운 도시들은 농민들이 그들의 토지 이용권을 환금해서 도시의 재정 안정에 기여할 경우 그들을 더욱 환영할 것이다.

중국 지도부는 농촌 거주자들이 좀 더 용이하게 도시 거주 허가증을 신청하고 자신의 토지 이용권을 판매하거나 대여할 수 있게 하려고 노력하는 중이다. 중국 정부는 2014년 7월에 후커우 제도를 완화하기 위한 개혁 지침을 내놓았다. 소도시에서는 규제를 완전히 철폐하되 중간 규모의 도시에서는 규제를 완화하고 대도시에서는 규제 완화 가능성을 모색하는 한편, 초대형 도시의 인구는 엄격하게 통제한다는 것이 기본 골자였다. 정부는 지속적인 도시화를 장려하는 만큼이나 베이징이나 상하이 같은 거대 도시로 이주민이 몰려드는 것을 싫어한다. 당연하지만 문제는 무한한 기회를 품은 듯 보이는 이들 거대 도시를 이주자들이 가장 선호한다는 사실이다.

제안된 변화를 현실에 적용할 때 신중할 필요는 있지만 그럼에도 개혁은 명백히 필요하다. 이주민들을 도시 경제에 포함시키지 않을 경우 중국은 다른 개발도상국들의 도시에는 이미 만연하지만 다행히 중국에는 아직 존재하지 않는 빈민가의 유해한 환경 속에서 살아가는 반항적이고 영구적인 도시 하층민을 양산할 수 있다. 그로 인한 결과는 인간적인 비극을 유발하거나 성장에 심각한 지장을 초래할 수 있을 뿐 아니라 중국 정부에 시한폭탄과 같은 위협이 될 수 있다.

리커창이 말했다. 「거주 허가증이 있는 도시 거주자와 그렇지 않은 도시 거주자는 생활수준에서 엄청난 차이가 납니다. 정말 불안정한 상황입니다.」

16 스카이라인과 해안선

2011년 12월, 나는 변화하는 중국 도시의 최첨단 모습 중 한 단면을 직접 목격했다. 도시화를 주제로 한 우리 재단의 첫 번째 회의 일정 중 하나로 충칭을 방문했을 때였다. 당시만 하더라도 중국 남서부에 위치한 이 구릉 도시의 생생한 모습들이 조만간 어떻게 변할지 전혀 몰랐다.

양쯔강 유역의 싼샤댐 북단에 자리한 충칭은 그 자체로 무척 큰 도시일 뿐 아니라 광활하고 낙후된 내륙 지방으로 들어가는 관문으로서 매우 전략적인 위치를 차지하고 있다. 성(省)과 마찬가지로 중앙정부에 직접 보고를 진행하는 네 개의 직할시 중 하나다(나머지 세 개는 베이징과 상하이, 톈진이다). 3300만 명이 넘는 인구가 총면적 8만2,000제곱킬로미터에 달하는 농지와 숲, 촌락, 도시 지역에 분산되어 있다. 사우스캐롤라이나주와 면적은 비슷하지만 인구가 일곱 배나 많다. 흔히 충칭으로 불리는 대도시 지역만 따지면 인구가 700만 명 정도다. 전체적으로는 충칭 인구 중 40퍼센트 이상이 중소 도시와 대도시에 거주한다. 고위 관료들은 2020년까지 충칭의 도시화율을 70퍼센트로 높이는 것을 목표로 삼고 있다.

내가 방문했을 당시 충칭에는 과거 미중 전략경제회의 때 나와 논쟁을 벌였던 보시라이가 주도하는 요란한 마오주의 부흥 운동이 한창이었다. 보시라이는 2007년에 상무부 부장에서 충칭시의 당 서기로 승진해서 스물다섯 명으로 구성되는 중앙정치국 위원이 된 터였다. 두드러지는 것을 꺼리는 중국의 다른 지도자들과 달리 그는 카리스마 넘치는 포퓰리스트로서 대중에게 직접 정치적 주장을 펼쳤다. 사실상 공산당 중앙정치국 상무위원으로 선출되기 위해 벌인 것이나 다름없는 유례없는 대중 운동을 통해 그는 충칭을 비롯한 중국 전역에서 거대한 추종 세력을 얻었다. 그가 주도한 대중 집회에서 군중 수십만 명이 문화 대혁명 시절의 〈홍색 가요〉를 부르던 광경은 중국의 일부 고위급 지도자들뿐 아니라 호기심 많은 외국 고위 관리들의 관심을 끌 정도로 유명했다. 보시라이는 보통 사람들에게 지지를 얻음과 동시에 인습에 얽매이지 않는 대중의 지도자라는 인상을 전국적으로 각인시키기 위해 마오쩌둥과 유사한 좌익 정책을 공격적으로 추구했다.

때마침 충칭은 인상적인 성장률울 보이며 번창하는 중이었다. 충칭의 국내총생산은 2011년에 16.5퍼센트나 껑충 뛰었다. 다른 성들과 비교해도 가장 높은 성장세였고, 전국 평균치보다 7퍼센트나 높은 수치였다. 공산당 관리에게는 이처럼 빠른 성장을 달성하는 것이야말로 출세를 향한 가장 확실한 지름길이었다. 보시라이는 〈충칭의 모범적인 사례〉를 발판 삼아서 권력의 정점에 오르려고 작정한 듯 보였다. 대중성과 무자비한 정치를 교묘하게 결합해서 잔인하고 눈에 띄는 방식으로 이른바 폭력배 진압 작전을 이끌기도 했다. 그를 비판하던 사람들은 이 진압 작전이 법과 질서를 바로 세우기보다 잠재적인 경쟁자들을 제거하기 위한 행보에 가깝다고 주장했다. 한편 그를 찬양하던 중국 학자들 사이에서는 민간사업자를 몰아내고 국유 기업의 세력을 확장한 보시라이가 중국의 국가 자본주의라는 전제적인 모델을 지킬 가장 강력한 지도자로 부상했다.

분명한 사실은 보시라이가 노래를 부르고 폭력적인 진압을 하기 이전부터 충칭의 부활은 이미 시작되었다는 것이다. 주룽지 전 총리의 정치적 후배였던 충칭 시장 황치판(黃奇帆)은 일찍부터 중앙정부의 자금에 혁신적인 정책을 보태서 전국 평균치보다 훨씬 높은 성장률을 달성했다. 황치판이 2001년에 부시장으로 부임하기 직전에 충칭은 가난한 내륙 지역이 급성장하는 연안 지역을 따라잡도록 하기 위한 중앙정부의 고 웨스트Go West 투자 계획에 따라 〈용 머리〉 역할을 맡아 수십억 달러를 지원받기 시작한 터였다. 황치판은 중국 전역과 해외에서 기업과 사업을 유치하기 위해 국유 기업을 청산하고 현대적인 사회 기반 시설에 투자했다. 그 결과 수십 개의 다리가 새로 건설되었고, 도로의 총연장이 세 배 이상 늘어났으며, 장차 열여덟 개 노선으로 운용될 지하철 노선 중 일부가 개통되어 운행하기 시작했고, 충칭과 유럽을 연결하는 화물 운송용 철로가 놓였다.

나는 충칭시에서 재단 회의와 관련한 일정을 시작하기 전 인터콘티넨탈 호텔에서 황치판 시장을 만나 함께 점심을 먹었다. 호텔 내부에는 미국의 록펠러 센터에나 있을 법한 화사하게 장식된 크리스마스트리가 아치 모양의 로비에 우뚝 솟아 있었다.

「충칭은 1980년대의 선전이고 1990년대의 푸둥입니다.」 황치판이 혁신적인 성장의 최첨단에 섰던 두 도시를 언급하면서 자신 있게 말했다.

사교적이고 예리한 황 시장은 충칭의 성공에 대해서 자세히 설명하고 싶어 했으며 전반적인 경제 사안들에 대해서도 토론하고자 했다. 호텔 지하의 레스토랑에서 전통 이탈리아 요리를 먹는 동안 음향 장치를 통해 크리스마스 캐럴이 연달아 흘러나왔다. 충칭에 오면서 혹시라도 마오쩌둥이 좋아하던 혁명가를 듣게 되지 않을까 생각했던 나는 빙 크로스비가 부드럽게 노래하는 〈화이트 크리스마스〉를 들으면서 혼자 실소했다.

황치판은 1952년에 저장성에서 태어나 1968년부터 상하이의 코크스 공장에서 일했고, 1976년 3월에 공산당에 입당한 뒤로 상하이 지부에서 승진을 거듭했다. 얼마 뒤 중국에 새로운 금융 중심지를 창조하려는 주룽지의 비전을 놀랍도록 멋진 푸둥신구(浦東新區)로 구현하는 데 큰 역할을 하면서 1990년대 중반에 푸둥신구의 부주임에 임명되었다. 이후 상하이시 당국의 부(副)비서장이 되어 상하이에 투자를 유치하는 중책을 맡게 되었다.

황 시장은 광둥성의 전략을 모방해서 다국적 기업을 유치하기 위해 공업 단지를 건설했다. 그 결과 포춘 글로벌 500대 기업 중 거의 절반이 이곳에 생산 공장을 지었고 수출량이 해마다 배로 늘어났다. 충칭의 산출량은 공산품이 거의 절반을 차지했으며, 3분의 1 정도가 금융과 무역, 물류에서 발생했다. 2011년에 충칭은 전 세계 노트북 컴퓨터의 10분의 1 이상을 생산했다. 그리고 휴렛팩커드를 비롯한 레노버와 에이서, 에이수스테크, 소니, 도시바 등이 전부 들어오는 2년 뒤에는 전 세계 물량의 4분의 1 이상을 생산할 터였다.

황치판은 중국의 국내총생산에서 가계 소득 비율이 줄어들고 그 결과 소비가 위축될 것을 우려했다. 소득 불평등과 부의 불공정한 분배가 지속 가능한 발전을 위협한다고 여겼다.

그가 말했다. 「우리는 빈부 격차를 줄이려고 노력하고 있습니다.」

이를 위한 방편 중 하나로 충칭은 농부들을 도시로 데려오는 프로그램을 실험 중이었다. 핵심은 새로 이주한 사람들이 자력으로 살아가면서 정부에 부담을 지우지 않는 것이었다. 다른 도시에서는 도시 거주 허가증을 얻으려는 사람들에게 농촌 후커우를 즉시 포기하도록 요구하는 등의 조건을 부과했다. 따라서 허가증 발급 신청자가 적을 수밖에 없었다. 하지만 충칭은 도시 거주 허가증을 획득한 농부들에게 기존의 토지 이용권을 3년간 유지할 수 있도록 허가했다. 동시에 농부들이 농장이나 습지, 거주지에 대한 그들의 권리를 임대하거나 거래하기 쉽게 만들어 도시에서 집을 살 때 해당 권리를 담보로 제공할 수 있게 했다.

충칭은 2020년까지 총 1000만 명의 농부들을 농촌 주민에서 도시 거주 허가증을 가진 주민으로 전환할 계획이었다. 우리가 대화를 나눈 2011년 말까지 약 300만 명이 이미 제안을 받아들인 상태였다. 동일한 방식으로 개혁을 시도한 다른 도시들 중에는 이웃한 쓰촨성의 성도 청두가 비슷한 결과를 만들었고, 이주민 200만 명이 거주 허가증을 변경했다. 매우 엄격한 기준을 가진 상하이나 광저우 같은 대도시에서는 허가증을 변경하는 경우가 훨씬 적었다.

일자리와 집이 필요한 새로 온 도시 이주민들을 위해 충칭시는 수 킬로미터에 이르던 판자촌을 밀어내고 200만 명을 수용할 수 있는 정부 보조 주택 50만 채를 짓는 중이었다. 여기에 더해서 세금 우대와 직접 보조금, 은행 대출을 결합해서 소규모 사업을 보조하기 위한 프로그램을 실시했다. 2011년에만 40만 개의 새 일자리를 창출할 목적으로 5만여 개의 소기업에 투자했다. 충칭시는 향후 5년 동안 일자리 160만 개를 만들 계획을 가지고 있었다.

황치판은 그의 멘토인 주룽지와 마찬가지로 몽상가가 아닌 실용주의자였다. 따라서 수십억 달러를 들여 주택과 창업을 지원하는 것 외에도 다양한 해법을 꿰고 있었다. 점심을 먹는 동안 우리는 미국의 경제와 그 현안들로 주제를 옮겨 갔고 저속 성장이나 실업률 문제부터 그 즈음 뉴스에서 가장 화두가 된 재정 절벽 문제까지 다양한 주제를 거론했다. 그리고 나는 그가 제시하는 해법을 듣고서 깜짝 놀랐다.

그가 말했다. 「내가 보기에는 1980년대에 레이건이 도입했던 공급 위주 정책이 최선일 것 같습니다. 즉 세율을 인하하는 것입니다.」

그날 오후에 나는 보시라이를 만나러 충칭의 다른 지역으로 이동했다. 그는 우아한 건물에서 나를 반갑게 맞아 주었다. 그의 설명에 따르면 중일전쟁 때 충칭으로 수도를 이전한 장제스의 국민당 정부가 사용했던 건물이었다. 대리석 복도를 따라 역사적으로 중요한 사건들을 촬영한 흑백 사진들이 걸려 있었다. 중국 혁명 이후에 덩샤오핑이 충칭을 포함하는 서남국의 제1서기로 임명되는 사진도 보였고, 마오쩌둥과 장제스가 일본 패망 뒤에 충칭에서 회담을 갖는 유명한 사진도 보였다.

보시라이가 중국의 전통 의전 방식인 편자 형태의 자리 배치를 꺼린 탓에 우리는 넓고 매끄러운 나무 탁자에 마주 보고 앉았다. 웅장한 회의실을 둘러싼 높은 벽면에는 지역 명소의 풍경이 얕게 돋을새김되어 있었다. 보시라이는 회담 전에 충분히 보고를 받았는지 관련 내용도 잘 알았지만 늘 그렇듯 호승심과 호전적인 모습을 보였다. 우리 대표단의 로스앤젤레스 주지사 앤토니오 비어라고사가 로스앤젤레스에서 지난 3년 동안 나무 10만 그루를 심었다고 언급하자 보시라이는 곧장 충칭에서는 같은 기간에 15억 그루를 심었다고 강조했다.

「예전의 충칭이 시멘트 숲이었다면 지금은 진짜 숲입니다.」 그가 단언했다.

보시라이는 내가 황 시장에게 들은 것과 똑같은 통계 수치들을 줄줄이 열거하면서 미국과 충칭이 과거 긴밀한 관계였음을 상기시켰다. 장제스가 충칭을 전시 수도로 삼았을 당시 미국 대사관이 충칭에 있었고, 용감한 미군 조종사들이 험프 루트라고 부르던 길을 통해 히말라야산맥을 넘어서 중국에 식량과 군수 물자를 제공했다는 내용이었다.

언제나처럼 보시라이에게는 따로 장삿속이 있었다. 마침내 그가 말했다. 「폴슨 씨가 미국 기업들을 설득해서 충칭으로 오게 해 주었으면 합니다.」

나는 폴슨 재단이 철저한 비영리 기구일뿐더러 나 역시 더 이상 투자 은행가가 아니라고 설명했다.

하지만 그는 다른 주제로 넘어가기를 거부한 채 계속 고집을 피웠다. 「폴슨 씨의 영향력이라면 기업들을 움직일 수 있지 않겠습니까? 우리와 함께 중매 좀 해봅시다!」

막상 중국 정부의 현 5개년 계획 및 내수 주도 성장 촉진 정책과 관련해서 내가 질문을 — 요컨대 내수 주도 성장이 과연 가능할지 — 쏟아 내자 그는 충칭의 장점을 시사하는 통계 수치를 추가로 제시하면서 논점을 흐렸다.

내가 말했다. 「충칭이 아니라 중국 전체의 상황이 궁금합니다.」

「중국 사정은 원자바오 총리에게 확인하시오. 나는 통이 작은 사람이라 충칭에 모든 초점을 맞추고 있습니다.」

사실 보시라이의 초점은 충칭에서 멀리 떨어진 보다 유혹적인 어떤 것 — 담장으로 둘러싸인 중난하이와 최고의 권좌 — 에 맞추어져 있었다. 그럼에도 그는 최고의 연기 실력을 뽐냈다. 자신이 조사한 모든 것을 완벽하게 숙지했을 뿐 아니라 이따금씩 통역사의 말을 끊은 채 더 적절한 표현을 제시하기도 했다. 지금 생각해도 그의 태도에서는 곧 다가올 사태를 암시하는 그 어떤 것도 느껴지지 않았다. 오히려 그 반대였다. 그는 충칭이 〈미래의 지도자들을 배출한 온상〉이 될 수 있었던 〈다양한 장점들〉을 극찬하느라 열을 올렸다.

돌이켜 생각하면 징조는 있었다. 베이징에서 열린 우리 재단의 도시화 회의에 참석할 예정이던 황치판이 회의 직전에 돌연 참석을 취소했다. 우리는 부패와 비위를 수사하는 중국 공산당 중앙기율검사위원회 산하의 한 팀이 부정을 조사하기 위해 충칭에 파견되었다는 이야기를 나중에 들었다. 우리가 보시라이를 만나기 얼마 전이었다. 『월 스트리트 저널』은 중국 고위급 당원들의 자제를 일컫는 이른바 태자들의 생활상을 다루었는데, 이 기사에서 보시라이의 아들이 집중 조명되었다. 영국의 명문 기숙학교 해로스쿨을 거쳐 옥스퍼드와 하버드를 다닌 보시라이의 아들은 번쩍이는 빨간색 페라리를 몰았으며, 소문에 따르면 베이징의 잘나가는 술집에 전임 중국 주재 미국 대사 존 헌츠먼의 딸을 데리고 다녔다.

이 기사가 나의 관심을 끈 이유는 선정적인 보도 내용 때문이 아니었다 — 나는 『월 스트리트 저널』이 확실한 증거를 확보했을 거라고 생각한다. 바로 그 시기가 문제였다. 내 생각에 그 기사는 중앙정치국 상무위원회 자리를 놓고 벌어질 암투의 전주곡이었다. 그동안의 이야기로 미루어 보건대 누군가가 보시라이에게 타격을 입히려는 것이 분명했다. 그리고 나는 그게 누구든 간에 보시라이가 압도적으로 우세하다고 생각했다.

나는 확실히 잘못 짚었다. 우리가 만난 지 불과 두 달 만에 보시라이의 마법 같은 인생은 깨지기 시작했다. 2012년 2월 초에 첫 번째 신호가 나타났다. 보시라이의 측근인 충칭시 공안국장이 돌연 직위 해제되었다. 며칠 만에 320킬로미터를 달아난 그는 청두 주재 미국 영사관에 보호를 요청했다. 황치판이 그를 데려오기 위해 다수의 공안 호송대를 이끌고 청두로 갔다. 공안국장은 망명을 요청한 뒤 하룻밤을 머물렀던 미국 영사관에서 결국 자진해서 나왔다. 그럼에도 그가 연행되어 끌려간 곳은 충칭이 아니었다. 대신 베이징에 모습을 드러냈고 이른바 〈휴가 형식의 치료〉에 들어갔다. 이 사건을 둘러싼 후속 수사는 장차 보시라이를 끌어내릴 터였다.

2012년 3월에 보시라이가 충칭시 당 서기에서 해임되었다. 그 다음 달에는 보시라이 가족과 가까운 사이였던 영국인 사업가가 2011년 11월에 사망한 사건과 관련해서 보시라이의 아내 구카이라이가 수사를 받았다. 이후 뉴스 기사와 국영 통신, 해외 매체 등의 유출로 충격적인 세부 사항들이 연이어 폭로되었고 지나칠 만큼 활발한 중국의 소셜 미디어를 통해 빠르게 퍼져 나갔다. 보시라이의 심복이던 공안국장은 보시라이에게 보시라이 일가의 부패 혐의를 둘러싼 수사가 진행되고 있다는 소식을 알려 준 뒤로 보시라이와 사이가 틀어진 것으로 드러났다. 『뉴욕 타임스』는 보시라이가 전화를 불법 도청했으며 그 대상에 후진타오 주석까지 포함되었다고 보도했다. 국가 안보까지 위협하며 마치 텔레비전 연속극 같았던 이 사건은 최근 많은 중국 지도자들이 즐겨 본 미국 드라마 「하우스 오브 카드」에서 금방 튀어나온 듯한 돈과 섹스, 살인, 경찰 추적, 정치적 음모, 선정성까지 모두 갖추고 있었다.

보시라이 사건과 관련해서 한동안은 황 시장도 명예가 손상될 것으로 전망되었다. 하지만 그는 2012년 가을에 오히려 중국 공산당 중앙위원회 위원으로 승진했고 시장직을 그대로 유지한 채 충칭의 실험을 추진해 나갔다. 반면에 보시라이는 단계적으로 권한을 잃었고 공산당에서 축출되었으며 재판을 받고서 현재 부패와 직권 남용으로 종신형을 살고 있다. 그의 아내는 고의적인 살인으로 유죄 판결을 받았고 사형 집행 유예를 선고받았다.

충칭 같은 도시들에서 수억 명의 이주민을 받아들이는 데는 적지 않은 비용이 들 것이다. 중국 정부는 향후 20년간 6조 8000억 달러에 가까운 비용을 투입할 계획을 세웠다. 문제는 새로운 도로, 다리, 철로, 하수도, 주택, 전기 등을 갖추는 비용과 연금, 교육, 보험, 의료 서비스, 처방약 제도 등을 확대하는 데 따르는 비용을 누가 지불할 것인가이다. 대다수 도시와 성 당국은 이미 빚더미에 올라 있을뿐더러 대대적인 개혁 없이 재정 수입을 늘릴 능력이 없다. 지방정부에 제공하는 경비를 늘리겠다고 약속한 중앙정부도 그처럼 거대한 부담을 떠안을 생각은 없는 듯하다.

이론상 도시화는 도시로 유입된 새로운 노동자들이 더 많이 생산하고 더 많이 소비하면서 더 많은 세금을 납부하기 때문에 경제 성장을 촉진하고 도시의 자립을 가능하게 한다. 하지만 이 같은 수준에 도달하기까지 오랜 시간이 필요하고 중국의 세금 징수 제도에는 허점이 많다. 그사이 지방 당국은 무리한 재정 운영으로 어려움에 처할 것이 거의 분명하다. 여기에는 주룽지가 1990년대 중반에 실시한 전국적인 개혁도 일부 원인을 제공했다. 주룽지는 중앙정부의 무력한 재정 정책을 강화하고자 세금 징수를 중앙에 집중시켰고 오늘날 국가 재정 수입의 약 60퍼센트를 차지하는 새로운 부가가치세를 도입했다. 세수 중 일부가 성에 반환되기는 했지만 중국의 예전 노동 단위인 〈딴웨이〉 제도 아래서 국유 기업들이 제공하던 서비스가 점차 지방정부의 책임으로 옮겨 가면서 지방정부 예산은 점점 더 부족해졌다.

재정 지원이 없는 정책 명령을 수행해야 하는 지방 관리들에게 수입을 늘릴 방법이 없기는 오늘날에도 마찬가지다. 그들에게는 예산권도 없을뿐더러 새로운 세금을 부과할 권한도 없다. 2014년 이전까지는 지방채를 발행할 수도 없었다. 결과적으로 그들은 토지를 몰수해서 판매하는 방식에 자주 의존했고, 이는 평균적으로 지방 예산의 3분의 1 또는 경우에 따라서는 거의 절반에 이르는 재원을 충당하는 관행이 되었다. 이제 그들은 규제 기관이 감시하기 어려운 그림자 금융 시장의 투명하지 않은 단기 차입금 거래로 눈을 돌리고 있다.

이 같은 접근법은 근본적으로 건전하지 못하다. 농민들의 토지를 몰수하는 행위는 대규모 시위를 불러올 뿐 아니라 국가의 생산적인 농지 공급을 위협하고 도시의 무분별한 확장을 부추기기 때문이다. 도시는 도시대로 덜 살기 좋고 덜 효율적이며 궁극적으로 덜 지속 가능해질 것이다. 또한 그 과정에서 많은 경우에 비리 관리들의 주머니가 불룩해질 것이다.

제한적인 수입에 대한 현실적인 대응으로 몇십 년 전부터 가동되기 시작한 이른바 지방정부투자기구도 위험하기는 마찬가지다. 최근에 지방정부투자기구를 이용한 도시들은 이전보다 훨씬 큰 빚더미에 올라 있다. 중국 국가회계국에 따르면 2013년 6월 말 기준 대출과 담보 등으로 누적된 지방정부의 빚은 2010년보다 거의 70퍼센트 증가한 2조 9000억 달러를 기록했고, 덩달아 많은 금융 전문가들이 우려를 표할 정도로 국가 부채도 늘어났다.

충칭은 공격적으로 차입하고 지출하는 지방정부의 전형적인 예다. 충칭이 최근에 보여 준 이례적인 성장은 중앙정부의 넉넉한 현금 지원과 더불어 선견지명 있는 정책들이 선택된 결과였다. 여기에 더해서 충칭은 공격적인 토지 판매 전략을 채택했으며 부외 거래를 통한 대출을 적극적으로 활용했다. 오늘날 충칭은 중국에서 가장 부채가 많은 지방자치단체에 속한다. 정부 회계 감사에 따르면 중국의 모든 성과 구를 통틀어 국내총생산 대비 부채 총액 비율과 재정 수입 대비 부채 총액 비율에서 모두 3위 안에 들었을 정도다. 충칭의 차입이 가속화된 것은 2007년 보시라이가 부임한 뒤부터였다. 결국은 수포로 돌아갔지만 자신을 국가 권력의 최상층으로 이끌어 줄 성과를 보이기 위해 보시라이가 지출을 늘렸기 때문이다. 『월 스트리트 저널』은 2007년부터 2011년까지 충칭의 지방정부투자기구 이용 규모가 두 배 이상 증가해서 550억 달러에 달한 것으로 추산했다.

중국의 차입이 문제가 되는 이유는 단순히 그 규모 때문만이 아니다. 부채의 성질과 차입 자금의 사용처가 불투명한 것도 문제다. 현명치 못한 결정과 부실한 운영은 과도한 건축 붐을 비롯해서 부동산 거품과 임박한 환경 재앙을 낳았다. 이에 중국 지도부는 지방정부에 세입 수단을 마련해 주어 재정을 더 잘 관리하도록 하기 위한 조치에 나섰다. 2014년 초에 중앙정부는 시범적인 프로그램을 통해 열 곳의 지방정부에 직접적인 상환 책임을 지고서 대중에게 직접 채권을 판매할 수 있도록 허가했다. 개혁과 관련해서 자주 선구자 역할을 맡던 광둥성이 이번에도 앞장섰고 2014년 6월 20억 달러가 넘는 채권을 판매했다. 같은 해 8월, 지방정부가 공공 프로젝트 자금 마련을 위해 채권을 판매할 수 있도록 허가하는 예산법 개정안이 통과되었다(통상적인 경비를 충당하기 위한 채권 판매는 여전히 금지되었다).

이런 조치가 비록 주목할 만한 발전을 의미하기는 하지만 나는 중국에 온전한 지방채 시장이 형성되려면 지방 관리들이 안정적인 세원을 추가로 확보하는 것에 더해서 중앙정부와 투자자에게 투명한 회계 보고를 제출할 수 있어야 한다고 생각한다. 궁극적으로 도시와 성이 독립적으로 세금을 부과할 수 있는 권리를 가져야 한다는 뜻이다. 또한 더 많은 도시와 성에 재산세를 도입해야 하고 거래가 발생할 때만 상업적인 부동산에 세금을 매기는 현행 방식 대신에 1년 단위로 세금을 부과하는 방식을 시범적으로 운영해 볼 필요가 있다. 중앙정부로부터 일단 권한이 보장되면 지방정부의 지도자들은 예산 집행과 관련하여 전권을 갖는 동시에 신중한 재정 운영과 건전한 채권 시장의 필수 조건인 투명한 재무제표를 제출하고 공개해야 할 것이다.

이 같은 변화가 가능하려면 국가 차원의 재정 및 세제 개혁이 필요한 동시에 중앙정부와 지방정부 간 세원을 공유하는 체제가 정비되어야 한다. 이를 통해서 지자체는 좀 더 안정된 세입을 확보하고 중앙정부는 지방정부 차원에서 내려진 잘못된 결정을 무한정으로 책임질 필요가 없다는 사실에 안도할 것이다. 위의 조치들이 하나로 합쳐지면 위험한 부외 재정 수단에 의존하는 경향은 감소하고, 토지 압류는 줄어들고, 도시의 무분별한 확장은 억제되고, 도시들은 좀 더 에너지 효율적이고 인간 친화적이 될 것이다. 2014년 2월에 중국의 재무부 부장 러우지웨이는 세제 개혁이 예산 개혁보다 훨씬 복잡한 문제라서 더 오래 걸릴 거라고 내게 말했다. 그럼에도 그와 동료들은 그 두 가지 문제에 동시에 집중하고 있었다. 일례로 그는 정부가 재산세 확대를 매우 중요하게 생각한다고 말하기도 했다.

반가운 소식은 이러한 변화들이 진행 중이라는 사실이다. 2014년 6월에 정치국은 새로운 단계의 재정 개혁 및 세제 개혁을 2016년까지 완수하고 2020년까지 현대적인 회계 시스템을 수립할 계획이라고 밝혔다. 2014년 8월 지방채 발행을 자유화한 예산법 개정안에는 지방정부에 보다 장기적인 계획을 세우고 발생주의 회계* 방식을 이용하도록 요구하는 항목이 포함되어 있다.

중국의 도시들이 기능적이지 못하다는 사실은 무척 아이러니하다. 중국인들이야말로 살기 좋은 도심 지역을 설계하는 부분에서 시대를 앞서 갔던 사람들이기 때문이다. 오늘날 지속 가능한 성장을 옹호하는 사람들은 주거와 직장, 교육, 휴식, 쇼핑을 가까운 거리 안에서 모두 해결할 수 있는 이른바 다용도 지역을 만드는 것이 매우 중요하다고 강조한다. 도시를 계획할 때 드넓은 대로와

* 재무에 영향을 줄 수 있는 사건이 발생한 시점에 수익과 비용을 인정하는 회계 방식으로 현금이 오갈 때에만 기록하는 현금주의와는 반대 방식이다.

방대한 구역보다는 소로와 작은 구역이 옹기종기 밀집되어야 하고 녹지 공간을 조성해서 대기 질을 높이고 지역민이 모일 수 있는 장소를 제공해야 한다고 주장한다. 아주 오래전에 베이징을 설계했던 사람들은 이들 이른바 신도시주의자들의 도시 계획을 이미 눈치챘던 것 같다. 후퉁을 끼고 중정형 주택이 모여 있는 구시가는 주민들에게 단순히 살 집만 제공한 것이 아니라 장을 보고 교육을 받을 장소까지 제공했다. 사람들은 자신이 사는 구역과 가까운 곳에서 일했으며, 안뜰은 가족이 함께 쉴 수 있는 휴식처를 제공했다.

1949년을 기점으로 모든 것이 바뀌기 시작했다. 중국의 새로운 공산당 지도자들은 구도시의 빈 공간마다 공장을 지었고, 중앙 계획경제를 담당하는 관료들은 오래된 도시 성벽을 허물고 후퉁을 지워 나갔다. 공산당 지도자들이 기념관 건립에 쏟은 애정은 1959년 인민공화국 창설 10주년을 위해 완성한 일련의 대규모 프로젝트에서 정점에 달했다. 소련의 건축 양식을 본뜬 거대한 인민대회당이 광활하게 확장된 톈안먼 광장 옆에 세워졌다. 전통적으로 베이징의 동서 축을 형성해 온 창안로가 거의 그 끝을 알 수 없을 정도로 뻗어 나갔다. 1949년에 폭 15미터에 길이 4킬로미터 정도였던 이 도로는 이제 폭이 미식 축구장의 길이와 거의 맞먹는 76미터에 달하고 길이는 38킬로미터가 넘는다.

내가 1990년대 초에 처음 베이징을 방문했을 때는 마오쩌둥 시절의 흔적이 아직 많이 남아 있었다. 시민들은 자전거를 타거나 버스를 이용했다. 대로에 다니는 자동차들은 대부분 군용 지프나 경찰차 또는 관용차를 상징하는 흰색 번호판을 단 검은 세단이었다. 1994년에 처음 베이징을 방문한 아내 웬디는 일기장에 이렇게 적었다. 〈우중충하고 지저분하며 번잡하다. 하지만 활기차다. 노동자와 상인과 학생과 쇼핑객과 특히 자전거를 탄 사람들로 거리에 생동감이 넘친다.〉 내가 업무를 보는 동안 웬디는 혼자서 후퉁 탐험에 나섰다. 곳곳에서 아이들이 뛰어놀고 밥 짓는 냄새가 진동하는 후퉁에 마음을 빼앗긴 그녀는 집들 사이로 난 좁은 골목길을 마냥 걸어 다녔다.

조금 더 추억에 젖을 수도 있겠지만 솔직히 말해 베이징의 구시가는 관리 상태가 상당히 부실했다. 많은 중정형 주택들이 하수관이나 현대식 부엌, 위생 시설이 부족했고 겨울이면 혹독한 추위에 그대로 노출되었다. 여기에 이주민까지 몰려들자 거주 공간은 과밀해졌으며 안전하지 못하게 되었다.

베이징을 변화시킬 필요성이야 두말할 필요가 없었지만 중국 정부는 하필 도시의 풍부한 유산 대부분을 파괴하고 다른 나라의 사회 구조를 빌려오는 방식을 채택했다. 중국의 도시 계획가들은 소련의 과대망상적인 건축 양식과 지극히 단조로운 현대주의를 혼합해서 거대한 사무용 고층 빌딩과 주거용 고층 건물을 급조해냈다. 각각의 건물은 길이가 4킬로미터나 되는 거대 구역을 형성했고 서로 동떨어진 채 넓은 간선도로에 가로막혔다. 그리고 이런 간선도로들을 연결하는 순환 도로는 갈수록 도심에서 멀리 건설되었다. 베이징은 이제 일곱 번째 순환 도로를 건설하고 있다. 총연장이 거의 960킬로미터에 이르는 이 대규모 도로는 이웃한 허베이성까지 이어져서 인디애나주 크기와 맞먹는 지역을 둘러쌀 예정이다. 시민들이 이용할 충분한 대중교통 수단을 갖추는 일에 뒤늦게 착수한 까닭에 베이징의 출퇴근길은 매우 붐비고 엄청나게 긴 시간이 소요된다. 미국도 비슷한 선택을 한 적이 있었다. 특히 2차 세계대전 후 선벨트*를 개발할 당시에 유사한 선택을 했는데 그럼에도 미국에는 선택에 따른 결과에 대응할 수 있는 시간과

* Sun Belt. 〈태양이 비치는 지대〉라는 뜻으로 미국 남부 및 남서부 지방을 가리킨다.

공간이 더 많았고 인구도 훨씬 적었다.

중국 전역에서 베이징의 선례를 따르려는 도시들이 잇따랐다. 마치 모든 지방 관리가 톈안먼 광장을 복제하고 인민대회당을 닮은 시 정부 청사를 원하는 듯했다. 일반적으로 시장이나 성장은 당에 있는 상급자의 비위를 맞추고 발전을 이끌어서 승진 기회를 잡으려 하고, 도시는 토지에 대한 권리를 개발업자에게 판매해서 돈을 벌고자 하며, 개발업자들은 어떻게든 빨리 공사를 마무리하고 싶어 한다. 이 모든 유인이 합쳐져서 종종 조잡하고 판에 박힌 듯 비슷한 결과물이 탄생하곤 하는데 이 같은 도시 구조 안에서는 지나치게 넓은 도로가 상업 활동을 방해한다.

실제로 중국의 도시 계획가들은 겉보기에만 효율성을 지닌 개발을 선택했고 그 대가로 난개발과 교통 혼잡, 오염 문제를 떠안았다. 중국은 피해를 되돌리고자 노력하는 중이다. 대기를 정화하기 위해서 수백억 달러를 투입했다. 그럼에도 효과는 별로 없었다. 2008년 올림픽 개최를 앞두고 베이징은 매연을 뿜어내는 공장 200여 곳을 폐쇄하거나 허베이성으로 옮겼다. 그중에는 중국에서 가장 큰 철강 생산 업체도 하나 있었는데 그 공장은 창안로에 위치한 톈안먼에서 불과 16킬로미터 거리에 위치했다. 관리들은 도시 경계선 안에 위치한 공장에 집진기를 설치했으며 난방 연료로 석탄을 사용하는 것을 금지했다. 더불어 베이징에 현대적인 교통 체계를 대대적으로 도입하는 사업에 착수했다. 오늘날 중국 전역에서는 지하철을 비롯한 모노레일과 간선 급행 버스 노선, 고속철도 등이 한창 건설 중이다.

하지만 이 모든 노력에도 불구하고 적어도 현재까지는 중국이 시간과의 경주에서 그리고 자국의 빠른 발전 속도와의 경주에서 밀리고 있다는 결론을 내리지 않을 수 없다. 우리 재단이 도시 지속성을 주제로 첫 번째 회의를 주최한 그 주에도 대기 오염은 이미 상당히 심각한 수준이었지만 이후의 대기 상태는 더욱 나빠졌다. 미국 대사관 옥상에 설치된 측정기에 따르면 2013년 1월에 PM 2.5 수치가 886을 기록했다. 2011년에 우리 재단에서 회의를 주최한 주에 우리를 그토록 괴롭혔던 PM 2.5 수치 416보다 훨씬 더 독해진 것이다. 정치 평론가들이 〈에어포칼립스〉*라고 부른 이 같은 사태에 결국 중국 정부는 향후 5년간 2800억 달러를 투입하여 베이징의 스모그와 싸우겠다고 약속했다.

대기가 오염되는 큰 이유 중 하나는 중국 내에서 부상하는 중산층이 세계적으로 유례없는 속도로 도로에 자동차를 내놓기 때문이다. 베이징의 자동차 등록 대수는 1990년대 말에 100만 대, 2008년 올림픽을 개최할 당시에 300만 대였는데 2012년 2월을 기준으로 500만 대까지 늘어났다. 베이징시는 자동차 신규 등록을 제한하기 위해 2011년 1월에 월간 추첨 제도를 도입했다. 2014년까지 베이징에서 발급될 새 번호판 개수를 연간 15만 개로 제한한 것이다. 그럼에도 도로는 여전히 세계 최악의 교통 혼잡 때문에 대책 없이 막혀 있다. 2010년에는 베이징 인근의 교통 혼잡으로 100킬로미터에 걸쳐 늘어선 자동차들이 꼼짝없이 갇힌 채 11일 동안이나 정체가 지속된 사건이 발생하기도 했다. 요컨대 고속도로를 늘리는 것은 해결책이 아니다. 오히려 더 많은 자동차를 도로 위로 불러낼 뿐이다.

다른 도시들도 베이징의 뒤를 이어서 자동차 소유를 제한하고는 있지만 — 유난히 이재에 밝은 상하이만은 새 번호판을 경매하는 방식으로 눈을 돌렸다 — 그럼에도 힘든 싸움이 아닐 수 없다. 중국의 자동차 업계는 관련 종사자가 수백만 명에 달하는 거대 산업이다. 2009년에는 미국을 제치고 세계에서 가장 큰 신차

* airpocalypse. 대기를 뜻하는 〈에어〉와 대재앙을 뜻하는 〈아포칼립스〉의 합성어.

판매 시장으로 등극했으며, 2012년에는 1550만 대의 승용차가 판매되었다(여기에 더해서 버스와 트럭도 400만 대나 판매되었다). 1999년 중국의 전체 차량 대수를 뛰어넘는 수치였다. 이제 중국은 국민 열한 명당 한 명 비율로 자동차를 소유하고 있다. 일부 전문가들은 이 비율이 향후 몇 년 안에 세 배로 늘어날 거라고 전망한다. 실제로 그렇게 되면 중국의 교통 혼잡과 대기 질은 어떻게 될까?

지속 가능한 성장에 매우 열성적인 지도자가 있는 도시의 경우에도 더 나은 미래로 나아가는 방법을 찾기란 쉽지 않다. 나는 중국 남부의 중심에 위치한 후난성의 성도이자 활기찬 도시인 창사에서 실제로 그런 경우를 목격했다. 2008년 창사 시장에 임명된 장젠페이(張劍飛)는 도시를 정화하고 에너지 소비를 줄이고자 막대한 노력을 기울였다. 중국 관료계의 신성으로 떠오른 장젠페이는 캘리포니아 주립대학교 버클리 캠퍼스에서 토목 공학 박사 학위를 취득했다. 시장이 되기 전에는 세계은행 중국 데스크의 수송 분과와 중국 교통부에서 근무했으며 2013년에는 후난성 부성장으로 승진했다.

창사에서는 크고 작은 다수의 프로젝트가 열정적으로 추진되었다. 시의 미처리 하수 정제율은 두 배 이상 증가해서 97퍼센트에 달했으며 중국을 통틀어 시 정부로는 최초로 관할 구역의 수백 개에 달하는 마을과 시내 곳곳에 쓰레기 수거 체계를 정립했다. 기본적으로는 각각의 세대가 수거 비용을 부담하지만 재활용을 실천할 경우 할인을 받는 방식이었다. 장젠페이가 말했다. 「나는 베이징 출신의 환경주의자입니다. 채소를 씻을 때도 첫 번째 물은 버리지만 두 번째, 세 번째로 헹군 물은 화장실에서 물을 내릴 때 쓰려고 모아 둡니다. 안 될 이유가 있나요?」

공산당 초기 시절에 그들의 거점 역할을 한 창사는 후난성 출신

마오쩌둥이 최초로 혁명을 도모한 도시였다. 오늘날의 창사는 활기 넘치는 농산물 시장과 번창하는 제조업 기지를 보유한 분주한 교통의 요지이자 내륙 항이다. 굴지의 중장비 제조 기업인 중롄중커(中聯重科)와 싼이(三一) 중공업 같은 역동적인 민간 기업들의 본사가 위치해 있으며, 중앙 집중식 공조 설비 제조사인 브로드 그룹의 본사도 있다. 특히 브로드 그룹의 회장 장웨는 자신이 개발한 조립식 건축 기술을 바탕으로 창사에 일명 스카이시티라는 이름으로 세계에서 가장 높은 건물을 짓겠다는 대담한 계획을 발표해서 파장을 일으키기도 했다. 수많은 논란을 불러일으킨 그의 계획은 아직까지 실현되지 않고 있다.

지난 10년간 평균 14.6퍼센트라는 놀라운 연간 성장률을 기록한 성의 선봉을 맡아 온 창사 시민들에게 2013년은 그야말로 격변의 시기였다. 시선이 닿는 곳이면 어디서든 대형 크레인이 날로 높이를 더해 가는 건물 옥상에서 바쁘게 움직이고 있었고, 그 아래에는 으레 녹색의 안전그물과 대나무 비계에 둘러싸인 건물 골조가 보였다. 여기에는 충분히 그럴 만한 이유가 있었다. 창사는 370만 명 남짓한 기존 인구를 2020년까지 800만 명으로 늘릴 계획이었다. 이를 위해 향후 10년 동안 1340억 달러를 투입해서 신규 주택을 건설하고, 도로를 확장하고, 상하수도 본관을 매립하고, 가스와 전기 시설을 확충하기로 했다. 2014년에는 열아홉 개 역을 운행하는 창사 최초의 지하철이 개통되었다.

하지만 장젠페이 시장의 좋은 의도와 별개로 도시를 효율적으로 구역화하거나 신규 건물의 형태를 규제하는 조치는 전혀 없었다. 그 결과 도시 계획가들이 비록 개선할 필요는 있지만 대체는 불가능한 인간 친화적이고 생태학적으로도 건전한 구시가를 무자비하게 지워 나가고 있었다.

2013년 2월의 흐리고 쌀쌀한 어느 날, 시내에는 오래된 구역과 새로운 구역이 명백한 대조를 연출하고 있었다. 각종 토목 장비가 늘비하게 널린 교차로 한복판에는 인부들이 신규 지하철 노선을 건설하기 위해 땅을 파고 있었고, 4층짜리 아파트 건물이 죽 늘어선 교차로 서쪽의 소로에는 작은 상점과 노점 상인들이 과일과 고기 등을 팔고 있었다. 일부 건물에 철거 대상임을 알리는 표시가 나붙기도 했는데 그나마도 나머지는 이미 철거가 진행 중이거나 진즉에 자갈로 변한 터였다. 보행로에는 남자들이 낮은 의자에 앉아 카드놀이를 즐기고 있었고, 학교를 마치고 집으로 돌아가는 아이들도 보였다.

교차로를 사이에 두고 그들 반대쪽에는 끝없이 펼쳐진 넓은 도로가 보였다. 도로 양쪽에 새로 지어진 30층짜리 주거용 고층 건물들이 죽 늘어서 있었고 행인은 보이지 않았다. 새 건물들은 그토록 원하던 개선을 가져왔다. 아파트의 욕실과 부엌, 분리된 침실은 현대적인 생활에 더 적합했다. 그럼에도 도시 설계를 둘러싼 전반적인 접근법에는 심각한 결함이 존재했다.

폴슨 재단에서 데버라 레가 이끄는 팀이 장젠페이 시장의 초청으로 창사에서 중국의 여러 도시 지도자들에게 자문을 제공하게 되었다. 에너지와 도시 계획 전문가 집단인 에너지 재단의 피터 칼소프도 함께였다. 그들은 중국 관리들에게 맥킨지 사가 미주 개발은행용으로 개발한 것을 우리 재단이 중국에 맞게 개조한 속성 진단 툴을 소개했다. 물 사용부터 탄소 발자국과 인구 밀도, 오염에 이르기까지 여러 항목에서 도시가 얼마나 잘 기능하는지 간단한 정보를 제공하는 툴이었다. 여기에 더해서 폴슨 재단 팀은 아무리 사소한 변화라도 지속 가능성에 엄청난 차이를 만들 수 있음을 보여 주고자 했다. 변화는 넓은 도로들을 보완할 작은 교차로를 더 많이 건설하는 것일 수도 있었고 자가용보다는 대중교통이나 자전거를 적극적으로 이용해서 공기 오염과 탄소 배출을 줄이는 것일 수도 있었다.

개발을 다시 생각하는 문제는 창사에 또 다른 도전이 될 것이다. 중국의 모든 도시와 마찬가지로 창사는 다양한 기관 및 정부 부처의 허가를 받기까지 수년의 세월이 걸린 세부적인 도시 계획을 바탕으로 개발에 임하는 중이다. 즉 계획을 수정하려면 건설이 지연될 수밖에 없는데 이주민이 몰려드는 상황에서 시는 잠시라도 건설을 멈출 여력이 없다. 게다가 도시 지도자들이 새로운 접근법의 중요성을 이해했다손 치더라도 그들의 사고방식까지 바꾸기란 훨씬 지난한 일이다. 도시와 그 도시의 시장이 단순한 경제적 성장이 아닌 그 이상의 기준에 따라 진정한 평가를 받게 되기 전까지는 창사와 같은 도시에서 긍정적인 변화를 일으키는 데 꼭 필요한 지속 가능한 실천이 자리를 잡기란 결코 쉽지 않을 것이다.

폴슨 재단은 허베이성의 바오딩에서도 진단을 실시했다. 베이징에서 남서쪽으로 160킬로미터 떨어져 있고 1100만 명이 넘는 인구를 보유한 바오딩은 중국에서 환경 문제를 다루는 것이 얼마나 이율배반적인 선택을 요구하는지 보여 준다. 2014년 중국 환경보호부 조사에 따르면 바오딩은 전국에서 공기가 가장 심하게 오염된 도시 1위로 뽑혔다. 그런데 이 같은 사실과 별개로 재생 에너지 장비를 제조하는 분야에서 세계적인 생산 기지 역할을 하고 있었다. 예컨대 세계에서 두 번째로 큰 태양광 패널 제조업체인 잉리 그린 에너지 홀딩 컴퍼니를 비롯해서 수십여 개의 유사 기업들이 바오딩에 터를 잡고 있었다. 말의 가슴걸이 모양으로 베이징을 감싼 허베이성은 탄광과 철강 제조업의 중심지이면서 이미 상당한 공업화가 이루어진 까닭에 중국에서 오염도가 가장 높은 도시 열 곳 가운데 일곱 곳을 포함하고 있다. 오염이 심한 원인으로는 지리적인 영향도 있다. 허베이성은 상당 부분이 비옥한 허베이 평야에 위치해 있는데 북쪽과 서쪽이 산맥에 막혀 있고 동쪽으로는 보하이만을 끼고 있다. 그 결과 겨울철에 잦은 기온 역전 현상으로 한 번 스모그가 발생하면 며칠씩 지속된다.

바오딩은 풍력 발전용 터빈이나 태양광 패널 같은 재생 에너지 장비를 생산하는 기업들에게 10년 전부터 공격적으로 우대 정책을 펼쳤다. 여기에 중앙정부의 지원까지 더해지면서 중국의 재생 에너지 산업 기지로 발돋움했다. 2010년에 바오딩은 엄격한 탄소 배출 기준을 준수하는 동시에 다양한 방법으로 저탄소 성장을 시도하게 될 여덟 개 시범 도시 중 하나로 선정되었다.

초기에 대체 에너지에 집중한 바오딩의 정책은 엄청난 성공을 거두었다. 2005년부터 2008년 사이에 재생 에너지 관련 기업은 세 배 이상 늘어나서 200개가 되었고, 세입은 다섯 배로 껑충 뛰어서 35억 달러에 달했으며, 일자리는 1만 3,500개가 늘어났다. 유엔은 바오딩을 세계 최초의 〈탄소 전향적인〉 도시로 명명하면서 바오딩에서 생산되는 제품들이 설치되면 바오딩시 자체에서 배출되는 것보다 많은 양의 탄소가 해당 제품들의 수명 기간에 걸쳐 저감될 거라고 발표했다. 하지만 세계 금융 위기가 발발하고 중국이 재생 에너지 장비를 시장에 대량으로 쏟아 내면서 장비 가격은 하락했고 미국과 유럽연합에서는 중국의 태양광 패널 수출품에 관세를 부과하기 시작했다. 바오딩의 지역 산업도 휘청거렸다. 2012년에 이르러서는 잉리를 포함한 상당수 대기업들이 매 분기 적자를 기록했다. 머지않아 중국에서 가장 큰 SUV 제조업체이자 1984년에 설립된 이래 든든한 지역 기업으로 자리 잡은 그레이트 월 모터스가 바오딩시의 주요 납세자로 부상했다.

도심 인구를 지금보다 세 배 많은 300만 명으로 늘리려는 시 당국의 계획에 발맞추어 이제 바오딩에서는 중국의 다른 도시들에서 흔히 보듯이 사람보다 자동차를 위주로 한 개발이 진행되고 있다. 거대한 아파트 건물들로 이루어진 거대한 구역들이 거대한 도로들을 사이에 두고 배치되는 형식이다. 비록 많은 건물에 태양광 패널이나 풍력 발전용 터빈이 설치되어 있기는 하지만 바오딩은 여전히 석탄과 천연가스 같은 전통적인 자원을 이용해 전력을 공급한다.

현재 진행되는 도시화를 제대로 바로잡는 일은 바오딩에 매우 중요하다. 바오딩시는 총인구 1억 3000만 명에 이르는 베이징과 톈진, 허베이성을 거대한 단일 경제 구역으로 통합하려는 시진핑의 야심 찬 계획에 의해 수혜를 받을 가능성이 농후하다. 그렇게 되기 위해서는 각 지역의 지도자들끼리 더 원활한 협조가 이루어져야 한다. 중앙정부는 수도의 혼잡을 덜고 아마도 외곽 지역의 경제를 활성화할 목적으로 중앙정부의 행정이나 행정 지원 기능을 대대적으로 바오딩으로 이전할 계획이다. 시진핑은 베이징과 톈진, 허베이성을 하나로 묶어서 — 이들 지역 명을 따서 징-진-지* 프로젝트라는 이름으로도 잘 알려진 — 초거대 도시를 제안한 것과 관련하여 문제 해결을 위해 지역에서 답을 찾은 접근법을 자신의 유산 중 하나로 여겼다. 2014년 7월에 그가 담담한 어조로 내게 말했다. 「이것은 내가 주도적으로 직접 생각해 낸 것입니다.」

징-진-지 프로젝트는 지속 가능한 개발의 본보기가 될 것이다. 악취가 진동하는 이 지역의 공기는 더 긴밀한 협조가 필요함을 시사한다. 베이징의 자동차와 석탄을 원료로 하는 허베이성의 공장과 톈진의 화학 공장 때문에 환경오염이 초래되었음에도 이들 세 곳의 지방정부는 경쟁적으로 성장 일변도 정책을 추진해 왔다. 2013년 겨울에는 베이징의 공기가 며칠째 숨도 쉬지 못할 지

* 〈지〉는 허베이의 옛 이름인 지저우에서 가져온 것이다.

경으로 악화되자 중앙정부는 허베이성을 비롯한 다른 성들에 공장 문을 닫도록 지시했다. 공장 문을 닫으면 지역 경제가 타격을 받기 때문에 지역 관리들은 반발할 수밖에 없다. 지역 간 불균형한 발전의 결과는 베이징 사람들의 일인당 소득이 허베이성 사람들보다 2.5배나 높은 사실에서도 확인된다.

2012년에 우리에게 도움을 요청하면서 폴슨 재단의 진단 툴을 적극적으로 활용하고자 한 마위펑 바오딩 시장과 이 지역 사무국의 수장들은 그들에게 불리한 영향을 끼칠지도 모를 정보를 공유하는 데 거부감을 나타냈다. 폴슨 재단은 으레 비협조적인 부서들을 설득해서 협조를 이끌어 내야 했다. 다행히 우리 재단의 협력단체 중에는 전임 국무원 부총리이자 나의 친구이기도 한 쩡페이옌(曾培炎)이 이사장으로 있는 중국국제경제교류센터가 있었다. 그들은 자주 노련한 솜씨로 〈외국인〉과 〈내국인〉 사이의 간극을 메워 주었다. 쩡페이옌은 중국의 이례적인 도시화를 계획하고 추진하는 데 결정적인 조력자 역할을 했다.

치수(治水) 사업에 혁신적인 사고를 접목한다면 바오딩은 확실히 이득을 취할 수 있을 터였다. 우리 재단의 진단 툴에 따르면 바오딩은 환경 보존을 위해 활발한 노력을 이어 가고 있음이 분명하다. 그럼에도 중국의 건조한 북부 지역이 대체로 그러하듯 심각한 물 부족에 시달렸다. 바오딩은 특히 문제가 심각했는데, 바로 바이양뎬(白洋淀)을 품고 있기 때문이었다. 바이양뎬은 143개의 호수가 서로 연결된 거대한 호수군으로 중국 북부에서 가장 큰 담수호이자 베이징의 상수원이다. 하지만 수위가 꾸준히 낮아지고 있으며, 가뭄과 개발의 압박으로 그리고 2008년에 올림픽을 준비하는 과정에서 베이징이 더 많은 물을 요구한 데 따른 부담으로 점점 더 오염되어 왔다. 2006년과 2008년에는 바이양뎬의 습지를 보존하고, 줄낚을 이용해서 물고기를 잡는 것으로 유명한 지역 어부들과 호수 연안에서 살아가는 사람들의 생계를 보호하기 위해 황허강에서 물을 끌어와야 했다. 중국에서 많은 논란과 함께 추진되고 있는 방대한 프로젝트인 남수 북조 공정(南水北調工程)이 마무리되면 바오딩이 그 혜택을 누릴 가능성이 높다. 해당 프로젝트에 따르면 양쯔강 유역에서 끌어온 물이 베이징과 허베이 평야의 다른 도시들에 공급될 예정이다. 중선(中線) 공정 1단계는 이미 마무리되어 2014년 12월 중순부터 허베이성에 물이 공급되기 시작했다.

바이양뎬의 문제가 꼭 이례적인 것은 아니다. 비단 중국뿐 아니라 전 세계적으로도 마찬가지다. 연안의 갯벌부터 담수호와 늪에 이르기까지 생태계에 꼭 필요한 습지들이 중국에서 빠르게 사라지고 있다. 도시 및 산업 개발을 위해 물이 빠진 채 육지화되거나, 삼림 벌채의 후유증으로 토사가 흘러와 적체되거나, 상류에 건설된 댐에 물을 빼앗기거나, 농지 확장을 위해 메워지고 있다. 허베이성과 접하고 있는 보하이만의 조간대*는 1994년부터 2010년 사이에 대략 3분의 1이 사라졌다.

생태계에 꼭 필요한 이런 지역들이 빠르게 사라지고 있다는 점에서 웬디와 나는 습지 보존을 매우 중요하게 생각한다. 습지대는 우리 지구의 생명체를 유지하는 데 매우 중대한 역할을 수행한다. 태풍을 막아 주고 홍수 조절을 도와준다. 지구상에서 가장 다양하고 생산적인 생태계 중 하나로서 우리가 당연하게 여기는 물고기와 조개, 갑각류를 포함하여 수많은 해양 생물의 양식장 역할을 한다. 이 비옥한 서식지의 생물 자원은 중요한 탄소 흡수대로서 기능한다. 갯벌의 진흙과 모래, 침전물이 섞여서 물을 정제하는 필터 역할을 할 뿐 아니라 공기 정화에도 도움을 준다. 시진핑

* 만조 때의 해안선과 간조 때의 해안선 사이의 부분.

주석은 2013년 4월에 나를 만난 자리에서 이렇게 말했다.「우리는 지구의 콩팥 역할을 할 습지를 더 많이 만들어야 합니다.」

열렬한 탐조가인 우리 부부에게 습지보다 더 탄생의 드라마와 다양성을 목격할 수 있는 곳은 거의 없다. 습지는 번식지와 월동 장소를 오가는 긴 여정 중에 철새들이 피난과 휴식과 재충전을 위해 찾는 중요한 휴게소 역할을 한다. 하지만 서식지가 사라지면서 도요새도 사라지고 있으며 그야말로 충격적인 비율로 개체 수가 감소하고 있다. 불과 몇 년 전까지도 번성하던 전 세계 수많은 종들이 오늘날 멸종 위기에 직면해 있다. 이 같은 멸종의 위협은 다른 어느 곳보다 아시아에서 가장 크다.

고맙게도 환경 문제에 경각심을 보이는 중국인들이 각계각층에서 갈수록 늘어나고 있다. 폴리에스테르 직물과 플라스틱 병을 만들 때 사용되며 잠재적으로 해로운 화학 물질인 파라크실렌을 생산할 목적으로 광둥성에 석유 화학 공장을 지으려는 계획에 반대한 시위와 항저우에 쓰레기 소각장을 건설하려는 것에 반대한 시위에서 볼 수 있듯이 2014년에 접어들면서 시위도 점차 활발해졌다. 일반 시민들이 거리로 나서서 그들의 건강을 보호하고 안전을 책임져 줄 것을 요구하고 있는 것이다.

다른 분야에서도 중국인들의 새로운 관심이 관찰된다. 이를테면 조류의 개체 수가 갈수록 위협받는 이 순간에도 중국의 탐조가 숫자가 기하급수적으로 증가하고 있다. 이는 건전한 현상으로 볼 수 있다. 탐조가들은 으레 헌신적인 환경 보호주의자가 되기 때문이다.

2013년 6월 캐나다 오타와에서 개최된 버드라이프 인터내셔널 세계 회의에서 웬디와 나는 새로운 유형의 중국인 탐조가를 만났다. 아직 초등학교에 다니는 열두 살의 티나 린은 귀여우면서도 진지한 소녀였는데, 연단 너머로 겨우 얼굴이 보이는 상태에서 전 세계 젊은이들을 자연에 더 가까워지게 만들 방법에 대해 흠잡을 데 없는 영어로 연설했다.

티나는 중국 남동부에 위치한 인구 290만 명의 푸저우시 출신이었다. 푸저우시는 따뜻하고 강우량이 많은 기후 덕분에 세계 최고의 우롱차를 생산하는 것으로 알려져 있다. 지역 프로그램을 통해서 탐조계에 입문한 티나는 넓적부리도요 여덟 마리를 목격해서 이 분야의 유명 인사가 되었다.

오타와에서 함께 무대에 올랐을 때 티나가 내게 말했다. 「새 서식지를 보호하기 위해 천연 보호 구역을 더 많이 만들었으면 좋겠어요. 사람은 새를 잡거나 죽이지 않고도 얼마든지 살아갈 수 있어요.」

우리 부부는 그해 말에 중국을 방문하게 되면 티나와 티나 어머니와 함께 새를 보러 가기로 했다. 우리가 구체적인 장소도 생각해 두었다. 바로 톈진 직할시에 위치한 연안 습지 베이다강이었다. 중국에서 네 번째로 큰 도시가 있는 톈진 직할시는 베이징에서 남동쪽으로 약 130킬로미터 떨어진 부산한 공업 중심지다. 황해의 서쪽 끝자락 보하이만과 맞닿은 이곳에는 한때 해양 생물과 새 떼가 바글거리는 갯벌들이 가득했다. 하지만 개발에 밀려서 습지들이 사라졌고 새의 개체 수도 감소했다.

베이다강은 극도로 공업화된 빈하이 신구의 한가운데에 위치한 바닷가의 오아시스다. 거대한 유전과 경계를 접하고 정유 공장과 원자력 발전소를 비롯한 그 밖의 대규모 중공업 시설들에 둘러싸여 있다. 베이다강 습지는 멸종 위기 종인 황새와 사다새부터 물닭과 큰기러기에 이르기까지 200종이 넘는 철새들의 생존을 책임지고 있다. 하지만 이 보호 구역은 개발업자들과 지역 모리배들로부터 극심한 압박을 받는 중이었고, 보도에 따르면 관리도 매우 부실했다. 어획량을 극대화하려는 어부들이 하루에 2킬로그램

정도의 물고기를 잡아먹는 황새들에게 독을 먹인다는 말까지 들려왔다. 섭금류를 쫓아내고 어업권의 가격을 올리기 위해 인공적으로 물을 퍼부어 수위를 높인다는 말도 들렸다. 일부 지역에서는 비옥한 토양을 준설해서 판다는 보도도 있었다.

중국의 습지를 보존하는 것은 폴슨 재단이 최우선으로 여기는 사명이다. 이를 위해서 우리는 두 가지 주요 목표를 정했다. 첫째는 생태학적으로 가장 중요한 습지들을 파악하고 지도로 만들어서 중국 당국이 개발 목적으로 토지 개간을 결정할 때 최적의 과학적인 정보를 이용하도록 하는 것이었다. 이 같은 청사진을 2014년까지 중국 정부에 제출함과 동시에 국제적으로 가장 우수한 실례에 근거해서 습지 관리 정책 개선안을 제시하자는 것이 우리의 생각이었다. 그렇게 함으로써 중국 정부가 2016년부터 2020년까지 시행할 열세 번째 5개년 계획에 우리 제안이 포함되기를 희망했다.

두 번째 목표는 지역 관리들과 공조해 보호 및 관리 구역을 한두 곳 선정해서 다른 보존 노력을 위한 본보기로 삼는 것이었다. 우리는 베이다강이 이러한 본보기 중 하나가 되기를 바랐다. 우리의 첫 시도는 거절당했지만 운 좋게도 나는 시카고에 있는 오랜 친구이자 중국통이던 사업가 톰 프리츠커의 집에서 열린 작은 만찬에서 황싱궈(黃興國) 톈진 시장과 나란히 앉게 되었다. 황싱궈와 나는 통하는 바가 많았고, 그가 협력할 방법을 찾아보겠다고 했다.

시기 또한 적절했다. 시진핑은 단지 국내총생산의 성장뿐 아니라 환경 보호를 강조하도록 성장들과 시장들을 압박하고 있었다. 우리는 톈진의 하위 관리들이 자꾸 다른 장소를 제안하는 바람에 여전히 곤란을 겪기도 했지만 결국 베이다강 방문 일정을 잡았다. 화창한 가운데 바람이 부는 2013년 11월 어느 날 우리 부부는 최소 여섯 대가량의 자동차를 가득 채운 정부 관리들과 함께 티나 모녀와 합류했다. 이제는 폴슨 재단에서 일하는 타이야 스미스와 우리 재단의 최고 보존 담당자로 들어온 로즈 뉴, 폴슨 재단의 신임 이사로 기용된 신시아 젤트웨인저도 함께였다.

오래지 않아 우리는 잘못된 방향으로 가고 있음을 깨달았다. 관리들이 우리를 다른 곳으로 데려가려는 게 분명했다. 우리는 분주한 고속도로 갓길에 행렬을 멈춘 채 열띤 대화에 들어갔고 우리가 가고 싶은 곳은 그들이 데려가려는 습지가 아니라 오직 베이다강이라고 설득하는 데 성공했다. 이 같은 해프닝은 어쩌면 베이다강을 보고 싶어 하는 우리의 열망을 제대로 이해하지 못해서 벌어진 일일 수도 있었지만 그보다는 베이다강에 심각한 피해를 유발하고 있는 것으로 보도된 바람직하지 못한 행태들을 우리에게 보이고 싶지 않았기 때문일 것이다.

너무 늦게 도착한 탓에 나는 아주 잠시만 머물렀다가 시장과의 점심 약속 때문에 곧바로 떠나야 했다. 그럼에도 우리는 황새를 볼 수 있었고, 나는 베이다강이 얼마나 멋진 곳이 될 수 있을지 가능성을 엿보았다. 웬디와 티나, 티나의 어머니는 지역 가이드와 학자들과 남았고 나는 다시 도심으로 돌아갔다. 점심을 먹으면서 베이다강과 관련해 내가 우려하는 바를 황싱궈 시장에게 털어놓자 그가 해당 보호 구역의 관리 절차와 규율에 대해 즉각적인 진단을 실시하겠다고 약속했다. 미국에 돌아온 나는 황싱궈 시장에게 편지를 보내면서 전문 지식을 제공하는 것과 병행하여 톈진시가 베이다강 보호 구역을 세계 최고 수준으로 재건하고 보호하고 관리할 기금을 조달하는 데 폴슨 재단이 협력할 것임을 분명히 밝혔다. 황싱궈 시장은 최적의 보존 관리 방안을 채택하고 궁극적으로는 베이다강 습지 보호 구역을 국립 생태 공원으로 만들고 싶다고 말했다. 이 목표를 이룰 수 있도록 폴슨 재단은 베이다강 종합 계획을 수립해서 톈진과 국가임업국을 돕고 있다.

베이다강을 비롯한 중국의 그리고 전 세계의 다른 연안 습지들은 앞으로 어떻게 될까? 현재는 거의 임계점에 임박한 상태다. 그럼에도 남은 습지들을 보존하기 위해 단호하게 행동에 나선다면 시간은 아직 우리 편이다. 나는 시진핑이 환경 문제를 거론하면서 긴박감을 조성하고 황싱궈 톈진 시장처럼 의식 있는 지도자들이 갈수록 헌신적인 모습을 보이는 것에 깊은 인상을 받았다. 미래를 생각하는 지도자들의 노력이 어떤 차이를 만들 수 있는지 보았기 때문이다. 일례로 1983년에 홍콩 관리들은 북서신계의 북쪽 연안을 따라 형성된 마이포 습지를 보존하기 위한 사업에 지혜롭게도 세계자연기금을 참여시켰다. 그 결과 오늘날 마이포 습지는 홍콩 특별행정구와 중국 사이에 있는 선전만에서 선전 쪽에 위치한 푸톈 자연보호구를 포함하며 총면적 27제곱킬로미터에 달하는 연안 습지와 갯벌 보호 구역의 일부가 되었다. 홍콩과 선전의 협력은 훌륭했고 미래를 내다본 행위였다. 중국을 비롯한 전 세계 도시에서 이 같은 행위가 계속되고 계승되어야 할 것이다.

나는 아내 웬디와 함께 마이포에 갔던 2011년 4월의 밝은 아침을 종종 떠올린다. 우리가 그곳을 방문한 것은 10년 만이었고 나는 도요새가 무척 보고 싶었다. 때마침 봄철 이동이 정점에 이른 시기였다. 우리는 썰물 시간 동안 은신처 안에 숨어서 잇따른 새 무리가 완벽하게 일치된 움직임으로 예리하고 빈번하게 방향을 전환하면서 쌍각류 조개와 벌레, 게 등이 가득한 갯벌로 날아와 내려앉는 광경을 구경했다.

우리로서는 처음 보는 종들도 있었다. 어린 저어새도 몇 마리가 보였고 한반도의 서해안에서 주로 번식하는 커다랗고 멋진 섭금류도 한 마리 보였다(이 새는 북한과 남한 중간의 비무장지대를 선호한다. 그곳은 인간의 활동이 거의 없는 지역이기 때문이다). 이들 종은 전 세계에 남은 총 개체 수 중 4분의 1에 해당하는 400여

마리가 마이포에서 그해 겨울을 보냈다. 우리는 새들 가운데 가장 긴 연속 비행을 하는 것으로 유명한 큰뒷부리도요 떼도 보았다. 이 새들은 여름 번식지인 알래스카와 러시아 북극권에서 월동 장소인 오스트레일리아와 뉴질랜드까지 장장 1만 3,000킬로미터나 되는 거리를 날아간다.

이처럼 멋진 새들을 보고 있자니 이 새들과 그들의 조상이 인간이 만든 경계나 국경 또는 그 어떤 인위적인 것과도 상관없이 수천 년 동안 이 믿기 힘든 여행을 수없이 계속해 왔다는 사실이 떠올랐다. 우리 인간의 조상들이 오늘날 새들의 존재 자체를 위협하는 도시를 건설하기 전부터는 물론이고 지구에 처음 발을 내딛기도 훨씬 이전부터 새들은 여행을 해왔다. 그런 생각이 들자 한없이 겸허해지는 마음이 들었고 「시편」 104장의 감동적인 구절이 기억났다. 〈여호와여 주께서 하신 일이 어찌 그리 많은지요. 주께서 지혜로 그들을 다 지으셨으니 주께서 지으신 것들이 땅에 가득하나이다.〉 멸종은 지극히 윤리적인 문제다. 멸종을 되돌릴 수 있는 방법은 없다. 우리는 위험하게도 우리 인간이 모든 피조물의 총체가 아니라는 사실을 자주 잊는다.

기후 변화와 자연 생태계의 파괴가 환경에 미치는 영향을 이해한 첫 세대로서 우리에게는 막중한 책임이 있다. 우리는 지속 가능한 방식을 채택함으로써 이러한 위협에 대처할 수 있는 과학과 도구를 보유한 첫 번째 세대이기도 하다. 설교를 하려는 것은 아니지만 내가 보기에 이러한 지식과 이해는 행동할 의무를 수반한다. 나의 경우에는 마이포에서 새를 관찰한 그날의 경험이 환경 보존을 폴슨 재단의 주요 사명으로 삼겠다는 결심을 더욱 굳건하게 만들었다. 아내 웬디가 운영하는 우리 부부의 자선 재단 보보링크는 이미 환경 보존에 역점을 두고 있다.

중국은 힘들고 역설적인 선택에 직면해 있다. 중국의 새로운 성장 모델은 더 많은 내수를 요구하고, 내수는 지속적인 도시화에 의해 상당 부분 진작될 수 있다. 하지만 소비 진작은 결국 에너지와 자원에 대한 수요를 높이기 때문에 그 자체로 위험을 내포한다. 왕치산이 이전에 내게 말했다.「만약 중국과 인도, 인도네시아 같은 큰 나라를 비롯해 전 세계 모든 사람들이 미국인처럼 살고자 한다면 지구가 네 개라도 부족할 것입니다.」

나는 기후 변화가 세계에서 가장 큰 환경적, 경제적 위기를 초래한다는 사실이 점점 더 분명해질 거라고 생각한다. 중국이 무서운 속도로 증가하는 자국의 탄소 배출량을 억제하기 위해 발 빠르게 움직인다면 최악의 결과는 피할 수 있다. 중국의 탄소 배출량은 이미 지구 전체의 배출량 중 28퍼센트 이상을 차지하고 있다. 이는 미국의 두 배가 넘는 수준이다. 다행히도 중국은 기후 변화를 심각하게 받아들이고 문제 해결을 위해 헌신적으로 노력하는 중이다. 그럼에도 자국의 대기 오염 문제를 해결하는 것이 우선이고 시급하다고 생각한다. 다행인 것은 대기를 정화하고 에너지 효율을 높이기 위한 조치들 중 상당수가 탄소 배출량도 줄여 줄 거라는 사실이다.

중국과 세계가 직면한 이 역사적인 문제를 해결하는 데 조금이나마 도움이 되고자 2014년 9월 폴슨 재단은 베이징 사무소에 신입 직원을 열 명 더 늘리기로 했다. 우리 재단 최초의 기후 변화 및 대기 질 프로그램은 협력 단체인 중국국제경제교류센터와 중국 정부의 요청에 따라 징-진-지 지역의 대기 오염 문제를 해결하는 데 주력할 터였다.

중국은 더 깨끗하고 지속 가능한 방식으로 성장할 수 있는 새로운 접근법을 만들어 가고 있다. 2011년에 시작된 5개년 계획을 통해 다른 무엇보다 황 배출을 줄이고, 하수 처리 공장을 건설하고,

깨끗한 에너지원에 투자하는 데 수천억 달러를 들일 계획이다. 2012년에서 2013년으로 넘어가는 겨울에 사상 최악의 대기 질을 경험한 중국 정부는 극심한 대기 오염에 맞서기 위한 2800억 달러 규모의 프로젝트를 공개했다. 잘 알려진 대로 2014년 3월에는 리커창 총리가 환경오염과의 전쟁을 선포했다.

대기 오염 문제와 관련해서 중국 정부가 단지 말과 돈만 쏟아 내는 것은 아니다. 균형 잡힌 경제 발전을 위한 더 광범위한 노력의 일환으로 전통적인 중공업과 고정 자산 투자에서 서비스 부문으로 성장 동력을 전환하고 이른바 일곱 개의 전략적인 신흥 산업에 우선순위를 부여하고 있다. 에너지 효율적이고 환경 친화적인 기술과 차세대 정보 기술, 바이오 공학, 선진 장비 제조, 신에너지, 신소재, 신에너지 차량이 바로 그것이다.

현재 진행되는 5개년 계획의 야심 찬 목표는 중국을 청정 기술과 에너지 효율성 부문의 선구자로 만들어 줄 것이다. 그동안 태양열 발전이나 풍력 발전용 터빈 같은 분야에 막대한 투자를 해온 것도 청정 기술 비용을 낮추는 데 큰 몫을 했다. 석탄 공장용 황 집진기처럼 일부 공기 오염 물질을 90퍼센트 이상 줄이는 기술은 이미 세계적으로 상업화되었다. 기존 기술을 채택하고 새로운 기술을 상업화함으로써 중국은 개발에 수반되는 반(反)환경적인 시기를 빠르게 졸업하고 다른 많은 개발도상국보다 신속하게 자국의 환경을 정화할 수 있는 잠재력을 보여 줄 수 있다.

기술적인 해법도 중요하지만 중국은 에너지 구조를 반드시 바꾸어야 하고, 자국의 주요 에너지 스펙트럼에서 거의 70퍼센트를 차지하는 석탄의 비중을 줄여야 한다. 그럼에도 가까운 미래에 이 수치가 낮아질 것 같지는 않다. 끊임없이 늘어나는 전력 수요를 감당하기 위해서 어마어마한 양의 전력이 매년 추가로 생산되고 있기 때문이다. 블룸버그 뉴 에너지 파이낸스의 추산에 따르면 중국은 2030년까지 영국의 전체 전력 생산량과 맞먹는 양의 전력을 매년 추가 생산할 것으로 예상된다. 하지만 그사이에도 중국은 공기를 정화하고 탄소 배출 증가를 막기 위해 많은 일을 할 수 있다. 예컨대 좀 더 시장 중심으로 연료 가격을 책정해서 탄소 기반 연료에 지급되는 막대한 보조금을 없앨 수 있다. 또한 새로운 건물이나 기존 건물, 자동차 등의 에너지 효율성을 높일 수 있는 규정을 공표하고 시행할 수도 있다.

비정부 차원에서 행해지는 프로젝트도 차이를 만드는 데 도움이 될 수 있다. 폴슨 재단의 최근 프로그램을 예로 들어 보자. 지속가능한 도시화를 목표로 하는 미중 최고 경영자 협의회는 미국과 중국의 회사들을 팀으로 묶어서 그들에게 합작 프로젝트와 사례 연구, 조사, 지지 활동을 통해 실질적인 도시화 솔루션을 추진하도록 한다. 지구 온실가스는 전체의 약 40퍼센트가 건물에서 나오고 현재 전 세계에 건설 중인 건물 중 절반이 중국에 존재한다. 최고 경영자 협의회의 지원 아래 미국의 허니웰 인터내셔널과 중국의 국가전망공사는 톈진시에 있는 건물들을 대상으로 한 스마트 그리드 시범 프로그램을 통해 자동 수요 반응 기술을 시험해 오고 있다. 자동 수요 반응 기술은 개별 건물의 에너지 사용 내역을 추적 및 관리하는 동시에 즉각적인 피드백을 제공해서 관리자가 냉난방 장치와 조명 시설을 사용할 때 정밀하게 조절할 수 있도록 도와줌으로써 비용을 절감하고 에너지 효율을 높인다. 톈진 프로젝트를 통해 산업용 건물에서는 약 15퍼센트, 상업용 건물에서는 약 20퍼센트의 비용이 절감되는 효과가 확인되었다. 이제는 두 번째 시범 프로젝트가 상하이에서 진행 중이다.

현재 중국은 바람과 태양광, 바이오매스, 천연가스, 원자력에도 〈위의 모든〉 에너지 전략을 채택했다. 그리고 더 깨끗한 미래로 나아가는 중간 연료로 천연가스에 상당한 비중을 두고 있다. 천연가스라고 이산화탄소를 아예 배출하지 않는 것은 아니지만 석탄보다 훨씬 깨끗하기 때문이다. 중국의 주요 석유 관련 국유 기업들은 미국의 에너지 풍경을 바꾼 대유행이 또 한 번 일어나기를 기대하며 셰일 가스 생산에 주력하고 있다. 예컨대 시노펙의 경우에는 전체 탐사 예산에서 천연가스가 차지하는 비중이 5년 전 40퍼센트에서 현재는 60퍼센트로 크게 늘어났다.

중국 정부는 신뢰할 수 있는 탄소 배출권 거래제를 마련하기 위해 일곱 개의 성과 시에서 2012년부터 탄소 거래 시범 제도를 실시해 왔다. 그리고 하나같이 효과를 거두었다. 그 결과 재생 에너지에 대한 투자와 설비 부문에서 세계를 선도하게 되었다. 중국은 2015년까지 자국의 에너지 스펙트럼에서 비화석 연료의 비율을 11.4퍼센트까지 높이기로 한 당초 목표를 달성할 것으로 보인다. 아울러 2016년부터 시작되는 또 다른 5개년 계획에서도 더 깨끗한 연료와 관련한 목표들을 단계적으로 설정해 나아갈 계획이다.

당은 삶의 질에 대한 고찰을 정강에 추가하기 시작했다. 시진핑은 국가주석으로 취임한 후 행한 첫 연설에서 〈아름다운 중국〉 개념을 공표하고 생태학적인 아름다움에 더해서 보다 높은 생활수준에 이르기 위해서는 환경이 중요하다고 강조했다. 환경적인 고려는 관리의 수행 평가에도 반영되었다. 시진핑 주석은 관리들이 새로운 자리로 옮긴 뒤에도 그들이 관리했던 도시나 지역의 환경 문제에 책임을 져야 한다고 말했다. 2014년 7월, 시진핑의 경제 보좌관 류허(劉鶴)는 나와 만난 자리에서 혹시라도 책임을 지지 않는 성장들은 직위 해제될 거라고 직설적으로 경고하면서 강력한 의지를 표명했다. 하지만 경제가 저성장 국면에 돌입했을 때 다시 성장 일변도의 사고방식으로 회귀하지 않으려면 강력한 정치적 의지가 필요할 터였다.

혁신 연구소가 되고자 하는 중국의 의지는 도움의 원천이 되어야 한다. 거의 40년에 걸친 중국 경제 개혁의 특징은 다른 나라들이 시도하기에는 경제적 부담이 너무 큰 시범 계획과 기술 실험을 실시한 것이다. 중국은 막강한 시장 지배력을 바탕으로 가격을 낮추고 이러저러한 성과를 금방 상업화할 수 있다. 아직까지 최첨단 기술을 개발하거나 발명하고 있지는 않지만 기존의 기술을 필요에 맞게 조정해서 거대한 시장에 빠르게 퍼뜨리는 능력은 이미 증명한 상태다.

중국의 노력은 자국민들에게 중요한 만큼이나 전 세계에도 중요하다. 지구를 종단하는 도요새들의 숭고한 여정은 우리 세계가 얼마나 작고 서로 연결되어 있는지 상기시킨다. 보하이만에서 일어나는 일은 말 그대로 보하이만에서 끝나지 않는다. 2014년 미국 국립과학원의 연구 결과에 따르면 미국 서해안에서 발생하는 황오염 중 최대 4분의 1은 중국 공장들에서 발생하여 편동풍을 타고 태평양을 가로질러 온 대기 오염 물질과 관련이 있었다. 기후 변화라는 관점에서 볼 때 중국에서 발생하는 탄소 1톤은 미국에서 발생하는 탄소 1톤과 전혀 다르지 않다.

더 깨끗하고 효율적인 에너지 시스템으로 옮겨 가는 와중에 경제 발전과 안정적인 에너지 확보라는 두 마리 토끼를 잡는 일은 엄청난 도전이다. 다른 나라들과 비교가 되지 않을 만큼 거대한 중국의 에너지 수요는 비할 데 없는 그 규모와 상황에 어울리는 창의력과 기술을 요구할 것이다.

17 하나씩 하나씩

2012년 7월 초, 나는 베이징에서 왕치산과 개인적인 만남을 통해 새로운 중국 지도부가 경제 개혁을 단호하게 밀어붙이려 한다는 사실을 확실하게 알아차렸다. 당시 중국은 긴장감이 감도는 시기였기에 나는 왕치산을 만날 수 있을지조차 확신할 수 없었다. 후진타오가 그해 가을에 최고 지도자 자리에서 물러날 예정이었다. 시진핑이 그의 뒤를 이어 당 총서기이자 국가주석이 되고, 리커창이 총리에 임명되어 중국 공산당 내 서열 2위가 될 것이 확실시되고 있었다. 이외에는 많은 것이 불확실한 상태였다. 상무위원이 몇 명이 될는지, 누가 위원이 될는지, 어느 위원이 어느 분야를 맡게 될는지 전혀 알려진 바가 없었다. 특히 막후 음모를 둘러싼 보도들이 아직 정해지지 않은 보시라이의 운명에 그림자를 드리우는 가운데 그가 벌인 일들은 최근 몇십 년 들어서 중국을 강타한 가장 심각한 정치적 위기를 촉발한 터였다.

보시라이 사건은 거의 40년 전 워터게이트 사건이 미국 시민들의 관심을 사로잡았을 때만큼이나 중국에서 대중의 이목을 집중시켰다. 보시라이가 단계적으로 권력을 잃고 그의 아내 또한 살인 혐의로 8월에 재판을 받을 예정이었기 때문에 열띤 취재 경쟁을 벌이는 언론의 보도가 단순한 소문이 아니라 믿을 만한 소식통에서 흘러나온 사실에 근거하고 있음이 갈수록 명확해지는 상황이었다. 정부는 문제의 고위급 인사를 파면하기에 앞서 대중에게 받아들일 시간을 주려는 듯 보였다. 그를 혐오하고 불신하는 동료 지도자도 많았지만 그에 못지않게 그를 좋아하는 대중도 많았기 때문이다. 보시라이의 몰락은 최상위 계층의 특권과 권력과 부패가 볼썽사납게 얽힌 충격적인 모습을 세세하고 적나라하게 보여주었다. 체제 심장부에서 그 실체를 드러내고 있는 타락 행위가 공산당의 정통성과 권위를 위협한다는 사실을 이제 모든 일반인과 정치 지도자가 알게 되었다.

이런 상황에서 더 강력한 지위에 도전하던 왕치산이 몸을 사리더라도 나는 절대로 그를 비난하지 않았을 것이다. 그럼에도 왕치산은 나를 초대했고 우리는 드물게 맑고 쾌청한 어느 오후에 중난하이에서 만났다. 그는 평소와 마찬가지로 자신 있고 느긋한 태도를 보였으며 천으로 된 실내화를 신은 채 자광각의 부드러운 양탄자 위를 조용히 거닐었다.

비공식적인 만남이었지만 왕치산은 사교적인 목적보다 그 이상의 것을 염두에 두고 있었다. 의례적인 대화를 몇 차례 주고받은 뒤 그는 미국이 양자 투자 협정과 관련해 어떤 입장인지 나의 생각을 물었다. 그는 이 문제를 한동안 심사숙고했고 이제는 정말 대화를 재개할 때라는 결론에 도달했다.

반가운 소식이었다. 나는 외국인 투자자를 보호하는 양자 투자 협정을 오래전부터 열렬히 지지해 왔다. 양자 투자 협정이 체결되면 내국인 투자자와 동등한 처우를 보장하는 법적 구속력을 갖는 규정에 의해 외국인 투자자들이 보호를 받기 때문이다. 나라마다 조금씩 다르지만 일반적으로 투자자는 현지 법원보다 구속력이 있으며 보다 중립적인 국제 기관의 중재를 통해 보상을 청구할 수 있게 된다.

1980년대 이후로 미국은 이따금씩 중국과 양자 투자 협정을 논의해 왔지만 가시적인 성과가 없었다. 미국의 일부 지역에서는 양자 투자 협정이 정치적으로 인기를 끌지 못했다. 일자리 감소가 미국 노동자들에게 심각한 타격을 주면서 나를 비롯하여 많은 이들의 근심거리가 된 터였다. 양자 투자 협정이 체결되면 일자리가 해외로 유출될 수 있다는 잘못된 믿음을 가진 의원도 많았다. 실상은 해외 유출보다 기술 발전에 따른 생산성 증가가 일자리를 더 많이 뺏고 있었다. 중국은 중국대로 미국에서 제시한 핵심 원칙들에 반대하고 있었는데, 특히 미국 투자자에게 폭넓은 시장 접근권이 주어져야 한다는 조건에 거세게 반발했다. 간단히 정리하자면 미국의 요구는 미국 시민이나 기업이 중국에 투자할 경우 그들의 투자가 보호를 받고 여기에 더해 중국인과 마찬가지로 그들에게도 어떤 분야에 투자하고 어떤 형태로 얼마의 지분을 보유할지 결정할 권리가 제공되어야 한다는 것이었다.

일찍이 미중 전략경제대화에서 양측 대표로 만났을 때 왕치산과 나는 대화를 재개하기로 뜻을 모았지만 때마침 금융 위기가 터지면서 양자 투자 협정과 같이 덜 시급한 사안들은 우선순위에서 밀려났다. 이후에도 오바마 행정부가 미국의 양자 투자 협정 모델을 보완하는 동안 협상은 공식적으로 중단되었다. 마침내 노동자와 환경 보호에 특히 중점을 둔 검토 작업이 끝나자 양국은 곧바로 대화를 재개하기 위한 계획을 내놓았다. 내가 베이징에 오기 불과 두 달 전의 일이었다.

「나는 양자 투자 협정을 밀어붙이기로 했습니다.」 왕치산이 털어놓았다.

나는 왕치산의 이야기를 들으면서 그가 왜 지금의 이런 시기를 택했는지 의아했다. 몇 달 뒤면 그는 거의 5년간 봉직해 온 경제 부총리직과 오바마 행정부의 미중 전략경제대화 버전인 〈미중 전략과 경제 회의〉의 중국 측 경제 부문 주 협상자 자리에서 물러날 가능성이 높았기 때문이다. 게다가 미국에서는 대선 운동이 치열해지면서 일각에선 중국에 더 단호하게 나가야 한다는 목소리가 커지고 있었다.

내가 말했다. 「지금 시점에 협상이 가능할 리가 없습니다. 미국은 선거에 집중하고 있습니다.」

그가 미소를 지으며 말했다. 「헨리, 나는 당신과 시기를 협상하려는 것이 아닙니다. 일단은 내가 하는 이야기를 끝까지 들어 주었으면 좋겠습니다.」

그렇게 나는 진지하게 경청했고, 왕치산은 남은 시간을 모두 할애하여 양국이 엇갈린 사안들을 조목조목 짚어 나갔다. 그는 두 나라가 의견 차이를 극복할 수 있다고 이미 결론을 내린 터였다. 그의 이야기를 들으면서 그가 지금 당장은 어떤 결과가 만들어질 상황이 아니라는 사실을 나만큼이나 잘 알고 있다는 것을 깨달았다. 하지만 그는 가볍게 말하거나 행동하는 사람이 아니었다. 왕치산은 조만간 시진핑이 권력을 잡았을 때 무슨 일이 일어날지를 귀띔해 주고 있었다. 중국이 양자 투자 협정에 새로이 보이는 관심은 형식적인 제스처가 아니었다. 시진핑은 양자 투자 협정을 논의하기를 원했고 이를 이용해서 최근 들어 시들해진 보다 광범위한 경제 개혁을 활성화하고자 했다.

왕치산도 내가 이런 내용을 미국 측에 전달하리라는 것을 알고 있었다. 실제로 나는 몇 주 뒤 재무 장관 팀 가이트너의 사무실을 방문해서 내가 좋아하는 푹신한 의자에 몸을 묻은 채 왕치산과 만난 이야기를 꺼냈다. 팀 가이트너는 미국 선거가 임박한 시점에 양자 투자 협정과 관련해서 어떤 움직임도 없을 거라는 사실을 왕치산이 분명히 알면서도 지극히 중국적인 방식으로 미래의 협약을 위해 미리 지지를 구하고 있다는 데 동의했다.

중국 지도부가 교체되는 가을 내내 중국인들은 조용했고, 그나마 미국 쪽에서 보이는 관심도 미지근했다. 미국 정부에는 우선적으로 처리해야 할 다른 당면한 경제 사안들이 있었다. 소강상태는 금방 끝났다. 2013년 4월, 나는 다시 베이징을 방문했고 왕치산과 함께 저녁 식사를 했다. 이제 그는 중앙정치국 상무위원으로 승진해서 중국 공산당 중앙기율검사위원회 서기라는 중책을 맡고 있었다. 해당 직책을 맡음으로써 시진핑의 대대적인 부패 척결 운동의 총책임자가 되었다. 경제 문제와 관련해서는 더 이상 직접적인 책임 — 이 책임은 리커창 총리와 왕양 부총리에게 넘어갔다 — 이 없었다. 그렇지만 그는 시진핑의 측근이었고 따라서 여전히 경제 개혁 계획을 주도했다.

「폴슨 재단도 양자 투자 협정에 힘을 보탰으면 합니다.」 왕치산이 권했다. 「양자 투자 협정은 시진핑 주석에게 중요한 일입니다.」

그 주에 만난 모든 사람에게서 나는 같은 이야기를 들었다. 전형적으로 중국에서만 볼 수 있는 현상이었다. 즉 어떤 사안이 몇 주나 몇 달, 심지어 몇 년에 걸쳐 잠을 자거나 은근하게 끓는 동안에도 중국인들은 막후에서 해당 사안을 연구하고 토론하고 시험하고 합의를 일군다. 그리고 어느 순간에 이르러 갑자기 전폭적으로 예의 사안을 수용하고, 대단히 명확하고 신속하게 그들의 메시지를 납득시킨다.

실질적인 면에서도 양자 투자 협정을 둘러싼 관심이 갑자기 늘어날 만했다. 당내 고위급 인사들에 대한 인선이 예상보다 두 달이 더 늦은 11월에 이루어졌다. 내가 추측하기로는 보시라이가 몰락한 뒤로 내부 정치에 어려움을 겪은 것이 분명했다. 이어서 2013년 3월부터 정부 인선이 시작되었다. 바야흐로 시진핑 정부가 형태를 갖추어 가고 있었고, 시진핑의 사람들은 당장이라도 일을 시작하고자 했다. 시진핑은 규모가 작고 관심사도 거의 일치하는 7인 상무위원회의 이점을 취했다. 앞서 후진타오가 이끌었던 9인 상무위원회는 위원들의 권력 기반이 서로 상충했을 뿐 아니라 안건도 제각각이었다.

중국이 양자 투자 협정을 원할 이유는 충분했다. 2008년을 기점으로 중국의 대기업들은 해외에서 보다 활발하게 활동했다. 기업들은 단지 제품을 수출하는 것에 그치지 않고 자산을 매입하거나 회사를 설립할 방법을 모색했고 그들의 투자에 대해 보호받기를 원했다. 중국인들은 또 점점 구체화되는 지역 기반의 새로운 자유무역협정인 환태평양 경제동반자협정에서 자신들이 소외되는 것을 우려했다. 미국을 비롯한 오스트레일리아와 뉴질랜드, 캐나다, 멕시코, 일본, 브루나이, 말레이시아, 베트남, 싱가포르, 칠레, 페루 등 환태평양 지역의 수많은 주요 국가들 사이에서 협정이 속속 타결되고 있었기 때문이다. 후진타오 집권 시절의 중국 정부는 환태평양 경제동반자협정에 완전히 반대하는 입장이었는데, 해당 협정이 아시아에서 빠르게 성장하는 중국 무역의 발목을 잡는 데 이용될 수 있다는 이유였다.

시진핑과 그의 지도부는 다른 무엇보다 개혁에 전력했고 몇몇 전임자들과 마찬가지로 국제 협약을 변화에 저항하는 자국의 분위기를 쇄신할 기회로 보았다. 중국의 한 원로 지도자가 내게 말했다. 「개혁이 장애물에 막혀 앞으로 더 나아갈 수 없는 상황에서는 (앞으로 나아가도록 도와줄) 외부의 힘이 필요합니다.」

1990년대에 장쩌민과 주룽지는 세계무역기구 가입을 둘러싼 협상을 이용해서 자국의 시장 개방을 확대했고 서양 주식 거래소에 주식을 상장할 것이라는 전망을 이용해서 소위 철밥통을 깨뜨리는 동시에 거대 국유 기업들을 상대로 구조조정을 단행했다. 시장 지향적인 정책과 투명성, 법치 준수를 장려하는 미국의 양자 투자 협정 안은 중국 개혁가들에게 유용한 도구를 제공했다.

왕치산의 유능한 후임으로 미중 전략과 경제 대화에 나선 왕양(汪洋)이 나와 만난 자리에서 말했다. 「우리는 보다 능동적이고 열린 자세로 향후 논의에 임할 준비가 되어 있습니다.」

왕양을 비롯한 중국 쪽의 어느 누구도 패를 보여 주지 않았지만 거래가 성사되려면 중국이 미국 투자자들에게 더 폭넓은 시장 접근권을 허용해야 한다는 사실만큼은 분명했다. 추가 개방을 실시하고 투자 제한을 완화하면 국유 기업들이 이용해 온 보호 장치를 일부라도 제거하고, 민간사업을 활성화하고, 외국 기업을 불러들일 수 있을 것이다. 또한 경쟁이 늘어나면 내수 시장의 효율이 제고되어 중국 소비자에게 더 양질의 제품과 서비스가 제공되고 결국 내수가 촉진될 것이다. 미국 기업들은 중국 현지에서 더 많은 기회를 누리고 우리 같은 사람들은 미국에 중국 투자자를 유치하려 할 것이다. 양국이 모두 승자가 되는 것이다.

나는 오바마 행정부의 관리들에게 중국이 얼마나 진지한지 강조하면서 양국이 다시 대화에 나서도록 최선을 다해 독려했다. 신임 재무 장관인 잭 루와 머지않아 미국 무역대표부 대표로 지명될 마이크 프로먼 백악관 국제 경제 담당 국가안보부보좌관을 각각 방문해서 최대한 납득시키고자 했다. 「미국은 중국의 개혁을 바랍니다.」 내가 말했다. 「체계적으로 준비해서 제대로 된 협상을 한다면 양자 투자 협정이 그 같은 목표를 이루어 줄 것입니다. 내가 재무 장관일 때 이런 기회가 왔더라면 정말 좋았을 텐데요.」

나는 『파이낸셜 타임스』와 『월 스트리트 저널』의 기명 논평란에 글을 썼다. 또한 폴슨 재단을 통해 부시 행정부 시절에 함께 일했던 댄 프라이스가 양자 투자 협정으로 미국 경제가 얻는 혜택을 설명한 정책 논문도 발간했다. 그해 7월 잭 루는 미중 〈전략과 경제 대화〉를 끝내고 가진 기자 회견에서 미국과 중국이 그의 표현에 따르면 〈모든 단계의 투자와 모든 영역〉을 아우르는 양자 투자 협정 협상을 시작하기로 했다고 발표했고, 나는 기뻤다.

중국이 원칙적으로 미국에 광범위한 시장 접근권을 허가하는 협상에 동의한 최초의 사례였다. 결정적으로 중국은 이른바 예외 목록을 작성해서 투자 금지 부문을 구체적으로 지정하겠다는 뜻을 밝혔다. 즉 그 밖의 모든 부문은 투자가 가능하다는 의미였다. 공식적으로 금지되지 않은 부문에 투자할 때조차 허가가 필요했던 기존 상황을 감안하면 대단한 발전이었다.

예외 목록이 너무 길어지지 않도록 미국은 협상에 심혈을 기울일 터였다. 그럼에도 핵심은 원칙적인 접근법을 근본적으로 바꾸고자 하는 중국의 의지였다. 중국이 엄청난 양보를 하고 있다는 것은 중국인들이 스스로도 개혁이 시급하다고 느끼고 있으며 개혁에 전념할 거라는 사실을 보여 주었다. 이제 기회를 붙잡는 것은 미국에 달려 있었다.

왜 갑자기 개혁이 시급해진 것일까? 이유는 간단하다. 그 모든 성과에도 불구하고 중국은 아직 갈 길이 멀다는 사실을 중국 지도부가 너무나 잘 알고 있기 때문이다. 시진핑은 권력을 잡자 곧바로 국민들에게 중국이 세계 문명의 선두에서 차지해 온 역사적이고 마땅한 지위를 회복할 수 있게 노력해 줄 것을 촉구하면서 소위 중국의 과거 회귀 비전인 〈중국몽(中國夢)〉을 공표했다. 환경오염과 부패 문제, 극단적인 빈부 격차에 염증을 느끼는 수많은 중국인이 국가가 나아가는 방향에 의문을 갖는 상황에서 시진핑의 꿈은 단순히 국민의 사기를 진작하고 국가적인 단합을 이끌어 내기 위한 차원이 아니다. 중국몽은 일련의 야심 찬 목표도 포함하고 있다.

시진핑이 국가주석직을 맡은 직후인 2013년 4월에 만났을 때 나에게 상기시켰듯이 중국의 목표는 2020년까지 〈적당히 번영한 사회〉가 되고 중화인민공화국 수립 100주년이 되는 2049년까지 완전히 현대화된 〈부유하고 번영한〉 국가가 되는 것이다. 다시 말하자면 빈곤에서 벗어나 저중(低中) 소득국 반열에 오른 중국이 이제는 고소득 국가 대열에 합류해 미국과 독일, 영국 같은 나라들과 어깨를 나란히 하기로 결심한 것이다.

이처럼 오만한 야망을 실제로 이룬 나라는 거의 없었다. 참고로 1960년에 세계은행은 101개 국가를 중간 소득국으로 분류했다. 이후 50년이 지난 시점에 이르러 이들 중 단지 13개국만이 고소득 국가 반열에 올라섰다. 가장 많이 성장한 나라는 일본이었다. 오늘날을 기준으로 하더라도 이들 13개국의 인구는 모두 합쳐 3억 명에 불과하다. 1960년 당시에는 현재 중국 인구의 대략 7분의 1에 해당하는 1억 9000만 명이었다. 한편 발전하지 못한 나라들은 〈중진국 함정〉에 빠졌다. 중진국 함정이란 중간 소득국 반열에 들어선 개발도상국이 혁신을 비롯한 보다 고품질의 용역과 제조 분야에서 선진국과 효과적으로 경쟁할 능력을 갖추기도 전에 상대적인 비용 우위가 붕괴되는 현상을 가리키는 경제학 용어다. 중진국 함정에 빠진 국가들은 한때 치솟던 성장률이 바닥을 치는 현상에 직면하면서 더 이상 부의 사다리를 오를 수 없게 된다.

중국은 중대한 기로에 서 있다. 거의 40년간 한결같았던 중국의 성장 모델은 주기적으로 급격한 경기 침체를 겪었고, 2008년 세계 금융 위기를 계기로 구조적인 결함을 적나라하게 드러냈다. 수출에 주로 의존한 탓에 세계 경제 변동에 취약했으며 미국이나 유럽, 일본 같은 주요 시장의 성장 약세와 수요 부진에 심각한 타격을 받았다. 아울러 중국 경제의 번영은 임금 상승과 생산비 증가, 환율 강세로 이어졌고 하나같이 중국의 경쟁력을 갉아먹었다. 중국의 또 다른 성장 동력이던 국가 차원의 투자도 한계를 드러내기 시작했다. 정부와 국유 기업의 과도한 고정 자산 투자로 대다수 프로젝트가 형편없는 투자 수익률을 기록했을 뿐 아니라 그 자체로 자원 낭비에 불과한 프로젝트들도 있었다. 예컨대 조선이나 철강부터 시멘트와 태양광 패널 제조에 이르기까지 다양한 산업에서 극심한 설비 과잉 현상이 초래되었다.

두 자릿수 성장은 이미 지나간 이야기였다. 중국의 성장률은 2007년에 14.2퍼센트로 정점을 찍은 이래로 2012년과 2013년에 7.7퍼센트를 기록했고, 2014년에는 최근 24년 중 가장 낮은 수치인 7.4퍼센트를 기록했다. 1998년의 아시아 외환 위기 이후 처음으로 정부의 예측(7.5퍼센트)을 벗어난 결과였다. 전문가들은 하락이 계속되리라고 전망했다. 시진핑 정부가 경제 균형을 재조정하면서 추구하는 목표는, 비록 속도는 느리더라도 장기적으로 지속될 수 있는 고품질 성장을 이룩하는 것이다. 그럼에도 이 목표를 성취하기란 쉽지 않을 것이다. 지난 몇 년 동안의 그나마 낮은 성장률조차 지방 부채를 위험 수위까지 불린 마구잡이식 투자 열풍이 낳은 결과물인 만큼 그 기반이 매우 불안정하기 때문이다.

중국 지도부는 내수 진작과 고가품 제조 및 고부가 서비스 산업으로의 전환을 통해 이 같은 성장을 가속하고자 신중하게 노력하고 있다. 비록 낮은 단계에서 출발했지만 중국은 다른 어느 나라보다 소비가 빠르게 증가하는 중이다 — 그럼에도 단시간에 가능한 일은 아니다. 아무리 내수에 더 중점을 둔다고 하더라도 중국은 아마도 앞으로 몇 년 동안은 계속해서 투자가 필요하고 지속적으로 수출에 의존할 것이다. 여기에 더해서 국민들이 어느 날 갑자기 소비를 늘리지도 않을 것이다. 서비스 부문을 개발하고 높은 보수의 고급 일자리를 창출하려면 시간과 구조적인 개혁과 더 많은 교육이 필요할 것이다. 그리고 도시화는 이런 식의 성장을 이끌 동력이 될 수 있다. 하지만 중국 국민도 알다시피 중요한 것은 민간사업 부문을 풀어 주는 것이다. 시진핑의 수석 경제 보좌관 류허의 논문에 따르면 민간 기업은 특혜를 받는 공공 부문에 비해 불리한 경쟁 구도에서 운영됨에도 불구하고 중국의 새 일자리 중 90퍼센트와 특허 발명품 중 65퍼센트, 기술 혁신 중 80퍼센트를 차지한다.

2012년 12월에 리커창이 말했다. 「솔직히 말해서 이들 농부들이 죄다 도시 지역으로 이주하면 국유 기업만으로는 그들에게 일자리를 제공할 수 없을 것입니다. 이 경우 고용 부담을 덜어 줄 주체는 공공 부문이 아닌 민간 부문이 될 것입니다.」

개혁개방 정책이 시행된 이래로 어디까지 얼마나 빠르게 변화해야 하는지를 두고 종종 열띤 토론이 벌어졌다. 중국 지도부는 핵심적인 사회주의 신념을 충직하게 고수하려는 열망과 세계 경제 시스템에 부쩍 흡수된 호황 경제에서 얻는 이점 사이에서 균형을 유지하고자 노력했다. 경제 수준과 국민들의 필요와 선택에 따라 국가가 수행해야 할 다양한 역할에도 여러 가지 정론이 있을 수 있다. 그럼에도 나는 정부가 민간 기업을 대신하여 실무적인 결정을 내리는 모델이 지속적인 성공을 거두는 경우를 한 번도 보지 못했다. 애당초 계획경제와 훌륭한 경영이라는 게 그다지 어울리는 조합이 아닌 까닭이다.

1990년대에 주룽지 총리는 문제가 많은 국유 기업들을 구조조정하기로 결심했다. 국유 기업들이 경제를 지배하면서 중추적인 역할을 하고는 있지만 장기적으로는 성장의 발목을 잡을 것임을 알았기 때문이다. 그들의 뿌리 깊고 만연한 비효율성은 성과를 저해하고 혁신을 억압했으며 독점적인 지위는 산업 분야 전반에서 경쟁을 방해했다. 오랜 계획경제가 낳은 이들 거대 공룡들은 총체적으로 잘못 경영되고 회계와 재무 정보의 공개 방식이 너무 뒤떨어져서 재정 손실을 계산하는 것조차 거의 불가능했다. 그럼에도 손실은 실재했고 게다가 방대해서 정부의 지시로 이들 국유 기업의 생명 연장을 위해 대출을 제공한 거대 국영 은행들까지 파산 위험에 직면했다.

주룽지는 변화를 꺼리는 당원들에게 세계무역기구 가입이라는 약간의 당근을 이용해서 꼭 필요하고 부득이한 변화를 받아들이게 함으로써 장차 고통을 수반할 시스템 정비 작업에 돌입했다. 그 결과 철밥통이 깨졌고 기업들이 문을 닫거나 합병되거나 구조 조정되면서 수천만 명의 노동자가 해고되었다. 지방정부들은 비료 공장과 지역 제철소부터 우후죽순으로 등장해 단추나 빗 같은 간단한 제품을 생산하던 향진 기업에 이르기까지 10만 개가 넘는 국유 기업을 폐쇄하거나 매각했다. 중앙정부의 통제를 받던 거대 산업체 중 약 500개가 감독 주체인 정부 부처에서 분리되어 196개의 거대 기업으로 변모했고, 이들을 관리하기 위해 2003년에 국유자산감독관리위원회가 설립되었다(국가 소유의 거대 상업은행들은 별도로 관리되었다). 중앙정부의 통제를 받는 국유 기업의 수는 이후 합병과 통합 과정을 거치면서 2014년에 113개로 줄었다.

주룽지의 개혁은 톡톡한 효과를 보았다. 많은 국유 기업들이 군살을 뺐고, 흑자를 기록했으며, 좀 더 건실하게 운영되었다. 특히 외국에 상장된 기업의 경우에는 보다 엄격한 관리를 통해 좀 더 투명해졌다. 중국이 세계무역기구에 일단 가입한 뒤부터는 어렵게 일군 개혁이 보상을 쏟아 냈다. 우선 생산성이 폭증했고 중국은 제조 및 수출 발전소가 되었으며 그 과정에서 순식간에 세계에서 가장 많은 외환 보유고를 갖게 되었다.

하지만 2003년에 주룽지가 공직에서 물러나자 변화의 속도는 느려졌다. 개혁가들은 갈수록 많은 반대에 부닥쳤으며 국유 기업들에 더 상업적인 운영과 더 많은 경쟁을 강제하던 주룽지의 프로그램도 교착 상태에 빠졌다. 후진타오 주석은 개혁에 대해 호의적으로 이야기했지만 무섭도록 빠르게 진행되는 개혁에서 〈조화로운 사회〉를 건설하는 쪽으로 우선순위가 바뀔 것임을 암시했다. 개발 과정에서 자행되는 불법적인 토지 몰수와 점점 더 노골적인 양상을 보이는 관리들의 부패 등에서 기인하는 사회적 긴장을 해소하기 위해서였다. 되살아난 좌파들은 확연한 빈부 차이를 지적하면서 교조적인 사회주의로 회귀할 것을 주장했다.

국유 기업들이야말로 변화에 저항하는 세력 중 가장 으뜸이었다. 새로 이윤을 내게 되면서 국유 기업들은 더한층 권력과 영향력을 휘두르기 시작했다. 자신들이 여전히 누리고 있던 보조금을 빼앗거나 자신들을 경쟁에 더 노출시킬 수 있는 새로운 조치들에 저항하기 위해서 압력을 행사했다. 정부에는 국유 기업을 단지 정책 목표를 달성하기 위한 강력한 도구일 뿐 아니라 매력적인 꿀단지로 여기는 수많은 후원자들이 존재했다. 2008년에 금융 위기를 계기로 그나마 남아 있던 개혁 의지도 모두 사그라졌다. 중국 전역에서 지방정부와 국유 기업은 새로운 사회 기반 시설을 구축하도록 압박을 받았고 거대 국영 은행들은 정부의 지시에 따라 예전의 정책 대출로 회귀했다. 수출 시장이 얼어붙자 중국 정부는 2008년 11월에 5860억 달러에 달하는 대규모 부양책을 발표했다. 이듬해에는 성장률 하락을 막기 위해 시행된 프로젝트들에 자금이 지원되면서 은행 대출이 거의 두 배로 늘어난 1조 4000억 달러에 이르렀다.

주룽지와 중국 지도부는 국유 기업을 완전히 제거할 의도가 전혀 없었다. 국유 기업은 중국의 사회주의 시장경제 개념에 반드시 필요한 존재였다. 주룽지는 국유 기업들의 절망적인 상황으로 미루어 볼 때 국가 경제를 촉진하고 해당 기업들을 세계 시장에서 경쟁할 수 있는 효율적인 사업체로 육성하기까지 오랜 시간이 걸리고 일련의 단계를 거쳐야 한다는 것도 알았다. 그리고 나는 그가 국유 기업들이 동등한 조건에서 경쟁하기를 원했다고 생각한다.

주룽지가 구조조정을 시작하고 거의 20년이 지난 오늘날에 이르러 국유 기업들은 더 바람직하게 운영되고 훨씬 더 많은 이윤을 내고 있지만 여전히 비효율적이고 많은 보조금을 받는다. 독점이나 과점 기업으로 군림하면서 자원을 독점하고, 자본을 낭비하고, 경쟁을 억제하고, 민간 기업들의 기회를 제한함으로써 중국의 장기적인 경제 발전을 저해하고 있다. 대표적인 자국 기업을 지원하고 특정한 선호 기업과 산업을 보호하는 나라들은 수없이 많지만 그 방식과 정도에서 중국과 비슷한 나라는 어디에도 없다. 게이브칼 드래고노믹스의 중국 담당 이사 앤드루 밧슨은 폴슨 재단의 의뢰로 2014년에 발표한 논문에서 중국의 공식적인 목표가 국가 안보에 절대적으로 중요한 전략적인 분야에서 중국의 대표 기업을 육성하고, 국제 경쟁력을 끌어올리고, 국내 기술 발전을 촉진하는 것임에 주목한다. 밧슨에 따르면 중국 정부는 2006년에 국방, 전기, 석유, 석유 화학, 통신, 석탄, 항공, 물류 등 국유 기업이 압도적인 우위에 있어야 할 분야의 목록을 발표했다. 여기에 더해서 장비 제조, 자동차 생산, 전자, 건설, 철강, 비철금속, 화학, 측량, 과학 연구와 같은 〈기둥 산업〉에서도 국영 기업이 강력한 존재감을 유지하기를 원했다.

10만 개가 넘는 국유 기업이 문을 닫아도 여전히 그와 비슷하거나 그 이상의 국유 기업이 남을 것이다. 비록 정확한 숫자를 아는 사람은 없지만 그럼에도 이들 기업이 속한 분야는 전략적이거나 기둥이 되는 산업과 거리가 멀다. 폴슨 재단이 의뢰한 논문에서 밧슨은 모든 국유 기업의 자산 중 절반 정도가 요식업을 비롯한 소매업이나 저가 제조품 같은 비전략적인 부문에 속한다고 지적한다. 최근 들어서는 영역을 더욱 확장했다. 많은 국유 기업들이 잉여 자금으로 그림자 금융 시장에서 활약하면서 국영 은행에서 대출을 받지 못하는 이들에게 돈을 빌려준다.

국유 기업들은 영역을 확장하는 한편으로 정책 입안자들과 규제 담당자들에게 영향력을 행사해서 자신들이 우위를 점한 분야에 민간 기업이 진출하는 것을 막았다. 표면적으로는 정부에서 자국의 민간 기업들에게 이미 문을 열어 준 분야들이었다. 이 같은 〈유리 문〉 장벽은 민간 기업을 괴롭힐뿐더러 바람직하지 못한 관행이다.

「최근에 민간 부문의 상황은 더욱 악화되었습니다.」 중국에서 가장 큰 민간 기업의 한 최고 경영자가 2013년에 나에게 설명했다. 「국유 기업에는 경계가 없었습니다. 그들은 진출하지 못할 분야가 없었습니다. 원칙적으로는 민간 기업들에 보다 공정한 경쟁을 보장하는 규율이 존재하지만 실제로는 건드릴 수 없는 분야가 존재합니다.」

많은 국유 기업의 수익성이 — 경우에 따라서는 엄청나게 — 향상되었지만 이런 수익성조차 눈속임일 수 있다. 우선 한 가지 이유로는 2001년 세계무역기구에 가입한 뒤로 중국이 횡재에 가까운 성장세에 돌입한 덕분에 부실하게 운영되던 회사들도 돈을 벌 수 있었기 때문이다. 더 근본적인 이유로는 국유 기업들의 수익성이 생산성 향상이나 기술 혁신 때문에 증가한 것이 아니라 정부의 지속적인 퍼주기 정책 덕분인 까닭이다. 국유 기업들은 토지 비용을 지불할 필요가 없었고, 상당한 세금 혜택을 받았으며, 석유부터 유리까지 심지어 공공 설비를 이용할 때조차 소요된 자금에 대해 보조금을 지원받았다. 정부와 연계해서 손쉽고 저렴하게 자본금을 조성했을 뿐 아니라 거대 국영 은행들로부터 저금리 대출을 받았다. 그리고 이런 혜택들이 곧장 계상되었다. 베이징의 영향력 있는 싱크탱크인 톈쩌(天則) 경제연구소는 만일 국유 기업들이 토지와 대출, 공공 설비 사용에 들어간 비용을 전부 지불해야 했다면 2001년부터 2008년까지 평균 자기자본이익률이 마이너스 6.29퍼센트였을 것으로 추산했다. 다른 무엇보다 대다수 거대 국유 기업들은 계속 독점이나 과점의 지위를 누리면서 국내외 경쟁으로부터 보호받고 있다.

이 모든 이점에도 불구하고 국유 기업들의 수익성은 2007년을 기점으로 하락하기 시작했다. 폴슨 재단이 의뢰한 논문에서 밧슨은 2007년에 약 6.7퍼센트였던 산업계 국유 기업들의 총자산 이익률이 2009년에 3.6퍼센트로 떨어졌다가 그 이후 4.5퍼센트로 회복했다고 적었다. 하락 원인으로 어려운 경영 환경을 꼽을 수도 있지만 어쨌거나 그것이 전부는 아니었다. 실제로도 2007년에 비(非)국유 기업들은 약 8퍼센트의 이익률을 기록했다. 밧슨의 주장에 따르면 이제는 국유 기업들의 두 배 수준인 9퍼센트를 상회한다. 내가 판단하기에 국유 기업의 이익 감소는 정부의 치마폭에 너무 휩싸인 데 따른 부정적인 측면을 반영한다. 국유 기업들은 중앙이나 지방정부의 관리들에게 지시를 받아 정치적으로는 민감하지만 경제적으로는 아무 관련이 없는 사회 기반 시설 사업이나 그 밖의 다양한 프로젝트에 통상적으로 자금을 댄다. 일례로 거대 기업인 중국해양석유총공사는 베이징과 톈진 간 고속 철도 건설을 지원하는 임무를 맡기도 했다. 2005년부터 공사를 시작한 이 노선은 베이징 올림픽에 맞추어 2008년에 완공되었고 도시 간 이동 시간을 최단으로 단축하면서 공학 기술의 경이를 보여 주었다. 중국에는 대단히 요긴한 시설이었지만 중국해양석유총공사의 고유 업무인 해양 석유 자원 개발과는 거리가 멀었고 수지 타산도 전혀 맞지 않은 터였다.

중국의 국유 기업들은 자국 시장에서 우위를 점하고 있지만 세계 시장에서는 가장 강력하거나 가장 높은 평가를 받는 기업들과 어깨를 나란히 하지 못한다. 규모 면에서 세계 최대의 기업으로 이름을 올린 기업도 존재하지만 중국을 벗어나는 순간 최고의 브랜드라고 자랑할 만한 기업이 없는 상황이고 마찬가지로 최고 경영자들도 해외에서 그다지 유명하지 않다.

여기에는 충분한 이유가 있다. 업계와 브랜드를 선도하는 기업이 되기 위해서는 소비자와 주주의 요구에 응하고 혁신적이며 경쟁력을 갖춘 시장 지향적인 회사가 되어야 한다. 하지만 중국의 국유 기업들은 여전히 당과 국가의 지배를 받는다. 그들의 기업 활동은 국가가 5개년 계획에서 설정한 구체적인 목표와 지침에 매여 있기 때문에 시장과 경쟁 환경의 변화에 맞추어 탄력적으로 대응하기가 불가능하다. 오늘날의 모든 사업에서 성공의 열쇠는 강인하고 상업적인 마음가짐을 지닌 최고 경영자를 선발해서 경영 자율성과 책임을 전적으로 보장할 뿐 아니라 직접 관리자들을 선발하고, 시장 상황에 기반한 장기적인 보상 계획으로 그들에게 동기를 부여하고, 그들의 경영 기술을 발전시키고, 그들의 경력 개발을 도와줄 수 있는 권한을 보장하는 것이다. 무엇보다 중요한 역할들이지만 국유 기업의 기존 통제 방식과는 거리가 멀다. 국유 기업의 이사회는 그들이 담당하는 회사의 최고 경영자를 뽑을 수 없다. 대신에 공산당이 한다. 그리고 최고 경영자는 직원들을 승진시키거나 감독하는 권한에 제약을 받는다. 해당 업무는 기본적으로 당의 강력한 인사 기관인 중앙 조직부 소관이다.

비밀스럽지만 막강한 권한을 가진 중앙 조직부는 상장 회사들과 그 지주회사들의 이사회를 관리하는 국유자산감독관리위원회를 통해 국유 기업의 최고 경영진을 임명한다. 행정 분야를 비롯한 국유 기업과 군대, 심지어 예술과 스포츠, 교육 분야에 이르기까지 당에 소속된 모든 관료의 훈련 및 선발, 경력 관리, 하물며 은퇴까지 감독한다. 최고위급 당원들을 제외한 모든 당원의 인사를 담당하며 어떤 관리를 중앙정부나 성의 어떤 직위로 승진시켜야 할지 결정한다.

때때로 당은 현대의 바람직한 경영 개념을 거부하고 독단적으로 일을 처리하는 것처럼 보인다. 일례로 2004년에는 중국의 선도적인 통신 기업 세 곳의 회장들에게 마치 의자 빼앗기 게임을 하듯이 아무렇지 않게 서로 자리를 바꾸라고 요구하기도 했다. 이 게임의 참여자가 미국의 거대 통신사인 버라이즌과 AT&T, 스프린트이고 미국 상무 장관이 자기 마음대로 음악을 고른다고 잠시 상상해 보라. 중앙 조직부는 또 기업 이사회나 주식 시장 관리 당국에 통지할 의무도 없다. 2011년 당시에 중국해양석유총공사를 운영하던 개성이 강한 경영자 푸청위(傅成玉)의 자리가 바뀐 일화를 예로 들어 보자.

어느 날 저녁에 푸청위는 전화로 다음 날 아침부터 시노펙 본사로 출근해서 새로운 회장으로서 첫날을 시작하라는 지시를 받았다(그의 전임자는 푸젠성 임시 성장으로 자리를 옮길 예정이었다). 푸청위는 공식 발표가 나기 전 중국해양석유총공사의 이사진에게 먼저 알림으로써 예를 갖추고 싶다는 의사를 표했지만 그러기에는 너무 늦었다는 말을 들었다. 간신히 설득에 성공한 그는 이사회가 차기 회장 선발을 승인하는 형식적인 절차를 밟을 수 있도록 후임이 정해질 때까지 명목상 중국해양석유총공사의 회장 직함을 그대로 유지하는 것을 허락받았다. 그사이에도 시노펙에서의 업무는 이미 시작되었다. 그는 운전 기사만 데려갈 수 있었고, 몇 개월이 지난 뒤에야 개인 비서가 합류했다. 그 뒤로는 아무도 따라오지 않았다. 당의 계획에 없는 일이었기 때문이다.

현실적으로 당원들은 다른 무엇보다 당을 위해서 일한다. 당이야말로 그들의 충성과 경력상 전망이 존재하는 곳이다. 중앙 조직부는 관리들을 승진시키고 이동시킬 때 엄격한 선발 과정을 거치고 그들의 방식이 경영 능력과 폭넓은 경험을 지닌 다재다능하고 실력 있으며 전 세계 다른 어떤 지도자들보다 뛰어난 정치 지도자들을 만든다고 주장한다. 하지만 개별적인 기업의 이야기로 들어가면 정치적인 계산과 인맥에 지나치게 의존하는 당의 간부 선발과 승진 체계는 주목할 만한 몇몇 예외를 제외하고는 매번 불운한 결과를 낳는다. 자격이 부족한 관료들은 자주 중요한 국유 기업을 운영하면서 기업의 전문적인 문화와 상업적 성과를 훼손한다. 중앙정부에서 통제하는 가장 큰 국유 기업 중 53곳의 최고 경영자들이 당 중앙위원회의 부위원이나 중앙기율검사위원회의 위원을 겸하고 있다는 사실은 이들 경영자들의 능력을 더욱 의심하게 만든다.

주룽지는 일류 경영자가 부족하다는 사실을 절감하고 시대에 뒤처진 간부 선발 체계를 바꾸려 애썼다. 국유 기업이라는 테두리 밖에서, 심지어 중국 밖에서도 인재 영입을 시도했다. 하지만 20년이 지난 오늘날까지 국유 기업의 고위직 인사와 관련해서는 능력주의가 아닌 당의 후원이 여전히 주된 요소로 남아 있다. 그리고 이는 중국이 가장 중요한 기업들의 운영을 맡길 최고의 경영 인재를 영입하고 보유하는 데 걸림돌로 작용하고 있다.

중국의 많은 국유 기업들이 지난 20년 동안 주식을 매각했다. 그 결과 경영 상태는 점점 더 나아졌고 훨씬 투명해졌다. 하지만 기업공개는 당이 가진 궁극적인 통제권에 아무런 영향을 미치지 못했다. 중국의 기업공개는 독특한 방식으로 이루어졌다. 상장될 기업의 가장 매력 없는 자산이 집중 배치된 지주회사의 소유권을 국가가 100퍼센트 보유한 채 상장된 자회사의 소량 주식을 일반 투자자들에게 판매했다. 상장 회사들은 가장 매력적인 자산을 보유했으며 업계의 세계적인 선두 주자들을 벤치마킹했다. 새로운 주주들의 이익을 대변하기 위해 독립적인 이사들로 구성되는 이사회를 두었다. 또 국제 회계 기준을 준수하고 거래 내역을 모두 공개한다. 그에 반해서 지주회사들은 공개하는 것이 거의 없다. 이사회에 사외 이사가 전무한 경우는 물론이고 이사회가 아예 없이 당 위원회가 상장 회사를 포함한 모든 자회사에 관한 최종 결정을 내리는 경우도 허다하다.

이 같은 이중적인 이사회 구조는 주룽지의 실용주의가 반영된 결과다. 그는 잉여 직원만 100만 명에 이르는 페트로차이나의 기업공개를 시장에서 받아들이지 않을 거라는 사실을 알았다. 하지만 기업공개가 완료되지도 않은 시점에 잉여 노동자를 해고하거나 민간 부문으로 이동시키는 방법을 택한다면 기업공개 과정이 수년이나 지연될 터였다. 결국 해당 노동자들은 모기업인 중국석유천연가스공사에 〈남겨졌다〉. 이 방법이 가능했던 이유는 해외 투자자들이 급속하게 발전하는 중국 기업의 주식을 사들이고 싶어 안달했기 때문이다. 내 생각에 주룽지는 개혁 과정의 마지막이 아닌 첫 단계로 이 같은 접근법을 생각했을 것이다.

중국 지도자들은 국유 기업들이 세계 무대에서 경쟁하기를 바란다. 하지만 이를 위해서는 고위 경영자의 선발 과정과 최상층의 지휘 및 보고 체계부터 시작해 국유 기업의 운영 방식에 대대적으로 손을 대야 한다. 그렇지 않은 한 국유 기업은 스스로를 날렵하게 만드는 기능을 가진 거버넌스 구조를 바탕으로 끊임없이 개선되고 개조되는 세계 유수의 기업들에 맞설 수 없을 것이다.

2012년 7월, 상하이의 최고 경영자들과 당 지도자들이 모인 자리에서 나는 이 점을 역설했다. 「우수성과 효율성 그리고 업계 선두의 자리를 차지하는 유일한 방법은 영리 기업을 운영하는 능력에 따라 최고 경영자들이 선발되고 평가되고 보상을 받는 동시에 이들 기업이 보조금이나 특별한 혜택을 받지 않고 민간 기업들과 경쟁하는 것입니다.」

나는 중국 푸둥 간부학원에서 연설을 하고 있었다. 푸둥 간부학원은 당원에게 주기적으로 의무 교육을 실시하기 위해 중국 공산당이 전국에 운영하는 국가 수준의 당교 다섯 개 중 하나였다. 나는 푸둥 간부학원의 관리 주체인 중앙 조직부 부장이자 후에 국가 부주석이 되는 리위안차오(李源潮)로부터 글로벌 리더십을 주제로 세미나를 진행해 달라는 요청을 받은 터였다. 중국은 세계적인 규모를 자랑하는 기업을 다수 보유하고 있었고, 그가 인용한 수치에 따르면 『포춘』 글로벌 500대 기업 중 73개가 중국 기업이었다. 그럼에도 국제적인 입지는 상대적으로 빈약했다. 리위안차오는 선두적인 기업을 육성하고 해외 기업을 인수하는 방법을 설명해 줄 서양 최고 기업들의 최고 경영자를 모아 줄 수 있는지 나에게 대놓고 물었다. 「우리는 기업들이 세계로 진출할 방법을 찾도록 지원하고 있습니다.」 그가 말했다. 「특히 미국으로요.」

나는 손을 보태는 데 기꺼이 동의했다. 향후 25년 동안은 가장 중요한 경제 발전 중 하나가 중국 기업들의 세계 시장 진출이라고 생각했기 때문이다. 그들이 해외의 경영 기술을 배우고 더 나은 거버넌스와 기업 관행을 채택할 수 있도록 돕고 싶었다. 프록터 앤드 갬블의 밥 맥도널드와 노바티스의 대니얼 바셀라, 다우 케미칼의 앤드루 리버리스, 은퇴한 월마트 최고 경영자 리 스콧, 펩시코의 인드라 누이, 블랙록의 래리 핑크, 도이체 방크의 파울 아흘라이트너, WPP의 마틴 소렐 등 이틀의 세미나 기간 동안 발제도 하고 질문에 대답도 해줄 일단의 유명한 경영자들을 모집했다.

푸둥에 도착한 나는 중국에서 최고의 기업들을 운영하는 대표들로 가득 찬 강당에서 연설을 하게 되었다. 재무부 장관으로서 최고의 인재들을 불러 모을 능력이 조금은 된다고 생각하던 나였지만 중국 공산당의 능력에는 전혀 비할 바가 아니었다. 리위안차오는 불과 3개월 만에 민간 부문의 스무 명을 포함해서 총 아흔두 명의 중국 최고 경영자들을 불러 모았는데 〈동지들과 친구들을 환영하는〉 개회사에서 그가 설명한 바에 따르면 모두 〈자발적으로〉 모인 사람들이었다.

시노펙의 푸청위, 하이얼 그룹의 장루이민, 세계 최대 전기 설비 사업체인 중국국가전력망공사의 수인뱌오 등도 참석해 있었다. 내가 아는 사람들도 상당수 있었는데 중국공상은행의 장젠칭, 중국은행의 샤오강, 차이나 텔레콤의 왕샤오추, 중장비 제조사인 싼이의 량원건 같은 지도자들이었다. 대다수가 짙은 색 정장 바지와 흰색 반팔 셔츠 차림이었고 전부 직업이 아닌 당내 직위가 적힌 명찰을 착용하고 있었다.

그 자리는 더없이 훌륭한 중국의 축소판이었다. 참석한 임원들은 하나같이 재능 있고 야망을 지녔으며 학식 있고 강인한 정신력을 지닌 사람들이었다. 그들의 집중력과 에너지는 나에게 깊은 인상을 주었다. 미국의 수준 높은 최고 경영자들이 모인 회의에도 수없이 가보았지만 그들 중 절반은 으레 스마트폰을 만지작거리면서 집중하지 않기 일쑤였다. 하지만 중국의 이들 집단은 발표자의 이야기를 경청하고 메모하면서 까다로운 질문을 던졌다. 도이체 방크 회장 파울 아흘라이트너가 발제를 마쳤을 때는 중국공상은행의 장젠칭이 그가 알리안츠 감사회 소속이었을 당시를 언급하며 이렇게 물었다. 「알리안츠는 드레스드너 방크를 매입했습니다. 인수가 실패작이 된 이유는 무엇입니까? 거시 환경 때문이었습니까, 아니면 보험 회사로서 은행을 운영할 능력이 부족했기 때문이었습니까?」

최고 경영자들은 회사를 운영하는 데 도움이 될 만한 구체적인 조언에 굶주려 있었다. 휴식 시간에도 몇몇 국유 기업 대표들은 내게 다가와서 내 주장에 매우 동의한다고 이야기하면서 주주들과 국가의 상충된 요구를 조화시켜야 하는 고충에 대해 털어놓았다.

그날 저녁 만찬에서 거대 석유 화학 기업인 시노켐 그룹의 회장 류더수(劉德樹)가 말했다. 「지극히 애매한 상황입니다. 우리는 국유자산관리감독위원회에 보고해야 할까요? 아니면 일반 주주들에게, 또는 13억 모든 중국인에게 보고해야 할까요? 누구나 주주라는 것은 누구도 주주가 아닌 것과 매한가지입니다.」

다음 날 나는 푸청위와 점심을 먹는 자리에서 류더수가 한 말을 꺼냈다. 푸청위는 정부가 결국에는 정부 정책을 지원하기 위해 자원을 쏟아 부을 것이기 때문에 정부를 돕는 것이 기업을 돕는 거라고 주장하면서 실용주의적인 견해를 제시했다. 그가 말했다. 「나는 주주들에게 그들과 정부의 이해가 원칙적으로 충돌할 수 없다고 이야기합니다. 정부의 전략이 있는 곳에는 언제나 거대한 시장이 존재하기 때문입니다.」

푸청위는 다른 국유 기업 수장들과 달랐다. 일단 그는 상황을 뒤흔들기를 좋아했다. 일찍부터 국제적 확장을 옹호하던 그는 2005년에 유노칼을 매입하기 위해 대담하게 185억 달러라는 입찰가를 제시하며 언론의 집중 조명을 받았지만 미국 내에서 발생한 강력한 정치적 반대에 부딪혀 결국 포기해야 했다. 그는 위축되지 않고 미국의 석유와 셰일 가스 소매 사업에 수십억 달러를 투자했다. 시노펙에 합류하고 얼마 지나지 않아 차이나 가스 홀딩스에 대한 적대적 인수 합병도 추진했는데 비록 성공하지는 못했지만 중국 최초로 국유 기업이 민간 기업을 적대적으로 인수하려고 했던 시도로 기록되었다. 석유 업계의 이단아인 푸청위는 1980년대 초 중국해양석유총공사에서 외국 기업들과 합작으로 진행했던 해양 시추 사업을 시작으로 중국 석유 산업계의 거물로 떠올랐다. 그는 서던캘리포니아 대학교에서 석유 공학 석사 학위를 취득했으며 동 대학교 이사회 소속이기도 하다.

국유 기업의 수장으로서 푸청위는 세 가지 임무를 맡고 있다. 돈을 벌고, 회사를 구조조정하고, 사회 안정을 도모하는 것이다. 특히 마지막 임무는 계속해서 엄청난 부담으로 작용한다. 시노펙은 1990년대 말 진행된 구조조정으로 해고되었지만 다시 회사 직원으로 등록된 근로자 수십만 명에게 여전히 급여를 지급한다. 중앙정부가 적절한 사회 안전망을 마련하고 자금을 조달할 방법을 찾지 못한 까닭에 국유 기업들이 해고된 노동자에게 계속 돈을 지불하는 것이다. 시노펙을 비롯한 국유 기업들은 보조금이나 우선권 같은 혜택을 받기도 하지만 사회적 의무와 정치적 통제라는 짐을 짊어져야 한다.

다우 케미칼의 앤드루 리버리스는 그들에게 직설적으로 충고했다. 그의 회사는 선구적인 연구소를 포함하여 중국에서 사업을 크게 하고 있다. 그가 말했다. 「이길 수 없는 사업에서 손 떼십시오. 보조금은 필요 없습니다. 국유 기업의 사슬을 벗어 던지십시오.」

리버리스의 발표가 끝나자 푸청위가 질문했다. 「우리 제도는 세계화에 적합하지 않습니다. 우리는 해외 인력을 고용하거나 보유할 수 없습니다. 가치를 창출해야 하지만 동시에 우리가 거느리고 있는 사람들을 건사해야 해서 무조건 해고할 수도 없기 때문입니다. 우리는 이런 상황에 발목이 잡혀 미래로 나아가지 못하고 있습니다. 이 부분에 대해서는 어떤 제안을 해주시겠습니까?」

나는 그가 질문을 전달하는 태도에서 그의 질문이 비단 앤드루 리버리스뿐 아니라 리위안차오를 겨냥하고 있음을 알아챘다. 리위안차오 쪽을 돌아보자 역시나 그는 맨 앞줄에 앉아서 미소를 지으며 고개를 끄덕이고 있었다.

휴식 시간을 이용해서 나는 캠퍼스 면적만 41만 3,000여 제곱미터에 달하는 푸둥 간부학원의 웅장한 시설들을 빠르게 둘러보았다. 글라스 타워에 빨간 지붕을 얹은 본관 건물은 전통적으로 붉은 목재로 제작되고 붓통을 올려놓은 중국 학자의 책상을 연상시키는 형태로 날렵하고 초현대적이며 전통적인 동시에 미래 지향적이었다. 당이 보여 주고자 하는 그들 자신의 이미지를 그야말로 정확히 구현하고 있었다.

본관에는 당 간부들에게 도시 계획과 미디어에 대한 접근법을 교육하는 시설이 가장 눈에 띄었다. 우리가 들른 위기 관리 센터에는 허베이성에서 온 일단의 관리들이 대형 텔레비전 수상기 앞에 앉아서 지진에 대비한 모의 훈련을 받는 중이었다. 사이렌 소리와 망연자실한 희생자들과 악착스럽게 질문을 퍼붓는 기자들까지 모든 것이 완벽하게 재현되고 있었다.

당 간부들에게 인터뷰하는 법을 비롯해서 연설하는 법과 심지어 옷 입는 법까지 교육하는 미디어 센터도 있었다. 미디어 센터는 모의 인터뷰를 앞둔 관리들이 인터뷰에 앞서 화장하고 머리를 매만지는 준비실까지 갖추고 있었다. 어떤 방에는 편안해 보이는 가구들이 아침 토크쇼의 세트장처럼 배치된 반면, 다른 방에는 심야 토크쇼처럼 진행자의 책상이 준비되어 있었다.

기자 회견장에 도착하자 나를 안내하던 미디어 교육 담당자가 밝은 조명 아래에 나를 세우더니 즉흥적으로 질문 공세를 펼쳤다. 그는 한순간의 망설임도 없이 유쾌한 투어 가이드에서 사나운 심문자로 돌변하더니 가장 까다롭고 정치적으로도 민감한 주제를 물었다. 「폴슨 씨, 남중국해에서 영토권을 보호하려는 중국의 시도를 어떻게 생각하십니까?」 나는 웃지 않을 수 없었다 — 중국에는 정부 관리에게 그런 질문을 할 언론사가 당분간은 그다지 많지 않을 거라는 사실을 알았기 때문이다. 그럼에도 당은 국유 기업의 최고 경영자들이 세계로 나아감에 따라 서구 언론에 대처할 수 있도록 그들을 준비시키고 있었다.

나는 중국의 차세대 지도자들에게 투자되는 노력과 비용의 규모에 깊은 인상을 받았다. 아울러 갑작스레 당이 직면한 모순이 떠올랐다. 진정으로 국유 기업들이 세계를 선도하는 기업으로 발전하기를 바란다면 당은 그 모든 노력에도 불구하고 가장 어려운 일을 처리해야 했다. 바로 조만간 국유 기업들을 자유롭게 풀어줄 방법을 찾는 것이다.

18 재시동

2014년 7월, 다방면에 걸친 대화를 나누던 중 시진핑 국가주석이 내게 확고한 어조로 말했다. 「중국에서 말하는 〈개혁〉은 공허한 표어가 아니라 대규모 사업을 의미합니다. 그리고 우리 (레닌주의) 민주 집중제 체제에서는 내가 그 책임자입니다.」

대화가 이루어진 인민대회당의 넓고 금테가 둘러진 방 푸젠팅(福建廳)은 시진핑 주석이 외빈을 만날 때 선호하는 장소였다. 시진핑은 푸젠성에서 10년 이상 고위 관리로 봉직하다가 성장 자리에 올랐고, 2002년에 저장성으로 자리를 옮겼다. 화려한 장식을 뽐내는 그 방은 마오쩌둥이 가장 좋아했던 곳이라고도 한다.

우리는 2013년 11월에 열린 중국 공산당 제18기 중앙위원회 3차 전체 회의*를 통해 공개된 야심 찬 경제 개혁 목표들이 어떻게 진척되고 있는지 이야기하는 중이었다. 1978년 3중전회에서 덩샤오핑이 개혁개방 정책을 천명한 뒤로 3중전회는 새로 구성된 중국 지도부가 그들의 대담한 비전과 계획을 밝히는 자리로 인식되었다. 시진핑 역시 그러한 전통에 기대 이상으로 부응하면서

* 18차 전국대표대회에서 선출된 제18기 중앙위원회의 세 번째 전체 회의로 18기 3중전회라고 불린다.

1990년대에 장쩌민과 주룽지가 전성기를 구가한 이래로 가장 획기적인 경제와 제도 개혁 계획을 공개했다. 다른 무엇보다도 당은 처음으로 더는 국가가 경제 자원을 배분할 주된 책임을 떠맡지 않을 거라고 선언했다. 이제는 시장이 그러한 기능을 수행할 것이고 미래로 나아가는 데 〈결정적인 역할〉을 하게 될 터였다.

2014년 5월 정치국 집체 학습에서 시진핑은 이렇게 말했다. 〈정부와 시장의 긴밀한 관계야말로 우리가 생각하는 경제 개혁의 핵심 사안이다.〉

이 대목에서 오랫동안 중국을 관찰해 온 누군가가 비관적인 견해를 내비치더라도 나는 그 사람을 비난하지 않을 것이다. 시진핑이 집권하기 전까지 거의 10년 동안 중국 정부는 개혁과 관련해 그럴듯한 말을 늘어놓았지만 실제 행동으로 보여 준 것은 거의 없기 때문이다. 하지만 이 지도부는 다를 거라고 믿는다. 시진핑과 그의 지도부가 생각만 하거나 말만 하는 사람들이 아닌 행동하는 사람들이고, 자신들의 목표를 실현하기 위해 설득과 힘의 정치를 이용할 준비된 실용주의자들이기 때문이다. 그들은 자신들에게 주어진 임무가 얼마나 어렵고 얼마나 위험을 무릅써야 하는지 안다. 그 규모는 물론이고 갈수록 복잡해지는 중국 경제의 기저 모델을 변화시킨다는 것은 우선순위를 정하고 실행하고 결과를 도출해야 하는, 상상도 할 수 없을 만큼 엄청난 도전이다. 이를 위해서는 단호한 결심은 물론이고 때때로 상부의 지시를 대수롭지 않게 여기는 산만한 정치 체제에서 상하 협동을 요구하고 독려하는 능력이 필요하다. 시진핑처럼 기술과 강인함을 겸비한 지도자조차도 고착된 이해관계와 이념적인 반대, 관료주의의 타성이라는 어마어마한 장애물에 부닥친다. 예컨대 국유 기업들은 기존의 혜택을 잃지 않으려 하고, 국내 산업들은 국제 경쟁으로부터 보호해 줄 것을 요구하며, 세계 금융 위기 이후에 서구의 흔들림을 보고

한껏 대담해진 일부 싱크탱크와 당내의 반항적인 좌익 세력은 더욱 강력한 사회주의 정통성을 요구한다.

시진핑은 그의 정부가 수수방관하고 있지 않다는 사실을 내게 무척 알리고 싶어 했다. 그는 3중전회 이후로 정부가 300건이 넘는 개혁 조치에 착수했다고 말했다. 「우리는 각각의 조치에 대해 시간표를 만들어 두었습니다. 2017년까지 거의 모든 조치를 마무리하되 2020년까지는 모두 다 완료할 예정입니다. 올해에만 그중 80건이 마무리될 것입니다.」

시진핑은 저항이 거세다는 사실과 시행을 책임질 부처들의 일부 부장과 규제 담당자에게 권한이 부족하다는 사실을 인식하고 당에 통상적인 정부의 창구를 벗어나 외부에서 개혁 절차의 설계 및 집행을 감독할 소조(小組)를 신설했다. 대부분 적극적으로 경제 정책을 주도하지 않았던 이전 당 총서기들과 달리 그는 이른바 중앙전면심화개혁영도소조의 조장을 맡음으로써 공개적인 역할을 자청하고 자신의 개인적인 신뢰성을 시험대에 내걸었다. 조원으로 리커창 총리를 비롯하여 최고위급 당 지도자들과 국무원 지도자들이 포함되었다. 시진핑의 수석 경제 전략가 류허는 고문을 맡았다. 유능하고 경험 많은 개혁가인 류허는 중앙재경영도소조의 판공실 주임도 맡았는데 백악관의 국가 경제위원회 의장과 비슷한 직위다.

시진핑은 또 대대적인 부패 단속으로 이목을 집중시켰으며 이 같은 행보는 개혁에 저항하는 세력을 약화하는 데도 유용했다. 부패한 관리들이 부정하게 취득한 부를 과시하는 행위는 대중에게 박탈감을 유발하고 불만과 동요를 낳을 뿐 아니라 기관을 무력하게 만드는 부패가 만연하다는 것을 반증하기도 한다. 중국에서 개혁을 이끌 수 있는 유일한 존재가 당이라고 생각하는 시진핑으로서는 여간 심각한 문제가 아닐 수 없다. 즉 그의 반(反)부패 운동은 당의 신뢰성에 광을 내고 일반 국민들과 결속을 강화하기 위한 것이다. 아울러 당원들을 그의 계획에 동참시키기 위한 도구이기도 하다.

시진핑은 가장 근본적인 몇몇 변화를 완료할 기한으로 2020년을 제시하는 한편 작지만 의미 있는 승리들이 추진력을 형성해 줄 것으로 기대하고 있다. 중국 정부가 최우선으로 삼은 과제는 쓸데없는 승인 절차를 없애고 중앙정부에서 지방정부나 시장으로 특정 권한을 위임함으로써 불필요한 요식을 잘라내는 것이다. 종잡을 수 없을 정도로 복잡한 중앙정부의 관료주의적인 부서들에서 하달되는 엄청난 양의 중복되거나 심지어 상충하는 명령으로 관리되기에는 한 마디로 중국 경제가 너무 크고 복잡해졌다. 정부의 거버넌스를 개선하고 제멋대로 뻗어 나가는 나라를 관리하는 데 필요한 제도와 공정성을 확보하지 않는 한 시진핑의 경제 개혁은 비록 실패까지는 아니더라도 비틀거릴 수밖에 없을 것이다.

리커창 총리는 3중전회 바로 전날 저녁에 중국 지도부를 위한 복합 시설이 위치한 중난하이에서 내게 말했다. 「우리에게 개혁이란 매우 복잡하고 체계적인 공학 과정입니다. 우리는 시장의 창조성을 해방하기 위해 중국 사회에 존재하는 모든 불합리하고 비이성적인 사슬과 억압을 제거해야 합니다.」 무엇보다 그는 중앙정부가 지방정부에 〈시장 참여자들이 평평한 운동장에서 경쟁할 수 있도록 변칙적인 요금이나 벌금을 부과하지 않을 것〉을 요구하고 있다고 말했다.

2013년 5월, 텔레비전을 통해 전국의 당 관리들에게 연설할 때의 리커창 총리는 늘어나는 연방정부의 규제를 맹비난하던 로널드 레이건이 마치 중국인으로 현신한 듯했다. 리커창 총리가 말했다. 〈기업에서 어떤 프로젝트를 시작하기까지 27개 부서와 50개가 넘는 단계를 거쳐야 하고 여기에 소요되는 시간만 6개월에서

10개월이라는 조사 보고서를 읽었다. 검토와 승인을 요구하는 일부 항목들은 정말로 당혹스럽기 그지없다. 도대체 어선 이름을 정하는 데 정부의 승인이 필요한 이유는 무엇인가?〉

그는 〈접근은 쉽지만 감독은 엄격한〉 제도를 만드는 것이 목표라고 밝혔다. 즉 신규 기업들이 좀 더 자유롭게 시장에 진입할 수 있게 함으로써 민간 부문이 성장과 일자리 창출에 더 큰 역할을 하도록 하는 한편, 이들 기업이 일단 제대로 기능하기 시작한 다음부터는 더 엄격하고 강제적인 기준을 부과한다는 것이다.

연설에서 리커창은 말했다. 〈고용을 늘리려면 대기업과 국유기업에만 의존해서는 그다지 도움이 되지 않는다. 우리는 중간 규모와 소형, 초소형 기업을 육성하고 다양한 소유주가 존재하는 경제를 육성하기 위해 힘을 쏟아야 한다.〉

그해 11월에 만났을 때 리커창은 내게 정부가 첫 번째 5개년 계획 기간에 방대한 행정 승인 절차를 3분의 2 수준으로 축소하기로 했으며 이미 300개를 줄였다고 말했다. 옳은 길로 가고 있는 것이다. 중국 정부는 그동안 경제 문제에는 과도하게 영향력을 행사하거나 개입하면서도 이를테면 국민의 건강과 안전을 지킬 규정을 제정하거나 강화하는 등의 분야에는 필요한 만큼 관여하지 않은 터였다. 그 같은 분야에서 균형을 맞추는 것은 중국 경제를 개편하고 나아가 시장을 포용하는 데 중대한 요소다. 자원과 노동력의 배분에서는 더 작은 역할을 맡더라도 의료 혜택과 연금 등 전통적으로 국유 기업들이 담당해 오던 사회 복지 사업을 제공하고 필요한 자금을 지원하는 부분에서 더 큰 책임을 져야 한다. 환경 규제와 토지 이용 제한법, 건축 법규 같은 기능들도 마찬가지로 등한시되었다. 이런 기능들이 간과되어 온 이유 중 하나는 국유 기업들이 국가 자원을 지나치게 독차지해 왔기 때문이다. 요컨대 중국 정부는 중앙 계획 시대의 명령과 통제 체제에서 사회 안전망을 비롯해 법치와 공정 경쟁, 환경 보호 같은 공공 재화와 용역을 제공하는 데 주력하는 체제로 접근법을 과감하게 재정립할 필요가 있다.

국유 산업의 해체나 민영화를 기대하던 사람들은 국유 기업을 경제의 중심 기둥으로 당연한 듯 지지한 3중전회를 보고 실망했을 것이다. 중국식 사회주의에 대한 헌신과 전략적인 부문에 대한 칼자루를 계속 쥐고 있으려는 중국 공산당의 욕망으로 미루어 볼 때 그들의 접근법은 전혀 놀랍지 않다. 중국의 국유 기업들, 특히 경제의 전망 좋은 고지에 이미 탄탄히 자리 잡은 기업들은 당분간 사라지지 않을 것이다. 정부가 해야 할 일은 국유 기업의 수를 줄이고, 다양한 역할을 축소하고, 그들을 경쟁에 노출시키고, 그들이 누리는 특혜를 없애는 것이다. 그러면 국유 기업들은 보다 영리적으로 경영될 테고 민간 부문이 번성할 여지도 생겨날 것이다. 국유 기업들이 세계 무대에서 더 많은 성과를 낼 수도 있을 것이다. 중국의 국유 기업들은 평평한 운동장에서 경쟁하는 진짜 상업적인 기업으로 인정받을 때 비로소 중국을 벗어나 외국 기업을 인수할 능력을 가진 기업으로 인식되고 시장을 주도하는 기업으로 발돋움할 수 있을 것이다.

3중전회는 개혁 과정에서 경제적 투입물의 가격 책정과 자원 배분에 시장이 좀 더 주도적인 역할을 할 거라는 점을 분명히 했다. 석유나 천연가스, 전기 등의 가격을 책정하는 부문에서 개혁이 진행된다면 경제는 더 효율적으로 기능할 것이다. 또한 그 결과로 국유 기업들이 오랫동안 누려 온 보조금 혜택도 줄어들 것이다. 이는 계획경제의 유산으로부터 중대한 방향 전환이 일어날 수 있음을 보여 준다. 이자율을 자유화하기로 한 약속도 마찬가지다. 이 조치로 일반 국민들의 저축 이자가 늘어나고, 국유 기업에 지원하는 실질적인 보조금이 줄어들고, 절대적으로 필요한 민간 부문의 신용 거래가 자유로워지면 중국인들의 가계에도 도움이 될 것이다. 중국 정부는 또 국유 기업들에게 더 많은 배당금을 받기로 했는데 2020년까지 매년 수익의 30퍼센트를 요구할 계획이다. 국유 기업들은 현재 예컨대 0퍼센트(중국저비량관리총공사와 중국저비면관리총공사의 경우)부터 25퍼센트(중국연초총공사의 경우)까지 다양한 비율로 국가에 배당금을 지급한다. 2014년에는 대다수의 국유 기업들이 최소 10퍼센트에 해당하는 배당금을 지급할 예정이다. 현실적으로는 많은 국유 기업이 배당금을 지급할 만큼 재정 상태가 좋진 않지만 원칙이 중요하다.

3중전회는 국가 소유가 바람직하지 않은 경제 분야를 규정하는 것이 중요하다고 강조했고, 이에 따라 정부는 국유 기업들이 독점 지위를 누리는 분야를 줄여 나가겠다고 발표했다. 작은 실천의 일환으로 중국은 전력 발전을 비롯해 상수도와 정유, 심지어 철도 같은 특정 산업에서 〈혼합 소유제〉를 지향해 나가기로 했다. 이 정책이 실현되기 위해서는 국유 기업 산하 개별 사업체의 상장 주식을 매각하거나 아니면 민간 사업체가 국유 기업의 지분을 더 많이 소유해야 한다. 그래야 국유 기업에 주주 감독권이 적용되고 주주들이 좀 더 영리 위주로 회사를 경영하도록 압박할 수 있을 것이다. 실제로 거대 석유 기업인 시노펙은 이미 자사의 주유소 자산 지분 중 30퍼센트를 개인 투자자에게 판매하고 있으며, 여러 성에서 지방정부가 소유한 국유 기업 지분을 매각하겠다는 발표도 잇따르고 있다.

개혁 청사진에 따르면 서비스 산업을 촉진하고 미래의 노동자들에게 일자리를 제공하기 위해 금융을 비롯한 교육과 보건, 회계, 물류, 항공, 전자 상거래 등의 분야에서 민간 기업들에게 더 광범위한 시장 접근권이 주어질 예정이다. 가장 헌신적인 개혁가들은 외국 기업도 경쟁에 동참할 수 있도록 허용하고자 하지만 이 문제와 관련해서는 거센 반대가 존재하고, 이는 미국이 중국과 양자 투자 협정을 서둘러야 하는 이유 중 하나다. 실제로 2014년 들어서 많은 외국 기업들이 〈새벽 급습〉을 통한 자료 요구나 과중한 벌금 부과와 같은 규제 당국의 열정적인 단속에 부쩍 시달린다고 불평하기 시작했다. 적극적인 표적 수사의 결과인지 아니면 중국이 거칠고 물리적인 방식으로 새로운 독점 금지법을 시행하는 데 따른 부작용인지는 불확실하다. 둘 중 어느 경우이든 서구 기업들로서는 경제 개혁이 진행 중인 중국에서 사업하기가 전보다 수월해지기는커녕 갑자기 더 힘들어졌다고 여길 수밖에 없다.

경쟁을 촉진하고 민간 부문의 활동을 자극하기 위해 중국 정부가 취할 수 있는 조치 중에는 중앙정부가 소유하고 통제하는 국유 기업들을 더 적은 분야에 더 적은 수의 〈전략〉 기업으로 한정함으로써 그 수를 줄이는 방법이 있다. 지방정부가 소유하고 통제하는 대략 10만 개에 달하는 국유 기업들 전부는 아니더라도 대다수를 민영화해야 한다. 가장 비효율적인 기업체들은 폐쇄해야 하며 그 밖의 기업체들은 구조조정을 단행하거나 합병 또는 매각해야 한다. 이 과정은 많은 대도시와 성에서 축적되어 온 산더미 같은 부채를 갚는 데 도움이 될 것이다.

전 세계의 다른 주요 국가들과 달리 중국은 국유 기업들이 우위를 점한 산업 분야에서 그들의 독점이나 과점을 막고 경쟁을 장려할 관리 기구가 부족하다. 중국에서 국유 기업을 관리한다는 것은 사실상 민간 부문이 경쟁에 참여하는 것을 제한할 목적으로 행정적이거나 법적인 장벽을 도입하는 것을 의미해 왔다. 독립적인 규제 기구 설립을 시작으로 이러한 상황은 변해야 한다. 국유 기업은 자신이 선수로 뛰는 경기의 심판이 될 수 없다.

국유 기업의 고위 간부를 채용하고 해고하고 승진시킬 권한을 당에서 국유 기업의 이사회로 옮기면 해당 기업들이 영리적으로 운영된다는 사실을 보증하는 데 도움이 될 것이다. 정부는 또 국유 기업들의 복잡한 소유권 지분을 더 잘 관리할 필요가 있다. 복수의 정부 기관이 동일한 국유 기업의 지분을 나누어 소유하거나 국유 기업이 다른 국유 기업의 지분을 소유한 경우가 비일비재하기 때문이다. 이상적으로 이 모든 지분은 하나의 개체가 소유해야 하며 현행처럼 장부 가격으로 기록하지 말고 시장 가격으로 기록해서 회계에 반영해야 한다. 주식에서 발생하는 실적은 투명하게 평가되고 보고되어야 한다. 국가는 이들 주식을 현금화해야 한다. 다만 국가에서 통제할 필요가 있는 국유 기업의 경우에는 지배권을 계속 유지한다. 더 많은 주식이 팔리고 배당금이 징수되면 해당 수익금을 사회 복지 기금으로 사용할 수 있을 것이다.

중국 정부는 바람직한 방향으로 조치를 취하고 있다. 2014년 7월 중순에 국유자산감독관리위원회는 국유 기업 여섯 곳이 세 개의 시범 프로그램에 참여하기로 했다고 발표했다. 자세한 사항은 알려지지 않았지만 첫 번째 시범 프로그램에서는 중앙정부가 소유한 중국건축재료집단공사와 중국의약집단총공사에 대해 혼합 소유제를 실시하는 것과 관련한 계획이 진행될 예정이다. 이들 두 기업은 또 다른 두 기업 신싱지화집단과 중국절능환보집단공사와 함께 두 번째 시범 프로그램에도 참여하기로 했다. 두 번째 시범 프로그램의 특징은 국유자산감독관리위원회가 아닌 기업 이사회가 고위 간부를 채용하고 업무 평가 기준을 정한다는 점이다. 세 번째 시범 프로그램에서는 두 개의 국유 기업이 투자 회사가 되어 다른 국유 기업들의 국가 소유 지분을 넘겨받게 될 것이다. 이는 국유자산감독관리위원회의 규제 기능과 주주로서의 역할을 분리하기 위함이다.

2014년 7월에 중국을 방문했을 때 나는 류허와 중난하이 건너편에 위치한 그의 사무실에서 긴 대화를 나누었다. 그가 말했다. 「현재는 개혁이 그다지 빠르게 진행되고 있지 않습니다. 그렇지만 속도는 걱정하지 않습니다. 내가 걱정하는 것은 개혁 조치의 신뢰성과 질입니다.」

개혁을 그리고 그 후속 상황을 바르게 이끄는 것은 중요하다. 일차로 세금과 회계 정책에 초점을 맞춘 시진핑 정부의 행보는 매우 타당하다. 그렇게 함으로써 대규모로 빚을 지는 관행을 중단하도록 지방정부를 압박할 수 있기 때문이다. 국유 기업들 역시 개혁에 더욱 박차를 가할 것이다. 정부의 자금 수요에 맞추어 수익을 내기 위해서는 영리적인 운영을 통해 실적을 개선하고, 배당금을 지급하고, 주식을 팔아야 할 것이기 때문이다. 정치적 압력은 개혁을 방해하기보다 오히려 견인할 것이다.

그럼에도 이 모든 것에는 시간이 필요하다. 류허는 내가 그 입장이라면 느꼈을 법한 초조감을 덜 느끼는 것 같았다. 내가 우려하는 바는 중국이 그들 경제에 존재하는 근본적인 결함을 뜯어고치는 데 시간이 걸리면 걸릴수록 경제의 경착륙 과정 없이 지속 가능한 경제 모델로 전환하기가 점점 더 어려워질 거라는 사실이다.

국유 기업을 개혁하는 일도 중요하지만 내수 위주의 경제 모델로 넘어가기 위해 중국이 취할 수 있는 가장 시급하고 중요한 조치는 여전히 낙후된 금융 부문을 현대화하는 것이다. 중국에 건전하고 다각적인 자본 시장이 부재하는 까닭에 자금을 조성해야 하는 기업들은 선택권이 제한되고 투자자들에게도 좋은 선택지가 거의 없다. 금융업과 자본 시장의 활동을 자유화하고 국내외 기업들 간에 활발한 경쟁을 부추기는 것이야말로 융자금이 가장 효율적으로 사용되고 신규 일자리 창출로 이어질 혁신을 가져오며, 경제 활동을 가속할 수 있는 방법이다. 아울러 정부의 사회 안전망 강화 노력을 증진하는 방법이기도 하며 그 결과 국민들은 부담 없이 더 많은 돈을 쓸 수 있게 될 것이다.

1990년대 주룽지의 자본 재구성과 구조조정 계획으로 금융업계는 처참한 붕괴를 모면했고, 훨씬 더 나은 품질의 대출과 좀 더 튼튼한 자본 기반을 보유한 건실한 기관들이 생겨났다. 오늘날 중국을 선도하는 4대 국유 은행은 재무 건전성을 나타내는 주요 척도인 기본 자본을 기준으로 세계 거대 은행 순위 10위 안에 들며 엄청난 수익을 거두고 있다. 2013년에 1위를 차지한 중국공상은행은 미국 은행 중 가장 수익률이 높다는 웰스 파고 앤드 컴퍼니가 올린 수입의 거의 두 배에 달하는 약 430억 달러의 수익을 거두었다.

그런데 아직 만족스러운 대안이 없는 탓에 이들 국유 은행들이 중국 경제에서 지나치게 중요한 역할을 맡고 있다. 불안정한 주식시장은 의지할 수 없는 자금원에 불과하고, 주식 거래는 기업의 경제 상태보다 정부의 정책 결정에 근거해서 이루어진다. 중국의 국내 채권 시장이 빠르게 성장하는 중이지만 아직은 규모가 작고 비효율적이다. 국가 기관이나 국유 기업이 대부분의 채권을 발행하고 국유 은행들이 이를 구매해서 보유하는 실정이다.

모두 합치면 중국의 상업은행들은 기업의 자금 수요 중 약 80퍼센트를 제공하는데 이는 미국과 비교할 때 두 배가 넘는 수준이다. 상업은행은 주로 지방정부와 국유 기업에 돈을 빌려준다. 정부가 2013년까지 대출 금리를 고정해 놓아서 민간 기업에 돈을 빌려주고 싶어도 그에 따른 리스크를 대출 금리에 반영할 수 없기 때문이었다. 결국 민간 부문에 대한 대출은 거의 이루어지지 않았고 따라서 중국의 중소기업들은 비공식적인 경로로 자금을 마련하기 위해 서로 경쟁할 수밖에 없었다. 대출 금리 제한은 2014년 말을 기준으로 여전히 존재하던 예금 금리 상한 제도와 맞물려 작용했다. 예금 금리 상한 제도 덕분에 은행들은 커다란 마진을 보장받으며 이익을 불릴 수 있었고, 성과가 부진한 국유 기업들이 보살핌을 받았다. 그로 인한 피해는 오롯이 민간 부문의 몫이었고 일반 예금주들에게 돌아갔다. 그들은 불안정한 주식 시장의 주식이나 과열된 부동산 시장의 비유동성 자산보다 수익률이 낮은, 심지어 물가 상승률조차 따라잡지 못하는 은행 계좌를 선택해야 했던 사람들이다. 요컨대 예금주는 은행에 보조금을 지급한 셈이고, 은행은 이 보조금을 국유 기업에 넘긴 셈이다. 정말 말도 안 되는 일이다.

다른 국유 기업과 마찬가지로 이들 거대 은행도 완전히 영리적으로 운영된다고 할 수 없다. 수시로 당과 정부의 기관 역할을 하는 까닭이다. 금융 위기의 여파와 싸우기 위해 거대 은행들은 대출을 확대했다. 그로부터 6년이 지난 2014년 3월 말에 이르자 이들 은행의 자산은 세 배가 늘어난 25조 9000억 달러가 되었다. 과잉 대출은 경제를 안정시키는 데 도움이 되기도 했지만 결과적으로 여러 산업 분야와 사회 기반 시설 프로젝트에서 심각한 과잉 생산을 초래했다. 게다가 이 과정에서 발생한 부채는 상환이 어려울뿐더러 혹시 가능하더라도 향후 수년 동안은 어려운 상태다.

대출 증가에 기름을 붓는 또 하나의 요인은 빠르게 확장되는 그림자 금융 시장이다. 그림자 금융 시장은 더 높은 수익을 갈망하고 예컨대 신탁 회사처럼 규제를 덜 받는 기관이 출시한 위험하고 복잡한 상품을 구매하고자 하는 투자자들의 요구에 부응해서 속속 등장했다. 비은행권 금융 기관인 신탁 회사들은 기업 대출과 프로젝트 자금 대출부터 상업 부동산 투자 및 기관과 고액 순자산 보유자들의 재산 관리까지 광범위한 분야의 사업을 진행한다. 아울러 중국은행업감독관리위원회의 감독을 받기는 하지만 예금을 받는 은행에 비해서 규제는 적게 받고 운영 자율성은 더 많이 누린다. 신탁 회사나 그 밖의 금융 기관들이 제공하는 이른바 재산 관리 상품들은 일반적으로 은행 예금에 적용되는 규제 금리보다 훨씬 더 높은 수익률을 보장한다. 이렇게 모아진 돈은 대개 특수한 목적을 지닌 금융 기관을 통해 재정난에 쪼들리는 지방정부부터 어려움에 처한 민간 부문의 기업들에 이르기까지 다양한 대상에게 대출된다. 중국처럼 불투명하고 복잡한 시장에서 때때로 신탁 회사들은 부외 거래 기관을 이용해서 규제를 피해 가고자 하는 대형 은행들과 연계한다. 설상가상으로 일부 국유 기업들은 국유 은행에 쉽게 접근할 수 있는 이점을 이용해서 자신들이 빌린 자금을 높은 이자로 민간 부문 기업들에 빌려주기도 한다.

수익을 향한 투자자들의 열망은 또한 새로운 부류의 혁신적인 경쟁자들을 끌어들였다. 여기에는 전자 상거래 거대 기업인 알리바바 그룹 홀딩스를 비롯해 사회관계망 서비스와 인터넷 기반 포털 서비스 강자인 텐센트, 중국에서 절대적 우위를 점하고 있는 검색 엔진 바이두 등도 포함되었다. 이들 회사는 온라인으로 고수익 단기 금융 투자 신탁 상품을 제공하면서 하나같이 많은 가입자를 모집하기 시작했다. 알리바바가 별도의 회사로 분리한 제3자 온라인 결제 서비스 업체인 알리페이는 2013년 6월에 이 시장에 진입해서 이듬해 5월까지 930억 달러의 자금을 모은 것으로 알려졌다. 알리바바의 회장이자 창립자인 마윈(馬雲)은 2014년 4월에 내게 8000만 명이 넘는 투자자들이 계좌에 돈을 입금했으며 주로 300~400달러였다고 말했다. 알리페이는 이 돈을 150만 달러나 그 이상의 단위 금액으로 묶어 은행들을 대상으로 경매에 부치기로 했다. 이에 따라 은행들은 이자를 더 높게 주든지 아니면 예금을 놓칠 수밖에 없게 되었다.

「규제 기관들은 몇 년째 은행 개혁을 이야기해 왔지만 그동안 아무 일도 일어나지 않았습니다. 이제는 민간 부문의 경쟁을 통해 은행 개혁이 실제로 일어나게 만들 것입니다.」 은행을 손쉬운 먹잇감으로 여기는 마윈이 말했다. 「은행들은 사업 수익의 80퍼센트를 가져가고 고객에게는 20퍼센트만 나누어 주면서 쉽게 돈을 벌어 온 탓에 비대해지고 게을러졌습니다.」

반란자들의 대담한 시장 진입은 말 그대로 거대 은행들과 치열한 경쟁 구도를 형성하고 정부에 이자율을 자유화하도록 압박한 중요한 변화다. 이 같은 국면은 1970년대 말 미국 금융계를 휩쓸었던 변혁의 물결을 떠올리게 한다. 당시를 기점으로 단기 금융 투자 신탁 회사를 비롯한 미국의 금융 회사들은 은행이나 저축 기관에서 제공하는 고정 이자 상품보다 더 높은 이자를 제공하는 대안 상품을 판매하기 시작했다. 에너지 가격이 치솟고 인플레이션이 은행의 수신 금리를 앞지르면서 거시적인 경제 변화에 대응해서 나타난 이러한 변화는 은행에 대한 규제 완화를 가속하는 데 도움이 되기도 했지만 은행 예금의 대량 인출 사태를 초래하면서 금융업계의 판도를 대대적으로 바꾸어 놓기도 했다. 중국의 예금 시장 붕괴도 불을 보듯 뻔한 상황이기는 하지만 이 문제는 제도적인 위험을 최소화하기 위해서라도 투명성과 적절한 관리 감독을 통해 조심스럽게 다루어질 필요가 있다. 규제 기관들은 그런 과정이 너무 빨리 진행됨으로써 은행이 불안정해지지 않도록 확실히 해야 하고, 투자자들은 새로운 단기 금융 투자 신탁이 손실 위험이 더 큰 투자 상품이라는 점을 반드시 인지해야 한다.

경제 성장의 둔화와 부채 수준의 급격한 상승이 썩 유쾌한 조합은 아니라는 점에서 중국의 마구잡이식 대출은 분명히 문제가 될 것으로 보인다. 실제로 2013년 6월과 12월에 은행 간 대출 금리가 치솟자 경고등이 켜지면서 자금난이 시작되고 있다는 공포심을 자아냈다. 2014년 1월에는 중국공상은행에서 유통한 한 고수익 신탁 상품이 약 4억 6900만 달러 규모의 채권을 가까스로 상환했다. 뒤이어 3월에는 상하이에 본사를 둔 태양광 전지 제조사가 중국 회사 중 처음으로 국내 발행 어음을 지불하지 못하는 사태가 발생했다. 중국 경제의 총부채는 2008년 말 기준 국내총생산의 130퍼센트에서 2014년 6월 말 기준 206퍼센트로 증가했다. 개발도상국에게는 위험할 정도로 높은 수치다(2014년 2분기에 미국의 국내총생산 대비 부채 비율은 약 102퍼센트였다). 중국의 부채가 국내총생산보다 훨씬 빠르게 증가하고 있다는 점도 마찬가지로 우려를 자아내는데 이 부분 역시 분명히 문제가 될 것이다.

이 같은 전개는 당연히 국제 금융 당국의 우려를 불러왔다. 국제통화기금은 2014년 4월에 중국의 대출 증가가 세계 경제를 위협하고 있다고 지적하면서 더 이상 늘어나지 않도록 대출을 억제해야 한다고 주장했다. 두 달 뒤에 『월 스트리트 저널』이 주최한 포럼에서 세계은행 수석 이코노미스트 카우시크 바수는 중국이 〈비대해진 금융〉 때문에 미국이 2008년에 겪은 것과 유사한 금융 〈조정〉에 직면할 수 있다고 경고했다.

솔직히 말해서 중국의 금융 시스템, 특히 신탁 회사들이 결산 시점에 이르러 대손금[*]과 채무 재조정[**]과 씨름해야 할 거라는 사실은 만일의 문제가 아니라 시기의 문제일 뿐이다. 덩달아 상업은행들도 더 높은 수준의 악성 부채를 해결해야 할 것이다. 이는 차입으로 조달된 자금을 사회 기반 시설이나 부동산, 제조업 등에만 지나칠 정도로 투자함으로써 경제 성장을 이끌어 온 데 따른 당연한 결과다. 문제는 손실 규모가 과연 얼마나 클 것인지 그리고 금융 시장에 들이닥칠 혼란이 경제 전반으로 확대되지 않도록 막을 수 있을지 아무도 장담할 수 없다는 것이다.

* 특정한 사유로 채권 중에서 회수 불능이 된 금액.

** 채무 이행 곤란에 빠진 채무자에게 상환 기간 연장이나 금리 감면 등 조건을 완화해 주는 것.

금융 위기란 그 시기나 정도, 심지어 직접적인 원인조차 확실하게 예견하기가 불가능하다. 어떤 경제 시스템에서든지 대출 거품은 부풀어 올라 결국 터지기 마련이다. 미국에서는 이런 현상이 8년에서 10년 주기로 일어난다. 중국의 부동산이 큰 폭으로 광범위하게 하락한다면 위기를 촉발할 가능성이 있다. 수년 동안 뜨겁게 달아오른 부동산이 빠르게 늘어난 다량의 부채에 담보로 잡혀 있는 형국이다.

쉬운 답은 없다. 대규모 손실에 직면할 경우 중앙정부가 개입해서 은행을 보호하고 지방정부의 채무를 보증해야 한다. 내키지 않아도 해야 할 일이다. 기초 경제의 구조적인 결함을 개선하고 과도하게 비대해진 금융업계가 실물 경제를 위협하는 상황을 피하는 것이 무엇보다 중요하다. 중국 정부의 경제 개혁 계획도 바로 이 부분을 목표로 하고 있지만 정부와 국유 기업과 은행 사이에 굳어진 기형적인 관계를 재조정하려면 시간이 걸릴 것이다. 마찬가지로 사회 기반 시설 건설을 위한 자금 조달 문제와 관련해서 각 성장이나 시장에게 토지 매각이나 불투명한 부외 거래에 의존하도록 만드는 지방의 잘못된 재정 시스템도 하룻밤 사이에 개선될 수는 없을 것이다. 시진핑 정부가 러우지웨이 재무부장의 강력한 지휘 아래 전국적인 세제 개혁을 시작으로 광범위한 해결책을 마련하고는 있지만 관련 정책이 시행되기까지는 수년이 걸릴 것이다.

반가운 소식은 중국이 단기적인 문제를 해결할 정도의 재정 능력은 갖추었다는 사실이다 — 예상대로 대손금이 1990년대 말 외환 위기 때 손실금 수준을 크게 상회하더라도 그다지 달라질 것은 없다. 정부가 은행들의 자본 구성을 재편해야 했던 당시에 비하면 오늘날의 중국 경제는 훨씬 규모가 커졌고 다각화되었다. 중국 자체는 4조 달러에 가까운 외환 보유고를 지닌 부자 나라가 되었고,

은행들은 훨씬 많은 수익을 올리게 되었으며 더 나은 자본 구조를 갖게 되었다. 게다가 중국이 파산 위기의 금융 기관을 구제할 수 있는 법적 권한뿐 아니라 정치적 의지도 가지고 있다는 사실에 이제는 아무도 의문을 제기하지 않는다. 중국 지도부는 당면한 위험을 인지하고 있으며, 중앙은행 총재 저우샤오촨이 이끄는 최상급 재무 팀은 유능하고 노련하다. 그들은 1990년대에 외환 위기를 겪어 본 경험이 있기 때문에 최고위 정치 지도자들로부터 재량권을 부여받는다면 미래에 어떠한 파동이 닥치든 능숙하게 처리할 수 있을 것이다.

그럼에도 내가 그동안의 금융계 경력을 통해 깨달은 바가 있다면 아무리 좋은 규제와 감독 기관이라도 금융계에서 발생할 수 있는 문제들을 예방하기 위해서는 공조가 필요하다는 사실이다. 시장에는 원칙이 필요하고, 이 원칙은 고객과 채권자, 계약 당사자와 주주, 경영진 등 모든 이해 당사자가 함께 감시하는 가운데 혹시라도 금융 기관이 파산할 경우 그로 인한 경제적 여파가 모든 이해 당사자에게 악영향을 끼칠 거라는 믿음에서 생겨난다. 중국의 은행 시스템이 가진 가장 큰 문제 중 하나는 으레 정부가 개입해서 파산한 기관을 지원하고 손실을 책임질 거라는 기대감에서 오는 도덕적 해이다.

중국처럼 정책 결정이 분산된 나라에서는 신속하고 일관성 있는 결정을 통해 명확한 지휘 계통을 확립해서 시장의 신뢰성을 강화하는 것이 특히 중요하다. 정부의 긴급 구제에 의지하려는 시장 참여자들의 잘못된 관행을 근절하기 위해 정부는 조직적인 측면에서 어떤 기관이 중요하고 지원받을 필요가 있는지, 그리고 어떤 채무자와 투자자가 손실을 분담해야 하는지 명확하고 단호한 결정을 내릴 필요가 있다. 조직적인 측면에서 볼 때 중요하지 않은 금융 기관도 부지기수다. 정부는 절대로 이런 기관들을 지원하지 말아야 한다. 파산하도록 그냥 내버려 두어야 한다.

현재의 혼란은 금융 개혁에 약간의 동력을 제공했다. 시진핑이 집권한 이래로 많은 조치가 발표되었다. 문제는 중국에서 으레 그러하듯이 이런 조치들이 얼마나 효과적으로 실행될 것인가라는 점이다. 2013년 7월부터 중국 정부는 은행들에 자율적으로 대출 금리를 정할 수 있도록 허용하기 시작했다. 이듬해인 2014년에 저우샤오촨은 예금 금리 개혁이 향후 2년 안에 단행될 것으로 보인다고 말했다. 중국 정부는 규제가 완화된 새로운 환경에서 예금주를 보호하기 위해 역사상 처음으로 예금 보험 제도를 준비하고 있다. 2014년 11월에 관련 규정의 초안이 공개되었다. 중국 정부는 또 민영 은행을 설립하도록 부추기고 있다. 그 일환으로 2014년 초에만 다섯 건의 민영 은행 설립을 승인했다.

중국은 은행에 대한 의존도를 줄이고 자본 시장을 강화하기 위한 조치도 마련하는 중이다. 주식 시장에는 더 양질의 발행자와 더 대규모의 기업공개가 필요하다. 전임 중국은행장 샤오강이 2013년부터 이끌어 온 중국증권감독관리위원회는 기업 상장에 관련된 규정을 미국과 같은 등록제로 바꿈으로써 그와 같은 방향으로 나아갈 계획이다. 그리고 등록제는 정부가 아닌 시장이 자본을 배분한다는 사실을 보장해 줄 것이다. 2014년 말 국무원에 초안이 제출된 이 새로운 접근법에 따르면 기업공개 신청서를 제출한 기업들은 규제 기관에 의해 모든 재정과 기업공개의 필요조건이 충족되는지 심사를 받게 될 것이다. 현재는 중국증권감독관리위원회가 직접 심사를 진행하여 기업들의 상장 여부를 결정한다. 이 같은 변화로 기업공개 과정은 빨라지고, 자본은 더 효율적으로 배분되며, 국유 기업에 대한 편견은 사라지고, 기업들이 이용할 수 있는 자금원은 더 많아질 것이다. 2014년 11월 말 기준 600개에 가까운 기업들이 다양한 진행 단계에서 승인을 기다리고 있었다. 중국 정부는 기업들에게 우선주 판매를 허용할 준비도 진행 중이었다.

기업 채권 시장은 다른 크고 건전한 경제 국가들에서 으레 그러하듯이 훨씬 탄탄하고 유동적이어야 한다. 이는 중국이 은행 금리를 자율화하고 나름의 수익률 곡선을 개발할 경우에만 가능한 일이다. 그러려면 국채를 30년 만기로 연장할 필요가 있다. 여기에 더해 더 강력한 신용 평가 기관도 필요하고, 채권을 구매할 양질의 기관 투자가도 필요하다. 탄탄한 기반을 바탕으로 한 유동적인 기업 채권 시장은 은행들에 집중된 대출 위험을 줄이는 동시에 기업과 투자자들에게 더 폭넓은 자금 조달과 투자 기회를 제공할 것이다.

중국이 인민폐를 준비 통화*로 만들기 위해서는 완전한 태환 통화 체제로 전환하겠다는 약속을 지켜야 할 것이며, 자본 계정을 공개해서 국유 기업이든 민간 기업이든 중국 기업들이 국가 간의 자유로운 자금 흐름에 따른 혜택을 누릴 수 있도록 해야 할 것이다. 중국이 그동안 하루에 옮길 수 있는 통화량을 단계적으로 확대하고 인민폐의 국제 유통을 촉진하는 각종 프로그램을 실험해 온 것도 모두 같은 이유에서였다.

건실하고 영리적으로 운영되는 은행과 경쟁력 있는 자본 시장은 공개된 자본 계정과 시장에서 결정되는 통화와 밀접한 관계를 갖는다. 다른 국유 기업과 마찬가지로 중국의 거대 은행들은 진정으로 책임 있는 기업 이사회가 없고 너무나 많은 결정이 정부 정책에 이끌려서 혹은 은행의 최고 경영자를 임명하는 강력한 당 지도자들로부터 압력을 받아서 이루어진다. 중국 정부는 은행을 국가 통제와 비영리적 지령에서 풀어 줄 필요가 있다. 정부가 고삐를

* 대외 지급에 대비해 각국이 금과 더불어 보유하고 있는 기축 통화.

늦추지 않으면 은행들은 국내나 국외에서 효과적으로 경쟁할 수 없을 것이다. 정부의 요구에 따르도록 압박을 받는 한 은행들은 더 많은 악성 대출을 양산하고 부패 관행도 더욱 늘어날 것이다.

중국 정부는 2003년에 국유 은행에 투자할 목적으로 중앙후이진투자공사를 설립했다. 중앙후이진투자공사는 이후 중앙은행의 엄격한 관리에서 벗어나 재무부 산하로 옮겨 갔고 정부가 소유한 작고 조직적인 차원에서 덜 중요한 은행들과 증권 회사들, 생명 보험 회사들을 비롯한 다수의 금융 기관들을 관리했다. 그리고 이들 금융 기관은 그동안 실적 부진을 감추고 범법 행위를 은폐하는 등 불투명한 방식으로 유지되어 왔다. 재무 성과와 거버넌스는 투명해야 하고 조직적인 차원에서 중요한 은행들은 더 엄격하고 철저한 감시와 감독을 받아야 한다. 중앙후이진투자공사는 또 은행들에 자력으로 새로운 주식을 발행하게 하는 대신에 그들의 부채를 떠안고 이를 이용하여 그들의 자본 구성을 재편하기도 한다. 이런 방식은 가뜩이나 부패가 만연한 조직에 사실상 두 배로 차입금을 투입하는 무모한 행위다.

세계적인 수준의 금융 시스템을 갖추고 싶다면 중국은 더 다각화된 소유권을 허용해야 한다. 민영 은행을 둘러싼 실험이 바로 그 시작이다. 중국 정부는 또한 외국 금융 기관들이 국내 기관들과 같은 기반에서 경쟁할 수 있도록 허용해야 한다. 세계의 선도적인 상업은행들, 증권거래소, 자산 관리 회사들이 중국 내에서 자유롭게 영업하면서 혁신적인 투자 상품을 창출하고 중국 국민들에게 부를 축적할 기회를 열어 줄 수 있도록 마땅히 허용해야 한다.

2014년 초에 중국은 전체 외국인이 소유할 수 있는 중국 주식의 총량을 거의 두 배인 1500억 달러어치로 늘렸으며, 외국인 투자자가 어떤 기업에서든 소유할 수 있는 주식의 총량을 20퍼센트에서

30퍼센트로 확대했다(외국인 투자자가 개인 자격으로 중국 내 상장 기업의 주식을 소유할 수 있는 최대 한도는 여전히 10퍼센트다). 2012년에는 합작 투자 증권 회사에서 외국인 동업자들이 소유할 수 있는 최대 지분을 33퍼센트에서 49퍼센트로 늘리기도 했다. 그럼에도 이런 변화는 작은 걸음에 불과하다. 중국이 자국 시장에서 운영되는 세계적인 수준의 회사들로부터 이익을 얻기를 바란다면 합작 투자 회사에 적용되는 소유권 제한을 완전히 없애야 할 것이다.

2013년 9월, 중국은 나머지 중국 경제와 분리된 상하이 자유 무역구를 출범해서 금융을 자유화하고 의료와 접객업 같은 다른 서비스 부문의 활동을 자유화하는 실험을 시작했다. 상하이 자유 무역구에서는 외국인 투자자들이 원칙적으로 중국 증시에 투자하는 데 더 적은 규제를 받을 터였고, 중국 기업들은 해외에 투자하거나 해외에서 돈을 빌릴 때 더 많은 선택권을 갖게 될 예정이었다. 아직 초기 단계이지만 중국이 자유 무역구 안에서 이루어지는 외국인 투자에 네거티브 리스트 방식을 채택하기로 했다는 사실은 무척 고무적이다. 문제는 자유 무역구에 적용되는 정책들이 중국 경제 전반에 적용되는 정책과 어떻게 연결될 것인가 하는 점이다. 만약 중국 지도자들이 결심을 끝까지 밀고 나간다면 상하이 자유 무역구 시범 사업은 성공할 것이고 다른 지역으로 확대될 것이다. 전임 부총리 쩡페이옌이 2013년 10월에 시카고를 방문했을 당시에 내게 말했다. 「자유 무역구 자체보다는 개혁의 신호탄이라는 데 의의가 있습니다.」

거의 40년 전 덩샤오핑의 시장 지향적인 개혁이 빈사 상태의 중국 경제에 생명을 불어넣기 시작했을 즈음에 민간 부문은 사실상 이미 뿌리가 뽑힌 상태나 마찬가지였다. 하지만 오늘날에는 10조

달러에 육박하는 중국의 국내총생산 중 거의 60퍼센트를 차지하는 것으로 평가된다. 민간 부문만으로도 세계 경제 규모 순위에서 미국의 뒤를 이어 2위를 차지하기에 충분하다.

숫자 자체보다 더욱 놀라운 점은 국가가 통제하는 경제하에서 오랫동안 가해진 제약들로 인해 중국의 신생 기업가들에게 활동 분야가 제한되고, 신용이나 자본에 대한 접근권이 제한되고, 불리한 경쟁 환경이 주어졌음에도 이 같은 결과가 나왔다는 사실이다. 이들 진취적인 기업가들은 고된 노력과 창의력, 기회주의를 통해 말 그대로 처음부터 다시 새로운 나라를 건설하는 데 일조했으며, 그들 자신의 막대한 부와 노동자들을 위한 일자리와 국가의 부를 창출했다. 본질적으로는 그들이 바로 개혁의 궁극적인 원동력이다.

중국은 이제 미국을 제외하고 가장 많은 억만장자를 보유한 나라다. 2014년에 『포브스』가 집계한 명단에 따르면 총 152명에 달하며 그 이전 해인 2013년에는 122명이었고 2012년에는 95명이었다. 부동산 개발업자부터 첨단 기술의 선구자까지 직업군도 다양하다. 1978년까지 재산 상속이 불가능했던 중국에서 그들은 당연하지만 거의 모두가 자수성가한 사람들이고 미국의 도금 시대인 19세기 말 허레이쇼 앨저*가 격찬해 마지않았던 행운과 용기의 본질을 구현한 사람들이다. 당시의 미국과 달리 중국은 이제 새롭게 창출된 부를 더 효율적으로 공유할 수 있을 것이다. 만약 중국의 기업가들이 수많은 장애물과 씨름하지 않아도 되었더라면 지금의 중국이 어떤 모습일지 상상해 보라.

운 좋게도 나는 이 비범한 사람들 가운데 다수를 만날 수 있었

* Horatio Alger. 미국의 아동 문학가로 가난한 소년이 근면, 절약, 정직의 미덕으로 자수성가하는 성공담식 소설을 주로 발표했다.

다. 어떤 이들에게는 자문을 제공했고 어떤 이들과는 특히 환경 보존에 관련된 일을 함께하기도 했다. 골드만 삭스에서 함께 일했던 사람들이 억만장자로 변신한 모습을 보며 기뻐하기도 했다. 실제로 골드만 삭스 시절에 나의 첫 중국 방문을 기획한 사람은 베이징에서 태어나 가난한 어린 시절을 보낸 뒤 홍콩의 열악한 환경에서 저임금을 받으며 일하다가 영국으로 건너가 케임브리지 대학교에서 개발 경제학 석사 학위를 취득한 매우 뛰어난 젊은이였다. 오늘날 중국에는 장신(張欣)과 그녀의 남편인 판스이(潘石屹)와 그들의 회사인 소호 차이나를 모르는 사람이 없다. 소호 차이나는 중국에서 가장 규모가 크고 야심 찬 부동산 개발업체들과 어깨를 나란히 하고 있다.

장신이 내게 말했다. 「우리의 차별화된 장점은 부동산 업계에 모범적인 경영 방식을 도입하고 자본 시장과 세계 최고의 건축가들을 이용하는 능력입니다.」 그녀는 중국 밖에서 점점 더 유명해지고 있다. 최근에는 남편과 함께 뉴욕에서 다른 개인 투자자와 공동으로 뉴욕의 랜드마크이기도 한 GM 빌딩의 지분 40퍼센트를 개인 투자자 자격으로 인수했다.

기업가 정신은 세계 어디에서나 똑같다. 기회를 알아보고, 해법을 설계하고, 설계한 해법을 시장화할 방법을 찾는 것이다. 물론 위험과 장애물이 많기 때문에 실제로 움직이는 것은 말보다 훨씬 어렵다. 장신과 판스이는 도시화 속도가 빨라지고 도시 주민들도 점차 부유해짐에 따라 더 나은 주거와 사무 환경에 대한 수요가 늘 것이라고 판단했다. 그리고 이 같은 수요를 충족시키기 위해 위험을 감수했다.

알리바바의 창립자 마윈이 얼마 전 내게 말했다. 「문제가 있는 곳을 보십시오. 바로 그곳에 혁신의 기회가 있습니다.」

한때 영어 강사였던 마윈은 의외로 인터넷 분야에서 중국의 가장 유명한 선구자가 되었다. 1990년대 말 중국에 공급 및 유통 인프라가 부족하다는 사실에 주목한 그는 1999년에 중국 경제가 부상하기 시작하자 국내 제조업체와 외국 구매자를 온라인으로 연결하는 B2B 네트워크 사업을 시작했다. 알리바바는 계속해서 국내의 구매자와 판매자를 연결하기 시작했고 소비자 간 전자 상거래 시장인 타오바오를 출범해서 엄청난 성공을 거두었다. 마윈은 여기서 만족하지 않고 연이어 중국에서 가장 큰 규모의 온라인 결제 서비스를 시작해 온라인 금융 시장에 파란을 일으켰다. 알리바바는 2014년 9월에 기업공개를 통해 250억 달러의 자금을 조성함으로써 중국농업은행이 2010년에 세운 최고 기록 221억 달러를 갈아치우고 전 세계를 통틀어 역대 최대치를 경신했다. 두 달 뒤 알리바바는 시가총액 2800억 달러를 자랑하며 인터넷 기업 중 구글의 뒤를 이어 2위를 차지했다. 이는 미국의 거대 상거래 기업인 아마존과 이베이를 합친 것보다 많은 액수였다.

알리바바의 사업적인 움직임은 전혀 독특하지 않았다. 타오바오보다 이베이가, 알리페이보다 페이팔이 먼저 세상에 나왔고, 서구에서는 온라인 금융이 일상화된 지 몇 년이나 지난 터였다. 하지만 마윈은 중국 시장에 맞추어 각각의 사업에 핵심적인 변화를 보탰다. 이를테면 대다수 중국인들이 신용카드가 없다는 점을 고려해서 영리하게도 신뢰할 수 있는 온라인 결제 시스템을 고안했다. 중국에서 필요는 개조의 어머니였다.

마윈의 사례는 중국의 놀라운 성공 신화 중 하나에 불과하다. 그가 기업공개를 준비할 당시 알리바바는 선전 출신의 마화텅(馬化騰)이 1998년에 공동 설립한 또 다른 주목할 만한 기업 텐센트와 여러 분야에서 경쟁하고 있었다. 마화텅이 이스라엘의 기술을 응용해서 만든 인스턴트 메신저 서비스인 QQ는 1990년대 후반에 중국을 휩쓸면서 온라인 게임과 전자 상거래, 위챗을 아우르는 소셜 미디어 제국의 토대를 다졌다. 위챗은 중국에서 거의 4억 7000만 명이 이용하는 것으로 알려진 매우 인기 있는 스마트폰용 멀티미디어 통신 서비스다. 2014년 11월 기준으로 텐센트는 약 1500억 달러의 시가총액을 기록하면서 구글과 알리바바, 페이스북, 아마존의 뒤를 이어 세계에서 다섯 번째로 큰 인터넷 기업으로 발돋움했다. 바이두나 이베이에 비하면 대략 두 배에 달하는 규모였다. 텐센트는 쉬지 않고 모바일과 온라인 플랫폼을 확장해서 은행업과 전자 상거래 서비스까지 제공하기에 이르렀다. 이번에는 알리바바가 후발 주자로서 소셜 미디어 사업에 진출해서 위챗과 경쟁했다.

텐센트는 꾸준히 해외에서 존재감을 키워 나갔고 실리콘밸리의 혁신 정신을 더 가까이 접하기 위해 그곳에 전진 기지를 세웠다. 위챗은 중국이 아닌 다른 나라에서 등록한 이용자 수만 추가로 1억 명에 이를 것으로 추산된다. 2011년 12월 홍콩에서 나와 다양한 주제로 이야기를 나누던 중에 마화텅이 말했다. 「우리는 중국을 벗어나 전 세계로 나아가기를 원합니다. 인터넷이란 본질적으로 전 지구적인 사업이라고 생각하기 때문입니다.」 텐센트는 2004년에 홍콩에서 상장했고 얼마 뒤 마틴 라우를 최고 전략 투자 책임자로 영입했다. 텐센트의 기업공개를 성공적으로 이끈 골드만 삭스의 투자 은행가 중 한 명이었던 그는 2006년에 텐센트 사장이 되었다.

중국의 민간 기업들은 국유 기업들보다 해외에서 더 환영받는다. 일례로 세계에서 가장 큰 개인용 컴퓨터 판매 회사인 레노버를 들 수 있다. 회사를 설립한 류촨즈 회장이 국가 기관인 중국과학원에서 초기 자본을 받았지만 레노버는 처음부터 의도적으로 독립 기업으로 운영되었고 재무와 경영 일반, 인력 채용과 해고 등과 관련해서 모든 것을 스스로 결정한다. 2005년에 IBM의 개인용 컴퓨터 사업을 인수한 레노버는 오늘날 베이징과 노스캐롤라이나 두 곳에 각각 본사를 두고 있다. 2014년에 IBM의 서버 사업을 인수하고 같은 해에 모토로라 모빌리티까지 인수하면서 안드로이드 운영 체제로 작동하는 예컨대 스마트폰 같은 모바일 기기 분야로 진출했다.

원래는 레전드라는 이름으로 설립된 레노버가 사업상 처음으로 결정적인 기회를 잡은 것은 개인용 컴퓨터에서 한자를 사용할 수 있는 회로 기판을 개발하면서였다. 이 신생 기업의 창의성은 제품을 개발하는 데만 국한되지 않았다. 1980년대 후반에 인플레이션이 심해지자 근로자들이 단백질을 충분히 섭취할 수 있도록 돼지 농장에도 투자했다. 창의성은 단지 고객을 불러 모으고 수입을 늘릴 뿐 아니라 예컨대 규정이 오락가락하거나 불명확하고, 정부의 간섭이 불가피하고, 때때로 국가가 최대 경쟁자가 되기도 하는 빠르게 변모하는 경제 환경에서 살아남기 위해 꼭 필요한 덕목이었다.

당연하지만 이런 기업가 중 상당수는 기존의 틀에 얽매이지 않는 개성을 마치 과시라도 하듯이 매우 독특하고 색다른 행보를 선보인다. 일례로 한때는 당의 선전부원이었다가 부동산 개발업자로 변신한 뒤에 아이슬란드의 광대한 부지와 노르웨이의 스피츠베르겐섬 입찰에 참여하면서 유명해진 황누보(黃怒波)의 사무실은 동물원을 방불케 한다. 베이징 중심부에서 북서쪽 시즈먼 구역에 위치한 그의 사무실로 들어가는 복도에는 등산화 20여 켤레가 이 열정적인 산악인의 밧줄과 도끼를 비롯한 그 밖의 장비들과 나란히 전시되어 있다. 사무실에 들어가면 마코앵무새 두 마리와 황앵무새 한 마리에게 호두를 주는 황누보와 우리 안에서 밧줄을 타고 날렵하게 돌아다니는 거미원숭이 두 마리, 주위를 살금살금 돌아다니는 회색 고양이 여섯 마리가 보인다. 작은 상어들이 헤엄치는 수조도 보인다. 한번은 황누보가 나에게 말했다. 「기업가는 상어와 같은 정신을 가져야 합니다.」

창사에 위치한 브로드 그룹의 사옥은 설계 단계에서부터 장웨(張躍)의 폭넓은 영향력과 환경에 대한 열정이 반영되었다. 직원들이 소비하는 먹을거리의 최대 절반 정도까지 제공하는 드넓은 유기농 정원이 있을 뿐 아니라 공자와 시인 이백부터 코코 샤넬과 잭 웰치에 이르기까지 영감을 주는 인물들의 동상 수십 개가 구내 여기저기에 산재한다. 환경주의자인 레이철 카슨과 사과가 머리 위로 떨어지기 직전의 아이작 뉴턴, 손가락으로 승리의 상징인 브이를 그리는 윈스턴 처칠의 모습도 보인다. 베르사유 궁전을 본뜬 건물과 이집트 피라미드 모양의 건물도 있다.

장웨와 그의 남동생은 1988년에 브로드 에어를 설립하고 비전기적인 흡수식 냉각기에 기반한 중앙 집중식 공조 설비를 산업용과 상업용으로 생산하기 시작했다. 그들은 기존 기술을 응용해서 냉각기의 내부 구리관 배열과 관련된 특허를 냈고 에너지 절감 효과가 있는 장비들을 중국과 전 세계에 판매했다. 가스와 폐기물 에너지로 작동되는 냉방 장치는 전기 공급이 불안정한 개발도상국에서 특히 인기를 끌었으며, 선진국의 기업들도 우수한 기술력과 에너지 효율성에 매력을 느꼈다. 아울러 판매되는 모든 비전기적 냉방 장치는 25년 동안 무상으로 실시간 모니터링이 제공되었다. 2012년 봄에 이 회사를 방문했을 때 나는 기술자들이 브로드 에어의 초현대식 통제실에서 스페인의 마드리드 바라하스 공항과 미국 캘리포니아주 샌디에이고의 퀄컴 본사, 조지아주의 미국 육군 기지 같은 다양한 장소에 설치된 자사 장비들의 성능을 모니터링하는 광경을 볼 수 있었다.

장웨는 그들의 고객 중 80퍼센트가 단골이라고 말한다. 「당신이 장기적인 이득을 제공한다면 고객은 당신을 선택할 것입니다.」

미술을 전공하고 인테리어 디자이너로 경력을 시작한 장웨는 탄소 배출을 줄이기 위해 개인 전용기도 포기한 열정적인 환경주의자로서 책임감 있는 환경주의자들이 지켜야 할 스물두 가지 규칙을 정리한 「지구 시민의 삶을 대하는 자세」라는 소책자를 배포하기도 했다. 최근에는 새로운 사업에 뛰어들었다. 이제 브로드에어는 공기 질을 측정하는 장비뿐 아니라 중난하이의 지도부 복합 단지에서 200개 이상 사용되고 있는 것으로 알려진 공기 청정기까지 판매한다. 더 최근에 장웨는 에너지 효율을 높인 환경 친화적인 조립식 건축물을 지을 목적으로 자회사를 설립했다.

이런 기업들이야말로 중국의 미래다. 국가적으로 명백한 목표인 많은 일자리를 창출하는 동시에 전 세계로 발을 넓히고 있기 때문이다. 이들 기업 덕분에 중국에서 혁신을 요구하는 목소리도 높아지고 있다. 혁신은 글로벌 리더로 부상하고자 하는 중국이 방대한 잠재력을 보유한 영역이기도 하다. 중국에는 공학과 과학을 전공한 대학 졸업생만 200만 명에 달하며 상위권 졸업생들은 매우 영리하다. 이들에 더해서 해외 유수의 대학과 대학원을 다닌 수만 명의 젊은이들이 있다. 중국은 특히 가전제품과 개인용 컴퓨터, 건설 장비, 채굴, 청정 기술, 철강, 통신 장비 같은 다양한 산업 분야에서 최근 기술적인 능력을 향상시켰다. 이러한 추세는 정부가 거액의 연구 개발비를 지출하고, 능력 있는 고학력 전문가들의 노동력이 대거 유입되고, 중국 기업가들이 창의력을 발휘하면서 한동안 계속될 전망이다. 푸둥 간부학원 연설에서 앤드루 리버리스는 전 세계 다우 케미칼 조직 중 80개가 넘는 연구실에 500명의 과학자와 공학자가 일하는 상하이에서 가장 많은 특허를 내고 있다고 밝혔다.

그럼에도 중국 전반적으로는 잠재력이 부족하다. 가공 수출은 여전히 저가 조립 제품에 편중되어 있으며 중국 자체는 혁신가보다 교활한 모방가로 더 악명 높다. 허술한 지적 재산권 보호와 난무하는 불법 복제, 여전히 암기식 학습에 치우친 교육 제도는 하나같이 중국의 발전을 방해해 왔다. 과도한 경제 규제와 국가의 지나친 개입은 지대 추구*와 부패를 부추겼고, 혁신과 기업가 정신을 촉진하는 데 긍정적인 역할을 할 수 있는 활기찬 벤처 자본과 사모펀드의 발전을 제한했다.

시진핑과 동료 지도자들은 경제와 제도 개혁을 둘러싼 야심 찬 계획을 통해 이러한 상황을 바꾸기 위한 작업에 착수했다. 리커창 총리가 2013년 11월에 내게 말했다. 「35년 전만 하더라도 중국 농부들은 대다수가 문맹이었습니다. 그들을 가로막던 족쇄와 장애물이 제거되면서 그들은 자신이 원하는 일을 할 수 있는 자유를 얻었습니다. 그리고 불과 2~3년 만에 식량을 자급자족하는 문제를 해결했습니다. 중국의 개혁은 이제 새로운 국면에 접어들었지만 나는 동일한 원칙을 적용해야 한다고 생각합니다. 족쇄와 장애물을 제거해서 국민들이 창의성을 발휘할 수 있도록 하면 될 거라고 생각합니다.」

절대적으로 옳은 말이다. 중국 입장에서 최선의 방향은 시장을 자유화하고, 자국의 민간 부문을 활성화하고, 외국 기업들에게 방해받지 않고 사업할 수 있는 환경을 제공하는 것이다. 중국이 개혁에 성공할지 아니면 실패할지 여부는 얼마나 빨리 그리고 어느 수준까지 예컨대 국유 기업에 제공되는 보조금과 규제 혜택을 거두어들이고, 에너지나 금융 같은 주요 산업을 민간 부문에 개방하고, 외국 기업들과의 경쟁을 부추길지에 달려 있다.

* 기득권의 울타리 안에서 개인적인 이익을 위해 비생산적인 활동을 경쟁적으로 하는 현상으로 자원 배분의 왜곡을 초래한다.

정부가 민간 기업들을 부추겨서 그들에게는 오랫동안 진입이 금지되었던 주요 경제 분야에서 마법을 부리고 변화를 불러일으키게 한다면 중국 시장에 지금 꼭 필요한 활력을 되찾을 수 있을 것이다. 그럼에도 중국 지도자들의 좋은 의도와 별개로 나는 그들이 직면한 경제적 난관의 규모와 지지부진한 개혁 속도를 걱정하지 않을 수 없다. 또 그럼에도 나는 조심스럽게 낙관하고 있다. 시진핑이 얼마나 진지하게 상황을 바꾸고자 하는지 알고 있으며, 중국인들과 오랫동안 함께 일하면서 아무리 어려운 일도 완수해 내는 그들의 능력을 절대로 과소평가하지 말아야 한다는 사실을 배웠기 때문이다.

19 당 노선

나는 이 책에서 개혁에 대해 많은 이야기를 했다. 그럼에도 대다수 독자들이 개혁이라는 단어에서 가장 먼저 떠올릴 정치 개혁에 대해서는 그다지 언급하지 않았다. 경제적, 사회적 사안들과 관련해서는 대대적으로 심지어 과열된 양상으로 공공 정책을 둘러싼 토론이 벌어지는 중국에서도 정치 체제의 본질만큼은 토론 대상이 아니다. 시진핑 국가주석을 여러 번 만나 대화를 나누고 지난 20년 동안 중국과 거래해 온 나조차 그토록 복잡한 나라에서 어떻게 독재 정부의 일당 체제가 발전할 수 있는지 도무지 알 수 없다. 시진핑의 장기적 계획이 무엇인지는 모르지만 적어도 선거에 의한 서구식 다당제 민주주의는 아닐 것이 분명하다. 시진핑의 주된 정치적 관심사는 당을 정화하고 강화하고 당에 새로운 활력을 불어넣음으로써 중국 공산당의 최고 지위와 권력을 유지하는 것이다. 혹시라도 서구식 민주주의로 나아가려는 징후를 기대하는 사람들은 틀림없이 실망할 것이다.

2014년 7월, 시진핑이 내게 말했다. 「〈중국식 사회주의〉의 핵심은 중국 공산당 지도부입니다. 우리가 다당제를 채택해야 한다고 생각하는 미국을 비롯한 다른 나라들은 이 부분에서 중국과 큰 차이를 보입니다. 일당 통치를 하기 때문에라도 우리는 반드시 좋은 당이 되어야 합니다. 따라서 우리에게는 세 가지 임무가 있습니다. 바로 자기 발전과 자기 정화와 자기 규제입니다.」

시진핑의 생각은 이상주의적인 만큼이나 실리적이다. 그에게 중국 공산당은 예컨대 경제를 개혁하고, 정부를 현대화하고, 중국의 국력과 국제 지위를 재건하는 등 야심 찬 계획을 실행하기 위한 권력과 조직을 갖춘 유일무이한 기관이다. 정치적 다원주의는 이러한 목적을 위협할 뿐이다.

홍콩 시민들이 대의 민주주의에 관한 시진핑의 이런 시각을 엿볼 수 있는 계기가 있었다. 2014년 8월에 전국인민대표대회 상무위원회가 1,200명으로 구성된 홍콩 지역 선거관리위원회에서 지명된 사람들만 홍콩 특별행정구 행정 장관직에 입후보할 수 있다고 규정했을 때였다. 해당 선거관리위원회가 중국 정부에 우호적인 성향이라는 것은 널리 알려진 사실이었다. 수많은 홍콩 시민들이 중국령 홍콩에 적용될 기본법에 명시된 보통선거 항목을 민주주의 정치에 대한 약속으로 받아들인 터였다. 그들은 선거 과정이 훨씬 더 공개적으로 진행되고 중국 정부가 선택한 엘리트 집단의 승인을 받은 사람뿐 아니라 기본적인 입후보 자격을 충족하는 사람은 누구나 참여할 수 있을 것으로 기대하고 있었다. 전국인민대표대회의 결정이 알려지자 2014년 9월에 학생들과 그 밖의 운동가들이 몇 주 동안 항의 시위를 벌였다. 중국 정부는 단호한 입장을 보였고 홍콩 당국이 취한 초기 강경 대응책을 지지했다.

물론 시진핑이 중국의 사회 정책과 관련해서 몇 가지 반가운 변화를 제안한 것도 틀림없는 사실이다. 이를테면 그는 2013년 11월 3중전회에서 주거 허가증에 대한 규제를 완화해서 더 자유로운 이주를 허용하고, 한 자녀 정책을 실질적으로 폐지하고, 재교육을 위한 강제 노동 교화소를 없애겠다고 약속했다. 여기에 더해서 국민들은 거버넌스를 개선하고, 정부 기관의 효율을 증진하고, 일관성 있는 법 적용을 강화하는 등 사법 제도를 전문화하려는 정부의 다양한 노력에 따른 혜택도 누릴 수 있을 것이다 — 이 모든 것은 시장경제가 매끄럽게 기능하는 데 꼭 필요한 것들이다.

하지만 지도부가 다른 무엇보다 우선시해야 할 사항은 이전 정권들에게서 물려받은 일련의 경제적, 사회적 난관을 해결하는 것이다. 시진핑은 취약한 경제를 개량하고, 자국의 환경을 이용하는 과정에서 발생한 독성 물질들을 정화하고, 만연한 부패와 갈수록 커지는 빈부 격차와 소득 격차를 해결하기 위한 대책을 마련해야 한다. 최근 20년 들어 가장 광범위한 경제 정책상의 변화를 만들고자 3중전회에서 제시된 원대한 계획들이 성공하리라는 보장은 어디에도 없다.

중국이 직면한 문제들로 당은 많은 신뢰를 잃었다. 따라서 시진핑의 맹렬한 반부패 운동에서 파생된 모든 정책에는 당의 결정과 조치에 대한 신뢰를 강화하고 당과 국민의 관계를 회복하려는 의도가 존재한다. 그동안 중국 국민들은 관리들의 사치스러운 소비 행태와 성공의 열매가 불공정하게 분배되는 방식에 소셜 미디어와 거리에서 격하게 불평을 드러내 왔다. 부패와 불균등한 기회에 소외감을 느끼는 대중이 많은 가운데 시진핑은 이 같은 상황을 타개하는 것이야말로 중국 공산당이 직면한 냉엄하고 존재론적인 문제라고 설명한다.

2013년 6월에 한 연설에서 그가 말했다. 〈인민의 지지를 얻거나 잃는 것은 중국 공산당이 생존하거나 소멸하는 것과 직결된 문제다.〉

3중전회에서 나온 서류들은 공산당의 이상과 가치를 강조했고 마치 공산당 초기 시절을 상기시키듯이 전국의 관리들에게 자아비판문을 쓰고 공개 자백을 하도록 압박했다. 여기에는 단지 사회적 통념에 어긋나는 행위들을 불식하려는 목적만 있는 것이 아니다. 당원들에게 인민을 위해 일하는 것을 최우선하도록 요구하는 당의 이념, 즉 〈대중 노선〉을 밀어붙이기 위한 목적도 있다. 그 오랜 세월 동안 중국에 드나든 나조차 가장 최근에 참석한 회의들에서만큼 그토록 많은 정부 관리들이 자주 또는 공개적으로 당의 역할을 거론하는 광경을 본 적이 없을 정도다. 일례로 2014년 7월에 나와 만난 자리에서 시진핑은 중국 사회에서 당의 역할을 이야기하는 데 우리가 함께한 시간의 3분의 1 이상을 할애했다.

시진핑의 과거 회귀식 접근법은 많은 사람을 불안하게 만들기도 했지만 관리들을 피고석에 세움으로써 자신의 인기를 높이고 당 간부들에게는 두려움을 심어 주었다. 시진핑은 〈중국몽〉이라는 자신의 비전을 통해서 그리고 사람들이 일상에서 가장 신경 쓰는 환경오염과 재산권, 식품 안전, 부패 등의 문제를 해결하는 데 집중함으로써 당원뿐 아니라 모든 시민의 열망과 좌절에 대처하고자 했다. 시진핑의 이 같은 목표를 도와준 것은 격식을 차리지 않은 셔츠 차림의 느긋한 모습에서 드러나는 예기치 않은 인간적 카리스마였다. 그는 좁은 베이징 골목길을 표면상 즉흥적으로 거닐거나 가게 앞에서 진득하게 줄을 서서 기다린 뒤 돈 주고 산 찐빵을 먹으면서 시민들과 즉석에서 사진을 찍었다. 이런 정치인을 흔히 볼 수 있는 미국과 달리 중국에서 시진핑의 행보는 대체로 급진적이고 신선한 시도였으며 국민들을 감탄하게 만들었다.

시진핑은 정치적으로도 노골적인 영향력을 과시하며 빠르게 권력을 다졌고, 이제는 덩샤오핑 이후로 가장 강력한 지도자로서 자리를 잡았다. 뜻을 같이하는 사람들로 7인 상무위원회를 구성하는 데 성공한 시진핑은 중국의 의사 결정 과정에 막강한 영향력을 행사했다. 그는 경제 개혁을 진두지휘했으며, 정책 수립과 시행을 조율하기 위해 신설한 소규모 위원회의 의장을 맡았다. 국가안보와 국내 치안을 감독할 강력한 위원회도 신설했다. 이렇게 탄생한 중앙국가안전위원회는 미국의 국가안전보장회의와 국토안보부를 합친 것과 비슷한 역할을 수행한다. 결정적으로 시진핑은 곧바로 군대를 장악했다. 참고로 과거에 장쩌민의 뒤를 이어서 당 총서기가 된 후진타오는 2년을 기다린 뒤에야 중앙군사위원회 주석이 될 수 있었다.

강권 정치와 개인적인 매력을 조합한 시진핑의 행보에 미소와 셀카만 가득했던 것은 아니다. 그는 서구의 정치적, 철학적 가치관이 파괴적 영향을 끼친다는 주장에 주목해서 이념적인 담금질을 주도했고, 그 결과 진보적인 목소리를 억압하고 중국과 서양 기관이 협업할 때 감수해야 하는 압박을 가중시켰다.

시진핑은 반대 의견을 엄하게 단속했고 언론의 자유를 억압했으며 해외 언론, 특히 고위 관리와 그 가족이 축적한 부에 대해서 다룬 언론 기관들의 활동을 좀 더 어렵게 만들었다. 중국의 소집단, 이를테면 유명한 블로거들과 마이크로블로거들, 국가의 정보 통제에 따른 대안으로 떠오르며 중국에서 큰 인기를 끈 소셜 미디어 플랫폼 웨이보에서 활약하는 온라인 논객들을 탄압해 왔다. 반체제 인사들의 처우를 포함한 인권 문제는 중국 안팎의 활동가들로부터 지속적인 관심과 비판을 받고 있다. 이런 상황에서도 중국 지도부는 공산당의 권위를 약화시킨다고 판단되는 이들에 대한 강경 노선을 조정할 생각이 전혀 없는 듯하다.

경제적으로 통제를 대폭 축소하고 시장에 더 많은 자유를 주는 대신에 정치적으로 억압을 강화하고 당의 역할을 공고히 다지는 행보는, 이를테면 나처럼 경제적 자유와 글로벌 통합이 더 전폭적인 정치적 개방과 상관있다고 생각하는 많은 서구인들이 보기에는 직관적으로 바람직하지 않다. 하지만 중국의 미래를 위해 강력한 당이 꼭 필요하다고 믿는 시진핑의 입장에서 이 같은 행보는 완벽하게 논리적이다. 총서기로서 예정된 10년 임기 중 2년 차를 보내고 있는 시진핑은 광범위한 대중의 지지를 누리는 듯 보이지만 정작 본인은 개인적인 신뢰성과 정치적 자산을 걸었음이 분명하다. 즉 시진핑은 자신의 경제 개혁이 유효할 뿐 아니라 일반 국민들에게 실질적인 이득을 가져다줄 수 있다는 것을 증명해야만 한다. 그가 직접 나서서 정부의 효율성을 개선하고 문제 해결 능력을 높여야 한다고 강조하는 이유 중 하나도 바로 그것이다. 정부가 공기를 정화하고 안전한 식수를 확보하는 것 같은, 어렵지만 일상적인 업무를 수행하지 못하는 한 지도부가 오염과의 전쟁을 선포하는 것은 아무런 의미가 없을 것이다.

「우리는 지금까지 중국 인민의 지지를 누려 왔습니다.」 2014년 7월에 인민대회당에서 대화를 나누던 중 시진핑이 내게 말했다. 「이런 지지의 핵심은 그들의 삶을 개선하는 것입니다. 덩샤오핑은 〈가난은 사회주의가 아니다〉, 〈인민 중 일부가 먼저 부유해지도록 해야 한다〉, 그다음에 그들에게 다른 이들도 부유해질 수 있도록 돕게 해야 한다고 말했습니다. 그럼에도 사회의 모든 구성원이 정의롭고 공정한 체제라고 느끼게 하려면 우리는 파이를 키우는 일에 더해서 파이를 배분하는 일에도 노력을 집중해야 합니다.」

너무나 거대해지고 복잡해진 까닭에 중국은 정책을 시행하고 집행할, 즉 파이를 자르고 분배할 능력과 인력을 갖춘 현대적인 기관들이 없이는 운영될 수 없다. 1978년에 개혁개방 정책을 시작한 이래 중국은 〈돌을 더듬어 확인하면서 강을 건너듯이〉라는 덩샤오핑의 유명한 말처럼 대체로 임시방편으로 변화를 추진해 왔다. 하지만 이런 전략은 현대화를 막 시작했던 나라에 눈부신 성공을 가져오기도 했지만 발전한 경제를 바탕으로 서서히 지구 공동체에 합류하고 있는 나라에는 부족함이 있다. 시진핑은 상부에서 하달하는 지시를 더 명료하고 단호하게 만들어 덩샤오핑의 접근법을 개선하려고 한다. 덩샤오핑 이후로 중국은 산업, 농업, 국방, 과학 등 네 분야에 초점을 맞추어 이른바 〈4대 현대화〉를 지침으로 삼아 왔다. 2014년 중반부터 시진핑은 정부의 거버넌스와 역량도 현대화할 것을 요구했다. 정부 기관을 강화하고, 불필요한 요식 행위를 줄이고, 더 나은 규제와 감독 절차를 고안해서 시행하고, 관리들을 위한 더 효과적인 인센티브를 마련하라는 것이다. 중국 지도부는 예컨대 국가 환경법을 집행하는 등의 역할은 중앙정부로 집중해서 강화하되 새로운 지방세를 증세하는 등의 권한은 지방정부에 위임함으로써 중앙정부와 지방정부의 권력 배분도 재조정할 계획이다.

아마도 영원히 정권을 유지하겠다는 비슷한 결심을 했음에도 결국 무너진 전 세계 다른 정권들과 달리 중국 지도자들은 지금까지 다양한 당근과 채찍으로 노련하게 권력을 유지해 왔다. 그들은 빈틈없는 감시를 펼쳤고 재빠르게 반대 의견을 진압했다. 중국이 세계에서 가장 큰 규모로 가장 강력한 보안대를 유지하는 데는 다 이유가 있다. 여기에 더해서 중국 지도자들은 자국민의 다양한 욕구와 문제와 요구도 미리 예측해서 대처했다. 중국 공산당도 오랜 세월에 걸쳐 하나의 혁명 조직에서 엘리트로 구성된 기득권 당으로 변신하면서 적응력을 입증했으며, 2001년부터는 과거에 매도 대상이었던 민간 부문의 사업가들을 기꺼이 당원으로 맞아들이고 있다. 마르크스주의에 대한 이데올로기적 부채를 털어 버리고 서구 자본주의의 일반적인 특징을 상당 부분 수용한 사회주의 형태를 선택했다. 그럼에도 그들은 인민들의 정치적, 사회적 삶을 이끌 전위로 여전히 레닌주의 원칙을 고수하고 있으며, 2014년을 기준으로 거의 8700만 명에 육박하는 열성 당원들을 거느리고 있다.

중국에서 공산당은 정치와 경제와 사회생활의 처음이자 끝이다. 당은 정부를 지배하고, 정부 지도자를 임명하고, 모든 중대한 결정을 내리면서 국가를 운영한다. 군대와 예비군, 경찰을 비롯해서 다양한 국가 안보 조직과 공안 조직뿐 아니라 지방의 감시 단체까지 관리한다. 이들 하위 조직은 하나같이 충성스러운 당원들에 의해 운영되며 당을 보호하고 지킬 책임을 갖는다. 당은 정부 기관과 군대, 경찰 조직, 국유 기업은 물론이고 초·중·고등학교와 대학교, 사회단체에 이르기까지 모든 요직에 당원을 배치한다. 심지어 민간 기업에도 당 조직이 존재한다. 이른바 당 위원회는 구성원들의 기강을 잡고 당 노선을 전달하며 당의 눈과 귀 역할을 한다.

중국 공산당이 제정한 중화인민공화국 헌법은 사실상 공산당의 권력 독점을 보장한다. 제도적으로 초법적인 지위를 인정받는 공산당은 대체로 자체적인 규율과 절차에만 종속된다. 당원이 범죄나 비행을 저지른 경우에도 일반적으로 당에서 징계를 받은 다음에 국가의 사법 제도로 넘겨지는데 사법 기관에서 일하는 사람들도 대부분 당원이기는 결국 마찬가지다.

요컨대 중국 공산당은 정당과 사업체, 노동조합, 대학, 스포츠, 예술 등 삶의 거의 모든 영역에서 이루어지는 모든 조직 활동에 대해 지배까지는 아니더라도 영향을 미치는 것을 목표로 한다. 심지어 종교도 당의 허가와 감시를 받는다.

물론 당을 벗어난 삶도 〈존재〉하기는 한다. 이를테면 시민들은 경제 문제에 한해서 많은 것을 스스로 결정할 수 있다. 구직과 퇴사를 할 수 있고, 나라 안팎을 여행할 수 있고, 결혼 문제와 최근까지 딱 한 명만 허용되던 자녀의 출산 여부 및 그 시기를 결정할 수 있다. 하지만 결정할 수 없는 문제들도 존재한다. 예컨대 노동자들은 노동조합을 신설할 수 없다. 당이 인정한 오직 하나의 총괄

노조 연맹이 있을 뿐이다. 시민들이 새 정당을 창설할 수도 없다. 중국 공산당을 제외하고 여덟 개의 정당이 존재하지만 하나같이 중국 공산당이 이끄는 〈통일 전선〉 연합에 속한 순종적인 하급 단체에 불과하며 공산당 노선에 부합하는 정책을 내놓을 뿐이다.

당은 그들의 권위에 도전하는 행위가 장기간 지속되도록 절대로 방치하지 않는다. 가장 최근의 중대한 도전은 1989년에 톈안먼 광장에서 학생들의 주도로 일어난 시위였다. 원래는 진보적인 전 총서기 후야오방의 죽음을 애도하기 위해 모인 자리였지만 학생들이 민주주의적 자유를 요구하는 가운데 인플레이션과 불투명한 취업 전망, 부패 등에 관한 항의 시위로 확대되었다. 시위는 가혹한 진압으로 끝을 맺었다. 중국 정부의 조치는 충격과 비난을 불러왔으며 서방 세계의 제재로 이어졌다. 경제 개혁의 수레바퀴도 서서히 멈추었다.

중국은 경제 개혁을 뒤엎고 내부 문제에 전념하면서 기존의 진행 방향과 매우 다른 방향을 선택할 수도 있었다. 서방 세계의 반응에 화가 난 중국은 실제로도 한동안 뒤로 물러났고 장차 나아갈 방향을 둘러싸고 격렬한 내홍을 겪었다. 하지만 결국 현대화를 위한 노력에 더욱 매진하기로 결정했다. 이 같은 결정은 실패에 굴하지 않은 덩샤오핑의 작품이었다. 그는 1992년 남순강화 중 선전과 주하이에서 시범 운영 중이던 특별경제구역을 방문해서 개혁을 재점화했다. 그 어느 때보다 적극적으로 서방 세계의 투자와 기술과 경제적 사고를 받아들였으며, 중국을 놀라운 경제적 성장 가도에 올려놓았다.

한편 권력을 유지하고자 하는 중국 공산당의 결심은 더욱 굳어졌다. 그들은 자국민의 기억에서 〈톈안먼 사건〉을 지우고자 했으며 — 그 사건은 여전히 토론이 금지되어 있다 — 자국민과 암묵적인 합의를 이루어 냈다. 즉 당이 번영을 가져다주는 대신 국민들은 어떠한 정치적 도전도 하지 않기로 한 것이다. 중국의 정치 체제에서는 제한된 형태의 경제적, 사회적 저항까지는 용인되더라도 그 중심적인 요소는 절대로 변하지 않을 터였다.

시진핑 국가주석은 인내가 바닥나기 시작한 중국을 물려받았다. 걱정스러운 시기이기는 하지만 중국의 상황을 한때 공산주의 진영의 또 다른 거물이던 러시아의 상황과 비교해 볼 가치가 있다. 톈안먼 진압 사건은 중국 역사에서 기념할 만한 순간인 1989년 5월 중순 소련 공산당 서기장 미하일 고르바초프의 베이징 방문에 뒤이어 일어났다. 고르바초프는 거의 30년 동안 적대적이던 중소 관계를 쇄신하기 위해 중국을 방문한 터였다. 소련 지도자의 방문이 있고 얼마 지나지 않아 베를린 장벽이 무너졌다. 고르바초프는 보리스 옐친의 등장과 소비에트 제국의 해체, 소련 공산당의 쇠퇴로 마무리된 짧은 쿠데타의 희생자가 되었다.

한때 많은 분석가들이 중국의 공산주의도 러시아와 같은 전철을 밟을 것으로 생각했다. 하지만 중국은 러시아에게 없던 무언가를 가지고 있었다. 하나는 국민에게 점점 더 유복한 환경을 가져다준 경제 개혁이었고, 다른 하나는 시장의 잠재력을 개방한 덩샤오핑이라는 불굴의 지도자였다. 고르바초프는 구소련의 경제가 추락하고 있음에도 불구하고 정치 개혁을 도입하려 했다. 얼마 뒤 러시아의 정치 경제 체제는 그 자체의 무게를 견디지 못하고 붕괴했다.

중국인들은 소련의 해체에 대해 매우 심도 있게 연구하고 토론했다. 경제 개혁이 성공하지 못한 상황에서 정치 개혁을 시도한 것이 붕괴의 원인이었을까? 군대를 충분히 통제하지 못했기 때문일까? 최고 지도자가 약했기 때문일까? 이 주제는 앞으로도 오랫동안 토론될 것이다. 그럼에도 한 가지는 확실하다. 시진핑은 물론이고 중국 지도부의 어느 누구도 중국의 고르바초프가 되고 싶어 하지 않는다는 점이다.

부패란 권력이 기회를 만났을 때 싹튼다. 중국에서는 역설적이게도 개혁개방과 함께 큰 기회가 찾아왔다. 사회적, 사법적 체계는 물론이고 정부 기관도 제 기능을 다하지 못하거나 거의 모든 사람이 연루된 듯 보이는 사기와 술수를 따라잡기가 불가능했다. 경제 정책이 상황에 따라 수시로 바뀌면서 일반 국민들은 큰 부자가 되고 박봉에 시달리던 관리들은 주머니를 두둑하게 불릴 수 있는 기회가 생겨났고, 사람들은 기회를 어떻게든 이용하기 위해 머리를 굴리고 있었다. 일반 시민이든 공무원이든 누구나 할 것 없이 규율이 불명확하고 정부의 법 적용이 느슨한 회색 지대에, 심지어 흑색 지대에까지 발을 내디뎠다. 공식적으로 허용되지는 않았지만 암묵적으로 이러한 행위 중 일부가 인정되었고, 새로운 경제 정책을 시험하는 과정에서 권장되기도 했다. 일부에서는 노골적으로 비리가 자행되었다.

중국에서는 모든 것이 비정상적으로 큰 규모를 자랑하는데 부패도 마찬가지다. 뇌물 공여와 수뢰에 더해서 국유 자산에 대한 공공연한 절도까지 만연한 탓에 거대 프로젝트는 물론이고 일상적인 평범한 거래도 부적절한 관행에 물들어 있다. 투명성이 부족해서 중국이 처한 문제의 실질적인 규모를 파악하기란 불가능하지만 어떤 기준을 적용하더라도 그 규모가 엄청나다. 소문에 따르면 2011년 중국은행 웹사이트에 딱 하루만 게재되었다가 사라진 한 조사 결과에서 1995년부터 2008년까지 국외로 도피한 관리들이 빼돌린 부정 축재 금액이 약 1200억 달러에 달한 것으로 밝혀졌다. 국외로 유출되는 돈만 그렇다. 한 해를 기준으로 도둑맞는 돈을 모두 추산하면 국내총생산의 3퍼센트(카네기 국제평화기금 추산)에서 5퍼센트(국제전략문제연구소 추산)에 달한다. 요컨대 매년 수천억 달러를 도둑맞고 있는 셈이다.

금액에 상관없이 이 돈은 국가로부터 훔친 돈이자 국민의 주머니에서 훔친 돈이며, 비리 공무원의 사치스러운 예술품이나 페라리나 오스트레일리아 해변의 별장에 낭비되는 대신 부족한 교육이나 보건, 연금 프로그램을 위해 더 생산적으로 쓰일 수도 있었던 돈이다. 사실 대중의 분노를 사고, 당의 신뢰성을 훼손하고, 중국을 신음하게 한 것은 — 보수가 적은 관리들이 1만 달러짜리 시계를 차거나 그들의 자녀가 25만 달러짜리 자동차를 몰고 다니는 등 — 부정하게 축재한 재산을 노골적으로 과시하거나 사치품을 대놓고 자랑하는 행태였다.

집권 초기부터 시진핑은 지위 고하를 막론하고 모든 관리들을, 그의 표현을 빌리자면 모든 〈호랑이와 파리〉를 조사하겠다고 천명했다. 그리고 이 일을 맡을 사람으로 평판에 오점이 없을 뿐 아니라 어려운 일도 척척 해낼 줄 아는 왕치산보다 더 나은 적임자는 없을 거라고 판단했다.

시진핑은 왕치산과 함께 당원들의 비위를 조사하는 무시무시한 당 직속 기관이자 왕치산이 수장으로 있는 중앙기율검사위원회의 자원을 확충하고 사명을 다지면서 자신의 공약을 이행해 나갔다. 그들은 의심스러운 해외 비위를 조사하기 위해 중앙기율검사위원회의 권한을 확대했고, 은퇴한 관리들을 추적하기 위해 공소 시효를 연장했으며, 새로운 수사 기술을 도입했다. 중앙기율검사위원회는 비밀스러운 기관임에도 권력 남용을 신고하도록 장려하기 위해 웹사이트까지 개설했다. 개설 첫 달인 2013년 9월에 만2만4,000건의 신고가 접수되었다. 왕치산은 대중의 지지가 중요하다는 점을 인식하고 반부패 운동이 지속적으로 세간의 주목을 받을 수 있도록 정교한 커뮤니케이션 전략을 세웠다. 이에 따라 비리가 적발된 관리들의 극적인 이야기가 거의 날마다 새롭게 터져 나왔다. 여기에 더해서 내부적으로 중대한 변화가 생기면서 중앙기율검사위원회의 효율성이 강화되었다. 이제는 성이나 시 단계에서 실시되는 모든 수사가 베이징에 있는 본부로 직접 보고되었기 때문에 지방 관리들이 이전만큼 조사에 영향을 미칠 수 없게 된 것이다.

왕치산의 수사대는 부패한 관리를 제거하고 서로 뒤를 봐주는 유착 관계를 뿌리 뽑기 위해 중앙정부와 성, 군부, 거대 국유 기업, 규제 기관, 언론, 대학교, 연구 기관 등에 종사하는 사람들을 체계적으로 샅샅이 조사했다. 시진핑이 개혁을 강조한 에너지와 전기 설비, 텔레콤, 미디어, 금융 같은 산업 분야는 특히 세밀한 조사를 받았다. 그가 이런 핵심 분야의 기업들에 주목한 데는 시스템을 둘러싼 그들의 영향력을 차단하고 자신의 개혁 프로그램과 권력에 반대하는 세력을 무력화하려는 의도도 있었다.

부패 관련 수사와 기소는 시진핑 집권 첫해인 2013년에 13퍼센트가 늘어서 18만 2,000건을 기록했다. 아울러 반부패 전사들은 그 어느 때보다 고위 관료들을 추적했다. 『파이낸셜 타임스』에 따르면 2012년 말부터 2014년 중반까지 장관급 이상의 고위 관료 마흔아홉 명이 부패 혐의로 공개 기소되었다.

단속은 권력의 최상층까지 확대되었다. 2014년 6월에는 중앙군사위원회 부위원장과 중앙정치국 위원을 지낸 퇴역 장군 쉬차이허우가 당에서 축출되었고 뇌물 수수 혐의로 검찰 조사를 받았다(그는 나중에 혐의를 인정했다). 그다음 달에는 공안부장과 최고 의사 결정 기관인 중국 공산당 상무위원회 위원을 지낸 저우융캉이 규율 위반 혐의로 공식적인 수사 대상에 올랐다. 2014년 12월 당에서 축출된 그는 부패와 국가 기밀 유출, 간통 혐의로 체포되었다.

대중은 저우융캉에 대한 수사에 지대한 관심을 보였다. 2014년 내내 저우융캉의 가족과 석유 산업계의 예전 간부들과 저우융캉이 쓰촨성의 당 서기였을 때 함께 일한 관리들을 비롯해서 저우융캉과 관련이 있는 수십 명이 구금되거나 수사를 받거나 기소되었다. 개중에는 시진핑 정부의 고위 인사들도 포함되어 있었다.

페트로차이나의 전임 회장으로 2000년에 기업공개를 매우 훌륭하게 완수한 장제민도 눈에 띄는 인물 중 한 명이었다. 그는 2013년 3월부터 국유 기업들을 감독하는 국유자산감독관리위원회를 이끌었으나 6개월도 지나지 않아 직위 해제되었고 구속 수사를 받았다. 장제민은 결국 2014년 중반에 당에서 축출되었고 그의 사건은 형사 사건을 담당하는 검사들에게 인계되었다.

시진핑이 물려받은 보시라이의 기소 사건은 가히 최고 수준의 부패와 부정을 폭로했지만 저우융캉과 그 일가에 대한 수사에서도 또다시 엄청난 규모의 부패가 드러났다. 로이터 통신의 보도에 따르면 수사를 통해 저우융캉의 조직망을 속속들이 파헤친 결과 총 145억 달러로 추산되는 저우융캉 일가의 자산이 압수되었다. 내가 저우융캉을 처음 만난 것은 페트로차이나를 상장하기 전으로 그가 중국석유천연가스공사의 회장이던 1990년대 말이었다. 나는 그가 오랜 기간에 걸쳐 권력을 장악해 가는 모습을 지켜보았다. 그는 1949년 건국 이래 부패 혐의로 인해 실각한 당원 중에서 최고위급 인사였다.

시진핑은 2013년 6월에 자신의 대중 노선 운동을 시작하면서 〈향락〉과 〈바람직하지 않은 업무 방식〉 또한 척결 대상으로 지목했다. 관리들은 더 이상 난폭하거나 무례한 행동을 할 수 없었고 첩을 거느리거나 호화로운 연회를 즐길 수 없었다. 미리 준비된 연설을 하거나 원고를 읽는 행위는 비난의 대상이 될 터였다. 연회에서 독한 술을 제공하는 것이 금지되었고, 관리들에게는 반찬 네 가지와 국 한 가지를 의미하는 〈사채일탕〉 식사를 하고, 관용

차량을 사적인 용도로 사용하는 것을 지양하고, 국비로 선물을 사서 보내는 행위를 중단하라는 지시가 내려졌다.

대중 노선 운동은 개혁을 밀어붙이기 위한 도구이기도 했다. 시진핑은 베이징에 이웃한 허베이성의 대중 노선을 직접 진두지휘했다. 이를 통해서 철강과 철, 석탄, 시멘트 산업의 생산 과잉을 완화하고 베이징으로 유입되는 대기 오염 물질의 양을 줄이고자 했다.

2013년 11월에 부부 동반으로 저녁 식사를 하는 자리에서 왕치산이 내게 말했다.「대중 노선은 서방 세계의 오해를 받고 있지만 인민들에게 대단한 호응을 얻고 있습니다.」그의 설명에 따르면 이 운동의 목적은 당내 질서와 규율을 회복하는 것이었다.「당에 질서와 규율이 없으면 경제 개혁도 성공할 수 없습니다.」

왕치산과 나는 몇 달 뒤인 2014년 2월에 다시 반부패 투쟁에 관한 이야기를 나누었다. 나는 베이징의 도로가 이례적으로 한산한 덕분에 중난하이에 일찍 도착했다. 그날 교통량이 적을 수밖에 없었던 이유가 있었다. PM 2.5 지수가 500이 넘을 정도로 대기 질이 나빠지면서 차량 운전을 자제하라는 통지가 하달되었던 것이다. 나는 밖에서 서성거리기보다 차 안에서 왕치산을 기다렸다.

사석에서 왕치산은 부패라는 질병에 대처할 방법을 논의할 때 자주 의학적인 비유를 든다. 즉 문제의 질병은 명백하게 드러난 문제 부위를 외과 수술로 도려냄으로써 치료될 수 있다. 또는 서양의 약물 요법과 유사한 표적 접근법을 이용하거나 전통 중의학의 전체론적 치료법처럼 질병의 근원을 제거해서 전체를 치료하는 방법도 있다. 현실에서는 이 세 가지 방법이 모두 이용된다. 시진핑은 메스는 물론이고 때때로 도끼를 휘둘러 부패한 관리들을 체포하고 기소하고 제거하는 동시에 자아비판과 금욕적인 생활과 대중 노선의 여러 요소들을 활용하여 당원들에게 자정 노력을 강제한다. 시진핑의 이 같은 접근법은 기업과 정부를 비롯한 모든 사회 기관의 잠재적인 비리 관리들을 겁먹게 만들고 있다.

하지만 애당초 부패가 싹틀 수 없는 문화가 자리 잡도록 하기 위해서는 몇 년이 어쩌면 수십 년이 걸릴 것이다. 왕치산은 인민에게 봉사하는 관리들에게 중국이 〈믿음의 힘〉을 길러 주어야 한다고 설명했다. 그런 다음에는 당이 이런 문화를 뒷받침할 제도와 기관들을 설립해야 하고, 긍정적인 행위를 촉진할 올바른 유인을 제공해야 할 것이다. 이를테면 재산 공개 의무화와 공무원 임금 인상, 명확한 위계와 보고 체계의 수립, 일부 승인과 허가 단계에서 정부 역할 폐지, 관리에 대한 특별 혜택 축소 등이다.

왕치산이 내게 말했다. 「부패는 범죄처럼 늘 존재해 왔지만 그 규모는 바뀔 수 있습니다. 우리는 부패 관리가 드문 환경을 만들어야 합니다. 일부 관리들에 대한 지금의 처벌이 본보기가 되어 나중에 다른 관리들을 단념시킬 수 있기를 바랍니다. 인민들과 신뢰를 구축하고 장기적으로는 관리들이 아예 비리에 관심을 갖지 않는 체제를 만들어야 합니다.」

적절한 환경을 조성하는 것이 당과 정부의 일만은 아니다. 왕치산은 부패 관행을 부각시키는 일과 관련해서 일부 대중과 매체가 수행하는 역할의 예를 들었다. 그는 〈네티즌〉들이 고가의 손목시계를 착용한 관리들의 사진을 온라인에 올리기 시작하면서 많은 관리들이 더 이상 고가 시계를 착용하지 않게 되었다고 지적했다. 손목시계 형님이라는 별명까지 얻은 어느 한 성의 관리는 결국 부패 혐의로 징역 14년을 선고받았다.

왕치산이 내게 자신의 시계를 보여 주면서 구입한 지 몇 년이 된 거라고 말했다. 상표는 알 수 없었지만 그가 미소를 띠며 가리킨 나의 타이멕스 아이언맨보다는 확실히 훨씬 저렴해 보였다. 그의 설명에 따르면 건전지는 1년에 한 번, 줄은 2년에 한 번씩 교체하고 유리 덮개는 지금까지 세 번 교체했다고 했다.

내가 말했다. 「그야말로 모범을 보이고 있군요. 나는 건전지를 교체하는 법도 몰라서 작동이 멈추면 그냥 새 시계를 삽니다.」

개개인을 보면 전 세계의 다른 누구와 비교하더라도 중국인이 딱히 더 부패하기 쉬운 사람은 아니다. 예컨대 주룽지와 후진타오, 시진핑, 왕치산, 우이, 저우샤오촨 등 내가 가장 잘 알고 가장 긴밀하게 협업했던 당 지도자와 정부의 고위급 인사들은 사적인 이익이 아닌 국가 문제를 해결하고 민생을 개선하는 일에만 관심을 갖는 유능하고 야심 차고 믿기지 않을 만큼 근면한 사람들이었다. 주룽지는 가장 엄격한 기준을 고집하고 겉으로 보이는 것의 중요성을 이해한 윤리의 귀감이었다. 내가 1999년에 칭화 대학교 최고 경영자 과정의 자문위원회를 구성하기 시작했을 때 그는 내가 자신과 기금 모금에 관한 논의를 하거나 자신의 이름을 이용해서 기부금을 요청하지 않기를 바란다고 못 박았다. 칭화 대학교의 다른 이들도 이사회의 목적이 자문과 조언을 제공하는 것이지 돈을 모으기 위함이 아니라고 강조했다. 즉 국제 자문 이사회의 이사들은 원할 경우에 기부할 수 있었지만 반드시 그래야 하는 것은 아니었다. 실제로 좋은 취지에서 기부하고자 했던 서구 출신의 한 이사는 심지어 처음 열린 이사회에서 주룽지에게 수표를 건네는 잘못된 판단을 하고 말았고 그 결과 감사의 편지는 고사하고 호된 비난을 들은 뒤에 수표를 돌려받았다.

1990년대 말에 국유 기업들을 구조조정할 때 주룽지는 올리가르히처럼 특혜를 받은 몇몇 사업가들이 민영화 과정에서 국유 자산을 헐값에 사들여 억만장자가 된 러시아의 전철을 되풀이할 마음이 전혀 없었다. 대신 중국은 국가가 주요 산업에 대한 소유권과 통제권을 그대로 보유한 채 대중과 외국인 전략 투자자에게 주식을 판매했다. 하지만 시간이 지나면서 당 지도자들의 자녀와 친척을 가리키는 이른바 태자당 무리가 엄청난 부를 거머쥐게 되었다.

물론 중국이 유별난 경우는 아니다. 구세계인 유럽부터 많은 개발도상국에 이르기까지 출세와 부는 국가 자산을 개인의 소유인 것처럼 여기는 유명하고 두터운 인맥을 보유한 가문의 사람들에게 대체로 편중된다. 중국의 가족 간 유대는 특히 강하다. 누구를 아는지가 이 세상 어디에서보다 중요하고 소위 꽌시(關係)라고 알려진 인맥은 결과를 만들고자 하는 모든 계층의 중국인들에게 도움을 준다. 그리고 최근까지 모든 자산을 국가가 통제해 온 중국에서는 최고위급 관리들의 자손이나 특히 혁명 지도자들의 후손이 이런 복잡한 관계와 권력망의 정점을 차지하고 있다. 많은 사람이 불법적인 행위로 이득을 취했다면 어떤 사람들은 가문과 인맥을 이용해서 정부 관리나 규제 기관의 특혜를 받고자 하는 잠재적인 파트너들로부터 매력적인 기회를 제공받았다. 이는 또 다른 교묘한 형태의 부정이다. 명백한 절도 행위가 복잡한 족벌주의로 대체된 형태에 불과하다. 자산 공개와 실사를 보장하는 법률적 제도가 마련되지 않는 한 대중이 명백한 불법 행위와 단순히 부적절한 행위를 구분하기란 어려운 일이다.

나는 그동안 알고 지내던 다수의 중국 관리들과 임원들이 구속되고 심지어 부정행위로 유죄 판결까지 받는 모습을 보면서 놀라고 실망했다. 이들 관리의 개인적인 선택을 변명하려는 것은 아니지만 나는 당과 국가에 지나치게 많은 권력이 집중되고 법과 현실의 법 집행 사이에 너무 큰 간극이 존재하는 허술한 제도야말로 불법 행위를 조장하는 가장 큰 원인이라고 생각한다. 국가가 경제 분야에서 많은 역할을 수행하는 동안 다른 한쪽에서는 정부의 과잉 규제 속에서, 벤처 기업과 투자 프로젝트를 둘러싼 미로처럼 복잡한 승인 과정 속에서, 투명성과 권한의 부재 속에서 부패가 더욱 심화될 것이다. 최소한의 보수를 받는 정부 관리들이지만 그들은 허가를 내주는 일부터 상거래를 인가하는 일까지 수십억 달러가 오가는 결정에 지대한 영향력을 행사한다. 언제든 부정 이득이나 리베이트, 뇌물, 알선 수뢰 등이 발생할 수 있는 환경이다. 게다가 정부가 사업에 참여함으로써 상황은 더욱 악화된다. 당이 사법 제도의 통제를 받지 않는 한 대중 입장에서는 법원의 결정을 신뢰하기도 어려울 것이다.

중국을 단일 구조의 중앙집권 국가로 착각하기 쉽지만 현실은 전혀 다르다. 최상부에서 내린 결정들은 하위 단계에서 분산되고 일관성 없이 집행되는 탓에 자주 엉망이 된다. 당의 명령을 해석해서 집행하는 관리들이 성과 현과 시와 촌마다 다르기 때문이다. 관리들은 다양한 방식으로 명령을 수행하는데 경우에 따라 창의적인 모습을 보일 때도 있고 그렇지 않을 때도 있으며 대체로 충분히 숙고하지만 깜짝 놀랄 만큼 단순한 모습을 보여 주기도 한다. 이로 인한 갈등은 시대를 초월한 중국식 표현에서 정확히 드러난다. 바로 〈위로부터의 정책, 아래로부터의 대책〉이다.

몇 년 전 충칭과 광둥성의 대조적인 행보를 생각해 보자. 충칭의 보시라이는 마오쩌둥의 영향을 받은 대중 대회를 이끌면서 치안을 우선시하는 강경한 입장을 취하고, 국유 기업과 좌익 이데올로기를 장려하는 등 철권통치를 보여 주었다. 한편 광둥성의 왕양은 성의 역사에 녹아 있는 기업가 정신을 촉진하고 시민들이 더 광범위한 역할을 수행할 수 있는 환경을 조성했다. 그가 주창하던 〈행복한 광둥성〉에 속한 우칸이라는 촌에서 2011년 말 변칙적인 토지 판매에 항의하며 폭력 시위가 일어나자 왕양은 대중 앞에서 인내심을 가지고 유화적인 접근법을 취했으며, 결국 지역 주민들의 참여를 이끌어 냄으로써 위기를 평화롭게 해결했다.

2012년 4월에 왕양이 내게 말했다. 앞선 시위가 중국과 해외에서 화제가 된 지 몇 개월 지나지 않은 시점이었다. 「과거에는 어떤 형태의 반대든 진압이 원칙이었습니다.」 우리는 수목이 우거지고 광저우의 과거 식민 조계지였던 사멘다오섬에 위치한 멋들어진 옛 영국 공사관 터에서 대화를 나누고 있었다. 다양한 주제로 토론을 이어 가던 중 우칸에 대한 이야기로 옮겨 간 참이었다.

그가 계속해서 말했다. 「정부는 인민들의 요구가 합리적이고 합법적인 경우라면 비록 대립적인 접근법을 선택했더라도 그들에게 관대할 필요가 있음을 깨달았습니다. 그래야만 정부가 그들의 반대편에 있지 않다는 사실을 주지시킬 수 있기 때문입니다.」 물론 그는 정부 입장에서 그들의 요구가 합리적이지 않다고 판단할 때도 있을 거라고 덧붙였다.

이후 왕양은 2013년에 중국이 시진핑 체제로 넘어갈 때 네 명의 부총리 중 한 명에 임명되었고, 현재는 미중 전략경제대화의 중국 측 수석 경제 대표를 맡고 있다. 그는 전임자인 왕치산의 훌륭한 후임이다. 유능하고 직관적인 인물이 그처럼 중요한 자리에 있다는 사실은 미국과 중국 모두에게 행운이다.

각각의 성에서 제각기 다른 방식으로 정책이 시행된다는 것은 장점일 수 있다. 관리들이 서로의 성공과 실패에서 배울 수 있기 때문이다. 하지만 동시에 효율적이지 못한 정부를 만들기 쉽고 전국적으로 일관성 있는 기준을 유지하거나 중앙정부의 정책을 지속적으로 시행하기가 어려울 수 있다. 또 중앙정부 부처나 기관의 지방 사무소들이 중앙정부의 적절한 감독 없이 성이나 시 당국에 바로 보고하는 경우가 잦아지면서 지방에 있는 당 조직의 권력이 각종 단속이나 효과적인 법 또는 기준 적용에 걸림돌이 될 수도 있다.

중대한 결정을 당에 의존하는 까닭에 중국은 여러 분야에서 국가를 통치하는 데 필요한 현대적인 기관이나 제도를 갖추지 못했다. 환경 보호는 지금의 정부 기관이나 제도가 얼마나 부족한지 보여 주는 좋은 예다. 아울러 시진핑이 직면한 가장 냉엄한 도전이기도 하다. 중국 환경보호부는 국가환경보호총국의 뒤를 이어 2008년에 신설되었고 전국인민대표대회에서 공표되는 법의 시행을 책임진다.

불행하게도 이 법은 모호하기 일쑤이고, 따라서 이를 시행하려면 추가적인 지침이 필요하다. 중국의 사법 제도에 따르면 수사와 기소를 담당하는 검찰원에서 이러한 지침이 제공되는데 성은 물론이고 심지어 시 당국조차 그들의 〈독특한〉 상황에 맞추어 지침을 조정할 수 있다. 중국 환경보호부는 성과 주요 도시에 사무소를 두고 있지만 사실상 이들 사무소가 현지의 성장이나 시장에게 직접 보고하는 까닭에 중앙정부는 간접적으로 보고를 접할 뿐이다. 이런 구조는 혼란과 정치적인 간섭과 일관적이지 못한 법 집행을 낳는다. 처벌에 관한 책임과 권한이 누구에게 있는지 불분명해질 수 있기 때문이다 — 환경보호부에 소속된 관리들은 이론적으로 직급에 상관없이 모두 벌금을 부과할 수 있다. 심지어 처벌 결정이 내려진 이후라도 법원의 변덕에 따라 결정이 번복되기도 한다. 법원이 당의 통제를 받는 상황에서 혹시라도 공장을 폐쇄하거나 오염 유발 기업을 처벌함으로써 관할 구역의 경제 활동이 위축될 가능성이 있다고 판단될 경우 당 대표들이 처벌을 꺼릴 수 있기 때문이다. 환경보호부에 할당되는 자원도 부족해 보인다. 직원은 3,000명 남짓하며 예산도 6억 4300만 달러에 불과하다. 직원 수만 1만 5,521명에 달하고 예산도 79억 달러에 이르는 미국 환경보호국과는 명백히 대조된다.

중국 환경보호부만 사명을 완수하고자 분투하는 것은 아니다. 중국의 관료제는 아래가 두껍고 지방과 성 단위의 사무소를 중심으로 돌아간다. 재무부 부장 러우지웨이는 중앙정부에서 일하는 공무원의 비율이 6퍼센트에 불과한 것으로 추산했다. 미국의 경우에는 12퍼센트에 달했고, 프랑스는 14퍼센트였다. 식품약품관리총국의 중앙정부 사무실에는 2013년 3월까지 직원이 약 서른여섯 명밖에 없었다. 이후로 수백 명이 충원되었지만 이 부서는 여전히 법 집행 권한이 부족하고 지방의 관리들에게 의존한다. 중국이 과연 식품 안전과 환경보다 더 시급하게 걱정해야 할 분야가 무엇인지 의문스러운 대목이다. 식품 안전과 환경 문제야말로 긴장과 갈등의 인화점임에도 이런 문제를 다룰 책임 있는 정부 기관은 턱없이 부족한 상황이다.

중국은 그들의 법전에 더 나은 법을 추가하면서 진보했다. 하지만 법은 일관되게 적용되지 않고, 법원은 여전히 당에서 하라는 대로 한다. 한 고위 관리가 내게 말했다. 「우리는 보호책을 마련해야 한다는 사실을 알면서도 그마저도 지방정부에 맡기고 있습니다. 성장과 당 서기의 감독을 받는 지방 법원이나 검사가 그들에게 맞서 소송을 제기하는 것이 상상에서라도 과연 가능할까요?」

시진핑 국가주석은 분개한 시민도 달래고 개혁도 확실하게 성공시키기 위해 사법 제도를 둘러싼 신뢰를 회복하고자 한다. 사유재산 보호와 계약 이행은 경제적인 자유를 시행하는 데 필수적이다. 이런 요소들 없이는 기업가 정신이 번성할 수 없으며 경제 활력도 감소할 수밖에 없을 것이다. 정치국 집체 학습에서 당 총서기로서 행한 연설에서 시진핑은 이른바 법치 — 물론 서구인들이 이해하는 개념과는 다르다 — 를 옹호하면서 판사와 검사들이 독립적이어야 하고 사법 절차와 관련해서 당이 신중해야 한다고 강조했다.

중앙정부는 지방의 당 조직들이 법원과 법원의 판결을 좌지우지하거나 개별적인 사건들에 개입하지 못하도록 조치를 취하고 있는 중이다. 3중전회에서 법원의 밀실이 아닌 법정에 제출된 증거에 근거해서 판결이 이루어지는 보다 투명한 재판의 필요성이 대두되었다면, 2014년 10월에 개최된 4중전회에서는 법의 중요성이 중점적으로 다루어지면서 앞서 진전된 사항들에 대한 후속 조치가 취해졌다. 지방의 당 지도자들이 사법적인 결정에 간섭하는 행위를 효과적으로 차단하기 위한 순회 법정을 운영하는 것도 그중 하나였다. 4중전회를 통해 당은 관리들이 법을 효과적으로 시행하는지 평가할 거라고 강조하면서 더 투명하고 책임 있는 정부를 만들겠다고 약속했다.

저우창(周强)이 최고인민법원장에 임명된 것 또한 긍정적인 신호다. 노련한 변호사이자 후난성의 당 서기를 지낸 그는 사법 제도를 전문화하려는 의지를 가진 개혁가다. 대다수 판사들이 오랫동안 법적인 훈련을 받을 기회가 별로 없었다는 점을 고려하면 이는 절대로 간단한 주문이 아니다. 중국 판사들은 은퇴한 군 장성이나 법학 대학원을 갓 졸업한 사람 중에서 임용되었기 때문에 경험이 거의 없었다. 저우창에 앞서 최고인민법원장을 지낸 사람들조차 공식적인 법무 경력이 전혀 없었다. 2014년부터는 최고인민법원과 동부와 중부의 열네 개 성에서 내려지는 모든 판결을 온라인으로 대중이 열람할 수 있다. 앞으로 3년 안에 나머지 모든 법원에도 동일한 방침이 적용될 예정이다. 2014년 말에 이르러서는 지역 관리들이 사법 절차를 좌지우지하지 못하도록 하기 위해 순회 법원과 타 지역에 대해서도 관할권을 갖는 법원을 설립하기 위한 시범 프로그램이 한창 진행되고 있었다.

시진핑의 사법 개혁은 현 제도를 전문화하고 현대화하고 개선해야 한다. 여기에 더해서 사람들이 바라는 것처럼 제도의 투명성과 일관성 또한 높여야 한다. 하지만 사법 제도가 당으로부터 분리되지 않는 한 그 어느 판사나 검사도 진정으로 독립적일 수 없을 것이다. 게다가 이런 상황이 조만간 근본적으로 바뀔 것 같지도 않다. 4중전회를 통해 중국 공산당은 〈당의 지도력과 사회주의식 법치는 같은 것이다〉라고 선언하면서 사법 제도를 계속해서 당의 통제 아래 둘 것임을 명확히 밝혔다.

전통적으로 중국 공산당은 자국민이 기본적인 욕구와 관련해서 당에 의존하기를 바라면서 민간 재단이나 비영리 기구 같은 독립적인 기관들을 노골적으로 적대해 왔다. 하지만 중국 정부는 이제 자선 사업과 기부를 보다 잘 받아들이고 엄밀한 의미에서 당의 통제를 받지 않는 기구들을 통해 사회 활동에 참여할 수 있도록 사람들에게 새로운 기회를 허용하고 있다.

허가된 목적으로 사회 서비스를 제공하는 일부 비정부 기구들도 용인되었다. 실제로는 이들 비정부 기구들이 국가를 떠받치거나 국가의 능력을 보완하는 것처럼 보이기도 한다. 2008년 거의 9만 명이 사망하거나 실종되고 480만 명이 집을 잃은 참혹한 쓰촨성 대지진이 전환점이 되었다. 2009년 9월까지 개인 기부자들은 피해자들을 돕기 위해 106억 달러의 자선 기금을 모았고 추가로 해외에서도 11억 달러의 성금이 답지했다. 시진핑 주석의 아내 펑리위안의 박애주의적 활동이 세간의 이목을 끌면서 이러한 변화는 더욱 두드러졌다. 펑리위안은 이후로도 세계 보건과 교육 계획 분야에서 활동해 왔고, 2012년에는 마이크로소프트의 창립자 빌 게이츠와 합동으로 중국에 널리 알려진 금연 캠페인에도 참여했다.

내가 느끼기에도 단순히 부자가 되거나 맹목적으로 당의 명령에 복종하는 것 이상의 의미 있는 무언가를 추구하는 사람들이 부쩍 많아진 듯하다. 비정부 기구가 수적으로 증가하고 있을 뿐 아니라 새로운 유형의 박애주의자들이 속속 자선 단체를 설립하고 있다. 종교 활동도 이전보다 널리 공개적으로 행해진다. 불교와 도교, 유교에 대한 관심이 활발하게 부활했고, 많은 사람이 전통적인 중국의 가치관을 포용하고 있다.

그렇다고 이런 현상을 굳이 과장하고 싶은 마음은 없다. 여전히 많은 제한이 존재하기 때문이다. 예컨대 교회는 반드시 정부에 등록해야 하고 밀착된 감시를 받는다. 다른 종교와 마찬가지로 기독교도 빠르게 성장하고 있는데 — 중국의 기독교 신자는 5000만에서 1억 명에 달하는 것으로 추산된다 — 특히 정식으로 정부의 허가를 받지 않고 운영되는 이른바 지하 교회에서 신자들이 증가하고 있다. 하지만 정부의 승인을 받는 과정에서 까다로운 조건이 붙기도 한다. 일례로 중국 정부는 중국천주교애국회가 바티칸의 권위를 인정하는 것을 허용하지 않고 있는데, 이는 교황청에서 절대로 받아들일 수 없는 조건이다. 한편 승인을 받지 않은 종교 집회가 항상 묵인되는 것은 아니며, 또 이미 승인을 받았더라도 엄격한 제한이 존재한다. 여전히 엄격하게 금지된 종교 단체 파룬궁의 경우처럼 정치적으로 〈수용할 수 있는〉 선을 넘는 데 따른 대가는 심히 가혹할 수 있다.

그래도 환경 보존 활동을 하면서 나는 시민 사회가 조심스럽게 움트는 것을 보았다. 물론 서구 사회에서 생각하는 종류의 자주적인 활동은 아니며 그런 방향으로 이제 막 한 걸음을 내디딘 상태다. 아직은 정부와 연계되지 않은 비영리 기구의 등록과 성장이 각종 규제 정책으로 인해 제한되고 있고 해묵은 조세법과 규제 때문에 잠재적인 기부자들도 비영리 기구의 호소에 소극적인 반응을 보일 뿐이다. 중국 지도부도 어떤 법적인 변화가 필요한지 논의 중이다. 중국이 부유해질수록 자선 단체를 설립하는 기업가와 사업가도 점점 늘어났다. 오늘날 중국에는 대략 3,700개의 민간 자선 단체와 공공 자선 단체가 존재한다. 불과 15년 전만 하더라도 400개에 불과했다. 중국의 기부 잠재력은 거대하다. 2012년을 기준으로 중국 기부자들은 국내총생산의 0.2퍼센트에도 못 미치는 130억 달러를 기부했고, 같은 기간 미국에서는 국내총생산의 2퍼센트에 해당하는 3000억 달러가 기부되었다.

민간 기금과 당의 수용적인 태도는 비정부 기구에 활기를 불어넣었다. 1994년에는 최초의 민간 환경 단체인 〈자연의 친구들〉이 등록되었다. 이후 2008년까지 중국에는 공식적으로 등록된 숫자만 508개의 비정부 기구가 환경 보존을 목적으로 설립되었고, 2,000명이 정규 직원으로 활동했다. 현재 미국에는 2만 개의 민간 환경 단체가 있으며 정규 직원만 10만 명이다.

동시에 최근에는 확실한 냉기도 느껴진다. 서구의 일부 비정부 기구들과 학술 기관들은 그들과 오랫동안 함께 일해 온 중국의 두뇌 집단과 대학, 비정부 기구들이 협력에 더 신중한 태도를 보인다고 느낀다. 전에 없던 이런 망설임은 부쩍 강경한 태도를 취하는 당의 압박과 관련 있는 것으로 보인다. 많은 국제 비정부 기구들은 중국에서 가치 있는 역할을 수행하고 있고, 따라서 자신들이 환영받지 못하는 상황을 상상할 수 없을 것이다. 하지만 그들의 활동은 더욱 밀착 감시를 받을 것이며, 중국은 당의 의도와 충돌하는 의도를 가진 것으로 의심되는 외국의 비정부 기구들을 결코 받아들이지 않을 것이다.

중국의 새로운 박애주의자들은 부류도 다양하다. 사재를 털어서 최초의 민간 재단을 설립한 것으로 알려진 뉴건성(牛根生)을 보자. 그는 그들 부부와 두 자녀가 사망하면 5억 달러에 이르는 순자산을 거의 모두 재단에 헌납하겠다는 최종 의사를 밝혔다. 뉴건성의 인생 여정은 놀랍다. 그는 1958년에 태어났다. 하지만 너무 가난했던 그의 부모는 그를 건사할 수가 없어서 태어나자마자 8달러에 양부모에게 팔아넘겼다. 이후 어린 시절의 대부분을 고

아원에서 보냈다. 그는 1982년에 병 세척하는 일을 시작으로 승승장구했고, 1999년에 그동안 축적한 자본과 인맥을 바탕으로 멍뉴유업을 설립했다. 회사는 곧 우유 공급업계의 선두주자로 자리 잡았고 중국 최고의 낙농 제품 생산업체가 되었다. 뉴건성은 2002년부터 록펠러 재단의 거버넌스 구조를 최대한 모방한 민간 자선 단체를 설립하기 위해 변호사들과 세제상 유리한 방법을 모색하기 시작했다. 2004년에 멍뉴유업이 홍콩에서 상장되었다. 라오뉴 재단은 100여 개의 다양한 프로젝트에 거의 5000만 달러에 가까운 자금을 지원해 오고 있으며, 네이멍구에서 국제자연보호협회와 공동으로 진행하는 대대적인 재조림(再造林) 사업도 그중 하나다. 뉴건성은 폴슨 재단과 함께 습지 보존 계획에도 참여하고 있다.

우리와 함께 보존 활동을 하는 사람으로 선구적인 자선가이자 푸야오 유리의 설립자인 차오더왕(曹德旺)도 있다. 내가 2014년 4월에 푸젠성을 방문했을 때 차오더왕은 〈개인적인 이익이나 사업적인 이익과 상관없이 중국 국민을 돕는 것〉이 자신의 인생관이라고 내게 말했다. 그의 초기 자선 활동은 회색 지대에서 시작되었는데 당시에는 자선 활동이 공식적으로 허용되지 않았기 때문이다. 그는 2010년에 부친의 이름을 딴 허런 자선 재단을 설립하고 이 재단에 35억 위안(약 5억 2000만 달러)에 상당하는 푸야오 주식을 기부했다. 민간 재단에 주식을 기부한 첫 사례였기 때문에 승인을 받기까지 3년의 세월이 걸렸다. 이 과정에서 차오더왕의 기부를 비롯하여 향후 유사한 형태의 기부가 가능하도록 다섯 개 정부 부처에서 공동 결정문을 발표했다. 차오더왕은 이 기부를 포함해서 현재까지 기부 총액이 대략 10억 달러에 이른다고 말한다. 폴슨 재단은 허런 재단과 협업하여 푸젠성의 보존 프로젝트를 추진할 예정이며, 여기에는 성 당국의 협조를 이끌어 내서 우이산을 국립공원으로 지정하는 계획도 들어 있다.

나는 중국의 선구적인 기업가들과 신예 박애주의자들의 통솔 아래 국제자연보호협회가 활약하는 모습을 보면서 특히 고마운 마음을 느낀다. 국제자연보호협회는 내가 중국에서 함께 일하기 시작한 1990년대 말까지만 하더라도 주로 미국과 해외의 중국인 기부자들에게 도움을 받았다. 하지만 이제는 중국 내에 이사회를 만들었을 뿐 아니라 전적으로 중국 내에서 모금된 돈으로 운영된다. 이사회가 중국의 모든 성에 지부를 설립할 계획인 가운데 이사회의 구성원들은 국제자연보호협회의 전 세계 프로젝트 현장을 수시로 방문하면서 자발적인 지도자들이 프로젝트에 어떻게 도움을 주는지 배우고 있다. 나의 친구인 에드워드 텐과 골드만 삭스에서 함께 일했던 프레드 후는 국제자연보호협회 중국 이사회를 설립하는 과정에서 큰 도움을 주었고 초대 공동 회장이 되었다. 현재는 알리바바의 마윈이 회장을 맡고 있다.

오늘날 중국에는 또 다른 어두운 면이 존재한다 — 내가 생각하기에는 궁극적으로 자멸을 초래할 수도 있는 부분이다. 언론의 자유나 출판의 자유, 반대 의견의 표출이라는 측면에서 새로운 시진핑 정부는 이전의 다른 정부들보다 훨씬 강압적인 모습을 보이고 있다. 우리 시대의 거대한 대중 광장인 인터넷이 중국에서는 수년째 차단되고, 엄격하게 감시되며, 주기적으로 검열을 받는 상황이다. 여기에 더해서 새로운 지도부는 소셜 미디어에서 〈소문을 퍼뜨리는 행위〉를 금지하는 단호한 캠페인까지 추가했다. 개인의 의사 표현을 당연한 권리로 여기는 미국인의 시각에서 보자면 여간 불안한 문제가 아닐 수 없다.

2012년 서구 언론에 일부 중국 지도자들의 가족이 부적절한 방법으로 부를 축적했다고 주장하는 기사들이 보도되자 중국 정부는 탐사 보도를 낸 『뉴욕 타임스』와 블룸버그의 웹사이트를 차단함으로써 이에 대응했다. 그럼에도 보도가 계속되자 더욱 강하게 반응했고 스무 명이 넘는 미국인 기자들의 비자 갱신을 미룸으로써 그들이 추방될 수 있는 상황을 초래했다. 하지만 인터넷과 소셜 미디어에 가해진 더 광범위한 탄압에 비하면 이는 아무것도 아니었다. 정부는 검열과 감시를 강화하고 웨이보에서 활동하는 일부 오피니언 리더들 — 수백만 명의 팔로워를 보유한 검증된 사용자들 또는 일명 왕훙(網紅)으로 불리는 인터넷 스타들 — 을 본보기로 처벌하기 시작했다. 2013년 8월의 열띤 연설에서 시진핑은 당에 〈새로운 미디어 기반을 장악할 수 있는 강력한 군대〉를 유지할 것을 지시했다. 소문에 따르면 구속과 체포가 잇따랐다.

중국 정부는 오랫동안 공식적으로 정보를 독점해 왔고, 정보 독점은 중국 정부의 정치권력을 떠받치는 중요한 기둥 역할을 해왔다. 중국의 대중매체는 아주 드물게 용감할 때를 제외하면 편집 독립성을 보이는 경우가 거의 전무하다. 심지어 명백히 국가의 소유가 아니거나 비공식적으로 국가와 제휴한 매체들조차 방어적인 차원에서 대개 자기 검열을 실시한다. 인터넷의 도입으로 정부가 정보를 완벽하게 지배하던 상황은 위태로워졌고, 예상대로 중국 지도부는 인터넷을 통제하기 위해 노력했다. 이미 10여 년 전부터 이른바 만리장성 방화벽을 설치해서 전 세계 수천 개의 인터넷 사이트에 자유롭게 접근할 수 없도록 막아 왔다. 트위터나 페이스북, 유튜브처럼 서구에서 인기 있는 서비스들이 금지되었고, 구글 같은 회사들은 아예 중국에서 철수했다. 검열되지 않은 정보를 얻기 위해 방화벽을 우회하는 방법도 있지만 너무 번거롭기 때문에 2013년 말을 기준으로 인터넷 사용자가 6억 1800만 명에 달하고 세계에서 인터넷을 가장 많이 이용하는 국민이 되었음에도 이런 번거로움을 감수하려는 중국인은 그다지 많지 않다. 한편 정부는 사이버 경찰을 대대적으로 고용해서 웹과 소셜 미디어를 순찰하고, 실시간 검색어를 추적하고, 콘텐츠를 감시 및 검열한다. 2013년에 『사우스 차이나 모닝 포스트』는 『베이징 뉴스』의 기사를 인용하면서 중국 정부가 200만 명에게 돈을 지불하고 〈인터넷 의견 분석가〉로 고용했다고 보도했다. 인터넷 의견 분석가란 검열관이나 가짜 시사 해설가, 감시 요원 등을 아우르는 표현이다.

중국 정부는 시사 해설가나 온라인 활동가의 의견이 빠르게 노출되고 퍼지는 것에 우려를 나타낸다. 일부 유명한 블로거들이 수천만 명의 팔로워를 보유한 반면에 공식적인 당 기관지인 『인민일보』는 고작해야 한 번에 300만~400만 부 정도가 발행될 뿐이다. 대중이 공식적인 뉴스 공급원을 불신하는 상황과 맞물려 소셜 미디어가 국가적인 담론을 좌우하고 형성하는 정부의 능력을 위협하고 있는 것이다. 하지만 비정치적인 분야에 대해서는 중국 정부도 인터넷상에서 상당히 자유롭게 의견을 게시할 수 있도록 용인하는 듯하다. 다만 그 경계가 언제나 명확한 것은 아니다. 즉 정부나 당 또는 그 지도자들을 반대하는 논평이 게시되는 경우 정밀 조사가 뒤따를 것은 충분히 예상할 수 있는 일이지만 소규모 집단을 규합하려는 시도들 또한 대체로 동일한 결과를 맞게 된다. 2014년에 『사이언스』에 발표된 하버드 대학교의 연구 결과에 따르면 중국의 검열관들은 이를테면 정부 정책과 관련해서 고위 지도자나 정부를 비판하는 게시물보다 대규모 시위나 다른 형태의 집단행동에 관련된 논의를 훨씬 적극적으로 삭제하려는 경향을 보였다. 요컨대 전자에 좀 더 유연한 태도를 취한 것은 여론을 파악하려는 의도로 볼 수 있다.

소셜 미디어와 같은 기술의 진보는 중국 지도자들에게 한동안 골칫거리였다. 중국어로 웨이보라고 불리는 마이크로블로그는 2007년에 첫 서비스를 시작한 이래 불과 2년 만에 정부에 의해 폐쇄되었다. 하지만 그로부터 2년 뒤에 다시 서비스를 재개했고 시나와 텐센트가 가장 유력한 운영자로 등장하면서 폭발적인 인기를 끌었다. 트위터와 페이스북의 중간 형태로 묘사되는 웨이보에 가입하면 다른 무엇보다 140자 이내로 정보를 업로드하거나 업데이트하고, 음악이나 영상을 첨부하고, 코멘트를 남길 수 있다. 그리고 이런 게시물이 입소문을 탈 경우 2013년 말을 기준으로 6억 명이 넘는 가입자들 사이에서 빠르게 확산될 수 있었다.

2011년 7월에 고속 열차 두 대가 저장성 원저우 부근에서 충돌해 마흔 명이 넘는 사망자가 발생한 사건은 웨이보의 저력을 입증하는 계기가 되었다. 소문에 따르면 기차 승객들은 웨이보에 실시간으로 글을 올려 사고 소식을 전했다. 사고 소식이 문자로 생중계되면서 화제가 되자 관영 언론 매체들도 금방 사고에 대해 알게 되었고 마이크로블로거들의 게시물을 인용했다. 늘 그렇듯이 지역 정부는 어떠한 공식적인 반응도 보이지 않았다. 이 때문에 구조와 복구 작업에 꼴사나울 만큼 비협조적이고 일 처리도 미흡하다는 비난이 쏟아졌다. 이 사건을 계기로 웨이보에는 정부의 부패와 불투명성, 책임감 부족을 신랄하게 비난하는 글들이 폭주했다. 결국 국민에게 중앙정부가 사건의 진상을 규명할 것이라는 확신을 주기 위해 원자바오 총리가 직접 나서서 사고 현장까지 방문했지만 중국 지도부는 이미 허를 찔린 듯 보였고 정부는 정부대로 신뢰도에 심각한 타격을 입은 터였다.

중국 지도부를 더욱 불안하게 만든 것은 문제의 충돌 사고가 아랍의 봄이 시작되고 불과 7개월 만에 발생했다는 점이다. 아랍의 봄으로 주요 쟁점과 관련해서 신속하게 조직력을 갖추도록 도와주는 신기술의 저력이 이미 입증된 참이었다. 후진타오 정부는 웨이보의 영향력을 줄이기 위한 조치를 단행했다. 특히 인터넷 사용자들에게 서비스 제공 업체에 실명을 등록하도록 요구했다. 물론 그럼에도 웨이보와 인터넷은 계속해서 그들의 영향력을 과시해 나갔다.

나의 예전 골드만 삭스 동료인 장신의 남편이자 부동산 개발업자인 판스이는 대기 오염과 싸우기 위한 캠페인을 이끄는 과정에서 큰 호응을 얻어 냈다. 당시에 그는 시나 웨이보에 약 740만 명의 팔로워를 보유하고 있었고, 장신도 600만 명 정도를 보유하고 있었다(2014년에 이들 부부의 팔로워 수는 거의 2600만 명에 이르렀다).

판스이는 우선 자신의 웨이보 계정에 미국 대사관 트위터 피드에 올라오는 PM 2.5 수치를 게시하기 시작했다. 그리고 2011년 11월에 팔로워들에게 정부가 1년 이내에 자체적으로 PM 2.5 수치를 발표하는 문제에 대해서 찬반 여부를 투표해 달라고 요청했다. 후에 장신에게 들었는데, 베이징 환경국이 판스이에게 중국 정부에서 발표하는 건강에 덜 해로운 더 큰 입자의 농도를 가리키는 PM 10 수치가 아닌 미국의 수치를 게시한 것에 불만을 표했다고 한다. 베이징 관리들은 PM 2.5 수치를 측정하는 설비를 그렇게 빨리 준비할 수 없다고 주장했다. 어쨌든 판스이의 캠페인은 며칠 만에 수만 명의 투표를 이끌어 냈다. 처음엔 형식적인 반대가 있었지만 베이징시는 2012년 1월 21일부터 자체적으로 PM 2.5 수치를 게시하기 시작했다. 중국의 고위 지도자들도 관심을 보였다. 판스이에게는 대기 오염 문제와 관련해서 조언을 해달라는 요청이 쇄도했다. 그렇게 1년이 지나자 다른 도시 73곳에서도 대기 오염 수치를 공개했다.

여기까지는 후진타오 정부가 막바지에 이르렀을 때의 이야기다. 시진핑은 더욱 과격한 행보를 취했다. 2013년 8월, 판스이를 포함한 대표적인 블로거들은 사회적 책임에 관한 토론회에 참석하라는 통보를 받았다. 그달 말에는 거침없는 말솜씨를 자랑하는 중국계 미국인 벤처 자본가로 시나 웨이보에 1600만 명의 팔로워를 보유한 찰스 쉐가 성매매 혐의로 체포되었다. 많은 중국 전문가들이 온라인상에서 불거지는 반대 의견을 탄압하려는 목적에 그가 희생양이 되었다고 생각했다. 얼마 뒤 찰스 쉐는 수갑을 찬 채로 텔레비전에 나와서 성매매 사실을 인정했고 자신이 그동안 온라인에 올린 정보들은 완전히 엉터리였다고 자백했다. 유언비어 유포 행위 — 유언비어가 5,000번 이상 열람되거나 500명 이상에게 유포된 경우 — 에 최고 3년의 징역형을 부과할 수 있는 새로운 법안이 공포되었다.

강력한 의지로 소셜 미디어를 진압함으로써 정부는 소기의 목적을 달성한 것으로 보였다. 2013년 말에 이르자 많은 웨이보 이용자들이 포스팅 횟수를 줄였으며, 활동의 수준과 중요성을 측정하는 방식에는 약간 견해차가 존재하지만 그럼에도 정치적 발언이나 뉴스를 공유하는 움직임은 대체로 줄어든 듯 보인다. 일부 마이크로블로거들은 이를테면 텐센트의 위챗처럼 남의 눈에 비교적 덜 노출되는 플랫폼으로 옮겨 갔다. 위챗은 수초 내에 수십만 명이 메시지를 볼 수 있는 트위터 같은 서비스라기보다는 개인 대 개인으로 메시지를 전송하고 대화할 수 있는 툴이다. 물론 그 안에서도 소문이나 〈민감한〉 토론이 벌어질 수는 있지만 〈가상의 광장〉이 될 가능성이 적었고, 사용자의 입장에서 더 안전해 보였다 — 하지만 이런 장점도 정부가 모바일 메시지 전송 서비스를 엄중 단속하겠다고 발표한 2014년 8월 초까지만 유효했다. 더욱 강화된 새로운 법은 공개 계정에 가명을 사용하는 것을 금지했고, 사전에 허가를 받지 않은 채 정치 뉴스를 게재하거나 퍼 나르는 것을 금지했다.

중국 지도부는 그들이 직면한 복잡한 경제적, 사회적 도전들을 냉정하게 평가할 뿐 아니라 그들의 계획을 추진하려면 큰 결심과 정치적 기술이 필요하다는 사실도 알고 있다. 하지만 너무 느리게 움직이거나 거의 아무것도 하지 않는 것은 너무 많은 일을 너무 급하게 진행하는 것보다 위험 요소가 훨씬 많다. 결국 중국의 미래는 중국 혼자서 마음대로 할 수 있는 것이 아니다. 관대한 글로벌 중앙 정책 기획자란 존재하지 않을뿐더러 오늘날의 성장 전망은 개혁개방 정책이 시행되고 처음 30년간 전 세계적으로 비교적 높은 수준의 평화와 번영과 안정을 누리던 시기만큼 양호하지도 않다.

시진핑과 리커창은 이런 사실을 잘 알고 있다. 그들은 세계 금융 위기로 중국식 성장 모델의 결함이 드러난 지 불과 5년 뒤에 권력을 쥐었다. 경제적 중력 법칙을 영원히 거역할 수 있는 나라는 없다는 점에서 중국도 어떤 형태이든 경제 위기를 피할 수 없을 것이다. 여기에 더해서 중국의 놀라운 성공은 더 이상 충족시키기 어려울 만큼 자국민의 기대감을 한껏 높여 놓았다. 시진핑이 개혁을 강조하는 데는 중국에 국가의 지배력을 강화할 도구를 갖추려는 목적이 있지만 실제로 목적을 달성하기까지는 오랜 시간이 걸릴 것이다. 그런데 혹시라도 그사이에 중국 경제가 붕괴되고, 일자리 창출이 둔화되고, 당이 지금보다 더 신뢰를 잃는다면 어떻게 될까? 밀물이 모든 배를 띄울 수 있다면 썰물은 가려졌던 목소리를 드러내고 때로는 불끈 쥔 주먹을 들게 한다.

경기 침체가 심화되고 장기화되면 당이 권력을 유지하는 데 위협이 될까? 서구의 일부 인사들은 그럴 거라고 생각하지만 나는 과연 그럴지 솔직히 의심스럽다. 미국의 경우에는 시장경제의 자가 수정 메커니즘 덕분에 몇몇 사례를 제외하면 대체로 손실을 인정하고 악성 채무를 탕감함으로써 피해가 늘어나기 전에 문제를 처리할 수 있었다. 2008년에 더할 수 없는 악재가 닥쳤을 때도 미국의 강력한 법과 규제 시스템과 미국 민주주의의 견제와 균형의 원리는 정부와 비영리 기구의 긴급 지원 및 기존의 사회 안전망과 조화를 이루며 사회적 스트레스와 불안을 완화하는 충격 흡수 장치 역할을 했다. 중국에는 이런 안전장치가 없다. 따라서 성장률이 3~4퍼센트대로만 떨어져도 서구의 경제 선진국들이 마이너스 성장을 겪을 때보다 훨씬 심각한 어려움에 처할 수 있다는 주장도 일리가 있다. 하지만 중국에는 충분한 자금력에 더해서 거의 아무런 제약 없이 신속하게 행동할 수 있는 결단력 있는 지도자들이 존재한다.

시진핑은 쉽게 조화될 수 없는 두 개의 노선으로 동시에 나아가는 중이다. 현재의 역동적인 경제가 궤도에서 벗어나기 전에 성장 모델을 근본적으로 바꾸려 하는 동시에 사회적, 정치적 활동을 압박하려 하고 있다. 보기에 따라서는 경제와 사회를 개혁하고 정부를 현대화하는 데 매진하는 것처럼 보일 수도 있다. 하지만 표현의 자유를 억압하는 것은 보다 장기적인 위험을 감수하는 행위다. 중국이 염원하는 대로 일종의 혁신 가득한 경제를 달성하기 위해서는 인간의 창의성이 번뜩여야 하는데 이런 창의성은 자유롭고 열린 대화를 통해서만 만개할 수 있기 때문이다. 경쟁력 있는 국가들은 자국민에게 새로운 사고를 하도록 부추긴다. 그들의 사고를 절대로 틀 안에 가두려 하지 않는다.

실제로 시장 주도 경제에서 개인에게 최대한의 잠재력을 발휘하게 하는 요소들이란 권위적인 정부와 근본적으로 어울리지 않는 것들이다. 세상과 격리되어서는 절대로 사업에 성공할 수 없다. 고객과 경쟁자는 물론이고 시장에 영향을 미치는 모든 — 법적, 정치적, 경제적 — 요소들을 알아야 한다. 모든 정보에 제한 없이 접근할 수 있어야 한다. 특히 현대 경제에서는 삶의 한 부분만 자유로운 정보 흐름에 노출되고 다른 부분은 차단되는 것 자체가 불가능한 일이다.

경제적, 사업적 주제에 대해서는 자신의 생각을 표현하도록 부추기면서도 그 밖의 수많은 문제들에 대해서는 자신의 생각을 공개적으로 또는 조직적으로 표출하지 못하도록 금지하는 것은 결코 지속 가능한 방식이 아니다. 마찬가지로 전 세계에서 모범적인 사업 실무나 경제 개혁에 관련된 아이디어를 발굴하도록 독려하면서도 삶의 다른 영역에서는 새로운 철학을 받아들이거나 변화를 옹호하지 못하도록 금지하는 것은 절대로 지속 가능한 방식이 될 수 없다.

사람들은 힘들게 노력해서 이룩한 소중한 것 — 사업이든 집이든 삶의 질이든 — 을 지키고자 하며, 이는 매우 자연스러운 일이다. 그리고 예컨대 사업에서 성공하기 위해 사용한 것과 똑같은 기술을 다음에도 당연히 사용할 것이다. 관련 정보를 찾고자 할 것이며 만약 정보가 부족하면 정보를 요구할 것이다. 공기는 숨쉬기에 안전한가? 물은 마셔도 괜찮은가? 그들은 자신의 생각을 굽히지 않을 것이고 누군가가 자신의 목소리를 들어 주기를 바랄 것이다.

물질적인 욕구가 충족되면 사람들의 기대도 커진다. 자신들이 통치되는 방식에 더 많은 발언권을 원하는 것 또한 불가피한 현상이다. 자유와 생명, 해방을 향한 열망과 행복을 추구하려는 열망은 단순히 200여 년 전 미국을 건국하고 대부분이 잉글랜드인의 후손인 백인들 수천 명의 바람이 아니라 모든 인류에게 보편적으로 내재하는 욕망이다. 따라서 사회적 안정을 유지하는 대가로 번영을 가져다주기로 한 중국 공산당의 거래는 자국민이 번영을 당연시하는 순간 반드시 재조정되어야 한다.

나는 미국과 매우 다른 문화와 역사를 가진 중국이 미국과 똑같은 정치 제도를 가져야 한다고 이야기하는 것이 아니다. 미국은 건국 이래 어쨌거나 매우 다양한 방식으로 진화해 왔다. 마찬가지로 중국에도 변화가 일어날 것이다. 오늘날 중국인들은 깨끗한 공기와 물, 안전한 식품, 부패한 관리 같은 당면한 문제들에 더 관심을 기울이고 있을 것이다. 하지만 시간이 지날수록 틀림없이 개인의 자유와 사회 정의가 확대되기를 원할 것이고 결국에는 정치에 참여하고 싶어 할 것이다.

중국 지도부는 실리적이며 사회 안정을 유지하기 위해 민심을 밀착 감시한다. 더 공개적이고 포용적인 정치 체제를 만드는 개혁이야말로 사회 안정을 담보하는 최선의 방법이다. 정치적인 변화를 꾀하는 일에는 위험이 뒤따르지만 그렇다고 너무 미루기만 해서는 궁극적으로 중국과 지구촌 전체에 훨씬 큰 위험을 초래할 것이다. 결국 중국이 지속 가능한 성공을 이어 가기 위해서는 경제적인 자유와 번영에 더해서 더 많은 개인적인 자유와 정치적 자유가 필수적으로 동반되어야 할 것이다.

20 미래로

아직 서늘한 기운이 느껴지던 2014년 3월 초의 어느 날 나는 보스턴항이 내려다보이는 세련된 회의실에 앉아 일단의 금융계 중진들로부터 질문을 받고 있었다. 그들은 미국인 수백만 명의 개인 저축과 연금 기금을 비롯하여 3조 달러가 훌쩍 넘는 금융 자산을 관리하는 다양한 기관에 소속된 사람들이었다. 그들은 중국 경제에 대해서 가능한 한 많은 것을 알고 싶어 했다. 중국 경제가 곧 한계에 부딪힐 것인가? 부동산 거품을 둘러싼 우려는 없는가? 중국의 금융 체제는 과연 얼마나 취약한가? 미국 정부는 중국의 환경 문제를 심각하게 받아들이고 있는가? 그러던 중에 한 참석자가 상당히 개인적인 질문을 했다.

그가 말했다. 「헨리, 당신은 진정한 애국자입니다. 그럼에도 중국을 돕는 이유가 도대체 뭡니까?」 나는 순간적으로 멈칫했다. 이 책을 쓰기로 처음 마음먹은 3년 전이었다면 세련된 금융가들의 모임에서 이런 질문을 받을 일이 전혀 없었을 터였다. 그때의 그들이라면 내가 중국에서 그동안 해온 모든 일이, 즉 중국이 경제를 개혁하고, 시장을 개방하고, 환경을 보호하고, 자국민의 삶의 질을 개선하도록 돕는 것이 경제적으로나 전략적으로 미국에도 이익이 될 거라고 생각했을 터였다. 하지만 2차 세계대전이 끝난 이래로 중국이 경제 분야에서 미국의 가장 크고 위협적인 경쟁자로 부상하고 최근에는 새로 갖춘 군사력까지 과시하며 불안을 야기하자 이런 관점에 변화가 생기고 있다. 그 결과 각계각층의 수많은 미국인들이 중국을 바라보는 시선에는 차츰 우려와 분노가 더해지고 있다. 그들 중 일부는 이제 협력보다 대립을 선호한다.

나 역시 그런 감정을 이해한다. 즉 부분적으로는 중국의 선택과 행동이 빚은 결과이기도 하지만 부분적으로는 최근 미국이 직면한 경제적 난관을 둘러싼 좌절감에서 비롯된 감정이기도 하다. 지금까지 나는 중국이 놀라운 성공 이야기를 계속해서 써 나가고 싶다면 어떤 방식으로 의미 있는 경제 개혁을 추진해야 하는지 설명하는 데 상당한 분량을 할애했다. 이런 논의의 주체가 중국과 그 국민이라면 충분히 그럴 수 있다. 하지만 왜 미국인이 그런 일까지 신경 써야 할까? 왜 미국인이 중국의 성공을 응원해야 할까? 거침없는 경제적, 군사적 성장을 늦출 수만 있다면 이 제멋대로인 거인이 차라리 발이라도 헛디디기를 바라야 하는 것이 아닐까? 중국은 국제 사회에서 이미 상당한 비중과 영향력을 가졌을 뿐 아니라 수년 안에 미국에 필적하는 위치까지 오를 것이 분명하다. 왜 굳이 지금 시점에서 중국이 그 많은 문제와 도전을 해결하도록 돕는 일에 도박을 걸어야 할까? 왜 경쟁자를 도와야 할까?

답은 간단하다. 그렇게 하는 편이 미국의 이익에 훨씬 부합하기 때문이다. 그래서 미국이 중국을 도와야 하는 것이다. 세계에서 가장 중요한 두 경제 강국이 상호 보완적으로 움직일 경우 우선 미국은 국제 사회에서 직면한 거의 모든 중대한 문제들 — 경제와 환경 문제부터 식품과 에너지 확보와 핵 확산, 테러 문제에 이르기까지 — 을 더 쉽게 처리할 수 있을 것이다. 반대로 양국의 이해가 상충하고 서로 반목하는 경우에는 이런 문제들을 처리하기가 거의 불가능할 것이다.

팽창하는 세계 경제로부터 이득을 취하고 싶다면 미국은 중국의 그것처럼 목표를 향해 나아가는 지극히 역동적인 성장 엔진이 필요할 것이다. 기후 변화로 초래될 수 있는 최악의 결과를 예방하고 취약한 지구 생태계를 보존하고 싶다면 중국에 방대한 환경 문제를 자체적으로 해결하고 외국에서 더 나은 사례를 도입하도록 해야 할 것이다. 미국 해안에 질병이 접근하지 못하게 하고 싶다면 중국과 다른 나라들에 최선을 다해 전염병을 예방하고 막도록 해야 할 것이다. 미국 시민을 해칠 수 있는 누군가의 손에 위험한 무기가 넘어가는 것을 막고 싶다면 중국을 비롯한 그 밖의 나라들에서 불법적인 무기 거래를 중단시키기 위해 공조해야 할 것이다.

이 모든 일이 일어나기를 바란다면 우리는 중국을 상대할 때 주도적이고 솔직하고 때로는 강하게 대처하는 동시에 서로 협력하고 상호 보완적인 정책을 개발하고 원칙에 근거한 세계 질서 안으로 중국을 보다 완전히 끌어들여야 한다. 만약 중국을 배제하거나 무시하거나 약화시키려 한다면 중국 지도자들의 선택에 영향을 미칠 수 있는 우리의 능력은 제한되고 중국을 의심하는 사람들이 예상하는 최악의 시나리오는 그대로 현실이 될 것이다.

우리는 진심으로 중국이 경제적으로 잘 해내기를 바라며, 그들이 성공한 미국의 덕을 보고 싶어 하듯이 우리도 그들의 성공으로 덕을 보기를 원한다. 중국은 미국의 수출 시장 중 가장 빠르게 성장하고 있다. 그로 인한 문제는 고작해야 우리 기업과 노동자를 곤란하게 만들고 우리의 일자리를 줄이는 정도다. 세계의 모든 경제 강국들이 까다로운 구조적 문제들 때문에 씨름하고 있는 오늘날 안정적인 성장의 필요성은 아무리 강조해도 절대로 지나치지 않다. 수많은 나라들과 긴밀한 관계를 맺고 있는 중국에 심각한 경제 문제라도 발생한다면 세계 경제 성장에 무차별적인 피해를 초래하게 될 것이다.

중국은 그들이 거둔 성공과 많은 미국인들의 두려움에도 불구하고 더 나은 경제 모델을 고안했거나 조만간 세계를 접수할, 소위 제지할 수 없는 강국이 아니다. 오히려 그 반대에 가깝다. 중국의 경제 체제는 대대적인 정비가 절실하게 필요한 상황이며 그들의 체제를 모방하려는 나라도 거의 없다. 물론 그들의 정치 체제를 모방하려는 나라도 전무하다. 중국의 저력을 과대평가하는 것은 중국의 잠재력을 과소평가하는 것만큼이나 매우 위험하다. 둘 중 어느 경우에 해당하든 중국을 대하는 방식에서 비이성적인 반응과 실수를 유발할 수 있다.

나는 협력이 쉬울 거라고 주장하는 것이 아니다. 오히려 한동안은 협력하기가 더욱 어려워질 거라고 장담한다. 새로 자신감을 얻은 중국의 태도는 앞으로도 달라지지 않을 것이고, 그들의 국수주의는 저절로 사라지기를 기대할 수 있는 것이 아니다. 자부심 강한 중국은 그들이 강해질수록 자국의 이익에 부합하는 것을 추구하는 과정에서 점점 더 독단적인 행보를 보일 것이다. 그들의 이해관계가 어떻게 달라질지 알 수는 없지만 우리의 이익과 점점 더 엇갈릴 것이라는 사실은 충분히 짐작할 수 있다. 따라서 우리는 강력하고 냉철하고 단도직입적인 태도로 중국에 우리의 핵심 원칙을 분명하게 고지하고 고수해야 한다.

1978년에 덩샤오핑이 혁신적인 경제 개혁을 시작한 뒤로 중국의 최고 지도자들은 자국의 번영이 평화로운 국제 환경에 달렸다고 주장해 왔다. 나는 외적인 평화와 안정을 도모함으로써 내적인 경제와 사회 발전을 보완하는 방법이 계속해서 바람직한 전략으로 남지 못할 이유가 없다고 생각한다. 역사에서 교훈을 얻는 중국인들은 새로 부상한 신흥국이 현상 유지를 원하는 강대국과 거의 예외 없이 갈등을 빚는다는 사실을 알고 있다. 만약 시진핑 국가주석을 비롯한 동료 지도자들이 미국과의 관계에서 그들이 〈강대국 관계의 새로운 모델〉이라고 부르는 것을 추구한다면 이는 자국 경제의 현대화와 성장을 이어 가는 동안 갈등을 피하면서 주요 강대국처럼 대우받기를 원하기 때문이다.

2014년 7월에 시진핑이 간략하게 이런 상황을 설명해 주었다. 「나의 주된 관심은 개혁과 그에 관련된 사안들입니다.」 그가 내게 말했다. 「중국 내에서 발전에 유리한 환경을 영위하기 위해서는 외부 환경도 좋아야 합니다. 그러므로 우리가 가는 길은 평화로운 길이 될 것입니다.」

그렇다고 하더라도 중국이 대담하게 그리고 우리 입장에서 보자면 현명하지 못하게 그들의 이익을 내세우지 않을 거라는 의미는 아니다. 시진핑 국가주석은 모든 강대국이 강력한 군대를 보유했다는 사실을 알고 있으며 중국의 군사력을 현대화하기로 결심했다. 그럼에도 중국이 완수해야 할 최우선 임무는 장기적인 안목으로 경제를 개편하는 것이다. 이 어려운 도전에 성공하기 위해서는 미중 양국의 협력과 서구 세계의 다른 국가들과의 협력이 가장 중요하기 때문에 시진핑은 미중 관계를 안정적으로 유지해야 한다는 사실을 알고 있다. 그런 점에서 미국은 큰 이점을 보유한 셈이다. 다시 말하면 중국에 도움을 줄 수도 있고 영향력을 발휘할 수도 있다는 것이다. 처음에 미중 전략경제대화를 설립할 때 미국 내각의 동료들에게 설명했듯이 미국이 경제적인 사안들을 제대로 처리한다면 다른 급박한 문제들도 처리하기가 더 쉬워질 것이다.

중국인들은 국제 사회에서 아마도 미국의 가장 두드러진 경쟁자로 부상하겠지만 다른 나라도 아니고 적어도 미국의 국민이라면 경쟁을 두려워하거나 경쟁 앞에서 위축되지 말아야 한다. 우리는 경쟁을 전폭적으로 포용해야 한다. 우리는 수 세기에 걸친 경쟁으로 더 강해졌다. 미국인들은 진정한 도전에 직면했을 때 최대한의 능력을 발휘한다. 경쟁은 더 나은 아이디어와 제품, 용역, 공급자가 승리하는 자유 시장의 정수다. 그럼에도 경쟁은 공정해야 하고, 규칙은 명확한 동시에 서로 합의되어야 하며, 심판은 편파적이지 않고 일관성이 있어야 한다.

여기에 더해서 경쟁은 제로섬 게임이 되지 않아야 한다. 우리는 두 나라가 모두 이익을 낼 수 있는 방법을 찾아야 한다. 예컨대 양국의 이해가 상충할 경우에는 양국 관계가 계속 유지될 수 있도록 직접적인 대화와 기술적인 관리가 필요할 것이다. 경우에 따라서는 공동의 이익을 추구하는 과정에서 서로의 이익을 위해 직접적으로 협력하거나 상호 보완적인 방식으로 일할 수 있는 기회가 만들어질 것이다. 그리고 협력과 경쟁이 혼합된 이런 관계는 미국 지도자들이 내리는 결정들에 의해, 특히 먼 미래까지 미국의 강력한 힘을 유지시킬 결정들에 의해 좌우될 것이다. 나는 미국이 구제 불능 상태에 다다랐다고 믿는 숙명론자들이나, 세상이 변했으며 미국이 변한 세상에 적응해야 한다는 사실을 인정하지 않는 승리주의자들을 참을 수 없다. 미국은 이미 성취한 것에 안주할 여유가 없다. 하늘을 찌를 듯한 부채 수준부터 갈수록 심해지는 소득 불평등에 이르기까지 경제적, 사회적 문제들에 부합하는 대내 정책을 채택해야 한다. 변화하는 국제 환경을 고려할 때 우리는 냉정하게 우선순위를 정해서 전략적으로 중요한 이해관계를 가지고 있지 않거나 목표를 달성하기 위한 계획이나 능력이 없는 분야에 자원을 낭비하지 말아야 한다.

누구나 예상할 수 있듯이 중국은 지속적인 번영과 국력 강화라는 자국의 이익을 위해서라면 모든 것을 할 것이다. 우리도 똑같이 해야 한다. 미국 지도자들은 혹시라도 약해 보일 수 있다는 두려움 대신 자신감을 가지고 협력하고 타협해야 하며, 필요하다면 강경한 태도도 서슴지 말아야 한다.

1972년에 양국 관계가 회복되기 전까지 미국과 중국은 한국전쟁에서 직접 얼굴을 맞대고 싸웠고, 베트남 전쟁에서 간접적으로 싸운 냉전 시대의 앙심 깊은 적이었다. 리처드 닉슨 대통령과 당시 미국 국가안보보좌관이었던 헨리 키신저는 중국이 미국보다 양국 공동의 적인 소련에 대해 훨씬 큰 불신을 품고 있는 상황을 교묘하게 이용해서 전략적인 관계를 구축했다. 이어서 미국과 중국이 합의한 〈세 번의 공동 성명〉을 통해 양국 관계가 정상화되었고, 미국이 타이완이라는 민감한 사안과 관련해서 중국 정부를 상대하기 위한 중요한 틀이 마련되었으며, 향후 양국의 외교 관계에 적용될 원칙이 제시되었다.

중국의 성공이 두 나라 모두에 이익이 된다는 공통된 인식에서 비롯된 암묵적인 합의가 점차 뿌리를 내리기 시작했다. 미국은 중국의 발전을 지원했고, 중국은 소련에 맞서 미국과 뜻을 같이하면서 유례없는 경제적 개혁개방 정책에 착수했다. 총 여덟 번의 공화당이나 민주당 정부를 거치는 내내 미국은 어느 때보다 중국 정부와 긴밀하게 협력했다. 미국은 값싼 제품을 수입해서 이득을 보았고, 중국은 미국인들의 끝이 보이지 않는 소비재 수요에 맞추어 제품을 공급하면서 큰돈을 벌었다. 그리고 이렇게 돈을 번 중국은 든든한 자금원으로서 미국의 대규모 부채에 자금을 지원했으며 이자율과 인플레이션을 낮은 수준으로 유지하는 데 도움을 주었다.

워싱턴과 베이징의 관계를 비판하는 사람도 적지 않았지만 긍정적인 미중 관계가 궁극적으로는 미국과 미국의 일반 시민들에게 이익이 된다는 것이 일반적인 여론이었다. 하지만 역동적이고 급격히 성장하는 중국 경제가 갈수록 미국 경제를 위협하자 여론도 변하기 시작했다. 미국이 그동안 이용당했다고 느끼는 사람들이 많아졌기 때문이다. 중국이 좀 더 약하고 영향력이 미미할 때는 용인되었던 문제 — 해외 투자를 차단하는 퇴행적인 보호 무역주의와 외국 기업은 반드시 합작 회사를 통해 투자해야 한다는 조건, 진입 비용으로 기술 이전을 요구하는 행위 등 — 가 중국의 국유 기업들이 수익률을 개선하고 세계 시장에서 경쟁력을 갖기 시작하면서, 그럼에도 여전히 반경쟁적인 보조금과 규제상 혜택을 받으면서 이제는 더 이상 용납할 수 없는 것이 되었다.

세계 금융 위기 이후로 미국 경제가 휘청거리기 시작하면서 중국의 성공은 더욱더 아프게 다가왔다. 여론은 양쪽 모두에서 나빠졌다. 2013년 중반에 퓨 리서치 센터의 글로벌 애티튜드 프로젝트에서 실시한 조사에 따르면 중국에 대한 미국인들의 호감도는 2년 전보다 14퍼센트가 떨어진 37퍼센트로 나타났다. 한편 중국인들의 미국에 대한 부정적인 태도는 7퍼센트가 증가한 53퍼센트였다. 심지어 양국의 정치인들은 이런 부정적인 감정을 노렸다. 예컨대 중국을 맹렬히 비난하는 전략은 미국의 선거 운동에서 인기 있는 수단이 되었다. 중국의 국수주의자들은 미국이 아시아 지역의 질서를 지배하는 상황에서 중국 정부가 나서야 한다고 촉구했다. 양쪽 모두에서 협력을 외치던 목소리가 대립을 촉구하는 쪽으로 바뀐 것이다.

하지만 이런 행위는 양국 모두에 자멸을 가져올 수 있다. 미국인들은 미중 관계를 통해 많은 것을 얻어 왔으며 미국이 중국과 그리고 중국이 미국과 건설적인 방향으로 협력할 수 있는 새로운 방법을 찾아낸다면 훨씬 더 많은 것을 얻게 될 것이다. 중국의 새 지도자들은 시장 개혁을 위한 새로운 행보를 시작했다. 그리고 민간 부문을 촉진하고, 더 많은 경제 분야에서 외국인 투자를 받아들이고, 시장에 기반하는 통화와 궁극적으로는 자본 계정의 공개로 나아가려는 목표 아래 자본 시장을 자유화하기로 윤곽을 잡았다. 이 같은 행보는 중국에 이익이 될 것이다. 아울러 미국의 농부와 노동자와 사업가에게도 기회를 만들어 줄 것이다.

미국인들은 중국에 어떤 불만을 갖고 있을까? 만연한 지적 재산권 도용에 대한 불만은 타당하고 이런 문제들에 대해서는 단호하고 확고하게 해결 방안을 모색해야 한다. 하지만 일자리 감소나 우리가 중국에 지고 있는 부채 금액 같은 다른 문제들은 훨씬 복잡하고, 자주 왜곡되고, 일부는 기본적인 경제학에 대한 오해와 잘못된 계산에 근거한다.

미국인들은 최근 몇 년 동안 심각한 일자리 감소로 어려움을 겪었다. 나 역시 이 문제에 지대한 관심을 갖고 있다. 일자리가 줄어드는 주된 원인은 중국에서 아웃소싱하기 때문이라기보다 많은 일자리 자체를 불필요하게 만들고, 미국 중산층을 몰락시키고, 소득 격차가 점점 더 벌어지게 만드는 자동화와 컴퓨터 기술, 로봇공학에 의한 와해성 기술*의 발전 때문이다. 경제를 조속히 반전시키는 문제와 별개로 우리는 이런 걱정스러운 흐름을 국가적 차원에서 다룰 필요가 있다. 공장의 작업 현장부터 칸막이 사무실에 이르기까지 내일의 일터는 오늘의 일터와 매우 다른 모습일 것이다. 똑같은 기술적 변화가 중국을 비롯한 모든 주요 경제국들에도 영향을 주고 있다.

2014년 11월을 기준으로 중국은 1조 3000억 달러, 즉 미국 국채의 약 10퍼센트를 보유하고 있다. 일부 미국인들은 이 같은 사실에 우려를 나타내지만 그들의 염려는 대상이 잘못되었다. 미국은 채권자가 누구인지 걱정할 것이 아니라 부채의 순전한 규모를

* 업계를 완전히 재편성하고 시장 대부분을 점유하게 될 파괴적인 기술이나 신제품을 가리키는 말.

걱정해야 한다. 어떤 경우라도 미국의 최대 채권자는 미국 시민이다 — 연방준비제도라는 형태로 미국 시민은 2조 5000억 달러에 약간 못 미치는 미국 재무부 채권을 소유한다. 중국이 미국 국채를 매입해서 보유하면 미국에는 이득이다. 미국 채권에 대한 중국의 수요가 미국의 재정 마련 비용을 낮추기 때문이다. 중국의 외환 보유고 중 거의 4분의 1은 미국 채권이다. 중국인들이 미국 채권을 구매하는 이유는 세계에서 가장 안전하고 가장 유동성 있는 채권을 소유하는 것이 합리적이기 때문이다. 중국인들은 책임감 있는 투자자의 모습을 보여 주었고, 나는 그런 그들의 모습을 금융 위기 때 직접 목격했다. 그들은 당황하지 않았고 자신들이 투자한 것의 가치가 걱정되었음에도 불구하고 끝까지 채권을 보유했다.

미중 관계에서 미국이 얻는 혜택 중 상당 부분은 수많은 미국인이 가장 비난하는 것과 관련되어 있다. 바로 무역이다. 무역 균형은 여전히 압도적으로 중국에 치우쳐 있지만 미국의 수출은 수입보다 빠른 속도로 늘어나는 중이다. 중국은 미국과 무역 거래가 두 번째로 많은 나라이자 가장 빠르게 성장하는 동시에 캐나다와 멕시코에 이어서 세 번째로 큰 미국의 수출 시장이다. 중국이 세계무역기구에 가입한 2001년부터 2011년까지 10년 동안 미국의 대중 수출은 1040억 달러로 다섯 배 이상 급증했다. 미국 제품에 대한 중국의 욕구는 시종일관 강렬했다. 금융 위기가 발생한 직후인 2009년에 미국의 총수출은 18퍼센트 이상 감소했지만 대중국 감소 폭은 0.5퍼센트도 되지 않았다. 미국은 대체로 기계나 비행기, 전자제품이나 화학제품, 식품 등 보수가 높은 일자리를 떠받치는 고부가가치 상품을 수출한다.

미국의 대중 투자가 늘면서 중국의 대미 투자도 증가했다. 특히 중국 기업들이 미국에서 에너지와 농업 관련 산업, 부동산 등의 지분을 확보하면서 2012년부터 2013년 사이에 투자된 금액만

140억 달러로 두 배나 늘어났다. 물론 오스트레일리아, 일본, 캐나다 등이 미국에 투자하는 규모에 비하면 적은 금액이고 중국 기업들이 가진 능력과 원하는 것에 비하면 하찮은 수준이다. 양국 간 국경을 넘는 투자는 잠재적으로 무역보다 훨씬 강력한 응집력을 발휘할 수 있다. 미국 기업이 미국 정부를 비롯한 정부의 소유가 되는 것을 미국인들이 혐오하는 까닭에 중국의 국유 기업이 건실한 미국 기업을 인수하는 데는 언제나 저항이 따를 것이다. 그럼에도 일자리를 보존하거나 창출하는 투자는 정치적으로 용인될 가능성이 크다. 이러한 투자가 민간 기업에 의해 이루어지거나 도산을 앞둔 미국 기업을 인수하는 방식으로 또는 그린필드 투자*의 형태로 이루어진다면 가능성은 더욱 커질 것이다.

중국 최대의 자동차 부품 제조 회사인 완샹 그룹은 미국 시장에 진입하는 과정에서 환영을 받은 유일한 중국 기업이다. 1969년에 저장성에서 루관추(魯冠球)라는 초보 기업가와 몇 명의 친구들이 자전거와 트랙터 수리점으로 시작한 완샹은 이제 연 매출액만 235억 달러에 전체 직원 수가 약 1만 2,500명에 달한다. 그중 절반에 가까운 직원이 미국 현지 인력이며, 미국 열네 개 주에 스물여덟 개의 제조 공장을 보유하고 있다. 나의 친구이기도 한 루관추는 내가 2006년에 재무부 장관으로서 중국을 방문한 첫날 함께 저녁 식사를 한 민간 부문의 기업가들 중 한 명이었다.

일리노이주에 위치한 완샹의 본사를 운영하는 인물은 루관추의 사위인 니핀이다. 그는 나와 같은 동네에 살고 있으며, 막내가 2015년 가을에 나의 모교인 배링턴 고등학교에 입학할 예정이다. 니핀의 첫째와 둘째 아이는 이미 이 학교를 졸업하고 한 명은 시카

* 국외 자본이 투자 대상국의 부지를 직접 매입해서 공장이나 사업장을 새로 짓는 방식의 투자. 기존 기업에 대한 인수 합병으로 이루어지는 브라운필드 투자에 비해 고용 창출 효과가 더 크다는 장점이 있다.

고 대학교에, 다른 한 명은 노스웨스턴 대학교에 재학 중이다. 니핀이 내게 말했다. 「미국은 우리의 새 보금자리입니다. 우리는 이곳에서 중요한 사업을 벌일 것입니다.」

1990년대 초에 완샹이 미국으로 자금 이체하는 것을 중국 정부가 승인하지 않자 니핀은 장인의 요청으로 켄터키 대학교 경제학 박사 과정을 중퇴하고 조교로 일하면서 모은 돈으로 미국에서 완샹을 설립했다. 완샹은 오랜 기간에 걸쳐 눈에 띄지 않게 미국의 소규모 자동차 부품 공급업체들을 인수하고 청정에너지 기술에 투자를 늘려 오다가 2013년에 파산한 전지 제조업체 A123 시스템스의 자산 대부분을 매입했다. 미국의 일부 의원들은 A123 시스템스의 선진 리튬 이온 전지 기술이 군사적 목적으로 이용될 수 있다고 우려하면서, 그리고 중국 기업이 미국 정부의 보조금을 받는다고 비난하면서 거래를 반대했다. 하지만 완샹은 미국 정부로부터 공식 승인을 받았다. 2014년에 완샹은 재차 파산 시장에 손을 뻗었고 최초의 프리미엄 하이브리드 전기차를 생산한 피스커 오토모티브를 사들이면서 언론의 조명을 받았다.

2014년 7월에 디트로이트행 비행기에서 우연히 니핀을 만났다. 나는 디트로이트에서 미시간 주지사 릭 스나이더와 함께 미시간주가 중국을 비롯한 외국의 투자를 받아들임으로써 얻을 수 있는 이점이 무엇인지 공개 포럼을 주재할 예정이었다. 알고 보니 니핀과 그의 장인은 미시간주에서 사업을 확장하는 문제를 논의하기 위해 스나이더 주지사와 그다음 날 약속이 잡혀 있었다. 완샹에서는 추가로 2억 달러를 전지 사업에 투자하기로 결정했는데 그중 상당 부분을 미시간주에 배정한 터였다.

국경을 넘는 투자의 어떤 점이 미국 주지사들에게 어필하는지는 명백하다. 바로 일자리와 성장이다. 완샹은 그들의 자체 집계에 따르면 비틀거리는 자동차 부품 회사들을 사들임으로써

2007년부터 2009년 사이에 미국에서 3,500개의 일자리를 보전했다. A123 시스템스가 파산했을 때도 857명의 직원을 재고용했고 미시간주에서도 추가로 직원을 채용할 예정이었다. 이 중국 기업은 2015년 말까지 피스커 자동차를 재가동한다는 목표를 세웠고, 핀란드에 있는 생산 공장도 미국으로 이전할 계획이다. 완샹은 미국의 자동차 업계에서 총 약 5,500명의 직원을 고용하고 있으며, 이는 2012년의 3,000명과 비교된다. 그들은 2020년까지 미국에서 일하는 직원을 1만 명으로 늘릴 계획이다.

주 정부와 시 정부의 지도자들은 최전선에서 일자리 창출을 위해 기업과 협력한다. 2014년 4월에 폴슨 재단이 후원하고 오대호 연안 주지사들을 대상으로 하는 투자 설명회에서 위스콘신 주지사 스콧 워커가 내게 말했다. 「우리 주는 소규모 기업들이 대부분이고 우리 주의 소규모 가구 회사들처럼 많은 기업들이 중국발 경쟁 때문에 궤멸적인 타격을 입었습니다. 우리에게 필요한 것은 이런 기업들을 도우려는 전략적인 노력입니다. 중국은 이들 기업이 성장하는 데 매우 중요한 시장이고 따라서 중국의 투자가 어쩌면 하나의 해결책이 될 수 있을 것입니다.」 폴슨 재단은 에번 페이건바움 부회장이 이끄는 프로그램을 통해 미국 중서부 지역의 주지사들과 협력하면서 단순히 중국 자본뿐 아니라 중국 시장에 제품을 판매하는 노하우와 수완까지 전수받을 수 있도록 농기업과 제조업 분야에서 기회와 투자 모델을 모색하고 있다.

지난 수십 년 동안 중국은 너무 약하거나 내부적인 문제에 너무 몰두하느라 해외에서 본격적으로 대담한 시도를 벌일 경황이 없었다. 하지만 경제 규모가 10조 달러에 달하고 아시아를 비롯한 세계 무대에서 당당한 존재감을 갖게 된 오늘날의 중국 지도자들은 국익을 주장하는 부분에서 더 이상 인내하거나 때를 기다리려고 하지 않는다. 그들은 해군과 공군을 강화했으며, 최근 동중국해와 남중국해에서 미국의 우방인 일본 및 필리핀과 벌인 영토 분쟁에서 보듯이 기꺼이 새로 얻은 힘을 과시하고자 한다. 강성 발언과 행동이 중국 대중과 당의 엘리트들에게 두루 인기를 끌고 있다.

중국의 무력 과시는 위험한 현상이다. 이는 중국이 미국과, 아시아에 있는 미국의 우방국들과, 아시아의 다른 국가들과 맺고 있는 관계를 복잡하게 만들었을 뿐 아니라 대결주의자들의 주장에 무게를 실어 주었다. 영토 분쟁은 그 역사가 길고 복잡해서 어느 하나도 쉽게 해결되지 않을 것이다. 중국과 일본의 껄끄러운 관계가 가장 큰 문제다. 두 국가의 적대감은 2차 세계대전이 끝난 뒤로도 70년이나 지속되고 있으며, 이 지역의 경제적, 정치적 협력을 더욱 어렵게 만들고 있다. 경제와 안보 목적에서 한국 진출을 놓고 벌이는 이들 두 나라의 경쟁도 비정상적인 역학 관계에 한몫을 한다. 미국은 우방국인 한국과 일본 두 나라 간의 전략적 관계를 촉진하려 노력하고 있지만 이들 두 나라 사이에는 엄연한 역사적 갈등과 영토 분쟁이 존재한다.

이런 분쟁의 강도가 주기적으로 강해지고 약해지기를 반복할 것은 분명하다. 자주권을 둘러싼 상반된 주장들의 근본적인 가치에 대해서는 어느 쪽도 편들지 않지만 이를테면 남중국해를 자유롭게 항해하는 것처럼 오랫동안 유지되어 온 원칙에 대해서는 물러서지 않기로 한 미국의 방침을 나는 지지한다. 우리는 분쟁 해결을 위해 무력이나 다른 형태의 강제력을 사용하거나 사용하겠다는 협박에 맞서야 한다. 그와 같은 수단은 결국 제 살을 깎아 먹는 식으로 도발과 반발의 반복을 초래해서 너무나 쉽게 통제 불능 상태를 가져올 수 있다. 무역과 투자, 경제 성장에서 공동의 이해에 집중하지 않는다면 아시아 국가들은 누구나 할 것 없이 많은 것을 잃게 될 것이다.

나는 중국의 목표가 여전히 안정과 경제 발전이라고 생각한다. 둘 중 어느 하나가 없이는 다른 하나도 손에 넣기가 불가능한 까닭에 이 두 가지 목표는 궁극적으로 중국 정부가 주변국과 생산적인 관계를 확립할 방법을 찾는 것에 달려 있다. 최근 들어 자기주장을 뚜렷이 내세우는 중국이지만 적극적으로 갈등을 쫓아다니는 행위는 명백히 중국에 득이 되지 않는다. 특히 일부러 미국과 갈등을 빚는 것은 어리석은 행동이며 중국을 현재 위치에 올려놓은 것은 지도자들의 그런 어리석은 행동이 아니었다. 그들은 주변국을 상대로 무력 갈등이나 안보 갈등을 유발하면서 자국의 경제적 이익을 위협하는 모험을 하고 있다.

중국 지도자들 나름대로는 자신들이 거친 동네에 산다고 생각한다. 중국은 지난 75년간 전쟁이나 소규모 접전이나 대리전을 치른 네 개의 주요 열강과 인접해 있다. 일본, 인도, 러시아 그리고 주둔군을 전진 배치한 미국이다. 중국은 베트남과 한국을 포함해서 더 작은 이웃 나라들과 싸웠고, 북한과 파키스탄이라는 불안정한 핵 보유국들과 국경을 맞대고 있다. 극서쪽 국경 너머로는 미국이 점차 군대를 철수하면서 발을 빼고 있기 때문에 언제 정세가 불안해질지 모르는 아프가니스탄이 자리하고 있다. 중국은 미국이 중국 주변에 유지하는 군사 기지와 동맹 관계를 의심하고, 특히 자국 인근을 지나는 미국 선박과 항공기가 감시 임무를 수행한다는 사실에 불쾌감을 드러낸다. 이 모든 상황을 종합해 볼 때 미국은 향후 10년 안에 단지 독단적이고 국수주의적인 중국뿐 아니라 훨씬 규모가 커진 현대적인 해군과, 진보된 무기와, 정교한 사이버 전쟁 수행 능력을 앞세운 채 아시아를 넘어서 더 널리 자신의 존재를 각인시키려 하는 중국과 대면하게 될 거라는 사실을 명확히 인지해야 한다.

미국은 이 새로운 세력에 대처할 방법을 마련해야 한다. 우선 미국의 힘을 과시하고 전쟁 억제력도 높일 수 있는 최첨단 군대에 지속적으로 투자해야 한다. 예산상의 제약은 앞으로도 계속될 것이 분명하므로 지배적인 군사 강국으로서 미국의 지위를 유지하기 위해서는 중요하지 않은 프로그램은 폐지하는 등 방위 비용을 엄격하게 관리해야 한다. 동시에 안보 분야에서 비롯된 긴장감 때문에 중국과 미국의 관계가 궤도에서 벗어나지 않도록 양국의 경제 교류를 심화하는 것이 그 어느 때보다 중요하다. 미국은 다른 나라들도 같은 방법을 택하도록 독려해야 한다. 중국과 일본을 예로 들자면 경제적으로 이들 두 나라의 상호 의존도가 높아지면 높아질수록 양국이 갈등을 빚었을 때 감수해야 하는 대가도 더욱 커질 것이다.

미국 입장에서는 국제적인 거버넌스 구조에서 중국이 더 큰 역할을 하게 된 상황을 미국이 매우 환영한다는 사실을 중국에 알리는 것이 중요하다. 아울러 국제적인 위상이 높아질수록 그만큼 최대한 공공의 이익을 위해 행동해야 할 책임도 커진다는 사실을 중국에 주지시킬 필요가 있다. 국제 사회에서 지도적인 국가들은 다른 국가들 — 그들이 가진 상대적인 힘과 상관없이 — 의 권리와 이익에 신경을 써야 한다.

2014년 3월에 러시아가 크림반도를 합병하고 연이어 우크라이나 동부에서 불안을 조장하자 미국은 현 상황을 당연하게 받아들이는 것이 위험하다는 사실을 상기하고 미중 관계를 강화할 필요성에 주목했다. 분명한 것은 미국 입장에서 자국의 이익에 방해가 될 수 있는 중국-러시아 연합 전략 전선과 마주하고 싶은 생각이 없다는 것이다. 나는 40년 동안 지속되어 온 미중 간 호의와 긴밀한 협력이 이제 와서 역사의 뒤안길로 내쳐지기 일보 직전에 있다고는 생각하지 않는다. 그럼에도 중국과 러시아의 관계는 극적인 균열을 겪은 지 50년이 지난 지금 다시 안정적인 궤도에 올랐다. 이를 뒷받침한 것은 양국 간 상호 무역 관계의 증진과 미국의 힘에 대한 공통된 불신 그리고 중국과 러시아에 주기적으로 미국의 대외 정책과 어긋난 입장과 행동을 취하게 만드는 이른바 〈다극화〉 세계를 향한 두 나라의 공통된 열망이다.

러시아의 모험주의는 중국인들에게 선물이었다. 적어도 러시아의 모험주의 때문에 이미 해결된 것으로 여겨지던 유럽의 안보 문제가 부활하면서 미국 정책 입안자들의 관심은 분산되었고, 30여 년 만에 처음으로 미국과 나토 동맹국들의 결의가 시험대에 올랐으며, 미국의 소위 아시아 중심 전략이 복잡해졌고, 가뜩이나 빠듯하던 자원 운용에 부담이 더해졌다. 크림반도 사태로 서방 세계의 제재에 직면한 러시아 지도자 블라디미르 푸틴은 중국과 더 긴밀한 유대를 구축하려 하고 있다. 푸틴 정권은 2014년에 베이징에 천연가스를 공급하는 두 건의 장기 협약을 체결했는데, 러시아가 상대적으로 약자의 입장이었던 까닭에 두 건 모두 중국에 유리한 조건으로 진행되었다. 두 나라는 또 태평양 합동 해군 훈련을 포함해서 더 긴밀한 상호 군사 협력을 추진해 나가겠다는 의지를 발표했다. 러시아가 중국에 무기를 판매할 가능성도 우려되는 상황이다. 중국에서는 많은 사람들이 푸틴에게 감탄하는 동시에 크림반도를 합병하고 서방 세계의 명백한 무력함을 드러내는 과정에서 그가 보여 준 힘을 높이 평가한다. 그럼에도 불구하고 그들은 생각이 깊은 사람들이고 미국과 불필요한 분쟁에 말려들 생각도 없다. 더구나 미국보다 열세인 러시아를 대신해서 그럴 리는 더더욱 없다.

미국과 중국이 반드시 협력해야 할 걱정스러운 분야 중 하나는 바로 사이버 공간으로 경제와 국가 안보에 꼭 필요한 부분이다. 세계가 점점 더 개방되고 디지털화되면서 이점도 생겼지만 그만큼 전력망과 항공 교통 관제 시스템, 은행, 상수도, 국가 방어 시스템 같은 사회 기반 시설들과 국제기구들은 치명적인 공격에 더욱 취약해졌다. 하지만 사이버 공간에서의 행위를 관리하는 규율이나 협약 자체도 거의 없을뿐더러 국제적인 집행 기관은 전무하다. 과도한 위험에 비해 최소한의 안전장치만 존재하는 상황이 주의를 요하고 있다.

같은 맥락에서 미국이 중국과 협력해야 할 핵심적인 사안은 두 가지다. 첫째는 사이버 전쟁을 일으킬 능력에 대비한 국가 안보의 문제다. 중국을 비롯한 다른 나라들도 우리와 마찬가지로 공격과 방어 능력을 개발하리라는 것은 당연하다. 사이버 무기를 이용해서 기본적인 관공서 업무를 마비시키고 사회 기반 시설을 파괴하는 행위로부터 민간인을 보호하기 위해 최소한 미국과 중국을 비롯한 몇몇 주요 국가들만이라도 — 아마도 제네바 협정을 갱신하는 방법으로 — 협정을 체결해서 어느 정도 제한을 가해야 한다. 테러 집단이나 범죄 정권의 사이버 공격을 차단하기 위해서라도 미국은 중국과 협력해야 할 이유가 충분하다.

두 번째 사안은 미국 기업의 기밀에 대한 절도 행위다. 나와 친분이 있는 세계적인 기업의 최고 경영자들은 거의 모두가 내게 중국 쪽에서 자사의 컴퓨터 시스템을 해킹했거나 해킹을 시도했다고 말했다. 내가 들었던 우스울 만큼 서투른 한 해킹 사건에서는 미국 방산업체의 자료가 미국 엔터테인먼트 기업의 파일 안으로 옮겨지는 일이 발생하기도 했다. 보통 기업들은 이런 공격에 대해 이야기하려고 하지 않는다. 오히려 주식 가치가 떨어질 것을 걱정해서 나쁜 평판을 피하려고 한다. 하지만 2014년 8월 초에 예외적인 경우도 있었다. 테네시주 프랭클린을 본거지로 하는 거대 병원 기업인 커뮤니티 헬스 시스템스는 사회 보장 번호를 포함해서 450만 명의 개인 정보를 중국 해커들에게 도난당했다고 주장했다. 미국 기업들은 중국 가해자들에 대해 그다지 아는 것이 없다. 어쩌면 일부 행위에 대해서는 자국의 법을 집행하는 데도 어려움을 겪는 나라에서 비롯된 악질적인 행위에 불과할 수도 있다. 하지만 수많은 해커들이 국가의 지원을 받는다는 증거가 있다.

사이버 절도는 미국이 중국과 마주한 사안 중 가장 논란이 많고 잠재적으로 파괴적인 결과를 불러올 수 있는 경제 사안이다. 미국의 경제 안보를 저해하고, 중국이 정당하게 행동하지 않는다는 의심에 무게를 보태고, 양국의 공통된 기반을 찾기 어렵게 만들기 때문이다. 하지만 그동안 미국이 중국에 제기해 왔던 혐의는 에드워드 스노든의 폭로로 그 힘을 잃었다. 전직 미국 국가안전보장국(NSA)의 계약직 직원이자 현재 망명 중인 그는 미국에서 가장 민감한 사이버 염탐과 반테러 프로그램이 자세히 기술된 최고의 기밀 정보를 공개했다. 그는 무엇보다 미국 정부가 미국의 첨단 기술 기업들을 이용해서 간첩 행위 — 일부는 의도적으로, 일부는 우연히 — 를 해왔고, 중국과 중국 기업들에 관한 정보를 수집해 왔다고 폭로했다. 그의 폭로로 중국에 진출해 있던 해당 기업들이 많은 곤란을 겪었음은 물론이고 미국도 도덕적인 우위를 주장하기가 어려워졌다. 그럼에도 나는 미국 기업이 자체적으로 또는 미국 정부의 지원을 받아서 중국의 지적 재산을 훔친 증거가 있다는 말을 들어 본 적이 없다. 게다가 외국 정부나 기업이 상업적인 목적으로 미국 기업의 정보나 기밀을 수집하는 행위와 국가 대 국가로 서로를 염탐하는 보편적인 관행은 완전히 다른 차원의 이야기다. 다만 사이버 간첩 행위와 기업을 상대로 한 상업적인 목적의 사이버 절도는 그 경계가 모호한 것도 사실이다.

스노든 사건을 비롯해서 전 세계적으로 발생하는 기업의 전산 시스템에 대한 대규모 해킹은 분명한 경각심을 일깨운다. 기업 간 사이버 절도로 잃을 것이 가장 많은 나라인 미국은 스스로 지켜야 한다. 북한 정부가 그들의 지도자인 김정은을 악의적으로 묘사한 영화가 배급되지 못하도록 막기 위해서 감행한 것으로 추정되는 2014년 11월 소니 픽처스 엔터테인먼트에 대한 공격은 이런 위협을 확실하게 보여 준 사건이다. 나는 이 사건을 계기로 해커들을 막고 속이기 위한 전략적인 대응 방침이 고안되고 더 나은 법과 집행 방안이 마련되기를 기대한다. 미국의 주요 기업들은 확실한 보안을 위해 시스템을 강화하고 공격당하는 즉시 정부의 사이버 안전 센터에 신고해야 한다. 기업들에 이 두 가지를 이행하도록 강제할 법이 필요하다.

미국 정부는 다른 주요국들과 다각적으로 꾸준히 협력해서 영리 기업들을 사이버 절도로부터 보호해 줄 기준과 집행 장치를 마련해야 한다. 물론 어려운 주문이지만 점점 통합되어 가는 세계 경제 체제가 원활하게 기능하기 위해서는 꼭 필요한 일이다. 기업을 상대로 한 사이버 절도와 관련해서 다른 나라들의 호응을 얻는다면 중국을 참여시키기가 훨씬 쉬워질 것이다.

미국은 또한 중국이 해결책을 찾기 위한 노력을 시작하도록 당근과 채찍을 이용해서 암중으로 압력을 가할 방법을 찾아야 하는데 여기에도 쉬운 해답은 없다. 2014년 5월에 펜실베이니아주 연방 대배심이 컴퓨터 해킹과 경제 스파이 혐의로 중국 인민해방군 소속 관리 다섯 명을 기소한 사건도 바로 이 같은 목적에서 이루어진 일이었다. 하지만 나는 이런 식의 시도에 의구심을 갖지 않을 수 없다. 어차피 중국 관리들은 재판을 받으러 미국에 오지 않을 것이다. 그렇다면 법무부의 행동으로 미국 기업들만 중국에서 활동하기가 더욱 어려워지는 것 말고는 달리 어떠한 이득도 없는 듯하기 때문이다.

시진핑 중국 국가주석은 자국이 맺은 가장 중요한 양자 관계가 미국과의 관계라고 자주 언급한다. 당연하지만 나와 나누었던 대화의 어디에서도 그가 〈중요한〉과 〈쉬운〉을 혼동한다는 느낌은 받지 못했다. 혹은 변화 없이 〈고정된〉과도 혼동하지 않는다. 사실은 정확히 그 반대다.

「우리의 양자 관계를 계속 올바른 방향으로 이끌어 가는 과정은 복잡할 것입니다.」 2014년 7월에 인민대회당에서 장시간 대담을 이어 가던 중 시진핑이 내게 말했다. 「(양국 간) 차이의 강도는 시간이 지나면서 매번 달라지겠지만 차이 그 자체는 앞으로도 오랫동안 우리와 함께할 것입니다. 그렇지만 나는 우리의 상호 연계와 공동의 이해관계가 우리의 차이를 훨씬 능가할 것이라는 사실 또한 믿고 있습니다.」

그는 계속해서 다음과 같이 언급했다. 「의심이 두려움으로 이어지고, 두려움이 적대감으로 이어지는 양상이 반복되어 왔습니다. 우리는 이런 식의 악순환에서 벗어나야 합니다. 우리에게 어떤 공동의 이해가 존재하는지 알아내야 합니다.」

말처럼 쉬운 일은 아니다. 그동안 중국의 발전을 보조하고 그들의 세계 경제 체제 진입을 환영하기 위해 미국이 기울여 온 그 모든 노력에도 불구하고 많은 중국인들은 미국이 이제 중국의 성공을 견제하거나 방해하려 한다고 의심한다. 또한 미국 쪽에서는 언젠가 중국이 미국의 적이 될지 모른다는 의심이 커지고 있다. 이런 서로에 대한 이해의 공백을 단시간에 메울 방법은 없다. 신뢰란 좀 더 원활한 소통과 성공적인 협력을 통해 서서히 누적되는 것인 까닭이다.

대미 관계의 개선은 시진핑이 다년간 집중해 온 일이다. 나는 2014년 7월의 대담보다 2년도 더 전에 미국을 방문한 그가 메리어트 워드맨 파크 호텔의 한 독립된 공간에서 소수의 전임 미국 정책 입안자들을 상대로 만찬을 주최하면서 이 주제에 집중했던 것을 기억한다. 2012년 2월이었고, 국가 부주석이던 그는 그해 가을에 후진타오의 뒤를 이어서 중국 공산당의 수장이 될 예정이었다. 시진핑은 여유 있고 직설적이며 자신감 넘치는 모습으로 전임 미국 국무 장관인 매들린 올브라이트와 헨리 키신저, 전임 국가안보 보좌관인 즈비그뉴 브레진스키와 브렌트 스코우크로프트와 샌디 버거 그리고 전임 노동부 장관으로 내각에서 나와 함께 일했던 일레인 차오 등을 비롯한 만찬 참석자들과 활발하게 의견을 나누었다. 그는 미중 양국과 세계의 변화에 발맞추어 미중 관계를 개선하려면 혁신적이고 기존의 틀에서 벗어난 접근법이 중요하다고 말했다. 이런 맥락에서 비록 양쪽 모두에서 인기를 얻지 못하더라도 양국의 상호 이해관계에 따라 행동할 수 있는 용기가, 그의 표현을 빌리자면 〈개척 정신〉이 필요할 거라고 강조했다.

시진핑 체제 이래 중국의 대미 정책에는 본질적인 변화가 없었지만 목이 터져라 〈중국몽〉을 홍보하는 목소리에서 부쩍 국수주의적인 분위기가 묻어났다. 시진핑은 미국이 중국의 성취를 존중하고, 중국의 어려움을 이해하고, 중국을 동등한 상대로 대우하기를 바란다. 미국 입장에서도 이렇게 하는 것이 안정적이고 견고한 양자 관계를 구축하는 최고의 방법이다. 다만 여기에는 미국이 흔들림 없이 핵심 원칙을 고수하고, 중국이 규범에 기반을 둔 질서 안에서 국제적으로 책임감 있게 행동한다는 전제가 뒤따라야 할 것이다.

중국은 동시대의 국제 무대에서 비교적 신출내기에 해당한다. 나라가 성장하고 번영하면서 그들이 참여하지 않은 가운데 서방 국가들이 수년 전에 만든 규칙을 단순히 받아들이기보다는 국제 규범과 거버넌스를 형성하는 데 더 큰 역할을 맡고자 하는 것은 당연하다. 무엇을 바꾸고 싶은지 중국이 아주 구체적으로 밝히고 있지 않다는 사실은 한편으로 미국에 좌절감을 안겨 주기도 하지만 다른 한편으로는 양국에 서로의 차이를 해결할 수 있는 여지를 주기도 한다. 만약 중국 측에서 미국이 최선으로 여기는 것과 상당히 다른 제안이나 정책을 공식적으로 고집했다면 문제를 해결하기가 훨씬 어려웠을 것이다.

2014년 7월에 시진핑은 나에게 단언했다. 「우리는 우리의 능력에 상응하는 국제적 책임을 짊어지고 지탱할 준비가 되어 있습니다.」

미중 양국은 중국의 능력이 정확히 어느 정도인지를 두고 종종 이견을 보인다. 미국은 중국의 경제력을 강조한다. 반대로 중국은 빈곤을 퇴치하려면 아직 갈 길이 멀다고 말하면서 자신들의 위업을 깎아내린다. 하지만 미국은 이런 이견 때문에 어떠한 잠재적인 변화의 기회도 그냥 저버리지 말아야 한다. 미국은 중국이 기존의 국제 규범을 더 존중하도록 상식적인 수준에서 가능한 만큼만 중국을 압박해야 할 뿐 아니라 중국의 선택이 마음에 들지 않는 분야에서 비롯된 양국의 극심한 견해 차이가 양국의 전반적인 관계까지 망치지 않도록 해야 한다. 미국이 중국과 관계를 끊을 수 있는 단계는 이미 오래전에 지났다.

가장 가능성이 높고 합리적인 해결책은 중국이 국제적인 경쟁 구도를 만들려고 하거나 기존의 규범과 제도를 없애려고 하는 대신에 국제 규범을 중국의 국익에 부합하게 조정할 방법을 찾는 것이다. 중국 정부는 2차 세계대전 이후에 주로 미국이 설계한 국제 경제와 거버넌스 구조 안에서 매우 잘해 왔다. 그렇다고 하더라도 미국은 중국이 마냥 이 시스템을 현재 상태 그대로 받아들일 거라고 착각하지 말아야 한다. 실제로도 중국은 이런저런 대안을 시험하고 있는 중이다. 일례로 중국을 비롯한 브라질과 러시아, 인도, 남아프리카공화국 등 2000년대에 빠른 경제 성장을 보인 브릭스 국가들은 2014년 7월에 신개발은행을 설립해서 세간의 이목을 끌었다. 소위 브릭스 은행으로 불리는 이 새로운 기구는 자본 총액이 1000억 달러에 이를 전망이며, 상하이에 본사를 두고 제3세계의 사회 기반 시설 프로젝트에 자금을 지원할 예정이다. 여기에 더해서 중국은 단기 유동성이나 국제 수지 균형 문제로 압박을 받는 나라들을 지원하기 위해 별도로 조성하는 총 1000억 달러 규모의 위기 대응 기금 중 410억 달러를 부담하기로 약속했다.

중국의 이 같은 주도적인 행보는 세계은행이나 국제통화기금 같은 기구들에서 투표권이나 쿼터 할당 등의 개정 작업이 더디게 진행된 결과다. 중국은 전통적인 개발은행들을 상대로 자국의 소유권과 영향력을 늘리고 싶어 했지만 기존의 주주들은 지분을 줄일 마음이 없었던 것이다. 국제적인 시스템을 운영하는 기관들이 전 세계가 의지할 수 있는 안전성은 그대로 유지하면서 중국 같은 새로운 큰손의 출현에 적응하도록 돕는 데 미국이 앞장서야 한다. 미국은 중국이 외부자가 아닌 내부자이기를 원한다. 닫힌 문을 통해서는 대화하기가 어려울뿐더러 협력하기는 더더욱 어렵기 때문이다.

건전한 경쟁을 보장하는 최고의 방법은 공동의 이해관계를 공동의 성공으로 바꾸는 방법을 찾아내는 것이다. 사소하거나 점진적인 조치라도 구체적이기만 하다면 신뢰를 구축하는 데 도움이 될 수 있다. 미중 양국은 제3세계에서 인도주의적 사명을 수행하거나, 이를테면 아프리카에서 재생 가능한 전기를 생산하는 것 같은 대규모 친환경 프로젝트를 선도하는 부문에서 서로 협력할 수 있을 것이다. 상호 투자와 관광, 학술적 협업을 비롯한 교육과 스포츠, 문화 교류를 통해 양국 시민들 간에 이해를 증진하고, 경제적 문화적 연계를 만들고, 상호 의존성을 늘릴수록 두 나라가 파괴적인 갈등을 피해야 할 유인은 더욱 많아질 것이다. 국가적 차원보다 아래로 내려가면 이미 많은 일이 이루어지고 있다. 하버드 경영대학원과 칭화 대학교의 경우처럼 많은 미국 대학들이 중국의 고등 교육기관과 제휴하고 있다. 미국의 시장들과 주지사들도 신규 일자리를 창출하는 직접 투자에 문을 개방하고 있는데, 이는 아마도 경제적인 유대 중에서도 가장 오래 유지될 수 있는 방식일 것이다.

미국과 중국은 서로에게 불신이 깊은 양국의 군대 사이에 신뢰와 투명성과 협력 관계를 구축할 방법을 찾아야 한다. 양국은 갈등을 조장하는 기동 훈련을 실시하면서 상대의 훈련을 위협으로 여긴다. 그동안 양국 간에 오간 대화는 대부분이 상징적이고 공허한 것으로 드러났다. 하지만 양국의 무장 병력은 예를 들면 재난 구호를 위해 또는 마약 거래를 막기 위해 서로 그리고 다른 나라들과도 공조하면서 가교 역할을 할 수 있다. 양국의 이해관계가 명백히 일치하는 〈연성 안보〉와 관련된 사안들에 대해서는 협력할 여지가 더욱 많다. 중국은 세계 제1의 해양 무역국이자 해운 국가다. 최근 아덴만에서 거둔 결실을 기반으로 합동해서 해적 소탕 작전을 벌인다면 비록 안보 문제를 둘러싼 양국의 커다란 견해 차이는 해소되지 않더라도 공동의 작전 경험과 목적의식이 생길 수 있을 것이다.

다음은 우리가 중국과의 관계에서 명심해야 할 몇 가지 원칙이다.

우리를 돕는 자들을 도와라

정부가 건설적이고 긍정적인 경제 안건을 제기하고 시장 자유화와 경쟁 개방을 확대하도록 열심히 협상하고 있을 때 우리는 시진핑 중국 국가주석이 이끄는 개혁가들을 도와서 중국과 우리 자신의 이익을 위해 그들이 경제적 목표를 달성하도록 지원하고 있다. 오늘날 중국 지도자들은 외부 압력을 이용해서 내부적인 변화를 밀고 나아갈 방법을 찾으려 한다. 중국은 2013년에 미국과 양자 투자 협정을 둘러싼 협상을 재개했는데, 여기에는 교착 상태인 개혁을 촉진하려는 목적도 일부 존재했다. 양자 투자 협정이 성공적으로 타결된다면 중국인들은 경제적으로 현재보다 훨씬 많은 분야를 미국 기업들에 개방해야 할 것이다. 이는 중국 경제가 소비 주도 성장으로 방향을 전환하는 데도 도움이 될 것이다. 실제로 금융 서비스와 이동통신, 회계, 의료 서비스, 컨설팅 등의 분야에서 자유로운 경쟁이 보장된다면 해당 분야에 강점을 가진 미국은 빠르게 성장하는 거대한 중국 시장의 덕을 보게 될 것이다. 성공적인 양자 투자 협정으로 중국의 대미 투자가 늘어나면 더 많은 일자리가 창출될 것은 거의 확실하다. 이를 위해서 폴슨 재단은 미중 기업 협의회와 중국 정부의 싱크탱크인 국무원 발전연구센터, 골드만 삭스와 제휴하여 본격적인 양자 투자 협정 협상에 앞서 전문적인 교육을 제공하고, 〈높은 수준〉의 합의를 지지하는 미국 시장들과 주지사들은 물론이고 여러 분야의 중국과 미국 기업가들을 결집시키고 있다.

불을 밝혀라: 어둠 속에서는 절대로 좋을 일이 없다

중국의 개혁을 지지하는 것은 투명성을 확대하고 더 광범위한 제품 및 제도와 관련해서 세계 기준을 더 엄격히 준수할 것을 요구하는 것과 같은 의미다. 투명성은 부패에 맞서는 최선책인 동시에 중국 시민들을 비롯한 외국 기업들과 투자자들이 중국 정부와 법치에 대한 신뢰를 강화할 수 있는 최고의 방법이다. 우리는 중국에 대기 질과 수질 지수, 환경 규제의 집행부터 지방정부의 토지 판매와 재정에 이르기까지 전반에 걸쳐 신뢰할 수 있는 정확한 정보를 배포하도록 독려해야 한다.

우리는 점점 더 통합된 네트워크에 의존하는 세계 경제 시스템이 매끄럽게 기능할 수 있도록 의료 서비스에서 공업 제품에 이르기까지 보완적인 표준을 마련해야 한다. 중국을 비롯한 많은 나라들이 걸핏하면 국가 안보를 핑계로 지역적인 표준을 적용하고 있지만 이는 보호 무역주의를 은폐하려는 행위에 불과하다. 예를 들면 중국 관리들은 자국의 통신 회사들을 지원하기 위해 오랫동안 이동통신 분야에서 공동 표준을 거부해 왔고 그 과정에서 소비자들을 기만했다.

유감스럽게도 사이버 염탐에 대한 불안은 사람과 기업을 상대로 수집한 데이터를 지역 서버에만 저장하고 처리해야 한다는 여러 나라의 주장에 무게를 실어 주었다. 인터넷의 지역 분할화는 국제 경제의 생명선이자 수많은 산업과 서비스업의 매끄러운 기능에 꼭 필요한 국가 간 데이터의 흐름에 지장을 줄 수밖에 없다. 따라서 미국은 환태평양 경제동반자협정 및 다른 조약들에서 데이터 지역화 요건을 금지하는 규정을 만들려 하고 있다.

하나의 목소리로 말하라

우리는 중국에 하나의 목소리로 미국의 여러 가지 사안들을 규정하고, 우선순위를 정하고 조정해야 한다. 내가 재무 장관이 되기 전까지 미국은 중국과 수십 개의 개별적인 대화 창구를 가지고 있었다. 수많은 대화가 오갔지만 실행으로 옮겨진 경우는 그다지 많지 않았다. 우리는 범정부 차원에서 그리고 적절한 실무 부서 차원에서 중국과 장·단기적인 문제들을 논의할 수 있도록 미중 전략경제대화를 창설했다. 미중 전략경제대화를 통해 우리는 특정 경제 사안의 직접적인 담당자뿐 아니라 결정권자에게도 지속적으로 명확한 메시지를 전달할 수 있었다. 또한 양쪽에서 모든 관련된 부, 처, 국이 토론하고 합의를 이행하는 과정에 참여할 수 있게 되었다.

미중 전략경제대화는 양측에 각각 한 명의 책임자를 두는 구조였다. 나는 재무 장관 자격이 아닌 부시 대통령의 지명을 받아서 광범위한 국내외 경제 사안들에 대해 일관된 목소리를 내도록 조율하는 역할을 했다. 나의 중국 측 상대역이던 우이와 그의 후임 왕치산도 미중 관계라는 맥락에서 동일한 역할을 수행했다. 이 같은 구조 덕분에 우리는 각자가 지닌 공식적인 직함의 한계에서 벗어나 합의에 도달할 수 있었다.

오바마 행정부는 미중 전략경제대화를 〈전략과 경제 대화〉로 전환했다. 해외 정책과 국가 안보 문제를 포함하기 위해서였다. 대화 범위가 확장되면 당연히 장점도 있지만 의사소통과 조율 과정이 더 복잡해지고 결과를 도출하기가 더욱 어려워질 수도 있다. 오늘날 미국 측을 이끄는 인물은 재무 장관 제이컵 루와 국무 장관 존 케리다. 중국 쪽 상대역은 부총리 왕양과 국무 위원 양제츠다. 네 사람 모두 매우 유능한 인재들이지만 중국의 의사 결정 과정은 하부에서 합의를 이끌어 낼 수 있도록 상부에서 명확한 지령을 내려 줄 한 명의 고위 책임자가 존재할 때 가장 잘 기능한다. 아울러 미국 측에 그와 비슷한 핵심 인사가 보이지 않으면 중국인들은 종종 누가 미국 대통령의 의사를 대변하는지 궁금해한다. 공직에서 물러난 뒤로 나는 중국 관리들에게 오바마 대통령이 미중 관계를 관리하는 문제로 의지하는 인물이 누구이며, 특정 사안을 누구와 이야기하는 것이 가장 적절한지 묻는 질문을 수없이 받았다. 미국과 중국이 각각 대표자를 한 명만 임명한다면 〈전략과 경제 대화〉는 훨씬 더 잘 운영될 것이다. 미국에서는 아마도 부통령이 적합할 것이고, 중국에서는 총리가 적합할 것이다.

회의 자리 상석에 중국을 앉혀라

세계를 선도하는 강대국으로서 미국은 많은 문제에서 앞장서야 한다. 그렇게 하지 않으면 다른 어느 나라도 손을 보태려 나서지 않을 것이다. 그럼에도 미국은 수단과 목적을 연결하는 일에 훨씬 뛰어나다 — 목표의 우선순위를 정하고, 동맹 관계를 수립하고, 매우 신중하게 승리를 쟁취한다. 우리는 중국이 세계무역기구와 같은 국제단체에서 그리고 그들이 그토록 많은 혜택을 받은 세계 경제 시스템을 지원하는 일에 더 책임감 있고 중요하며 지도적인 역할을 해주기를 바란다. 중국은 지도적인 위치에 걸맞게 행동해야 하고, 이를테면 시장을 개방하고 온실가스 배출을 줄이는 등 더 높은 기준을 수용해야 한다. 중국이 과연 어느 정도로 책임 있는 역할을 맡아야 하는지를 두고 미국과 중국은 이견을 보인다. 미국은 국내총생산이든지 무역 규모이든지 아니면 탄소 배출량이든지 간에 중국의 순전한 크기와 규모를 기준으로 중국의 책임이 결정되어야 한다고 생각한다. 반면에 중국은 자국이 일인당 국내총생산이 낮은 여전히 가난한 나라이며, 그래서 조금 더 재량권을 가져도 된다는 입장이다.

우리는 현실적이어야 하고 따라서 중국이 더 중요한 역할을 해주기를 바란다면 양보하거나 타협할 준비가 되어 있어야 한다. 부시 행정부에서 선택한 접근법도 바로 그런 것이었다. 2008년 11월에 부시 대통령은 금융 위기에 대처하기 위해 세계 지도자 회의를 열었다. 금융 위기의 심각성은 단지 G8에 속한 선진국들 외에도 많은 나라의 참여를 필요로 했고, 미국은 중국이 협력을 약속한다면 다른 개발도상국들도 협력할 거라고 판단했다. 기존 G8 회원국들의 반대에도 불구하고 중국은 참여를 희망했고 다른 나라들도 그 뒤를 따랐다. 그렇게 G20은 금융 위기 동안 중요한 지원을 제공했고 세계 경제 시스템에 대한 자문과 협력을 얻는 탁월한 토론의 장이 되었다.

마찬가지로 미국은 중국을 미주 개발은행에 가입시키기 위한 기초 작업을 준비할 때도 반대를 극복했으며, 중국은 2009년부터 기부국으로 참여하고 있다. 그들이 처음 관심을 표명한 지 15년 만의 일이었다. 중국은 미주 개발은행의 회원국이 됨으로써 남아메리카에서 더욱 정당성을 인정받았다. 그리고 내가 판단하기에 중국을 도와 남아메리카에서 가장 큰 다자 개발은행과 협력하도록 한 일은 미국의 이익과도 직결된 남아메리카 지역에서 중국 기업들에 더 엄격한 사회적, 환경적 보호 규정을 준수하게 만드는 결과를 낳을 것이다.

경제적 지도력을 해외에 입증하라

중국은 범세계적인 무역과 투자를 통해 꾸준히 연계를 구축해 나가고 있으며 자국의 경제 안보와 야심 찬 외교 정책을 추진해 가는 과정에서 이런 연계가 그들의 영향력을 높여 줄 거라고 자신한다. 미국 정부는 경쟁력을 강화해서 유리한 입장에서 중국과 겨루어야 한다. 미국은 태평양 지역에서 강대국의 지위를 재확인하고 태평양 지역 국가들과 미국이 오랫동안 이어 온 경제적 유대를 강화해야 한다. 더 가깝게는 성공적인 북미 자유무역협정을 기반으로 멕시코와 콜롬비아, 칠레, 페루 같은 국가들의 개혁 지향적인 정부와 협력해서 무역을 자유화하고, 더 큰 경제적 통합을 이끌어 내고, 지역 안정을 공고히 해야 한다. 콜롬비아를 제외한 이 나라들은 모두 환태평양 경제동반자협정을 협상 중인 12개국에 포함되어 있다.

중국만큼 환태평양 경제동반자협정의 추이에 지대한 관심을 가지고 협력할 나라도 없을 것이다. 환태평양 국가들이 환태평양 경제동반자협정에 매력을 느끼는 점도 중국이 미국과의 양자 투자 협정 협상에 열의를 보이는 이유 중 하나다. 미국의 최우선 과제로 설정하고 대통령이 국내 정치적 자산을 모두 쏟아 부을 준비가 되어 있지 않은 한 환태평양 경제동반자협정은 체결되기 어려울 것이다. 나는 무역과 투자, 환경 보호 문제를 둘러싼 환태평양 경제동반자협정의 높은 기준에도 불구하고 언젠가는 중국이 회원국이 되려는 시도를 하기를 바란다. 협정에서 배제되었을 때의 불이익을 인식한다면 중국은 가입 조건을 충족하기 위해 필요한 개혁을 실시할 가능성이 농후하다.

최근 중국은 제3세계에서 주도권을 잡았고, 특히 사하라 이남 아프리카 지역에서 의미 있는 투자를 이어 가고 있다. 아프리카 국가들은 미국에 단순한 구호품 기부자 그 이상의 역할을 원한다. 그들은 미국의 자본과 기술을 원한다. 미국은 미국 기업들이 이 두 가지를 쉽게 제공할 수 있는 정책을 추진해야 한다. 중국과 달리 미국 정부는 해외에서 사회 기반 시설을 건설하거나 관련 사업에 자금을 대는 것을 후원하거나 지지하지 않는다. 하지만 많은 개발도상국이 이런 식의 투자를 원한다는 점에서 미국 정부는 사회 기반 시설에 자금을 대는 다자 개발은행들을 지원해야 한다. 이런 은행들에 기꺼이 더 많은 기금을 제공하고 이 돈이 미국의 민간 기업들을 통해 최대한 활용되도록 창의적인 아이디어를 제공해야 한다. 그래야만 미국의 다국적 기업들이 최고의 환경 기준과 기업 관행을 바탕으로 사회 기반 시설을 건설하는 데 좀 더 온전한 기여를 할 수 있을 것이다. 아울러 미국은 예컨대 아시아 인프라 투자은행 설립과 같이 새로운 다국적 시도를 주도하는 중국에 무조건 반대하지 말아야 한다. 해당 은행에 서로 협력하고 높은 기준을 채택하도록 촉구하면서 다자 개발은행들에도 동일한 행동 방식을 요구해야 한다. 여기에 더해서 제3세계에서 몇 건의 중대한 프로젝트를 중국과 공동으로 진행하는 것도 고려해야 한다.

〈예스〉라고 말할 수 있는 더 많은 방법을 찾아라

중국이 모든 점에서 미국의 접근법을 채택하도록 설득하기보다는 함께 새로운 정책을 고안하거나 낡은 정책을 새롭고 신선한 방식으로 재구성하는 편이 더 나을 것이다. 미국과 중국이 무언가를 늘 함께 서로에게 이익이 되는 방식으로 처리할 필요는 없다. 미국이 중국의 성장 모델을 〈수정〉할 수 없는 것과 마찬가지로 중국은 미국의 재정 문제를 〈수정〉할 수 없다. 그럼에도 각각의 경제를 개혁하고 재조정하려는 개별적인 노력은 두 나라를 더 상호 보완적인 기반 위에 올려놓을 것이다.

미중 전략경제대화에서 가장 유의미한 결과를 이끌어 낸 협상은 우리가 공통된 문제의 해결책을 놓고 혁신적인 협업 방식을 찾아냈을 때였다. 2007년에 오염된 중국 식품에 대한 공포가 확산되자 당시 미국 보건복지부 장관이던 마이클 리빗은 협상을 통해 미국의 식품 안전 감독관을 중국에 파견하고 마찬가지로 중국도 미국에 검사관을 파견하기로 합의했다. 마이클이 찾은 해법은 중국이 상품을 계속 수출할 수 있게 함으로써 그들의 체면을 세워 주는 동시에 미국에 안전하지 않은 식품이 유통되는 것을 막아 주었다. 더욱이 중국은 미국의 검사 방식을 직접 배워서 자국의 검사 공정을 개선할 수 있었다.

미국은 다른 분야에도 이런 접근법을 적용해야 한다. 세계에서 에너지를 가장 많이 소비하고 탄소를 가장 많이 배출하는 나라인 미국과 중국은 모든 환경 관련 제품과 서비스에 대한 세계 무역 장벽과 관세를 없애기 위해 노력해야 하고 차세대 청정에너지 제품들을 두고 협력해야 한다. 미국 환경보호국이 중국의 오염된 공기를 정화해야 하는 중국 환경보호부에 도움을 줄 수도 있을 것이다. 또한 탄소 포집과 저장 기술이나 에너지 저장 같은 분야의 차세대 기술을 상업화할 수 있도록 미중 공동 기금을 마련하는 것도 좋을 것이다.

깜짝 쇼는 피하고 돌파구를 찾아라

중국은 엄격한 학업 문화로 유명하다. 그 유산에 걸맞게 그들은 숙제를 한다. 에즈라 보겔이 저술한 권위 있는 덩샤오핑 전기에 따르면 마오쩌둥은 한때 덩샤오핑을 걸어 다니는 백과사전이라고 불렀다고 한다. 나는 최고의 자리에 오른 중국의 기업 중역이나 정부 지도자 중 완벽한 준비 없이 회의에 나온 사람을 한 번도 보지 못했다. 그들은 미국에도 같은 것을 기대한다.

완벽한 준비에 전원 합의 의사 결정 제도까지 더해져서 중국인들은 마지막 순간에 변수가 생기거나 상황에 따라 그때그때 즉석에서 움직이는 것을 몹시 불편해 한다. 까다롭고 복잡한 문제나 의견이 명백히 엇갈리는 분야를 다룰 경우에는 더욱 그렇다. 따라서 협상할 때는 깜짝 쇼를 피하고, 서로 의견이 엇갈리는 통제 불가능한 사건이 발생한 경우에는 긴급 대책에 따라 서로 협력하는 것이 바람직하다. 북한이 적당한 예가 될 수 있다. 북한 문제와 관련해서 미국과 중국은 일부 공통된 입장도 존재하지만 근본적으로 의견이 일치하지 않는 부분도 많다. 이를테면 북한의 핵무기 보유에 대해서는 양국이 모두 반대하는 입장이다. 북한의 변덕스럽고 호전적인 행위도 중국을 좌절하고 화나게 한다. 하지만 통일된 한국이 미국과 동맹을 체결하고 미군이 중국의 북동쪽 국경 너머에 주둔하게 될 거라는 전망에 열광하는 중국 전략가들의 모습은 상상하기 어렵다. 그럼에도 미국은 남한과 안보 조약을 맺고 있으며 남한의 강력하고 안정적인 민주주의에 전략적인 관심을 가지고 있다. 물리적 충돌 가능성을 최소화하고 한반도 안정을 위한 로드맵을 제공할 수 있는 대북 긴급 대책을 논의하는 것은 미국과 중국이 서로에 대한 신뢰를 구축할 수 있는 또 다른 기회가 될 것이다.

동시에 양국 관계에 돌파구를 제공할 수 있는 좋은 기회나 또는 잠재적으로 패러다임을 바꿀 수 있는 사건들을 늘 세심하게 살펴야 한다. 핵심은 부시 행정부가 금융 위기 당시에 세계 경제 회의의 중심을 G8에서 G20으로 변경했을 때와 마찬가지로 시의적절하고 창의적인 태도로 새로운 아이디어를 제시하거나 예상치 못한 기회를 잡는 데 두려움을 갖지 말아야 한다는 점이다.

중국의 현실을 반영한 방식으로 행동하라

우리의 거래는 소망이나 희망이 아닌 현실을 기반으로 해야 한다. 중국은 미국과 사뭇 다르기 때문에 중국이 보다 미국처럼 변하기를 바라는 지극히 정상적인 기대에만 매달려서는 방향을 정할 수 없다. 미국은 중국의 국내 상황을 가능한 한 많이 알아야 하고 충분한 자신감과 현실적인 태도로 실행 가능한 일에 초점을 맞추어야 한다.

일당 독재 국가의 산만하고 비공개적인 의사 결정 과정이 부족한 투명성과 통상적인 언론의 자유가 부재하는 상황과 어우러지면서 중국에서는 특히나 모든 것이 불투명하다. 왕치산을 비롯한 많은 중국 지도자들은 미국을 연구해 왔고 일부는 많은 고위층 자녀들이 그랬듯이 미국에서 학교를 다녔다. 영어를 할 줄 아는 중국 지도자도 많다. 반면에 미국 쪽에는 일반적으로 이와 유사한 친숙함이 없다. 미국에는 중국 관련 정책 보좌관이 이미 많지만 현실적으로 성취 가능한 것이 무엇인지 알고 정치적 압력이나 우선순위 또는 여론에 변화가 생겼을 때 그 틈을 비집고 뛰어들 수 있는 기민한 조언자들도 필요하다.

나는 운 좋게도 중국을 진정으로 이해하는 뛰어난 동료들과 함께 일해 왔다. 우리 팀은 중국 시민들이 환경 피해에 점점 더 분노하고 중국 정부가 에너지 효율을 개선하고자 한다는 사실을 인지했기 때문에 미국이 에너지와 환경 협력을 위한 10개년 계획을 제안하면 중국이 수용할 것이라고 예상했다. 실제로 양국은 2008년에 에너지와 환경 협력을 위한 10개년 계획에 조인했다. 오바마 행정부도 비슷하게 중국에서 점차 증가하는 환경에 대한 우려를 이용해서 2014년에 중국과 기후 변화를 둘러싼 기념비적인 합의에 도달할 수 있었다. 합의가 이루어지기까지는 〈전략과 경제 대화〉라는 공식적인 기구의 밖에서 대통령 자문인 존 포데스타가 탁월한 활약을 펼치고 2014년 11월 베이징에서 개최된 아시아 태평양 경제 협력체 회의에 참석한 오바마 대통령 본인이 여가 시간을 이용해서 직접 관여한 것이 큰 역할을 했다.

중요한 사실은 미국이 약자가 아닌 강자의 입장일 때 중국을 비롯한 다른 나라들을 가장 효과적으로 상대할 수 있다는 것이다. 2차 세계대전 이후로 대부분의 기간 동안 미국의 힘과 결의는 한 번도 의심을 받지 않았다. 앞으로는 그렇지 않을 것이다. 미국 경제는 여전히 지구상에서 가장 규모가 크고 혁신적인 상태를 유지하겠지만 우리는 미국의 우위를 위협하는 치명적이고 명시적인 두 가지 도전에 직면해 있다. 하나는 미국의 지속 불가능한 장기적인 재정 상황이고, 다른 하나는 미국 사회의 부와 소득 격차를 심화시키는 한없이 무기력한 미국의 성장률이다. 지난 10년 동안 미국의 실질 국내총생산이 3퍼센트 이상 증가한 경우는 딱 한 해뿐이었다. 재정 문제를 해결하고 더 많은 일자리와 보수가 좋은 일자리를 창출하려면 미국은 훨씬 더 빠르게 성장해야 한다.

부채는 미국의 최대 적이다. 미국의 국가 부채는 현재 18조 달러를 넘어섰다. 국민 한 사람당 평균 5만 6,000달러의 빚을 지고 있는 셈이다. 하지만 적어도 해결책을 마련하는 것에 관한 한 미국 정부는 무관심한 것이 아니라면 제대로 기능하지 못하는 모습을 보여 주었다. 미국은 정책적인 변화를 통해 경제적 경쟁력을 회복해야 한다. 그러지 않으면 강자로서의 지위나 주도권을 현저하게 잃게 될 것이다. 그렇게 된다면 과연 어떤 나라가 미국을 본받을 가치가 있는 나라로 생각하겠는가? 과연 어떤 나라가 억지로라도 미국에서 내거는 조건으로 미국과 거래할 필요성을 느끼겠는가? 2008년 금융 위기로 미국 경제가 위기에 처했을 때 나는 이런 상황을 현장에서 직접 목격했다. 내가 제안하는 개혁에 관한 의견들이 이전만큼 중국 당국에 무게감을 주지 못한 것이다. 미국의 금융 시스템이 혼란에 빠지고 미국의 경제계가 제대로 기능하지 못하는 상황에서 시장 자유화를 주장하기란 그야말로 어려운 일이다.

미국은 스스로 문제를 해결할 수 있을 만큼 — 서둘러 — 재무 건전성을 회복해야 한다. 지체할수록 대가는 더욱 커질 것이다. 이 일은 미국이 세계적으로 강력한 군대를 유지하는 동안에 이행되어야 한다. 어렵고 복잡한 도전이지만 완수해야 한다. 재정적인 어려움을 무시하고도 오랫동안 국제 열강의 지위를 유지한 나라는 역사적으로 존재하지 않는다. 마지막으로 요약하자면 우리가 스스로를 나약하게 느끼는 현상은 중국의 발흥보다 훨씬 심각한 문제다. 우리는 멀리 내다보아야 하며, 우리의 경제력에 활기를 불어넣기 위해 노력해야 한다. 우리가 다시금 안정적으로 경제적, 군사적, 외교적 힘을 보여 줄 수 있게 된다면 우리의 대의를 더 빠르고 완전하게 완성할 수 있을 것이다. 매우 단순하게 들릴 수 있겠지만 우리는 우리 자신의 문제를 해결했을 때 비로소 중국을 상대하기가 훨씬 수월해질 것이다.

감사의 말

이 책을 시작할 당시만 하더라도 지난 20년간 중국에서 한 일을 한 권의 책에 담아내는 작업이 이처럼 고되고 어려운 일이 될 줄은 미처 몰랐고, 그래서 차라리 다행이었다. 미리 알았더라면 애초에 시작도 하지 않았을 것이다. 다행히도 각각의 일화를 재구성하고 원고 전체나 일부의 정확성을 검토하는 과정에서 폴슨 재단에서 함께 일하는 현재 동료들과 골드만 삭스와 재무부에서 함께 일했던 예전 동료들로부터 많은 도움을 받을 수 있었다. 많은 동료들이 기록과 일지를 써서 보관하고 있었고 일부는 매우 포괄적인 내용을 담고 있었다. 이와 관련해서 차이진칭과 차이진융, 제이 차이, 크리스 콜, 헨리 코넬, 팀 다텔스, 아일린 딜런, 마이크 에번스, 에번 페이건바움, 팡펑레이, 캐럴 폭스, 톰 기비언, 브라이언 그리피스, 벤 허스트, 도미니크 호, 앨 호머, 프레드 후, 유진 황, 리즈 콜샤크, 체리 리, 짐 로이, 류얼페이, 마틴 라우, 데버라 레, 데이브 뢰빈저, 데이미언 마, 밥 모슬리, 로즈 뉴, 제이슨 파우, 댄 프라이스, 존 로저스, 타이야 스미스, 허우쩌 쑹, 스티븐 샤프란, 존 손턴, 바이런 트로트, 모지스 창, 린지 밸디언, 왕쉐밍, 피터 휠러, 트레이시 울스텐크로프트, 댄 라이트, 제니 쉬, 양젠민, 양샤오린, 휴고 연, 정취안, 주광야오, 쉬쯔왕에게 크나큰 감사를 표한다.

유능한 수석 보조원 리사 카스트로는 장시간 일하면서 그 많은 초고를 관리했고 누구도 그토록 잘 해내지 못한 일 — 나 스스로 서예라고 부를 정도의 악필을 빠르고 정확하고 침착하게 읽는 것 — 을 해냈다.

나는 조지 W. 부시 대통령에게 감사한다. 그는 내게 그와 함께 일할 수 있는 특권을 주었고 미중 전략경제대화 창설을 비롯해 내가 중국에서 한 일을 지지해 주었으며, 최근에는 중국에 관한 심도 있는 대화를 나누기도 했다. 주룽지 전 총리의 관대한 도움에도 깊이 감사한다. 그는 우리가 만날 때마다 자신이 기록한 내용을 내게 사용하게 해주었다.

오래되거나 새로운 많은 중국인 친구들이 너그러이 시간을 내주었다. 예컨대 레노버 그룹의 류촨즈, 호니 캐피털의 존 자오, 소호 그룹의 장신과 판스이, 차이나 브로드밴드 캐피털 파트너스의 창립자이자 회장이고 차이나 네트콤의 전 부회장인 동시에 최고경영자였던 에드워드 톈, 푸야오 유리의 차오더왕, 완샹 아메리카의 니핀(일리노이 배링턴에 거주하는 나의 이웃)과 그의 장인이자 완샹 그룹의 루관추, 브로드 에어의 장웨, 멍뉴유업의 뉴건성, 알리바바의 마윈, 텐센트의 공동 창립자 마화텅 등이다. 그 밖에도 중국의 수많은 사업가들과 당과 정부 관리들이 관대하게도 그들의 시간을 할애해 주었고 중국 전역에서 나를 환영해 주었다.

나는 전에 『위기의 순간』을 함께 작업한 마이클 캐럴에게 다시 한번 늪으로 뛰어들어서 이 프로젝트를 맡아 달라고 부탁했고 정말 운 좋게도 그를 설득할 수 있었다. 마이클 캐럴은 경제 관련 사안들을 잘 알았고 오랫동안 관련된 글을 써왔다. 그는 나와 함께 일하는 법도 터득했는데 이는 확실히 대단한 능력이다. 그는 만족할 줄 모르는 지적 호기심을 발휘하며 중국에 대해 배우는 데 푹 빠졌다. 복잡한 큰 그림을 다루면서 서술적인 동력을 유지하는 그의 능력도 큰 도움이 되었지만 세부적인 사항에 단 한 점의 오점도 허용하지 않는 그의 꼼꼼함과 절제력, 정리 능력도 마찬가지로 가치를 매길 수 없을 만큼 큰 도움이 되었다.

거의 3년 동안 나와 함께 출장을 다니고, 회의에 동석해서 기록하고, 조사원으로서 마이클 캐럴을 보조하고, 나의 오랜 중국 경력을 뒷받침할 사실과 사진을 수집하기 위해서 마이클 캐럴과 긴밀하게 협력하는 등 이 책이 만들어지기까지 긴 시간 헌신해 준 에마 애시번에게도 매우 감사한다. 리바 애틀러스, 윌 블라이스, 모니카 보이어, 루스 해멀, 데버라 매클렐런 등 일단의 뛰어난 조력자를 데려온 것도 마이클 캐럴이었다. 어떠한 과장도 용납하지 않는 데버라의 편집과 요약 능력은 그야말로 필수불가결한 요소였다.

공직에서 물러난 뒤로 나에게 끊임없이 지혜로운 자문을 제공하는 윌리엄스 앤드 코놀리의 로버트 바넷을 변호사로, 명확하고 날카로운 조언을 제공하는 아셰트 출판사의 존 브로디와 숀 데스먼드를 편집자로 만난 것은 정말 행운이었다.

생생한 일기에 더해서 함께 중국을 여행하는 동안 아내 웬디가 보여 준 직관과 관찰력은 나에게 큰 도움이 되었다. 나의 두 번째 이자 마지막 책 — 맹세컨대 — 을 견뎌 준 그녀에게 더할 수 없는 고마움을 전한다.

화보

2006년 9월 재무 장관 취임 후 첫 중국 출장 중 항저우의 유명한 시후 국빈관에서 나중에 국가주석이 되는 시진핑을 만났다. ©니르 엘리아스, 로이터

2006년 12월 베이징에서 열린 1차 미중 전략경제대화에서 후진타오 국가주석과 이야기를 나누고 있다. ©엘리자베스 달지엘/풀, 로이터

1997년 2월 중난하이 지도부 복합 단지에서 차이나 텔레콤의 기업 공개를 의뢰받고 있다. 골드만 삭스의 체리 리(내 뒤에 통역사들과 함께 있다)와 주룽지 상무 부총리와 함께.

1997년 11월 차이나 텔레콤의 기업공개 성공을 중난하이에서 축하하고 있다. 앞줄은 (왼쪽부터) 왕치산, 나, 주룽지, 웬디, 존 손턴이며, 뒷줄은 (왼쪽부터) 팡펑레이, 쉬쯔왕, 마이크 에번스, 비밍젠, 쿵융신, 왕쉐밍이다.

1998년 10월 우지찬 중국 우전부 부장(왼쪽)이 마이크 에번스, 왕쉐밍과 골드만 삭스 뉴욕 본사를 방문하고 있다.

「借傳媒小題大做」

特寫

作風硬朗率直的廣東省常務副省長王岐山，昨日開宗明義地表示時機成熟「要借傳媒的手小題大做」，目的是要發出一個信息，即中國會以粵企重組為一個國企的重組示範，要投資者及企業都知道，在……要再靠背景度日。

被指為朱鎔基第二的王岐山自稱最近有一想法：「一個孩子生出來後，做家長的照顧孩子到一定年齡，便應放手不再干預，否則這孩子不會成長，但剛好在要扔出去的時候，孩子遇到困難，家長還是要幫他一把，這一把就是要他……

雖然粵企弄至要全面重組，但這位來自中央的「特派員」說：「粵企是面臨不少困難，卻絕未到廣東克服不了的地步，我代表廣東省的承諾本身便是對粵企重組最大的支持……」

企業重組而要委任財務顧問，在海外甚至在本港市場本是極為普通的事，但王氏要將這「閒過立秋」的事張揚，因為「全面重組一間窗口公司在中國亦是第一次，所以想將它作為一個示範，明年此刻粵企重組便會成為一個故事，……

1998년 12월 나와 왕치산이 광둥 엔터프라이즈 채무자들과 가진 회의를 다룬 홍콩의 신문 기사. 기사에서 내 말풍선에는 〈진정해, 내가 처리할게!〉라고 쓰여 있으며, 왕치산은 〈이번 일은 당신만 믿을게!〉라고 생각하고 있다.

2000년 10월 칭화 대학교 경제관리학원 자문위원회 첫 회의. 앞줄은 (왼쪽부터) 라잣 굽타, 왕쉐빙, 요르마 올릴라, 왕다중, 나, 주룽지, 조지 피셔, 천즈리, 킴 클라크, 류밍캉이며, 뒷줄은 (왼쪽부터) 자오춘쥔, 워런 맥팔레인, 류찬즈, 손정의, 저우샤오촨, 리웨이, 어윈 제이컵스, 빅터 펑, 존 손턴, 주윈라이이다.

2002년 7월 중국은행(홍콩)의 기업공개를 마치고 만리장성에서 자축하는 모습. 골드만 삭스의 트레이시 울스텐크로프트와 쉬쯔왕이 중국은행의 류밍캉 양옆에 있다.

2002년 2월 장쩌민 국가주석과 윈난성에 국립공원을 만드는 계획을 논의하고 있다. 골드만 삭스의 쉬쯔왕이 내 뒤에 있다.

2013년 4월 베이징의 중국공상은행 본점에서 장젠칭 회장과 점심을 먹기 전.

2007년 12월 그랜드 에포크 시티에서 개최된 3차 미중 전략경제대화에서 우이 부총리가 〈채소 예술〉 수준의 정교한 식탁 장식을 자랑하고 있다. 오른쪽은 칼로스 구티에레즈 상무 장관이다.

2007년 5월 24일 2차 미중 전략경제대화 중 백악관의 오벌 오피스에서 가진 회의. (왼쪽부터) 저우원중 주미 중국 대사, 우이 부총리, 조지 W. 부시 대통령, 통역사들이다. (데이비드 보러, 조지 W. 부시 대통령 도서관과 박물관 제공)

2006년 12월 베이징의 인민대회당에서 1차 미중 전략경제대화가 열리기 전 막후에서 실무가 진행되는 모습. 타이야 스미스(가운데), 스미스의 상대역인 주광야오(그녀의 왼쪽에 서 있다). 쉬사오스 국무원 부비서장(가장 오른쪽에 서 있다)과 동료들.

2008년 6월 4차 미중 전략경제대화가 열린 미국 메릴랜드주 아나폴리스의 해군 사관학교 교내에서 왕치산 중국 부총리와 마이클 리빗 미국 보건 장관과 의견을 주고받고 있다. (미국 재무부 제공)

2014년 11월 베이징의 중국인민은행 본점에서. 저우샤오촨 총재와 세계 정세에 대해 이야기하고 토론하는 것은 언제나 즐겁다.

2014년 12월 미중 통상무역합동위원회가 끝나고 시카고에서 폴슨 재단의 후원으로 열린 행사에서 왕양 부총리와 페니 프리츠커 상무 장관과 함께 상호 출자를 검토하고 있다. (마크 톨버트 3세, 상무부 홍보실 제공)

2011년 12월 리커창 총리가 베이징의 인민대회당에서 〈지행합일〉이라는 폴슨 재단의 모토를 써주고 있다.

2014년 7월 경제 개혁 부문에서 시진핑의 오른팔 역할을 하는 류허와 정부의 우선순위를 논의하고 있다.

2012년 4월 4일 저우창 당시 후난성의 당 서기이자 현재 중국 최고인민법원장이 창사에서 나에게 스마트폰의 새로운 앱을 보여 주고 있다.

2014년 4월 11일 웬디와 내가 차오더왕 푸야오 유리 설립자(왼쪽에서 두 번째)와 그의 아들(가장 오른쪽)과 함께 자동화된 유리 제조 시설을 둘러보고 있다. ©니르 엘리아스, 로이터

2011년 1월 시카고에서 루관추 완샹 그룹 설립자와 그의 사위인 니핀 완샹 아메리카 사장과 사적으로 저녁 식사를 함께했다.

2000년 7월 당시 국제자연보호협회에서 일하고 있던 캐럴 폭스(왼쪽)와 로즈 뉴가 옐로스톤 국립공원에서 하오젠슈 중국개발계획위원회 부주임의 양옆에 서 있다.

2013년 11월 웬디가 열두 살의 천재 소녀 티나 린과 지역 안내자 그리고 이름이 같은 티나의 어머니 웬디와 함께 톈진의 베이다강 습지에서 조류 책을 찾아보고 있다. (레어 제공)

2008년 8월 2008년 베이징 올림픽을 관람하기 위해 중국에 간 폴슨 가족이 만리장성을 방문했다. 왼쪽부터 나, 웬디, 어맨다와 그녀의 남편 조시 롤린스, 헤더 폴슨과 메릿 폴슨이다. (토드 하마첵 제공)

2008년 8월 베이징의 공원에서 태극권의 섬세한 동작을 배우고 있다. (토드 하마첵 제공)

2008년 8월 베이징에서 웬디가 손녀 윌라 롤린스를 안고 있다. (토드 하마첵 제공)

2012년 7월 쓰촨성에 있는 청두 판다 기지에서 판다를 안고 있는 모습. 왼쪽부터 팡펑레이, 데버라 레 폴슨 재단 부회장, 리베카 닐 폴슨 재단 수석 스태프다. 내 무릎 위에는 행복한 모습의 판다 쥔쥔이 있다.

1998년 6월 웬디와 어맨다가 현재는 푸다춰 국립공원의 일부인 윈난성 샹그릴라에 있는 비타하이호 자연 보호 구역에서 하이킹을 하고 있다.

2002년 10월 웬디와 내가 윈난성 산악 지대에서 등산 중에 즐거운 휴식을 취하고 있다.

2014년 11월 폴슨 재단 팀이 베이징에서 열린 4차 미래의 도시 연례 회의를 위해 모였다. 앞줄은 (왼쪽부터) 데이미언 마, 제니 쉬, 로즈 뉴, 엘런 카베리, 에이미 완, 첼시 이킨, 호텐스 할레양, 도린다 엘리엇, 에번 페이건바움, 보 쑨, 에밀리 헤밍스, 릴리 자오이며, 뒷줄은 (왼쪽부터) 리웨이 천, 제리 위, 리처드 셰, 리니 푸, 신디 장, 나, 메리샤 이노, 앤더스 호브, 줄리언 스와베, 신시아 젤트웨인저, 그레이시 쑨이다.

2006년 가을 나의 이전 동료이자 파트너인 프레드 후가 워싱턴에 있는 우리 집을 방문했다. (웬디 폴슨 제공)

2007년 7월 윌리엄 창 당시 미국 국립과학재단 중국 대표와 함께 칭하이호의 생태 파괴 실태를 조사하고 있다. ©데이비드 로더, 로이터

등장 인물

중국 공산당 및 정부

덩샤오핑 중국 최고 지도자(1970년대 말~1990년대)

둥젠화 중국 전국인민정치협상회의 부주석(2005년~), 홍콩 특별행정구 행정 장관(1997~2005년)

러우지웨이 중국 재정부 부장(2013~2016년), 중국투자공사 회장 겸 최고 경영자(2007~2013년)

류밍캉 중국은행업감독관리위원회 주석(2003~2011년), 중국은행장(2000~2003년)

류허 중국 공산당 중앙재경영도소조 판공실 주임(2013년~)

리위안차오 중국 국가부주석(2013~2018년), 중국 공산당 중앙 조직부 부장(2007~2012년)

리커창 중국 국무원 총리(2013년~)

리펑 중국 국무원 총리(1988~1998년)

마오쩌둥 중국 공산당 주석 및 중국 최고 지도자(1949~1976년)

보시라이 충칭시 공산당 서기(2007~2012년), 중국 상무부 부장(2004~2007년)

샤오강 중국증권감독관리위원회 위원장(2013년~2016년), 중국은행장(2003~2013년)

시진핑 중국 공산당 총서기(2012년~), 중국 국가주석(2013년~)

양제츠 중국 국무원 국무 위원(2013~2018년), 외교부 부장(2007~2013년)

왕양 중국 국무원 부총리(2013~2018년), 중국 광둥성 공산당 서기(2007~2012년)

왕치산 중국 공산당 중앙기율검사위원회 서기(2012년~), 중국 국무원 부총리(2008~2013년)

우방궈 전국인민대표대회 상무 위원장(2003~2013년)

우이 중국 국무원 부총리(2003~2008년)

우지촨 중국 신식산업부 부장(1998~2003년), 우전부 부장(1993~1998년)

원자바오 중국 국무원 총리(2003~2013년)

장제민 국유자산감독관리위원회 주임

(2013년), 페트로차이나 회장 (2007~2013년), 중국석유천연가스공사 회장 (2006~2013년)

장쩌민 중국 공산당 총서기(1989~2002년), 중국 국가주석(1993~2003년)

저우샤오촨 중국인민은행 총재(2002~2018년), 중국증권감독위원회 위원장(2000~2002년)

저우원중 보아오 아시아 포럼 사무총장(2010년~), 미국 주재 중국 대사(2005~2010년)

저우융캉 중국 공산당 정법위원회 서기 (2007~2012년), 공안부 부장 (2002~2007년)

주룽지 중국 국무원 총리(1998~2003년), 중국 국무원 상무 부총리 (1993~1998년)

진런칭 중국 재정부 부장(2003~2007년)

쩡페이옌 중국국제경제교류센터 이사장(2008년~), 중국 국무원 부총리(2003~2008년)

황쥐 중국 국무원 상무 부총리(2003~2007년)

황치판 충칭 시장(2009~2016년)

후진타오 중국 공산당 총서기(2002~2012년), 중국 국가주석(2003~2013년)

미국 정부

로버트 게이츠 미국 국방 장관(2006~2011년)

린지 그레이엄 미국 사우스캐롤라이나주 상원 의원(2003년~)

맥스 보커스 중국 주재 미국 대사 (2014년~2017년), 몬태나주 상원 의원(1978~2014년)

바니 프랭크 미국 매사추세츠주 하원 의원(1981~2013년)

버락 오바마 미국 44대 대통령(2009~2017년)

벤 버냉키 미국 연방준비제도이사회 의장(2006~2014년)

스티븐 해들리 미국 국가 안보 보좌관 (2005~2009년)

앨런 홀머 미중 전략경제대화 재무부 특사

제이컵 루 미국 재무 장관(2013~2017년)

조지 부시 미국 43대 대통령(2001~2009년)

찰스 그래슬리 미국 아이오와주 상원 의원(1981년~)

찰스 슈머 미국 뉴욕주 상원 의원 (1999년~)

칼로스 구티에레즈 미국 상무 장관 (2005~2009년)

콘돌리자 라이스 미국 국무 장관 (2005~2009년), 국가 안보 보좌관(2001~2005년)

클라크 〈샌디〉 랜트 중국 주재 미국 대사(2001~2009년)

티머시(팀) 가이트너 미국 재무 장관 (2009~2013년)

국제 금융 및 비즈니스

뉴건성 멍뉴유업 설립자 겸 회장 (1999~2011년)

니핀 완샹 아메리카 사장(1993년~)

루관추 완샹 그룹 공동 설립자 겸 회장(1969년~)

류얼페이 신닷 캐피털 매니지먼트

공동 설립자(2013년~), 골드만 삭스 그룹 중국 투자 금융 부문장(1992~1994년)

류촨즈 레노버 그룹 및 레전드 홀딩스 설립 회장(1984년~)

리카싱 청쿵 그룹 설립자(1971년~) 및 허치슨 왐포아 회장(1981년~)

마윈 알리바바 설립자 겸 회장(1999~2019년)

마이클(마이크) 에번스 골드만 삭스 그룹 부회장 및 골드만 삭스 아시아 회장(2004~2013년)

마틴 라우 텐센트 홀딩스 사장(2006년~), 골드만 삭스 그룹 아시아 투자 금융 부문 이사 및 아시아 통신 미디어 기술 그룹 최고 운영 책임자(1998~2005년)

마푸차이 중국석유천연가스공사 사장(1998년~2004년), 페트로차이나 회장(1999년~2004년)

마화텅 텐센트 설립자, 회장 및 최고 경영자(1998년~)

모지스 창 에이피 캐피털 홀딩스 회장(2010년~), 골드만 삭스 아시아 회장(1989~1994년)

브라이언 그리피스 골드만 삭스 인터내셔널 부회장(1991년~)

쉬쯔왕 씨엑스씨 캐피털 설립 회장(2008년~), 골드만 삭스 차이나 투자 금융 부문장(1997~2005년)

스티븐 샤프란 암리 파이낸셜 최고 경영자(2011년~), 미국 재무 장관 수석 고문(2008~2009년), 골드만 삭스 아시아 주요 투자 사업 공동 대표(1986~2001년)

앤드루 리버리스 다우 케미칼 회장, 사장 및 최고 경영자(2006년~)

왕쉐밍 블랙록 차이나 회장(2013년~), 골드만 삭스 차이나 투자 금융 이사(1994~2010년)

장웨 브로드 그룹 공동 설립자 겸 회장(1988년~)

장젠칭 중국공상은행 회장(2005년~) 및 사장(2000~2005년)

존 로저스 골드만 삭스 그룹 수석 참모(2001년~)

존 맥 모건 스탠리 회장(2005~2012년), 최고 경영자(2005~2010년)

존 브라운 BP 최고 경영자(1995~2007년)

존 손턴 바릭 골드 회장(2014년~), 칭화 대학교 글로벌 리더십 프로그램 교수 및 책임자(2003년~), 골드만 삭스 그룹 사장 및 공동 최고 운영 책임자(1999~2003년)

차오더왕 푸야오 유리 설립자 겸 회장(1987년~)

차이진융 세계은행 산하 국제금융공사 최고 경영자(2012~2016년), 골드만 삭스-가오화 증권 최고 경영자(2008~2012년)

체리 리 중국증권감독관리위원회 연구소장(2002년~2006년), 골드만 삭스 베이징 사무소장(1993년~)

트레이시 울스텐크로프트 하이드릭 앤 스트러글스 최고 경영자(2014년~), 골드만 삭스 공공 부문 및 인프라 금융 그룹 대표(2006~2010년)

팡펑레이 호푸 투자관리공사 공동 설립자 겸 회장(2008년~), 골드만 삭스-가오화 증권 회장

푸청위 시노펙 회장(2011년~), 중국해양석유총공사 회장(2003~2011년)

프레드 후 프리마베라 캐피털 그룹 설립자 겸 회장(2010년~), 골드만 삭스 중국 담당 수석 경제 연구원 및 중화권 담당 회장(1997~2010년)

피터 서덜랜드 골드만 삭스 인터내셔널 회장(1995~2015년)

비정부 및 학계와 시민 사회 조직

데버러 레 폴슨 재단 부회장(2011년~)

로즈 뉴 폴슨 재단 보존 프로그램 이사(2013년~), 국제 자연 보호 협회 중국 지역 프로그램 책임자(1998~2010년)

양젠리 이니셔티브 포 차이나 설립자 겸 회장(2008~)

에번 페이건바움 폴슨 재단 부회장 (2011년~)

워런 맥팔레인 하버드 대학교 경영 대학원 교수(1973년~)

웬디 폴슨 보보링크 재단 회장

자오춘쥔 중국 칭화 대학교 경제관리학원장(2001~2005년), 부학장(1987~2001년)

캐럴 폭스 국제자연보호협회 아시아-태평양 프로그램 개발 이사(1986~2002년)

킴 클라크 하버드 대학교 경영 대학원장(1995년~2005년)

타이야 스미스 폴슨 재단 수석 고문(2011년~), 미국 재무부 비서실장보 및 미중 전략경제대화 조정관(2006~2009년)

찾아보기

ㅁ

ㅂ

ㅅ

ㅇ

ㅈ

하

옮긴이 **고기탁** 한국외국어대학교 불어과를 졸업했으며, 펍헙 번역그룹에서 전업 번역가로 일한다. 옮긴 책으로는 『마오의 대기근』, 『문화대혁명』, 『해방의 비극』, 『야망의 시대』, 『부모와 다른 아이들』, 『이노베이터의 탄생』, 『사회 참여 예술이란 무엇인가』, 『공감의 진화』, 『멋지게 나이 드는 기술』, 『민주당의 착각과 오만』 등이 있다.

중국과 협상하기

발행일 **2020년 9월 10일 초판 1쇄**

지은이 **헨리 M. 폴슨 주니어**
옮긴이 **고기탁**
발행인 **홍지웅·홍예빈**
발행처 **주식회사 열린책들**

경기도 파주시 문발로 253 파주출판도시
전화 **031-955-4000** 팩스 **031-955-4004**
www.openbooks.co.kr

ISBN 978-89-329-2010-8 03320

이 도서의 국립중앙도서관 출판예정도서목록(CIP)은 서지정보유통지원시스템 홈페이지(http://seoji.nl.go.kr)와 국가자료공동목록시스템(http://www.nl.go.kr/kolisnet)에서 이용하실 수 있습니다.(CIP제어번호: CIP2020002678)